U0597554

中国出版业发展报告

——新千年来的中国出版业

ZHONGGUO CHUBANYE FAZHAN BAOGAO

张志强 左 健 主编

南京大学出版社

内容提要

本报告是“教育部哲学社会科学发展报告”系列“中国出版业发展报告”的首辑，由总报告、分报告组成，同时将港澳台地区出版业报告、新千年来中国出版业大事记作为附录。

总报告《成就、问题与展望：新千年来的中国出版业》，对 2000 年来的中国出版业作了全景式的描述和分析，提出了建议。

报告从七个方面列出了新千年来中国出版业取得的成就：第一，出版数量增大，进入世界出版大国行列。新千年来，中国的出版社数量、出版品种、总印数的增长，出版物发行网点的上升，彰显着中国出版业进入新千年来的进步。中国出版的新书品种数，除低于美国外，超过了英国、德国、日本等发达国家，成为世界出版大国。第二，兼并重组、改制与上市，探讨出版发展的中国道路。新千年来，中国出版业在跨地域、跨所有制、跨行业等方面取得了突破，并通过上市解决了融资问题，提高了出版业的管理水平和国际化水平，从而更好地推动了出版业的发展。转企改制的完成，为出版业的未来发展提供了制度基础。第三，出版管理力度加大，公共服务意识增强。通过出台的各类法律法规，加强了出版管理；实施的“农家书屋”工程，普及了农村的科学文化知识。出版质量监管的加强与优秀出版物奖励措施的实施，推动了出版物质量的提高。第四，出版“走出去”，帮助中国文化走向世界。通过实施“经典中国”国际出版工程、中外图书互译计划、中国音像制品“走出去”工程、中国图书对外推广计划等工程，推动了中国出版和中国文化的“走出去”，开辟了国际市场。第五，版权保护不断加大，形成良好出版环境。通过颁布法律法规、司法解释等，加大了对著作权的保护。通过“扫黄打非”等工作，打击了盗版。而民众版权意识的觉醒，标志着出版发展的良好环境开始形成。第六，数字出版蓬勃发展，引领未来出版转型。近年来，数字出版呈井喷状发展，数字出版越来越成为未来的出版方向。第七，民营出版得到发展，成为我国重要的文化力量。民营出版或文化工作室数量已大大超过了国有出版社，从事出版物销售的民营网点数量和人员也远远超过了国有书店和国有发行网点，部分民营公司的经济实力超过了国有单位。

总报告从四个方面分析了中国出版业存在的主要问题。第一，与先进国家差距较大，产业结构不够合理。我国图书出版在市场结构上所占份额偏高，而期刊所占份额偏低。第二，出版职业道德出现滑坡现象。高定价、低折扣的“一折书”、“黄金书”等高档礼品书、“伪书”、伪劣养生书等的出现，说明出版职业道德的丧失。第三，数字出版比例失调。我国数字出版产业中，电子书、数字期刊、数字报纸所占的份额微乎其微。第四，民营出版未得到充分发展。民营公司依然无法获得出版许可证，发展受到制约，未能真正激发出活力。近年来，随着房租的上涨、网络书店的发达，民营书店开始走下坡路，一批在当地乃至在全国有影响力的民营书店开始倒闭。

总报告也从四个方面对中国出版业的未来走向进行了建议。第一，从出版大国向出版强国迈进。在这一过程中，不可偏离出版的本质。同时，要加强对从业人员的出版职业道德教育，制定严厉的惩罚措施，帮助中国出版业推出更多更好的优质出版物。第二，加大版权保护力度，推动出版产业发展。我国版权产业与国外相比，仍有较大的差距。只有加大版权保护才能促进和推动中国出版业的发展。第三，推动民营书业的发展。要充分解放思想，承认、鼓励和发展民营出版业，促进各地区民营出版业的发展；建议国家出台相关政策，对实体民营书店采取减税、免税等政策，帮助实体民营书店的发展；将民营出版纳入出版行政机构的日常管理范围。第四，推动数字出版的进一步发展。我国要在电子书、数字期刊、数字报纸等出版内容上投入更多的精力，促进和推动我国数字出版产业的发展。我国出版业要积极与移动互联网合作，及时推出各种适合移动设备阅读的产品。

分报告《新千年来的中国出版政策与出版环境变化》对新千年来我国出版政策与出版环境的变化做了分析。进入新千年来，围绕加入世界贸易组织、转企改制、出版集团化、实施“走出去”战略等“大事件”，我国出版政策进行了深入调整。在“入世”方面，一是修订或制定行政法规和部门规章，二是清理、废止部门规章和规范性文件，三是制定实施公平准入政策，四是组织开展行政审批制度改革。通过开展上述一系列工作，将我国出版业置于履行“入世”承诺的新政策环境，在塑造国家形象、加强法制建设、转变行政职能等方面发挥了积极作用。在转企改制方面，在试点阶段、展开阶段、攻坚阶段、深化阶段，出台了大量政策，保证了转企改制的顺利进行。在出版集团建设方面，在试点探索阶段、出版集团化建设阶段、资本运作阶段，通过出版一系列文件，使集团化优势扩大，让主业挺拔壮大，市场竞争力和品牌影响力日益彰显。在“走出去”方面，在启动阶段、发展阶段、深化阶段，通过出台的一系列政策，扭转了版权贸易逆差，提升了出版业国际传播力、竞争力和影响力。进入新千年，全球化、数字化和市场化使我国出版环境产生了深刻变化。在全球化方面，我国出版对外开放步伐加快，通过引进资本、引进版权、引进品牌等，推动了我国出版业的发展。在“走出去”方面，通过参加国际书展、版权输出、产品输出、资本输出等，提高了中国出版业的世界影响力和国际竞争力。在数字化方面，通过政府扶持，产业规模不断扩大，产品形态日益丰富，传统出版与数字出版融合发展步伐加快。在市场化方面，统一开放、竞争有序、健康繁荣的出版物大市场、大流通格局基本形成。报告同时对未来的政策发展提出了建议。一是在确保文化安全的前提下，进一步放松行政规制；二是在坚持政府主导的前提下，进一步扩大市场功能；三是在践行服务理念的前提下，进一步强化社会监管。

分报告《新千年来的中国图书出版》，通过对 2000—2011 年图书出版的主要指标数据进行统计，对当前图书出版中存在的问题进行了分析，对图书出版的未来发展提出了建议及预测。报告认为，2000—2011 年间，全国出版的图书品种、总印数、总印张、定价总金额逐年增长；但除去个别年份，每种书的印数和印张均呈递减趋势，反映出我国图书出版业采取的是增加品种的策略，但市场规模并没有随之扩大，出版效益有待提高。2000—2011 年间，全国新华书店系统、出版社自办发行单位的图书销售金额始终保持增长，但除去 2001 和 2009 年两个年份外，库存数量和库存金额均为正增长。居高不下的出版物库存量已经超出了库存的合理范围，严重制约出版业的发展。报告同时分析了新千年图书出版中的代表性事件，同时就图书出版中存在的问题及发展趋势进行了探讨。报告认为，图书出版结构有待进一步优化，要提高图书重版率，促进图书出版真繁荣；要减少图书库存，拓宽图书销售渠道；要降低教育类图书比重，优化图书出版结构；要处理好“两个效益”的关系，维持正常的出版秩序；要平衡地区结构，促进中西部地区图书出版事业的发展。未来的发展，机遇和挑战并存。

分报告《新千年来的中国期刊出版》，对新千年来的中国期刊出版情况进行了分析。总体上说，新千年以来，期刊种数总体上不断增加，但期印数总体上呈下降趋势，总印张、定价总金额和折合用纸量连年增长。月刊、双月刊、季刊这三种出版周期总数最多、比例最大。自然科学、技术类的期刊最多，差不多是总种数的 50%；其次是哲学、社会科学类的期刊，约占 24%；然后是文化、教育类图书，约占 12%。少儿读物和画刊类期刊所占比例非常小，只有 1%—2%。中央和地方出版的期刊大致呈三七开。全国各地都有期刊出版，资源分散。大型出版集团所在的地区，期刊出版数量较多，如长三角地区、珠三角地区、京津唐地区等。上海、江苏、湖北、广东都是出版大省，期刊出版数量也较多。报告对新千年来期刊出版中的代表性事件进行了分析，指出了我国期刊出版中存在的主要问题：总量庞大但发行量不高；期刊发展不均衡，面向普通大众的通俗性刊物的种数比例较低；期刊产业经营集中度低，期刊产业整体呈现"小、散、弱"的局面；期刊产业在我国文化传媒产业中的比重过低且市场营收能力明显不足。当前制约我国期刊出版业发展的因素，一是体制因素，政策和管理体制方面呈现僵化和保守的特点，直接导致期刊刊号的紧张和多数期刊出版过程中市场机制的缺位，从而难以形成期刊市场优胜劣汰的良性机制。二是阅读群体及媒介使用习惯等因素，我国真正意义上的中产阶级还远未形成，因此可以说，对我国期刊杂志出版业而言还没有形成一个稳定而具规模的受众群体。三是期刊产业自身因素，期刊内容同质化倾向严重；期刊优秀人才匮乏；营销能力差，市场化程度低。我国期刊业的发展从宏观方面看，呈现出四大趋势：一是市场化趋势，二是集约化趋势，三是数字化趋势，四是国际化趋势。在这些制约因素与发展趋势下，一要加快新闻出版立法进程，以法代规，同时适当放宽刊号发放和主管、主办单位等限制期刊创刊和出版的政策性约束，更多地引入市场机制调控期刊出版行为；二要以更为独到的办刊方针和更为精准的受众定位针对有限的"中产"阅读群体，通过提升刊物质量吸引更多的读者受众；三要考虑适度放宽国际优秀刊物进入中国的限制；四要加强和重视广告经营，通过提升期刊产业的经营效益拉动办刊质量的提高；五要继续推进期刊刊群的建设与发展；六要加快与移动互联网等新媒体之间的融合及衔接，通过借助新媒体的传播优势突破部分瓶颈的制约。

分报告《新千年来的中国音像与电子出版》，对 2000 年来的音像与电子产业进行了分析。2000年来，全国音像与电子出版单位数量呈稳步增长的趋势。自2000年以来，全国录音制品出版品种迅速增长，2005年出版品种到达高点，此后出版品种又急速下降。2000年以来，录像制品出现了较大的增长的趋势，至2005年发展至高峰，此后出版品种和数量都逐步下降。2002年开始，电子出版物出现了较为强劲的发展势头，出版品种数和数量基本呈现大幅增长，仅2003、2005、2007、2011年在出版数量上出现小幅下降。报告分析了2000年来音像与电子出版代表性事件，对音像与电子出版存在的问题、未来发展趋势进行了探讨。我国音像与电子出版领域，产品制作和出版能力相对不足，市场化、商业化动力不足，盗版问题严重，音像电子出版与电子商务的结合尚不成熟，这些都影响了这一行业的发展。未来要推进数字出版、跨媒体出版，提高创新意识、能力以及内容质量，加强商业模式建设，积极打击盗版，加快音像电子出版与电子商务的融合。

分报告《新千年来的中国数字出版》，首先对新千年来的数字出版情况作了宏观介绍。新千年来，数字媒介阅读率逐年提升，数字出版用户规模平稳增长，数字出版产品规模显著壮大，数字出版收入规模持续上升。报告对数字出版代表性事件进行了分析，指出了数字出版中存在的问题，并指出了未来发展趋势。数字出版中存在的问题主要是传统出版单位数字化进程迟缓，优质内容缺乏，同质化现象严重，数字出版深阅读有待进一步加强，中小市场需求尚未大规模激活，数字出版领域标准相对滞后，数字出版运营模式有待进一步探索，数字出版产业链间利益分配不均衡，人才匮乏间接影响了数字出版的发展。未来的数字出版呈现下列发展趋势：数字出版发行走向知识服务，教育数字化发展迅速，4G将使手机出版跃升新高度，数字出版引领媒介融合走向深入，数字出版将走向“云出版”。

分报告《新千年来的中国版权贸易与出版“走出去”》，对2000年来的图书版权贸易和中国图书“走出去”做了研究。从数量上看，2000—2011年的12年间，我国通过出版社进行的图书版权贸易共计162 304种，其中引进图书版权136 091种，输出图书版权26 213种，引进大于输出；12年间，我国图书版权贸易年均增长率12.8%。2000—2011年的12年间，中国出版业通过商品贸易方式累计出口图书品种11 271 432种，年均939 286种(同期间累计进口图书品种7 754 308种，年均进口646 192.3种)；出口图书数量累计6 607万册，年均550.6万册(同期间累计进口图书数量 4 762 万册，年均进口 396.8 万册）；图书出口累计金额 29 931 万美元，年均 2 494.3 万美元（同期间图书进口累计金额 69 371 万美元，年均进口金额 5 780.9 万美元）。近 12 年来我国图书版权输出的规模总体偏小，这与中国经济的快速发展、与中国在国际上的大国形象、与中国博大深厚的文化底蕴以及与中国的图书版权引进数量相比都极不相称。我国版权输出图书的内容主要集中于传统文化与语言艺术两个方面，而以旅游风光、古今建筑、名胜古迹、古籍整理、工艺美术画册、历史、文学和医药等为主。报告对版权贸易与出版"走出去"中的代表性事件进行了分析，对版权贸易与出版"走出去"中的问题、未来发展趋势进行了探讨。2000—2011 年的 12 年间，在中国图书商品输出数量上的繁荣背后，也存在着语言、渠道和品种这三大不容忽视、亟需解决的现实问题，妨碍着中国图书的走向世界。图书版权贸易方面，版权引进和版权输出的数量严重失衡。贸易省区失衡，图书版权贸易交易量的大部分主要集中在少数省、区（市）。贸易区域失衡，我国图书版权输出的主要地区是以台湾地区、香港地区、韩国和新加坡为代表的亚洲地区。版权引进方面，我国图书版权引进的主要来源地是美国和英国。未来版权贸易与中国出版"走出去"的力度和规模将不断扩大，图书版权贸易的逆差比例将逐步降低，版权贸易与出版"走出去"的政策环境将更加宽松。

分报告《新千年来的中国出版物市场监管（"扫黄打非"）》，对 2000 年来我国的出版物市场监管（"扫黄打非"）工作进行了研究。2000 年以来，国家加大了"扫黄打非"的力度，推出了针对打击和严惩淫秽色情信息和非法出版的各种专项行动，各项工作扎实推进、成效显著、亮点频现，展示了我国政府打击侵权盗版的决心和成果。每年收缴的各种侵权盗版品，2001—2005 年逐渐增加，以后整体呈现逐年下降的趋势。2001 年以来执法机关受理的案件有逐年增加的趋势。报告对 2000 年来的出版物市场监管（"扫黄打非"）中的代表性事件进行了分析，并指出了出版物市场监管中存在的主要问题：版权保护不力，惩罚力度小；集中行动多，效果不明显。报告对未来的出版物市场监管提出了建议：一，联合执法，加强监管执法力度；二，发动群众，奖励表彰举报人员；三，充分利用现代技术手段，加强市场监管。

分报告《新千年来的中国出版物印制》，对新千年来的出版物印制情况作了分析。进入新千年以来，我国出版物印刷继续保持稳定的增长，产业规模不断扩大，产业实力不断增强。从2000年到2011年，我国出版物印刷总产值和增加值都有大幅的增加，2001年和2003年增长最快，增长率超过了20%。出版物印刷的总资产、总销售收入和总利润规模有较大的增加，但是增长速度有波动。新千年来的出版物印刷呈现下列特点：一是出版物印刷发展不平衡，出版物印刷主要集中在经济发达地区和中部人口大省，西部和边远地区比较落后；二是改革不断深入，资本多元化步伐加快，一批民营和“三资”企业逐渐成为出版物印刷领域的骨干企业，带动了我国出版物印刷业的整体水平提高；三是产品多元化经营成为企业主流；四是出版物印刷企业以中等规模的企业居多，有竞争力的大企业还不多；五是技术水平提高较快，但总体技术水平与国外相比还有一定差距；六是总量过剩，印刷能力供大于求，国内市场竞争日趋激烈。报告对新千年来出版物印制中的代表性事件进行了分析，指出了出版物印制存在的问题：一是由于长期的计划经济和地区市场的相对分割状态，我国出版物印刷业结构趋同现象没有从根本上解决；二是我国印刷企业数量多，企业平均规模小，企业技术水平和管理水平差距较大，地区之间发展不平衡；三是随着人工成本和原料成本的不断攀升，加上我国印刷业整体上出现生产过剩的状况，传统印刷企业和印刷业务进入微利时代；四是符合能源节约型、环境友好型的绿色印刷的比重还比较低；五是技术引进与消化吸收之间的差距以及生产能力的迅速扩大与市场需求的稳步增长之间缺少平衡；六是人才流失之间的矛盾比较突出；七是随着数字化技术发展，出版物印刷未来的发展前景具有不确定性；八是国内印刷市场有待进一步开放，国际印刷市场有待进一步开拓。出版物印制的未来发展趋势：一是出版物印制的技术升级和绿色环保将成为重点；二是印刷业结构布局进一步优化，出版物印刷市场开放程度进一步扩大；三是出版物印刷技术进一步加快，整体技术水平进一步提高。四是出版印刷企业的转型加快，出版印刷产业链的合作将加强，按需出版等新型个性化印刷业务将快速发展。五是出版物印刷业的国际化水平将进一步提高。

分报告《新千年来的中国民营出版》，对2000年来的民营出版做了分析。2000年以来，民营资本参与出版活动的领域不断拓宽，民营资本不仅可以进入出版物的零售，还可以进入批发和总批发，民营资本不仅可以从事出版物的选题策划，还可以通过特定的方式参与出版，在出版产业发展中的作用越来越重要。在整个新闻出版企业法人中，民营企业的数量最多，所占比例最高，2011 年民营出版企业数量已经占新闻出版企业总数的 81%。同时，民营企业的发展很快，2011 年与 2009 年相比，民营企业在整个新闻出版企业中的比重增加了近 10 个百分点。报告对 2000 年来的民营出版中代表性事件进行了分析，认为民营出版存在下列主要问题：一是民营出版机构的身份模糊，从事出版活动而没有获得行政许可；二是民营出版机构参与出版的通道单一，目前全国只有北京出版创意产业园一个通道；三是民营发行企业缺乏优惠政策。民营书业自身也存在的主要问题有：一是企业的现代化水平低，二是产品的质量不高、核心竞争力不足，三是部分企业的数字化程度弱。未来民营书业的发展，主要表现在：一是民营出版的政策环境会越来越好，二是国有与民营出版之间会进一步融合，三是民营出版业会进一步分化与转型加剧。

分报告《新千年的中国出版教育》，对 2000 年来的我国出版教育情况进行了分析。目前，全国有 68 所高校开设了编辑出版学本科专业，分布在 25 个省、自治区和直辖市，但主要集中于东部和中部地区。各校的课程设置各有侧重。全国有四所高校独立设置了编辑出版学博士研究生专业，有 41 所高校招收编辑出版学或类似专业的硕士研究生。2010 年，北京大学、南京大学等 14 所高校获得了首批出版硕士专业学位授权，2011 年开始招生。报告分析了我国出版教育存在的主要问题：一是出版教育的学科归属不明朗，二是出版本科和研究生专业隶属院系差异大，三是课程设置有待完善。报告对我国出版教育的发展提出了建议：一是进一步推动出版研究生教育的发展，二是促进出版专业归属院系统一，三是增加数字出版和实践课程比重。

分报告《新千年来的中国出版学研究》，对 2000 年来的我国出版学研究情况进行了分析。2000—2011 年，在出版学基础理论、出版史、编辑学、出版物印制、出版物营销、出版经营管理、数字出版与新媒体方面都出版了大量论著。报告对 2000 年来出版学研究领域的代表性论著进行了评述。报告同时对 2000 年来出版学研究中存在的主要问题进行了分析：一是出版学研究存在“扎堆逐热”的浮躁现象；第二，学科基础理论和前沿问题有待深入开掘；第三，跨学科、跨区域、跨国别的合作研究亟待开展；第四，国家对出版领域的科研资助力度有待加强；第五，部分成果的规范性存在问题，研究方法和工具的使用存在严重缺陷。报告对未来出版学研究实现突破提出了对策建议：第一，多途径、多方式合作；第二，开展数字化出版领域的研究工作；第三，共同努力建立专业案例库和数据库；第四，争取政府部门和产业界的支持；第五，鼓励青年学者与国际专家进行实质性的交流与合作；第六，组织专家科学规划出版学学科总体布局。

报告附论部分对港澳台地区的出版业进行了研究。《新千年来的香港地区出版》，对2000年来香港地区出版业的情况作了介绍。从总体上看，近10年来香港地区的出版机构数和行业从业人数呈增长的趋势。香港图书市场每年大约在5亿美元，即40亿港元左右。近10年来期刊和报纸出版市场变化不大，但期刊出版数量有所减少。数字出版起步发展较早，ebook的探索和努力在继续。2000年以来香港印刷业的机构数量呈逐年减少趋势，就业人数也在减少。书刊流通网络进一步完善，构建了书店、报摊、网上销售、邮购等多渠道、多方位的立体流通模式。报告对香港地区出版产业发展趋势作了预测：第一，产业进一步整合和融合；第二，数字出版转型进一步加快；第三，出版产业的内容属性进一步凸显；第四，出版市场进一步开拓。《新千年来的澳门地区出版》，对澳门地区出版业发展作了介绍。2000—2011年，澳门共出版图书、期刊、特刊等出版品共7172种，多语种出版仍为特色，但以中文为主，社会科学及艺术类出版品稳居前列。目前，澳门本地有出版单位896个，有门市书店及代理公司38家。澳门政府提供财政支持出版书刊，大大鼓励了本地创作；旅游经济带动多语种出版，有利于打开国际市场；地理优势提供优渥资源，共享合作出版之良机。但由于地理空间狭小，市场规模有限，再者人口素质亦不高，澳门出版业的发展受到制约。报告对未来澳门出版发展提出了建议：第一，促进相关出版法律及条文的完善，加强本澳图书市场规范化管理；第二，把握社会及政府之发展意向，做好阅读需求调查，为图书内容提供必要依据；第三，进一步扩大港、珠、澳地区的交流与合作，加强同业界的联系和凝聚力，令同业经营者可享受规模经济带来的益处；第四，提升出版技术，提高从业人员的专业素质及薪酬待遇；第五，做好市场营销，推动创意产业。《新千年来的台湾地区出版》，对台湾地区的出版情况作了研究。2011年，台湾新闻出版业营业总收入91.64亿新台币，图书出版营业总收入352.44亿新台币，杂志营业总收入203.41亿新台币，有声读物等其他出版业110.57亿新台币，数位内容总产值达6 003亿新台币，图书进口1.1亿美元，出口0.65亿美元，有学术期刊1 400多种。出版业者所雇用的员工以拥有大学教育程度者所占比例为最高，专科学历员工比逐年下降。报告期待台湾未来能有更详实的文化出版政策和优良产业投资环境，通过完备的法令推动台湾出版产业迈入新时代。

附录部分的《新千年来中国出版业大事记(附港澳台地区)》，采用编年方式，对 2000 年来中国出版业中的重大事件作了简要记录。

目 录

成就、问题与展望:新千年来的中国出版业

2000年,新千年的到来,曾激起中国出版人无限的憧憬。如今,中国出版已经走过了新千年第一个世纪的前10年。集团化、数字化、上市、改制,中国出版在新世纪中不断成长与进步。

一、新千年来中国出版业的成就

进入新千年以来,中国出版业得到了快速发展,成就明显。

1. 出版数量增大,进入世界出版大国行列

新世纪的第一个10年,中国经济继续突飞猛进。2001—2010年,我国国内生产总值平均增长10%以上,经济总量也从世界第七位上升到第二位。2001年我国国内生产总值超过意大利,2005年超过法国,2006年超过英国,2007年超过德国,居世界第三位。2010年,我国国内生产总值超过日本,成为仅次于美国的世界第二大经济体。一时间,"中国崛起"成为世界各大国家报刊的头条新闻。与中国经济发展相辉映的,是中国出版业的同步发展。中国出版业逐渐从单一地重视出版的社会功能,转向既重视出版的社会功能,又重视出版的经济功能。作为中国文化产业中的核心产业之一,中国出版十多年来的规模在不断扩大。

2000年,全国共有图书出版社565家,共出版新版图书84 235种,重版、重印图书59 141种,总印数62.74亿册,定价总金额430.1亿元;2000年,全国共出版期刊8 725种,总印数29.42亿册;全国共出版报纸2 007种,总印数329.29亿份;2000年,全国共有音像出版单位290家,出版录音制品8 982种,出版数量1.22亿盒(张);出版录像制品8 666种,出版数量8 082.44万盒(张);全国共出版电子出版物2 254种、3 989.7万张;2000年,全国共有图书发行网点76 136处;书刊印刷两级定点企业1 152

家;2000 年,全国新闻出版系统企事业单位共实现利润 52.71 亿元。①

2011 年底,全国共有图书出版社 580 家(包括副牌社 33 家),共出版图书 369 523 种,其中新版图书 207 506 种,重版、重印图书 162 017 种,总印数 77.05 亿册(张),定价总金额 1 063.06 亿元;全国共出版期刊 9 849 种,总印数 32.85 亿册,定价总金额 238.43 亿元;全国共出版报纸 1 928 种,总印数 467.43 亿份,定价总金额 400.44 亿元;全国共有音像制品出版单位 369 家,电子出版物出版单位 268 家,全国共出版录音制品 9 931 种、录像制品 9 477 种、电子出版物 11 154 种、21 322.22 万张;2011 年,全国共有出版物发行网点 168 586 处,全国出版物印刷企业(含专项印刷)8 309 家。② 2011 年,全国出版、印刷和发行服务业实现营业收入 14 568.6 亿元,利润总额达 1 128.0 亿元。③

出版社数量、出版品种、总印数的增长和出版物发行网点数的上升,这些数据,无不彰显着中国出版业进入新千年来的进步。

2011 年,日本出版的新书品种是 75 810 种,总印数 11.76 亿(其中新书总印数 3.64 亿);日本出版的刊物 3 381 种(其中月刊 3 279 种、周刊 102 种),总印数 30.17 亿册(月刊总印数 20.97 亿册、周刊总印刷数 9.2 亿册)。④ 2011 年,我国的新书品种数是日本的 2.74 倍,总印数是日本的 6.55 倍;期刊种数是日本的 2.91 倍,期刊总印数是日本的 1.09 倍。根据欧洲出版商联盟(The Federation of European Publishers)的统计,2011 年,欧洲国家中,欧洲出版新书总数最多的国家依次是英国(149 800 种)、德国(82 048 种)、西班牙(约为 44 000 种)、法国(41 902 种)和意大利(39 898 种)。⑤ 2011 年,中国出版的新书品种总数分别是英国的 1.39 倍、德国的 2.53 倍、西班牙的 4.72 倍、法国的 4.95 倍、意大利的 5.2 倍。据鲍克公司(Bowker)的统计,2011 年,美国使用 ISBN 的传统新书品种数量

---

① 《2000 年全国新闻出版业基本情况》,新闻出版总署计划财务司编《中国新闻出版统计资料汇编 2001》,中国劳动社会保障出版社 2001 年版,第 1—14 页。

② 《2011 年全国新闻出版业基本情况》,新闻出版总署出版产业司编《中国新闻出版统计资料汇编 2012》,中国书籍出版社 2012 年版,第 1—14 页。

③ 新闻出版总署出版产业司:《2011 年新闻出版产业分析报告》。内部资料。

④ Japan Book Publishers Association. *An Introduction to Publishing in Japan 2012—2013*. Tokyo: Japan Book Publishers Association, 2012, P. 8.

⑤ The Federation of European Publishers. *European Book Publishing Statistics*. http://www.sne.fr/img/pdf/Doc%20pour%20Flash%20et%20Lettre/European-book-publishing-stat2011.pdf. 2012-12-20.

是 347 178 种。[①] 也就是，中国出版的新书品种数，除低于美国外，超过了英国、德国、日本等发达国家。

2. 兼并重组、改制与上市，探讨出版发展的中国道路

进入 21 世纪后的头等大事，便是中国于 2001 年 12 月 11 日正式加入世界贸易组织（WTO）。中国加入这一组织，标志着中国从此在各方面将融入世界大潮。根据中国政府加入 WTO 后的承诺，中国将开放出版物零售和批发市场，允许外方通过中外合资、中外合作的形式在全国范围内销售和批发图书、报刊、录音带、录像带。为了应对入世后面临的挑战，中国出版业很早就开始组建出版集团。从 1999 年我国第一家出版集团——上海世纪出版集团的成立，到 2002 年中国出版集团的成立，再到 2010 年 12 月中国教育出版传媒集团有限公司的成立、2011 年 12 月中国出版传媒股份有限公司的成立，我国已经成立了 120 多家新闻出版集团。

长期以来，中国出版业在跨地域、跨所有制、跨行业等方面鲜有建树。21 世纪的头 10 年，多种形式的兼并、重组，为中国出版业未来的发展进行了可贵的探索。

2006 年 1 月，湖北的长江出版集团并购湖北海豚卡通有限公司，开国有出版机构收购民营出版机构的先河。与此同时，2006 年 4 月，浙江教育出版社下属的浙江教育书店以 380 万元的价格，向民营资本出让 65%的股权。浙江出版界首次将国有资产以公开拍卖的方式出让给民营资本。2009 年 4 月凤凰出版集团以江苏人民出版社为合作主体，斥资 1 亿元与民营工作室共和联动共同组建北京凤凰联动文化传媒有限公司，成为国有出版社与非国有出版公司成功合作的又一个案。双方优势互补，为出版体制和机制的创新开创了新路。

长期以来，我国出版业的资本规模一直偏小，融资渠道单一。为了解决发展过程中的资金问题，国内出版业在上市融资方面不断进行探索。2006 年 5 月，上海新华发行集团采取借壳上市的方式，收购华联超市股份有限公司 45.06%股份，将华联超市更名为上海新华传媒股份有限公司，继承新华传媒的全部资产和业务，成功借壳上市，成为国内出版发行类传媒第一个上市的股份公司。此后，中国各大出版集团争相上市。2007 年 5

---

① Bowker. *New Book Titles and Editions, 2002—2011*. http://www.bowker.com/assets/downloads/products/isbn_output_2002—2011.pdf. 2012-12-30.

月，以四川省新华书店改组成的四川新华文轩连锁股份有限公司在香港联合交易所挂牌上市，成为国内在香港上市的首家图书发行企业。2007年12月，辽宁出版传媒股份有限公司在上海证券交易所上市，成为我国首家将编辑业务和经营业务整体上市的公司。2008年11月，安徽的时代出版传媒股份有限公司成立并上市。2010年1月，安徽新华传媒股份有限公司上市。2010年10月，中南出版传媒集团股份有限公司上市。2011年11月，江苏凤凰出版传媒集团有限公司正式上市。这家发行、销售超百亿的出版集团，发行市值高达250亿元，成为资本市场文化传媒板块上最大的上市公司。

一些民营出版公司也积极争取上市。2010年10月，湖南天舟科教文化股份有限公司在深市创业板上市，成为中国“民营出版传媒第一股”，也实现了民营书业上市的零突破。而著名网络书店“当当网”，2010年12月则在纽约证券交易所挂牌上市。

中国出版业的上市，可以为出版业募集到大量资金，从而解决出版业发展过程中的资金障碍，也有助于通过规范化管理和科学化管理，提升中国出版业的国际化水平，从而更好地推动出版业的发展。但同时，上市后信息的公开，使社会对这些上市的出版公司有了更多的了解，出版能力的高低、投资决策的好坏，都成为社会公众议论的话题。因此，上市后的中国出版业，也面临更大的挑战。

长期以来，我国出版业在事业单位、企业化管理的模式下运行。这种模式，并不能让出版业在市场经济的大海中遨游。2003年，中央启动了文化体制改革试点工作，从此，出版改制进入了快车道。2004年3月，中国出版集团转制为中国出版集团公司。中国科学出版集团公司、中国电力出版社有限公司等一批中央各部委单位出版社也完成了转企改制，为全国的出版改制提供了经验。2010年底，全国的出版社基本完成了从事业到企业的转化。转企改制，看起来只是将事业单位的身份变成了企业，员工的身份也从国家干部或事业干部变成了企业管理人员或合同制员工。但更重要的是运行机制，从以社会效益为主转向社会效益与经济效益的有机结合与统一。虽然我国在出版单位设立上仍采用审批制，一定程度上削弱了出版社之间的竞争。但转企改制后，所有出版社都将面临市场的挑战。既要生存，又要发展，成为中国出版社下一个10年将面临的难题。

3. 出版管理力度加大，公共服务意识增强

2001年4月，中共中央和国务院宣布将新闻出版署升格为“新闻出版总署”，成为正部级单位，以加大对出版业的管理力度，适应出版业的迅猛发展。升格后的新闻出版总署加大了对出版管理制度的建设。2001年，国务院颁布了新修订的《出版管理条例》、《音像制品管理条例》和《印刷业管理条例》。2003年，新闻出版总署颁布了修订的《出版物市场管理规定》。2005年12月，新闻出版总署颁布实施《报纸出版管理规定》和《期刊出版管理规定》。2008年4月，新闻出版总署颁布实施《电子出版物出版管理规定》和《音像制品制作管理规定》。2008年5月，《图书出版管理规定》正式实施。这些规章制度的颁布，进一步完善了出版管理体系。在出版从业人员的管理方面，2001年，人事部与新闻出版总署颁布了《出版专业技术人员职业资格考试暂行规定》和《出版专业技术人员职业资格考试实施办法》，开始在我国推行出版专业职业考试，以提高出版人员的文化和业务素质。2008年6月，《出版专业技术人员职业资格管理规定》颁布实施，出版职业资格制度从此更加规范。2011年，国务院又颁布了《出版管理条例》新的修订版，将原条例第一条、第十条、第四十八条中的“出版事业”修订为“出版产业和出版事业”，从而明确了我国出版业中公益性单位与经营性单位的差异。2011年3月，新闻出版总署公布了《出版物市场管理规定》，对通过互联网等信息网络从事出版物发行业务的单位或者个人提出了明确要求。

中国是一个农业大国，城乡差距严重。针对农民存在“买书难、借书难、看书难”等问题，2004年6月，中宣部、新闻出版总署发布《关于进一步加强“三农”读物出版发行工作的意见》，强调要多出版发行农民看得懂、用得上、买得起的读物。2007年3月，新闻出版总署、中央文明办、国家发展改革委等八个部委下发了《农家书屋工程实施意见》，从2007年起在全国范围内实施“农家书屋”工程。通过国家财政付款、社会捐赠等多种形式，全国各省（区、市）均建立了农家书屋，尤其是北京、上海、天津、山东、江苏、辽宁、吉林、宁夏8个省（区、市）实现了村村有农家书屋。农家书屋工程的提出及实施，丰富了农民的业余生活，普及了农村的科学文化知识，对我国的国家建设具有重要的意义。

为服务于建设创新型国家，2006年，新闻出版总署启动了“三个一百”原创图书工程，在人文社科类、自然科技类、文艺与少儿类中各选出100种原创图书进行表彰，用以鼓励多出原创性作品、提高出版业的竞争能力。“三个一百”原创工程的推出，有助于提升我国出版文化软实力，从而推动我国出版业更快更好地发展。

为提高出版质量，新闻出版总署于2003年开展了“2003年辞书质量专项检查”，查处了19种不合格辞书。2007年，新闻出版总署把该年作为“出版物质量管理年”，加大了对出版物质量的监督，组织有关专家，对图书、期刊、光盘等质量进行了全面的检查，为出版业的良性发展提供了保障。2011年8月，新闻出版总署下发《关于进一步加强中小学教辅材料出版发行管理的通知》，首次规定将对不符合质量规定和标准的中小学教辅材料全部召回销毁。

在加强质量监管的同时，新闻出版总署还通过对优秀出版物给予奖励来促进出版物质量的提高。2006年，在合并原有出版奖项的基础上，我国设立了出版领域的最高奖——中国出版政府奖，并于2007年8月举行了首届中国出版政府奖评选。2008年1月，第一届中国出版政府奖揭晓：《毛泽东传(1949—1976)》(上、下)等60种图书荣获图书奖，《百年经典——纪念中国唱片一百周年》等20种音像、电子、网络出版物荣获音像电子网络奖，深圳华新彩印制版有限公司等10家印刷复制单位荣获印刷复制奖，《曹雪芹扎燕风筝图谱考工志》等10种出版物荣获装帧设计奖，《十月》杂志社等50家出版单位荣获先进出版单位奖，毛凤昆等50名出版工作者荣获优秀出版人物奖。2011年3月，第二届中国出版政府奖揭晓：《马克思恩格斯文集》等60种图书获图书奖，《求是》等20种期刊获期刊奖，《辉煌六十年》等20种音像、电子、网络出版物获音像电子网络奖，《季羡林全集》(1—12卷)等10件作品获印刷复制奖，《北京跑酷》等10件作品获装帧设计奖，上海科学技术出版社等50家单位获先进出版单位奖，王明亮等70人获优秀出版人物奖(含优秀编辑26名)。中国出版政府奖的评选，从另一个角度推动了出版物质量的提高。

为了进一步推动出版业的良性发展，2008年7月，新闻出版总署下发了对经营性图书出版单位进行首次等级评估工作的通知，全国500多家经营性出版社参与了评估。2009年8月，经过一年多时间的努力，全国经营性图书出版单位首次等级评估工作终于完成，共评出一级出版单位100家，占20%；二级出版单位175家，占35%；三级出版单位200家，占40%；四级出版单位25家，占5%。商务印书馆等100家在首次全国经营性图书出版单位等级评估中获得一级称号的出版社，被命名为“全国百佳图书出版单位”，将受到总署的重点支持，在资源配置等相关政策上给予倾斜和支持，鼓励其做大做强，发挥好示范作用。而被评为四级的出版单位将给予警示，要求他们提出整改措施，限期整改。对那些经营不善，问题严重的出版单位，整改期过后还达不到办社条件的，则采取关、停、并、转等措施。连续两个评估期被警示且不具备办社条件的，将可能最终被取消出版资格。从此，中国出版业将告别“只生不死”的时代，不好好经营发展的出版社将无法存在下去。

4. 出版“走出去”，帮助中国文化走向世界

在中国经济快速发展的同时，文化的自觉，也使中国出版人对如何弘扬自己的文化有了更多的思考。

长期以来，中国的版权引进总是大于出口。从 1995 年至 2004 年这 10 年间，中国内地一共引进版权 68 115 种，输出版权 6 692 种。其中，引进版权最多的年份是 2003 年，一共引进版权 12 516 种；输出版权最多的年份是 2004 年，一共输出版权 1 314 种。版权引进与版权输出之间存在巨大逆差，近 10 年来总逆差比达到 10∶1，其中逆差最大的是 1999 年和 2003 年，均达到 15∶1。[①] 为了帮助中国图书“走出去”，2005 年，中国政府开始实施“中国图书对外推广计划”，对购买或获赠中国出版机构版权进行出版的国外机构提供翻译费的资助。2006 年北京国际图书博览会期间，政府还专门设立了“中国图书精品展区”，举办了“中国图书对外推广计划”说明会，向世界各国出版机构推出了 419 种反映中国当代政治、经济、文化以及介绍中国文化、历史的图书。在政府与出版社自身的双重努力下，2006 年 8 月，在第 13 届北京国际图书博览会（BIBF）上，签约的版权输出合同为 1 096 项，版权引进合同 891 项，版权输出与引进之比为 1.23∶1，第一次实现了图书版权贸易的顺差，成为北京国际图书博览会 20 年历史上的首次。2006 年 10 月，在德国第 58 届法兰克福书展上，中国展团共输出版权 1 364 项，是 2005 年的两倍多。2000 年，全国共引进出版物版权 7 343 种，输出出版物版权 638 种，引进与输出之比是 11.5∶1；2005 年，全国共引进出版物版权 10 894 种，输出出版物版权 1 517 种，引进与输出之比是 7.18∶1；2010 年，全国共引进出版物版权 16 602 种，共输出出版物版权

① 许建：《中国版权贸易逆差研究》，硕士学位论文，南京大学，2006。

5 691 种[①],引进与输出之比为 2.92∶1。10 年间,版权逆差在逐步缩小。

在扭转版权逆差的同时,中国出版业还在以多种多样的方式"请进来"与"走出去"。1995 年,世界传媒巨头贝塔斯曼进入中国,建立了上海贝塔斯曼文化实业有限公司,1997 年建立了中国第一个合资书友会。虽然贝塔斯曼在 2008 年关闭其在中国经营了 13 年的书友会,但它将图书俱乐部这一经营理念带到了中国。

为了帮助中国图书更好地走向世界,2007 年,我国还设立"中国图书对外推广计划",并建立了"中国图书对外推广网",帮助出版社搭建与世界交流的平台。2007 年 4 月,新闻出版总署还出台了对列入"中国图书对外推广计划"或实施"走出去"战略的出版项目所需要的书号不限量、支持重点出版企业申办出口权、支持出版单位创办外向型外语期刊等优惠政策。2009 年 3 月,"中国图书对外推广计划"工作小组又开始实施"中国文化著作翻译出版工程",在世界范围内组织开展对中华核心文化典籍的翻译工作。如今,已经形成了"经典中国"国际出版工程、中外图书互译计划、中国音像制品"走出去"工程、中国图书对外推广计划等四大工程,推动了中国出版和中国文化的"走出去"。

在政府助推出版"走出去"的同时,各出版社也积极促进中国图书走向海外。2007 年 1 月,《大中华文库》(汉英对照)启动全球发行。《大中华文库》第一批选目 10 种,包括《三国演义》、《红楼梦》、《水浒传》、《西游记》、《论语》、《老子》、《周易》、《孟子》、《庄子》、《孙子兵法》,由外文出版社、中华书局、湖南人民出版社等十余家出版社承担出版任务。2007 年还启动了联合国通用的另外 4 种文字(法文、西班牙文、阿拉伯文、俄文)及德文、日文、韩文总计 7 种文字的多语种对照版的翻译出版工作,成为我国历史上首次系统全面地向世界推出的中国古籍整理和翻译的重大文化工程。

在图书产品"走出去"的同时,出版社也开始"走出去"。2007 年 4 月,中国青年出版社总社登陆英国出版市场,在英国建立了伦敦分社。2007 年 9 月,中国出版集团公司与下属的中国出版对外贸易总公司,分别与法国博杜安出版公司和澳大利亚多元文化出版社签订协议,在巴黎和悉尼注册成立了"中国出版(巴黎)有限公司"(CPG International-Paris)和"中国出版(悉尼)有限公司"(CPG International-Sydney)。2008 年 6 月,人民卫生出版

① 资料来源:原国家新闻出版总署(国家版权局)网站提供的相关数据。

社在美国康涅狄格州成立了美国编辑部。2009年4月,中国国际出版集团在英国伦敦设立了华语教学出版社伦敦分社(Sinolingua London Limited)。

出版业还积极走出去开辟国际市场。2008年8月,中国出版集团和美国百盛公司合作,在美国纽约法拉盛开设了第一家新华书店海外分店,主销中国大陆出版的各类出版物,营业总面积达500平方米,成为当时在美销售中国大陆出版物面积最大、品种最齐全的书店之一。此后,中国出版集团又陆续在美国圣地亚哥、新泽西、纽约和英国伦敦等处开设了多家新华书店。2009年6月,中国图书进出口(集团)总公司与美国时代国际文化发展公司合资成立了新华书店(北美)网上书店,拓宽了在北美销售华文图书的渠道。2010年7月,中国出版集团公司、中国图书进出口(集团)总公司与日本大型出版经销商东贩株式会社、中国媒体株式会社共同出资在日本东京成立了中国出版东贩株式会社公司。2010年8月,凤凰出版传媒集团和法国阿歇特图书出版集团共同投资成立的凤凰阿歇特文化发展(北京)有限公司挂牌开业。阿歇特图书出版集团的母公司拉加代尔是欧洲第一、世界第二的大众及教育图书出版集团,在全球25个国家和地区拥有出版机构。2010年9月,安徽时代出版传媒集团收购了拉脱维亚的S&G印刷公司,成为中拉两国在拉脱维亚成立的首家合资企业。

"走出去"战略的实施,既推广了中国文化,又推动了中国出版的国际化,使中国出版学到了国外的先进经验。2011年,新闻出版总署出台了《新闻出版业"十二五"时期"走出去"发展规划》和《关于加快我国新闻出版"走出去"的若干意见》,"走出去"的成果将更为丰硕。

5. 版权保护不断加大,形成良好出版环境

版权是出版业赖以生存的基石。进入新千年后,我国在著作权保护方面出台了许多新的法律规定,并对网络上的著作权也给予了保护,为出版业的健康发展奠定了基础。

2001年10月,第九届全国人大常委会第24次会议通过了《关于修改中华人民共和国著作权法的决定》,对1990年9月颁布、1991年6月实施的《中华人民共和国著作权法》进行了修改。修订后的著作权法,既与加入世贸组织后的国际要求相符合,又考虑到了网络环境下的著作权保护,同时加大了打击盗版的力度。2004年12月,最高人民法院、最高人民检察院联合出台公布了《关于办理侵犯知识产权刑事案件具体应用法律若干问题的解释》,统一了定刑量罪的标准,大幅降低了制裁侵权盗版的门槛。

2007年4月，最高人民法院、最高人民检察院又联合出台了新的办理侵犯知识产权刑事案件的司法解释，再次降低了打击侵犯著作权罪的数量门槛：以营利为目的，未经著作权人许可，复制发行其文字作品、音乐、电影、电视、录像作品、计算机软件及其他作品，复制品数量合计在500张(份)以上的，属于刑法第217条规定的“有其他严重情节”；复制品数量在2 500张(份)以上的，属于刑法第217条规定的“有其他特别严重情节”。新司法解释规定的以上两个侵犯著作权罪的数量，较之2004年出台的司法解释规定的数量标准“1 000张(份)以上”和“5 000张(份)以上”，降低了一半。这一新的司法解释，标志着我国对侵犯著作权犯罪进行更严厉的打击。2006年7月，《信息网络传播权保护条例》开始施行，加大了对网络版权的保护。2006年12月，国际版权局与美国电影协会、商业软件联盟、美国出版商协会、英国出版商协会在京签署了《关于建立网络版权保护协作机制的备忘录》，在打击跨国互联网侵权盗版行为及其他相关问题等方面进行了合作。2007年6月，《世界知识产权组织版权条约》和《世界知识产权组织表演和录音制品条约》在我国正式生效，对信息技术和通讯技术领域，特别是互联网领域的表演者和录音制品制作者等版权人的利益更好地进行了保护。

这一时期，政府部门积极致力于打击盗版工作。2000年1月，全国“扫黄”办、财政部、公安部、新闻出版署、国家版权局联合发出《对举报“制黄”、“贩黄”、侵权盗版和其他非法出版活动有功人员奖励办法》，发动社会力量打击盗版。同时，对一些典型性的盗版案例进行了大力宣传。2003年3月，上海市第二中级法院对《辞海》盗印案进行宣判，被告陕西省汉中印刷厂与李渭渭、哈翎停止侵害原告辞海编辑委员会与上海辞书出版社分别享有的《辞海》(1999年版)普及本著作权和专有出版权，共同赔偿两原告人民币50万元，同时还作出了对汉中印刷厂罚款人民币6万元的民事制裁决定。2007年7月，全国“扫黄打非”工作小组办公室、公安部、新闻出版总署、国家版权局在湖南省长沙市召开“1·28”贮存盗版图书案总结表彰会暨全国“扫黄打非”办案工作座谈会。该案破获了以犯罪嫌疑人梁云为首的特大盗版图书制售团伙，共查获盗版图书268种、62.7万册(套)，码洋2 032万余元，抓获主要犯罪嫌疑人4人。

行业部门也积极投入到反盗版中。2002年1月初，北大方正电子有限公司联合国内150余家出版社、图书馆、掌上电子设备公司、网站以及IT技术企业发起组织了“中国ebook及数字版权保护联盟”。2006年9月

1日,江西、江苏、浙江、山东、安徽、福建六省的六家少儿出版社发起成立了华东六省少儿出版社反盗版联盟,在打击盗版的调查、取证、举报、诉讼等方面进行全面合作。2006年12月,盛大、网易、新浪、微软中国、北京金山、三辰卡通等六大企业联合发起了"中国企业版权联盟",加大对版权的保护,打击各类盗版尤其是网络盗版行为。2006年12月,中国工商联书业商会期刊专业委员会在北京召开了"名刊反盗版联盟"成立会。《读者》、《家庭》、《青年文摘》、《家庭医生》、《格言》、《小说月报》6家杂志社成为"盟友",将共同打击期刊盗版行为。2011年11月,全国"扫黄打非"办公室与中国科学院签署了《关于开展互联网"扫黄打非"技术保障战略合作协议》,双方将就新技术背景下"扫黄打非"手段、网络出版物传播监测管理、网络出版物发现与识别判定技术、网络非法传播取证技术等进行研究,标志着将对网络盗版等行为进行更严厉的打击。

这一时期,一些代表性的版权官司,标志着民众版权意识的增强。2006年3月,博客写手秦涛在北京市海淀区人民法院起诉搜狐公司侵犯了他的博客著作权,成为国内首起博客著作权案。而2009年中国作家协会与谷歌的交涉,使网络上的版权问题受到了社会更多的关注。2009年11月,鉴于谷歌公司未经中国作家许可而擅自数字化了中国作家的作品,中国作家协会正式向谷歌公司发出维权通告,要求谷歌公司在一个月内向中国作家协会提供已经扫描收录使用的中国作家作品清单,并提交处理方案及赔偿事宜。2011年3月,百度文库也因为收录了大量有版权的作品,而遭到社会各界人士的抗议。版权意识的觉醒,标志着出版发展的良好环境开始形成。

6. 数字出版蓬勃发展,引领未来出版转型

新千年以后中国出版业的最大变化,或许便是出版业的数字化。

2000年,第八届北京国际图书博览会上,方正集团曾有这样的预言:2001年国内将有更多出版社涉足ebook的出版;2002年电子书包、课本被接受;2005年少数出版社的ebook的销售超过5%;2006年,手持阅读器成为时尚;2008年随处可买ebook;2015年图书馆新增图书的50%是ebook;2020年ebook占据市场50%以上的分额;2030年虽然纸质图书与ebook同时存在,但ebook超过纸质图书……[①]虽然方正的预言并不准确,

---

① 张志强:《中国出版,离世界水平还有多远》,《中国出版》2000年第10期,第24—26页。

但毫无疑问，数字出版在21世纪头10年发展最为迅速。2006年底，我国数字出版产业的整体收入不到200万元[①]。2010年7月，新闻出版总署出版产业发展司发布的《2009年新闻出版产业分析报告》[②]显示，2009年我国的数字出版总产出达到了799.4亿元。2011年7月，新闻出版总署发布的《2010年新闻出版产业分析报告》中，2010年数字出版实现总产出1 051.8亿元[③]。2011年，数字出版总产值达到了1 377.9亿元[④]。数字出版呈井喷状发展，数字出版越来越成为未来的出版方向。

2010年9月，新闻出版总署出台了《关于加快我国数字出版产业发展的若干意见》，对数字出版产业发展的总体目标、主要任务和保障措施进行了规定。2010年10月，《新闻出版总署关于发展电子书产业的意见》，对电子书产业发展的重要意义、指导思想和基本原则、重点任务和保障措施等进行了阐释，对电子书标准的制定、电子书产业发展规划等工作进行了部署。2011年4月，上海市政府签发了《关于促进本市数字出版产业发展的若干意见》，成为首个全方位支持数字出版产业发展的省级政府文件。此外，全国各地还建立了大量数字出版基地，促进和推动数字出版业的发展。

2010年3月，上海世纪出版集团推出了"辞海悦读器"，内置品牌工具书《辞海》，这是全球首款由出版机构出品的电子书阅读器。2010年4月，中国出版集团推出了电子书阅读器"大佳"，内装108部畅销书。2010年5月，读者集团推出专属阅读器，可阅读新一期的《读者》杂志和创刊近30年来的精选文章。2011年5月，上海世纪出版集团又推出了辞海彩色电纸阅读器。该阅读器采用胆固醇电子纸，不仅适合阅读以文字为主的一般大众读物，也适合阅读以彩图为主的少儿读物，以及以图表、数字为主的科技类专业图书，还适合阅读彩色期刊和报纸。这些阅读器的推出，无疑进一步推动了电子书产业的发展。但在苹果iPad等平板电脑的冲击下，国内电子书阅读器的销量受到很大影响。未来的国内电子书阅读器市场如何发展，仍有待继续观察。

---

① 郝振省主编：《2005—2006中国数字出版产业年度报告》，中国书籍出版社2007年版，第4页。

② 新闻出版总署出版产业司. 2009年新闻出版产业分析报告. http://www.gapp.gov.cn/news/1656/90696.shtml. 2012-12-20.

③ 新闻出版总署出版产业司. 2010年新闻出版产业分析报告. http://www.gapp.gov.cn/news/1656/91957.shtml. 2012-12-20.

④ 冯文礼：《解读〈2011年新闻出版产业分析报告〉》，《中国新闻出版报》2012年7月10日。

7. 民营出版得到发展，成为重要文化力量

改革开放以后，随着出版体制改革的推进，一些集体单位与个人开始从事图书零售业务，并逐步延伸到图书批发领域，进而介入图书出版领域。民营出版逐渐发展壮大，成为我国一支重要的文化力量。

目前，我国从事编辑策划的民营出版或文化工作室尚没有被列入国家的有关统计之中，只能根据他们的市场活动进行大致的评估。据保守统计，全国有大大小小的出版工作室 8 000 多家：其中北京最多，业务相对稳定的工作室约有 2 000 家，业务不稳定的小型工作室约有 3 000 家；上海约有 300 家；江苏 100 多家；湖南、广东、山东等省平均数量在 30—50 家。而 2011 年全国国有图书出版社总数是 580 家。在数量上，民营出版或文化工作室数量已大大超过了国有出版社。

从事出版物销售的民营网点数量和人员也远远超过国有书店和国有发行网点。2000 年，全国共有出版物发行网点 76 136 处、从业人员 24.90 万人，其中国有书店 2 711 处、国有售书点 10 922 处、出版社自办售书点 672 处，合计为 14 305 处，占全国出版物发行网点的 18.79%；新华书店系统共有职工 14.53 万人，占全国从业人员总数的 58.4%；集、个体书店(摊)37 374 处，占全国出版物发行网点的 49.1%，其他网点 24 457 处，占全国出版物发行网点总数的 32.1%。该年度统计资料中没有统计集、个体书店的从业人员，但除新华书店系统之外的从业人员，占全国从业人员总数的 41.6%。[①] 2011 年，全国共有出版物发行网点 168 586 个、从业人员 72.54 万人，其中国有书店和国有发行网店 9 513 处，出版社自办发行网点 447 处，两者合计 9 960 处，占全国网点数的 5.9%；国有书店和国有发行网点从业人员 13.95 万人，占全国从业人员总数的 19.2%；集、个体零售网点 113 932 个，占全国出版物发行网点的 67.6%，集、个体零售网点从业人员 34.74 万人，占全国从业人员数的 47.9%。2011 年的调查中，新华书店系统外批发点 7 141 处、其他网点 37 553 处，两者合计 44 694 处，占全国网点总数的 26.5%；新华书店系统外批发点从业人员 15.22 万人，其他网点从业人员 8.63 万人，两者合计 23.85 万人，占全国从业人员总数的 32.9%。因无法确定新华书店系统外的批发网点是否有民营成分，因而均

---

① 《2000 年全国新闻出版业基本情况》，新闻出版总署计划财务司编《中国新闻出版统计资料汇编 2001》，中国劳动社会保障出版社 2001 年版，第 9 页。

不计入民营内。① 可见，从事出版物发行的民营企业数量远远超过了国有书店和国有发行网店，在全国占有三分之二的份额，从业人员的数量也占全国一半左右。

民营出版公司经过十多年的发展，积累了大量资本，部分民营公司的经济实力超过了国有单位。

在出版策划领域，一些民营出版公司的年出版码洋达到了十多亿元。2005 年起，山东的志鸿教育集团销售码洋就连续超过了 10 亿元，而同时，国有出版社只有 4 家出版社的销售码洋超过 10 亿元。② 江苏省内的可一、经纶、春雨这 3 家民营出版公司，2010 年的出版码洋在 6 亿元左右，除低于省内出版码洋排名第一的江苏教育出版社(约 12.5 亿)外，远远超过了译林出版社(约 3.5 亿)、南京师范大学出版社(约 2.1 亿)等国有出版社。近年来，民营公司策划的各类畅销书，如文学领域的《小团圆》、《杜拉拉升职记》、《盗墓笔记》、《藏地密码》，历史领域的《明朝那些事儿》、《历史是个什么玩意儿》等，均受到了社会的广泛欢迎。据估计，在畅销书领域，民营公司策划的出版物占据了畅销书市场的 90%。③ 一些民营公司策划的畅销书，销售量达到了百万册以上。如《富爸爸穷爸爸》自 2000 年 9 月出版至 2008 年，销量超过了 500 万册;《谁动了我的奶酪》自 2001 年 9 月出版至 2008 年，也达到了 200 万册。④ 这些畅销书，都壮大了民营出版公司的经济实力。一些民营公司也介入到数字出版领域。2008 年成立的盛大文学有限公司，拥有起点中文网、红袖添香网、言情小说吧、晋江文学城、榕树下、小说阅读网、潇湘书院等七大原创文学网站以及天方听书网和悦读网，成为中国最大的原创文学网站之一。

在出版物销售上，根据我国加入 WTO 后的承诺，我国开放了出版物分销市场，民营出版公司也可以获得出版物总批发权。2004 年，上海英特颂图书有限公司、时代经纬文化发展有限公司、山东世纪天鸿书业有限公

---

① 《2011 年全国新闻出版业基本情况》，新闻出版总署出版产业发展司编《中国新闻出版统计资料汇编 2012》，中国书籍出版社 2012 年版，第 10 页。

② 一荭:《民营文化公司发展研究报告》，郝振省主编《2007 中国民营书业发展研究报告》，中国书籍出版社 2008 年版，第 20 页。

③ 魏玉山:《依然前进中的民营书业》，郝振省主编《2009 中国民营书业发展研究报告》，中国书籍出版社 2010 年版，第 3 页。

④ 一荭:《民营文化公司发展研究报告》，郝振省主编《2007 中国民营书业发展研究报告》，中国书籍出版社 2008 年版，第 22 页。

司等3家民营出版公司获得了“出版物国内总发行权”和“全国性连锁经营权许可”。目前，全国有总发行权的企业约百家，其中民营企业有30多家，占三分之一左右。在网络销售方面，目前有影响的网上书店，如当当网、亚马逊中国，均是民营企业或外资企业。

二、新千年来中国出版业的主要问题

虽然新千年来中国出版业取得了不菲的成绩，但问题也很明显，主要表现在下列方面。

1. 与先进国家差距较大，产业结构不够合理

新千年来，中国出版业虽然得到了大规模的发展，但从出版经济实力上与先进国家相比，仍有着较大的差距。

2011年，我国图书定价总金额为1 063.06亿元、期刊定价总金额为238.43亿元、报纸定价总金额400.44亿元，按当年底的汇率1美元折合6.3元人民币计算，分别为168.74亿美元、37.85亿美元、63.56亿美元。

2011年，美国图书、期刊、报纸三者的市场总产值是440.45亿美元[①]；英国的图书、期刊、报纸三者的市场总产值是137.45亿美元[②]；日本的图书、期刊、报纸三者的市场总产值是395.08亿美元[③]。

2011年，全球出版市场总值是2 444.32亿美元[④]。中国占其中的11.1%，美国占18.0%，英国占5.6%，日本占16.2%。

表1　2011年中美英日四国图书、期刊、报纸市场总值比较(亿美元)

	中国		美国		英国		日本	
图书	168.74	62.5%	223.76	50.8%	36.20	26.3%	90.37	22.9%
期刊	37.85	14.0%	125.29	28.4%	29.91	21.8%	119.05	30.1%
报纸	63.56	23.5%	91.40	20.8%	71.34	51.9%	185.66	47.0%
总计	270.15	100%	440.45	100%	137.45	100%	395.08	100%
当年人口数(亿)	13.4		3.12		0.6		1.3	
占全球份额	11.1%		18.0%		5.6%		16.2%	

① 资料来源：*Publishing in the United States 2012*. London, Marketline, 2012.

② 资料来源：*Publishing in the United Kingdom 2012*. London, Marketline, 2012.

③ 资料来源：*Publishing in the Japan 2012*. London, Marketline, 2012.

④ 资料来源：*Publishing in the United States 2012*. London, Marketline, 2012.

从表 1 可以看出，我国的图书出版、期刊出版、报纸出版只占世界出版市场总额的 11.1%，低于美国和日本，但中国的总人口是美国的 4.3 倍和 10.3 倍。从结构上看，我国的图书出版占我国出版市场总额的 62.5%，远远高于美、英、日等国；而期刊出版只占我国出版市场总额的 14.0%，低于美、英、日等国。因此，我国图书出版在市场结构上所占份额偏高，而期刊所占份额偏低。

2. 出版职业道德出现滑坡现象

随着国有和民营出版业的发展，出版职业道德出版滑坡现象。

2002 年，图书市场上出现了大量高定价、低折扣的“一折书”。一套定价为 1 680 元的《资治通鉴》，书店进货为 60 元，即使书店按 100 元的零售价卖，毛利仍可达 40%。一部定价高达 9 800 元的《二十四史》，进货价只有 400 元，即便只卖一折，也能赚到一倍的钱。一时间，全国的大街小巷到处可见“一折书”的影子。尤其是一些书商采取特价书市的形式销售这些“一折书”，更使“一折书”成为社会公众关注的对象。“一折书”的出现，极大地扰乱了图书市场的价格秩序，也使社会公众对出版业造成了误解，中国的出版业也因此被列入“十大暴利行业”之一。2003 年 6 月，新闻出版总署为此专门召开了以狠刹高定价、低折扣歪风，彻底治理图书市场“一折书”现象为主题的现场会。2004 年 5 月，新闻出版总署通报批评 21 家“高定价、低折扣”图书出版单位。至此，“一折书”才开始退出市场。但“一折书”退潮后，市场上不久又出现了“黄金书”等高档礼品书。这些高档礼品书，以黄金、白银等贵重材质作为载体印制，有的还加上金银珠宝或名贵天然木材等进行豪华包装和装帧，以书籍之名，行奢华和腐败之实。2006 年 5 月，新闻出版总署发布了《关于禁止出版发行“黄金书”等包装奢华、定价昂贵图书的通知》，禁止图书出版单位出版或与他人合作出版以黄金、白银、珠宝、名贵木材等高档材质为载体或进行豪华包装的奢华类图书；禁止出版物发行单位发行销售此类图书；禁止报纸、期刊等出版物为此类图书做广告，才使“黄金书”逐渐销声匿迹。

出版职业道德滑坡的典型是“伪书”的出版。2004 年，机械工业出版社出版的、曾连续好几个月位居图书销售排名前列，并且创造了上市 8 个月售出 200 多万册“惊人”业绩的《没有任何借口》，被揭发出是一部伪造作者、伪造宣传信息的“假书”。虽然伪书古已有之，但 2004 年出现的伪书，纯粹是为了多赚钱而作假，并且是由正规出版社出版的图书。这些伪书，或伪造子虚乌有的国外作者和虚假评论,或盗用国外畅销书书名及相关信息,或冒名国内知名作家,造成市场极大的混乱。2005 年 5 月,新闻出版总署公布了首批含有虚假信息的图书,机械工业出版社出版的《没有任何借口》、《麦肯锡卓越工作方法》,国际文化出版公司出版的《强者怎样诞生》、《执行力Ⅱ(完全行动手册)》、《执行力Ⅲ(人员流程)》、《执行力Ⅲ(战略流程)》、《执行力Ⅲ(运营流程)》、《成长力》等 19 种图书被列入名单。2005 年 7 月,新闻出版总署公布第二批伪书名单,哈尔滨出版社出版的《超级分析力训练》、《超级思考力训练》、《超级想像力训练》、《世界最杰出的十位 CEO》等,企业管理出版社出版的《管理圣经》、《规划:发现战略的力量》等 12 家出版社的 49 种图书再次被列为伪书。

"伪书"之后,伪劣养生书又出笼。2009 年 11 月人民日报出版社出版的《把吃出来的病吃回去》成为其中的代表。这本书在短短半年的时间内销售达 300 余万册。而作者张悟本在北京的"养生基地"——"悟本堂"也因此名声大振,一个挂号费一路飙升到 2 000 元左右。然而,随着媒体不断对其养生理念及身份的质疑,张悟本那一套养生理念完全被击破。他本人既不是什么"四代中医"出身,也不是什么"国家卫生部首批国家高级营养师",只不过是北京某针织厂的下岗工人。人们这才知道,"吃出来的病"根本不可能再"吃回去"。2011 年 7 月,新闻出版总署公布了《别让不懂营养学的医生害了你》、《特效穴位使用手册》等 24 种编校质量不合格的养生保健类图书,要求出版单位将其全部收回并销毁。

从"一折书"到"伪书"、伪劣养生书,它们的出现,说明出版职业道德的丧失。以弘扬文明为己任的出版业,正做着践踏文明的事情。

3. 数字出版比例失调

出版的本质是传递知识。书,这个依赖简牍、缣帛、纸张而存在了千年的知识形态,在电子书阅读器、平板电脑、手机等阅读设备不断发展的情况下,开始出现新的发展。2009—2011 年,我国的数字出版产值得到了很大的发展(见表 2),但电子书、数字期刊、数字报纸所占的份额微乎其微。

表 2 2009—2011 年我国数字出版总量规模 单位:亿元

	2009 年	2010 年	2011 年
手机出版	314.00	349.8	367.34
手机音乐	/	286.42	282.0

（续表）

	2009年	2010年	2011年
手机阅读	/	32.90	45.74
手机游戏	/	30.48	39.6
网络游戏	256.20	323.7	428.5
数字期刊	6.00	7.49	9.34
电子书	14.00	24.8	16.5
电子书内容	4.0	5.0	7.0
电子书阅读器	10.0	19.8	9.5
数字报纸（网络版）	3.10	6.00	12
网络广告	206.10	321.2	512.9
网络动漫	/	6.00	3.5
在线音乐	/	2.80	3.8
博客	/	10.00	24
合　计	799.40	1 051.79	1 377.88

2009年，我国电子书产值14亿元（电子书4亿元、电子书阅读器10亿元），2010年为24.8亿（电子书5亿元、电子书阅读器19.8亿元），2011年为16.5亿元（电子书7亿元、电子书阅读器9.5亿元）；数字期刊2009年产值是6.0亿，2010年是7.49亿，2011年是9.34亿元；数字报纸（网络版）2009年产值是3.1亿，2010年是6.0亿，2011年是12亿元。与此同时，2009年的纸质图书的定价总额是848.04亿元，期刊是202.35亿元，报纸是351.72亿元；2010年，纸质图书出版的定价总额是936.01亿元，期刊总定价是217.69亿元，报纸是367.67亿元；2011年，纸质图书出版的定价总额是1 063.06亿元，期刊是238.43亿元，报纸出版是400.44亿元。从规模上看，目前的电子书、电子期刊、电子报纸仍处于起步期，网络游戏、网络广告是数字出版的大头。某些媒体宣称我国“数字出版”产值已经超越“传统出版”产值，不但误导了社会，也不利于数字出版的未来发展。

4. 民营出版未得到充分发展

近年来，我国民营出版业虽然得到了很大的发展，为社会提供了大量有影响的出版物，但民营出版业的发展仍受到很大的限制。

中华人民共和国成立后，我国对私营出版业进行了调整和改造。1956

年社会主义改造完成后,民营出版业退出了舞台。十一届三中全会后,随着改革开放政策的落实,民营资本相继进入了图书发行业和图书印刷业。但在编辑出版领域一直不允许民营资本进入。

20 世纪 80 年代开始,民营出版或文化公司就通过书号合作等方式从事出版,但政府管理部门一直未予承认,并对其中一些违规行为以“非法出版”进行打击。2009 年 4 月,新闻出版总署印发了《关于进一步推进新闻出版体制改革的指导意见》,将各种形式的“非公有出版工作室”定位为“新闻出版产业的重要组成部分”,是“新兴出版生产力”,提出要“在特定的出版资源配置平台上,为非公有出版工作室在图书策划、组稿、编辑等方面提供服务”,标志着我国新闻出版管理部门对民营公司从事出版业务开始予以承认。但同时,民营公司依然无法获得出版许可证,他们从事出版业务,依然要与国有出版单位进行合作。这些出版公司仍处于合法与非法之间的“灰色地带”,发展受到制约,未能真正激发出活力。

在出版物销售上,随着改革开放后社会对出版物的强烈需求,全国的民营书店数量很快超过了国有书店,并在全国各地出现了许多有影响力的民营书店。但近年来,随着房租的上涨、网络书店的发达,民营书店开始走下坡路。一批在当地乃至在全国有影响的民营书店开始倒闭。2006 年,曾开办全国第一家民营连锁书店的席殊书屋,因为资金问题而黯然收场。2010 年,北京第三极书局倒闭。2011 年,北京风入松书店、光合作用全国连锁书店等关门。另有一些民营书店虽没有倒闭,但处于惨淡经营之中。

三、中国出版业的未来走向

随着中国社会和经济的进一步发展,未来中国出版业面临较好的机遇。中国出版业将继续在改革与发展的道路上前行。

1. 从出版大国向出版强国迈进

与世界先进国家的出版业相比,中国出版业仍有较大的差距。虽然中国的新书品种数量超过了英、日等国,成为出版大国,但市场规模仍有待扩大,尤其不论新书品种数,还是市场规模,都低于美国。

2010 年 1 月的全国新闻出版局长会议上,新闻出版总署署长柳斌杰提出了“要把做大主体、做强主业作为出版企业的发展方向”、“从出版大国向出版强国迈进”。2011 年 10 月 15 日至 18 日,中国共产党召开了第十七届六中全会，审议通过了《中共中央关于深化文化体制改革、推动社会主义文化大发展大繁荣若干重大问题的决定》。《决定》提出要加快发展文化产业，推动文化产业成为国民经济支柱性产业；要发展壮大出版发行、影视制作、印刷、广告、演艺、娱乐、会展等传统文化产业，加快发展文化创意、数字出版、移动多媒体、动漫游戏等新兴文化产业。作为文化产业中的核心部分之一，出版业在未来获得了更好的发展机遇。

建设出版强国毫无疑问将成为我国下一个10年的奋斗目标。然而，目前整个全球出版业的产值还抵不上一个苹果公司。整个中国的出版产值，也不如一家大型钢铁或石油公司。出版的价值在于传播知识，在于这些知识所引导的社会进步。建设出版强国的目的，是在提升出版物品质、出版更多传世的优秀作品的同时，提升出版业的经济能力。如果出版强国仅仅看经济规模，出版业也就失去了存在的理由和意义。近年来，各地出版集团为扩大经济规模而导致的"主业"和"副业"之争，正从另一个侧面说明了出版业对建设出版强国的误读。因此，建设出版强国，不可偏离出版的本质。同时，要加强对从业人员的出版职业道德教育，制订严厉的惩罚措施，帮助中国出版业推出更多更好的优质出版物。

2. 加大版权保护力度，推动出版产业发展

随着知识经济的来临，以出版业为核心的知识产业在经济中的作用越来越大。美国国际知识产权联盟(The International Intellectual Property Alliance，简称IIPA)自1990年起，每年或隔年发布的《美国经济中的版权产业》(*Copyright Industries in the U. S. Economy*)，说明了版权产业在美国经济中的重要性。[①] 美国的版权产业包括核心版权产业、部分版权产业、边缘版权产业、交叉版权产业四大类。2011年11月2日，IIPA发布的《美国经济中的版权产业：2011年报告》(*Copyright Industries in the U. S. Economy: The 2011 Report*)[②]显示：2007—2010年，美国核心版权产业创造的产值在9 000亿美元左右，占美国整个GDP的6.4%左右；而2007—2010年，美国整个版权产业的产值在16 000亿美元左右，占整个GDP的11%左右(见表3)。

---

① 李明德：《"特别301条款"与中美知识产权争端》，社会科学文献出版社2000年版，第99页。

② Stephen E. Siwek. *Copyright Industries in the U. S. Economy: The 2011 Report*. http://www.iipa.com/pdf/2011CopyrightIndustriesReport.PDF. 2011-11-02.

表 3　2007—2010 年美国版权产业产值(亿美元)及占 GDP 比例

	2007 年	2008 年	2009 年	2010 年
核心版权产业	9 043	9 139	9 010	9 318
全部版权产业	15 836	15 930	15 627	16 269
美国 GDP 总额	140 618	143 691	141 190	146 604
核心版权产业占 GDP 的份额	6.43%	6.36%	6.38%	6.36%
全部版权产业占 GDP 的份额	11.26%	11.09%	11.07%	11.10%

在就业上,2007—2010 年,美国核心版权产业雇用了 500 万人左右,占整个美国就业总人数的 4%;全部版权产业雇用了 1 100 万人左右,占美国就业总人数的 8.2%—8.4%(见表 4)。

表 4　2007—2010 年版权产业的就业人数(万人)及占比例

	2007 年	2008 年	2009 年	2010 年
核心版权产业从业人员	549.61	547.48	517.61	509.76
全部版权产业从业人员	1 155.72	1 147.38	1 081.48	1 063.22
整个美国从业人员	13 759.8	13 679.0	13 080.7	12 981.8
核心版权产业从业人员的比例	3.99%	4.00%	3.96%	3.93%
全部版权产业从业人员的比例	8.40%	8.39%	8.27%	8.19%

根据这一报告,2007—2008 年,美国核心版权产业和全部版权产业的年实际增长率分别是 3.05%、2.39%,而同期美国的 GDP 增长率为 0;2009—2010 年,美国核心版权产业和全部版权产业的年增长率分别是 3.44%、4.2%,而同期美国的 GDP 增长率为 2.85%。在版权产业的出口上,估计 2007 年为 1 280 亿美元,2010 年为 1 340 亿美元,超过化工、食品、汽车、飞机等产业的出口[①]。这些数据都说明,版权产业已成为美国经济中的重要组成部分。

其他一些发达国家的情况也说明了版权产业的重要性。如英国的创意产业 2000 年的产值占 GDP 的 7.9%,1997 年至 2000 年的年均增长率为 9%,高于同期 GDP 增长率 6.2 个百分点;出口 87 亿英镑,占所有服务

---

① Stephen E. Siwek. *Copyright Industries in the U. S. Economy: The 2011 Report*. http://www.iipa.com/pdf/2011CopyrightIndustriesReport.PDF. 2011 - 11 - 02.

和贸易出口额的3.3%。日本2000年的文化产业市场规模为85亿日元，占GDP的17%。[①]

我国版权产业与国外相比，仍有较大的差距。2004年度，中国版权行业增加值为7 884亿元人民币，占全国GDP的4.9%；就业人数616万人，占全国就业人数的5.6%；2006年度，中国版权行业增加值为13 489亿元人民币，占全国GDP的6.4%；就业人数763万人，占全国就业人数的6.5%。[②]2004年，美国的版权相关产业的行业增加值为13 008亿美元，占美国GDP的11.09%；尤其是美国的版权相关产业的年增长率高于美国GDP的年增长率。[③] 未来的中国版权相关产业还有待继续发展。而良好的版权保护，将为中国版权相关产业的发展打下良好的基础。

随着数字技术的发展，盗版等侵犯版权的行为变得更为便捷。因此，版权的保护也就更加重要。由于中国国民的法律素养较为欠缺、长期以来版权保护不力，我国民众对盗版出版物等抵制不够。从早期的印刷书籍盗版到现在的网络盗版，盗版行为极大地危害了中国出版业及其未来发展。因此，只有加大版权保护才能促进和推动中国出版业的发展。政府部门要加大打击侵权盗版的力度，营造出良好的出版环境。出版单位要增强维权意识，发现盗版等侵权行为要及时处理。社会各界要大力宣传《著作权法》等，引导社会尊重版权。广大读者要养成正版意识，自觉抵制盗版。通过社会各界的综合努力，共同促进和推动出版业的发展。

3. 推动民营书业的发展

改革开放后，我国民众对出版物产生了极大的需求。而国有出版单位市场意识薄弱，导致出版市场供求失衡。一些民营出版公司敏锐地捕捉到了这一机会，利用改革开放后国家出台的政策，从图书零售、批发领域起步，逐步渗透到编辑出版领域，逐渐成长壮大为我国出版业中不可忽视的一股力量。毋庸置疑，一些民营出版公司唯利是图，偷税漏税，出版物品质不高，编校质量差错严重等，有的甚至参与盗版或出版“伪书”。但总的看来，民营出版公司在开发优秀图书、活跃出版市场、满足民众生活、传播积累文化等方面做出了不菲的成绩。

---

① 祁述裕主编:《中国文化产业国际竞争力报告》，社会科学文献出版社2004年版，第10—11页。

② 柳斌杰主编:《中国版权相关产业的经济贡献》，中国书籍出版社2010年版，第2页。

③ 柳斌杰主编:《中国版权相关产业的经济贡献》，中国书籍出版社2010年版，第89页。

从历史上看，民营出版业曾为中国文化的传播做出了极大的贡献。古代的家刻、坊刻，在保存先贤著述、普及日常知识、满足民众需求等方面曾做出过巨大的贡献。尤其是民国时期的商务印书馆、中华书局等民营机构，出版了《大学丛书》、《中国文化史丛书》、《辞源》、《辞海》等至今仍有影响的学术著作与工具书，影印了《百衲本二十四》、《古今图书集成》等有价值的古籍，其功绩早已得到海内外的一致公认，至今仍嘉惠学林。

因此，充分解放思想，承认、鼓励和发展民营出版业，是现阶段中国特色社会主义建设的必然要求，也是文化产业大发展、大繁荣的必然要求，是出版产业改革、发展和繁荣的必然趋势。

如何解决民营出版公司的出版许可权问题，目前国家还在探索之中。2010 年，北京市率先在中关村科技园区建立了中国北京出版创意产业园。原京华出版社转企改制为北京联合出版有限责任公司，承担该产业园区出版服务平台运行的任务。入驻企业与该公司采取项目合作、利润共享等合作模式。入驻园区后的民营出版公司，均取得了较好的收益。如著名的民营出版公司磨铁公司 2010 年入驻园区，当年图书发行总码洋就达到 6.6 亿元，比上年增长 32%；同年实现纳税 3 395 万元。整个园区 2010 年销售总码洋达 70 亿元，利税总额达 15 亿元。目前全国近万家民营出版公司，要全部进驻北京出版创意产业园是不现实的。而这些公司同样面临书号的需求。因此建议出版发达省份仿照北京出版创意产业园的思路，在各地建立出版创意产业园，吸引该地区省内外有影响的民营出版公司入驻，促进各地区民营出版业的发展。或根据我国的地理区划，在东北、西北、华北、华东、华中、华南、西南等每一地区建立出版创意产业园，由该地区出版发达省份牵头。出版发达地区，可以设立 2—3 个出版创意产业园，以满足该地区民营出版的需要，促进和推动该地区民营书业的发展。

国有出版社和书店享受着国家给予的各种优惠政策。如出版社可以申请国家的各项出版基金或补助，可以免费获得书号；县及县以下的新华书店和农村供销社在本地销售的出版物可以免征增值税；部分新华书店在转企改制后可以免征企业所得税、出口退税等。而这些是民营出版业不可能获得的。在编辑领域，因民营出版公司暂不可能获得出版许可证，建议可由与之合作的出版社代为申请各项国家优惠政策。在销售领域，对国有书店和民营书店要一视同仁，让民营书店也享受国有书店的各项优惠政策。鉴于近年来实体民营书店的生存状况变差，而实体民营书店在文化建设中具有不可取代的独特作用，建议国家出台相关政策，对实体民营书店采取减税或免税的政策，并对有特色的实体民营书店给予资助、贴息、经济奖励等措施，帮助实体民营书店的发展。2012年，上海市和杭州市率先出台相关政策，扶持民营书店的发展。上海市从新闻出版专项资金划拨1 500万元支持出版物发行网点建设，其中500万元用于定向支持各类实体书店，尤其是支持形成专业定位和品牌影响的民营实体书店的发展。杭州市每年财政拨款300万元专项资金，以资助、贴息和奖励等方式扶持杭州民营书店发展。希望国家和其他各省市能有更多的优惠措施用于扶持实体民营书店的发展。

目前，民营出版公司还没有纳入到国家和地方的出版行政管理机关的日常管理之中。尤其是民营出版公司的出版策划、销售等数据，不向国家和地方出版行政管理机关上报，导致国家对民营出版的监管力度不够。

建议国家出版行政管理部门尽早出台《民营出版公司管理条例》，将民营出版纳入出版行政机构的日常管理范围，在民营出版公司的人员培训、出版资格认定、职称评定、责任编辑注册、出版物质量的检查和监管、出版数据的规划及统计等方面提供服务，为民营出版公司的健康成长创造有吸引力的政策环境，为民营出版公司的顺利发展保驾护航。

中国出版协会作为全国最高级别的行业性群众组织，虽然《章程》中允许民营出版公司入会，但在组织机构尚未设立民营出版工作委员会，也没有有影响的民营出版公司代表当选为副理事长以上的负责人。建议中国出版协会等群众性行业组织，要加大吸收民营出版公司加入该组织的力度，并推选出有影响的民营出版公司负责人担任副理事长以上的职务，以推动和扶持民营出版的发展，并将民营出版公司纳入出版行业自律和职业道德规范的约束范围，更好地规范和引导民营出版业的健康发展。

4. 推动数字出版的进一步发展

毫无疑问，数字出版将是下一个阶段中国出版业发展的重点。2011年，我国数字出版的产值虽然达到了1 377.88亿元，但手机出版367.34亿元，占26.66%；网络游戏428.5亿元，占31.10%；数字期刊9.34亿元，占0.68%；电子书16.5亿元，占1.2%(电子书内容7亿元，占0.51%)；数字报纸12.0亿元，占0.87%；网络广告512.9亿元，占37.22%；网络动漫3.5亿元，占0.25%；在线音乐3.8亿元，占0.28%；博客24.0亿元，占1.74%。电子书、数字期刊、数字报纸三者的总和仅占当年数字出版总值的

2.75%。在手机出版中,手机阅读为 45.74 亿元,占整个数字出版产值的 3.32%,高于电子书、数字期刊与数字报纸的总和。

针对目前我国数字出版的现状,我国要在电子书、数字期刊、数字报纸等出版内容上投入更多的精力,促进和推动我国数字出版产业的发展。尤其是目前我国仍以纸质出版为主,将来会逐步被电子书、数字期刊等取代。美国出版业的发展已经证明了这一点。2010 年 7 月,亚马逊宣布电子书销量超过精装硬皮书;2011 年 1 月,亚马逊的电子书销量超过平装书;2011 年 5 月 19 日,亚马逊电子书销量超过纸质书总销量,每卖出 100 本纸质书的同时,可以卖出 105 本电子书。我国出版社要针对这一趋势,在做好传统印刷出版的同时,推出有影响力的数字出版产品。同时,随着智能手机的普及,手机阅读将得到更大的普及。出版单位要积极与中国移动、中国电信等运营商合作,推动手机阅读的进一步发展。尤其是随着平板电脑等的普及,移动互联网将成为未来的发展趋势。我国出版业要积极与移动互联网合作,及时推出各种适合移动设备阅读的产品。

新千年来的十多年,中国出版收获了成就与荣誉,也留下了许多有待探索的问题。随着国家经济的进一步发展,全民阅读政策的推进,相信中国出版会有更广阔的明天。

新千年来的中国出版政策与出版环境变化

新千年以来的出版工作是在社会主义市场经济体制不断完善、文化体制改革逐步推进、经济全球化进程日益加深、现代科学技术快速发展的大背景下进行的。进入 21 世纪后，我国的出版政策进行了深刻调整，出版环境产生了深刻变化。

一、新千年以来的出版政策调整

进入新千年，围绕加入世界贸易组织、转企改制、出版集团化、实施“走出去”战略等“大事件”，我国出版政策进行了深刻调整。

（一）“入世”

2001 年 12 月 11 日，中国正式成为世界贸易组织成员。根据世界贸易组织规则和我国政府承诺以及“入世”后的新形势、新要求，在相关部门支持下，新闻出版总署抓紧调整完善现行法律、法规、规章和规范性文件，抓紧起草并出台新的法规、规章、规范性文件和相关政策，抓紧组织并实施行政审批制度改革，牢牢把握“入世”后工作的主动权。

1. 修订或制定行政法规和部门规章

通过修订或制定行政法规和部门规章，以适应“入世”后的出版管理。修订《印刷业管理条例》，规定允许设立中外合资经营印刷企业、中外合作经营印刷企业，允许设立从事包装装潢印刷品印刷经营活动的外资企业。修订《出版管理条例》，规定实行出版物进口管理、对外开放书报刊分销领域、完善法律责任制度。根据世界贸易组织规则，对《中华人民共和国著作权法实施条例》关于涉外行政案件受理、关于不得影响作品正常使用等条款进行修订。独立或联合其他部门制定《设立外商投资印刷企业暂行规定》、《外商投资图书、报纸、期刊分销企业管理办法》、《出版物市场管理规定》等部门规章。联合对外贸易经济合作部制定的《外商投资图书、报纸、期刊分销企业管理办法》系我国新闻出版业履行"入世"承诺的主要行政规章。它将"分销"界定为"批发和零售";规定外商投资图书、报纸、期刊分销企业的三种形式,即合资企业、合作企业、独资企业。值得注意的有两点:一是规定外国投资者参股或并购内资图书、报纸、期刊分销企业,是设立外商投资图书、报纸、期刊分销企业的一种方式;二是规定设立外商投资图书、报纸、期刊批发企业自 2004 年 12 月 1 日实施,体现了我国分阶段开放书报刊分销市场的原则,与我国"入世"承诺相一致。中国加入世界贸易组织使出版物发行市场出现许多新情况,对管理工作提出许多新课题。原《出版物市场管理暂行规定》部分条款无法适应新形势的需要,亟须进行修订。《出版物市场管理规定》对市场准入平等、各种所有制经济主体平等竞争等进行明确界定,有利于发行单位依法经营和出版物市场繁荣发展,标志着我国出版物发行业进入全面开放时代。

2. 清理、废止部门规章和规范性文件

多年来,新闻出版总署制定了大量部门规章或规范性文件。随着时间推移,有许多已被新的规定取代或因情势变迁不再适用。"入世"后,根据世界贸易组织法规透明度要求以及《中华人民共和国行政许可法》规定,新闻出版总署及时开展部门规章和规范性文件的清理、废止工作。2003 年至 2011 年,组织开展了 5 次新闻出版部门规章和规范性文件的集中清理、废止工作。2003 年 8 月,废止《出版物印刷管理规定》等部门规章和规范性文件 70 件;2004 年 6 月,废止《关于书籍、杂志使用字体的原则规定》等部门规章和规范性文件 103 件;2008 年 11 月,废止《关于开展连续性内部资料性出版物专项治理工作的通知》等规范性文件 31 件;2009 年 5 月,废止《关于开展报刊社记者站清理整顿工作的通知》等规范性文件 59 件;2011 年 3 月,废止《关于期刊登记问题的通知》等规范性文件 161 件。8 年间,共废止部门规章和规范性文件 424 件。2011 年 3 月,新闻出版总署发布 2011 年第一号公告,将 251 件现行有效规范性文件目录予以公布,接受社会监督。

3. 制定实施公平准入政策

2005 年 4 月,国务院出台《关于非公有资本进入文化产业的若干规定》,鼓励和支持非公有资本进入动漫、网络游戏、书报刊分销、音像制品分销、包装装潢和印刷品印刷等领域,鼓励和支持非公有资本从事文化产品和文化服务出口业务,允许非公有资本进入出版物印刷、可录类光盘生产、只读类光盘复制等领域。2005 年 8 月，文化部、国家广电总局、新闻出版总署、国家发改委、商务部等部门联合制定的《关于文化领域引进外资的若干意见》经国务院同意印发。这些政策有利于出版业适应加入世界贸易组织后的新形势，也有利于促进出版业健康有序发展，给出版业带来发展契机。

4. 组织开展行政审批制度改革

2002 年至 2010 年，新闻出版总署分 6 批取消行政审批项目 45 项，下放行政审批项目 7 项。对保留下来的审批事项，逐步建立起严格的审批程序和监督制约措施。2004 年 7 月，新闻出版总署发布第一号公告，公布 36 项行政许可事项的依据、条件、数量、程序等内容。这是新闻出版总署首次发布公告，体现了依法行政、政务公开的要求。2004 年 8 月，新闻出版总署会同商务部、海关总署发布第二号公告，公布出版物复制行政审批事项调整后加强管理的措施，进一步彰显转变职能、改进作风的成效。2006 年，新闻出版总署全面梳理行政执法依据和行政执法职权，共梳理出与新闻出版管理及著作权管理有关的现行有效法律、行政法规、部门规章等行政执法依据 51 件，涉及行政许可、行政处罚、行政监督检查等行政执法职权 155 项。2006 年 12 月，新闻出版总署、国家版权局联合发布 2006 年第一号公告，将上述内容予以公布，加强社会监督。在此基础上分解执法职权，对滥用职权、失职渎职、决策失误、行政违法等问题制定严格的责任追究制。

通过开展上述一系列工作，将新闻出版业置于履行“入世”承诺的新政策环境，在塑造国家形象、加强法制建设、转变行政职能等方面发挥了积极作用。

（二）转企改制

新闻出版改革从 20 世纪 80 年代就开始探索。从 20 世纪 80 年代到 21 世纪初，新闻出版改革都是适应性的改革（如“事业性质企业化管理”等），并没有触动计划经济体制。党的十六大提出文化体制改革（以前一直叫“新闻出版广播影视业改革”）的目标任务和方针原则，并提出公益性文化、经营性文化、文化产业等概念，这才启动了以体制机制创新为重点的真正的文化体制改革①。文化体制改革的根本目的是解放和发展生产力。

---

① 柳斌杰：《解放和发展文化生产力——兼谈深化新闻出版改革的几个问题》，见《中国出版年鉴 2007》，中国出版年鉴社 2007 年版。

“转企改制”是新闻出版体制改革的重要内容。从政策层面看，转企改制工作启动至今经历了四个阶段。

1. 转企改制的试点阶段

试点阶段从2003年6月持续到2005年11月。2003年6月，全国文化体制改革试点工作会议召开。2003年7月，中央办公厅、国务院办公厅转发中央宣传部、文化部、国家广电总局、新闻出版总署《关于文化体制改革试点工作的意见》。中央确定9个省市和35家直属单位进行文化体制改革试点。在35家试点单位中，新闻出版系统有21家，其中报业集团4家、出版集团7家、发行集团6家、报社4家。新闻出版总署专门成立试点工作领导小组及办公室，印发《新闻出版体制改革试点工作实施方案》，加强对新闻出版系统体制改革试点工作的领导和指导。

根据《实施方案》，试点工作基本要求有五点。第一，坚持解放思想、实事求是、与时俱进、开拓创新，改变计划经济体制下形成的传统文化发展观，树立与社会主义市场经济相适应的新的文化发展观。第二，坚持和巩固马克思主义在意识形态领域的指导地位，加强和完善党对新闻出版工作的领导，强化政府依法监管的职能。第三，坚持以发展为主题，以体制创新和机制创新为重点。第四，坚持因地制宜、分类指导、先点后面、统筹兼顾的工作方针。第五，坚持积极稳妥、有序推进。在转制方面，试点工作有三项主要任务。第一，以党报为龙头的试点报业集团及非科技、专业类试点报社，在国有事业体制下深化改革。对于剥离出来的广告、印刷、发行、传输等经营性产业，可改造成为社办企业。试点报业集团下属的子报、子刊经批准，可有选择地进行转制为企业的试点。科技、专业类试点报业单位直接转制为企业，在保证国家控股的前提下，经批准可成立有限责任公司或股份有限公司。第二，试点出版集团要解决国有资产授权经营问题，建立法人治理结构，实行企业化管理。科技、专业类的试点出版集团可按照建立现代企业制度的要求转制为企业，建立集团公司。实行事业体制的试点出版集团，集团内属于经营性的部分可剥离出来转制为企业。第三，试点发行集团要在明确产权关系的基础上建立并完善法人治理结构，选择条件好的试点发行集团进行股份制、公司制改造。

2003年年底，国务院办公厅印发《文化体制改革试点工作中支持文化产业发展的规定》、《经营性文化事业单位转制为企业的规定》；2005年3月，财政部、海关总署、国家税务总局印发《关于文化体制改革中经营性文化事业单位转制后企业的若干税收政策问题的通知》、《关于文化体制改革试点中支持文化产业发展若干税收政策问题的通知》，为改革试点地区和试点单位提供政策支持。各地制定并出台一系列鼓励转制和促进文化产业发展的政策措施，为文化体制改革提供有力的政策保障。试点工作启动后，21家试点单位根据自身特点分三种类型进行改革尝试。其中，4家报业集团以机制创新、增强活力为主，进行事业、企业分开试点，将主业与经营业务分离；7家出版集团和4家报社以体制改革、机制创新为主，进行从事业体制向企业体制转变的试点；6家发行集团作为转制企业，以建立现代企业制度、培育新型市场竞争主体为目标，进行股份制改造和现代物流、连锁经营试点。2004年12月，“北青股份”在香港联合交易所挂牌上市，成为内地传媒企业海外公开上市第一股，标志着我国报业融资渠道进一步拓宽。2005年11月，上海世纪出版集团转制发起成立全国出版领域第一家股份制企业，初步完成其全国文化体制改革试点工作。到2005年年底，试点工作取得了突破性进展。据统计，转制试点单位国有资产增长40%以上，利润增加20%以上，收入增加15%以上。

2. 转企改制的展开阶段

从2005年12月到2009年2月，是转企改制的展开阶段。在总结十六大以来文化体制改革试点工作经验的基础上，2005年12月，中共中央、国务院出台《关于深化文化体制改革的若干意见》。《若干意见》肯定了新闻出版体制改革试点工作的具体思路和做法，并在转制方面提出新要求。第一，转制要在清产核资基础上合理界定产权归属，做好资产评估和产权登记工作。第二，确认出资人身份，明确出资人权利，建立资产经营责任制，确保国有资产保值增值。第三，有条件的可实行资产授权经营，给予企业更大的资产经营权。第四，实行工商登记，自登记之日起实行企业财政、税收、劳动人事、社会保障制度。第五，建立现代企业制度，加快推进新闻出版企业公司制改造，完善法人治理结构，落实自主经营权。第六，加快产权制度改革，推动股份制改造，实现投资主体多元化，符合条件的可申请上市。第七，做好劳动人事、社会保障政策衔接工作，按照新人新办法、老人老办法原则制定相关政策，妥善安排竞争落聘或无岗位人员。第八，转制为企业的出版社、报刊社、进出口公司等要坚持国有股份制、国有独资或国有绝对控股，省以上大型新华书店、书报刊印刷企业要坚持国有控股。第九，完善国有资本有进有退、合理流动机制，推动出版资本向市场前景好、综合实力强、社会效益高的出版企业集中，发挥国有资本的控制力和带动力。

2006 年 3 月，全国文化体制改革工作会议召开。根据中共中央、国务院《关于深化文化体制改革的若干意见》和全国文化体制改革工作会议要求，2006 年 7 月，新闻出版总署印发《关于深化出版发行体制改革工作实施方案》，明确出版发行体制改革的整体思路和具体任务。《实施方案》要求各地认真制定本地区出版发行体制改革方案，精心组织实施，积极推进落实。《实施方案》对中央各部门各单位出版社转制作出时间安排：2006 年，会同有关主管部门研究制定中国电力出版社等中央和国家机关所属在京出版社转制改革试点工作方案，会同教育部研究制订清华大学出版社等高校出版社转制改革试点工作方案；2007 年，重点在国家机关有关部委、行业协会、群众团体、科研机构所属出版社进行转制试点；2008 年，重点研究推进中央直属机关和有关部门以及民主党派所属出版社转制改革试点工作。作为《关于深化出版发行体制改革工作实施方案》的配套政策，2006 年，新闻出版总署制订出台《图书出版体制改革实施方案》、《报刊业改革实施方案》和《音像、电子出版单位体制改革工作实施方案》，会同教育部制订印发《大学出版单位出版改革实施方案》和《关于高校出版社体制改革试点工作的若干意见》，并新确定了一批图书、报刊、音像、电子出版单位作为转制试点单位，以中央在京出版社和大学出版社为重点的新一轮转制工作顺利启动并积极推进。与此同时，各地新闻出版行政部门在党委宣传部门统一领导下，认真制订本地区出版发行体制改革试点方案，确定了一批试点单位，并对试点工作加以指导和推动。2008 年 10 月，国务院办公厅《关于印发文化体制改革中经营性文化事业单位转制为企业和支持文化企业发展两个规定的通知》出台，为文化体制改革工作积极稳妥推进提供保障。通过深化改革，试点单位创新体制机制，激发动力活力，出版水平和经济效益明显提高，产生了较强的示范引导作用。

3. 转企改制的攻坚阶段

该阶段从 2009 年 3 月持续到 2011 年 5 月。2009 年 3 月，新闻出版总署印发《关于进一步推进新闻出版体制改革的指导意见》。《指导意见》要求："推动经营性新闻出版单位转制，重塑市场主体。除明确为公益性的图书、音像制品和电子出版物出版单位外，所有地方和高等院校经营性图书、音像制品和电子出版物出版单位 2009 年底前完成转制，所有中央各部门各单位经营性图书、音像制品和电子出版物出版单位 2010 年底前完成转制。制订经营性报刊转制方案，推动经营性报刊出版单位逐步实行转制。按照中央有关要求，党政机关所属新闻出版单位转制为企业后原则上逐步与原主办主管的党政机关脱钩。已经完成转制的新闻出版单位要按照《公司法》的要求，加快产权制度改革，完善法人治理结构，建立现代企业制度，尽快成为真正的市场主体。”

2009 年 4 月，中央办公厅、国务院办公厅出台《关于深化中央各部门各单位出版社体制改革的意见》，要求中央各部门各单位经营性出版社 2010 年年底前完成转制任务。5 月，新闻出版总署印发《中央各部门各单位出版社转制工作基本规程》，明确中央各部门各单位出版社转制工作基本工作程序与方案审批程序。6 月，新闻出版总署会同有关部门联合印发《关于中央各部门各单位出版社转制后参加北京市养老保险有关问题的通知》，创造性地解决了职工养老保险接续问题。10 月，新闻出版总署、中央机构编制委员会办公室、国家工商总局联合出台《关于中央各部门各单位转制出版社办理法人登记有关问题的通知》，妥善解决了转制出版社法人登记问题。在刘云山同志、刘延东同志担任正、副组长的中央各部门各单位出版社体制改革工作领导小组的统一领导下，2009 年，中央各部门各单位出版社体制改革工作正式拉开帷幕。与此同时，高校与地方出版社转制工作加快推进。截至 2009 年年底，101 家高校出版社转制任务基本完成。地方出版社转制工作在各地党委宣传部门和新闻出版行政部门推动下，总体进展顺利。268 家地方图书出版社中，除少数拟保留事业性质的外，所有经营性出版社已基本完成转制任务。所有高校与地方图书出版社所属音像和电子出版社已随图书出版社完成转制。2010 年年底，中央各部门各单位经营性出版社完成转制任务。2009 年，新闻出版总署在充分调研基础上起草完成《中央和中央各部门各单位报刊出版单位分类改革实施方案》，报刊出版单位分类改革基本完成前期准备工作。部分单位先行试水，截至 2009 年年底，已有 1 069 种非时政类报刊出版单位完成转制或登记为企业法人。

4. 转企改制的深化阶段

2011 年 6 月至今，是转企改制的深化阶段。2011 年 6 月 18 日，李长春同志在视察青岛出版集团时提出，在转企改制基础上要进一步抓好“三改一加强”。“三改”，就是改革、改组、改造；“一加强”，就是加强管理。这个要求把全国出版发行体制改革进一步引向深入。出版发行体制改革工作进入了继续推进新闻出版企业建立现代企业制度、继续打造新闻出版骨干传媒企业、继续促进新闻出版企业加速与科技融合、继续推动新闻出版单位强化内部管理的新阶段。2011 年,中央三大国有大型出版传媒集团组建工作完成,南北两大出版物发行集团建设积极推进。同年,非时政类报刊出版单位体制改革工作继续推进。中央办公厅、国务院办公厅《关于深化非时政类报刊出版单位体制改革的意见》要求中央和地方同步推进,分批次进行;2012 年 9 月底前,全面完成非时政类报刊出版单位转制任务。

(三) 出版集团

中国出版业是在计划经济体制下形成的,按照主办部门和地区行政级次配置出版单位,小而全,多而散;资源平均,竞争乏力。为调整产业结构、优化资源配置并形成规模优势,“九五”以来,集团化建设一直是我国新闻出版业改革发展的一个努力方向。从政策演进与建设实践相结合的角度考量,出版集团化建设分为三个阶段。

1. 第一个阶段是试点探索阶段,时间从 1996 年 1 月到 2003 年 5 月

“九五”期间,新闻出版业开始实施不均衡发展战略,积极推动报业、出版和发行集团试点工作。“十五”期间,新闻出版业发展目标包括:根据不均衡发展战略,推进国有资产合理流动和重组,形成以试点集团为骨干,既有竞争又能互补,既能立足国内又能走向世界的产业格局;到“十五”期末,形成 5 至 10 个年销售收入数十亿元乃至近百亿元的出版集团,一到两个年销售收入 3 至 5 亿元的期刊集团,若干家书、报刊、音像和电子出版物、网络出版以及广播影视综合经营的大型传媒集团。2001 年,中央办公厅、国务院办公厅转发中宣部、国家广电总局、新闻出版总署《关于深化新闻出版广播影视业改革的若干意见》。《若干意见》要求:“积极推进集团化建设,把集团做大做强。”2002 年 5 月,新闻出版总署印发《关于贯彻落实〈关于深化新闻出版广播影视业改革的若干意见〉的实施细则》。《实施细则》要求全国试点集团努力提高核心竞争力,利用好各种有利条件做大做强,为深化改革提供有益经验,带动全行业整体推进。2002 年 6 月,新闻出版总署印发《关于新闻出版业集团化建设的若干意见》,进一步明确推进集团化建设的有关政策、集团的领导体制、组建集团的报批程序以及集团化建设的发展规划。2002 年 8 月,新闻出版总署印发《报业集团组建基本条件和审批程序》、《出版集团组建基本条件和审批程序》、《发行集团组建基本条件和审批程序》等3个有关集团组建和审批的规范性文件。2002年,人民出版社、商务印书馆、中国大百科全书出版社等13家著名出版社联合组建中国出版集团。到2002年年底,全国已组建试点报业集团39家、出版集团7家、期刊集团1家、发行集团6家。经过集团化改造,新闻出版业产业结构得到合理调整,新闻出版业集约化程度和市场经营能力大幅提升。

2. 第二个阶段是转企改制阶段,时间从2003年6月至2006年6月

2003年6月,全国文化体制改革试点工作会议召开;2003年7月,《关于文化体制改革试点工作的意见》印发。出版集团化建设进入以转企改制为主要内容的新阶段。中央确定4家报业集团、7家出版集团、6家发行集团为文化体制改革试点单位。这17家试点集团根据自身特点,分别以转企改制或建立现代企业制度为重点进行积极探索,为转企改制在出版集团领域全面推开积累了宝贵经验。一些未纳入试点范围的报业集团、出版集团、发行集团也紧紧抓住重塑市场主体这个关键环节,积极稳妥地推进转企改制工作。江苏新华发行集团公司、四川新华发行集团公司、浙江新华书店集团公司等单位转企改制到位,资产规模和销售额大幅增加。①

3. 第三个阶段是资本运作阶段,时间从2006年7月至今

2006年7月,新闻出版总署印发《关于深化出版发行体制改革工作实施方案》。《实施方案》规定:"要着力提高出版产业规模化、集约化、专业化水平,培育一批有实力、有竞争力和影响力的报业集团公司、出版集团公司、期刊集团公司、音像集团公司和发行集团公司,使之成为出版物市场的主导力量和出版产业的战略投资者。鼓励先行试点的出版集团公司和发行集团公司相互持股,进行跨地区、跨部门、跨行业并购、重组或建立必要的经营性的分支机构,确有必要的可适当配置新的出版资源。积极推动有条件的出版、发行集团公司上市融资,做大做强做优。"出版集团化建设步入以资本运作为鲜明特点的又一个新阶段。之后,在相继出台的一系列文件中,新闻出版总署一如既往地鼓励和支持新闻出版企业集团上市融资。2009年,《关于进一步推进新闻出版体制改革的指导意见》提出:"积极支持条件成熟的出版传媒企业,特别是跨地区的出版传媒企业上市融资。"2010年,《关于进一步推动新闻出版产业发展的指导意见》提出:"鼓励条

---

① 范卫平:《2008年全国新闻出版产业发展工作》,中国出版年鉴社编《中国出版年鉴2009》,中国出版年鉴社2009年版,第45页。

件成熟的新闻出版企业上市融资。”2011 年,《新闻出版业“十二五”时期发展规划》要求:“进一步利用多种渠道融资,推动有条件的企业上市,吸收社会资本有序参与新闻出版活动。”2006 年 10 月,上海新华发行集团有限公司重组核心业务后组建的上海新华传媒股份有限公司正式揭牌并实现借壳上市,成为首家在国内资本市场上市的出版发行企业。2007 年 5 月,四川新华发行集团公司投资控股的混合所有制企业四川新华文轩连锁股份有限公司在香港联合交易所主板上市,成为首家通过 IPO 方式在香港上市的国有大型出版发行企业。2007 年 12 月,辽宁出版集团有限公司投资控股的辽宁出版传媒股份有限公司在上海证券交易所上市,成为国内首家将编辑业务与经营业务捆绑整体上市的出版传媒企业。2008 年 11 月,安徽出版集团以出版、印刷等文化传媒类资产认购科大创新股份公司定向发行的股份,更名为时代出版传媒股份有限公司,实现出版产业在资本市场的新突破。到 2011 年年底,全国共有 48 家涉及新闻出版业务的企业集团上市。

截至 2010 年,全国已组建报业、出版、发行、印刷等各类新闻出版企业集团 120 余家,形成了一支多门类的集团军方阵。据统计,2010 年,这 120 余家集团拥有资产总额 3 234.2 亿元,实现主营业务收入 1 785.8 亿元。其中,资产、销售“双百亿”集团 1 家,市值过百亿元集团 3 家。出版集团、报刊集团、发行集团拥有的资产总额和实现的营业收入在出版、发行领域所占比重分别为 73.5%和 53.8%。尤其值得一提的是,集团化优势让主业挺拔壮大,市场竞争力和品牌影响力日益彰显。目前,各类新闻出版企业集团发展规模不断扩大,发展质量不断提高,在新闻出版产业中的地位和作用日益凸显,已成为新闻出版产业发展的一支主力军。[①]

(四)“走出去”

着眼于提升我国文化软实力、增强中华文化国际竞争力和影响力以及发展国家公共外交,21 世纪初叶,新闻出版总署提出组织实施“走出去”战略。“走出去”战略提出并实施至今,经历了三个循序渐进的发展阶段。

1. 从 2002 年 5 月到 2005 年 12 月,是“走出去”的启动阶段

这个阶段可以概括为“走出去阶段”。该阶段的主要政策导向是出版产品“走出去”。2002 年 5 月,新闻出版总署印发《关于贯彻落实〈关于深化新闻出版广播影视业改革的若干意见〉的实施细则》。《实施细则》第九

---

① 冯文礼:《集团化让新闻出版改革发展驶上快车道》,《中国新闻出版报》2012 年 2 月 20 日。

条"关于实施'走出去'战略"主要包括以下内容：一是加大外向型重点出版物出版力度，特别是要针对海外读者需求有目的地安排一批外文或中外文对照出版物；二是与国外出版发行机构开展合作出版、区域代理或版权贸易，使我国优秀出版物更多更快走向世界；三是有重点地组织重要国际书展的参展工作，精心组织优秀出版物参展；四是组织境外出版专家到我国讲学或专题研讨，定期或不定期举办国际出版业务研讨会。2003 年 7 月，中央办公厅、国务院办公厅转发中央宣传部、文化部、国家广电总局、新闻出版总署《关于文化体制改革试点工作的意见》。《意见》要求：大力开拓文化产品国际市场；做大做强一批对外交流文化品牌，积极参与国际文化市场竞争，努力扩大文化产品出口份额；扩大与管理规范、技术先进、对我友好的国外知名文化集团的合作。这个阶段，我国新闻出版业在出版产品"走出去"方面逐步探索、不断前进。以 2003 年为例，通过参加各种国际书展，达成版权项目 2 000 余项，贸易额 1 500 多万美元。

2. 从 2006 年 1 月到 2010 年 12 月，是"走出去"的发展阶段

这是"十一五"时期的 5 年。这个阶段可以概括为"走进去阶段"。该阶段新闻出版总署出台了《新闻出版业"十一五"发展规划》、《关于深化出版发行体制改革工作实施方案》、《关于进一步推进新闻出版体制改革的指导意见》、《关于进一步推动新闻出版产业发展的指导意见》等一系列文件，在承续前一阶段出版产品"走出去"工作要求的基础上，着重在真正提升中国出版的国际竞争力和中华文化的国际影响力上提出新要求。归纳起来有以下几点：一是支持各种所有制新闻出版企业到境外兴办报纸、期刊、出版社、印刷厂等实体，实现本土化战略；二是鼓励新闻出版企业与国际著名文化制作、经纪、营销机构建立联系，积极开展国际资本运营和战略合作；三是充分利用国际国内两种资源、两个市场，努力推动新闻出版产品通过各种渠道进入国际主流市场、汉文化圈和港澳台地区；四是着力培养一支懂出版、懂市场、懂外语的专业营销队伍，大力推进国际营销网络建设；五是积极打造具有国际竞争力的外向型出版传媒企业，打造能够影响国际主流市场的交易平台和传播基地。经过不断探索，我国出版企业发挥自身优势，海外投资兴办实体的运作模式日益成熟。时代出版传媒股份有限公司采取"扎根"办法在海外设立两个点，一个是设在波兰的出版社，另一个是设在俄罗斯的印刷厂。公司年轻人轮流到设在波兰的出版社锻炼，造就了一支优秀的外贸队伍。设在俄罗斯的印刷厂逐步从单纯印刷发展到出版图书，2011 年进入俄罗斯印刷企业“前十”行列。2010 年，上海新闻出版发展公司与法国拉加代尔集团签署国际销售服务协议。根据协议，拉加代尔集团遍布全球重要机场、车站的 3 100 家零售书店将为销售外文版中国图书、杂志等文化产品提供服务。

3. 从 2011 年 1 月至今，是“走出去”的深化阶段

这个阶段可以概括为“走上去阶段”。2011 年 4 月，新闻出版总署发布《新闻出版业“十二五”时期发展规划》和《新闻出版业“十二五”时期“走出去”发展规划》。它们明确提出，新闻出版业要通过大力实施“走出去”战略，提升在国家政治、经济、文化、外交大局中的地位和作用。这标志着对“走出去”战略的认识和要求上升到了一个新高度。作为新闻出版系统第一个“走出去”五年规划，《新闻出版业“十二五”时期“走出去”发展规划》要求：到“十二五”末，新闻出版业要向全世界推出一批有影响力的知名品牌和六到七家实力雄厚、有国际竞争力的龙头企业；要在 30 个左右重点国家和地区完成市场布局；要使新闻出版业“走出去”的政策体系更加完备，版权贸易逆差进一步扭转，新闻出版企业实力大大增强，新闻出版业国际传播力、竞争力和影响力显著提升；要基本形成覆盖广泛、重点突出、层次分明的新闻出版业“走出去”新格局。同年，“走出去”政策方面的另一个大动作是制订《关于加快我国新闻出版业“走出去”的若干意见》。2011 年，新闻出版总署成立专题小组，用半年时间对目前国家层面和部委层面发布的所有与新闻出版“走出去”相关的政策文件进行全面梳理、重点归纳，同时对全国各省局和 150 多家重点企业进行问卷调查和实地走访，最终制定了十大门类 50 条扶持政策。这一标志着形成完整扶持体系的文件对实施“走出去”战略起到了极大的推动作用。2011 年伊始，新华社北美总分社搬入美国纽约时报广场办公，在国际传媒界引起轰动。此次搬迁的背后是新华社海外分社近年来的跨越式发展。

二、新千年以来的出版环境变化

进入新千年，全球化、数字化和市场化使我国出版环境产生了深刻变化。

(一) 全球化

出版全球化是经济全球化进程中的一种重要文化现象。其原因主要有四点:一是国内市场容量局限;二是当代信息技术的发展;三是当前世界上宽松的文化交流和融合环境;四是各国政府对版权的积极保护。进入21世纪,在加入世界贸易组织等多种因素的积极作用下,我国出版全球化进程不断加深。我国的出版全球化主要体现在"引进来"和"走出去"两方面。

加入世界贸易组织后,我国出版对外开放步伐加快,主要从三个方面积极开展"引进来"工作。第一,引进资本。"入世"后,我国政府兑现承诺,整个出版产品市场逐步向全世界开放,与国外同行交流合作的广度、深度日益提高。2002年8月,人民日报社所辖大地发行中心与香港上市公司泛华科技成立合资公司,投资2.5亿元组建大华媒体服务有限责任公司,人民日报社控股51%,经营书报刊分销,合作期20年。这是首家外资进军国内出版物发行市场的公司。截至2008年年初,中外合资、合作的印刷、发行、出版企业达2 500多家,形成了共谋发展的新格局。第二,引进版权。借助法兰克福书展、莫斯科书展以及北京国际图书博览会、海峡两岸图书交易会等国际、国内展会平台,积极引进国外版权,版权引进数量逐年增加。目前,全球所有畅销书中国都能与世界同步分享。第三,引进品牌。在新闻出版总署的支持下,越来越多的中国期刊与世界名牌期刊建立起合作出版关系。例如,《健美女性》与法国桦榭菲力柏契集团《美丽佳人》合作出版,《中国旅游》与美国国家地理学会《旅行者》合作出版,《秀》与日本讲谈社《WITH》合作出版,等等。今天,几乎所有国际大型出版传媒集团都以不同方式在我国设立了相关机构。

相对"引进来","走出去"战略是我国出版全球化的重点方向,主要抓住以下四点推动"走出去"战略组织实施。第一,以国际书展为载体。我国每年组团参加法兰克福、东京、开罗等40多个国际书展,宣传、展示和推介中国出版产品,以产品"走出去"带动文化"走出去",强化我国文化的国际影响力。截至2011年,中国已经担任法国、德国、俄罗斯、埃及、希腊、韩国等国家书展的主宾国。2009年,成功举办法兰克福国际书展中国主宾国活动,成为新中国成立60年来在国际上举办的规模最大、影响最广的文化交流活动,极大地提升了中华文化影响力和我国文化软实力。党和国家领导人高度重视,时任国家副主席习近平亲自参加书展开幕式和主宾国活动开幕式并发表重要讲话。第二,以版权输出为标杆。经过多年努力,我国版权贸易逆差情况大为改观。从2002年到2010年,我国版权输出数量逐年增长。特别是2009年和2010年,两年间实现了快速增长。2010年全国共输出版权 5 691 项，引进版权 16 602 项，版权贸易逆差从“十五”末的 7.2∶1 缩小到“十一五”末的 2.9∶1。第三，以品牌工程为抓手。新闻出版总署不断完善政策扶持体系，强力实施“‘经典中国’国际出版工程”、“中外图书互译计划”、“中国音像制品‘走出去’工程”、“中国图书对外推广计划”等四大工程，以品牌工程带动版权输出。2010 年，参与“中国图书对外推广计划”的出版机构共向海外输出版权 2 450 项，同比增长 17%，创下历史新高。参与“中国图书对外推广计划”的出版机构增加到 30 多家。第四，以资本输出为方向。资本国际输出、境外兴办实体是新闻出版业“走出去”的高级模式，要求企业不仅有国际化发展眼光，有境外本土化运作经验，还要有境外投资实力。据不完全统计，截至 2011 年年底，我国新闻出版业已在境外投资或设立分支机构 459 个。其中，图书出版分支机构 28 个，期刊出版分支机构 14 个，报刊及新闻采编分支机构 275 个，数字出版子公司 15 个，出版物发行网点 65 个（包括网络书店 4 个），印刷或光盘复制工厂 45 个，出版教育、培训、版权、信息服务机构 7 个。另外，通过收购或参股建立的海外网点有 10 个。“走出去”的企业国际竞争力不断提升，跨国发展经验日益丰富。

出版全球化促使商品、资本、管理、技术、服务等生产要素跨国流动，有利于推动我国出版业改革发展，有利于提高中国出版业的世界影响力和国际竞争力。但是，西方文化处于主流地位的“西强我弱”格局没有根本改变，因此，我国的出版全球化进程任重道远。

（二）数字化

进入 21 世纪，数字技术与传统出版业结合日益紧密，带来出版业生产方式、运营模式、管理方式的革命性变化，为出版业发展开拓了前所未有的新空间。数字出版在加速传统出版业转型升级方面发挥着关键作用，已成为出版产业中新的重要增长点。我国出版业的数字化进程具有下述几个显著特征。[①]

1. 政府扶持力度不断加大，产业政策日趋完善

“十一五”时期，国家制定下发《国家“十一五”时期文化发展规划纲要》、《文化产业振兴规划》等一系列有利于数字出版产业发展的政策措施。

---

① 柳斌杰：《在六中全会精神指引下推动数字出版跨越式发展——在全国数字出版工作会议上的讲话》，合肥，全国数字出版工作会议，2011 年 11 月 10 日。

2008年,国务院印发的新闻出版总署新"三定"方案中增设数字出版专职工作部门,为推动数字出版产业发展提供重要组织保障。新闻出版总署积极倡导并推动数字出版产业发展,明确把发展数字出版等非纸介质战略性新兴出版业作为推动新闻出版产业发展的五大重点任务之一,并将其纳入《新闻出版业"十二五"时期发展规划》。另外,先后印发《关于加快我国数字出版产业发展的若干意见》、《关于发展电子书产业的意见》等一系列推动数字出版产业发展的政策文件,指导数字出版产业健康快速可持续发展。

2. 产业规模不断扩大,发展模式日渐清晰

"十一五"时期,我国数字出版产业营销收入增长迅速,从2006年的213亿元增长到2010年的1 051亿元,5年间平均增幅接近50%。其中,手机出版、网络游戏出版和互联网广告三项产值均超过300亿元,占数字出版总产值的90%以上,成为数字出版产业营销收入的重要支柱。2010年,数字出版总产出占新闻出版业总产出的比例接近10%,成为新闻出版业重要的经济增长点。数字出版产业规模的日益壮大得益于新型生产方式的探索和经营模式的建立。一大批出版传媒集团转型升级,主动采用新技术,发展新业态,进入数字出版领域。一大批技术、渠道、运营者进入数字出版行业,逐渐形成了以盛大文学等为代表的原创网络文学出版模式,以方正集团等为代表的数字图书馆模式,以同方等为代表的学术期刊数据库营销模式,以三大电信运营商为代表的手机阅读模式,以汉王等为代表的手持阅读终端移动阅读模式,以中文在线等为代表的全媒体出版模式和以网易等为代表的网络游戏出版模式,还有目前正在开发的电子书包以及云出版模式等,数字出版产业的生产经营得到实质性拓展。从内容提供、平台建设到终端服务,数字出版产业已逐步形成较为完整的产业链条和运营模式。

3. 高新技术应用水平不断提高,产品形态日益丰富

数字出版产业是建立在计算机技术、通讯技术、网络技术、流媒体技术、存储技术、显示技术等高新科技基础上,融合并超越传统出版形式而发展起来的新兴出版产业,技术进步对数字出版产业发展具有决定性意义。近年来,伴随新闻出版业对新兴技术应用水平的不断提高,催生了大量新型数字出版产品形态,形成了包括电子图书、数字报纸、数字期刊、原创网络文学、网络教育出版物、网络地图、数字音乐、网络动漫、网络游戏、手机出版物以及基于各种移动终端的数字出版物等在内的较为完备的数字出版体系。进入 3G 时代后，手机出版成为发展最快的数字出版形态。

4. 出版企业转型步伐不断加快，传统出版与数字出版融合发展步伐加快

随着新闻出版业数字化进程的推进，许多具有战略眼光的传统新闻出版企业开始转型探索，或为实现转型奠定基础、创造条件。"十一五"期间，传统出版企业基本完成了出版流程的数字化改造，电子音像出版单位基本完成了生产流程的技术升级，部分印刷企业引进先进的数字印刷设备开展按需印刷业务，新华书店系统基本实现信息化。与此同时，传统出版企业加大与技术开发商和渠道商的合作力度，发挥各自优势共同开展数字出版业务，极大地拓展了数字出版的市场空间。传统出版业务与数字出版业务形成了相互促进、相互带动的融合发展局面。

5. 产业集聚效应持续增强，区域整体发展初现端倪

"十一五"时期，新闻出版总署开始设立国家数字出版基地，目的是通过基地建设带动数字出版产业发展。截至 2011 年 7 月，已批复建设的国家级数字出版基地达到 9 家。这些基地在引进重点企业、实施重大项目、研发重大技术、开发重点产品等方面开展了大量开拓性工作，初步形成政策引导、重点扶持、项目带动、孵化辐射的数字出版产业发展新格局。产业聚集和带动效应日趋显现，区域整体发展呈现良好态势。北京、上海、广东三地数字出版总产值均超百亿，天津、浙江、江苏、重庆、湖北、湖南等地处于高速发展期，陕西数字出版产业在西北地区异军突起。

6. 数字阅读普及提速，消费需求日益旺盛

近年来，伴随互联网普及率、宽带用户和手机网民的逐年增加，在线阅读、手持终端阅读、手机阅读渐次普及，数字出版产品的市场需求越来越旺盛，数字阅读逐渐成为人们获取文化知识和精神食粮的重要方式，一个庞大的新兴数字出版消费市场正在形成。2010 年，我国国民各类数字媒介阅读率突破 30%。截至 2011 年 9 月底，中国互联网用户超过 5 亿，普及率接近 40%。与此同时，各类功能强大的移动智能终端层出不穷，为数字出版产品的传播和消费提供了优越的市场条件。据预测，伴随产业链的进一步成熟，以手持阅读器、平板电脑、智能手机为代表的数字阅读终端销量将出现大幅增长。这无疑将进一步加速数字化阅读的普及，给数字出版产业发展带来更大的动力和市场。

当前，数字出版产业发展中还存在着一些突出问题。例如，一些传统出版企业推进内容资源数字化的动力明显不足；多数数字出版企业赢利模式还有待完善；传统业态向新业态转型很不平衡，等等①。相信这些问题会在数字出版产业的进一步发展中得到积极解决。

（三）市场化

长期以来，我们的出版活动常常与市场脱节，有些出版物生产出来后不是进入市场而是进入库房，造成严重浪费。问题的根子在于新闻出版业一直忌讳“市场取向”。十六大后，新闻出版业逐步树立起与社会主义市场经济体制相适应的新的新闻出版观，市场取向得以确立并不断强化。在新的新闻出版观引领下，我国新闻出版业的市场化进程不断深化。新闻出版业的市场化建设主要在以下几方面展开。

1. 大市场构建

政企不分造成的行政壁垒和市场分割严重阻碍形成统一开放、竞争有序的出版物市场。2002 年以来，新闻出版总署印发《关于推进和规范出版物发行连锁经营的若干意见》、《关于新华书店（发行集团）股份制改造的若干意见》、《关于抓紧制定出版物发行网点设置规划的意见》等文件，积极推动以连锁经营、物流配送、股份制改造、网点规划等为主要内容的出版流通领域改革。2006 年，23 个省的新华书店实现省内或跨省连锁；全国出版物发行业共建立 5 000 平方米以上的物流中心 47 家，遍布 28 个省（自治区、直辖市）。2008 年 10 月，天津市新华书店、天津古籍书店、天津外文书店共同出资组建的天津新华发行有限责任公司揭牌。至此，全国新华书店系统除西藏外，各省级新华书店全部完成转企改制任务。截至 2011 年，新闻出版总署共审批设立总发行企业 94 家、全国性出版物连锁经营企业 22 家、外商投资出版物分销企业 59 家。与此同时，中小型专业书店、特色书店、社区书店以及网上书店也在蓬勃发展。经过多年不懈努力，统一开放、竞争有序、健康繁荣的出版物大市场、大流通格局基本形成。

2. 跨地区经营

2002 年 6 月，新闻出版总署出台《关于新闻出版业跨地区经营的若干意见》。之后，一系列政策相继出炉，大力支持新闻出版单位跨地区经营，

---

① 孙寿山：《在第三届中国数字出版博览会上的主旨报告》，北京：第三届中国数字出版博览会，2009 年 7 月 7 日。

实现优势互补，推动全国统一市场体系构建。各新闻出版单位纷纷响应，跨地区经营的“大手笔”频频出现。报业方面：2003 年，光明日报报业集团与南方日报报业集团合作主办《新京报》；2004 年，上海文广集团与广州日报报业集团、北京青年报社在上海联合主办《第一财经日报》。出版方面：2009 年，吉林出版集团有限责任公司与中华工商联合出版社进行资本联合重组；同年，江西出版集团公司与中国和平出版社重组成立中国和平出版社有限公司。发行方面：2007 年，江苏新华发行集团公司与海南省新华书店签署战略合作意向书，组建海南新华发行有限责任公司，实现我国国有图书发行业首次跨地区合作；2008 年，四川新华文轩连锁股份有限公司与贵州省新华书店签署合作协议，贵州省新华书店提供贵州全省零售资源，四川新华文轩连锁股份有限公司注入资金，双方共同成立公司，建设发展贵州省零售网络。跨界方面：2009 年，北方联合出版传媒（集团）股份有限公司与天津出版总社、内蒙古新华发行集团股份有限公司签署战略合作框架协议，掀起跨地区重组巨澜。依靠市场机制进行跨地区重组，造就了一批主业突出、多元发展的大型新闻出版企业集团，它们的努力旨在争取实现中国出版业对国际大型出版传媒集团的真正突围。

3. 新经济发展

即非公有制经济在出版业取得跨越式发展。十六大报告提出：“必须毫不动摇地鼓励、支持和引导非公有制经济发展。”《关于完善社会主义市场经济体制若干问题的决定》进一步要求：“清理和修订限制非公有制经济发展的法律法规和政策，消除体制性障碍。放宽市场准入，允许非公有资本进入法律法规未禁入的基础设施、公用事业及其他行业和领域。”柳斌杰同志在“2003 中国书业高峰论坛”上明确表示，今后要取消所谓“二渠道”称谓，对个体书商、民间资本应该一视同仁，外资享有的政策条件，国内民间资本也应同样享有，不存在限制哪一种资本。2003 年 9 月 1 日施行的《出版物市场管理规定》取消了设立发行单位的所有制限制。2009 年 3 月印发的《关于进一步推进新闻出版体制改革的指导意见》要求：“引导非公有出版工作室健康发展，发展新兴出版生产力。”《指导意见》发布后，国有出版单位与非公有文化机构合作上升到战略高度。2009 年 4 月，凤凰出版传媒集团旗下的江苏人民出版社与北京共和联动图书有限公司开展战略合作，共同注资 1 亿元资金成立合资公司北京凤凰联动文化传媒有限公司。同月，时代出版传媒股份有限公司旗下的安徽科学技术出版社与国内著名教育机构星火国际传媒集团就合作出版、联合发行、人员交流等签署战略合作协议。一批有实力、有影响的非公有文化机构通过与国有出版单位进行战略合作深度介入出版，为出版领域注入无限活力。截至 2009 年年底，全国发行企业 13.4 万家，其中非国有发行企业 11 万家，占 82.1%；发行网点 16 万个，其中民营或民营控股的发行网点 11.3 万个，占 71.1%。民营书业已逐步形成相对完整的产业链，进入到出版行业的整个流程。

在市场化进程中，国有、民营、外资等不同所有制形式实现地位平等，共同推动我国新闻出版业大发展大繁荣。但是，必须清醒地看到，完全意义上的统一市场格局尚未形成，我国新闻出版企业的总体实力还不够强大，非公有制资本进入出版领域的渠道建设仍有待强化。这些问题，需要通过进一步改革加以解决。

三、有关未来政策的设想

（一）背景分析

美国出版家约翰·德索尔指出："图书出版既是一项文化活动，又是一种经济活动。书籍是思想的载体、教育的工具、文学的容器。但是，书籍的生产和销售又是一种需要投入各种物资、需要富有经验的管理者及企业家参与的经济工作。"①出版业作为兼具文化特性与经济特性的特殊行业，其政策走向实际上是对文化与经济博弈的一种制度安排。这种博弈，可以概括为"安全"与"效率"的角力。

新时期以来特别是新千年以来，对于出版安全以及出版效率的认识存在着一个嬗变过程，这种嬗变又不断反映到政策规制的调整中。

首先来看出版安全。在这个时期，对出版安全的认识经历了一个从"静态安全"到"动态安全"的变迁。传统出版安全观仅仅局限于确保意识形态安全。随着"文化软实力"概念的出现及被接受，出版安全观被拓展到积极输出价值理念和意识形态、不断增强文化传播力和影响力的层面和高度。这种变化实际上是一种从"消极安全"向"积极安全"的跃迁，它直接导致行政规制放松、体制外资金进入、"走出去"等政策调整，为出版经济发展创造了良好条件。

---

① ［美］J. P. 德索尔著：《出版学概说》，姜乐英、杨杰译，中国书籍出版社 1988 年版，第 1 页。

再来看效率。伴随出版体制改革启动和深化，伴随"事转企"、集团化、上市融资等举措的实施和推进，"效率"越来越成为出版业的热词。这一时期，对出版效率的认识经历了一个从"一般化效率"到"个性化效率"的演变过程。起初，人们关注的出版企业的"一般化效率"，即传统意义上的成本收益率。追求"一般化效率"实践中暴露出的问题引起有识之士的反思和忧虑。有的出版企业或企业集团去搞房地产、外贸、旅游来做大做强，通过非文化手段去发展壮大，甚至逐渐变成非文化企业。出版效率须融入文化元素，成为一种"个性化效率"。这种认识正在引领以内容生产能力为核心的出版企业评价指标体系的构建。出版"个性化效率"内含经济元素和文化元素。出版"个性化效率"的提高必然带来文化影响力的增强。

计划经济时代，"以防为主"的出版安全观在一定程度上制约了出版业的发展壮大，安全与效率的关系并不和谐。进入市场经济时代，部分出版单位过分追求经济指标的价值诉求带来导向意识滑坡、品种结构失衡、主业收益弱化等问题，效率与安全的关系也欠和谐。新出版安全观具有动态特征，既包含文化元素又包含经济元素，它旨在实现"高效率的安全"。新出版效率观的"个性化效率"是一种"有文化的效率"。新出版安全观与新出版效率观可以实现有机融合。它们的融合点就是文化影响力。

(二) 制定未来出版政策的建议

1. 关于政策制定的指导思想

出版的本质是文化影响力。制定未来出版政策的指导思想应该是：有效平衡安全与效率关系，持续增强出版的文化影响力。

出版安全就内部而言是确保社会主义核心价值观在出版领域的绝对领导地位，并凭借体现社会主义核心价值观的出版物引领社会思潮、推动社会发展；就外部而言是促成体现社会主义核心价值观的出版物以"出版流"的形式"走出去"，反制西方有害文化入侵，增强中华文化传播力和影响力。出版安全不是静止停滞状态而是动态发展过程，故离不开出版产业发展的坚定支撑。由于内含经济元素和文化元素，出版产业效率与出版安全系数呈正相关关系。安全与效率的良性互动是实现出版影响力的可靠保证。

2. 关于政策制定的基本原则

(1) 在确保文化安全的前提下，进一步放松行政规制

当前，我国正处于深化改革开放、加快发展方式转变的关键时期，各种社会矛盾集中凸显，与此同时，敌对势力对我西化、分化不断加剧，思想文

化领域交流交融交锋态势日益强化，出版业在确保文化安全方面责任重大、工作艰巨。必须进一步强化导向管理、内容管理和阵地管理，常抓不懈，一着不让，把出版安全的主动权、主导权牢牢掌握在自己手中。在此前提下，要继承和发扬以往处理安全与效率关系的经验和做法，在进一步放松政策规制上下功夫、想办法、出实招，为发展出版生产力提供制度保证。从世界范围考量，放松传媒规制是国际传媒发展的新态势。欧洲在与美国传媒大战中失利的一个重要原因，就是欧洲大多数国家对传媒业限制过死。

当前放松出版规制的着力点应该放在以下方面。

第一，放松民营资本准入规制。截至 2012 年 12 月，全国共有 566 家单位获得网络出版许可资质。其中，国有出版单位 340 家，国有资本占主导地位的出版单位 2 家，民营等网络出版单位 224 家（主要集中在网络游戏出版、传播等领域）。民营资本准入在网络出版领域已取得较大突破。但是，民营资本尚未取得纸质出版物的出版权。今后，应积极尝试在该领域取得突破。比如，可以为面向境外市场生产销售外语类图书的民营企业配置外语类图书出版权，也可以为在合作出版中表现优秀的民营企业配置科技类报刊出版权。

第二，放松出版范围准入规制。从计划经济时代延续下来的出书按专业分工范围的限定，导致专业领域市场竞争不足，产品低水平过剩。应抓紧逐步放开分工范围的规定，促进优质产业资源在出版业内合理流动，提高出版业资源配置效率。

第三，放松出版职业准入规制。受泛意识形态化的影响，出版业设置有诸多职业准入规定，抬高了进入门槛，弱化了行业竞争程度。应依据《国务院机构改革和职能转变方案》中“除依照行政许可法要求具备特殊信誉、特殊条件或特殊技能的职业、行业需要设立的资质资格许可外，其他资质资格许可一律予以取消”的要求，对现行职业准入资质资格许可进行排查梳理，可考虑对“图书发行员职业资格证”等予以取消。

(2) 在坚持政府主导的前提下，进一步扩大市场功能

处于工业化与社会主义宪法制度双重约束下的中国市场经济模式是政府主导下的计划与市场相结合的二元经济体制模式。[①] 这种模式把计

① 卫兴华：《市场功能与政府功能组合论》，经济科学出版社 1999 年版，第 298—299 页。

划调节与市场调节、直接调节与间接调节、供给管理与需求管理、短期目标与长期目标、总量平衡与结构优化有机统一起来，既充分发挥市场机制的调节作用，又充分发挥政府在经济社会发展中的主导地位。随着改革不断深入，这种政府主导型市场经济模式也在不断发生变化。其演化方向是强化市场调节，促进市场竞争，不断减少政府对微观经济活动的行政干预，使市场机制在经济生活中发挥越来越大的作用。这种演化方向与公共选择理论的理论内涵内在一致。公共选择理论主张必须重新调整政府与市场之间的关系，重新发现和利用市场机制，优先选择经济规则解决公共问题。该理论主张最大限度地限定政府职能，政府只承担那些市场经济、非政府组织难以承担的核心职能，即使那些必须由政府提供的公共服务也要尽量引入市场机制。受该理论影响，市场化成为 20 世纪 80 年代以来几乎所有国家政府改革的主流。

当前，在继续坚持政府主导出版业的前提下，必须抓紧推出一系列有力措施，在更大程度和更广范围发挥市场在资源配置中的基础性作用。

第一，打破行政壁垒。我国出版体制形成于计划经济时代，是按照地区划分或行业划分建立起来的，强制性政治色彩很浓。经过多年不懈努力，统一开放、竞争有序、健康繁荣的出版物大市场、大流通格局基本形成。但是，其现状与发展市场经济的要求相比尚存在不小差距。要切实破除地区分割、行业垄断、行政壁垒等弊端，大力发展以跨地区连锁经营、集中配送、电子商务为特征的现代物流，有序发展出版产权、技术、人才、信息、版权等要素市场，促进出版产品和要素在全国范围合理流动。

第二，发展社会组织。社会组织是市场经济中政府、企业之间的“第三部门”，包括行业协会、商会、基金会、促进会等社会团体，民办非企业单位以及会计师事务所、律师事务所等中介机构。它们是文化市场的重要组成部分，是推动出版产业发展的重要力量，是政府与出版企业之间沟通交流的桥梁纽带。根据美国、日本、韩国、德国等发达国家的经验，社会组织在文化产业发展中功不可没。例如，美国、韩国的行业协会在产业政策制定与文化市场管理方面发挥了重要作用，日本“内容产品海外流通促进机构”在海外文化贸易与维权方面成就显著，德国各类基金会更是政府对外文化政策的好助手。要大力发展和利用社会组织，使其承接部分政府管理职能，充分发挥好它们在维护市场经济秩序、促进行业自律管理、推动出版产业发展方面的积极作用。

第三，引入竞争机制。公共选择理论认为："选择'官僚主义'解决的做法永远只应该是第二等的最好做法，只有在其他一切办法都证明确实不能发挥作用的情况下，才有必要采取这种解决办法。"①在配置出版公共产品资源时，应逐步减少使用行政手段，要更多地选择经济手段来解决问题。例如，可以把报刊刊号这样的稀缺资源投向市场，具备出版资质的单位或机构都可以参加竞标购买。最后，由相关评委会决定中标者并报出版管理部门审批。较之以往，这样做能够更加合理地配置出版资源。

(3) 在践行服务理念的前提下，进一步强化社会监管

从管制政府转向服务政府是行政管理体制改革的必然要求。现代政府的首要职责是提供服务，营造环境，立足于通过向市场主体提供公共服务的方式实现互动式管理。但是，践行服务理念并不意味着弱化甚至放弃监管职责。加强社会监管是为整个行业、整个社会健康发展提供秩序保证，这是一种更广义、更深层的服务。在这个问题上，我们必须保持清醒认识。

首先，要提升监管能力。面对形势环境发生的深刻变化，行政管理者都有知识再更新、本领再提高的需要。要按照把握科学理论、具有世界眼光、善于总结规律、富有创新精神的要求，广泛学习经济、政治、文化、科技、社会和国际等各方面知识，努力掌握和运用一切科学的新思想、新知识和新经验。要深入研究意识形态和出版工作新情况和新特点，深入研究出版改革、发展和管理中的重大问题，不断深化对出版规律的认识。当前，以信息技术为代表的新科技、新知识对出版发展的影响越来越大。要跟踪了解科技发展趋势，增强新媒体管理能力。其次，要创新监管方式。"当您的粉丝超过一百个，您就是一本内刊；当您的粉丝超过一千个，您就是一个布告栏；当您的粉丝超过一万个，您就是一本杂志；当您的粉丝超过十万个，您就是一份都市报；当您的粉丝超过一亿个，您就是中央电视台。"②这则广告语形象地道明了新媒体的巨大影响力，无形中也透露出加强新媒体内容监管的迫切性和艰巨性。"批判的武器当然不能代替武器的批判，物质力

① [法]亨利·勒帕日：《美国新自由主义经济学》，北京大学出版社 1985 年版，第 146 页。

② 《"苹果加美食"撬动微博江湖——李开复春节逆袭勇当微博"一哥"》，《金陵晚报》2013 年 2 月 17 日。

量只能用物质力量来摧毁。”[①]加强新媒体监管，必须运用科技手段创新监管方式，具体来说就是进一步推动国家网络出版监管平台建设并付诸监管实践。

再次，要考核监管绩效。政策规制有了，关键看能不能有效落实。与市场存在失灵的可能性一样，政府也存在失灵的可能性。政府失灵产生规制外部性，导致监管缺位、越位、错位等非常状态。矫正政府失灵，必须强化绩效考核力度。要贯彻落实激励机制和问责机制，为政策规制的贯彻执行提供坚强保证。

3. 关于政策制定中须处理好的几个关系

第一，处理好“大”与“小”的关系。出版集团作为新闻出版体制改革的排头兵、新闻出版产业发展的主力军，在引领社会主义文化前进方向、建设社会主义核心价值体系、传播知识和传承文明、维护国家文化安全等方面发挥着重要作用。但是，在做大做强出版产业，增强出版的文化影响力方面，集团化并不是唯一选择。从事网络出版的盛大网络和从事杂志出版的现代传播就是以“点”取胜的典型案例。盛大网络发现人的天性爱玩游戏而互联网为玩家提供了全新时空，开创了一个网游产业；现代传播发现画报转向周刊使构筑一个城市生活咨询和时尚新平台成为可能，一举创办《周末画报》并取得成功。这种“发现”就是创意。2001 年 9 月，盛大正式进军在线游戏市场。2004 年 5 月，不到 3 年时间盛大在美国纳斯达克成功上市。随后打造成功盛大文学品牌，继而又推动实体出版、影视、动漫等文化产业的发展。如今，盛大年营业额达到六七十亿元。作为民营准出版机构，现代传播在《周末画报》后又出版《新视线》、《汽车生活》、《东方企业家》、《优家画报》、《商业周刊》等一系列杂志，发展成为跨媒体、跨地域的期刊群，并于 2009 年在香港主板上市。目前，现代传播拥有 1 000 多名员工，发行网络覆盖全国 25 000 个销售点，年经营额达六七亿元。[②] 出版作为文化产业，创意是其灵魂。由于互联网和全球化的发展，文化产业做大做强越来越依靠创意、技术和品牌扩张。在文化业界，人生不再苦短。一个品牌、一项发明可以改变世界，可以使一个公司一跃成为世界第一，而不必通过兼并重组，不必走上百年成功的道路。微软、谷歌如此，百度、淘宝如此，

① 马克思：《〈黑格尔法哲学批判〉导言》，中共中央马克思恩格斯列宁斯大林著作编译局编《马克思恩格斯选集（第一卷）》，人民出版社 1976 年版，第 9 页。

② 祝君波：《盛大、嘉德、现代启示录》，《编辑学刊》2013 年第 1 期。

盛大、现代也是如此。在出版产业发展中，"点"或许更具有爆发性和发展潜力。因此，在做大"面"（出版集团）的同时，也要做好"点"（非集团出版企业），努力形成大型出版集团与"专、精、特、新"各类出版企业优势互补、合作竞争的发展格局。

第二，处理好"事"与"企"的关系。出版体制改革已经取得阶段性成果，但须继续加力推进。必须贯彻落实科学发展观，继续推动经营性出版企业单位、公益性出版事业单位加快改革，充分释放文化生产力。出版企业单位与出版事业单位其改革既有区别也有联系。其区别在于：经营性出版单位具有"私人产品"特性，公益性出版单位具有"公共产品"特性，性质差异导致改革分类推进的制度安排。经营性出版单位须彻底转企改制，成为合格市场主体，并按照上市公司标准进行建设和管理，一旦条件具备便走向资本市场。公益性出版单位须进一步深化内部人事制度、劳动制度、分配制度改革，健全激励和约束机制，整合内部资源，增强单位活力。其联系在于：公益性出版单位广告、发行等经营性资产须剥离出出版业务，进行市场化运作。以党报发行体制改革为例，应支持其组建独立发行公司，与邮政部门、大型出版物发行企业或物流企业开展战略合作。由此可见，不论是经营性出版企业单位抑或是公益性出版事业单位，追求效率的"市场化"是其共同目标选择。

第三，处理好"新"与"老"的关系。"新"指的是新型数字媒体，"老"指的是传统纸质媒体。数字媒体深刻改变着人们获取知识、传递信息、鉴赏文化的理念、渠道和方式，给出版业带来前所未有的挑战，同时也带来前所未有的机遇。有个出版企业负责人在接受调研时说过：传统出版业已经进入"冬天"，但冬天来了，春天也就不远了；现在最重要的问题是，必须想方设法不在冬天里被冻死。① 这句话告诉我们，必须主动接受数字化转型挑战，只有化挑战为机遇，未来才可能拥有立足之地。但是，由于数字出版赢利模式尚不明晰，投入大回收少甚至没有回报，出版业内或多或少存在着"不搞数字出版是等死，搞数字出版是找死"的悲观认识。在推动传统出版企业数字化转型的进程中，政府部门必有作为，也大有可为。一是重塑信心。传统出版企业的核心优势首先是丰富的内容资源、作者资源和广泛的

---

① 孙寿山：《突出重点 真抓实干 推进科技与数字出版工作再上新台阶》，2013 年科技与数字出版管理工作会暨网络出版监管工作现场会讲话材料，内部文件。

社会认知度、读者认知度，这是其转型数字出版的竞争优势，也是其与技术型数字出版公司的最大区别。传统出版企业另外一个核心优势是拥有素质过硬的编辑力量，能够保证出版产品从选题到审稿到编辑加工的高效率与高品质，这是大多数数字出版公司所不具备的。国内某知名文学网站就曾被批评："发表的文学作品连错别字都不改。"二是提供样板。榜样的力量是无穷的。要把数字出版领域的成功做法和宝贵经验及时传递给传统出版企业，让他们看到希望并不遥远，前途并不渺茫。例如，中国移动阅读基地就成功打造了兼顾运营商、出版商等各方利益的数字出版赢利模式。三是搭建平台。数字出版产业链的核心是数字内容生产发行平台。目前，全球化超级出版服务平台纷纷涌现。许多大型电子图书销售商都打造了自己的超级网络服务平台，提供更加安全优质的服务。我国政府出版行政部门有必要抓紧组织开发并推出若干大型数字内容推送平台，打通从数字出版、数字发行到终端读者阅读的服务渠道，切实推进数字出版发展进程。

新千年来的中国图书出版

图书出版是出版业的重头戏。进入新千年以来，我国的图书出版行业在蓬勃发展的同时仍然面临着来自数字出版和转企改制等新情况的挑战和冲击。本章对2000—2011年图书出版的主要指标数据进行统计(不含港澳台地区)，对当前图书出版中存在的问题进行简单分析并对今后图书发展的对策和趋势作出建议及预测。

一、新千年来的图书出版:数据分析

新千年的头10年，我国出版业总体呈现欣欣向荣的景象。图书出版品种数不断上升，成为世界上出版总数最多的国家之一。

(一) 图书出版产业整体发展情况

1. 图书出版单位整体情况

(1) 图书出版单位数量变化情况

一直以来，我国对图书出版单位的成立实行的是审批制。受到这一制度的影响，新世纪以来，我国图书出版单位的数量并未发生很大变化。包括副牌社在内，笔者对新千年以年来图书出版单位的数量进行了统计。

表1　图书出版单位数量变化情况

年份	2000	2001	2002	2003	2004	2005	2006	2007	2008	2009	2010	2011
图书出版单位数量(家)	565	562	568	570	573	573	573	579	579	580	581	580

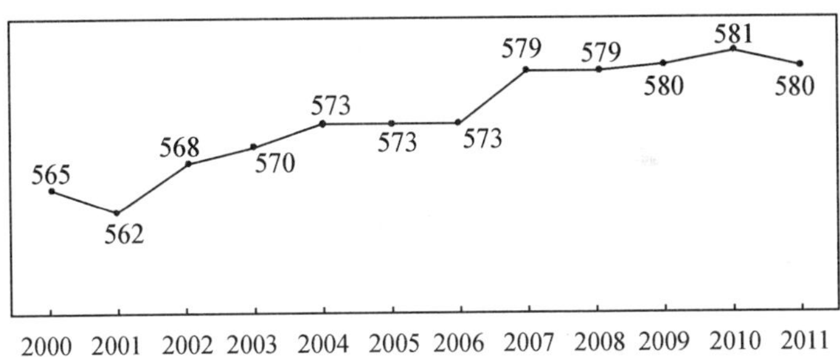

图 1　2000—2011 年图书出版单位数量变化

通过上述图表我们可以发现，我国的图书出版单位数量的增长幅度比较平缓，12 年间仅增加了 15 家图书出版单位。这与我国对出版单位的成立实施严格的审批制有着密不可分的关系。同时，出版社合并或因违规经营被注销等也是图书出版单位数量增长缓慢的原因。

(2) 图书出版单位的地域分布

以 2011 年的数据为例，580 家出版社的地域分布如表 2 所示。

表 2　2011 年图书出版单位地域分布情况

地区	中央	东部	中部	西部
图书出版单位数量(家)	220	176	93	91

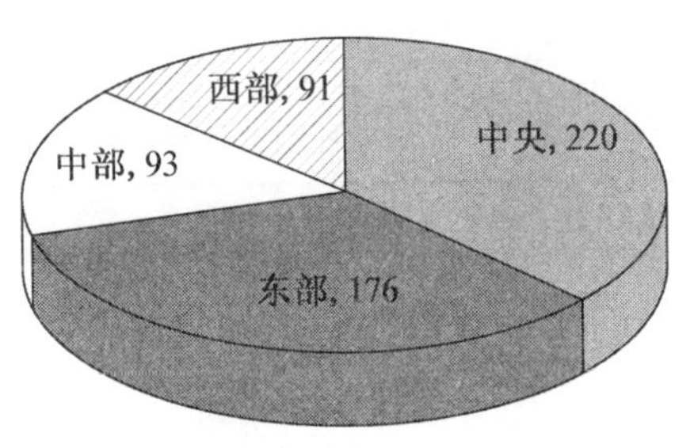

图 2　2011 年出版社地域分布图

图书出版作为文化事业的重要组成部分，它的发展受到经济发展的影响，图书出版单位数量的多寡与经济发展水平呈现高度相关的关系。因此，经济较为发达的东部地区，其图书出版单位数量多于经济欠发达的中西部地区。

2. 图书出版的总体情况

图书出版的品种数量、总印数、总印张以及定价金额等数据是了解每年图书出版总体情况的关键信息。依据历年的《中国新闻出版统计资料汇编》所公布的数据，笔者对 2000—2011 年的相关数据进行了整理，并分别对每组数据作简要分析。

2000—2011 年，全国出版的图书品种、总印数、总印张、定价总金额逐年增长（见表 3）。

表 3　2000—2011 年全国图书出版总体情况概览

年份	品种（万种）	总印数（亿册）	总印张（亿）	定价总金额（亿元）
2000	14.3	62.74	376.21	430.10
2001	15.4	63.1	406.08	466.82
2002	17.1	68.7	456.45	535.12
2003	19.0	66.7	462.22	561.82
2004	20.8	64.13	465.59	592.89
2005	22.2	64.66	493.29	632.28
2006	23.4	64.08	511.96	649.13
2007	24.8	62.93	486.51	676.72
2008①	27.4	70.62	561.13	802.45
2009	30.2	70.37	565.50	848.04
2010	32.8	71.71	606.33	936.01
2011	36.9	77.05	634.51	1 063.06

表 4　2000—2011 年单种图书印数与印张情况

年份	每种书平均印数（万册）	每种书平均印张（万）	每册书平均定价（元）
2000	4.39	26.31	6.86
2001	4.10	26.37	7.40
2002	4.02	26.69	7.79
2003	3.51	24.33	8.42
2004	3.08	22.38	9.25
2005	2.91	22.22	9.75

① 本报告中 2008 年数据均以新闻出版总署计划财务司编《中国新闻出版统计资料汇编 2009》（中国统计出版社 2009 年版）为准。

（续表）

年份	每种书平均印数(万册)	每种书平均印张(万)	每册书平均定价(元)
2006	2.74	21.88	10.13
2007	2.54	19.61	10.75
2008	2.58	20.48	11.36
2009	2.33	18.73	12.05
2010	2.19	18.49	13.05
2011	2.09	17.20	13.80

根据表3中的数据我们计算得出在2000—2011年间每种图书的印数及印张的数据。不难看出，在图书品种每年大幅度增加的前提下，除去个别年份，每种书的印数和印张均呈递减趋势，但单本图书平均定价却呈逐年上升趋势（见表4）。这反映出我国的图书出版业采取的是增加品种的策略，但市场规模并没有随之扩大，出版效益仍有待提高。

根据表3中的各组数据，2000—2011年间，全国新版图书、重版与重印图书、总印数、总印张、定价总金额等出版主要指标，与上一年度相比，均发生了变化（见表5）。

表5　2000—2011年全国图书出版主要指标增长率　　（单位：%）

年份	新版图书	重版、重印图书	总印数	总印张	定价总金额
2000	1.4	0.7	−14.2	−3.9	−1.4
2001	8.5	6.7	0.6	7.9	8.5
2002	10.1	11.3	8.9	12.4	14.6
2003	10	13.2	−2.9	1.3	5
2004	9.7	8.9	−3.8	0.7	5.5
2005	5.7	8.3	0.8	6.0	6.6
2006	1.31	10.45	−0.9	3.78	2.67
2007	4.58	8.05	−1.79	−4.97	4.25
2008	10.1	12.16	10.21	15.26	16.95
2009	12.97	6.61	−0.36	0.78	5.68
2010	12.48	4.25	1.9	7.22	10.37
2011	9.62	16.48	7.46	4.65	13.57

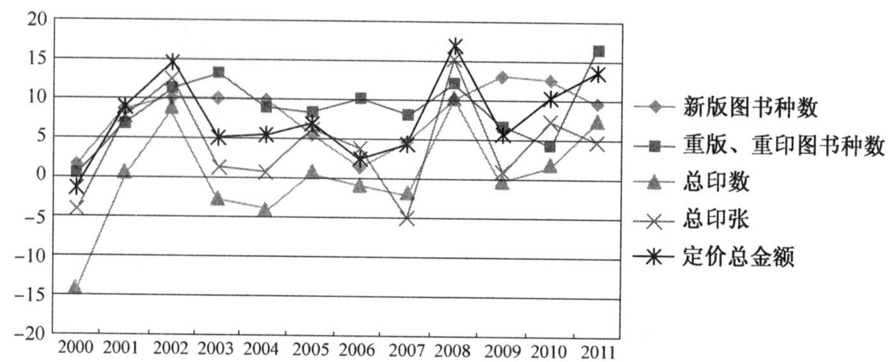

图 3　2000—2011 年图书出版主要指标历年增长率(单位:%)

从图 3 的曲线走势中我们可以清楚地看到,新版图书和重版图书在 2000—2011 年保持增长。总印数和总印张在进入新世纪以来出现较大波动,总印数在 2000 年的增长率仅为－14.2%,为历年来最低值。总印张则在 2007 年跌入谷底,增长率为－4.97%;但在 2008 年又大幅度反弹,较 2007 年增长了 15.26%,为历年来的最高值。

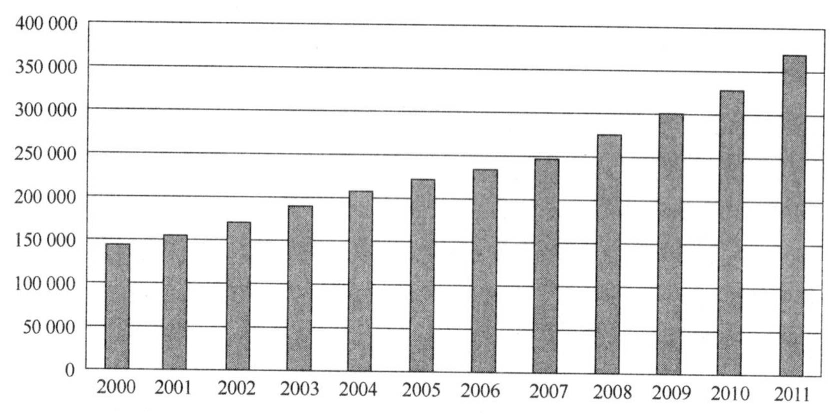

图 4　2000—2011 年图书出版种类趋势变化(单位:种)

从图 4 中我们可以看出,从 2000 年至 2011 年,图书出版种数稳步上升,并在 2009 年突破了 30 万的大关。

在社会经济文化快速发展的大环境下,图书出版种类的增加可以说是必然趋势。一方面,读者对于精神文化产品需求的不断增加使得图书出版单位不断开发新的领域来满足不同层次读者的多方面需求;另一方面,随着出版改革不断走向深化,出版社越来越需要面向市场。为了应对激烈的竞争，出版社在选题上下足工夫，试图以增加品种的方法来提高出版社的经济效益。

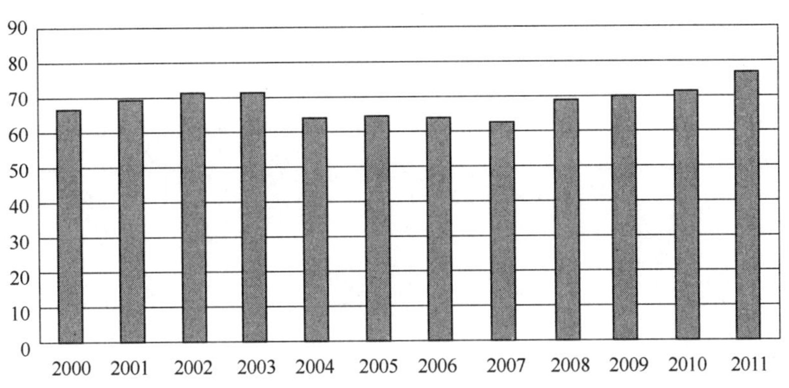

图 5　2000—2011 年图书出版总印数趋势变化（单位：亿册）

与图书出版种类的逐年上升不同，图书出版总印数在 2000 年至 2011 年间呈现波动的状态，2007 年的总印数几乎与 2000 年持平。这说明，我国图书的市场规模并没有扩大。

探其背后的原因，笔者认为最主要是因为目前我国出版业走的是投入增长型的道路，虽品种规模大幅度增长，但受到消费不足、库存成本、网络阅读、移动阅读等因素的影响，单本图书的印数却没有同步增长，甚至在一段时期内呈现减少的趋势，从而带来新千年以来图书总印数的波动。

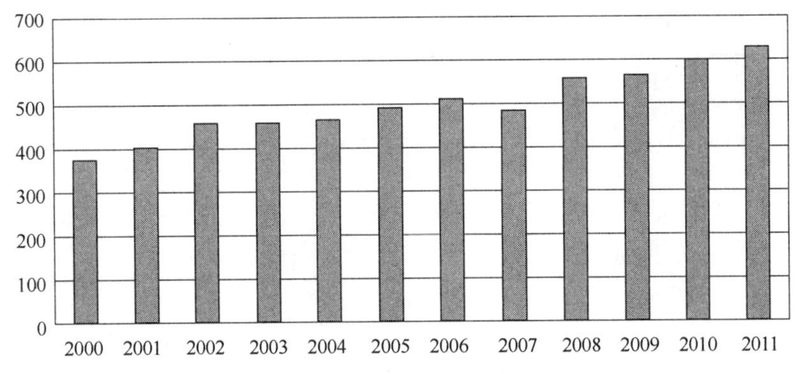

图 6　2000—2011 年图书出版总印张变化趋势（单位：亿印张）

从图 6 中我们不难看出，图书出版总印张在 2007 年出现短暂下降，其余年份均保持小额增长。我们知道，印数和印张之间存在着直接联系。某本书的印数×单册书的印张＝该书的总印张，然后一年所有书的总印张再累加就得到全年图书的总印张。受到单本书印数的影响,图书出版的总印张增长有限。

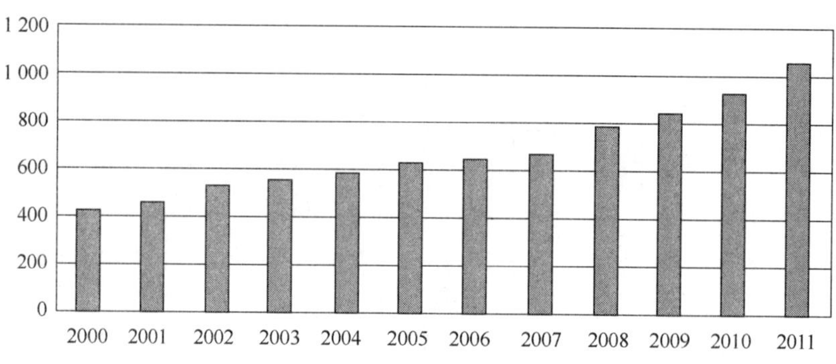

图 7 2000—2011 年图书定价总金额趋势变化(单位:亿元)

受到物价上涨,特别是纸张成本上涨、人力成本上涨等因素的影响,在2000—2011 年间,图书出版定价总金额逐年上升。当然,除去成本上涨的因素之外,图书出版品种的大幅度增加也是定价总金额上升的重要原因。

(二) 图书产品分类出版情况

1. 书籍、课本、图片出版情况

从出版的内容和形式上,我们可以将图书产品分为书籍、课本和图片三类。

表 6 2000—2011 年书籍、课本、图片出版情况

(单位:种,亿册,亿元)

年份	书籍			课本			图片		
	种数	总印数	定价总金额	种数	总印数	定价总金额	种数	总印数	定价总金额
2000	11 7597	26.7	244.71	23 694	35.6	180.81	2 085	0.45	4.58
2001	128 051	29.36	286.86	24 236	33.36	174.55	2 239	0.37	5.41
2002	142 952	32.76	335.05	25 817	35.52	195.74	2 193	0.41	4.34
2003	159 716	33.75	361.55	28 789	32.54	196.06	1 886	0.42	4.2
2004	170 485	31.13	367.84	36 087	32.71	221.47	1 722	0.29	3.58
2005	171 461	29.17	360.49	50 028	35.29	266.77	984	0.19	1.60
2006	180 979	28.81	389.39	51 925	35.07	258.22	1 067	0.19	1.52
2007	192 912	29.41	420.18	53 997	33.24	254.15	1 374	0.28	2.39

（续表）

	书籍			课本			图片		
年份	种数	总印数	定价总金额	种数	总印数	定价总金额	种数	总印数	定价总金额
2008	219 420	36.24	520.71	54 013	34.21	280.36	690	0.17	1.38
2009	238 868	37.88	567.27	62 024	32.35	279.40	827	0.13	1.37
2010	259 477	37.72	612.78	68 145	33.55	316.86	765	0.10	1.23
2011①	290 359	42.19	726.41	78 281	34.40	330.17	883	0.10	1.19

从 2000 年至 2011 年，书籍和课本的种数和定价总金额呈现持续增长的趋势，与此形成鲜明对比的是，图片的定价总金额除 2001、2007 年较之前一年有所上升外，其余年份均在减少。而三种出版物的总印数在这期间都出现波动。

我们以 2011 年的数据为例，分析书籍、课本和图片在图书出版的部分主要指标中所占的比重。

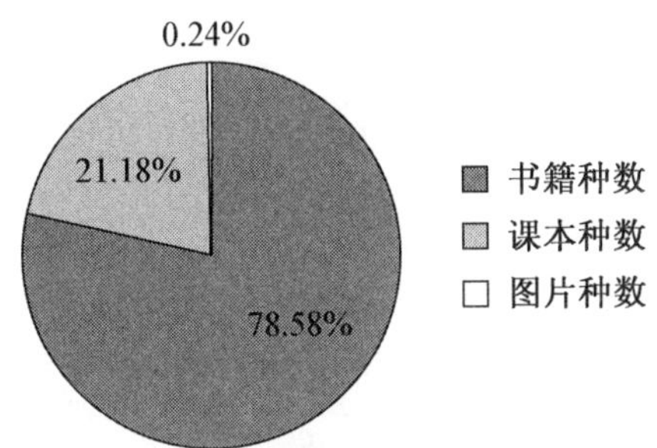

图 8　2011 年三类出版物占图书出版种类的比例

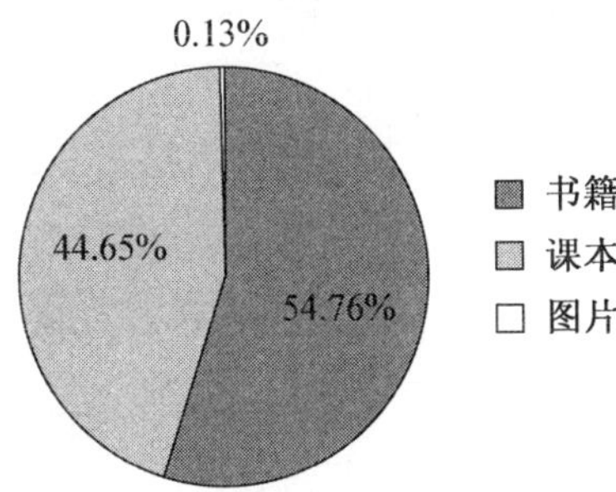

图 9　2011 年三类出版物占图书总印数的比例

---

① 2011 年书籍出版总量中不包括附录。

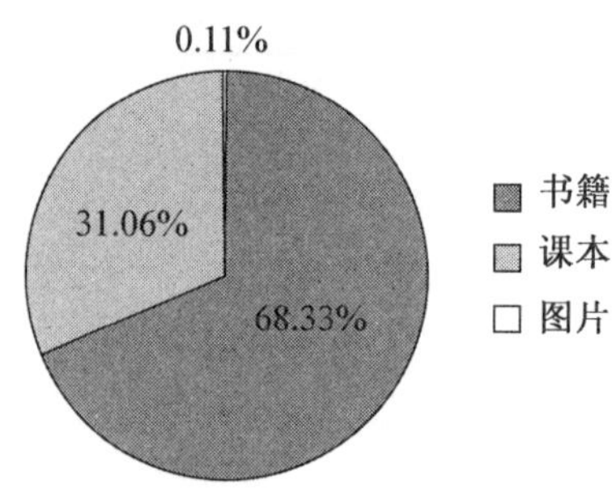

图 10　2011 年三类出版物占图书定价总金额的比例

2. 22 类图书出版总体情况

根据中图法的图书分类，我们对每一类图书 2000—2011 年的部分出版主要指标进行统计。

(1) 2000—2011 年 22 类图书出版种类情况

表 7　2000—2011 年间各类图书出版种类情况　(单位：种)

	2000	2001	2002	2003	2004	2005	2006	2007	2008	2009	2010	2011
马克思主义、毛泽东思想	236	259	324	496	664	454	389	488	402	495	477	604
哲学	1 461	1 590	2 053	2 523	3 312	3 921	4 478	4 813	5 520	6 429	7 418	8 600
社会科学总论	1 731	1 812	1 986	2 097	2 366	2 842	2 923	3 423	3 645	4 112	4 841	5 344
政治、法律	5 509	6 589	7 102	8 665	9 412	10 104	10 989	11 968	13 306	13 730	13 903	15 669
军事	425	446	493	597	607	701	637	757	667	917	946	1 178
经济	9 107	10 460	12 599	14 397	16 442	18 389	19 783	21 420	23 496	25 273	27 486	30 253
文体科教	58 513	61 174	69 488	77 185	83 751	85 668	86 352	90 419	95 954	102 597	111 380	133 054
语言文字	6 301	7 103	8 253	8 600	10 435	11 659	12 402	13 425	15 528	16 721	18 610	19 550
文学	10 756	11 235	11 199	11 771	12 633	13 429	14 812	15 393	19 585	24 993	29 958	32 317
艺术	7 577	9 765	10 087	10 655	10 067	10 622	11 905	11 982	13 331	15 067	16 787	19 825
历史地理	4 402	4 878	5 245	6 046	7 204	8 525	9 013	9 359	10 063	11 401	12 411	14 511
自然科学总论	926	893	853	921	957	982	982	942	823	901	1 193	827

（续表）

	2000	2001	2002	2003	2004	2005	2006	2007	2008	2009	2010	2011
数理化科学	2 530	2 673	3 077	3 703	4 187	4 669	4 752	4 813	5 556	5 505	6 294	6 997
天文、地球科学	630	558	597	678	924	999	1 155	1 227	1 429	1 659	1 790	2 014
生物科学	514	560	685	800	981	1 190	1 220	1 332	1 507	1 618	1 973	2 259
医药卫生	6 329	6 440	7 105	8 472	8 382	9 565	10 324	11 543	12 961	14 584	15 792	15 711
农业科学	3 384	3 281	2 936	3 219	2 697	3 045	3 476	4 086	5 316	6 978	6 621	6 305
工业技术	16 267	17 694	19 571	22 508	26 924	29 512	32 198	34 186	39 285	40 938	41 904	44 539
交通运输	1 161	1 414	1 647	1 615	1 755	2 107	2 210	2 470	2 915	3 313	3 862	4 189
航空航天	90	111	122	179	108	124	177	185	241	312	279	338
环境科学	400	502	640	747	1 016	1 014	1 009	976	1 323	1 447	1 589	1 706
综合类	3 042	2 850	2 761	2 631	1 748	1 968	1 718	1 702	1 667	1 902	2 108	2 850

根据表格所示，在2000年至2011年间，文体科教类图书出版种数始终位于22类图书之首，并且大幅度领先于位于第二的工业技术类图书。航空航天类图书是22类图书中出版种数最少的。除去综合类图书，其余21类图书在2000年至2011年间的出版种类虽有波动，但总体上均呈现增长趋势。

(2) 2005—2011年22类图书出版总印数情况

表8　2005—2011年22类图书出版总印数情况　（单位：万册）

	2005	2006	2007	2008	2009	2010	2011
马克思主义、毛泽东思想	738	558	1 335	1 801	808	1 561	1 468
哲学	3 242	3 116	3 746	4 036	4 962	5 273	6 301
社会科学总论	1 966	1 990	2 033	2 150	2 609	4 871	4 414
政治、法律	11 934	12 403	14 007	15 037	19 423	12 832	14 017
军事	574	447	513	458	681	813	933
经济	14 299	13 418	14 847	15 673	15 468	15 956	16 523
文体科教	489 649	498 318	478 766	523 708	530 481	535 339	578 433

(续表)

	2005	2006	2007	2008	2009	2010	2011
语言文字	11 659	17 169	16 864	20 422	20 220	20 209	21 919
文学	13 975	15 880	16 536	23 708	26 989	33 548	39 762
艺术	17 976	17 564	16 621	16 792	14 020	13 984	17 468
历史地理	29 402	15 806	19 504	15 402	15 406	14 306	11 130
自然科学总论	3 389	2 791	1 592	1 804	1 216	1 922	791
数理化科学	4 281	3 791	3 299	4 161	3 672	4 419	4 313
天文、地球科学	361	549	618	835	1 290	1 403	980
生物科学	745	680	784	1 050	1 028	1 417	1 375
医药卫生	6 515	7 217	7 359	9 811	10 730	11 642	11 401
农业科学	2 185	2 221	2 439	3 781	5 357	5 397	6 246
工业技术	19 698	19 620	20 216	21 676	21 501	20 834	21 547
交通运输	1 702	1 747	1 814	1 929	2 336	2 463	2 452
航空航天	43	103	131	133	122	130	148
环境科学	3 248	1 242	1 803	1 614	2 065	1 943	992
综合类	1 767	2 250	1 704	2 543	1 954	2 405	3 326

在总印数这一指标中，文体科教历年均居各类图书榜首，并逐年递增。航空航天虽然印数最少，但总体上呈增长趋势。在22类图书中，除去文体科教类图书的总印数每一年均保持增长趋势外，文学类、农业科学类两类图书同样保持了这一趋势。

3. 三大类图书出版情况

图书基本上可以分为社会科学类和自然科学类两大类，但由于我国的教材教辅占了相当大的比重，所以将G类文体科教类图书单独归为一类进行分析。其中，社会科学类图书包括A类马克思主义、毛泽东思想，B类哲学类图书，C类社会科学总论，D类政治法律，E类军事，F类经济，H类语言文字，I类文学，J类艺术，K类历史地理和Z类综合类图书；自然科学类图书包括N类自然科学总论，O类数理化科学，P类天文、地球科学，Q类生物科学，R类医药卫生，S类农业科学，T类工业技术，U类交通运输，V类航空航天，X类环境科学。

表 9　三大类图书品种数变化情况　　（单位：种）

	2000	2001	2002	2003	2004	2005	2006	2007	2008	2009	2010	2011
社会科学类	50 547	56 987	62 102	68 478	74 890	82 614	89 049	94 730	107 210	121 040	134 945	150 701
自然科学类	32 231	34 126	37 233	42 842	47 931	53 207	57 503	61 760	71 356	77 255	81 297	84 885
文体科教类	58 513	61 174	69 488	77 185	83 751	85 668	86 352	90 419	95 954	102 597	111 380	133 054

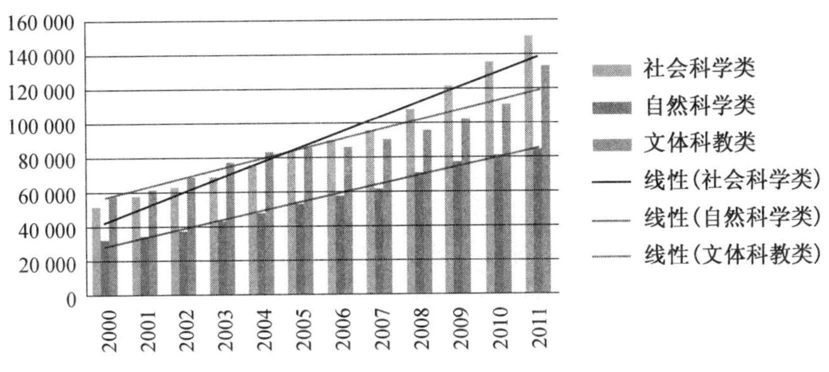

图 11　2000—2011 年三大类图书品种变化情况

从表 9 和图 11 的数据中我们可以看出三大类图书出版种类在这 12 年间的变化：三大类图书的出版种类在 2000—2011 年间均呈递增趋势；自 2006 年起，社会科学类图书的出版种类超过了文体科教类图书。这一变化的产生很大程度上得力于新世纪以来社会科学的发展，以及行业对于图书出版结构的有意识调整，加大对于一般图书的投入。自然科学类图书受到专业度较高这一因素的影响，出版种类虽有增长，但幅度较小且一直落后于其他两大类图书。

(三) 2000—2011 年全国图书销售情况

1. 2000—2011 年全国新华书店系统、出版社自办发行单位图书总销售情况

表 10　2000—2011 年全国新华书店系统、出版社自办发行单位图书总销售情况

(单位:亿册,亿元)

	2000	2001	2002	2003	2004	2005	2006	2007	2008	2009	2010	2011
销售数量	123.53	122.27	123.19	119.34	151.4	151.62	149.94	153.92	158.78	153.80	168.12	176.90
销售金额	589.13	631.01	652.51	695.95	1 090.75	1 176.72	1 236.10	1 305.33	1 392.31	1 496.99	1 724.78	1 929.91

从表 10 我们可以看到,虽然在 2004 年至 2011 年间,全国新华书店系统、出版社自办发行单位的图书总销售数量在 2006—2009 年变化不大,2010、2011 年有小幅增长,但图书销售金额始终保持增长。

2. 2005—2011 年各类图书销售(零售)情况

表 11　2005—2011 年各类图书销售(零售)情况　(单位:亿元)

	哲学、社会科学类	文化教育类	文学艺术类	自然科学技术类	少年儿童读物	大中专教材、业余教育及教参	中小学课本及教材	其他类图书
2005	77.38	340.92	59.96	80.13	32.94	101.81	462.46	21.11
2006	88.28	343.81	64.44	92.58	34.1	102.72	481.91	28.25
2007	102.86	366.85	69.52	101.17	40.20	119.21	466.19	39.34
2008	102.55	390.58	76.33	110.07	47.91	125.80	488.12	49.96
2009	128.82	428.01	85.38	116.84	57.79	129.81	497.03	53.25
2010	35.27	181.75	29.02	37.10	20.70	15.46	175.10	10.96
2011	36.86	215.38	28.78	28.34	17.86	17.11	199.27	15.21

(注:表中 2005—2009 年的数据为图书销售数据,2010—2011 年的数据为图书零售数据)

从表 11 中 2005—2011 年各类图书的销售数据来看,文教类和教材教辅类书籍毫无悬念是图书销售的重头戏,销售金额远远领先于其他类型的图书。而各类教材、课本大多通过批发的渠道实现销售,所以从近两年的零售数据中我们可以发现,部分教材类书籍的零售金额十分有限。

同时,在上表中我们可以看到,文学艺术类、自然科学技术类以及少儿

读物类图书2011年的零售金额都呈负增长。

3. 出版物库存情况

在图书销售常年保持增长的同时，我们不能忽略图书库存所面临的严峻形势。由于相关部门未对各类出版物的库存情况进行分类的统计，所以我们在此处通过出版物总体库存情况的数据来对此问题进行简单分析。

表12　2000—2011年出版物库存情况　（单位：亿册，亿元）

	库存数量	与上一年相比的增长率	库存金额	与上一年相比的增长率
2000	36.47	5.34%	272.68	12.85%
2001	35.54	−2.55%	297.58	9.13%
2002	36.89	3.8%	343.48	15.43%
2003	38.54	4.45%	401.38	16.86%
2004	41.64	8.04%	449.13	11.9%
2005	42.48	2.02%	482.92	7.52%
2006	44.59	4.98%	524.97	8.71%
2007	44.78	0.43%	565.9	7.8%
2008	51.08	14.05%	672.45	18.83%
2009	50.62	−0.94%	658.21	−2.16%
2010	53.00	4.70%	737.80	12.09%
2011	55.86	5.39%	804.05	8.98%

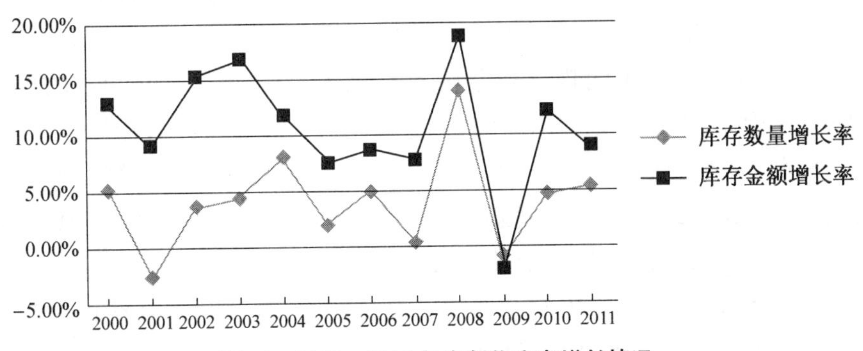

图12　2000—2011年出版物库存增长情况

通过上述数据可以发现，除去2001年和2009年两个年份外，库存数量和库存金额均为正增长。库存金额更是在2000、2002、2003、2004、2008

和2010年这6年出现了10%以上的增长率。图书作为出版物中的重头戏，我们有理由认为图书库存占据了出版物库存的绝大部分。居高不下的出版物库存量已经超出了库存的合理范围，严重影响出版业的健康发展。

二、新千年来图书出版中的代表性事件

在2000年至2011年这12年时间里，不管是在宏观政策层面上还是具体到一本书的出版，图书出版发生了很多具有代表性意义的事件，值得出版人总结和思考。

（一）紧跟主旋律，图书出版服务国家建设

代表性事件一：圆满完成"十五"规划和"十一五"规划的任务，进入"十二五"规划新阶段

2000—2011年，图书出版圆满完成了在"十五"规划和"十一五"规划中承担的任务，并在2011年进入"十二五"规划的新阶段。

"十五"和"十一五"阶段是我国社会经济发展极不平凡的10年。全球金融危机，经济发展放缓，而面对国内外环境的复杂变化和巨大挑战，新闻出版业却逆势上扬，取得了令世人瞩目的成绩。其中，图书出版深入贯彻科学发展观，推出了一大批经典图书，展示了文化建设和文化产业的丰硕成果，对经济、文化、科技建设起到了重要的推动作用。主要表现在：

首先，弘扬主旋律，马列主义、毛泽东思想、邓小平理论、"三个代表"以及科学发展观等重要思想著作的重新出版，如人民出版社出版的《马克思恩格斯全集》(第二版)、《新中国马克思主义哲学五十年》、《走进马克思》、《邓小平理论与当代中国哲学社会科学发展丛书》等等。这些图书的出版唱响了主旋律，服务于党和国家的大局，对经济文化建设具有指导性意义。

其次，围绕社会的经济建设，出版了一批高质量的研究经济发展和现代化建设中重大理论与实践问题的图书，如中国人民大学出版社的《中国经济问题丛书》、经济科学出版社出版的《中国改革与发展问题应急研究丛书》、北京出版社出版的《国有企业改革新论》等。这些丛书系统地对我国经济建设中面临的问题进行了分析和探讨，为国家政策的制定和调整献计献策。

第三，与科研活动紧密联系，集中出版了一批高水平的学术力作，如中国人口出版社的《国家人口发展战略研究报告》是国家人口发展战略研究

总课题成果，该书从科学发展观、人口发展态势和人口与经济社会资源环境重大关系三大方面，科学分析了中国人口发展的趋势，系统研究了人口与经济社会发展的关系，为我国人口发展战略提供了重要参考。在科技方面，中国科技大学出版社出版的《北京谱仪Ⅱ正负电子物理》是国家 863 计划重大科研成果，获国家科技进步特等奖。该书总结了我国自主研发的大型粒子物理实验装置——北京谱仪近十年取得的最新研究成果，该成果处于国际领先地位，得到国际学术界的密切关注和高度评价。①

再有，出版了一批具有填补空白价值的图书，如人民教育出版社出版的《基础心理学书系》。着重探讨人的心理的实质、心理的种系发展和个体发展、心理的神经生物学基础、人的心理的基本过程、意识与无意识的关系、智力与人格的结构、需要和动机对人类行为的调节和控制等。湖南教育出版社出版的《中国物理学史大系》，共 9 卷本，是第一套完整、全面反映中国物理学史的巨著，而且有力地驳斥了中国没有物理学史的谬论，填补了学术研究的空白。② 该书荣获第六届国家图书奖。

在进入“十二五”规划的新阶段后，图书出版将继续通过出版精品图书，肩负文化建设和发展的重任，传承民族文明和弘扬民族文化。

代表性事件二：积极应对突发事件，为服务大局作出突出贡献

进入新千年以来，我们的国家经历了太多的考验，也收获了丰硕的成果。图书出版一直扮演着一个合格的历史记录者和回顾者的角色。

2002、2003 年，全国范围内爆发了严重的“非典”疫情。自我国一些地区发生“非典”疫情以来，新闻出版总署积极组织出版单位相继推出了一大批预防“非典”的图书。

截至 2003 年 5 月 9 日，据对各省、自治区、直辖市和在京有关出版单位的调查统计，共出版预防“非典”的各类图书 95 种，总发行量超过 1 200 万册。其中不仅有文字图书，还有各种挂图和宣传画。这些图书记录了我党和政府抗击“非典” 疫情的战略部署和重大举措，讴歌了白衣战士无私奉献的伟大精神，对全国人民增强民族凝聚力，鼓舞士气，坚定信心，共同抗击疫情，争取最后胜利，起到了积极的作用。在 2003 年国家图书奖的评选中，为“非典图书”增设了特别奖。

---

① 孙小宁：《国家新闻出版总署公布“十五”重点图书实施情况》，《北京晚报》2006 年 2 月 23 日。

② 中国出版年鉴社：《中国出版年鉴》(2011)，中国出版年鉴社 2011 年版，第 162 页。

2008年本是全民企盼的奥运年，但在这一年我国先后遭受了年初的特大冰雪灾害、“3·14”事件、汶川大地震等极为严重的突发事件。

2008年年初南方发生特大雨雪灾害后，在党中央、国务院的领导和指挥下，总署全力投入抗灾救灾攻坚战，立足自身行业特点，积极组织全国近30家出版单位，及时出版了一批“抗冰救灾”图书。内容涵盖中央部署的重点工作、感人事迹以及防灾救灾的科普知识等方方面面。这些图书的出版，为夺取抗击雨雪冰冻灾害斗争的胜利营造了良好的舆论氛围。

在“3·14”事件发生后，为了让国内外尽快了解事件真相，全国出版界迅速行动起来，出版了一批反映西藏问题的图书。这些图书阐述了我国政府在西藏问题上的严正立场，运用大量有说服力的资料和图片，以确凿的证据驳斥了西方媒体的歪曲报道，为广大读者特别是海外读者打开了一扇了解西藏的窗口。[①]

而汶川地震发生后，总署立即组织全国出版界投入抗震救灾工作中，并结合自身优势，做好本职工作，组织推出优秀出版物，以实际行动支援抗震救灾工作。据不完全统计，共有150余家出版单位安排250余种与抗震救灾相关的图书，共计5 000余万册。出版的图书包括指导救灾和灾民自救的实用图书，记录抗灾英雄事迹的纪实性报道，灾区中小学教材等。在抗震救灾过程中，出版界反应迅速，行动有力，完成了自己的任务，作出了应有的贡献。

(二) 加大资助力度，设立各类资助项目，推动图书出版

代表性事件一：设立国家出版基金，力推精品

国家出版基金设立于2007年，是继国家自然科学基金、国家社会科学基金之后的第三大国家设立的基金。国家出版基金管理委员会是负责管理国家出版基金的领导机构，由新闻出版总署、中央宣传部、财政部、教育部、科技部相关负责同志组成。委员会设主任委员一人，副主任委员及委员若干人。国家出版基金管理委员会根据国家发展出版业的方针、政策和规划，建立和完善国家出版基金管理体制和机制，充分发挥财政资金的使用效益和导向作用，促进出版资源的有效配置，营造有利于出版业繁荣发展和中华文化“走出去”的良好环境，遴选资助真正能够代表国家水平、传承民族文化、引领出版方向的出版项目。2010年度国家出版基金资助项

---

① 中国出版年鉴社：《中国出版年鉴》(2009)，中国出版年鉴社2009年版，第49页。

目共计有《中国古代历史理论(上、中、下三卷)》、《中国现代文学编年史——以文学广告为中心》等 95 项。

代表性事件二:国家古籍整理出版资助项目

为加强文化典籍整理和出版工作,保证国家古籍整理出版重点规划的顺利实施,国家新闻出版总署设立国家古籍整理出版资助项目,每年从各出版社申报的古籍整理项目中遴选项目进行资助。重点资助公益性古籍整理出版项目;重点资助具有重要文化传承和积累价值、弘扬民族文化的古籍整理出版项目;重点资助具有很高史料价值、集大成的古籍整理出版项目;对推动中国文化"走出去"具有重要意义和作用的古籍整理出版项目;重点资助古籍整理项目,适当兼顾高质量的古籍研究著述等。2010 年度,新闻出版总署(全国古籍整理出版规划领导小组)依据《古籍整理出版资助评审办法》,经过出版单位申报、材料审核、评审委员会评审等程序,确定了 2010 年度古籍整理出版资助项目 93 个。

代表性事件三:经典中国国际出版工程

"经典中国国际出版工程"是新闻出版总署为鼓励和支持适合国外市场需求的外向型优秀图书选题的出版,有效推动中国图书"走出去"而直接抓的一项重点骨干工程。2009 年 10 月,工程启动。

"经典中国国际出版工程"采用项目管理方式资助外向型优秀图书选题的翻译和出版,重点资助《中国学术名著系列》和《名家名译系列》图书。整个评审工作分为专家组评审和评审委员会终评两个阶段。评审委员会在对候选项目终审后,根据每年资助的总金额和申请项目的实际情况,决定资助项目名单和资助金额。评审结果将在相关行业媒体上公示一周。获得资助的项目及金额经新闻出版总署批准后实施。

代表性事件四:新闻出版改革发展项目库

新闻出版改革发展项目库由新闻出版总署于 2010 年启动建设,并得到了国家发改委和财政部的大力支持,被财政部文化产业发展专项资金列为重点支持项目。入库项目将优先获得国家文化专项资金的支持和资助。

目前,项目库已经建设成为集网络申报、专家评审、后台检索、数据分析、实时更新为一体的综合性数字化平台,在全面、及时、准确了解和掌握全国新闻出版项目建设情况的基础上,实现了对重大项目的动态跟踪,为总署了解行业发展实际,整合项目资源,指导产业科学发展,制定和落实产业政策,提供了决策依据和信息支撑。

按照“一入口、多出口”的思路，积极争取各项政策和资金的支持，已列入财政部、国家发改委、科技部、商务部等有关部门和各地方文化产业发展政策的支持重点。2010—2011 年度仅国家文化产业发展专项资金对新闻出版项目支持就达 17 亿元，有力地带动了新闻出版产业的发展，进一步提高了新闻出版产业在国家文化产业发展中的综合影响力。

代表性事件五："原动力"原创动漫出版扶持项目

国家新闻出版总署为鼓励和扶持原创动漫而设立，奖励优秀原创动漫出版物、优秀原创动漫作者(团队)以及优秀动漫编辑人员(含少数民族语言译制人员)。2009 年进行第一次评审。共收到申报原创动漫出版作品近 500 种，其中原创漫画图书近 200 种，漫画期刊 20 余种，动漫抓帧类图书近 70 种，共涉及图书、期刊 6 000 余册，实际收到图书、期刊 3 000 余册。动画出版物近百种，时长 80 000 多分钟。原创网络动漫出版物近百种，原创手机类动漫作品 50 余种，作品总幅数 80 000 余幅，时长 15 000 多分钟；网络游戏 8 种。申报人才类原创作者和团队 140 余个，申报人才类动漫编辑 60 多名。

经过严格的初评、复评及终评，有 50 种作品、10 个作者和创作团队及 10 位动漫出版编辑入选公示。这些作品、作者团队及编辑将获得 15 万元到 7 万元不等的资金扶持。

代表性事件六：文化产业专项资金支持项目

由财政部设立，支持方向为推进文化体制改革、培育骨干文化企业、构建现代文化产业体系、促进金融资本和文化资源对接、推进文化科技创新和文化传播体系建设、推动文化企业“走出去”等六大方向。

(三) 公共服务意识显著增强，推动全民阅读，提升阅读质量

代表性事件一：农家书屋建设稳步推进

农家书屋工程作为一项务实的惠民工程得到了中央领导以及各级党委、政府的高度重视和广大农民群众的热情支持，2006 年被列入了《国家“十一五”时期文化发展规划纲要》，2007 年又被写进了《政府工作报告》，中央办公厅、国务院办公厅印发《关于加强公共文化服务体系建设的若干意见》，被列为国家进行公共文化服务体系建设的五项重大文化工程之一。8 月份，农家书屋工程由试点阶段转为全面实施阶段。在各地有关部门的积极支持和帮助下，2007 年，全国累计投入资金及各类实物价值近 4 亿元，建成各类农家书屋 20 000 多个，超额完成年初制订的工作任务，受益

农民数千万人，得到了广大农民群众的热情支持和欢迎。为了确保农家书屋的图书更加符合农民的需求，总署编制和印发《农家书屋推荐书目》，书目数量每年都会进行更新。

农家书屋的推行将极大地丰富农民的生活，提高农民的文化水平，为新农村建设提供动力支持。

代表性事件二：向青少年推荐优秀读物

2007 年 3 月 21 日，新闻出版总署下发《关于向青少年推荐百种优秀图书、百种优秀音像制品、百种优秀电子出版物》的通知。

《通知》要求 2005 年以来正式出版的发行量在 1 万册以上的青少年题材图书和 2006 年以来正式出版的国产青少年题材音像制品、电子出版物均可申报。每家出版单位可申报优秀图书限 5 种以内（含 5 种）。申报时限为 2007 年 4 月 10 日。《通知》对申报优秀出版物的题材提出了具体要求：应适合青少年阅读、认知特点和接受能力，凸现时代性、民族性、科学性、原创性等特色，要有正确的思想导向，培育以爱国主义为核心的民族精神，注重形式多样，真正是青少年喜闻乐见的优秀出版物。新闻出版总署将组织对申报的优秀出版物的论证工作，并于 5 月在全国范围内开展向青少年推荐百种优秀图书、百种优秀音像制品、百种优秀电子出版物的活动。[①] 经过专家认真阅读、充分论证和评选，最终产生了青少年喜闻乐见的优秀作品。

这样的举措将大大提高青少年的阅读质量，净化青少年的阅读环境，使青少年的阅读更具有针对性，对青少年的成长具有深远的意义。

（四）行政管理水平不断提高，规范图书出版市场

代表性事件一：推行书号实名制申领，规范图书出版市场

2009 年，全国书号实名申领制全面推开。书号实名申领是指出版者在完成书稿的编辑加工和版式设计并经终审后，通过书号实名申领信息系统向行业管理部门提交该出版物的元数据，即每一本书的描述性信息，包括选题策划、书稿组织、作者情况、书名、价格、字数等，经审核后，获得该出版物的中国标准书号和所配套的中国标准书号条码[②]。这是对传统出版管理体制的一次重大改革和创新，它标志着我国沿用了多年的书号定额分

① 中国出版年鉴社：《中国出版年鉴》（2008），中国出版年鉴社 2008 年版，第 82 页。

② 孙利军：《书号实名申领制实践价值探析》，《国际新闻界》2009 年第 6 期，第 96—99 页。

配制退出了历史舞台，对图书出版业的发展具有深远而重要的影响，意义重大。

最明显的一点，书号实名申领有利于整顿市场，为出版市场主体的良性竞争与发展壮大铺平了道路。全面实施书号实名申领工作，对书稿内容、运行过程、基本信息等进行透明、规范、快捷的管理，客观上将起到更为严格地规范出版流程的作用，同时从技术手段层面防止买卖书号现象，杜绝一号多书，有效打击侵权盗版活动。

从长远来看，书号实名申领系统的顺利推行也预示着出版行业管理方法更深层、更多元的变革。书号网上申领是我国出版业信息化建设的一个重要方面，短期内可能整合书号发放、条码制作、CIP 登记三个系统，从长远看，不排除随着出版体制改革进一步深化，进而与选题申报系统、国家版本图书馆、出版物发行系统等实现对接的可能性。①

代表性事件二：以完善行业规章为基础，加强对图书质量的管理和检查力度

新千年以来，新闻出版总署新出台或修订了大批的行业法规规章，如 2005 年修订后的《图书质量管理规定》正式实施。此次修订突出了政府必须监管、图书出版者必须履行的职责，可操作性明显加强，文字表述更加严谨、清晰，对附件《图书编校质量差错率的计算方法》中过去多有争议的计错标准等规定也都做了统一。

在总署的要求下，图书司要求出版行政部门建立健全和执行 6 项制度，即年度选题计划审批和备案制度，重大选题备案制度，实名申报书号分配制度，持证上岗和出版方针、政策、法规、规章培训制度，出版通气会制度，责任追究制度。出版单位要建立健全和执行 6 项工作制度：选题把关制度，稿件三审责任制度，责任编辑制度，责任校对制度和“三校一读”制度，图书装订前的样书检查制度，图书重版前审读制度。

同时，总署对已出版的图书质量进行了严格的检查。2004 年，总署发布了《关于开展 2004 年教材教辅类图书质量专项检查的通知》，开展对于中小学同步教辅、标准教科书的质量检查工作；2005 年开展少儿图书质量专项检查工作，检查的范围是 2004 年出版的新书图画类的少儿图书；同年，新闻出版总署图书司按照基金资助程序要求，对 2002 年以来已资助出

---

① 孙利军：《书号实名申领制实践价值探析》，《国际新闻界》2009 年第 6 期，第 96—99 页。

版的项目进行了质量检查。组织专家对其中的78种基金资助图书进行编校质量检查，结果有23种不合格，不合格率为29.5%。依据《图书质量管理规定》，对23种不合格项目的检查结果书面通知出版单位，同时发送《图书质量检查结果核实通知》和《出版单位编校质量检查核实意见回复表》，请出版单位核实并反馈意见。此举引起了出版单位对资助项目图书质量的重视。

(五) 新增多个重量级出版奖项，提高图书质量

代表性事件一："三个一百"原创出版工程

2006年，新闻出版总署启动了"三个一百"原创出版工程，在人文社科类、自然科技类、文艺与少儿类中各选出100种原创图书进行表彰，用以鼓励多出原创性作品，提高出版业的竞争能力。

新闻出版总署高度重视"三个一百"原创出版工程，聘请中宣部、中国科学院、中国社会科学院、中共党史研究室、中国作家协会、清华大学、北京大学、中国人民大学、北京师范大学等有关部门和单位的不同学科领域的30多位专家学者组成评审委员会。委员会下设办公室，具体负责"三个一百"原创出版工程的日常工作。

自2006年8月组织评选以来，"三个一百"原创出版工程每两年评选一次。入选图书呈现"凝聚重大基础型科研成果"、"展示重大工程技术创新项目"、"详尽记录学术界对热点问题的探讨结果"、"作者学术地位高、专业造诣深"，"贴近生活、反映历史和现实、弘扬主旋律"等特点，同时也有一批深受读者欢迎的大众类图书入选。

通过"三个一百"原创出版工程的评选，出版界吸取了来自各领域专家、学者的宝贵意见和建议，同时也激发了出版单位的积极性，鼓励更多的出版单位参与原创出版工程，全面提升我国原创出版水平。

代表性事件二：中国出版政府奖·图书奖

2006年，在合并原有出版奖项的基础上，我国设立了出版领域的最高奖——中国出版政府奖，并于2007年8月举行了首届中国出版政府奖评选，每三年评选一次。其中，中国出版政府奖·图书奖代表了图书出版领域的最高荣誉。中国出版政府奖·图书奖评委会由新闻出版行政管理机构、行业协会、业内专家和新闻出版院校学者中的权威人士组成，每次评选出图书奖数额60个，评选结果极具权威性和指导性。

在2011年评选出的第二届中国出版政府奖·图书奖的获奖名单中，

《苦难辉煌》、《古希腊悲剧喜剧全集》等 60 种图书获得图书奖。

代表性事件三：中华优秀出版物奖

2005 年，按照中共中央办公厅、国务院办公厅《全国性文艺新闻出版评奖管理办法》和中宣部《关于中华优秀出版物奖、韬奋新人出版奖的批复》的精神设立“中华优秀出版物奖”。该奖由中国出版工作者协会主办，每两年评选一次。“中华优秀出版物奖”的评选坚持以邓小平理论和“三个代表”重要思想、科学发展观为指导，坚持“为人民服务，为社会主义服务”的方向和“百花齐放、百家争鸣”的方针，弘扬主旋律，提倡多样化，传播和积累有益于提高民族素质、有益于经济发展和社会进步的先进文化，满足人民群众日益增长的精神文化需求，为全党全国工作大局服务。通过评奖，发挥正确的导向和示范作用，促进多出精品，多出人才，繁荣和发展我国的出版业。

（六）扶持民族语文出版工程

代表性事件一：新闻出版东风工程

进入新千年，国家新闻出版总署从维护国家安全的战略高度，通过深入调研，率先启动了旨在支持新疆、西藏等地区的新闻出版业发展的“新闻出版东风工程”，在新疆、西藏等地建设民文出版基地。为一批民族语言文字出版单位、民族地区党报党刊、重点民文期刊和主要承担民文印刷任务的单位配置必要的业务用房和编辑印刷生产设备。在民族地区新建和改扩建一批县级新华书店营业网点，配备一批流动售（送）书车。实施出版物免费赠阅、民文新媒体建设、民文出版物“走出去”、民族地区新闻出版人才队伍建设和出版物市场监管等方面的项目。

代表性事件二：重点民文出版译制工程

国家把少数民族语文的出版作为公益性文化事业，给予了财政补贴和资金的保障。至 2009 年，民族语文的出版社由改革开放之初全国的 17 家，发展到 38 家，增长一倍多。安排专项资金，资助民族宗教政策法规解读、科技致富、民族职业教育、青少年教育、优秀传统民族文化、医疗卫生保健、文学艺术等出版物的出版。

（七）如何平衡“两个效益”是图书出版的长久难题

长期以来，经济效益和社会效益的博弈都是图书出版需要面对的一个难题。我们欣喜地看到，这十年来诞生了一批又一批既具备社会效益又为出版社带来经济效益的好书。但不和谐的现象时有发生，部分出版者的急功近利给图书出版也带来了极其恶劣的影响。

代表性事件一："张悟本现象"

继 2004—2005 年的"伪书"事件之后，2009 年 11 月《把吃出来的病吃回去》一书在问世后迅速占据了当当和卓越这两大图书销售网站的推荐榜的显眼位置，上市不到半年时间销售量就突破了 300 万册。然而，随着作者张悟本世代行医、健康讲师、营养专家等一系列令人眼花缭乱的头衔最终被普通纺织工人的身份所取代，由其创造的神话极速破灭。在很短的时间里，张悟本所引发的养生书之热也迅速在书店和读者群中退却。

"张悟本事件"并非养生图书市场上的个案。2011 年 7 月，新闻出版总署公布了一批编校质量不合格的图书名单，养生图书共 24 本，其中不乏畅销书。①

代表性事件二："一折书"扰乱图书市场秩序

2002 年图书市场上出现了大量高定价、低折扣的"一折书"。时至今日，"一折书"仍然没有能从图书市场上绝迹。

"一折书"的出现和盛行给图书出版行业造成了很大的困扰。它一方面严重扰乱了正常的出版秩序，给国家的税收造成严重的损失；另一方面也使读者对图书出版行业产生了很大的误解，让他们过高地估计了图书产业的利润空间，出版业也因此被列入"中国十大暴利行业"之一，同房地产业齐肩。这些后果都影响了图书出版业的健康、有序、正常发展。

三、图书出版中存在的主要问题及发展趋势

回顾过去是为了更好地迎接未来。通过对过去十年图书出版总体情况的整理分析我们不难发现当中存在的问题，而解决好这些问题正是我们迎接未来图书出版挑战与机遇的关键所在。

(一) 图书出版结构有待进一步优化

1. 提高图书重版率，促进图书出版真繁荣

据相关统计显示，出版发达国家的初版图书和重版图书一般稳定在五五开，但目前我国每年的再版图书数量都是少于新版图书的，而随着图书

---

① 何瑶琴，张志强：《从伪书现象探讨出版企业的规范化发展》，《淮阴师范学院学报》2012 年第 34 期，第 253—257 页。

出版由量的增长转向质的全面提高后，提高图书的重版率已成为图书出版的必然趋势和要求，是图书出版进入繁荣的重要标志。

目前我国图书重版率持续偏低主要是因为人们对于图书出版的繁荣并没有一个全面而正确的认识。虽然图书出版品种数量的稳步增长是图书出版繁荣的一个重要表现，但更重要的一个方面则是质量的提高和社会效益的增强。在出版周期不断加快的大环境下，部分出版社为了追求经济效益，跟风出书，图书出版数量的急剧增长却没有带来质量的同步提高，使得图书重版率持续偏低。

2. 减少图书库存，拓宽图书销售渠道

库存是图书市场竞争中的正常现象，并且对于一些老字号的出版社如商务、三联等，适度的库存是经营中的常态现象。但过量的呆滞库存、报废库存则是阻碍图书出版发展的瓶颈。根据新闻出版统计网公布的数据显示，我国的图书库存金额在 2000 年至 2010 年期间呈递增趋势，并且增长幅度不断加大。有关部门分析统计，其中的呆滞库存、报废库存占到了库存总量的三分之二。

大量不合理库存的出现是由出版商、经销商和相关政策三方面共同导致的。从出版商的角度来说，对于热门选题缺乏调研，一哄而上进行重复出版，使得大量的初版图书呈现“卖不动”的状态；同时，出版社在内部管理上仍然存在诸多需要改进的地方，不能严格执行对于库存指标的考评，编辑市场判断失误、发行营销不力也是导致不合理库存的重要原因。在销售方面，经销包退的政策也使得大量图书退到出版社，成为积压库存。销售商方面也没有建立起有序的图书市场，流通领域渠道不畅，供需脱节。目前，税法对于图书报废金额也存在一定的控制，且超额报废审批难度较大，还要另外支付一定的成本，加大企业的负担。

降低图书库存的压力，说到底就是要提高图书产品的适销对路性，拓宽图书的销路，强化营销意识，提高经营管理水平，共同培育图书市场，从而多销书，少退货。

3. 降低教育类图书比重，优化图书出版结构

各个国家的图书分布种类是和该国的政治、经济、文化情况密切相关的，受到我国教育体制、高考制度的影响，G 类“文体科教”图书一直是我国图书出版的重头戏。虽然这两年国内图书出版业在选题和出版上正在寻求多样化发展，但 G 类图书的出版种数在全部 22 类图书出版种数中占有很大比重，近三年基本稳定在35%左右。与其他出版强国相比，这样的比例无疑是过重的，美国的教育类图书占总品种的3%左右，法国占6%左右。

教材教辅类的“霸主”局面，一方面，是由我国的教育环境导致的；另一方面，更是由于这类图书生产周期短，利润高。很多出版社更是依靠这类图书来补贴其他类型的图书。在教材教辅图书的出版中也存在着产品结构雷同、重复出版等严重的问题。

想要改变教育类图书独大的局面需要多方努力：出版者应该多出社会科学类和自然科学类的精品图书，平衡出版结构，实现多辆马车同时带动图书出版发展；而读者也应该培养和强化自己多方面的阅读兴趣，拓展阅读空间，创造良好的出版环境和阅读氛围。

4. 处理好“两个效益”的关系，维持正常的出版秩序

作为出版者，要始终将图书出版的社会效益放在首位，在此前提下追求经济效益。针对目前时有发生的诸如前文提及的“伪书”、“一折书”等不良现象，笔者认为主要可从内外两个方面作出改进。

从内部来说，出版社自身加强把关，重树出版诚信。健康养生类图书旨在满足读者健康保健的需求，因而与人的生命安全息息相关。出版社在出版此类书籍时更应该将出版任务交付给具有相关专业知识的编辑，严格审查作者的背景信息以及书中内容的真伪。然而我们看到，大量“伪书”的产生正是由于出版社缺乏严肃的出版态度，对养生书的特殊性缺少正确的评估，受到利益的诱惑而忽视了出版诚信和出版者的职责。

从外部来说，管理部门应加强监管，完善相关法规政策。对于养生类这一具有特殊性的图书类别，出版管理部门应该对出版者的资质进行严格的规定和审查。而现实情况中我们却看到，并不具备资质的民营工作室通过各种渠道获得正规书号后，并没有受到严格的审查，而是顺利地将自己策划的图书推向市场。同样，“一折书”也存在着大量违规使用书号的行为。可以说，政策和管理上的缺失为部分出版者的短期逐利行为提供了生存空间。

5. 平衡地区结构，促进中西部地区图书出版事业的发展

受到历史、地理、经济等因素的影响，中西部地区的出版事业相对落后于东部发达地区。就图书出版单位的数量来说，截至2010年，中部地区和西部地区图书出版单位的数量分别仅占到全国图书出版单位数量的16%

和15.7%。中西部地区，特别是西部地区，人口少、市场小，地处偏远，发行渠道不畅，再加上人才缺乏，使得这些地区的选题、组稿能力较之发达地区而言有较大差距。

在缩小中西部地区与东部地区在图书出版能力上的差距时，国家、地方和出版社自身可以共同着手。国家可对中西部地区出版工作实行倾斜政策，鼓励出版人才走进中西部；地方财政可给予图书出版单位一定的补贴和税收优惠；而图书出版单位也可以充分利用中西部地区在地理、文化上独特的资源优势，开拓选题思路，多出有特色的精品图书。

（二）机遇和挑战并存

回顾新千年的开端，图书出版业大到格局和体制，小到开本和用纸都发生了翻天覆地的变化。谈及未来，我国的图书出版产业无疑是机遇和挑战并存。

加入世贸组织后，图书出版同世界接轨的呼声日益高涨，政府放宽对出版业的限制将是必然趋势。这一趋势在给出版社提供了较为宽松的环境时，也对出版社的自身能力提出了更高的要求。在国有资本、民营资本以及外资同时进入图书出版领域后，将会对有限的出版资源和读者资源展开更为激烈的争夺，图书出版单位整体状况的参差不齐将使得某些出版社在残酷的竞争中黯然退场，而以读者需求为导向的图书出版商业运行机制的逐步完善更会为这种竞争推波助澜。

出版企业的改革与整合在为图书出版注入新活力的同时也为整个图书出版行业带来些许不确定因素。转企改制、多元化经营、产业并购可以并称为近年来出版社的“开门三件事”。出版社通过并购提高产业集中度，加大产业发展一体化力度，追求规模经济效益的同时，也在进入其他业务领域，实现主要业务的转型升级。虽然很多出版集团存在名不副实的情况，主要精力并没有投入到图书出版中，但多元化的经营方式对于出版产业基础较为薄弱的中国来说还是存在较大合理性，有助于巩固图书出版的基础。各出版集团在实现多元化经营和资本积累后必然会回身，加大对优质出版资源的争夺，推动竞争，促进图书出版的繁荣。

在放眼未来时，我们不能忽视的一个重要因素是数字化和数字出版。面对涌动全球的数字出版大潮，图书出版行业内外都在寻求自己的容身之处，但是数字出版在中国图书出版产业的总产值中所占份额还极其有限。在传统图书出版产业内，中国各地出版集团和出版大社纷纷将数字化视作一项重要的工作，同时将数字出版列入自身业务发展的重要板块，并成立专门的公司来开展这方面的业务。从全球来看，数字化和数字出版的发展已使传统出版产业链和价值链迅速边缘化，初步形成了全新的全球出版供应链网络和新的出版价值链。可以预期，随着数字化与数字出版的快速发展，出版产业原有的竞争结构将彻底改变。这把双刃剑在给传统出版施加压力的同时，也必将为图书出版注入新的活力。

新千年来的中国期刊出版

一般认为,现代意义上的中文期刊出现的标志,是1815年英国传教士马礼逊在马六甲创办《察世俗每月统计传》。历经近两个世纪,中国期刊业有了长足的发展。尤其是改革开放以后,作为出版事业组成部分的期刊业历经恢复、繁荣和发展,进入了新的历史时期。

一、新千年来的期刊出版:数据分析

1978年,我国有期刊930种,经过20多年的发展,2000年,我国期刊种数达到8 725种,是1978年的9倍多。2010年,这个数字变为9 884种,与2000年相比增长了13.28%。新千年以来,中国期刊业的迅速发展,不仅表现在数量上跃居世界期刊大国行列,而且期刊质量也在不断提高,期刊效益方面也取得了不俗的成绩。

表1　期刊的历史增长轨迹　(单位:种)

年份	1815	1919	1935	1950	2000	2010
出版期刊的总数	中文期刊面世	400+	1 518	247	8 725	9 884

(资料来源:中国人民大学舆论研究所收集整理)

(一) 全国期刊出版概况

表2　2000—2011年全国期刊出版概况

(单位:种,万册,亿册,亿,亿元,万吨)

年份	种数	平均期印数	总印数	总印张	定价总金额	折合用纸量
2000	8 725	21 544	29.42	100.04	/	23.51
2001	8 889	20 697	28.95	100.92	/	23.71

（续表）

年份	种数	平均期印数	总印数	总印张	定价总金额	折合用纸量
2002	9 029	20 406	29.51	106.38	/	25.01
2003	9 074	19 909	29.47	109.12	/	23.71
2004	9 490	17 208	28.35	110.51	129.91	25.97
2005	9 468	16 286	27.59	125.26	135.50	29.44
2006	9 468	16 435	28.52	136.94	152.23	32.18
2007	9 468	16 697	30.41	157.93	170.93	37.11
2008	9 549	16 767	31.05	157.98	187.42	37.12
2009	9 851	16 457	31.53	166.24	202.35	39.06
2010	9 884	16 349	32.15	181.06	217.69	42.54
2011	9 849	16 880	32.85	192.73	238.43	45.28

（资料来源:《中国新闻出版统计资料汇编》）

总体上说,新千年以来,期刊种数总体上不断增加,从 8 725 种增长到 9 849 种,2005 年略有下降,2006、2007 年持平,2011 年又略有下降。平均期印数总体上呈下降趋势,从 2000 年的 21 544 万册,下降到 2011 年的 16 880 万册,期间 2006 年至 2008 年略有回升。总印数在 2005 年之前上下浮动,2005 年之后呈增长趋势。总印张、定价总金额和折合用纸量连年增长。

表 3　2000—2011 年全国期刊出版主要指标历年增长率　（单位:%）

年份	种数	平均期印数	总印数	总印张	定价总金额
2000	6.57	−1.38	3.35	3.37	/
2001	1.88	−3.93	−1.60	0.88	/
2002	1.57	−1.41	1.93	5.41	/
2003	0.50	−2.44	−0.14	2.58	/
2004	4.58	−13.58	−3.82	1.27	1.81
2005	−0.23	−5.36	−2.68	13.35	4.30
2006	0	0.91	3.38	9.32	12.35
2007	0	1.59	6.62	15.33	12.28
2008	0.86	0.42	2.10	0.03	9.65

(续表)

年份	种数	平均期印数	总印数	总印张	定价总金额
2009	3.16	－1.85	1.53	5.23	7.96
2010	0.33	－0.66	1.99	8.91	7.58
2011	－0.35	3.25	2.17	6.44	9.53

(资料来源:《中国新闻出版统计资料汇编》)

2000年,期刊种数有大幅增长,达到6.57%,此后增长指数均未超过这一数据,在2005年呈现负增长。总印张在2007年增长幅度最大,达15.33%。定价总金额在2006、2007年增长率超过12%。2011年,期刊种数再次呈现负增长的状态。

根据以上两张表格所提供的数据,可以进行如下分析。

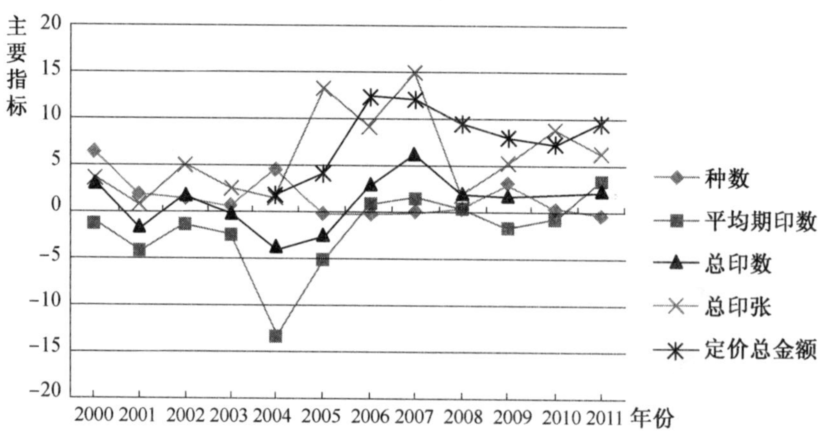

图1 全国期刊出版主要指标历年增长率

从图1,我们可以看到,新千年以来,我国期刊的种数、总印张基本呈连年增长趋势;种数的增长幅度较小,2005—2007年期刊种数固定不变,总印张的增长幅度相对较大;总印张增幅的波动较大。而总印数和平均期印数的变化趋势较为统一,基本上同为上升或下降曲线。平均期印数总体上呈现负增长趋势。总印数除了2001、2003至2005年呈现负增长外,其余年份都呈正增长。

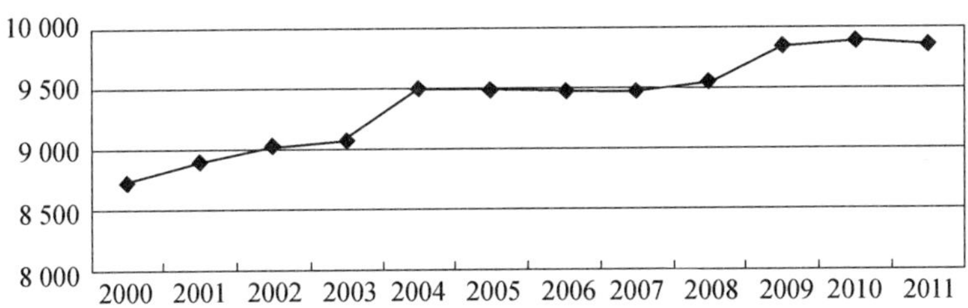

图 2　期刊种数变化曲线图(单位:种)

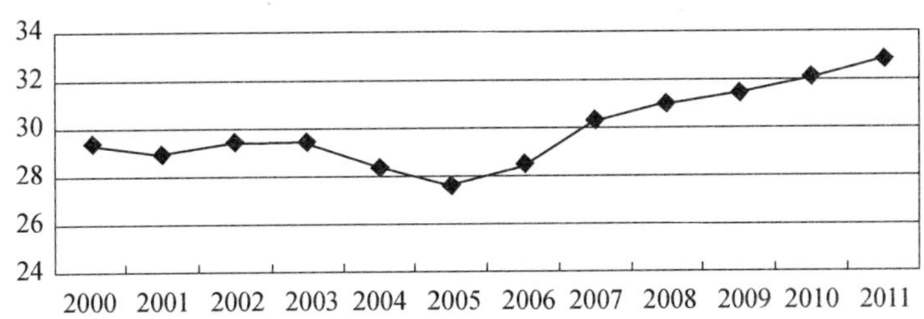

图 3　期刊总印数变化曲线图(单位:亿册)

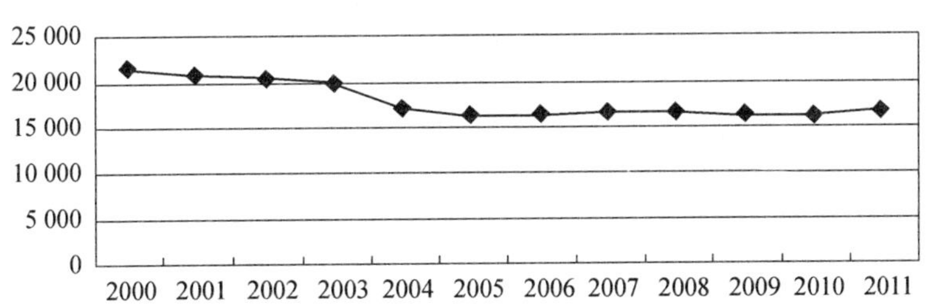

图 4　期刊平均期印数变化曲线图(单位:万册)

从图 2、图 3、图 4,我们可以看到,期刊数量总体上呈递增趋势,与种数的增加相对应的是总印数的增加。2005—2007 年,期刊种数没有变化;2004 年,总印数回落,2005 年触底,2006 年恢复增长趋势。但是平均期印数却呈递减态势。

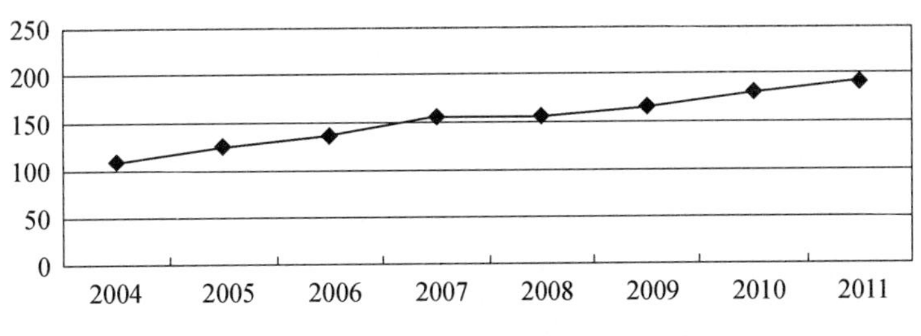

图 5　期刊总印张变化曲线图(单位:亿)

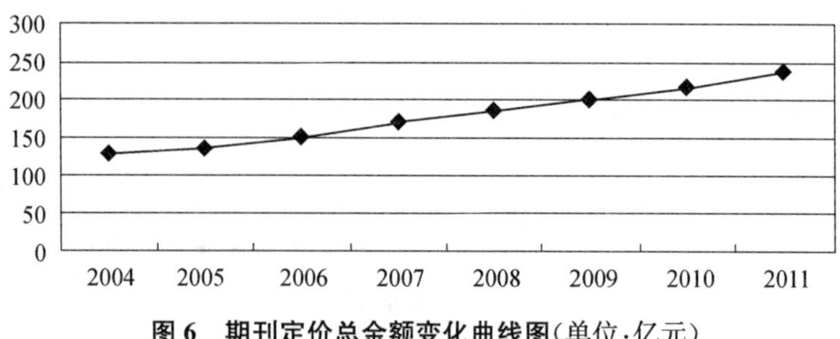

图 6 期刊定价总金额变化曲线图(单位:亿元)

从图 5 和图 6,我们可以看到,期刊总印张和定价总金额呈递增态势,但两者的增幅相互错落,并不完全一致。这个数据显示,期刊的定价与印张数有关,但印张数不是期刊价格的唯一决定性因素。期刊的定价还要考虑人力成本、管理成本、发行成本等诸多因素。

(二) 出版结构

宏观上,可以从出版周期和期刊种类来分析期刊的出版结构;微观上,可以从中央和地方的数据来分析期刊的地区出版结构。

1. 出版周期

表 4 2000—2011 年期刊按出版周期的分类统计 (单位:种,%)

年份	月刊		双月刊		季刊		其他	
	总数	比例	总数	比例	总数	比例	总数	比例
2000	2 767	31.71	2 773	31.78	2 584	29.62	601	6.89
2001	3 006	33.82	2 725	30.66	2 494	28.06	664	7.46
2002	3 094	34.27	2 790	30.90	2 378	26.34	767	8.49
2003	3 151	34.73	2 857	31.49	2 234	24.62	832	9.16
2004	3 038	32.01	2 975	31.35	1 992	20.99	1 485	15.65
2005	3 419	36.11	2 988	31.56	2 643	27.92	418	4.41
2006	3 392	35.83	3 104	32.78	1 657	17.50	1 315	13.89
2007	3 377	35.67	3 132	33.08	1 562	16.50	1 397	14.75
2008	3 313	34.69	3 096	32.42	1 437	15.05	1 703	17.83
2009	3 327	33.77	3 310	33.60	1 361	13.82	1 853	18.81
2010	3 137	31.74	3 093	31.29	1 306	13.21	2 348	23.76
2011	3 317	33.68	3 182	32.31	1 277	12.97	2 073	21.05

(资料来源:《中国新闻出版统计资料汇编》)

月刊、双月刊、季刊这三种出版周期总数多、比例大。2009 年，有月刊 3 327 种、双月刊 3 310 种、季刊 1 361 种。但是，其他出版周期的期刊数量总体上在不断攀升，2009 年有 1 853 种。月刊和双月刊的总数和比例相当，月刊稍占优势。

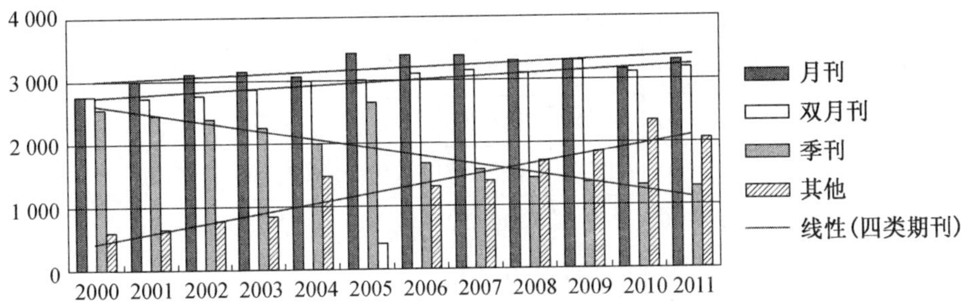

图 7　2000—2011 年期刊按出版周期的分类统计

结合以上图表，我们可以看到，新千年来，月刊、双月刊、季刊这三种类型的期刊是最多的，占总数的 80%以上。可见，在新增期刊中，定位为月刊和双月刊的数量较多，而定位为季刊的在不断减少。同时，其他出版周期的期刊在不断增加。

2. 期刊种类

以新闻出版总署统计的资料来看，期刊共有七大类：综合类，哲学、社会科学类，自然科学、技术类，文化、教育类，文学、艺术类，少儿读物类，画刊类。各类期刊的统计结果如下：

表 5　2000—2011 年综合类期刊的出版数量、所占比重及与上年相比增减百分比

（单位：种，万册，万册，万册，千，%）

年份	种数	平均期印数	平均一种期印数	总印数	总印张	种数增长率	平均期印数增长率	总印数增长率	总印张增长率
2000	556	3 405	6.12	55 761	2 092 766	15.83	0.95	22.18	25.48
2001	520	3 048	5.86	50 234	1 981 071	−6.47	−10.48	−9.91	−5.34
2002	547	2 908	5.23	49 644	2 053 298	5.19	−4.59	−1.17	3.65
2003	571	3 110	5.45	52 310	2 214 652	4.39	6.95	5.37	7.86
2004	353	1 118	3.17	18 818	878 955	−38.18	−64.05	−64.03	−60.31

（续表）

年份	种数	平均期印数	平均一种期印数	总印数	总印张	种数增长率	平均期印数增长率	总印数增长率	总印张增长率
2005	479	1 771	3.70	36 511	1 546 842	35.69	58.41	94.02	75.99
2006	479	1 791	3.70	39 769	1 703 021	0	1.13	8.92	10.10
2007	479	1 984	4.14	44 410	2 140 205	0	10.78	11.67	25.67
2008	479	2 011	4.20	44 719	2 059 737	0	1.36	0.70	−3.76
2009	485	1 967	4.06	45 240	1 942 992	1.25	−2.19	1.17	−5.67
2010	495	1 766	3.57	40 565	1 915 235	2.06	−10.22	−10.33	−1.43
2011	435	1 206	2.77	25 358	1 266 075	−12.12	−31.71	−37.49	−33.89

（资料来源:《中国新闻出版统计资料汇编》）

综合类期刊2004年种数锐减,从上一年的571种到353种。此后四年种数保持在479种,2010年达到495种。平均期印数也由2000年的3 405万册锐减至2010年的1 766万册。平均一种期印数锐减。总体来看,2004年是综合类期刊低迷年。进入新千年的第二个十年2011年,综合类期刊再次进入低潮,平均期印数、总印数、总印张都大幅度减少。

表6 2000—2011年哲学、社会科学类期刊的出版数量、所占比重及与上年相比增减百分比　（单位:种,万册,万册,万册,千,%）

年份	种数	平均期印数	平均一种期印数	总印数	总印张	种数增长率	平均期印数增长率	总印数增长率	总印张增长率
2000	2 089	6 628	3.17	85 944	2 846 164	12.49	3.48	−0.71	0.47
2001	2 252	6 776	3.01	92 380	3 136 625	7.80	2.23	7.49	10.21
2002	2 318	6 917	2.98	95 666	3 359 267	2.93	2.08	3.56	7.10
2003	2 286	6 590	2.88	93 273	3 296 184	−1.38	−4.73	−2.50	−1.88
2004	2 369	6 326	2.67	104 311	4 114 776	3.63	−4.0	11.83	24.83
2005	2 339	5 455	2.34	85 280	3 679 724	−1.27	−13.80	−18.24	−10.57
2006	2 339	5 650	2.42	91 844	4 230 947	0	3.57	7.70	14.98

（续表）

年份	种数	平均期印数	平均一种期印数	总印数	总印张	种数增长率	平均期印数增长率	总印数增长率	总印张增长率
2007	2 339	5 822	2.49	99 313	4 912 431	0	3.04	8.13	16.11
2008	2 339	5 890	2.52	103 464	5 144 947	0	1.17	4.18	4.73
2009	2 456	6 019	2.45	109 569	5 821 954	5	2.19	5.90	13.16
2010	2 466	6 459	2.62	119 565	7 036 138	0.41	7.30	9.12	20.86
2011	2 516	7 175	2.85	138 842	7 181 138	2.03	11.08	16.12	2.06

（资料来源:《中国新闻出版统计资料汇编》）

哲学、社会科学类期刊种类明显比综合类期刊多，但是2005年前数量有波动，此后四年种数保持在2 339种，2011年达到2 516种。平均期印数经历了先升后降再升的折线发展。

表7　2000—2011年自然科学、技术类期刊的出版数量、所占比重及与上年相比增减百分比

（单位:种，万册，万册，万册，千，%）

年份	种数	平均期印数	平均一种期印数	总印数	总印张	种数增长率	平均期印数增长率	总印数增长率	总印张增长率
2000	4 449	3 584	0.81	43 106	1 827 265	1.85	−10.60	2.65	8.08
2001	4 420	3 394	0.77	40 138	1 758 099	−0.65	−5.30	−6.89	−3.79
2002	4 457	3 363	0.75	40 283	1 814 904	0.84	−0.91	0.36	3.23
2003	4 497	3 329	0.74	40 478	1 917 856	0.90	−1.01	0.48	5.67
2004	4 748	3 501	0.74	44 167	2 264 182	5.59	5.17	9.11	18.06
2005	4 713	3 211	0.68	41 793	2 481 258	−0.74	−8.28	−5.38	9.59
2006	4 713	3 260	0.69	44 024	2 740 893	0	1.53	5.34	10.46
2007	4 713	3 314	0.7	47 143	3 066 290	0	1.66	7.08	11.87
2008	4 794	3 319	0.69	48 171	3 151 453	1.72	0.15	2.18	2.78
2009	4 926	3 131	0.64	46 228	3 139 032	2.75	−5.66	−4.03	−0.39

（续表）

年份	种数	平均期印数	平均一种期印数	总印数	总印张	种数增长率	平均期印数增长率	总印数增长率	总印张增长率
2010	4 936	3 020	0.61	47 068	3 315 592	0.20	−3.53	1.82	5.62
2011	4 920	3 282	0.67	48 717	3 797 212	−0.32	8.66	3.50	14.53

（资料来源:《中国新闻出版统计资料汇编》）

自然科学、技术类期刊种类历年最多，2010 年达到 4 936 种，2011 年小幅度下降至 4 920 种。但是，平均一种期印数不到 1 万册。

表 8　2000—2011 年文化、教育类期刊的出版数量、所占比重及与上年相比增减百分比　（单位:种，万册，万册，万册，千，%）

年份	种数	平均期印数	平均一种期印数	总印数	总印张	种数增长率	平均期印数增长率	总印数增长率	总印张增长率
2000	913	4 057	4.44	57 492	1 748 289	17.65	−5.21	−5.37	7.87
2001	947	3 118	3.29	47 504	1 578 011	3.72	−23.15	−17.37	−9.74
2002	957	3 057	3.19	49 900	1 700 223	1.06	−1.96	5.04	7.74
2003	975	2 892	2.97	49 374	1 682 826	1.88	−5.40	−1.05	−1.02
2004	1 234	2 652	2.15	45 788	1 697 054	26.56	−8.30	−7.26	0.85
2005	1 175	2 941	2.5	56 630	2 473 454	−4.78	10.90	23.68	45.75
2006	1 175	2 916	2.48	54 987	2 597 813	0	−0.85	−2.90	5.03
2007	1 175	2 756	2.35	54 357	2 845 163	0	−5.49	−1.15	9.52
2008	1 175	2 824	2.4	55 418	2 777 788	0	2.47	1.95	−2.37
2009	1 204	2 774	2.3	57 738	3 186 813	2.47	−1.77	4.19	14.72
2010	1 207	2 725	2.26	61 027	3 353 761	0.25	−1.78	5.70	5.24
2011	1 349	3 664	2.72	78 539	4 934 170	11.76	34.48	28.69	47.12

（资料来源:《中国新闻出版统计资料汇编》）

文化、教育类期刊的种数在 2004 年达到制高点 1 234 种，此后 4 年维持在 1 175 种，后又有所增长，到 2011 年达到新的高峰 1 349 种。但平均期印数从 2000 年的 4 057 万册减至 2011 年 3 664 万册。

表 9　2000—2011 年文学艺术类期刊的出版数量、所占比重及与上年相比增减百分比　（单位：种，万册，万册，万册，千，%）

年份	种数	平均期印数	平均一种期印数	总印数	总印张	种数增长率	平均期印数增长率	总印数增长率	总印张增长率
2000	529	1 581	2.99	21 141	902 686	−0.56	−3.6	0.14	−33.19
2001	545	1 602	2.94	21 929	930 078	3.02	1.33	3.73	3.03
2002	539	1 582	2.93	22 581	982 405	−1.10	−1.25	2.97	5.63
2003	535	1 670	3.12	23 747	1 072 174	−0.74	5.56	5.16	9.14
2004	572	1 466	2.56	26 537	1 186 757	6.92	−12.22	11.75	10.69
2005	613	1 132	1.85	22 290	1 421 564	6.92	−22.78	−16	19.79
2006	613	1 552	2.53	29 564	1 429 158	0	−4.67	−3.68	0.05
2007	613	1 588	2.59	33 521	1 771 729	0	2.32	13.38	23.97
2008	613	1 539	2.51	33 203	1 771 733	0	−3.09	−0.95	0
2009	631	1 400	2.22	29 864	1 570 497	2.94	−9.03	−10.06	−11.36
2010	631	1 269	2.01	26 965	1 429 332	0	−9.36	−9.71	−8.99
2011	629	1 553	2.47	37 066	2 094 282	−0.32	22.43	37.46	46.52

（资料来源：《中国新闻出版统计资料汇编》）

文学、艺术类期刊的种数在 2003 年出现拐点，减至 535 种，2005 年回升至 613 种，此后三年维持在 613 种，2009 年为 631 种。平均期印数 2003 年达到高点，此后呈下滑态势。

表 10　2000—2011 年少儿读物类期刊的出版数量、所占比重及与上年相比增减百分比　（单位：种，万册，万册，万册，千，%）

年份	种数	平均期印数	平均一种期印数	总印数	总印张	种数增长率	平均期印数增长率	总印数增长率	总印张增长率
2000	121	2 167	17.91	29 232	527 090	17.48	7.07	7.27	13.38
2001	141	2 656	18.84	36 048	652 776	16.53	22.57	23.32	23.85

（续表）

年份	种数	平均期印数	平均一种期印数	总印数	总印张	种数增长率	平均期印数增长率	总印数增长率	总印张增长率
2002	149	2 491	16.72	36 013	673 960	5.67	−6.21	−0.10	3.25
2003	149	2 222	14.91	34 451	672 568	0	−10.80	−4.34	−0.21
2004	152	2 057	13.53	42 730	844 815	2.01	−7.43	24.03	25.61
2005	98	1 132	11.55	22 290	557 875	−35.52	−44.97	−47.84	−52.99
2006	98	1 116	11.39	22 108	605 644	0	−1.41	−0.82	8.56
2007	98	1 088	11.1	22 502	669 547	0	−2.51	1.78	10.55
2008	98	1 052	10.73	23 083	667 370	0	−3.31	2.58	−0.33
2009	98	1 034	10.55	24 127	697 293	0	−1.71	4.52	4.48
2010	98	976	9.96	23 683	731 012	0	−5.56	−1.84	4.84
2011	118	1 387	11.75	36 454	944 731	20.41	42.07	53.93	29.24

（资料来源：《中国新闻出版统计资料汇编》）

少儿读物类期刊的种数在2005年前出现良好的增长趋势，2005年由原来的152种下降至98种，其后直至2010年种数维持不变。2011年前平均期印数也呈现下降趋势。尤其是2005年后，在种数不变的情况下，这种趋势非常明显。但在2011年，少儿类读物出现了反弹的趋势，品种数、总印数、总印张等数据出现大比例增长。

表11　2000—2011年画刊类期刊的出版数量、所占比重及与上年相比增减百分比

（单位：种，万册，万册，万册，千，%）

年份	种数	平均期印数	平均一种期印数	总印数	总印张	种数增长率	平均期印数增长率	总印数增长率	总印张增长率
2000	68	122	1.79	1 506	59 644	−4.23	7.02	12.89	20.40
2001	64	103	1.61	1 236	55 292	−5.88	−15.57	−17.93	−7.30
2002	62	88	1.42	1 057	53 859	−3.13	−14.56	−14.48	−2.59
2003	61	96	1.57	1 097	55 663	−1.61	9.09	3.78	3.35

（续表）

年份	种数	平均期印数	平均一种期印数	总印数	总印张	种数增长率	平均期印数增长率	总印数增长率	总印张增长率
2004	62	86	1.39	1 131	63 968	1.64	−10.42	3.10	14.92
2005	51	147	2.88	2 692	358 366	−17.74	7.09	138	460.23
2006	51	150	2.94	2 920	386 089	0	2.04	8.47	7.74
2007	51	145	2.84	2 860	387 692	0	−3.33	−2.05	0.42
2008	51	132	2.59	2 432	225 269	0	−8.97	−14.97	−41.89
2009	51	132	2.59	2 484	265 508	0	0	2.14	17.86
2010	51	134	2.62	2 662	324 922	0	1.19	7.16	22.38
2011	58	113	1.95	2 070	176 258	13.73	−15.67	−22.24	−45.75

（资料来源：《中国新闻出版统计资料汇编》）

画刊类期刊的种数是最少的，2005 年由原来的 62 种下降至 51 种，此后至 2010 年种数维持不变。2005 年虽然种数下降了 17.74%，但是平均期印数却增加了 7.09%，这种增长在 2007 年止步，此后保持在 130 万册左右。而在 2011 年，虽然种数增长至 58 种，但平均期印数却下降了 15.67%。

通过分析各类期刊的种数、总印数、总印张等占全部期刊总数、总印数、总印张的比例，我们可以更直观地说明各类期刊的出版结构。

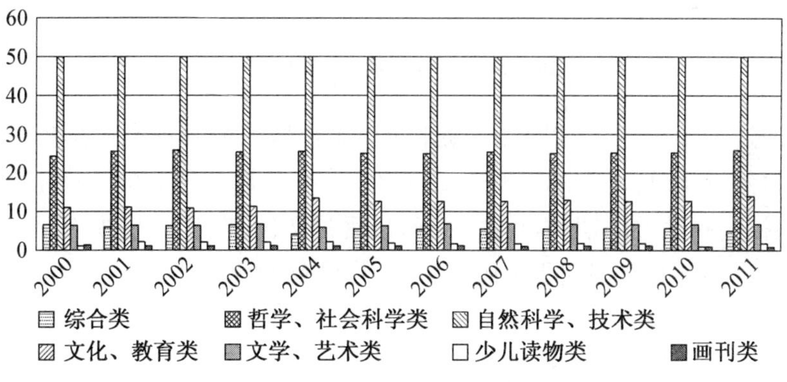

图 8　2000—2011 年各类期刊种数所占比例

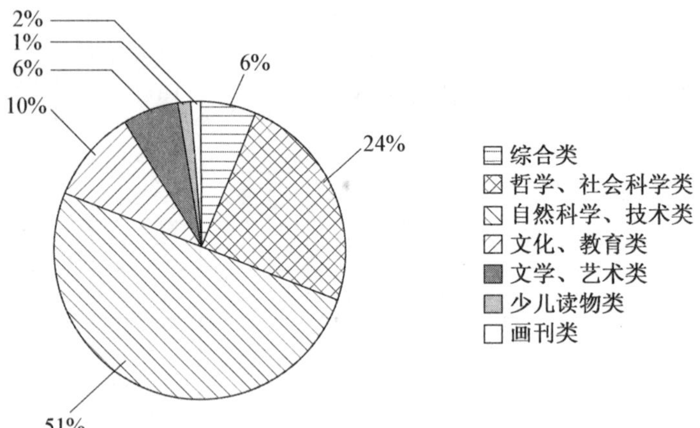

图 9　2000 年各类期刊种数所占比例

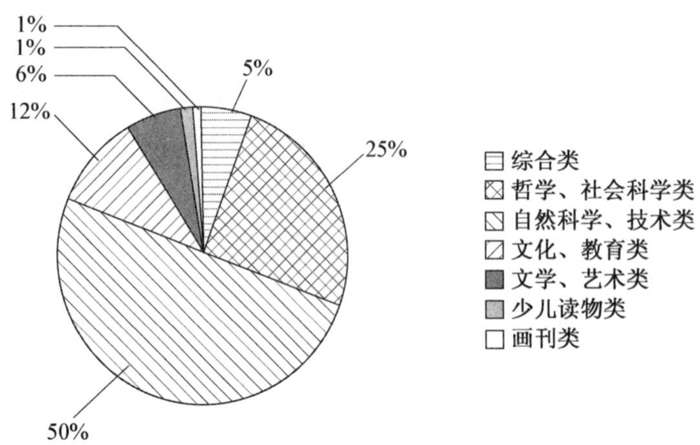

图 10　2010 年各类期刊种数所占比例

通过图 8、9、10，可以看出，新千年以来出版的期刊种类比例相对较固定。自然科学、技术类的期刊是最多的，差不多是总种数的 50%，其次是哲学、社会科学类的期刊，约占 24%，然后是文化、教育类图书，约占 12%。少儿读物和画刊类期刊所占比例非常小，只有 1%到 2%。

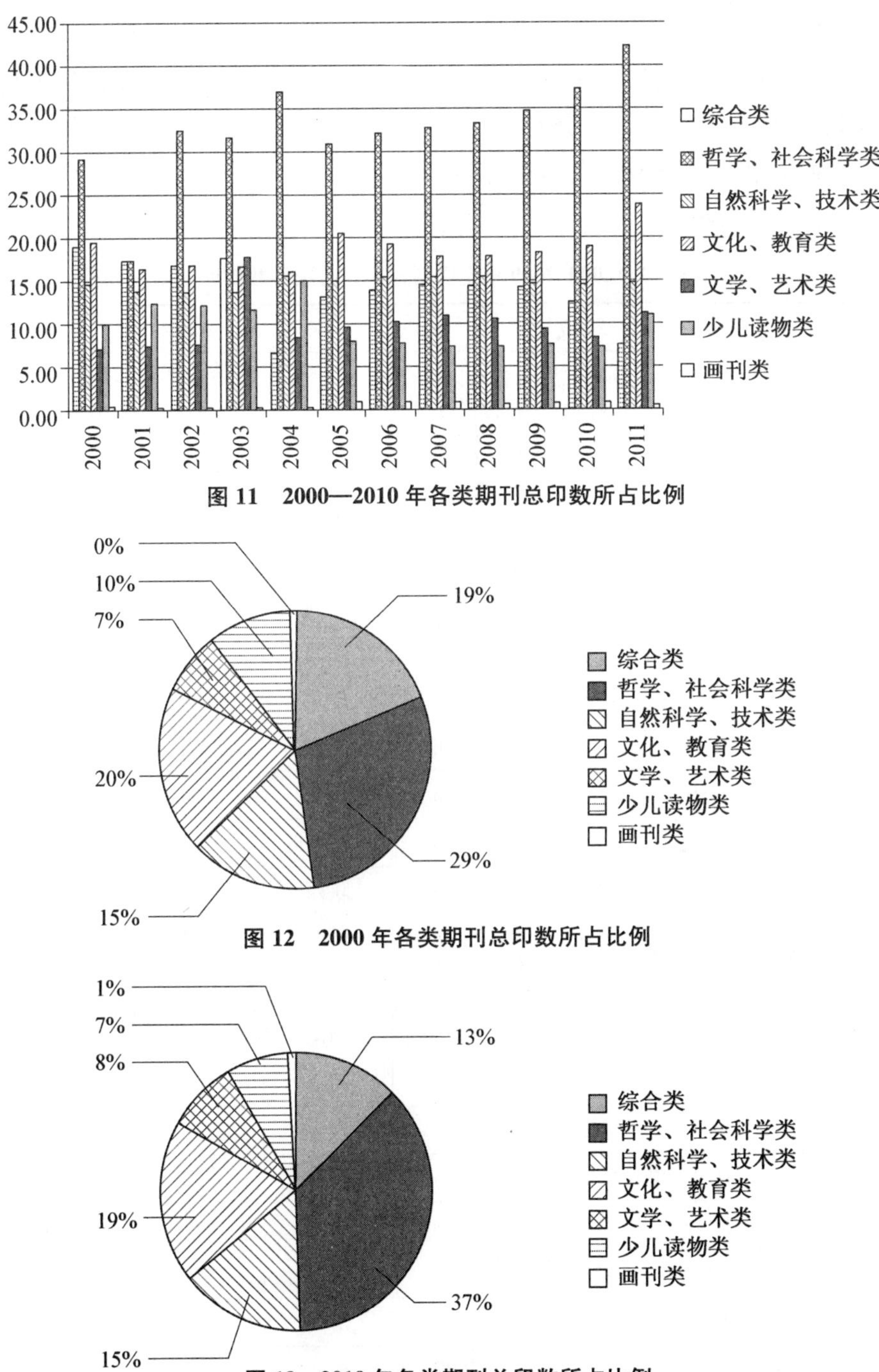

图 11　2000—2010 年各类期刊总印数所占比例

图 12　2000 年各类期刊总印数所占比例

图 13　2010 年各类期刊总印数所占比例

通过图 11、12、13 显示，总印数和总印张数是哲学、社会科学类的期刊所占的比重较大。总印张与学科性质相关，哲学、社会科学类期刊内容文字较多，所以耗费的纸张较多。而对于总印数，可以对比一下两者的平均期印数、平均一种期印数，会发现，虽然自然科学、技术类期刊种类最多，但是每种期刊的印数较小，发行量有限。

3. 地区数据

表 12 2000、2009 年全国各地期刊出版种数统计 （单位：种，%）

	2000			2009		
	地区	期刊品种数	各地区占全国的比例	地区	期刊品种数	各地区占全国的比例
	地方	6 531	74.85	地方	6 994	71.00
	中央	2 194	25.15	中央	2 857	29.00
1	上海	613	7.03	上海	633	6.43
2	江苏	423	4.85	江苏	464	4.71
3	湖北	393	4.50	湖北	423	4.29
4	广东	337	3.86	广东	387	3.93
5	黑龙江	319	3.66	四川	349	3.54
6	辽宁	301	3.45	辽宁	326	3.31
7	四川	273	3.13	黑龙江	314	3.19
8	山东	270	3.09	陕西	286	2.90
9	陕西	260	2.98	山东	271	2.75
10	河南	250	2.87	天津	257	2.61
11	湖南	245	2.81	湖南	252	2.56
12	天津	234	2.68	河南	250	2.54
13	吉林	225	2.58	吉林	236	2.40
14	河北	214	2.45	河北	230	2.33
15	浙江	201	2.30	浙江	221	2.24
16	广西	191	2.19	新疆	209	2.12
17	福建	187	2.14	山西	201	2.04
18	江西	181	2.07	广西	185	1.88

(续表)

	2000			2009		
	地区	期刊品种数	各地区占全国的比例	地区	期刊品种数	各地区占全国的比例
19	新疆	174	1.99	安徽	184	1.87
20	山西	165	1.89	福建	179	1.82
21	北京	158	1.81	北京	173	1.76
22	内蒙古	154	1.77	江西	160	1.62
23	安徽	151	1.73	内蒙古	149	1.51
24	甘肃	127	1.46	重庆	139	1.41
25	云南	125	1.43	甘肃	138	1.40
26	重庆	123	1.41	云南	127	1.29
27	贵州	98	1.12	贵州	89	0.90
28	青海	43	0.49	青海	48	0.49
29	海南	41	0.47	海南	42	0.43
30	宁夏	30	0.34	西藏	36	0.37
31	西藏	25	0.29	宁夏	36	0.37
	全国	8 725		全国	9 851	

(资料来源:《中国新闻出版统计资料汇编》)

从上表中,我们可以看出,中央和地方出版的期刊大致呈三七开。全国各地都有期刊出版,资源分散。大型出版集团所在的地区期刊出版数量较多,如长三角地区、珠三角地区、京津唐地区等。上海、江苏、湖北、广东都是出版大省,期刊出版数量也较多。

(三)期刊发行

新千年以来,期刊市场化水平不断提高。虽然还存在不少非商业化运作的党政部门指导类期刊和教育学术类期刊,但是市场对期刊的影响越来越大,竞争也日益激烈。期刊的发行量对期刊的经营状态有着直接的影响,而期刊的进出口情况可以展现期刊在国际市场上的竞争力。

1. 国内发行

表 13　2000—2011 年全国期刊发行情况统计(全国新华书店系统、出版社自办发行单位出版物总销售)　(单位:亿册,亿元,%)

年份	数量	销售额	占出版物总销售数量的百分比	占出版物总销售金额的百分比	与上年相比册数的变化	与上年相比金额的变化
2000	/	/	/	/	/	/
2001	/	/	/	/	/	/
2002	/	/	/	/	/	/
2003	/	/	/	/	/	/
2004	1.75	14.25	1.10	1.30	/	/
2005	3.23	21.67	2.00	1.80	85.15	52.13
2006	2.69	21.19	1.72	1.64	−16.86	−2.23
2007	3.05	22.93	1.89	1.68	13.34	8.19
2008	3.05	25.89	1.83	1.78	0.15	−12.94
2009	1.84	21.73	1.16	1.40	−39.47	−16.05
2010	0.19	10.37	0.33	1.95	−89.67	−52.28
2011	0.17	4.44	0.28	0.76	−10.53	−57.18

(资料来源:《中国新闻出版统计资料汇编》)

2004 年,全国新华书店系统、出版社自办发行单位期刊总销售数量为 1.75 亿册,2005 年的增长率达到 85.15%,但这仅为昙花一现,此后,这一

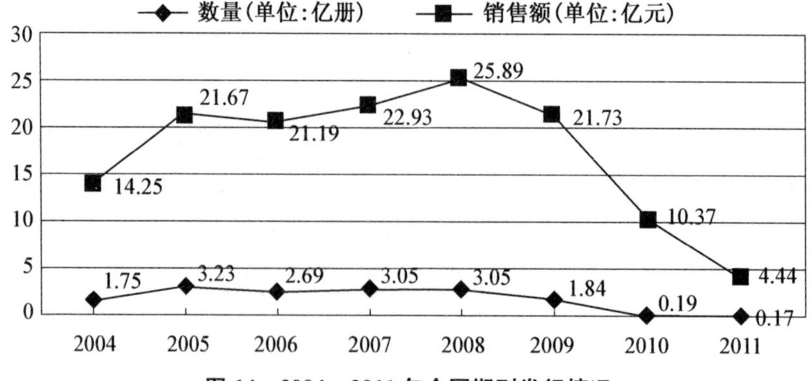

图 14　2004—2011 年全国期刊发行情况

数字不断下跌，2010 年负增长率达到 89.67%。同样的，销售额也在 2010 年锐减。就整个出版物销售来说，期刊所占比例并不高，不管是数量还是销售金额，都在 2%以下。

从全国新华书店系统、出版社自办发行单位出版物总销售的情况来看，期刊的发行销售规模不是很大，只占出版物总销售数量的 1%到 2%，且销售额还是负增长。尤其是 2009、2010、2011 年这三年，期刊发行情况不佳，甚至出现较大幅度的倒退。

2. 进出口

表 14 2000—2011 年全国期刊进出口情况

（单位：种，万册、份，万美元）

年份	出口			进口		
	种数	数量	金额	种数	数量	金额
2000	33 238	218.87	339.84	28 820	646.05	2 734.2
2001	40 115	183	285.69	33 182	713.59	3 211.88
2002	34 502	205.93	303.22	36 032	512.18	6 120.12
2003	47 347	221.42	365.22	41 326	471.56	9 700.35
2004	52 521	229.25	386.46	48 922	319.82	11 021.51
2005	45 309	155.73	228.87	45 178	171.49	10 736.73
2006	49 777	216.46	305.58	50 784	378.49	11 660.67
2007	50 149	235.57	354.68	42 630	424.71	11 188.1
2008	46 098	92.05	218.13	53 759	448.86	13 290.74
2009	43 741	211.65	351.13	54 163	448.09	13 661.47
2010	41 065	194.79	423.97	72 056	420.66	13 828.96
2011	36 018	252.89	573.44	76 337	439.93	13 906.17

（资料来源：《中国新闻出版统计资料汇编》）

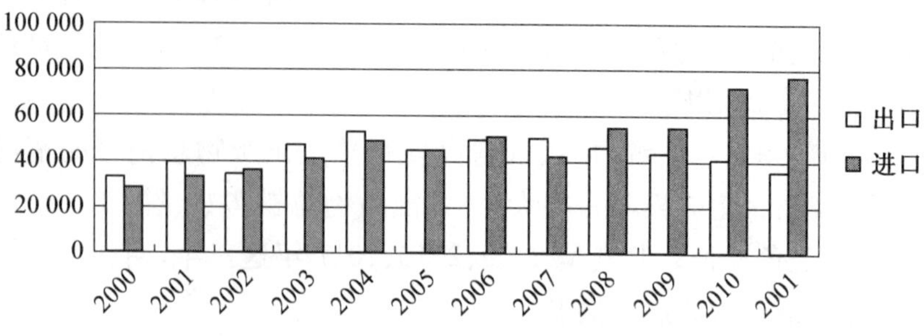

图 15　2000—2011 年进出口期刊种数(单位:种)

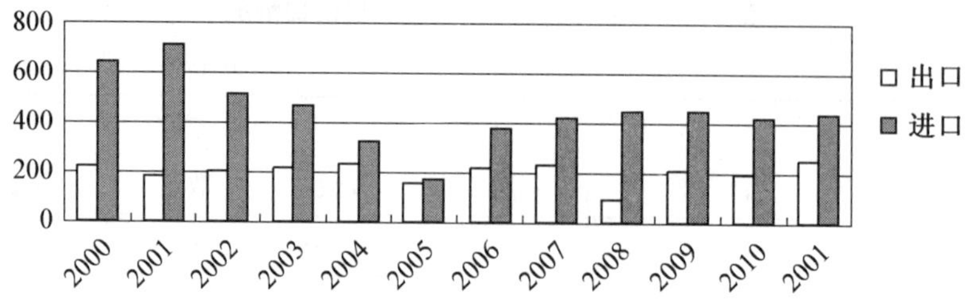

图 16　2000—2011 年进出口期刊数量(单位:万册、份)

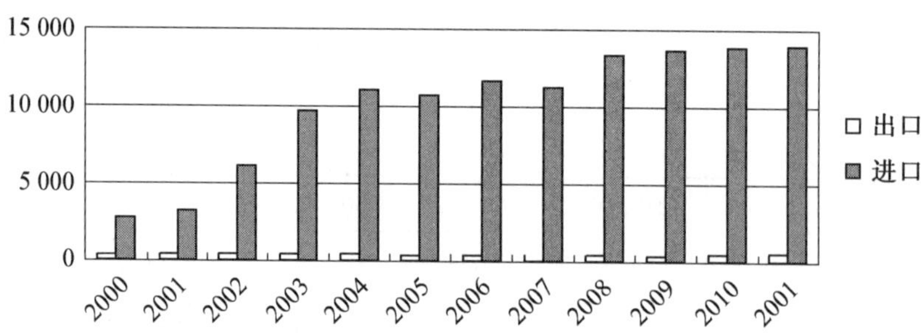

图 17　2000—2011 年进出口期刊金额(单位:万美元)

由上图对比,我们可以清晰地看到,虽然我国出口期刊种数曾经超越过进口期刊数,但是出口的期刊数量和金额远不如进口的数字,我国在期刊进出口方面,处于严重的入超(贸易逆差)地位。

二、新千年来期刊出版中的代表性事件

(一) 以《求是》、《党的生活》为代表的各级党刊多管齐下,力求更贴近普通群众

据《中国新闻出版统计资料汇编》统计,到 2011 年,我国有 9 849 种期

刊。在近万种期刊中,有一部分是担任党的政治理论宣传、党的建设和政治宣传任务的期刊。例如《求是》、《辽宁青年》、《党建》、《半月谈》等。由于自身的特殊性,这些期刊向来是以严谨端正的形象示人,受众群体主要是党政干部阶层,与普通老百姓之间有一定距离。进入新世纪,市场经济飞速发展,期刊产业化、市场化程度加深,读者的品味趣向不断发生变化,目标群体也正处在一种不断的分化和重组之中。这类政治期刊固然有着特定的主题,鲜明的政治色彩,服务于党的政治路线,但是,即使做"命题作文",这类期刊也在寻求突破,以更贴近普通读者。

1. 党中央机关刊《求是》

《求是》是党中央机关刊。党中央机关刊是党和人民的喉舌,是党中央指导全党全国工作的重要思想理论阵地。如今,《求是》已发展成为在国内外有重大影响的政治理论刊物。除了一以贯之地坚守党性,宣传党的政治理论外,为了更加适应时代潮流,《求是》通过发行子刊、改版、发行英文版、开辟网络版等途径扩大影响力。

《求是》的子刊《红旗文稿》于 2008 年改版。《红旗文稿》原先被称做"小《求是》",缺少自身特色和辨识度。通过改版,提倡平实、活泼、流畅的文风,发表言之有物、深入浅出、鞭辟入里的文章。《求是》杂志社社长李宝善对它的评价是:"直面理论热点,文风尖锐泼辣,大量文章被其他媒体迅速广泛转载,广大读者和网民跟进讨论、好评如潮,在思想理论界的知名度、影响力有很大提升,发行量连续两年大幅增长。"[①]另外,《求是》的子刊《红旗文摘》于 2011 年 2 月正式向国内外公开发行。《红旗文摘》通过对报纸、杂志、广播、电视、网络等媒体信息的筛选与整合,为读者提供最有价值的信息,为读者节省时间和精力。

《求是》英文版于 2009 年 10 月 1 日创刊并向海内外公开发行,目前为季刊。李宝善介绍道:"《求是》英文版通过选编和翻译《求是》中文版的重要文章,服务于党和国家的对外交流,力求成为中国共产党和中国政府执政理念、治国方略的权威解读平台,成为中国发展道路、发展经验的高端传播渠道,成为国外政界、学界和民间了解研究中国事务的重要窗口。"[②]

如今,网络遍及千家万户,读者选择通过网络获得信息的比例越来越

---

① 卢剑锋:《以实事求是的精神办好〈求是〉——访求是杂志社社长李宝善》,《传媒》2009 年第 7 期,第24—27 页。

② 同上。

高。《求是》早在本世纪初就敏锐地嗅到了时代的潮流，开设了网络版。《求是》网络版于 2000 年 1 月正式启动。起初，网络版同步刊发当期《求是》杂志和本刊的重要活动。随后，《求是》理论网（www. qstheory. cn）投入建设，《求是》网络版并入《求是》理论网。除提供《求是》杂志的文章导读、在线读刊外，《求是》理论网还发布时事要闻，编辑专题报道，开设网络论坛，增加编读往来等，更好地为广大读者服务。

2. 地方省级党刊《党的生活》

由黑龙江日报报业集团主办、主管的《党的生活》，“1988 年至 2003 年，刊物连续 16 年保持百万份发行量”①。根据《中国新闻出版统计资料汇编》，在地方期刊中，除了 2008 年，2000—2009 年黑龙江《党的生活》平均期印数都在 25 万册以上。

黑龙江《党的生活》杂志社常务副总编杨贵方用“新·深·精·活·美”形容《党的生活》的办刊追求，即“求新——让刊物具有指导性，求深——让刊物具有长效性，求精——让刊物具有可读性，求活——让刊物生动活泼，求美——让刊物具有艺术性”②。在这一指导思想下，《党的生活》不同于一般党建类党刊、政治理论性党刊的严肃呆板，它从封面设计到编辑风格，都更加活泼灵动，刊载的文章从标题到内容都更加生活化、更具时代感。

2005 年，《党的生活》将内文改为双色印刷。每期的封面图片，都与当期主题相匹配，色彩丰富，设计感强。标题命名通俗易懂，甚至会使用流行的网络语言。例如 2012 年第 3 期的《党的生活》，本期主题是“破格提拔的‘围观’现象”，封面图片是热气球，与破格提拔寓意相关，而标题本身就使用了“围观”这一流行的网络用语，十分吸引人眼球。而其选题紧跟热点话题，并对事件进行深入分析，给出独特的视角。

虽然黑龙江版《党的生活》也开辟了网站（http://www. hljddsh. com/index. asp），并介绍最新一期的期刊内容，设置读者调查反馈，然而网站上并没有创建所有过刊的数据库，只是分享了 2007 年第 8 期的《党的生活》。在网站设计、内容板块和运营维护方面，在专业性和及时性等方面，还有待于进一步提高。

---

① 本刊简介. http://www. hljddsh. com/main/benkanjianjie. asp. 2012-04-11.

② 杨贵方:《新·深·精·活·美——我与〈党的生活〉的追求》,《中国出版》1997 年第 7 期,第 27—28 页。

(二) 以《三联生活周刊》、《新周刊》为代表的时事综合类周刊的崛起

1994 年之前，国内少有综合类的周刊，新华社有一本《瞭望》周刊，自 1994 年 12 月份《三联生活周刊》试刊开始，各地开始有较多的周刊类杂志，例如《新周刊》、《东方文化周刊》、《深圳(风采)周刊》、《新民周刊》、《北京青年周刊》、《凤凰周刊》等，进入了短周期期刊的阅读时代。时政期刊因其注重报道国家大事和时政、财经方面的突发事件，在深度报道方面已经远远超过了报纸、网络，因此能够受到读者的欢迎，发行量和广告都在增加，已经进入了良性循环的轨道。时政类期刊不但具有内容丰富、观点鲜明、图文并茂的特色，而且周刊大大缩短了出版周期，新闻性方面得到加强，这样的特点使得时政类周刊具备了强大的市场竞争力，它的崛起其实也并没有什么悬念，仿佛成为了一种必然。

1.《三联生活周刊》

由三联书店主办的《三联生活周刊》于 1993 年正式创刊。然而接下来的两年多时间里，频繁更换主编，休刊、复刊，波折不断。直到 1995 年，朱伟出任《三联生活周刊》主编，带领刊物不断地探索与尝试，逐渐形成了自己的风格。《三联生活周刊》的发展史，可以看作整个时事综合类周刊发展的缩影。

庞春燕对《三联生活周刊》进行了如下的概括："从刊期上，由最初的月刊到 1996 年的半月刊再到 2001 年的周刊；从编辑方针上，从报道重大事件到制造新闻再到给新闻注入文化血液；从内容风格上，从小资到煽情再到强调厚重的文化含量。最终，《三联生活周刊》确立了文化新闻的路子，这种风格从此成为它内容上的立足之本。"[①]2001 年，《三联生活周刊》由半月刊变成周刊。这一决策对《三联生活周刊》有着至关重要的影响。"实际上《三联生活周刊》真正走出困境正是从 2001 年变成周刊以后开始的。"[②]变成周刊以后，《三联生活周刊》的广告和发行量开始迅速上升，2003 年的广告收入一下跃升到 1 800 万元[③]；2005 年，《三联生活周刊》的广告收入达到 3 000 万元[④]；2010 年，《三联生活周刊》的经济效益又有大幅提升，广告

---

① 庞春燕：《〈三联生活周刊〉的前世今生》，《传媒》2006 年第 5 期，第 13—15 页。

② 同上。

③ 同上。

④ 同上。

年度总收入达到 5 690 万元，利润增长 10%以上，保持了连续六年利润增长①。

当然，《三联生活周刊》的成功不仅是因为它的刊期、广告与发行数量的增加，而且与其对应内容的市场化运作是分不开的。比如，封面主题由编辑部和经销商共同协商决定。毛慧对这种运作手段的形容是："编辑部和经销商充分沟通，经销商选出他认为最有价值、最好卖的一个主题，编辑部在尊重经销商意见的基础上最终决定每期的封面故事，然后派出记者或寻找专家，给这个新闻更加深入、全面的报道，数文围绕一个主题展开，各有侧重点，并形成最后的包装——封面故事。"②像《三联生活周刊》做的张艺谋、张国荣等人的题材，影响较大，特别是 2004 年"直击张艺谋"的精彩报道，成为《三联生活周刊》的一个经典案例。

2.《中国新闻周刊》

由中新社主办的《中国新闻周刊》创刊于 1999 年 9 月，2000 年 1 月正式出版。《中国新闻周刊》从孕育到发展的过程也并不顺利，2001 年 11 月还因资金问题而宣布停刊。从利用中新社第一报号而创办的《中国新闻》的周末版到具有正式刊号的《新闻周刊》，再到《中国新闻周刊》，作为国内唯一一本国字号的时政周刊，它以强大的新闻性和时效性，在市场中站稳了脚跟。

不同于《三联生活周刊》的文化新闻性定位，《中国新闻周刊》利用中新社独特的资源背景，突出新闻性和时效性，并以此作为据点区别于其他时事综合类周刊。"中新社 1 000 余名采编人员都可以作为《中国新闻周刊》的记者为其提供稿件，而且，中新社在国内外各地都设立了分社和记者站，为《中国新闻周刊》提供了充足的信息资源。"③

除此之外，《中国新闻周刊》的报道编辑方式也很有特点，陈建军将其总结为："复合式的深度报道充实了新闻旨趣，提升了新闻价值；优雅、唯美的文字让新闻故事化，颇具可读性；不失新闻客观性真实的情感元素的运用，尽显新闻报道的人性化；追求新闻报道的延展性，奉献给读者的不仅是事实与信息，更是一种积极的思考和探寻。"④然而，市场上成功的刊物都

① 百度百科·三联生活周刊. http://baike.baidu.com/view/310389.htm. 2012-04-11.

② 毛慧：《〈三联生活周刊〉封面故事选题分析》，《青年记者》2008 年第 6 期(中)，第 23 页。

③ 杨春兰：《〈中国新闻周刊〉的风雨兼程》，《传媒》2006 年第 5 期，第 10—12 页。

④ 陈建军：《〈中国新闻周刊〉的报道策略》，《中国出版》2011 年第 2 期(下)，第 58—59 页。

比较注重期刊的装帧设计和文字的简洁流畅，同质的时事综合周刊如《瞭望》等也都在关注热点事件、做详细深度报道方面下足工夫。如何整合利用强大的新闻资源，策划选题，对事件给出独特的观点，在众多周刊中发出不同的声音，以锻造自身的品牌价值，《中国新闻周刊》还有努力和提升的空间。

（三）以《读者》、《特别关注》等为代表的文摘文萃类期刊长盛不衰、各具特色

新千年以来，期刊市场上复杂多变，然而文摘文萃类期刊却能保持良好的发展形势。《读者》、《青年文摘》、《意林》、《格言》、《特别关注》等文摘类期刊长盛不衰，并紧跟市场潮流，细分市场，创新品种。

1. 老牌文摘期刊《读者》

《读者》杂志创刊于1981年1月，经过30多年的发展，《读者》系列杂志已经发展成为一个庞大的家族：《读者》（大字版）、《读者》（校园专供）、《读者》（繁体字版）、《读者》（原创版）、《读者》（乡土人文版）、《读者欣赏》、《读者》（海外版）、《读者》（半月刊）、《读者》（盲文版）、《读者》（维文版）（与新疆人民出版社合作）、《读者》（精华本）、《读者》（合订本）、《读者丛书》等。

《读者》的发行量不断刷新记录：2002年10月份月发行量突破600万册大关，创历史新高；2003年10月突破800万册大关，11月达到创纪录的806万册，同比增长近200万册，创造了中国期刊发展史上的奇迹；2005年4月份月发行量已达910万册，居中国第一，列世界综合类期刊第四位；2006年4月，《读者》月发行量突破1 000万册。[①] 2006年1月18日，读者出版集团挂牌成立，形成一个集图书、期刊的内容制作、编辑、出版、发行、印刷于一体的现代出版集团。

与发行量同时攀升的，是外界对《读者》品牌价值的认可。从2004年至2011年，《读者》品牌连续8年被世界品牌实验室评为“中国500最具价值品牌”，2011年品牌价值达到76.45亿元，名列“中国500最具价值品牌”总排行榜175位。[②]

从《读者》的发展脉络，我们可以看出，《读者》的定位随着市场、读者群、读者阅读口味的变化而不断调整，不断细分市场，开辟子刊，最终形成

---

① 百度百科·读者. http://baike.baidu.com/view/2638.htm. 2012-04-11.

② 读者出版传媒股份有限公司简介. http://www.duzhe.com/group/companyintro.jsp. 2012-04-11.

一艘超级航母。新千年以来，数字化技术对整个出版行业产生了深刻的影响，而《读者》也适时而动，推出《读者》手机报，研发"《读者》电纸书"。

2. 新文摘《意林》、《特别关注》等出奇制胜

《读者》之后，衍生出许多文摘类期刊。面对市场的激烈竞争，细分读者对象，打造特色和品牌，走差异化发展道路，成为各种文摘类期刊不约而同的选择。

例如，《青年文摘》于 2000 年 4 月改月刊为半月刊，并推出了新颖独特的红绿版（上下半月刊）创意，以明快醒目的红绿两色作为上下半月刊的视觉标识。2000 年 9 月一打入市场即引起了业界的关注，并获得读者的喜爱。2000 年 12 月，《青年文摘》月发行量首次突破两百万册[①]。《青年文摘》的此次改刊成为 2001 年度国内期刊引人注目的新亮点之一，被同行称为"《青年文摘》现象"。

2003 年 8 月创办的《意林》瞄准了文摘期刊读者群中的青年，尤其是学生，打出了"一则故事，改变一生"的旗号，用比《读者》等更为短小精悍而又富于趣味性和哲理意味的文章迅速吸引年轻读者的关注。这种创意让《意林》面世不久就受到青年读者的追捧，70 多万的期发行量在新刊中相当抢眼[②]。

创刊于 2000 年 10 月的《特别关注》定位为"成熟男士的文摘"，瞄准男士文摘市场，张扬"现实主义"。由于定位的"特别"，起初许多行家都不看好这本杂志。但是，仅一年后《特别关注》的发行量就达到 9 万份；第二年跃升至 18 万份；第三年再度翻番，突破 40 万份；2004 年突破 92 万份；2005 年 5 月突破 100 万份；2006 年底跃上 200 万的台阶；到 2008 年 5 月，这本年方 8 岁的期刊发行量已经达到 280 万份；2009 年 6 月 9 日，《特别关注》发行量达到 302 万份[③]。

尽管在 200 余种文摘类期刊中，发行量真正达到一定量级、有一定知名度的不过十分之一，但是成功者的辉煌无疑会聚焦更多的目光。于是众多的新刊都义无反顾地一头扎进文摘类期刊的队伍中，怀揣着各自的盘算

---

① 王亚玲，蔡凛立.《青年文摘》——青年读者的精神家园. http://qikan.tze.cn/Template/default/DownLoad.aspx? TitleID=61&type=Editor. 2012-04-11.

② 张姝. 文摘期刊新势力：模仿·颠覆两重唱. http://media.people.com.cn/GB/22114/79913/79918/5495720.html. 2012-04-11.

③ 百度百科·特别关注. http://baike.baidu.com/view/480430.htm. 2012-04-11.

与梦想，奋勇前进。

由于市场的需要和期刊本身的求新求变，文摘文萃类期刊还葆有生机。然而，如何在未来继续保持良好的发展势头，想出应对数字技术的发展需求，此类期刊任重而道远。

（四）以《财经》、《商界》为代表的商业财经类期刊异军突起

国家深化经济体制改革，经济实现持续快速增长，市场经济的繁荣，人们对商业金融投入越来越多的关注，使财经期刊有了市场化的沃土，有了广大的目标读者群。正如全国高校普遍创办商学院一样，一大批财经期刊应运而生。如《商务周刊》（2000 年 8 月创办）、《中国企业家》（2005 年正式改为半月刊）、《中国经济周刊》（2002 年首次改版；2003 年正式更名）、《创业家》（2008 年 8 月创办）、《成功营销》（创刊于 2000 年）等，这些期刊大都业绩不俗，发展前景良好。龙源期刊网收录的“商业财经”类期刊就有 196 种。

1.《财经》主编更换风波

1998 年 4 月，中国证券市场研究设计中心（简称“联办”）创办了名为《证券市场周刊 Money》的杂志，并聘任胡舒立担任主编。在进入新千年后，才正式改名为《财经》。《财经》的主要读者为中国的中高级投资者、政府管理层和经济学界。在“独立、独家、独到”的办刊方针下，发表了《基金黑幕》、《银广夏陷阱》、《谁的鲁能》等一系列爆炸性的有影响的报道，奠定了在财经媒体中专业和权威的地位。

《财经》坚持内容与经营独立分开的准则，严格抵制广告对内容的干涉，但却又凭借内容的独特性而吸引广告。《财经》记者何华峰曾对媒体透露，当年农行投一个现金 20 多万的广告，唯一的要求是将一篇批评农行的稿件推后，时任主编的回应是“广告不要算了”。江艺平对这种逆势而上的发展也有过形容：“在联办的雄厚财力支持下，熬过早年亏损的《财经》，迎来了品牌强势时期，每年广告额达 2 亿，能够在《财经》上登广告是一家企业有实力的表现，《财经》经营甚至可以强势到指定客户几点来。”①

2009 年，主编胡舒立带着她的编辑团队离开了《财经》，引起商业财经期刊界的轩然大波。之后她另立门户，创办财新传媒，发行财经新闻周刊

---

① 江艺平.胡舒立与《财经》传奇.http://finance.sina.com.cn/roll/20091119/04196985397.shtml.2012－04－12.

《新世纪》，继续“以自由思想、批判精神和专业素养，向中国政界、金融界、产业界和学界精英传递市场经济理念与财经新闻资讯”。

2.《商界》延伸招商业务

《商界》对自己的介绍是“拥有中国发行量最大的著名商业财经杂志”，同时有《商界评论》、《商界时尚》、《城乡致富》等财经子刊。

《商界》最特别之处在于它整合了自身的媒体资源，并延伸业务，打造线上招商平台。“商界在线”是商界传媒斥资打造、专门为中国商人量身定做的中国商人新门户网站，于2007年6月18日全新改版上线。“商界在线”发布《商界》系列杂志的内容，并转载编辑一些热门话题。然而该网站更新不及时，很多内容都停滞在2010年。商界招商网设有“招商加盟”、“商界资讯”、“创业分享”三个板块，是一个集招商、信息发布为一体的网络平台。同时，它还推出企业家高校巡讲活动，走进各个高校。这不仅为企业家和大学生之间搭建了沟通交流的平台，还在大学生群体中扩展了自己杂志的知名度，巩固已有读者群，在大学生中培养了一群潜在的读者。

市场改革还在继续，中国经济保持了良好的发展势头，即使在新一轮金融危机中也得以平稳过渡。国民对经济的关注度有增无减，读者对财经类期刊保持较大的需求。商业财经类期刊成为新千年以来期刊市场的一大亮点。

（五）以《时尚》、《瑞丽》为代表的时尚娱乐类期刊对读者进行细分

如果以1980年2月《时尚》创刊为发端，中国时尚期刊已经走过了30多年的发展历程。此类期刊数量庞大，知名度高，如《时尚》、《VOGUE服饰与美容》、《时尚健康女性》、《瑞丽服饰美容》、《都市丽人》、《ELLE CHINA》等。

1. 市场细分

《时尚》通过对市场进行细分，不断衍生出新的刊物，扩张“时尚期刊群”版图。

首先，《时尚》针对男性市场和女性市场进行细分，1997年，《时尚》就已经分为《伊人》和《先生》两个专刊，单、双月交替出版。1999年4月，《时尚先生》与美国*Esquire*杂志进行版权合作。其次是对读者年龄进行了细分。《娇点·Cosmo Girl》、《时尚·Cosmo》和《时尚健康·女士》分别针对18—22岁的年轻女性、25—28岁的职业女性和30岁左右的成熟女性；《好管家》则主要定位在为35岁左右的女性解决家政问题。

1995 年 9 月，号称中国第一本设计美丽、设计生活的实用性时尚期刊《瑞丽》诞生，其发行量首屈一指。就 2011 年下半年来说，《瑞丽》系列杂志在女性杂志销售排行榜上排名靠前。据世纪华文监测，《瑞丽服饰美容》在济南、合肥、天津、石家庄、长春、大连等地销量第一，在石家庄市场份额达 37.75%，在南京、上海、广州等地排名前三。

"伴随女性生命的每个阶段"是瑞丽的出版理念。在这一理念指导下，瑞丽在中国首先提出"按年龄细分目标读者"的期刊发展战略，建立起针对不同年龄阶段、覆盖不同社会阶层的瑞丽系列期刊群[①]。《瑞丽可爱先锋》面向 16—18 岁充满活力个性的城市可爱女孩。《瑞丽服饰美容》面向 18—25 岁热爱生活、追逐时尚的都市年轻女性。《瑞丽伊人风尚》面向 25—35 岁月薪 5 000 元以上的都市职业女性。《瑞丽家居》面向 25—40 岁年收入在 8 万元以上，受过良好教育的城市家庭。

2. 男性市场的开拓

在近两三年间，原来主打女性读者群体的时尚娱乐类期刊将注意力投向男性市场，国际著名男性时尚期刊纷纷进入中国，本地的期刊也通过创刊或改版的形式，开拓男性市场。男性时尚期刊从 2003 年 4 月的 5 种一跃变为目前的近 20 种[②]，成为时尚期刊的一大亮点。根据世纪华文的监测，在北京、上海、广州、南京等大部分地区，《男人装》领跑男性时尚期刊市场，在北京的市场份额高达 35.59%。目前国内的男性时尚期刊主要有《时尚先生》、《时尚健康 Men's Health》、《男人装》、《智族 GQ》、《大道》、《名仕》等 15 种。

时尚集团旗下拥有《时尚先生》、《时尚健康男士版》、《时尚芭莎男士版》等男性时尚刊物，是最早进入男性市场的杂志。2000 年时，市场上仅有《时尚先生》一本高档男性刊物。在刚刚创刊的几年里，《时尚先生》并没有得到市场太多的认可。然而十几年下来，对男性期刊市场的坚守和较早抢滩，使《时尚先生》已经成为中国男性期刊市场的领跑者[③]。男性期刊发展如此迅速，市场竞争也愈加激烈。随着不同男性期刊的出现，《时尚先生》最初的垄断地位被打破。为了应对竞争，《时尚先生》2009 年 1 月进行

---

① 本刊编辑部:《解读〈瑞丽〉》,《企业标准化》2004 年第 8 期,第 7 页。

② 常晓武:《我国男性时尚期刊市场扫描》,《编辑学刊》2007 年第 1 期,第 57—61 页。

③ 晋雅芬. 男刊市场:集体发力,逐渐显露扩张欲望. http://news.66wz.com/system/2010/03/17/101757659_01.shtml. 2012-04-18.

改版，增加人文方面的内容；2009 年 4 月开始，每期附赠别册《先生读本》。

瑞丽传媒企业于 2009 年 3 月正式推出高端实用型男性时尚杂志《男人风尚》，这本杂志通过版权贸易的方式与日本的男性时尚杂志《LEON》进行合作，瞄准 30—40 岁的都市成熟商务男性人群。

（六）以《知音》、《女友》为代表的家庭生活类期刊的壮大和扩张

在世纪华文 2006 年的监测中，家庭生活类报刊在 IT 类报刊、时尚类报刊、经济商业类、时政类、汽车类、体育类等数十种报刊中脱颖而出，总销量排在第一（总销量指在 10 个城市的范围内，包含报纸和杂志，都市报类不在此范围内）[①]。此类杂志，如《知音》、《家庭》、《女友》等，已经取得了相当的知名度和市场份额。新涌现的情感杂志如《爱人》、《幸福》也逐渐发展壮大。

1.《知音》

《知音》是国内出现比较早的家庭生活类杂志，一直以来坚持的原则就是“将真善美的人类情感包藏在真实而煽情的故事中”。《知音》创刊号发行 40 万份，当年最高月发行量突破 100 万份[②]。据世纪华文监测，2008 年下半年，在成都、南京、上海、合肥、济南、青岛、重庆、西安 8 个城市，家庭生活类中《知音》（普通版）都是销量第一。《知音》文章的风格偏煽情，重故事，文章标题力求吸引眼球，这种独特的风格还被戏称为“知音体”。

早在 1996 年，《知音》就推出了第一个子刊《知音》（海外版）。新千年以来《知音》的扩张速度迅速，延伸至大众情感、财经、时尚等领域。2000 年 11 月《知音》杂志推出了《打工》，后于 2010 年 1 月改版为《知音励志》；第二年 3 月，推出了《好日子》。2002 年 1 月，推出财经人物杂志《商界名家》。数月后，《知音》兼并了当地的杂志《企业家》。2003 年初，《知音》又推出了文摘期刊《财智文摘》和《良友》。2006 年 1 月创刊《知音漫客》。总编胡勋璧表示，《知音》“除了办好现有的刊物外，为了顺应市场的要求，还会再办一些新的时尚类刊物”，“如健美、旅游和饮食等方面的刊物”[③]。

---

① 崔江红. 全国十大城市女性家庭类期刊年度调查公布——《家庭》紧追《知音》，三城市销量上升. http://www.chinapostnews.com.cn/b2009/982/09820201.htm. 2012-04-18.

② 百度百科·知音. http://baike.baidu.com/view/251606.htm#sub5038091. 2012-04-18.

③ 崔江红. 全国十大城市女性家庭类期刊年度调查公布——《家庭》紧追《知音》，三城市销量上升. http://www.chinapostnews.com.cn/b2009/982/09820201.htm. 2012-04-18.

2.《女友》

《女友》月刊诞生于 1988 年 7 月。“女友”旗下已拥有国内发行的《女友》(校园版)、《女友》(家园版)、《女友》(花园版)和《女友》(亲子版)4 本平面杂志，海外发行的有覆盖北美的《女友》(北美版)和覆盖澳洲的《女友》(澳洲版)两本平面杂志。女友网、《女友·hi!》电子杂志、《女友手机报》等新媒体产品也相继推出。

校园版的读者定位为学生，以及刚刚毕业和步入社会的女孩；家园版和花园版则关注都市职业女性，但分别侧重目标读者的生活和事业两方面；也可将这一目标读者细分为两类：重生活型和重事业型[①]。

不同于《知音》的纯情感路线，《女友》融合了情感、家庭、生活、时尚等主题，更具有时代感、时尚感。然而也由于《女友》定位的双重性、模糊性，使其既要与《知音》这种纯情感类期刊竞争，又要面对《时尚》、《瑞丽》等纯时尚类期刊的挑战。所以，根据世纪华文监测，2008 年下半年，在沈阳、南京、上海、深圳、武汉、天津、重庆、西安 8 个城市，《女友》的市场份额平均徘徊在第 4 名左右。

(七) 以“CNKI 中国期刊网”、“读览天下”为代表的电子期刊数字出版

新千年以来，期刊领域内的最大变化，就是计算机网络引领期刊业进入了数字化与网络时代，出现了“电子期刊”、“数字期刊”、“互联网期刊”等新名词。在一定程度上，电子期刊和数字期刊、互联网期刊的内涵大体一致，都是与传统的纸质期刊相对应的新产物。

据《中国出版蓝皮书：2009—2010 中国出版业发展报告》，截至 2009 年底，我国数字出版总产值达到 799.4 亿元，数字阅读已成为伴随互联网长大的新一代读者的阅读习惯和生活方式。2007 年发布的中国出版科学研究所《全国国民阅读与购买倾向抽样调查报告》增加了关于国民数字报刊阅读与购买部分，该部分显示：2007 年在我国的期刊读者中，有固定阅读电子期刊习惯的人口规模在 227 万人左右，占期刊读者的 0.77%。业界普遍感到近一两年数字出版的春天已经到来[②]。2011 年 8 月 16 日，中国社会科学院发布《2011 中国文化产业发展报告蓝皮书》，称“中国期刊产

---

① 魏兰：《杂志定位分析：以〈女友〉杂志为例》，《湖北经济学院学报(人文社会科学版)》2008 年 5 月第 1 期，第 76—77 页。

② 张铭：《数字期刊业的版权困局——以龙源期刊网为例》，《出版发行研究》2010 年第 9 期，第 14—16 页。

业面临嬗变,向电子平台延伸已成不可逆转趋势”,传统纸质期刊平均印数已经开始萎缩,全行业整体性萎缩率达到 1.85%,而与此同时,以手机、网络期刊全文数据库、电子杂志等为代表的新兴电子期刊在 2009 至 2010 年间发展迅猛。传统纸质期刊纷纷上线电子版,电子期刊平台大量涌现。

1. 以“CNKI 中国期刊网”为代表的网络学术期刊平台

2002 年,学术期刊首先借网络迎来全新的发展天地。清华大学中国学术期刊(光盘版)电子杂志社建设的“CNKI 中国期刊网”的期刊网络信息化工程,是我国第一个以电子期刊方式按月连续出版的大型学术期刊原版全文数据库。2003 年 6 月,新闻出版总署批准中国学术期刊(光盘版)电子杂志社正式创办《中国优秀博硕士学位论文全文数据库》、《中国重要会议论文全文数据库》等 9 种电子期刊。

众多数据也表明期刊网络化的步伐相当迅速。自 1995 年我国第一个电子期刊《神州学人》和第一个集成化全文数据库电子期刊《中国学术期刊》(光盘版)创刊以来,我国 9 360 多种纸质期刊的现刊已陆续通过各种途径实现数字网络出版,约占我国出版期刊的 95%,其中 4 360 余种重要学术期刊回溯上网至创刊。

至 2008 年年底,纸质期刊文献的网络出版总量已达 6 230 万篇。2008 年,仅就主要互联网期刊网站统计,期刊文献的总访问次数达 60 亿次,当年发表文献的访问次数约 18 亿次,篇均访问次数达 1.2 万次。可以说,互联网期刊已经成为我国大多数期刊的主要传播形式。

2. 以“读览天下”为代表的电子杂志平台

2007 年,“读览天下”成立于广州,它要做的是中国领先的移动互联网阅读平台。“读览天下”目前拥有综合性人文大众类期刊品种达 1 000 余种,内容涵盖新闻人物、商业财经、运动健康、时尚生活、娱乐休闲、教育科技、文化艺术等领域。

“读览天下”致力于打造全新的数字出版发行的产业链条,推动产业健康的生态环境,开创基于绿色阅读的时尚生活方式。上游面向传媒业和出版业,专门为其提供数字化解决方案,帮助其快速建立从出版到多元发行的数字出版发行平台;下游面向渠道、终端平台及用户,为其提供丰富、原版的杂志、图书内容和优质的阅读交互体验。[①] 依托自身的技术优势和良

---

① 读览天下企业介绍. http://corp.dooland.com/about.html. 2012-04-18.

好的服务，"读览天下"已成功地和国内1 000余家主流杂志社达成合作，为其提供纸媒资源的电子版转换、发行、技术平台建设的服务和其他增值服务，帮助期刊社全方位推进数字化进程。

苹果风潮来袭，给电子期刊向阅读终端延伸提供了一个契机。嗅觉敏锐的"读览天下"趁着这股风潮迅速走在国内杂志阅读终端的前列，作为国内首家入驻苹果移动终端的原版数字杂志阅读服务提供商，始终引领着数字杂志阅读平台与移动终端的合作趋势。目前，"读览天下"已经在移动互联网平台上打通多个终端渠道，是国内唯一能让用户在PC、iPhone、iPad、Android、Kindle、iRiver Story、SONY Reader、Nook等多平台上自由阅读的商家。

（八）以《小溪流》、《新蕾STORY100》为代表的少儿期刊面向市场，寻求突破

当前的中国是个出版大国，同时也是个拥有四亿少年儿童这一世界上最大读者群的少儿读物出版大国。据《中国新闻出版统计资料汇编》统计，2010年我国有少儿类期刊98种，其数量在全国多种期刊中仅占不到2%。我国少儿期刊大多以低价位运作，2002年平均期定价为2.05元；到2005年，平均期定价为3.208元；2009年，平均期定价为4.42元。虽有增长，但却是所有期刊类型中平均期定价最少的。当然，少儿期刊由其特定的读者对象所决定，不可能像时尚、财经、计算机等类杂志那样豪华、高价位。转企改制后，少儿报刊过去的行政资源优势没有了，要想生存和发展，就要彻底转变观念，勇于接受市场的挑战，不断提高市场竞争力，真正做强做大少儿报刊产业。

1. 少儿期刊的重新定位

少儿期刊面向市场，重视营销，从改刊名到版本设计，纷纷重新定位，创新内容，进一步明确目标读者。例如广东的《少男少女》将阅读顺序颠倒，把刊物分成两半，从形式到内容均有了独特的定位。天津的《启蒙》将目标读者明确锁定在0—7岁儿童。上海的《儿童时代》定位为"小学高、中年级综合月刊"。深圳的《红树林》则是一本"现代都市综合性彩色少儿月刊"。

为了应对市场变化，满足读者需要，不少期刊主打时尚、情感牌。上海的《少女》以时尚、追星、身心保健（护肤、心理健康等）作为主打内容；而贵州的《南风》则以"城市心情，爱情故事"为基调，供大学低、中年级学生阅读，且偏重女性读者；《STORY100》则走校园化之路，偏重中学生读者，特别唯美，重女性读者，反映着校园里的“纯情时代”。

2. 少儿期刊的“改版热”

面对市场的激烈竞争，少儿期刊不仅改头换面，还根据市场的需求，对内容进行细分。可以说，进入新世纪以来，我国少儿期刊出现了“改版热”。

湖南的《小溪流》于2000年改版，到2003年有了三个版，分别是《小溪流·故事作文》、《小溪流·成长校园》和《小溪流·作文画刊》。《小溪流·故事作文》的读者对象为小学3—6年级的学生；《小溪流·成长校园》的读者对象为初中生及高中低年级的学生；《小溪流·作文画刊》的读者对象为5—8岁的小孩。改版后其分段对象更明确，读者覆盖面更广了。

呼和浩特的《漫友》分为《漫画100》、《动画100》和《STORY100》这三个版，其中《STORY100》从2003年年初开始酝酿，确立了基本走向，6月其创刊号以《漫画100》的赠品形式问世，7月独立发行，到2004年5月即登出“周年祭”，7月变更为《新蕾STORY100》，改变了主办单位，变换了刊号，保留了邮发代号，右上角仍标有“漫友文化”的字样，并登出《请勿回望请勿善忘——下一站新蕾》的卷首语。该刊物仍侧重于专题策划，内容定位前后基本稳定，读者对象基本未变。从2005年3月开始，《新蕾STORY100》去掉“月末故事”的标志，由每月25号出版改为每月10日出版。到2005年12月，分出下半月版《新蕾STORY101》，每月20日出版，标出“多一点感动”的字样，上下半月两版的内容定位有所调整和侧重，体现了既扩大读者对象又便于集中抓住读者对象的特点①。

（九）以中华医学会、卓众出版为代表的学术期刊市场意识的觉醒

2008年，中华医学会杂志社凭借拥有一百多个品种的高水平医学期刊的实力，通过招标的方式整体出售数字版权。

中华医学会杂志社旗下拥有108种高水平医学学术期刊，过去分别将数字出版权卖给同方、万方等公司，收益并不高。他们意识到这一点之后，调整了经营战略，通过公开招标的方式，整体出售中华医学会的数字出版权，经过激烈的竞争，科技部下属同方公司以680万元/年的价格购买了中华医学会杂志社系列刊物的数字出版权，这一价格是过去杂志分别出售数字出版权的二十多倍。

---

① 周国清，孟昌：《浅析我国少儿期刊发展的两种走势》，《湖南文理学院学报（社会科学版）》2008年第33卷第1期，第118—121页。

这一举措唤醒了同行的市场经营意识。2009 年，北京卓众出版有限公司、中华药学会等单位也采取了相同的举措整体出售期刊的数字出版权，通过这种方式使得自己的期刊获取较前多出数倍、数十倍的经济效益。

这种新的整体出售数字出版权的经营方式，对出版社的要求非常高：首先，出版社必须拥有一定数量的期刊；其次，期刊的水准要高。所以只有一些顶尖的学术期刊社才有条件这么做。中华医学会杂志社的举措提醒了更多的学术期刊，可以通过正常的阳光渠道取得自己的经济利益，无须再把自己的劳动成果低价出售。同时，这种市场经营模式也鼓励和敦促了中国学术期刊的发展繁荣，只有不断提高学术质量、办刊水平，才能获得更多的经济效益。

（十）以《最小说》、《读库》为代表的杂志书(MOOK)繁盛一时

杂志书，又称 MOOK，它的概念起源于 20 世纪 80 年代的日本。所谓“杂志书”(MOOK)，就是杂志(Magazine)与图书(Book)的结合，其性质介于杂志和书之间，故而简称为 MOOK①。目前国内市场共有五十多种杂志书，从《老照片》、《视界》、《读库》等书刊出世至今，杂志书经历了萌芽、发展时期，又由于其本身性质的模糊性而陷入尴尬境地。

1.《最小说》、《读库》等杂志书层出不穷

2006 年 11 月，由郭敬明主编的《最小说》试刊两期。2007 年 1 月，《最小说》出版方长江文艺出版社在人民大会堂举办新闻发布会，《最小说》全面上市。2009 年年初，《最小说》分裂为两刊，分别是《最小说》和《最映刻》，但从 2010 年开始又恢复为每月一刊。《最小说》的定位是一本青春文学杂志，以青春题材小说为主，资讯娱乐及年轻人心中的流行指标为辅，力求打造成年轻读者和学生最喜欢的课外阅读的杂志。据长江文艺出版社副社长黎波透露，《最小说》系列每辑的销量平均在 40 万册到 50 万册之间。②

同样是在 2006 年，著名出版人张立宪凭一己之力推出杂志书《读库》。这本对国内 MOOK 发展具有深远影响的杂志书在精英知识分子的读者定位下同样获得了成功，而且至今还保持着每期 3 万多册的发行量。主编张立宪这样说《读库》：《读库》之名是取“大型阅读之库”之意，来稿也主要是“以自然来稿为主，不探讨学术问题，不发表文学作品，只探究人与事、细

① 孙雯：《青春文学类杂志书究竟能走多远》，《出版参考》2008 年第 22 期，第 13—14 页。

② 同上。

节与谈资”，文章篇幅主要是叙事型的中篇，编撰要求“三有三不”——有趣，有料，有种；不惜成本，不计篇幅，不留遗憾。六年过去，《读库》在MOOK市场中依然坚挺，独树一帜，被誉为“MOOK出版潮流中最具含金量的一本杂志书”。而一路走来，《读库》同时拥有了一批所谓“隐形但忠实”的读者群体。

郭敬明团队的两位女作家笛安和落落，于2010年12月推出杂志书《文艺风赏》和《文艺风象》。张悦然主编的《鲤》，南派三叔主编的《超好看》、《漫绘 shock》，春树主编的《缪斯超市》，九夜茴主编的《私》接连宣布创刊。

2. 杂志书的发展面临考验

当杂志书纷纷面世的时候，其本来就难以定义的“出身”就蕴藏着危机。回溯至2000年，李陀、陈燕谷主编的《视界》面世，但是这本在知识界和理论界均受好评的杂志书却在2004年停刊。2010年，韩寒主编的《独唱团》，一唱成绝唱。安妮宝贝主编的《大方》也于第三期出版之前就悄然停刊了。

《图书出版管理条例》中第二十八条明确规定：“图书出版单位不得以中国标准书号或者全国统一书号出版期刊。”如今“生存”下来的杂志书，或拿到刊号，或淡化或否认“杂志书”的概念。《最小说》创刊后半年内，就通过长江文艺出版社的努力，从湖北拿到了某杂志刊号。长江文艺出版社北京图书中心文学主编安波舜强调，《最小说》已经是期刊了，长江文艺也不再提出“杂志书”这一概念。张立宪也说，至于《读库》“是一本书还是一本杂志”也没法评定，《读库》读者自会作出判断。《独唱团》和《大方》的停刊也并没有任何官方解说是因为触犯了第二十八条。但是，也有业内人士希望“杂志书”的概念能被官方接受。《大方》的编辑队成员止庵也表示，如果能够“让有关部门认识、了解、有效管理杂志书这样的新事物，那么《大方》也算是死得其所”①。

三、我国期刊出版中存在的主要问题

根据我国新闻出版总署的统计，2010年，我国期刊出版种数已达

① 田志凌.杂志书：热潮中的意外冰冻. http://tech. qq. com/a/20120111/000158. htm. 2012-04-12.

9 884 种，总印数达到 32.15 亿册；期刊产业整体规模达 200.5 亿元人民币，其中发行收入 169.6 亿元，广告收入 30.8 亿元，[①]各项数值均创下历史新高。但通过更为深入的考察和分析，不难发现我国期刊出版业在庞大的规模总量之下，隐藏着一系列的不均衡现象。

（一）总量庞大但均数过低

2010 年，我国期刊出版总印数 32.15 亿册，平均期印数 16 349 万册。但平均到当年 9 884 种期刊时，每种期刊平均只有 32.5 万册的年发行量和 1.76 万册的期发行量，表明我国绝大多数期刊的发行量都不高。

同时，根据我国 2010 年的人口总数[②]计算，当年我国每百万人拥有期刊种数仅为 7.37 种，年人均期刊保有量仅为 2.40 册，而平均每期的人均保有量甚至不到 1 册(0.13 册)。即使考虑到期刊杂志绝大多数发行于城市，而我国城镇居民人口比例在 40%—50%之间，那么上述均数最多翻一倍，分别达到每百万人拥有期刊种数 14.74 种，年人均期刊保有量仅为 4.8 册，平均每期的人均保有量 0.26 册，仍然十分低下。

（二）期刊发展不均衡

在 2010 年，我国出版的 9 884 种期刊中，科学类刊物（哲学、社会科学类和自然科学、技术类）的种数占总种数的 74.89%，印数占总印数的 51.83%。其中自然科学、技术类刊物种数占总种数的 49.94%，而印数则只占到总印数的 14.64%，表明社会大众对此类科学技术类刊物的阅读需求并不高。相反，综合类刊物种数只占总种数的 5.01%，但总印数却占到了 12.62%，表明此类刊物虽然种数较少，但民众的阅读购买需求较高。这种出版种数和印数之间的倒挂和不均衡现象意味着，在我国，主要面向普通大众的通俗性刊物的种数比例较低，普通读者的文化阅读需要很难通过期刊杂志这一纸媒形式得到满足。

而我国期刊发展的不平衡状况还体现在办刊主体过多地依靠行政权力体系，以市场消费为主体的市场化期刊比例过低。从种数上考察，我国目前 9 000 多种期刊，科技期刊占一半，4 900 多种，大学学报占 2 000 多

---

① 数据来源：中华人民共和国新闻出版总署. 2010 年全国新闻出版业基本情况. http://www.gapp.gov.cn/cms/html/21/464/200907/465083.html, 2011-07-16/2012-04-30.

② 2010 年，我国人口总数为 134 100 万人。数据来源：国家统计局. 中华人民共和国 2010 年国民经济和社会发展统计公报. http://www.stats.gov.cn/tjgb/ndtjgb/qgndtjgb/t20110228_402705692.htm. 2012-04-11.

种，行业期刊有1 000多种，也就是说有三分之二以上的期刊基本上不面向市场，真正在市场上打拼的消费类期刊不到1 000种，作为一个产业来发展，是远远不够的。如在美国，完全走市场的消费类期刊就有6 800多种。[①] 从发行量上考察，“全国发行量在25万册以上的134种期刊中，党政部门所办的工作指导类期刊有46种，约占34.3%；教育教学类期刊23种，约占17.1%。而面向市场、由读者自愿选择、自费订阅的期刊只有65种，约占48.5%。全国发行量在100万册以上的24种期刊中，党政部门所办刊物有10种，约占41.6%；教育教学类刊物有7种，约占29.2%；面向市场的大众阅读刊物只有7种，约占29.2%。”[②]

（三）期刊产业经营集中度低，与图书、报纸出版业之间的差距较大

目前全国9 000多种期刊分散在5 000多个单位，一个单位平均经营1.6种期刊，这使我国期刊产业整体呈现“小、散、弱”的局面。而发达国家80%以上的期刊市场份额控制在不超过20%的传媒集团手中。

期刊与图书、报纸的规模有较大差距，以2010年为例，我国图书出版种数和总印数分别为32.8万种和71.71亿册；报纸出版种数和总印数分别为1 939种和452.14亿份。如表15和图18、图19所示。

表15 2010年我国三类纸质媒介的出版种数和印数[③]

纸媒类别	种数	总印数(亿册/份)
图书	328 387	71.71
期刊	9 884	32.15
报纸	1 939	452.14
总计	340 210	556

① 石峰：《中国期刊业的发展趋势与对策》，《今传媒》2010年第2期。

② 郭全中：《我国期刊业发展面面观》，《青年记者》2007年第1期，第70、71页。数据来源：中华人民共和国新闻出版总署. 2008年全国新闻出版业基本情况. http://www.gapp.gov.cn/cms/html/21/464/200907/465083.html. 2009-07-16/2012-04-30.

③ 数据来源：中华人民共和国新闻出版总署. 2010年全国新闻出版业基本情况. http://www.gapp.gov.cn/cms/html/21/464/200907/465083.html. 2009-07-16/2012-04-30.

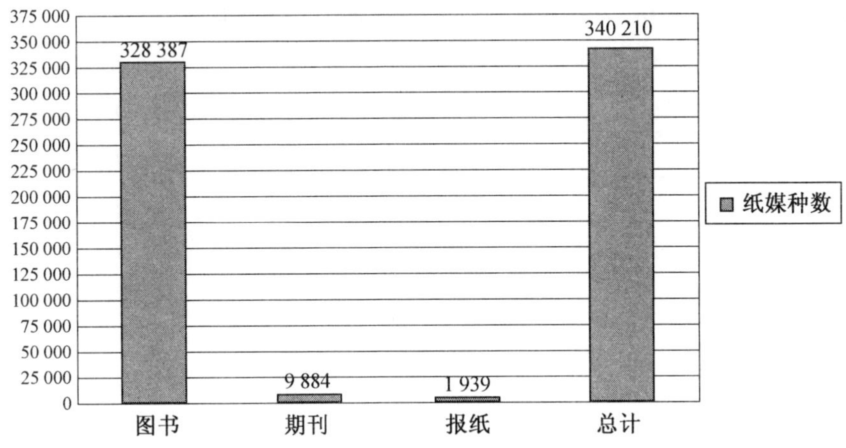

图 18　2010 年三种纸媒种数对比

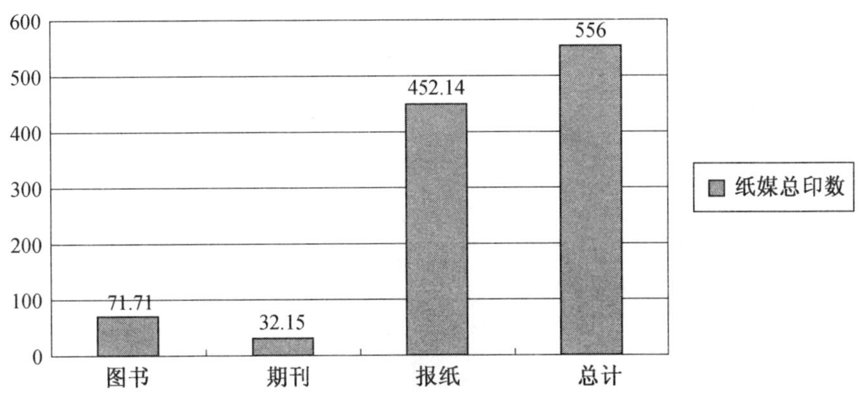

图 19　2010 年三种纸媒总印数对比(单位:亿册/份)

2010 年我国期刊出版,论种数远远比不上图书,论印数远远比不上报纸,意味着期刊这种大众传播媒介在我国的影响力和覆盖面还远比不上图书和报纸。

(四) 期刊产业在我国文化传媒产业中的比重过低且市场营收能力明显不足

2010 年,我国传媒产业总产值为 5 808 亿元人民币,期刊产业以 200.4 亿元的总产值仅占其中的 3.5%,在被统计的 10 类传媒产业中位居倒数第四位。如表 16 及图 20 所示。

表 16　2010 年中国传媒产业细分市场产值及比例①

传媒产业细分市场	产值(亿元人民币)	占总产值比例
移动增值业务②	1 853.0	31.90%
电视	1 045.5	18.00%
报业	706.9	12.20%
网络	648.6	11.20%
图书	612.9	10.60%
广告公司	470.7	8.10%
期刊	200.4	3.50%
电影	157.2	2.70%
广播	96.3	1.70%
音像	16.3	0.30%
总计	5 807.8	100.00%

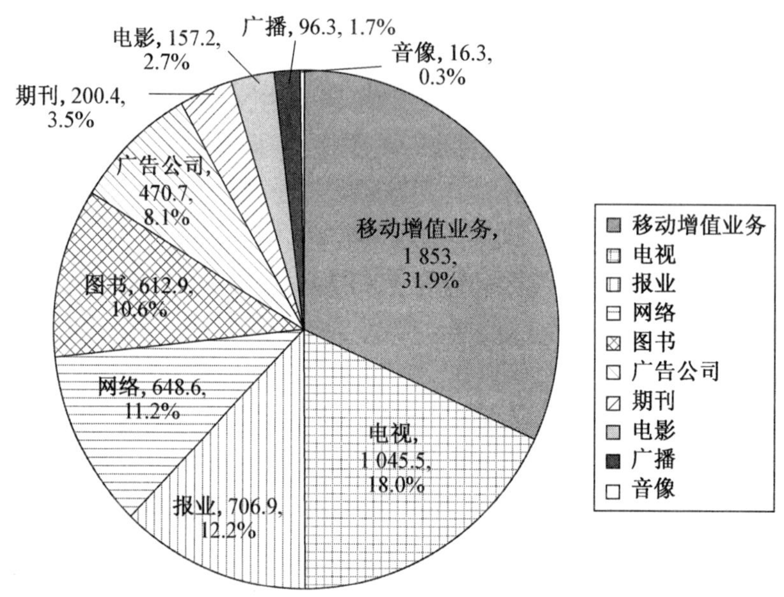

图 20　2010 年中国传媒产业内部细分市场结构(单位:亿元人民币)

① 崔保国:《2011 年中国传媒产业发展报告》,社会科学文献出版社 2011 年版,第 6 页。

② 移动增值业务是移动运营商在移动基本业务的基础上,针对不同的用户群和市场需求开通的可供用户选择使用的业务。包括彩信、手机上网、彩铃、手机报、手机炒股、手机邮箱、无线搜索等等。

这种状况表明，我国期刊出版业不仅在市场占有率上落后于图书和报纸，在营收能力和创造价值的能力上也落后于大多数传媒产业，处于次要的地位。

而在期刊产业 200.4 亿元的总产值中，发行收入总计达 169.6 亿元，广告收入 30.8 亿元，两者之比为 5.51 ∶ 1。而同年我国报业、电视、互联网产业的销售、广告收入如表 17 所示。

表 17　2010 年我国 4 类传媒产业销售、广告收入表①

	期刊	报纸	电视	互联网
发行收入（亿元人民币）	169.6	207.9	428.9	327.4
广告收入（亿元人民币）	30.8	439	616.6	321.2
总计	200.4	646.9	1 045.5	648.6

通过表 17 的比较可以看出，在具有广告营收能力的大众传播媒介中，期刊业的广告收入比例最低。这表明我国期刊产业通过广告市场吸纳资金的能力十分有限，市场化程度较为低下，并成为制约我国期刊产业在市场经济条件下发展的重要瓶颈之一。

四、当前制约我国期刊出版业发展的因素分析

通过对我国期刊产业现状的分析，本文认为当前制约我国期刊出版业发展的因素主要包括以下各个方面：

（一）体制因素

我国当前期刊出版带有较强的计划经济体制色彩，尽管经过几次期刊改革（如 2003 年进行过大规模的报刊治理整顿），淘汰了一批不适应市场发展需求的期刊，但在政策和管理体制方面还呈现僵化和保守的特点。这直接导致了期刊刊号的紧张和多数期刊出版过程中市场机制的缺位，从而难以形成期刊市场优胜劣汰的良性机制。

我国创办期刊实行审批制，根据我国现行的《期刊出版管理规定》第九条的规定，创办设立期刊杂志的出版单位必须具备下列 10 项条件：1. 确定的、不与已有期刊重复的名称；2. 期刊出版单位的名称、章程；3. 符合新

---

① 崔保国：《2011 年中国传媒产业发展报告》，社会科学文献出版社 2011 年版，第 6 页。

闻出版总署认定条件的主管、主办单位；4. 确定的期刊出版业务范围；5. 30万元以上的注册资本；6. 适应期刊出版活动需要的组织机构和符合国家规定资格条件的编辑专业人员；7. 与主办单位在同一行政区域的固定的工作场所；8. 确定的法定代表人或者主要负责人，该法定代表人或者主要负责人必须是在境内长久居住的中国公民；9. 法律、行政法规规定的其他条件；10. 前款所列条件外，还须符合国家对期刊及期刊出版单位总量、结构、布局的总体规划。[①]

在这10项条件之中，对我国期刊创办与出版最直接的制约在第三条和第十条。体现在两个方面：一是刊号，二是主管部门。

其中，第十条"符合国家对期刊及期刊出版单位总量、结构、布局的总体规划"，这条规定直接关系到期刊的布局和期刊刊号的发放，从前文"期刊种数变化曲线图"可以看出，从2004年以来，我国的期刊种数基本保持在9 000多种，增长很缓慢。在我国，创办期刊是一个艰难而复杂的过程，停办期刊又缺乏科学的评价体系，不犯政治性错误一般就不会被停办。由于期刊实行总量控制，需要办的期刊不能办，而一些没有必要办、办得不好的刊物仍然在勉强维持；有能力办刊的想多办几个刊物办不了，而没有能力办刊的却占有刊号资源。原本应该十分活跃、流畅的期刊市场变成了"一潭死水"，何谈发展？[②]

刊号原本属于社会公共资源的一种，固然需要国家出版部门的管理，但却没有严加限制的必要。从理论上讲，刊号资源可以无限多，不存在越用越少的问题；而从现实层面看，如果存在良性的进入和退出机制，虽然需要不断发放新的刊号，但已有的旧刊号也会有正常的流通和释放，因为一定时期期刊市场的总体需求是一定的而非无限的，因此不会滚动形成大到无法管理的期刊规模和刊号数量。但现状却是非必要的"严管"，使得期刊刊号成为一种极为稀缺的"资源"，因而也就使得刊号畸形地具有了市场和流通的价值，从而出现了不正常的流通和倒卖——这从国家出版部门三令五申严禁倒卖期刊刊号的政令即可见一斑。而如果能从源头解开期刊刊号"紧缺"的状况，那么其后一系列反常和扭曲的问题应当都会迎刃而解。

而前述第三条，"有符合新闻出版总署认定条件的主管、主办单位"则

---

① 中华人民共和国新闻出版总署. 期刊出版管理规定. http://www.gapp.gov.cn/cms/html/43/604/200711/449823.html. 2007 - 11 - 05/2012 - 04 - 30.

② 石峰：《中国期刊业的发展趋势与对策》，《今传媒》2010年第2期。

意味着任何期刊的创办和出版必须寻找一个主管单位作为"婆家"——这就是为什么我国任何一份期刊的版权页都能查阅到主管和主办单位的原因。但是,通过强制规定主管主办单位以加强对期刊出版管理的做法,其必要性和实际效力都非常值得怀疑。因为从现实层面看,有办刊意愿的"主管"、"主办"部门往往未必能办好一份刊物;有着投资意愿或办刊能力的市场主体和个人又必须通过寻求一个"挂靠"部门进入期刊市场,导致期刊出版过于依靠行政和事业单位主体,结果就是办刊主体的身份模糊不清,甚至最终相互掣肘扯皮,导致刊物不死不活。

前者的最终体现即如前文所引述的,我国期刊发行过多地依靠行政权力体系,真正面向市场发行的期刊比例过低,从而使得"在中国期刊业中发行量最大的期刊群体并不一定是市场影响最大的主体。因为这些期刊依托行政权力在系统内发行,或摊派到基层单位,导致这些期刊虽然具有主体地位,但因为远离市场,难以发挥市场的主体作用。期刊经营主体产生的这种错位,使得优胜劣汰的市场机制难以形成"。[①]

而后者的体现则如《财经》杂志以胡舒立为代表的高层编辑、管理团队在2009年底集体辞职出走事件,使业界甚至以此事件划分《财经》杂志的前后两个时代。可见"主管"、"主办"部门的规定和政策同样造成了权力体制和市场机制在期刊业的冲突和扭曲,也在某些方面导致期刊出版业失去了市场机制灵活而富有活力的特点。

我国目前过度依赖行政管理手段制约期刊出版行为背后的一个主要原因还在于新闻出版法律的缺位,因而不得不以规代法,这不仅与建设法制化国家的理念相违背,又与市场经济的法制化前提相冲突。

(二)阅读群体及媒介使用习惯等因素

期刊杂志的出版和兴盛与城市化进程及城市中产阶级的形成密切相关,同时又在很大程度上取决于读者受众的媒介使用习惯。

期刊杂志是都市化的刊物,按目标读者来看,很大程度上属于高品位和所谓"小资化"的阅读物品种。据相关学者的研究,细分杂志(Specialized Magazine)——有别于内容包罗万象,读者定位模糊不清的综合杂志——在二战以后的欧美国家以惊人的速度发展起来,并直接导致了传统综合性杂志的衰落。究其深层原因,就在于二战后经济的复苏和繁荣

---

① 郭全中:《我国期刊业发展面面观》,《青年记者》2007年第1期,第70—71页。

导致现在所谓的发达国家（美国和欧洲各国）中产阶级的发展壮大与成熟。①

而在我国，真正意义上作为一个社会阶层的中产阶级还远未形成，因此可以说，我国期刊杂志出版业还没有形成一个稳定而具规模的受众群体。

我国期刊种类总数虽然庞大，但满足（中产阶级）受众细分化阅读的需求——由于前文所述刊号的紧缺和退出机制的缺乏——在当前仅仅初露苗头，成长和发展均受制约。由于新的刊物很难创生，刊物种类布局难以有大的突破，受众细分市场不够明晰，办刊方向方面创新力不足，出现期刊出版种数总量受限制、发行总量上不去的现状。

而通过观察我国民众的媒介使用习惯可以发现，电视和报纸仍是绝大多数城市居民的首选媒介。在三种纸质媒介中，期刊杂志的阅读率最低。从 2012 年发布的"第九次全国国民阅读调查"可看出，2011 年，报纸的阅读率是 63.1%，图书的阅读率为 53.9%，而期刊的阅读率为 41.3%。②

此外，随着移动互联网等新媒体的逐步发展，媒介之间的争夺战越来越激烈，读者的阅读习惯已经发生改变，新生代读者甚至已经远离了纸质媒体。据中国新闻出版研究院调查显示，2011 年，报纸和期刊的阅读率都呈现下降趋势，而各类数字化阅读方式的接触率较 2010 年均有不同程度的上升，呈较快增长势头。③

城市化进程、中产阶级的形成和居民媒介使用习惯的改变很难在短时间内实现，这对期刊出版将会产生长远的影响。

（三）期刊产业自身因素

我国期刊产业在市场竞争中，由于营销、管理理念落后，缺乏高层次办刊人才，参与竞争的能力较为低下。市场化的不充分直接导致大多数期刊营销能力明显不足，从而制约自身的生存和发展。表现为三个层面：

1. 期刊内容同质化倾向严重

刊物风格相互模仿，内容多有雷同，普遍缺乏创造力。在发行量占很大比重的少儿教辅期刊领域，这种现象尤为严重。在北京邮政局报刊订阅

---

① 王栋：《对话美国顶尖杂志总编》，作家出版社 2008 年版，第 441 页。

② 数据来源：中国出版网."第九次全国国民阅读调查"初步成果发布. http://www.chuban.cc/tpxw/201204/t20120420_105469.html. 2012-04-20/2012-05-15.

③ 杨春兰：《〈中国新闻周刊〉的风雨兼程》，《传媒》2006 年第 5 期，第 10—12 页。

网中查询"作文"选项，能够检索出 332 种刊物，大多冠以《满分作文》、《作文课堂》、《优秀作文》、《同步作文》等名称，而栏目设置、内容体例大致相同。[①] 又如，文摘类刊物由于办刊成本较低，进入门槛不高，因此成为众多期刊社选择的品种。同属湖北日报传媒集团期刊方阵旗下的三份刊物：《特别关注》、《爱你》、《可乐》均是文摘性杂志，并且很少体现出任何实质性的差异——这种重复办刊的做法在集团内部尚且不能避免同质化竞争，对外又要与《读者》、《青年文摘》等争夺同一个期刊市场。

2. 期刊优秀人才匮乏

由于期刊业整体营收水平较低、市场化不充分等原因，加之体制、机制等因素的制约，使期刊业吸引不了熟悉出版业务、掌握高新技术、懂经营、会管理、具有国际眼光的高素质复合型人才。期刊从业者素质参差不齐，创新能力不够，职业精神不强，与传媒产业的其他行业相比，存在着一定的差距。

3. 营销能力差，市场化程度低

前文已述，与传媒产业的其他相关产业相比，期刊业的广告营收能力很低，通过广告市场吸纳资金的能力明显不足，广告收入远低于发行销售收入。期刊有固定品牌，可以连续发行，本身是一种很好的广告载体，但我国绝大部分期刊的广告版面所占篇幅极少。如拿我国著名人文类杂志《读书》、《万象》与美国《纽约客》杂志的广告篇幅对比，可以发现前者的广告数量明显少于后者。2011 年上半年，《纽约客》的广告收入就达到了 4 200 万美元。[②] 过分依赖发行量，广告营收能力差又会导致期刊价格提升，从而抑制受众的购买欲和购买力。

同时，我国期刊社多元化经营开展不够，缺乏有效的赢利模式。期刊市场至今仍保留着很深的计划经济痕迹，多数期刊仍停留在粗放经营的阶段。在我国，期刊产业的经营活动正陷于一个比较难解的怪圈：由于不能吸引一流的编辑人才，导致内容编辑水平低（包括内容定位模糊、稿件质量差等），直接影响了期刊营销能力的提升，而较低的期刊营收能力又必然会制约期刊质量的提升。

---

① 北京邮政报刊订阅网. 报刊订阅目录. http://www.dbk.cn/Catalog/SearchR_Text.asp?STEXT=%D7%F7%CE%C4&scol=1&page=12. 2012-05-15.

② 王清.《纽约客》唯一的赢家?. 转载自《第一财经周刊》2011 年 8 月 29 日. http://tech.qq.com/a/20110829/000353.htm. 2012-04-25.

五、我国期刊业的发展趋势

我国期刊业的发展从宏观方面看，呈现出四大趋势：

（一）市场化趋势

这个趋势是我国特有的，除少数公益性期刊之外，期刊作为一种文化产品来经营，本来就应该实行市场化。长期以来，我们把期刊作为一种单纯的舆论工具对待，只强调其意识形态属性的一面，忽视市场化。但期刊是一种文化产品，只有通过市场环节才能实现其社会效益和经济效益，市场作用的发挥，不仅不会妨碍，反而有利于其舆论作用的发挥。目前正在进行的非时政类报刊的转企改制，是市场化趋势的重要措施，意味着推进市场化改革，大势所趋，势不可挡。2011 年 7 月 21 日，新闻出版总署署长柳斌杰在全国新闻出版局长座谈会上表示，新闻出版体制改革已进入深水区，推进非时政类报刊出版单位体制改革，是 2011 年新闻出版体制改革的核心工作，并明确提出在 2012 年 9 月底前全面完成转企改制任务。[①]

（二）集约化趋势

我国的期刊产业不仅要面对国内市场的竞争，而且要面对国际市场的竞争，必须进行重组、联合。但是，在现行的体制下，期刊实行集约化经营还很困难，大部分期刊社不是自主经营的市场主体。因此，期刊经营的集约化趋势是必然选择，重在体制创新。

（三）数字化趋势

随着数字技术的迅猛发展，期刊业的数字化趋势越来越明显。移动互联网的发展，对期刊业形成巨大的冲击，有人甚至担心纸质期刊未来的前景。其实数字互联网技术给传统期刊业带来冲击的同时，也给传统期刊业带来发展机遇。它是先进生产力的载体，这是不容置疑的，它给传统期刊业带来变革也是不容置疑的。

（四）国际化趋势

在全球化趋势的大背景下，文化的对外开放不可能例外，期刊业的国际化趋势也不可避免。期刊作为内容产业，引进先进内容、先进管理方式，

---

① 杨春兰、黄逸秋：《难中求进坚韧攻关——非时政类报刊转企改制阶段性成果综述》，《传媒》2011 年第 11 期。

同时也要创新商业模式，积极参与国际竞争。

六、我国期刊未来发展的途径及对策分析

针对我国期刊业发展的制约因素与发展趋势，现提出我国期刊出版业走上良性发展道路的途径和对策：

（一）加快新闻出版立法进程，以法代规，同时适当放宽刊号发放和主管、主办单位等限制，更多地引进市场机制

刊号和主管主办部门两项因素的限制和制约，不仅是国家相关部门规划布局和行政意志的体现，也是市场资本投资期刊最大的瓶颈所在——导致市场机制和计划体制在此很难对接。而相关管理部门继续沿袭此项政策的目的主要还在“便于”对期刊出版的控制和管理。但事实正好相反：首先，通过对刊号和主管、主办单位的严格限制来管理期刊出版并不真正方便、有效。将审批资源过多地集中于权力上层必然导致权力机构越来越臃肿、低效，更不用说“权力寻租”等不合法现象的出现。其次，管理和规范期刊创办及出版行为完全可以通过工商、税务、法律和市场选择（优胜劣汰）等机制达成，没有必要硬套枷锁而造成一系列扭曲现象。但鉴于我国的政治体制和国情现状，我们并不认同照搬西方国家完全放开的期刊出版机制，而倾向于建议加快相关立法进程，使新闻出版行为真正有法可依，在现有体制下适度放宽对刊号、主管主办单位等的限制，同时建立一个更加合理的期刊退出机制——使内容质量低下、出版规模小、市场化程度低、发行对象和手段单一的刊物能够正常退出市场；更多地引入工商、税法以及市场机制，这样则更有可能达成期刊出版市场有进有出、良性发展的态势。

同时，还应建立一个权威、客观的发行稽核体系，从而肃清混乱的虚假宣传和广告经营行为；其次在严肃整顿非法、违规的地下出版物的同时，通过适度放宽期刊出版准入限制，以疏导代替阻塞。

可以考虑完全放开期刊出版“主管、主办单位”的条件制约，通过建立更为灵活的监管机制逐步代替现行的“主管、主办”机制，从而在期刊出版市场真正引入既具有投资能力，又具有办刊和经营实力的市场主体。这样，优秀的人才则更有可能被吸引到期刊编辑和经营领域，使得真正优秀的刊物能够生长和发展起来。

（二）以更为独到的办刊方针和更为精准的受众定位，通过提升质量吸引更多的读者

虽然我国的城市化进程和中产阶级的形成是一个较为长期的过程，同时受众的媒介使用习惯也要依靠期刊自身质量的提高逐步改变，但这些因素的长期性并不意味着我国期刊出版业在当下就没有努力和改善的空间。如果说第一点制约因素（行政管理以规代法）单靠期刊出版业自身难以解决的话，那么面对办刊水平和业务能力不足的现状，我国众多的期刊社还是能从内部寻找原因并有所突破的。而在目前，我国不少期刊的办刊方针还很难说是受众需求的体现，不少期刊杂志甚至并不清楚其在受众群体中的具体定位，也不清楚其读者群的身份特征和社会角色，因而其发行和推广行为就会带有很大的盲目性。

与此形成明显对比的，是一些国际名牌杂志对其读者社会角色的清晰界定——通过对杂志的读者受众进行经常性的调查和分析，杂志编辑可以非常清晰地了解其读者的一系列特征和需求，从而以更具针对性的内容和特色提升杂志在特定读者群体中的吸引力。

根据我们的观察，国内期刊在邀请读者参与杂志编辑及改进，以及通过第三方调查机构监测发行数据和随刊发放读者问卷进行受众调查分析等方面还欠功夫，对市场调研并及时调整出版方针方面还不是很重视。而一些国际著名刊物在国内的中文合作版杂志则比较重视此项工作，例如《环球科学》（《科学美国人》的中文合作版）、《普知》（美国《读者文摘》的中文合作版）等杂志。总之，在与电视、报纸、网络传播等媒体竞争的形势下，期刊必须要以准确的读者市场定位为前提——真正了解读者是谁，有什么样的阅读需求。否则，编辑和发行的盲目性最终会带来其发展走向和生存境地的盲目性。

（三）即使在当前的国情下，可以在引进国际优秀刊物方面作一些尝试

引进一些国际知名刊物在国内的出版，从而借鉴其先进的办刊模式和理念，有利于培养我们自己的期刊人才，也有利于期刊业的长远发展，以及与国际间的接轨。

（四）加强和重视广告经营，提升经营效益

我国期刊应在广告经营中更加注重细分化的广告市场，以更加专业化和精确的市场定位，以及创新性的广告内容与形式吸引更加优质的广告资源。

(五) 继续推进期刊刊群的建设与发展

我国期刊集团建设与发展的经验已经表明,以一两份发行规模较大、市场效益较好的核心期刊带动一批外围刊物协同发展,形成“刊群”或“期刊方阵”的发展模式,在当前的期刊产业环境中有利于整合有限的办刊资源,规避“单兵作战”的困难和风险,可以比较迅速地创造出一个社会影响力较大的期刊群体或期刊集团,发挥其集约化优势和拉动效应,促进我国期刊业在困境中前行和发展。

(六) 加快与移动互联网等新媒体之间的融合,借助新媒体的传播优势突破部分制约瓶颈

传统的纸质期刊出版模式因为较高的印制、装帧成本,以及订阅发行渠道不足等的限制,在短时间内难以提升发行量和传播覆盖面,而以移动互联网为代表的新兴传播媒介恰好能够有效地规避这两点制约因素。同时,我国已有超过 5 亿的互联网用户规模,2011 年底,移动互联网用户超过 4.3 亿,2012 年底将达到 6 亿,首次超过互联网用户。[①] 移动互联网用户事实上已是相当庞大而稳定的受众群体,加之新媒体在多媒体传播上的优势和相对便捷的国际传播能力,都是传统期刊出版模式完全可以利用并借此寻求新的发展机遇的。在美国,大众消费类杂志网站从 2009 年达到最高峰之后,呈现逐渐缓慢减少的趋势。但从 2010 年 4 月到 2011 年 4 月,美国杂志的 iPad 应用程序数量增长超过 10 倍,其中,大多数是原有纸版杂志的延伸。截至 2011 年底,App store 的中文应用程序已超过 50 万个,杂志应用程序数量呈井喷态势。同时,数字化导致的阅读革命,期刊的数字化不仅仅是将纸质期刊做成电子杂志,还应适合移动互联网的特性与需求,基于内容以及用户做多层次多方位的延伸,并且重视用户的交互体验。

总之,新千年以来期刊业的发展,当务之急是解决管理体制问题,政府应尽快加大出版业的改革力度,从管理上为期刊出版业放权,培育适应期刊业发展的市场,建立健全相关保障机制。管理者应具备期刊业发展的新理念,创造符合中国国情的办刊模式,引进和学习国外先进的办刊管理经

---

① 孙培麟. 2011 年国内移动互联网用户规模突破 4 亿. http://data.eguan.cn/yiguanshuju_126334.html. 2012-05-15.

验，早日与国际期刊业接轨，引入竞争机制，丰富国内期刊市场；重视期刊广告的运作，提升广告在期刊收入中的比重；促进期刊集团化发展，扩大期刊经营产业的规模，使我国期刊产业实现可持续的发展。

新千年来的中国音像与电子出版

音像与电子出版是我国出版业中的重要组成部分。改革开放以后，从最初的录音录像带出版到CD、VCD、DVD出版，音像与电子出版行业随着载体的变化而不断变化。下面以历年《中国新闻出版统计资料汇编》中的数据为来源，进行分析。

一、新千年来的音像与电子出版:数据分析

(一) 音像与电子出版单位

表1　2000—2011年全国音像与电子出版单位数量

年份	音像出版单位总数	电子出版物出版单位总数
2000	290	86
2001	294	98
2002	292	109
2003	320	121
2004	320	162
2005	328	170
2006	339	198
2007	363	228
2008	378	240
2009	380	250
2010	374	251
2011	369	268

从上表可以看出，新千年以来全国音像与电子出版单位数量处于稳步增长的趋势，其中2005年至2008年的增长速度较快。

（二）音像制品出版情况

1. 录音制品

表2 2000—2011年全国录音制品出版、发行、增长率统计

年份	出版品种	出版数量(亿盒/张)	发行数量(亿盒/张)	发行总金额(亿元)	与上年相比品种增长率(%)	与上年相比出版数量增长率(%)	与上年相比发行数量增长率(%)	与上年相比发行总金额增长率(%)
2000	8 982	1.22	1.16	7.82	0.4	7.33	5.66	8.03
2001	9 526	1.37	1.16	8.42	6.06	12.71	0.55	7.62
2002	12 296	2.26	2	13.66	29.08	64.96	72.41	62.23
2003	13 333	2.2	1.96	13.25	8.43	−2.55	−1.65	−2.94
2004	15 406	2.06	1.72	11.29	15.55	−6.36	−12.24	−14.79
2005	16 313	2.30	1.89	15.35	5.89	11.65	9.88	35.96
2006	15 850	2.6	2.2	15.51	−2.84	13.55	15.96	1.04
2007	15 314	2.06	2	11.52	−3.38	−20.93	−8.91	−25.73
2008	11 721	2.54	2.49	11.21	−23.46	23.49	24.53	−2.69
2009	12 315	2.37	2.62	11.90	5.07	−6.79	5.28	6.16
2010	10 639	2.39	2.57	12.08	−13.61	0.84	−1.91	1.51
2011	9 931	2.46	2.60	10.35	−6.65	3.30	1.43	−14.28

自2000年以来，全国录音制品出版品种迅速增长，2005年，出版品种到达制高点，此后出版品种又急速下降；出版数量上以2006年最甚，2002年，增长速度最快；从发行数量来看，并没有因为出版品种的下降而减少，而是稳中有进；发行金额自2002年后保持在10亿元以上。总体来看，2002年和2005年，在出版品种、出版数量、发行数量和发行金额上都呈现出较高的增长率。

A. 录音带(AT)

表3 2000—2011年全国录音带出版品种、数量及增长率统计

年份	品种	数量(万盒)	与上年相比品种增长率(%)	与上年相比出版数量增长率(%)
2000	6 175	11 128.44	−4.36	6.76
2001	6 449	12 057.07	4.44	8.34

（续表）

年份	品种	数量（万盒）	与上年相比品种增长率(%)	与上年相比出版数量增长率(%)
2002	8 598	19 662.42	33.32	63.08
2003	8 502	17 646.30	−1.12	−10.25
2004	8 724	15 606.47	2.61	−11.56
2005	8 433	15 156.87	−3.34	−2.88
2006	8 176	18 430.13	−3.05	21.6
2007	6 989	14 652.81	−14.52	−20.5
2008	4 581	19 645.06	−34.45	34.07
2009	3 998	16 584.17	−12.73	−15.58
2010	3 336	17 403.52	−16.56	4.94
2011	3 250	18 757.06	−2.58	7.78

新千年以来，录音带的出版品种在2002—2005年出现了高潮，之后呈现迅猛下降的趋势，而出版数量的变化幅度不大。

据统计，自编节目的出版品种和数量在录音带中占据的比重分别从2000年的87.71%、80.45%上升到2011年的99.97%、99.99%，充分显示了全国音像电子出版社在录音带出版中体现出越来越高的原创性。在自编节目中，歌曲、乐曲、戏曲、曲艺类出版品种和数量的下降极为明显和迅速，歌曲类从2000年的11.84%、9.53%到2011年的4.43%、0.90%；乐曲类从2000年的5.91%、1.05%到2011年的0.18%、0.01%；戏曲类从2000年的7.16%、0.7%到2011年的2.30%、0.01%；曲艺类从2000年的1.75%、0.26%到2011年的0.31%、0.002%。文教类、语言类的品种和数量占自编节目总品种和数量的比重始终较大，文教类在品种上增长较快，从2000年的41.72%到2011年的71.17%，数量上则逐步降低，从2000年的56.6%到2011年的33.16%；语言类在品种上基本保持在20%—30%，但在数量上有了极大的增长，从2000年的12.82%增长到2011年的65.89%。

除自编节目外，引进节目的出版品种和数量2004年达到高点，出版1 153种、1 806.44万盒，此后极速下降至10多种，至2011年仅有1种、0.3万盒，占录音带种数、数量的比例从2004年最高点的13.22%、

11.57%到2011年的0.03%、0.002%。2004年之前引进节目中歌曲所占的比重较大，教育其次，2004年之后各类内容的引进品种和数量大幅下降。

从以上录音带的自编节目和引进节目统计数据来看，自编节目作品占据较大比重，引进节目呈现较明显的下降趋势。

B. 激光唱片(CD)

表4 2000—2011年全国激光唱片出版品种、数量及增长率统计

年份	品种	数量（万张）	与上年相比品种增长率(%)	与上年相比数量增长率(%)
2000	2 799	1 031.86	12.41	13.78
2001	3 072	1 647.95	9.75	59.71
2002	3 691	2 915.98	20.15	76.95
2003	4 810	4 340.53	30.32	48.85
2004	6 509	4 920.12	35.32	13.35
2005	7 493	7 111.93	15.12	44.55
2006	6 774	6 415.71	−9.6	−9.79
2007	7 475	5 195.86	10.35	−19.01
2008	5 578	4 404.91	−25.38	−15.22
2009	6 426	4 681.42	15.20	6.28
2010	5 086	3 947.39	−20.85	−15.68
2011	4 716	3 731.56	−7.27	−5.47

由上表可以看出，激光唱片在录音制品中所占的比例逐渐增大，出版品种和数量仅次于录音带。2005年，激光唱片的出版品种和数量达到高点，此后稍有下降的趋势。

据统计，新千年以来自编节目在激光唱片总品种和数量中的比例，呈现出稳步增长的趋势，从2000年的77.24%、82.21%到2011年的89.65%、88.38%。其中，以歌曲与乐曲类的品种和数量比例较大，文教其次，随后是语言、戏曲、曲艺等。歌曲和乐曲类呈现出一定的下降趋势，歌曲类占激光唱片种数和数量的比例从2000年的33.65%、34.04%到2011年的29.62%、16.72%；乐曲类则从2000年的34.62%、37.9%到2011年的12.51%、8.12%。文教和语言类的增长则较为明显，文教类占激光唱片种数和数量的比例从2000年的2.75%、7.16%到2011年的27.75%、45.86%；语言类从2000年的0.25%、0.25%到2011年的12.51%、

13.87%。

此外,从2000年至2005年,引进节目呈现出较为强劲的增长势头,从2000年的636种、183.32万张到2005年的2 399种、2 743.13万张。2006年开始逐步减少,至2011年仅出版487种、433.33万张。在引进节目中所占比例最大的是歌曲类,2005年歌曲类的出版品种和数量分别为1 714种、2 364.45万张,达到新千年来的高点,之后呈现出逐步的下降趋势,至2011年出版品种和数量分别为349种、251.73万张。其次是乐曲类,2005年出版品种和数量分别为491种、175.31万张,之后也在不断减少,到2011年为109种、160.31万张。教育和语言类在2004、2005年出版品种较多,2004年文化教育类出版110种,2005年教育类122种、语言类53种。但至2011年仅出版教育类13种、语言类8种。

总之,激光唱片中引进节目的出版品种和数量不断减少,占激光唱片总种数和数量的比例逐步下降,从2000年分别占激光唱片种数和数量的22.72%、17.77%到2011年的10.33%、11.61%;而自编节目处于稳步增长的趋势。

C. 高密度激光唱盘(DVD-A)

表5 2000—2011年全国高密度激光唱盘出版品种、数量及增长率统计

年份	品种	数量 (万张)	与上年相比品种 增长率(%)	与上年相比数量 增长率(%)
2000	8	1.2	/	/
2001	5	2.05	−37.5	70.83
2002	7	0.4	40	80.49
2003	21	17.23	200	4 207.5
2004	173	101.79	723.81	490.77
2005	387	640.28	123.7	529.02
2006	900	1 167.55	132.56	82.35
2007	850	719.93	−5.56	−38.34
2008	1 562	1 349.28	83.76	87.42
2009	1 891	2 409.89	21.06	78.61
2010	2 217	2 504.05	17.24	3.91
2011	1 965	2 154.13	−11.37	−13.97

与录音带相反，2000 年以来高密度激光唱盘呈现出极为强劲的增长势头，以 2004 年至 2008 年最甚。据统计，2003 年之后高密度激光唱盘的自编节目品种飞速增长，从 2003 年仅出版 6 种到 2010 年的 2 150 种仅仅几年的时间。而自编节目在高密度激光唱盘总品种和数量中的比例也稳步提升，从 2003 年的 28.57%、47.19%到 2011 年的 97.61%、99.10%。教育和语言类仍然是高密度激光唱盘自编节目的主要出版类别，并呈现不断增长的趋势，其中教育类从 2004 年的 44 种、37.22 万张到 2011 年的 461 种、698.45 万张，语言类从 2004 年的 61 种、38.47 万张到 2011 年的 1 370 种、1 200.29 万张。而歌曲、乐曲等类所占的比例较小，2011 年占高密度激光唱盘总种数比例分别为 1.42%、1.48%。

2000—2002 年高密度激光唱盘出版均为自编节目，从 2003 年开始才出版引进节目。2003 年出版引进节目 15 种、9.1 万盒，且呈现出一定的增长势头，到 2011 年出版 47 种、19.41 万张；但在高密度激光唱盘总出版品种和数量中所占比例仍然很小，2011 年分别占 2.39%、0.90%。2006 年之前歌曲类的品种和数量比重较大，2006 年出版 30 种、42.75 万张，但 2007 年仅 4 种、5.8 万张，急剧下降。在高密度激光唱盘的引进节目中，教育类和语言类占据的比重仍然较大，2011 年共出版引进节目 47 种，其中教育类 16 种、语言类 30 种。

新千年以来，高密度激光唱盘的自编节目和引进节目都呈现出不断增长的趋势，但自编节目仍占据较大的比例。此外还有对外合作节目，2000—2009 年，高密度激光唱盘的出版品种均为 0，至 2010 年才合作出版了 2 个品种，1.21 万张。

2. 录像制品

表 6　2000—2011 年全国录像制品出版、发行、增长率统计

年份	出版品种	出版数量（亿盒/张）	发行数量（亿盒/张）	发行总金额（亿元）	与上年相比品种增长率（%）	与上年相比出版数量增长率（%）	与上年相比发行数量增长率（%）	与上年相比发行总金额增长率（%）
2000	8 666	0.824 4	0.583 25	6.38	−10.85	25.57	16.59	24.4
2001	11 445	1.44	1.09	9.62	32.07	78.12	87.24	50.67
2002	13 576	2.18	1.74	11.02	18.62	51.39	59.63	14.55

（续表）

年份	出版品种	出版数量（亿盒/张）	发行数量（亿盒/张）	发行总金额（亿元）	与上年相比品种增长率（%）	与上年相比出版数量增长率（%）	与上年相比发行数量增长率（%）	与上年相比发行总金额增长率（%）
2003	14 891	3.54	2.6	14.3	9.69	61.84	49.75	29.74
2004	18 917	3.62	2.45	13.81	27.04	2.26	−5.77	−3.42
2005	18 648	3.86	3.00	20.80	−1.42	6.63	22.45	50.62
2006	17 856	3.23	2.41	19.66	−4.25	−16.41	−19.87	−5.48
2007	16 641	2.85	2.36	19.94	−6.8	−11.66	−1.86	1.42
2008	11 772	1.79	1.61	7.23	−29.26	−37.37	−31.92	−63.74
2009	13 069	1.55	1.22	8.09	11.02	−13.42	−24.00	11.89
2010	10 913	1.85	1.19	8.05	−16.50	19.35	−2.46	−0.49
2011	9 477	2.18	1.28	7.91	−13.16	17.59	7.97	−1.72

2000年以来，录像制品出现了较大的增长趋势，至2005年发展至高峰，此后出版品种和数量都逐步下降。从发行上来看，2001—2003年、2005年发行数量和总金额较高，而其他年份基本为负增长。以下从录像带、数码激光视盘、高密度激光视盘三个方面作统计：

A. 录像带（VT）

表7　2000—2011年全国录像带出版品种、数量及增长率统计

年份	品种	数量（万盒）	与上年相比品种增长率（%）	与上年相比出版数量增长率（%）
2000	1 271	71.14	−47.85	−21.41
2001	1 017	64.88	−19.98	−8.8
2002	663	43.03	−34.81	−33.68
2003	296	16.35	−55.35	−61.99
2004	214	5.77	−27.7	−64.71
2005	236	5.4	10.28	−6.85
2006	47	6.79	−80.08	25.74
2007	24	5.47	−48.94	−19.44

（续表）

年份	品种	数量 （万盒）	与上年相比 品种增长率（%）	与上年相比 出版数量增长率（%）
2008	4	0.1	−83.33	−98.17
2009	6	3.17	50.00	3 070.00
2010	43	255.52	616.70	7 960.57
2011	141	62.98	227.91	−75.35

从2000年开始，录像带的出版急剧下降，从1 000多种降至仅几种，到2010年出版品种快速上升，至2011年出版品种超过百种，同时出版数量也出现了一个大反弹。

据统计，录像带中以自编节目为主，2000—2010年自编节目品种和数量占录像带总种数和总数量的比例基本在90%以上，其中2004—2006年比例达100%。在自编节目中，教育类是主要出版类别，但出版品种和数量以及占录像带总种数、数量的比例在逐渐下降：2000年教育类出版908种、58.21万盒，所占比例分别为71.44%、81.82%；到2009年教育类仅出版1种、2.52万盒，所占比例分别为16.67%、79.50%；2010年回升至20种、25.6万盒，所占比例为46.51%、10.02%；2011年出版44种、19.37万盒，所占比例为31.21%、30.76%。

此外，引进节目在2000—2003年呈逐渐下降的趋势。2000年引进节目出版29种、5.91万盒，至2003年仅出版4种、0.53万盒。2004—2006年间没有出版引进节目。2007年仅出版引进节目1种、0.3万张，至2010年出版引进节目3种、10.5万盒。2011年引进节目品种出现反弹，出版51种，占录像带种数的36.17%。

从以上分析可以看出，2010年之前录像带出版品种和数量处于急速下降的趋势，2010年开始回升。自编节目在录像带中所占比例较大，但品种和数量也在逐步下降；而引进节目所占比例较小，仅在2011年出现反弹。

B. 数码激光视盘(VCD)

表 8 2000—2011 年全国数码激光视盘出版品种、数量及增长率统计

年份	品种	数量(万张)	与上年相比品种增长率(%)	与上年相比数量增长率(%)
2000	7 101	7 880.32	−2.08	24.26
2001	10 100	14 078.75	42.23	78.66
2002	11 766	19 991.98	16.5	42
2003	12 651	30 483.72	7.52	52.48
2004	15 398	29 673.18	21.71	−2.66
2005	14 067	26 880.31	−8.64	−9.41
2006	12 747	20 387.67	−9.38	−24.15
2007	10 561	16 722.37	−17.15	−17.98
2008	6 365	9 764.29	−39.73	−41.61
2009	6 184	8 054.2	−2.84	−17.51
2010	4 034	6 519.63	−34.77	−19.05
2011	2 994	6 864.36	−25.78	5.29

由上表可见,数码激光视盘出版在 2001 年至 2007 年的出版品种和数量较多,数量从 2004 年出现下降趋势,且下降较快,为负增长。

在这十几年中,自编节目的出版品种、数量与数码激光视盘总出版情况的发展趋势相同,从 2001 年出版 8 760 种、10 566.05 万张到 2006 年 11 313 种、16 058.72 万张,增长迅速且出版数量较多;2007 年出版品种和数量为 9 604 种、14 415.53 万张,出现急剧下降,至 2011 年为 2 943 种、6 594.38 万张。但自编节目在数码激光视盘总出版品种和数量中占据的比例保持不断增长,从 2000 年的 85.48%、83.83%到 2011 年的 98.30%、96.07%。

在自编节目中,教育类仍然是主要出版内容,2001—2007 年出现较快的增长,2001 年出版 2 274 种、1 748.81 万张,到 2007 年出版 3 465 种、4 067.6 万张;之后种数出现明显下滑,2008 年仅出版 1 788 种、4 177.59 万张。其次,戏曲片、故事片类所占比例也比较大,2004 年故事片、戏曲片两者共占数码激光视盘种数 23.22%、数量 36.13%,2007 年降为 15.86%、10.39%,至 2011 年为 12.20%、5.08%,呈现较大的下降趋势。

此外，从2006年开始，农业科学类的出版品种数较多，但出版数量相对较少：如2006年出版1 072种，占数码激光视盘种数的8.41%；出版176.91万张，仅占数码激光视盘数量的0.87%；至2011年占数码激光视盘种数和数量的比例分别为15.60%、1.93%。其余几类如医药卫生、社会科学、综合类等平分秋色。

从2000年至2006年，引进节目的出版种数和数量较多，占数码激光视盘总种数和数量的比例均在10%以上：2000年为14.45%、15.39%，到2006年为11.16%、21.2%；从2007年开始急剧下滑至8.38%、13.43%，至2011年所占比例仅为1.70%、3.93%。引进节目中以故事片和文教类为主：2000年故事片占数码激光视盘总种数和数量的比例为12.11%、11.89%，文教类为0.79%、0.57%；2005年故事片的比例为11.20%、20.17%，文教类占2.40%、2.15%。几大类如故事片、音乐舞蹈、教育类，自2008年均出现较大幅度的下降：2006年它们占数码激光视盘种数的比例分别为5.65%、2.12%、0.73%，2008年降为5.05%、0.41%、0.65%，至2011年故事片仅占0.23%，其他类占1.07%。

从以上数据可以看出，引进节目自2007年出现大幅下滑，而对外合作节目却在2007年呈现大幅反弹，2006年对外合作节目12种、数量5.9万张，2007年达到72种、61.4万张，之后几年又没有出版任何对外合作节目。

C. 高密度激光视盘(DVD-V)

表9　2000—2011年全国高密度激光视盘出版品种、数量及增长率统计

年份	品种	数量 (万张)	与上年相比品种 增长率(%)	与上年相比数量 增长率(%)
2000	294	130.99	/	/
2001	328	253.18	11.56	93.28
2002	1 147	1 808.69	249.7	614.4
2003	1 944	4 851.92	69.49	168.26
2004	3 305	6 531.85	70.01	34.62
2005	4 226	11 511.68	27.87	76.24
2006	4 601	9 951.31	8.87	−13.55
2007	5 959	11 585.33	29.52	16.42

（续表）

年份	品种	数量 （万张）	与上年相比品种 增长率（%）	与上年相比数量 增长率（%）
2008	5 367	8 044.8	−9.93	−30.56
2009	6 879	7 413.61	28.17	−7.85
2010	6 836	11 753.78	−0.63	58.54
2011	6 342	14 860.86	−7.23	26.43

与录像带相反，高密度激光视盘的出版品种和数量从 2000 年开始出现迅猛的增长势头，除 2008 年出现小幅下降之外，其他年份基本为正增长。

2000 年以来，高密度激光视盘的自编节目品种和数量呈现出快速的增长趋势，2003 年占高密度激光视盘总品种和数量的比例仅为 48.46%、52.37%，至 2011 年上升为 88.65%、94.37%。教育类的出版种数和数量增长快速，且逐渐成为自编节目中的主要出版类别：2000 年教育类仅出版 4 种、3.1 万张，占高密度激光视盘种数的 1.36%、数量的 2.37%；2011 年出版 2 126 种、2 318.92 万张，占高密度激光视盘种数的 33.52%、数量的 15.60%。其次是故事片、电视剧、音乐舞蹈、戏曲片、综合类平分秋色。

高密度激光视盘中引进节目的出版品种在 2003 年出现迅速的增长，2002 年引进节目 529 种，2003 年猛增为 1 002 种，2007 年达到高峰为 1 549 种，2008 年开始小幅下降为 1 134 种，2009 年骤降为 970 种。相应地，2007 年之前出版数量基本处于增长趋势，从 2002 年的 461.05 万张到 2007 年的 3 392.62 万张，2008 年开始大幅下降为 2 046.36 万张，2009 年仅为 603.37 万张。而引进节目在高密度激光视盘总品种和数量中所占的比例，在 2003 年达到最高，分别为 51.54%、47.63%，之后逐步下降，至 2011 年仅占 11.20%、5.58%。

故事片是引进节目的主要出版内容，2003—2007 年是高盛时期：2003 年出版 699 种、1 617.44 万张，占高密度激光视盘种数的 35.96%、数量的 33.34%；至 2007 年出版 1 101 种、1 955.21 万张，所占比例分别为 18.48%、16.88%。近几年逐渐回落，2011 年仅出版 414 种、350.84 万张，所占比例分别为 6.53%、2.36%。其次是卡通片，出版种数稳步上升，但数量自 2009 年呈现下降趋势：2006 年出版 122 种、468 万张，2008 年出版 210 种、978.35 万张，2010 年出版 212 种、307.79 万张。

从以上数据可以看出，相对于其他音像载体，在高密度激光视盘出版中，引进节目占据了比较高的比例，以故事片、卡通片、音乐舞蹈等娱乐性的出版内容为主。而自编节目偏重教育，其次才是娱乐性内容。

（三）电子出版物

我国光盘复制产业自 20 世纪 90 年代中后期发展至今，规模不断扩大，产能迅速提高。到 2005 年 8 月，以投产数量计，我国光盘复制（只读类光盘和可录类光盘）企业共有 140 家，只读类光盘复制生产线 506 条（年产能约 34 亿片），可录类光盘生产线 600 条（年产能约 41 亿片），产能分别占到全球光盘市场总量的五分之一，已初步成为全球光盘复制业的加工生产基地。我国光盘复制这一新兴高科技产业经过十多年的发展，产业结构不断优化，布局更加合理，已经形成了珠三角、长三角、环渤海三个光盘复制产业带，继而向中西部延伸，同时构建了粤东和江苏两个各具特色的可录类光盘生产基地。我国光盘复制产业的技术装备不断改善，产品质量有所提升。

表 10　2000—2011 年全国电子出版物出版品种、数量和增长率

年份	品种	数量（万张）	与上年相比品种增长率（%）	与上年相比数量增长率（%）
2000	2 254	3 989.7	/	/
2001	2 396	4 507.17	6.3	12.97
2002	4 713	9 681.35	96.7	114.8
2003	4 961	9 320.98	5.26	−3.72
2004	6 081	14 788.66	22.58	58.66
2005	6 152	14 008.97	1.17	−5.27
2006	7 207	16 035.72	17.15	14.47
2007	8 652	13 584.04	20.05	−15.29
2008	9 668	15 770.64	11.74	16.10
2009	10 708	22 900.00	10.76	45.30
2010	11 175	25 911.86	4.36	13.08
2011	11 154	21 322.22	−0.19	−17.71

从 2002 年开始，电子出版物出现了较为强劲的发展势头，出版品种数和生产数量呈现大幅增长，仅 2003、2005、2007、2011 年在出版数量上出现

小幅下降。

表 11　2000—2011 年全国电子出版物各类型载体的出版种数、数量

（单位：万张）

年份＼类型	只读光盘（CD-ROM）		高密度只读光盘（DVD-ROM）		交互式光盘（CD-I）及其他	
	种数	数量	种数	数量	种数	数量
2000	2 222	3 962.6	/	/	7	1.47
2001	2 354	4 419.03	10	18.55	8	0.81
2002	4 668	9 602.59	18	20.09	1	0.5
2003	4 930	9 285.67	2	1.19	1	0.99
2004	5 984	14 717.79	31	19.63	13	14.45
2005	6 036	13 845.32	73	96.76	6	2.94
2006	6 943	14 879.95	170	990.93	94	164.84
2007	7 845	11 658.35	421	934.38	386	991.31
2008	7 828	13 638.94	1 285	1 610.78	555	520.92
2009	7 862	19 830.71	2 224	2 484.96	622	598.37
2010	7 663	22 449.39	2 752	2 714.54	760	747.93
2011	7 546	15 919.66	2 747	3 995.4	861	1 407.17

由上表可见，各类型载体的出版品种和数量均呈现出较大幅度、快速的增长，并以只读光盘为主要出版类型。

2006 年，全国电子出版单位（包括音像电子出版社）中，出版品种在 200 种以上的有 8 家，出版品种在 100 至 200 种之间的有 13 家，出版品种在 50 至 100 种之间的有 23 家，出版品种在 50 种以下的有 176 家。2007 年，出版品种在 200 种以上的有 6 家，出版品种在 100 至 200 种之间的有 16 家，出版品种在 50 至 100 种之间的有 29 家。出版品种在 50 种以下的有 169 家。

我国电子出版选题仍以教育为主，文艺、科技、社科类次之。以 2006、2007 年为例，2006 年，教育类占总数的 81.66%，文艺类占总数的 7.24%，社科类占总数的 6.09%，科技类占总数的 5.01%；2007 年，教育类占总数的 76.68%，科技类占总数的 9.72%，社科类占总数的 7.04%，文艺类占总数的 6.56%。

从书盘结合的产品来看，2006、2007 年电子出版单位的出版品种中，书盘结合的电子出版物品种分别为 4 643 种、5 263 种，分别占当年电子出版物出版品种总数比例的 64.42%、61.99%。2006 年，电子出版单位出版的书盘结合的教育类电子出版物产品 4 159 种，社科类产品 239 种，科技类产品 173 种，文艺类产品 72 种，分别占当年书盘结合产品总数的 89.57%、5.15%、3.73%、1.55%。2007 年，电子出版单位出版的书盘结合的教育类电子出版物产品 4 449 种，社科类产品 323 种，科技类产品 422 种，文艺类产品 69 种，分别占当年书盘结合产品总数的 84.53%、6.14%、8.02%、1.31%。

从销售量来看，2006 年，销售收入总计约为 8.65 亿元人民币。年销售收入在千万元以上的有 17 家，年销售收入在 500 万至 1 000 万元之间的 18 家，年销售收入在 100 万至 500 万元之间的 48 家，年销售收入在 50 万至 100 万元之间的 27 家。

2007 年，销售收入总计约为 9.977 亿元人民币，年销售收入在千万元以上的有 20 家，年销售收入在 500 万至 1 000 万元之间的 22 家，年销售收入在 100 万至 500 万元之间的 53 家，年销售收入在 50 万至 100 万元之间的 26 家。

从发行量来看，2006 年电子出版物的发行量约为 1.26 亿片；2007 年电子出版物的发行量约为 1.46 亿片。2006 年，年发行量在百万片以上的有 26 家电子出版单位。电子出版单位中，有 58 家电子出版物品种平均发行量在 1 万片以上，有 43 家电子出版物品种平均发行量在 5 000 至 10 000 片，有 60 家电子出版物品种平均发行量在 2 000 至 5 000 片。

2007 年，年发行量在百万片以上的有 32 家电子出版单位。电子出版单位中，有 59 家电子出版物品种平均发行量在 1 万片以上，有 44 家电子出版物品种平均发行量在 5 000 至 10 000 片，有 58 家电子出版物品种平均发行量在 2 000 至 5 000 片。

二、新千年来音像与电子出版中的代表性事件

（一）国家音像、电子出版物奖

1999 年底，首届“国家音像制品奖”评选活动在北京举行，共有包括社科、文艺、科技和教育等 4 个门类的 108 种音像制品参加评选。经过评选

委员会的初评和终评，最后评选出 54 个获奖音像制品，其中荣誉奖 1 个，国家奖 19 个，提名奖 34 个。2000 年初，首届“国家电子出版物奖”评选活动在北京举行。共有包括社科、科技、文化、古籍、少儿、教育、娱乐和工具等门类的 126 种电子出版物参加评选。经过评选委员会的初评和终评，最后评选出 35 个获奖电子出版物，其中荣誉奖 5 个，国家奖 10 个，提名奖 20 个。

为了鼓励优秀电子音像出版物的创作和出版，繁荣电子音像出版事业，经中宣部批准，新闻出版署决定自 1999 年起，分别设立“国家音像制品奖”和“国家电子出版物奖”；并组织各地电子音像出版单位选送精品，组织有关专家进行评选活动。

首届国家音像制品奖和首届国家电子出版物奖，是我国电子音像出版行业设立的第一个政府奖，堪称“20 世纪优秀电子音像制品大检阅”；获奖的电子音像作品，集中体现了电子音像出版行业正确的思想导向、高尚的文化取向、独特的编辑意图、高新的技术手段、准确的市场定位，对促进电子音像出版事业的繁荣起到了良好的示范和推动作用。

（二）电子音像出版“十五”规划

为鼓励多出优秀的电子出版物，满足人民群众多层次、多方面需求，促进我国电子出版业的繁荣发展，新闻出版总署决定组织全国各电子出版物出版单位，制订《十五”（2001—2005）国家重点电子出版物出版规划》。全国共有 55 家出版单位申报选题 205 项。新闻出版总署组织有关专家对申报选题进行了评审、论证和遴选，从中选出 53 家出版单位的 153 项选题列入《“十五”国家重点电子出版物出版规划》，其中，社科类选题 24 项，科技类选题 25 项，文化类选题 36 项，古籍类选题 8 项，少儿类选题 6 项，教育类选题 42 项，参考及工具类选题 12 项。

2003 年 11 月，新闻出版总署下发了《关于调整“十五”国家重点音像、电子出版物出版规划的通知》。经过论证增补电子出版物选题 25 项，撤销电子出版物选题 39 项。2004 年 7 月，新闻出版总署又再次下发《关于“十五”国家重点音像、电子出版物出版规划增补选题的通知》，要求各音像、电子出版单位积极策划好“三农”问题和未成年人思想道德建设两方面的选题。

“十五”规划实施的这几年，是电子出版物出版数量稳步增长、水平显著提高的时期，据统计，2000 年出版电子出版物 1 442 种，2001 年出版电子出版物 2 396 种，2002 年出版 4 713 种，2003 年出版 4 961 种，2004 年出版6 081 种，2005 年出版 6 152 种。

“十五”规划期间我国电子出版物具有鲜明的时代性，服务于社会主义建设，对于弘扬时代主旋律，促进社会主义精神文明建设有积极作用。这些出版物均由国内出版单位自主开发制作，能充分代表我国现阶段电子出版业发展的总体水平，鼓舞了出版单位和制作单位开发制作电子出版物的积极性。列入“十五”规划的选题，都是各出版单位的重点选题，从政策、资金、技术、人员各方面都得到大力支持，起到了精品示范作用。“十五”规划中的选题涉及社科、科技、文化、古籍、少儿、教育、参考及工具 7 个类别，内容从古至今、从天文到地理、从专业知识到休闲娱乐，题材多样化，受众面较广，丰富了人民群众的精神生活。

（三）图书配盘逐渐普及和走热

一般情况下，科普读物的销量达到 1 万册已是不俗的成绩了，但 2001 年年底几匹黑马跳了出来：一是广东人民出版社的《可持续发展知多少》（配画本）重版两次，印数达到 6 万册；二是辽宁教育出版社的“discovery”系列，其中两本印量接近 3 万册；三是中国电影出版社的《宇宙与人》，一个多月加印十几次，突破 6 万册的销量。这几本书有一个共同点，就是都另有电子光盘销售，或书后附带电子光盘，这使得科普图书与多媒体、VCD 搭上了界。

越来越多的出版社在出版图书的同时也不忘附带一张光盘（或 VCD、DVD）。这样一来，图书在无形中提高了自己的身价，而尤其是在电脑、网络得到广泛普及的背景下，读者有了更多的选择空间，出版社也获得较好的销售量和赢利，皆大欢喜。

（四）国内自主研制电子出版物阅读器

进入 21 世纪以后，以北大方正 Apabi 为代表的电子出版物的研究和发展正在与世界接轨，方正利用其独有的电子排版系统，与国内 200 多家出版社合作，采用其 Apabi 电子书解决方案。2003 年 3 月，北大方正在其主持召开的“2003 中国 ebook 产业年会”上推出了翰林电子出版物，采用了国际上先进的电子出版物技术，外观精美，符合人体功能学设计原理。该书体积小，重量轻，32 开本书，400 克重，大小与纸质书相似，32 MB 内存，可存储 1 600 万汉字，最大能扩充到 2 GB，用两节 7 号电池可支持阅读超过 1 万页，售价 2 000 元左右，低于国外同类产品的价格。

和传统纸质出版物相比较，电子出版物的优势相对明显，主要表现在以下五方面：第一，存储量大，体积小，便于携带和收藏；第二，成本低，制作便捷，经济实惠，还有利于保护环境；第三，实时性强，图文声并茂，媒体多样化，可以提供动态化和个性化服务，集图、文、声、像于一体，还可以实现按需印刷业务；第四，使用方便，功能齐全，检索能力强；第五，技术性强，出版周期短，传播速度快。

进入新千年以来，我国积极自主研制生产电子出版物阅读器，努力适应大众正在发生变化的阅读习惯与方式。随着科技的发展，电子出版物阅读终端的形式越来越多，比如手机正逐渐成为一种比较通用的移动阅读终端。手机与微型化的移动式个人电脑相结合，发展出理想的电子出版物阅读终端。

（五）“DVD 压缩碟”严重冲击音像市场

2004 年，借助高新技术“武装”起来的“DVD 压缩碟”大规模冲击音像市场，导致正版电影、电视剧音像制品的销售急剧下降，最终影响到优秀电视剧的生产。这类压缩碟自 2004 年 5 月出现，出现几个月时间恶果随即显现，音像公司与制片方的版权交易大幅萎缩，音像公司不敢买版权，同时经销商大量退货造成音像发行严重的库存积压，音像公司畅销品种的销售严重受阻。

“DVD 压缩碟”采用 DVD 影碟的 MPEG-2 压缩格式，可画面解析度仅有 352×288，码率是 1.15 Mbps，也就是仅仅有 VCD 的清晰度，所以视频文件很小，能够在一张 DVD 盘中储存 10 集左右的电视剧。早在 2004 年 5 月，DVD 压缩光碟即在一些主要城市的电脑城开始亮相，但其画质不稳定，且对光驱构成较大伤害，并未即刻在市场上产生影响。进入 7 月，DVD 压缩碟画质有了明显提高，并解决了关键的兼容难题——在任何 DVD 机上都可以播放，体现其惊人的市场诱惑力，并迅速蔓延到整个音像制品市场。10 月，DVD 压缩碟疯狂盗录新片新剧，电脑城原来做软件盗版的不法商贩也都“转行”做起了音像盗版。

2004 年 11 月 4 日，文化部下发《关于立即开展音像市场治理冬季行动严厉打击 DVD 压缩碟》的紧急通知，要求各地文化行政部门立即对辖区内音像批发、零售、出租经营单位进行全面检查，积极协调、配合工商、公安、新闻出版、城管等部门，形成合力，最大限度地减少 DVD 压缩碟流入市场。

表面上看是正版出版商为了维护自身利益所采取的对抗行动，实际上它是对新经济模式或者新游戏规则的拒绝，使得出版商在这场技术创新的市场较量中全面败北。出版商面临市场环境的剧烈变化，只求助于有关部门全力支持和呼吁公众支持正版，而不是通过技术、市场和渠道等创新和开拓赢得竞争。事实上，包括新的压缩技术在内的颠覆性技术是谁也阻挡不了的，它不仅颠覆了现有行业的既得利益，也导致音像制品行业制订新的游戏规则。

（六）单机游戏受网络游戏冲击，逐年下降

2005年的中国PC单机游戏市场仍然处于低迷的状态，与IDC和游戏工委联合对中国PC单机游戏市场所进行的2004年度的调查统计相比较，2005年在中国市场上新产品共71款，比2004年的116款下降了38.8%，国产PC单机游戏的开发下降到历年来的最低点。

2005年中国PC单机游戏市场仅仅只有0.7亿元的市场销售额，不但产品数量比2004年减少，也没有像2004年包括《仙剑奇侠传3外传——问情篇》、《轩辕剑外传——苍之涛》、《FIFA2004》、《指环王3》、《反恐精英——零点行动》、《使命召唤》等多款国内外高品质的重量级产品，市场实际销售收入比2004年下滑了30%，整体市场基本上还是延续了2004年的衰退情况。国外大批优质益智游戏可以通过网络下载，大量的网络休闲游戏风行一时，受此影响，过去颇受欢迎的益智类游戏逐年下降，到2005年只剩下5%。

而中国网络游戏用户数在2005年底达到2 634万，比2004年增长了30.1%。网络游戏用户数从2006年到2010年的年复合增长率为13.7%，远比互联网用户数增长率高。付费网络游戏用户数2005年达到1 351万，2006至2010年付费网络游戏用户数的年复合增长率为14.4%，同总的网络游戏用户数增长率相近。

网络游戏的发展，为周边产业提供了新的市场，带动了周边产业的发展，如：电信业（固话业务运营商及移动运营商）、信息产业（硬件、软件、电信ISP供应商）、商业（渠道销售商）、传媒业（广告业、报业、电视业、网络媒体）、出版业、制造业（饰物及玩具生产商）、展览业（E3、GAME-SHOW）等。

（七）新兴媒体、在线音乐等改变音像业

MP3等数字音乐格式以及相关下载网站、相应播放设备的流行，悄然改变着传统的音像业。大量的 CD 音乐被压缩成 MP3 格式后在网上传播，被免费下载或廉价销售。而家庭宽带网络和 MP3 等播放器的普及，进一步刺激了这种发行方式。

此外，在线音乐的销售日渐红火。Apple 的在线音乐销售网站 iTune Music Store 与其 iPod、iPad 等平台形成了良性互动，占据了在线音乐销售市场 70%以上的份额。而其他公司如 Microsoft 公司、中国移动等也纷纷向用户提供音乐服务，在线音乐销售市场竞争火爆且激烈。2005 年，中国移动的音乐下载收入已经超过音乐唱片发行收入。

随着网络技术的不断发展，媒体播放器及载体的飞速更新升级，以及在线音乐合法下载的发展等，目前许多用户欣赏音乐的习惯已经被改变，音乐发行商或创作者也相应地将越来越多的歌曲从音像店搬到网上进行销售。这意味着以录音带、CD、VCD、DVD 及 CD-ROM 等为主的传统电子音像产品，正逐渐向网络化的资源转变，这对传统电子音像业就是一场深刻的出版变革。

新兴媒体对传统音像业影响越来越明显。互联网的快速普及使更多人倾向于从网上下载喜爱的节目。网络音乐下载、MP3、MP4、手机电影、数字电视等新技术、新传媒的发展给传统音像出版业带来了前所未有的冲击。技术、媒体的飞速发展给音像业带来冲击的同时，也带来了新的增长点。

(八)“十一五”国家重点音像、电子出版物出版规划

新闻出版总署于 2006 年 7 月颁布了《“十一五”国家重点音像出版物出版规划》和《“十一五”国家重点电子出版物出版规划》，是根据《中共中央关于制定国民经济和社会发展第十一个五年规划的建议》精神，在认真总结“十五”国家重点音像、电子出版物出版规划实施情况的基础上，针对音像电子出版业在“十一五”期间繁荣发展的要求编制而成的。“十一五”国家重点电子出版物出版规划所列选题分四大类 223 种，其中社科类 55 种、教育类 84 种、科技类 49 种、文艺类 35 种，共涉及 23 个省级新闻出版局，101 家电子出版单位。

“十一五”期间音像制品四年累计出版 114 538 种、18. 99 亿盒，电子出版物 36 235 种、6. 83 亿张。如此大规模的出版量，说明市场活跃的程度、供给能力增长和品种内容的丰富，也使得我国出版物的品种在 2008、2009 年跃居世界首位，成为出版大国。据统计，截至 2010 年 6 月底，“十一五”

国家重点出版物规划中图书 1 397 种，音像、电子出版物 531 种，完成率达 93%，为历史最高水平。在 2007 年和 2010 年两届政府图书奖、音像电子出版物奖中，98%是“十一五”国家重点出版规划项目，充分体现了规划的整体质量和国家水平。

（九）卡拉 OK 版权使用费的收取

2006 年 7 月 18 日，文化部文化市场发展中心启动了“全国卡拉 OK 内容管理服务系统”的建设工作。其中主要包括 KTV 要向歌曲原创者付酬金、经销商下载歌曲要收费等多个方面。国家版权局决定由中国音像协会与中国音像集体管理协会筹备组按照国家版权局公告的标准，对卡拉 OK 经营者使用音乐电视作品收取使用费。2008 年 6 月 24 日中国音像著作权集体管理协会（以下简称音集协）正式成立后，有关收取卡拉 OK 版权使用费的职能就转交给他们，为保护音乐电视作品 MTV、MV 等的版权，制止卡拉 OK 经营行业的侵权行为，音集协在全国 20 多个省市开展了卡拉 OK 著作权“维权风暴”。卡拉 OK 著作权维权风暴体现了卡拉 OK 著作权的重要性和公众维权意识的提高。

数字技术给人们带来很大便利的同时，也对音乐版权保护带来极大挑战，而卡拉 OK 行业成为重灾区。许多提供卡拉 OK 服务的场所多年来一直享受着“免费的午餐”，一方面在营业场所向顾客收取了高额的服务费用，另一方面却没有给著作权人任何报酬。为了能够更好地保护著作权人的合法权益，音像著作权集体管理制度应运而生。

早在 2006 年，社会各界就出现过对卡拉 OK 集体管理组织重复收费的质疑。当时，国家版权局批复由中国音像协会和中国音像集体管理协会筹备组分别按照国家版权局公告的收费标准，根据卡拉 OK 厅的经营规模和营业面积对卡拉 OK 厅使用音乐电视作品收取使用费。自此，KTV 行业面临双重收费标准的质疑声日益强烈，因此，版权局与文化部就版权收费达成共识。

（十）查处“恐怖灵异类”音像制品

2006 至 2007 年，宣扬恐怖、暴力、残酷等不良内容的“恐怖灵异类”音像制品出现回潮的趋势，严重影响了未成年人的身心健康。为了控制和清除此类音像制品的不良社会影响，防止含有恐怖、暴力、残酷等内容的出版物通过正规出版途径进入市场，保护未成年人的身心健康，2008 年 2 月 2 日，新闻出版总署发出《关于查处“恐怖灵异类”音像制品的通知》。

《通知》要求各省级新闻出版局要对所辖音像出版单位2006年和2007年已经出版的音像制品进行一次认真清查，凡是含有禁载内容的，一律下架、封存、回收，并依据《出版管理条例》第五十六条作出相应处理。对于2008年音像年度出版选题计划中含有“恐怖灵异类”内容的，要立即停止制作，撤销选题，删除相关内容。《通知》还要求各省级新闻出版局须于2008年2月29日前，将检查情况及处理意见的书面材料报送总署。若音像出版单位违规出版恐怖灵异类音像制品，将依法对其进行处罚。

“恐怖灵异类”音像制品主要是指以追求恐怖、惊惧、残酷、暴力等感官刺激为目的，没有任何思想性和善恶标准，严重危害未成年人身心健康的音像制品。例如，有的音像制品宣扬鬼怪杀人，画面血腥阴暗，有的音像制品封面上印有“吸血鬼”、“僵尸”等恐怖形象或使用“分尸”、“人肉包”之类极具刺激的宣传语言，这些内容易引起未成年人产生生理和心理上的不良反应。

社会上对“恐怖灵异类”音像制品有一些概念上的混淆，“恐怖灵异类”音像制品和中国传统神话故事、魔幻故事、科幻故事是有本质区别的。《西游记》、《封神榜》、《聊斋》等中国传统神话故事，具有较高的文学性、艺术性和思想性；《哈利·波特》、《长江七号》等着力点在魔幻、科幻方面，有利于增进未成年人的想象力和创造力。

（十一）《电子出版物出版管理规定》正式施行

2008年4月15日正式施行的《电子出版物出版管理规定》是对1998年1月1日起施行的《电子出版物管理规定》的修订和完善。自1998年的《电子出版物管理规定》施行9年多来，出版体制深化改革，出版法制进一步完善，电子出版业不断发展，电子出版管理工作面临新情况、新变化，有必要适时修订《电子出版物管理规定》。新闻出版总署有关司局从2002年即开始着手《电子出版物管理规定》的修订工作，深入调研，广泛征求意见，特别是就电子出版物的定义、电子出版物制作单位的管理以及新闻出版管理部门分级管理等重要问题均多次研究，反复讨论。2007年底，规章修订草案提交署务会议审议，获得通过。

首先，修订《电子出版物管理规定》是适应不断完善法制建设新形势的需要。2001年以来，《行政许可法》、《著作权法》等法律陆续出台或者修订后实施，特别是自2002年2月1日起施行新修订的《出版管理条例》为电子出版的行政管理提供了更好的法律依据，作为部门规章的《电子出版物管理规定》，有必要作出相应的修改。其次，修订《电子出版物管理规定》是对电子出版行业加强管理的需要。针对电子出版业发展中出现的新问题、新变化，可以通过修订《电子出版物管理规定》，进一步完善规章制度、强化管理手段，保障电子出版管理活动有效开展，为管理部门全方位加强行业监管提供更加明确充分的法律依据。第三，修订《电子出版物管理规定》是出版行政管理部门转变职能的需要。通过修订《电子出版物管理规定》，将进一步调整、明确各级出版行政管理部门的职责，特别是依法将部分管理权限和审批事项下放到省级出版行政管理部门，并为省级出版行政管理部门充分行使电子出版管理职能进一步提供法律依据。

（十二）音像、电子出版物由“引进来”到“走出去”

2005 年，我国举办了第一届中国国际音像电子博览会，以产品带动文化“走出去”，以市场竞争扩大我国文化的国际影响，同时也是中国音像出版业正式向世界敞开大门的重要标志。音像出版在对外贸易方面也迈出了可喜的一步，音像制品出口数量和金额同步增长。2006 年，我国音像制品、电子出版物累计出口 108 867 种次、105.33 万盒（张）、284.99 万美元。与 2005 年相比，出口种次增长 238.84%，数量增长 40.1%，金额增长 35%。到 2007 年，出口的国产音像制品几乎涵盖国内发行的各个品种，主要是畅销电视连续剧、电影、音乐及与中华文化密切相关的百科类音像节目。从 2008 年开始，由新闻出版总署主导，每年将重点支持 100 种“外向型”音像制品“走出去”，并支持音像企业以独资、合资或合作的方式走向国际市场。同前，民族音像“走出去”呈现出可喜的态势，重原创、重品质、谋海外的主导思想正在形成。

30 年来，在坚持对外开放的同时，我国音像电子业实现了由“引进来”向“走出去”的转变，参与国际竞争，利用国际资源、国际市场加快自己的发展。在“走出去”的内容上，更加注重促进企业原创能力的提升和中华文化的传播。在形式上，有成品出口、版权贸易、合作出版等。

2010 年，全国出版物进出口经营单位累计出口音像制品、电子出版物 10 352 种次、101.87 万盒（张）、47.16 万美元，与上年相比，种次下降 47.64%，数量增长 918.15%，金额下降 22.83%。其中，激光唱盘（CD）188 种次、3 459 盒、4.16 万美元，占音像、电子出版物出口种次 1.82%、数量 0.34%、金额 8.83%；数码激光唱盘（DVD-A）28 种次、186 张、0.10 万美元，占音像、电子出版物出口种次 0.27%、数量 0.02%、金额 0.21%；高密度激光视盘(DVD-V)2 566 种次、998 513 张、21.66 万美元，占音像、电子出版物出口种次 24.79%、数量 98.02%、金额 45.92%；数码激光视盘(VCD)6 847 种次、15 711 张、21.06 万美元，占音像、电子出版物出口种次 66.14%、数量 1.54%、金额 44.67%；电子出版物 723 种次、818 张、0.18 万美元，占音像、电子出版物出口种次 6.99%、数量 0.08%、金额 0.37%。

(十三) 国内音像业的状况不容乐观

根据中国音像协会发布的有关数据，北京、上海、广东三地国家级音像制品的发行数额在连年持续大幅下挫后已经下探到了谷底。上海音像批发市场 2000 年营业额超过 2 亿元，而到了 2007 年只有几百万营业额。上海文广局的一项调查显示，2007 年上海全市正版音像制品的销售相比 2004 年营业额下降了 80%。全国连锁的美亚音像连锁经营公司高峰时年营业额超亿元，现在则难以为继。2009 年唱片业注定是不平静的一年，春节刚过，广州市文化局就对外宣告：曾叱咤风云的广州新时代影音公司将实施破产。成立了 20 多年的新时代，曾捧红杨钰莹、毛宁等流行歌手，与中唱广州、太平洋影音、白天鹅音像并列为广东音像出版界的“四大巨子”。

从全球背景来看，并非只有我国的音像业前景堪忧，国际上音像业的状况也不容乐观。以德国为例，据 2007 年德国官方统计，德国唱片销售额下降了 70%，并且预计到 2008 年底全德国只会剩下 10 家左右的唱片公司。而在美国，从 2001 年到 2007 年唱片业的销售额逐年下降，几近崩盘。

音像出版业陷入今日的困境，这是由其所使用的载体与技术所决定的。现代音像电子出版业在发展的几十年里，经历了录像磁带录音磁带、LD 光盘、VCD 光盘、DVD 光盘、CD-ROM 光盘、高密度压缩 DVD 光盘等一系列载体的变化，而且更新的速度之快令人目不暇接。

音像电子出版单位在载体和技术不断急速更新的过程里，由于自身的出版商的角色定位，处在科技领域的外围，无法主导技术革命，始终只能居于从属地位，是被动型的使用者。

此外，盗版的肆无忌惮，网络蓬勃兴起带来的巨大冲击，日新月异的新载体新媒体的分割，圈内卖版号等自杀性行为的蔓延，体制机制上的僵化，电子音像出版单位之间愈演愈烈的恶性竞争，市场环境的日益恶化，出版资源的极度匮乏等都造成了音像出版业眼前的困境。

（十四）中华优秀出版物（音像、电子、游戏出版物）奖

2010 年，由中国出版工作者协会主办的第三届中华优秀出版物奖音像、电子和游戏出版物奖评奖活动经过作品征集、初评、终评三个阶段，共评选出优秀奖作品 50 种，提名奖作品 80 种。其中，音像类优秀奖作品 30 种，提名奖 50 种；电子类优秀奖作品 10 种，提名奖 20 种；游戏类优秀奖作品 10 种，提名奖 10 种。本届共收到全国 187 家出版单位的参评出版物 551 部，参评单位数量和作品数量分别比上届增长 4.5%和 42.4%，均创历届之最。

获奖作品体现导向性，彰显示范性。从评奖结果来看，获奖作品既有弘扬爱国主义、唱响时代主旋律的作品，也有题材宏大、制作精良的作品；既有选题新颖视角独特的作品，也有知名度高且市场反响良好的作品。例如：文艺类音像制品中弘扬民族音乐文化的音像出版物颇令人瞩目；少儿类音像作品，围绕中华优秀古典文化这一主题，以寓教于乐的方式展现其多姿多彩的魅力；动漫类音像作品故事先行，引人入胜；社科文化类参评作品的题材极为广泛，既有历史事件、政治活动等重大题材，也有生活琐事、个人体验等小题材，然而不论题材大小，用翔实的内容表现主题，用深入开掘的手法展现主题，是作品的共同特色。

（十五）动漫产业“大而不强”

2004 年，中国政府颁发《关于发展我国影视动画产业的若干意见》，首次动用行政手段扶持动漫产业；2008 年，中央财政投入 700 万元资金，支持中国原创动漫作品创作；随着这笔资金增加至近 1 400 万元，中国已有百余个原创动漫项目得到扶持，这其中包括本土漫画、网络动漫、手机动漫等等。提供动漫培训的机构急剧增加，从当时的不到 20 所增加到 500 多所。动漫基地也纷纷建立，并得到充足的资本和慷慨的信用额度。动漫作品的总长度也从 2000 年的 1.3 万分钟增加到 2009 年的超过 17 万分钟。2010 年，中国共制作完成原创电视动画 23 万分钟，动画电影 16 部。短短 7 年间，中国动漫产量跃升 50 位，已经成为世界第一动漫生产大国。但是，质量仍然参差不齐。尽管有近 1 万家公司在制作动画片，但一般认为，其中约有 90%难以赢利。

中国原创动漫缺乏具有市场号召力的产品。中国的动漫产业这几年虽然快速发展，但有竞争力和影响力的项目较少，数量胜过质量。到目前为止，只有《喜羊羊与灰太狼》初步产生了品牌效应。《喜羊羊与灰太狼》几年来已经出了三部曲，收入超过 3 亿元，而且还在继续增加。这部动画的制作或许算不上最出众，但却有让人耳目一新的故事和可爱的角色，成为孩子们的最爱，甚至在新加坡等海外地区也有粉丝。

国内动漫作品出现严重的同质化问题是由于企业缺乏原创精神，不自信也并不愿意投入资源去开创自己的风格、自己的表现形式和内容主题，哪个地方赚钱，大家就都扎进去，企图通过简单的跟风抄袭和模仿来分一杯羹。选择短期逐利，还是选择长期回报，是企业需要作出的重要抉择。

再者，资本在进入动漫产业时表现出的急功近利，不符合文化产品本身的属性。大家只看到美国人做《功夫熊猫》赚了很多钱，却没有看到其不但投入了很多资源，还一声不响地干了四五年，这期间没有任何宣传。投资机构的心态比较急，需要资本快进快出。所以像文化市场这样需要长期投入和积淀的领域，得到了投资自然就有了快速赢利的压力，得不到投资，品牌就不太容易很快做起来。

我们的动漫产业还处于初级阶段，集中度很低，叫得响的大品牌还很少。在这种情况下，动漫出版企业应该找到适合自己的定位，根据自己的实力，在力所能及的范围内，选择可以掌控、比较有优势的业务去扩展。

(十六) 网上商城与音像业的合作

京东商城 2011 年 2 月 10 日宣布，公司即日起上线音像频道以及在线读书频道，京东商城音像板块上线，得到了包括索尼音乐、华纳影视、广东星外星唱片等在内的音像出版巨头的鼎力支持。其音像频道包括音乐、影视、教育三个分类：音乐频道涉及流行、古典、摇滚等 30 个品类，上线即拥有 15 000 多种商品；影视频道涵盖电影、电视剧、儿童影视、专题纪录等 12 个品类，近 2 万多种商品；教育音像频道涉及英语学习、教材教辅、考试考级等 20 个品类近万种商品，可以满足学生、成人等各类人群的需求。电子商务对音像业的影响主要表现在以下几个方面：

第一，可以节约流通费用。商品流通包括商流、信息流、物流与资金流。对企业来说，商品流通的时间越是等于零或接近于零，企业的竞争力就越强，获利就越多。电子商务便可以缩短环节，减少商品流通时间，节约流通费用，从而全面降低商流费用、物流费用、信息流费用和资金流费用。音像制品进入电子商务模式就不必在多级分销中被层层加价，正版价格将会逐渐降低，在市场竞争中会更具优势。

第二，可以开拓新的市场，寻找增长点。传统的音像零售业受到地域、营销成本的限制，不可能覆盖市场的所有地域，但对于电子商务来说，只要有互联网的地方就有可能进行音像制品交易。这样，一些县、乡等五六级市场都可以得以开拓。

第三，可以打击盗版市场。在网上进行销售的音像制品易于进行行业监督，且成本、价格与盗版制品不相上下，可以更为有力地打击盗版。比如，一些电子商务网站，相当一部分音像制品售价仅仅在 10 元左右，对消费者非常有吸引力。

三、音像与电子出版存在的主要问题及未来发展趋势

（一）存在的主要问题

问题之一，产品制作和出版能力相对不足

目前我国音像电子产品结构不合理，品种单调贫乏，重复、跟风出版品种多，原创品种少，更多的是“炒冷饭”，选题雷同、内容相近，甚至连封面都差不多。这些品种在市场相遇时，只能恶性竞争，采取低价策略。这成为了音像电子出版市场的一个重要特征。长此以往，导致了音像电子出版单位的市场份额缩小，加剧了库存积压，从而造成了亏损加大。价格偏低不仅损害了音像电子出版单位的利益，还影响了其扩大再生产的积极性，不利于音像电子出版业的良性发展。主要表现为：

重大题材多，尤其是反映民族文化特色的产品受到中外读者的欢迎，但有些冠以“中国”名头的产品名不副实，分量不足。

系列产品多，这虽符合电子出版物容量大、综合性强的特点，但有些系列选题虎头蛇尾，让人感到有急于抢占选题资源的嫌疑。

选题雷同多，一些有文化价值和市场效益的选题大家争先恐后地做，各自特点并不明显，选题撞车或低水平重复现象比较突出。

创意策划少，产品的创意思想和策划能力较差，模仿痕迹较重，独创个性较少。图文声像资料有七拼八凑的感觉，或者只是图书和音像制品的翻版。

技艺手段少，多媒体表现不够生动，交互功能比较呆板，尤其是视听效果缺少原创，品味不够。媒体的合成效果比较粗糙。

质量检测少，电子出版物的编辑出版技术规范尚未成熟，因此，其内容的审校和技术检测比较困难，加上目前编辑制作人员比较重视技术实现过程，容易忽视内容和细节上的差错。因此国内光盘普遍存在质量不稳、差错较多的现象。音像电子出版物的质量问题比较突出：一是内容低俗，有的音像电子出版物思想不健康，语言格调低下；有的内容庸俗、趣味低级、恐怖、残酷等，不适合未成年人。二是使用不规范字、错字、别字现象严重，有的繁简字混用，不符合国家语言文字规定。三是制作粗糙，有的文字或图像、音质等不清晰，有的语音与字幕不同步或不相符，有的标识不够规范等。

问题之二，市场化、商业化动力不足

2000 年以来，各行各业都面临着加入世贸、媒体互动和网络经济的挑战和机遇。但是，由于经营机制落后，缺少应战准备，音像电子行业明显是挑战大于机遇。音像行业与其他行业存在着严重的行业分割、行政分割、地区分割，阻碍着音像电子行业跨行业、跨媒体、跨地区的横向合作；音像电子行业内部细致的分工、分家、分利影响着编创、制作、发行的纵向合作。因此，音像电子出版呈现出市场化、商业化动力不足的问题。

音像电子出版的市场化不够成熟还表现为资本融资渠道有限的问题。改革开放几十年来，民营音像电子企业由于体制符合市场经济的要求，机制灵活，它们在产品规划、运营层面的研究投入优势明显，事实上已经成为音像电子产品开发、制作的主体之一，成为音像电子出版市场的主要骨干力量。甚至有的民营企业如俏佳人、孔雀廊等已成功打入国际市场，进入国外音像电子市场的主流渠道。但是由于没有出版权，制约了其进一步发展。而国有音像电子出版单位由于体制僵化，机制落后，缺乏创新力和生产动力，大多数发展无力，甚至生存艰难。如何打破原有体制机制的束缚，在民营制作公司和出版单位之间建立一种良好的合作机制，这是出版单位需要认真对待的课题。同时，中国加入世界贸易组织之后，资本结构的开放使整个音像市场进入到一个逐步开放、充满变数的新时期。尤为明显的是，国际唱片业巨头纷纷在内地成立或委托其专属的出版销售企业来经营其引进版节目，这就使得引进版节目资源分配格局正在发生重大变化，留给其他音像企业的版权资源大幅减少，竞争加剧，经营风险骤增，节目成本大幅上扬，而获利空间微乎其微。

问题之三，盗版问题严重

目前我国存在的盗版数量相当大，每年生产的盗版音像电子制品都在百亿张以上，使得正版市场每年至少蒙受几十亿的损失。虽然国家每年都加大力度整治盗版音像及电子制品，但屡禁不绝，数量逐年增多。加上随着科技的进步与开发，盗版音像及电子制品呈现出许多新的发展趋势，如HDVD、网络盗版等，传播更加迅速，影响范围更大，更不易监控。

正规出版单位的产品只要有市场均被盗版，节目越好销，盗版就越多，盗版使中国电子音像出版单位规模效益的提高十分困难。目前，全国电子音像出版单位普遍缩减产品开发，自行投入或开发的产品更少，而如果没有自行投入开发的产品，出版单位就难以形成自身特色和规模效益。

电子音像市场被盗版侵占，出版单位缩减产品开发，使国内电子音像产品的结构难以形成合理的格局。很多门类的产品还没有得到充分开发，产品重复"撞车"现象较多；缺少产品，缺少市场，又进一步加剧了电子音像产品正规销售渠道的不畅。可见，盗版问题是导致音像电子重复出版等其他问题的根源之一。

此外，消费者版权意识不强为盗版产品提供了市场，我国现行的法律法规还不够健全，对盗版的制售行为处罚较轻，对盗版的消费行为不予追究。市场消费的健康发展必须解决知识产权保护问题。

问题之四，音像电子出版与电子商务的结合尚不成熟

随着音像电子商务的发展，网络销售开始大幅提速。电子商务具有传统销售模式所无法比拟的优势，因此，在音像电子传统销售业务急剧下滑的形势下，音像电子商务的发展大幅提速。

但是，音像电子商务方兴未艾，在实践探索中也出现了一些急需解决的问题。比如盗版音像电子产品在网上仍然无法消除，音像电子商务企业之间不合理的价格竞争，造成了市场动荡不稳；整体音像电子商务市场还存在着"一窝蜂"现象，不太注重产品的销售、宣传以及企业规模，忽视企业核心竞争力的塑造等。

(二) 音像与电子出版业的未来发展趋势

趋势之一，推进数字出版、跨媒体出版

传统音像出版业在互联网的冲击下应当寻求新的发展渠道。2011年，中国版权协会联合国内最大的民营音像连锁分销企业FAB精彩集团，宣布在石景山万商大厦成立数字文化产业创新基地，近百家唱片公司、出版社等内容机构合作签约，向数字出版进军。据音像协会的资料，目前音像市场中，六到七成被网络非法下载占领，正版音像市场急剧萎缩。数字出版已经成为音像出版前进的方向。

不仅仅是立足于现有电子音像的出版，还要从可持续发展的角度出发，放眼于数字出版。而数字出版不是简单的资源数字化，而是丰富的内容、按需组合的形式以及使用的便捷。这就要求音像电子出版社首先就需要站在开发数字资源这个高度去考虑和策划，继而延伸到之后的服务，如和用户的互动交流、资源的补充、个性化需求的满足等。

目前，传统音像电子出版社的产品载体大多是光盘，而数字出版除了光盘出版，还包括网络出版、手机出版等出版形态，其载体形式也就有了网络、手机以及新兴的平板电脑等。因此，音像电子出版必须要看到网络、手机、平板电脑等载体的出现，综合考虑并根据终端消费者的需求，从而决定数字产品的载体，构建自身产品的特色。

从音像市场出版的节目来看，包括音乐唱片类、影视节目类、戏曲曲艺类、文化教育类等，在跨媒体出版中都可以形成广阔的空间。如音乐教材，单一出版形态难以表达完美的音乐内涵，将文字、光盘两者结合，互为补充，才能构成完整的音乐教材。再比如童话、童谣类的儿童出版物，只有图像没有声音或者只有声音没有图像，都很难吸引儿童的兴趣，只有把声音和图像结合起来加以开发和创新，才能使得儿童出版物更加多彩多姿。

趋势之二，提高创新意识、能力以及内容质量

尽管出版的载体与形式不断更新变化，但出版仍是以内容为基础的文化产业，“内容为王”，只有掌握了内容资源的主导权，拥有在某一领域具有核心竞争力、有特色、有个性而不是同质化的内容资源，才能在音像电子出版中形成自己的优势而获得赢利。要提高自己的创新意识和能力，不断开发、挖掘新的资源，才能满足市场的需求。

此外，音像电子出版单位应提高产品的内容质量。一是从管理上把好质量关。根据自身的特点，按照质量管理标准建立起完善的质量体系并有效运行，在质量要求、组织结构、人力投入、资源配备上提出硬性的要求，在生产环节上对质量进行监管。二是从内容上把好质量关。音像电子产品的编校内容扩大到声音、图像、动画等，并在计算机屏幕上进行编校。要根据音像电子出版物的特点来进行编校，比如一些引进版权的电子出版物存在着片面推崇西方价值观的问题，或含有色情照片、格调低下的语言，或有攻击和诬蔑中国的言论，游戏光盘中有少儿不宜的场景、用语、动画等，这些都必须在编校时特别注意把关。

趋势之三，加强商业模式建设

商业模式是音像电子行业市场化发展的动力，只有进一步加强和加快商业模式建设，才能使得音像电子出版单位夺回参与市场竞争的最佳时机和最后优势。国内音像产业应与电影、音乐互相联动，而且行业管理多头并举，新闻出版总署管出版制作，文化部及广电部管市场流通，这样音像行业就不会散乱无序。

市场经济为资本的自由组合提供了最大的可能，音像电子行业应该从依赖政府的扶植转变为追求资本的扩张。只有按照现代商业模式进行资本运作，打破社会资金进入音像电子行业的限制，音像电子行业才能发展壮大。活跃的社会资本不仅将带动音像电子行业壮大发展，而且可以成为遏制盗版的积极力量。但是，在音像电子行业跨越式合作与多渠道融资的过程中，国有音像电子企业要防止将音像电子出版权当做“招牌”卖掉。合作而保持主体权益的关键，在于国有音像电子企业壮大规模实力、建设商业模式，以增强融资合作的优势。

目前，国际上一大批实力强大的影视和音乐公司，如美国的时代华纳、环球，法国的百代，日本的索尼、JVC、麦田，香港的英皇等纷纷投资中国大陆，参与大陆本土化的运作。此外，民营音像企业在迅速崛起，发展势头非但没有减弱，竞争实力反而越来越强，资金涌入越来越多，市场份额越来越大，民营音像企业已成为国内音像市场一支不可忽视的新生力量。

我国音像电子出版单位应努力寻找与民营、国外资本合作的方式，抓好引进节目和对外合作节目，达到共赢的局面。2009 年，国家新闻出版总署下发了《关于下发音像(电子)出版业体制改革实施方案的通知》。民营企业参与音像(电子)出版企业的股份制改造或重组的大门由此打开。随着《通知》的下发，地方和高等院校所属音像(电子)出版单位的改制时间定在 2009 年年底，与此同时，中央各部门各单位所属音像(电子)出版单位也必须在 2010 年年底前全部完成转制。同时，积极鼓励和支持大型国有企业和民营企业在政策许可领域、范围参与音像(电子)出版企业的股份制改造或重组，避免出版社空壳运转。民营资本参股出版社改制主要还是要完善销售渠道的建设,在不景气的环境下,进一步降低音像制品制作、发行的成本。

趋势之四,出版单位积极实施反盗版策略

打击盗版需要政府健全反盗版的法律法规,加大对盗版行为的刑事和经济处罚力度,健全管理机构和严肃执法纪律,从各个环节截断盗版流通渠道,加大知识产权保护力度,提高广大消费者的版权意识。同时,打击盗版也很需要音像电子出版单位积极实施反盗版策略。

一是产品销售和服务并重。众所周知,盗版制品不会提供购买之后的服务,那么正版产品出版者就可以通过提供有特色的、个性化的服务来吸引大众,比如免费升级、免费体验部分新产品等,这是正版产品与盗版博弈的过程中克敌制胜的重要手段。

二是提高产品的技术含量和防盗技术。面对日益猖獗的盗版,美国沃尔特 & 迪斯尼公司开发出一种自毁式光盘,这种光盘不仅成本低廉而且购买极其便利,消费者不用去专门的音像店,在随处可见的便利店和超市都可以买到。国内的音像电子出版单位应当积极学习和借鉴国外反盗版经验和技术,从而达到维护正版产品的目的。

三是运用新生产技术,降低产品成本,提高产品竞争力。吸取 HDVD 的惨痛经验,音像电子出版单位应当意识到不能拒绝新兴的生产技术,而是要学会运用它们,降低产品生产成本,缩小正版与盗版之间的价格差别,扩大产品市场占有率和份额,尽可能吸引顾客购买正版。

四是积极通过法律手段打击盗版商。2009 年 12 月 3 日,国家版权局发出通告,根据微软公司的投诉,国内两家光盘厂非法复制数万张 Windows XP 操作系统光盘被查属实遭到重罚。这是微软公司在多年的维权行动中,首次将矛头指向盗版源头的光盘生产厂商,并且一战告捷。

趋势之五,加快音像电子出版与电子商务的融合

电子商务的先进性,使得它与音像电子出版的融合可以为音像电子出版的发展注入新的动力。我们应当加速传统音像电子出版单位的改造,电子商务改变了音像电子出版的销售渠道、交易方式、售后服务等,传统音像电子出版单位应当作出相应的调整以适应新的商业模式,通过发展电子商务,改变经营观念,规划企业发展,在国内站稳脚跟,同时积极扩大与海外的文化交流,通过互联网扩大音像电子产品的影响力,形成全新的、实力雄厚的、管理科学的新型音像电子出版单位。

环球、百代、索尼和华纳聚拢在聚友网的旗下,以 1 亿美元的巨额“赌注”组建了“聚友音乐”，抛开唱片赢利的传统模式，通过一系列与音乐相关的附加产品——无限制的免费音乐、演唱会门票、在线广告、手机彩铃和其他娱乐功能吸引用户并获利。

我国音像电子出版单位可以加快和成熟的电子商务经营商的合作，如京东、当当等，充分利用它们强大有影响力的平台、较完善的金融服务体系和高效的物流配送体系，来宣传、销售自己的音像电子产品，在增加销量和盈利的同时扩大自己的形象影响力和渗透力。

新千年来的中国数字出版

我国数字出版产业自进入新世纪以来，新闻出版业对其概念的认识和理解不断加深，在具体业务实践方面和经验形成方面都得到了一定程度的累积。同时，无论是产品的生产规模、市场规模，还是用户规模，都处于急剧增长之中。据《2009—2010中国数字出版产业年度报告》显示，数字出版产业收入规模从2006年的213亿元，2007年的362.42亿元，2008年的556.56亿元，2009年的799.4亿元，2010年的1051.79亿元，到2011年的1 377.88亿元，一路高歌猛进，平均年增长率保持在50%左右。这是在其他产业发展过程中少见的。目前，数字出版的收入规模在新闻出版业，乃至文化产业中所占比重不断上升，已成为新闻出版业新的发展趋势和升级转型方向。

一、新千年来的数字出版：数据分析

（一）数字媒介阅读率逐年提升

信息技术的不断发展，推动了终端不断升级换代，新产品、新终端不断涌现，新性能、新体验不断增加，有力地满足了对内容呈现形式的支持需求以及用户观感、阅读要求；数字出版物在经历了对纸质出版物原版原式的简单呈现后，已经开始出现网络直接发行原创作品以及包括互动、多媒体等增强型产品。产品类型的丰富，内容的海量供应，传播渠道的多样化以及阅读终端的多种选择，不仅推动数字出版产业的不断发展，也推动着数字媒介阅读率的不断提高。据中国新闻出版研究院发布的第六次、第七次、第八次、第九次“全国国民阅读调查”数据显示，自2008年以来，我国成人数字媒介阅读率逐年提升，2008年为24.5%，2009年为24.6%，2010年为32.8%，2011年为38.6%。从表1可以看出，我国数字媒介阅读主要包括网络在线阅读、手机阅读、PDA/MP4/电子词典阅读、光盘读取和其他电子阅读器阅读。其中，网络在线阅读率在 2008 至 2010 年一直保持平稳发展，增长幅度保持在 1%至 1.4%之间，2011 年则实现了大幅增长。手机阅读率几年间保持着 4.97%的平均增长率，2009 年实现增长 2.2%，2010 年增长了 8.1%，2011 年增长了 4.6%。手机阅读率的快速增长一方面说明手机阅读用户数量庞大并已被接受，另一方面也表明手机阅读物的出版具有广阔的市场前景。PDA、MP4、电子词典阅读率则呈现起伏不定的态势，尤其在 2010 年甚至下降了 1.6%。光盘读取率从 2008 至 2010 年则保持逐年下降，由 2008 年的 3.3%一直下降到 2010 年的 1.8%，2011 年才有所上升。这说明 PDA、MP4、电子词典阅读和光盘读取受到了其他数字媒介阅读的强烈冲击，处于萎缩态势，偶尔的增长也说明其仍然存在一定的市场空间，其他的阅读方式对其起到的替代作用还没有完全发挥出来；而其他电子阅读器阅读率则保持一定程度的增长，尤其是 2010 年实现了 2.6% 的高速度增长，这与 2010 年电子阅读器市场的火爆销售和大力推广是分不开的。

表 1　2008—2011 年全国国民数字媒介阅读率一览

年份 阅读率	2008	2009	2010	2011
成人数字媒介阅读率	24.5%	24.6%	32.8%	38.6%
网络在线阅读率	15.7%	16.7%	18.1%	29.9%
手机阅读率	12.7%	14.9%	23.0%	27.6%
PDA/MP4/电子词典	4.2%	4.2%	2.6%	3.9%
光盘读取	3.3%	2.3%	1.8%	2.4%
其他电子阅读器阅读	1%	1.3%	3.9%	5.4%

我国国民数字媒介阅读率的变化情况，一方面反映了用户对数字阅读的接受状况；另一方面，也可以为我们指明数字出版产品的重点发展方向，即手机出版、网络出版等。

（二）数字出版用户规模平稳增长

产业的发展需要一定消费者的支撑，包括实际消费者与潜在消费者。数字出版产业的发展也同样如此，数字出版用户规模随着产业的壮大而不断增长、壮大。从表 2 可以看出，截至 2011 年年底，我国数字出版产业的累计用户规模超过 16.31 亿人/家/个（包含了重复注册和历年尘封的用户

表 2 2006—2011 年中国数字出版产业用户规模①

（单位：人/家/个）

数字出版物	2006 年	2007 年	增长率	2008 年	增长率	2009 年	增长率	2011 年
互联网期刊用户数	6 300 万人	7 600 万人	20.63%	8 700 万人	14.47%	9 500 万人	9.20%	数据缺失
电子图书机构用户数	3 000 家	3 800 家	26.67%	4 000 家	5.26%	4 500 家	12.50%	8 000 家
数字报纸用户数	网络报 800 万	手机报 2 500 万	212.50%	5 500 万人	120.0%	6 500 万人	18.18%	>3 亿人
博客注册用户数	6 340 万	9 100 万	43.53%	1.62 亿人	78.02%	2.21 亿人	36.42%	3.1864 亿人
在线音乐用户数	1.19 亿	1.45 亿	21.85%	2.48 亿人	71.03%	3.2 亿人	29.03%	3.8 亿人
网络游戏用户数	3 260 万人	4 017 万人	23.22%	4 935 万人	22.85%	6 587 万人	33.46%	1.2 亿人
手机阅读活跃用户数②				1.04 亿		1.55 亿	49.04%	3.09 亿
原创网络文学注册用户数③						1.62 亿人		2.03 亿(数据截至 2011 年 12 月)
合计④						10.84 亿		16.31 亿

注：由于网络原创作品数无法追溯，所以 2008 年和 2010 年数据无法搜集

① 表格数据来源：郝振省主编：《2011—2012 中国数字出版产业年度报告》，中国书籍出版社 2011 年版。因原表格中 2010 年数据缺失，故此处无法填补。表 3、表 4 出处同表 2。

② 2006—2007 年手机活跃用户数未搜集。

③ 2006—2008 年及 2010 年网络原创作品未搜集。

④ 电子图书机构用户数没有计算在内；2011 年互联网期刊用户数缺失，未计算。

等),虽然2006、2007、2008、2010年数据统计不完整,但仍可以看出我国数字出版用户规模在显著增长。其中:电子图书在2006至2011年的6年间,其用户规模相对稳定,均呈现出平稳增长的趋势;而数字报纸、博客、在线音乐、网络游戏的用户规模数则分别在2008、2009或2011年都有一个跨越式的大幅增长过程;手机阅读活跃用户数2009年比2008年增长49.04%。较大的增长幅度、庞大的数字出版用户规模为我国数字出版产业的发展、数字出版物的消费提供了一定程度的保障。

(三)数字出版产品规模显著壮大

经过多年的发展,数字出版产业的产品种类不断丰富,规模也在日益壮大,让用户有了更多的选择。从表3我们可以看出:互联网期刊产品规模从2007年的9 000种,增加至2011年的2.5万种,增长率达到177.78%;多媒体互动期刊产品规模从2009年的2万种,降至2011年的1.26万种,降幅为37%,这说明多媒体期刊这一数字出版形态与市场需求之间还没有很好地吻合,它只是机械地将纸质的期刊数字化,不能迎合消费者的需要,能否持久发展还需要观察;电子图书产品规模从2009年的60万种,增至2011年的90万种,增长率为50%;互联网原创作品的产品规模增幅最为显著,从2009年的118.68万种,增至2011年的175.7万种,增幅高达48.05%,表现极为活跃,预示着我们已经进入了内容膨胀的年代;数字报纸产品规模增幅最为显著,从2009年的500种,增至2011年的900种,增幅高达80%。上述数据表明,互联网新的产品形态如果不符合互联网用户消费习惯及使用特点,最终将被市场淘汰。

(四)数字出版收入规模持续上升

2006年至2012年,数字出版连续6年保持高达50%左右的增长速度。总体收入情况如下:2006年213亿元,2007年362.42亿元,2008年556.56亿元,至2011年,数字出版产业收入规模已达到1377.88亿元,比2006年增长了546.89%。总体来看,我国数字出版产业发展迅猛。其中:互联网期刊、电子图书(ebook)、数字报纸(网络版)、博客、网络动漫、在线音乐虽然在发展中有所波动,但总体上表现尚为平稳,保持着波动性增长势头;手机出版、网络游戏、互联网广告的发展势头强劲,其平均增长速度明显高于整个数字出版产业的增长速度,牢牢占据了数字出版产业收入的绝对主体地位。从表4中我们可以看出:互联网期刊的收入规模从2006年的5亿元增长至2011年的9.34亿元,虽在6年间增幅出现过稍微的起

表 3　数字出版物品种数

（单位：种/家/户/款）①

产品	出版者	2007 年			2009 年（截至 2010 年 5 月查询所得）			2011 年（截至 2012 年 5 月查询所得）		
互联网期刊产品种数	同方知网	8 460	减去平台之间重复授权数量，总数应在 9 000 左右	0.9 万种互联网期刊 +4 万种多媒体互动期刊 +50 万种电子图书 +54 万种互联网原创作品 +0.05 万种数字报纸 =108.95 万种数字化书报刊（总计）	9 185	减去平台之间重复授权数量，总数应在 16 000 左右（包括学报等）	1.6 万种互联网期刊 +2 万种多媒体互动期刊 +60 万种电子图书 +118.67 万种互联网原创作品 +0.05 万种数字报纸 =182.32 万种数字化书报刊（总计）	9 109	减去平台之间重复授权数量，总数应在 25 000 左右（包括学报等）	2.5 万种互联网期刊 +1.26 万种多媒体互动期刊 +90 万种电子图书 +175.7 万种互联网原创作品 +0.09 万种数字报纸 =269.55 万种数字化书报刊（总计）
	万方数据	—			学术期刊 5792			7 300		
	维普资讯	8 000			——			8 000		
	龙源期刊	2 000			≈3 000			3 800		
多媒体互动期刊种数	Zcom	20 483	4 家合计数为 41 926，减去少量的传统期刊的数字化，实际种数约 40 000 左右		16 485	4 家合计数为 23 772，减去少量的传统期刊的数字化，实际种数约 20 000 左右		13 572	4 家合计数为 15 624，减去少量的传统期刊的数字化，实际种数约 12 600 左右②	
	Xplus	20 000			5 872			533		
	Vika	927			869			≈880		
	Poco	516			546			639		
电子图书出版种数	方正阿帕比	—	约 540 家出版社开展了电子图书出版业务，共出版电子图书约 50 万种		—	约 540 家出版社开展了电子图书出版业务，共出版电子图书约 60 万种		—	超过 540 家出版社开展了电子图书出版业务，共出版电子图书超过 90 万种	
	超星									
	书生									
	中文在线									
电子书原创平台出版种数	起点中文网	176 447	537 365		412 724	1186 766		765 311	1 757 000	

① 表中电子书原创平台出版种数采集方法为：2011 年 5 月 26 日，检索各原创网站书库计算所得。由于多数网站对作品的计算方式是以提交稿件为单位的，实际上那些连载性的作品可能是按章或节计算的，这种计算方式与传统出版物的计算方式可能存在差距。

② 此数据为笔者点击各网站实际查到并计算的。

（续表）

产品	出版者	2007 年			2009 年（截至 2010 年 5 月查询所得）			2011 年（截至 2012 年 5 月查询所得）		
	搜狐读书原创、连载、小说、文学频道	16 632			34 478			39 522		
	晋江原创网	79 872			633 850			936 900		
	子归原创文学网				4 714			15 267		
	红袖添香	259 700			888 888			未查到		
	潇湘小说原创网									
	诸子原创文学网									
数字报纸家数	方正阿帕比	400	500		396	减去平台间重复授权总数在 500 左右		900	减去平台间重复授权总数在 900 左右	
	Xplus	100			231			164		
博客注册用户数		100 000 000			>200 000 000			318 640 000①		
网络游戏款数		250			321			353		

① 数据来源：中国互联网络信息中心. 第 29 次中国互联网络发展状况统计报告. http://www.cnnic.net.cn/hlwfzyj/hlwxzbg/hlwtjbg/201206/t20120612_26720.htm. 2012-01-16/2012-04-25.

伏波动，但总体依旧呈现为波动增长趋势；电子图书（ebook）收入规模2006年为1.5亿元，2007年为2亿元，2008年为3亿元，2009为4亿元，2010为5亿元，2011年为7亿元，呈现为稳步增长态势，但其收入总量与纸版图书销售收入相比，所占比例依然较少；数字报纸、手机出版、网络游戏、互联网广告，在2006年至2011年，都出现了大幅增长，表现出强劲的发展势头。

综合表4的数据，我们还可以看出：历年互联网期刊、电子图书、数字报纸的总收入在数字出版总收入中所占比例也仅为1.64%至5.41%之间，说明单纯的将纸质出版物数字化而缺乏原创内容，难以在市场中立足；而手机出版历年的收入，在数字出版总收入中所占比例一直保持在26.67%至41.39%之间，说明手机出版发展势头强劲，娱乐化产品在数字出版中占据相当比重。同时也表明，虽然我国数字出版产业整体上发展迅猛，但产业内部的发展非常不均衡。

表4　数字出版产业收入情况　（单位：亿元）

数字出版分类	2006年	2007年	2008年	2009年	2010年	2011年
互联网期刊	5+1（多媒体互动期刊）	6+1.6（多媒体互动期刊）	5.13	6	7.49	9.34
电子书	1.5（电子图书）	2（电子图书）	3（电子图书）	14（电子图书4+电子阅读器10）	24.8（电子图书5+电子阅读器19.8）	16.5（电子图书7+电子阅读器9.5①）
数字报纸	2.5（网络报+手机报）	1.5+8.5（网络报+手机报）	2.5（网络版）	3.1（网络版）	6（网络版）	12（不含手机报）
博客	6.5	9.75	—	—	10	24
在线音乐	1.2	1.52	1.3	—	2.8	3.8
手机出版	80	150	190.8	314	349.8（未包括手机动漫）	367.34（未包括手机动漫）

① 受苹果iPad等平板电脑类产品的冲击和价格战的影响，国内电子书阅读器市场在2011年整体陷入低迷。据课题组统计，2011年我国电子书阅读器累计销量约110.3万台，产值约9.5亿元。虽然销量较2010年略有增长，但产值却因为产品的大幅降价而出现大规模萎缩。

（续表）

数字出版分类	2006 年	2007 年	2008 年	2009 年	2010 年	2011 年
网络游戏	65.4	105.7	183.79	256.2	323.7	428.5
网络动漫	0.1	0.25	—	—	6	3.5
互联网广告	49.8	75.6	170.04	206.1	321.2	512.9
合计	213	362.42	556.56	799.4	1 051.79	1 377.88

二、新千年来数字出版中的代表性事件

数字出版在中国的发展可以归纳为三个阶段：在 20 世纪 80 年代末到 2000 年之前，是电子出版时代，这一阶段出版业基本实现了加工工艺的数字化与产品形态的数字化；新千年以来，出版数字化又可以划分为两个阶段：前 5 年是互联网出版时代；2005 年之后，“数字出版”作为独立的概念开始登上历史舞台，成为产学研三界的通用概念。

（一）互联网出版迅速成长（2000—2005）

2000 年，三大中文门户网站——搜狐、新浪、网易在美国纳斯达克相继成功上市，带动了互联网在中国的迅速普及。互联网的飞速发展助推出版数字化步入快速发展期。

互联网出版（OnlinePublishing、e-Publishing、NetPublishing）是伴随着因特网技术的发展而出现的出版形式，它突破了之前出版物的单机数字化的形态，实现了远程互联，即以多人在线的形式共享信息，实现了人类历史上信息传播技术的一次重大飞跃。互联网将出版数字化由电子出版时期作品的数字化、编辑加工的数字化，扩展到发行的数字化和阅读消费的数字化，开创了全新的、独具网络特性的出版与投送方式，将数字化出版推向一个全新的发展阶段，其标志性事件有以下几类：

1. 传统新闻出版单位纷纷触网

2000 年之后，传统出版物的网络化发展得非常快，多数传统新闻出版单位建立起自己的网站，将纸质版内容上传到互联网上。由于互联网出版

具有成本低、检索方便、存储阅读空间大等优势，传统书报刊的网站不仅仅上传其纸质版的部分内容，而且将其网站建成一个综合性的资讯网站，提供相关资讯及延展性信息，由报纸网络版延展为一个综合信息平台。

2000 年 3 月，新华通讯社网站更名为“新华网”，同年 7 月全面改版，启用新域名，提供 ICP 服务。2004 年 6 月，经过短短 4 年时间，在 Goggle 排名榜中国网站中，新华网的页面浏览等级为唯一的 9 级，与美国 CNN、雅虎、微软、亚马逊等世界知名大网站同级。2007 年 6 月，艾瑞市场咨询数据显示，新华网的网民月度覆盖人数比例达到 41.49%，在中国新闻网站中排名第一。

2000 年 7 月，人民日报网络版正式启动新域名，“人民网”开启了独立运营的新局面。经过十余年的快速发展，2012 年 1 月 13 日，“人民网”顺利通过了中国证监会 IPO 审核，将挂牌上市，成为在国内第一家上市的大型综合新闻类网站。

《经济日报》报业集团于 2003 年 7 月创办“中国经济网”：1999 年 12 月，《广州日报》报业集团创办“大洋网”；2002 年 12 月，浙江报业集团、浙江广电集团、浙江省外宣办三家共同主办的“浙江在线”正式改版上线；凤凰卫视创办“凤凰网”。一系列的新闻门户网站在这一时期迅速成长为全国及区域有影响的综合门户性新闻网站。

此外，各大型出版社与出版集团也在这一阶段纷纷建立起自己的网站，虽然知名度与影响力不如新闻网站那么大，但网站的建立为日后自身出版物的信息发布与数字发行打下良好的基础，为集团自身电子书、数字期刊与数字报纸的发行提供了基础平台。

2. 传统出版物开辟网络营销新渠道

1999 年 11 月，国内第一家专业售书网站——“当当网”正式开通，成立十余年来，“当当网”销售业绩增加了 400 倍，现已成为全球最大的中文网上图书音像商城。2010 年 12 月 8 日，“当当网”在纽约证券交易所正式挂牌上市。2011 年 12 月，“当当网”将其旗下免费试读的阅读电子书平台更换为在线销售平台，正式上线电子书的销售。

2000 年，另一家网上书店“卓越网”创建。当时，“卓越网”是“当当网”唯一的一家具备竞争实力的对手。2004 年 8 月，“卓越网”被亚马逊公司以 7 500 万美元收购，成为亚马逊中国全资子公司。2007 年，公司改名为“卓越亚马逊”，2011 年 10 月，改名为“亚马逊中国”。亚马逊全球领先的网上零售专长与“卓越网”深厚的中国市场经验相结合，有效地提升了“卓越网”的竞争力。

2002 年，一家中文旧书网上交易平台——“孔夫子旧书网”现身互联网，这是一家传统的旧书行业结合互联网而搭建的 C2C 平台，是 C2C 的精准细分市场。网站自开办以来一直以古旧书交易为最大特色。目前“孔夫子旧书网”已在中国古旧书网络交易市场上占据了 90％以上的市场份额，成为当之无愧的国内最大的古旧书网络交易平台。

作为图书网络销售平台，“当当网”与“卓越网”等网站虽然仍以传统的纸质图书销售为主，但传统图书销售渠道的网络化，使得图书销售中间环节大为减少，极大地提高了发行效率。同时，网上书店会将读者个人信息以及购买行为等销售信息记录下来，便于进行数据的深入分析。销售信息的数据化，有助于对出版物进行精准投放与推送，革命性地改变了传统销售渠道的粗放型售书模式，为今后电子书的销售打下了良好的基础。

3. 原创网站异军突起

互联网出版带给传统出版最大的冲击是打破了专业出版一统天下的格局，它为个人原创作品的大众化传播提供了一种非常宽容的新兴媒介渠道，使得许多优秀的原创作品不必经过专业出版单位的出版程序，而得以公开传播。近年来，有越来越多的优秀作品首先在网上发布，得到网友的追捧，后被传统出版社签下纸质版权，成为畅销书。同时，原创作品的大量增加也激发了原创网站的大量出现，尤以文学网站的建立和发展最具代表性。

1999 年 8 月，“红袖添香小说网”开通，成为国内最早建立的原创小说网站，并创建了在线阅读、创作、投稿、签约、互动、稿酬结算等一系列的网络出版模式。目前，网站拥有 100 多位月稿酬万元的明星作家团队，年度稿费发放总额超过 1 000 万元，是国内稿酬发放数额非常高的原创文学网站。①

1999 年 8 月，“榕树下文学网”正式运营，之后几年，在全球网站浏览量排名上，“榕树下”一直稳居 400 名左右。2002 年之后，“榕树下”开始大规模与出版社合作，出版了大量文学畅销书，如慕容雪村的《成都今夜请将我遗忘》、蔡智恒的《洛神红茶》、安妮宝贝的《告别薇安》、林长治的《沙僧日

① 引自百度百科.“红袖添香小说网”条目. baike. baidu. com/view/3737160. htm. 2012-04-11.

记》、今何在的《诺星汉天空》、孙睿的《草样年华 II》等，培养出安妮宝贝、宁财神、李寻欢、邢育森、蔡骏、慕容雪村、方世杰等一大批知名网络写手。“榕树下”还多次举办了网络文学大赛，余秋雨、余华、苏童、王安忆、王朔等国内知名作家出任大赛评委，吸引了全国各地近百家媒体的关注，在文化界一度引发了以“榕树下”为代表的“网络文学”现象的全国大讨论。

此外，2001 年 5 月，以奇幻小说为主题的幻剑书盟成立；2001 年，以武侠文学为缘起的潇湘书院成立；2003 年 5 月，由玄幻文学协会发起的起点中文网成立。在新千年前后几年，一大批文学网站迅速崛起，这些网站以原创作品为基础，加强网站、网络作品和网络作家的经销，开创了全新的原创文学的新运营模式，极大地推动了青春文学及年轻作者的成长。

2008 年 7 月，盛大文学有限公司成立，将“起点中文网”、“红袖添香网”、“言情小说吧”、“晋江文学城”、“榕树下”、“小说阅读网”、“潇湘书院”七大原创文学网站收归旗下，统一运营，成为中国最大的网络文学运营商。目前中国网络小说市场的 90％被盛大文学所占有。

4. 个性化媒体迅速成长

“9·11 事件”之后，一种新型的网络表达形态——博客迅速流行开来，并渐渐步入主流传播的视野。2002 年 8 月，“博客中国”创建，至 2003 年年底，已经成为全球中文第一博客网站。2005 年 7 月，博客中国正式更名为“博客网”。新浪、搜狐、腾讯等多家门户网站也都创建了博客频道。博客是个人日志的综合平台，是一个属于个人的小型数据内容平台，在这个平台上，博主既是创作者也是管理者，可以随意发布与修改、删除自己的作品，供人阅读与下载，也可以发布照片、语音、视频文件，并与他人进行在线交流。博客的出现带动了个性化媒体的发展，建立在受众自组织基础之上的自我生产、自我消费的媒体形式——博客网站迅速发展起来。

博客的流行体现了互联网出版的全民参与性，任何人都有机会将自己的观点借助大众传播渠道加以传播，从而打破传统出版一统天下的格局，使传播主体变得多元化。

5. 搜索与集成技术快速发展

互联网在提供给受众海量信息的同时也带来了使用者的不便，人们会淹没在信息海洋中，从而降低信息的使用效率。为解决这种不便，互联网的检索与集成这两大重要技术在这一时期应运而生。

继“谷歌”之后，2000 年，全球最大的华文搜索网站“百度”成立。“百度"致力于向人们提供"简单,可依赖"的信息获取方式。创新的搜索引擎检查整个网络链接结构,确定哪些网页重要性最高,然后进行超文本匹配分析,以确定哪些网页与正在执行的特定搜索相关。"百度搜索"可以同时进行一系列的运算,且只需片刻即可完成,在综合考虑整体重要性以及与特定查询的相关性之后,搜索引擎就可以将最相关最可靠的搜索结果自动排序,以便于受众从海量信息中迅速找出自己所需要的信息,从而大幅度提升了受众对互联网的使用效率。

搜索技术的进步,也促使数据集成拥有了更大的价值,在这个时期,一些数据库平台开始逐步发展壮大。1999 年 6 月,清华大学与清华同方发起创建"中国知网"(CNKI),得到全国学术界、教育界、出版界、图书情报界的大力支持,CNKI 工程经过多年努力,采用自主开发并具有国际领先水平的数字图书馆技术,建成了世界上中文信息量规模最大的"数字图书馆",并正式启动建设《中国知识资源总库》及 CNKI 网络资源共享平台。2000 年由中国科技信息研究所发起成立万方数据股份有限公司,"万方数据"平台在科技数据、企业资源数据与医学数据库方面做出了杰出的贡献,其所倡导的知识服务理念,目前已成为数据平台服务的主流趋势。"龙源期刊网"创建于 1999 年 6 月,现已成为国内最大的中文人文期刊数据平台。"维普网"创建于 2000 年,现建有国内最大的中文科技期刊数据库。学术期刊数据库及网络平台的建立使得知识得到了有效保存,又便于使用者有用信息的随时抽取,使信息能够更好地为人所用。

(二) 数字出版独立走上历史舞台(2005—2011)

伴随着出版全流程数字化的演进,出版形态与出版终端不断推陈出新,互联网出版这一概念已经不足以概括这些新型出版业态。2005 年,第一届数字出版博览会[①]在北京召开,博览会期间,数字出版这一概念被正式提出,并成为政产学研各界的一个通用概念。

数字出版是指:"用数字化(二进制)的技术手段从事的出版活动。这里有两点需要指出,一是二进制的技术,二是出版活动,而非出版介质。广义上说,只要是用二进制这种技术手段对出版的任何环节进行的操作,都是数字出版的一部分。"[②]

---

① 数字出版博览会由中国新闻出版研究院主办,每两年召开一届,2005 年至 2011 年,已成功举办了四届,成为中国数字出版展示交流活动的一个重要品牌。

② 郝振省主编:《2005—2006 中国数字出版产业年度报告》,中国书籍出版社 2007 年版。

数字出版突破了互联网出版在线阅读的局限，实现了手持终端的离线阅读，相对于互联网出版来说，其产业形态呈现出相对独立与完整的态势，它集作品的数字化、编辑加工的数字化、印刷复制的数字化、发行销售的数字化和阅读消费的数字化于一体，实现了出版全产业链的数字化。

1. 数字出版国家政策陆续推出

2009年9月1日，国务院推出《文化产业振兴规划》。2010年1月5日，新闻出版总署出台《关于进一步推动新闻出版产业发展的指导意见》。2010年8月6日，新闻出版总署发布了《关于发展电子书产业的意见》；2010年10月10日，发布了《关于加快我国数字出版产业发展的若干意见》，对数字出版的发展提出了纲领性的指导意见。

2011年4月20日，新闻出版总署推出《新闻出版业"十二五"时期发展规划》，明确提出"以科学发展为主题，以加快转变发展方式为主线，大力发展数字出版产业"。2011年5月，新闻出版总署颁布《数字出版"十二五"规划》，"提出'十二五'期末，我国数字出版总产值力争达到新闻出版产业总产值的25%，整体规模居于世界领先水平"。《规划》还指出我国数字出版产业发展现状及存在的问题，"十二五"期间数字出版产业面临的机遇与挑战，制定了"十二五"时期数字出版产业发展的指导思想和基本原则，提出"十二五"时期数字出版业发展的战略重点，以及"十二五"时期数字出版业发展的重点项目和推动数字出版发展的保障措施，等等。

数字出版的一系列国家政策的推行，为数字出版的进一步发展指明了方向。

2. 数字出版终端不断创新

2004年，SONY公司生产的世界上第一款商用电子纸电子书问世。电子纸是一种可以像纸一样阅读舒适、超薄轻便、可弯曲、超低耗电的电子显示器。2006年，津科生产的国内首款电子书问世；2008年，汉王推出采用E-ink电子纸的电子书；易博士、易狄欧、翰林、爱国者、纽曼等企业纷纷加入电子书生产领域，引发了电子书的热销。电子书的出现开启了数字出版脱离互联网、走向独立电子终端的时代。

在电子出版与互联网出版时代，数字化阅读只限于个人电脑（台式机与笔记本），这种载体的局限性大大限制了数字出版的传播效率，使数字出版在阅读的便捷性上难以与图书、期刊、报纸这些纸媒体相抗衡，而手持电子阅读器则极大地提升了便捷性，拥有独立的载体终端是数字出版独立于互联网出版的一个重要标志。

2007年6月，苹果公司推出iPhone手机，这是一款像个人电脑一样，具有独立的操作系统的智能手机，可以由用户自行安装软件、游戏等第三方服务商提供的程序，通过此类程序不断对手机的功能进行扩充，并可以通过移动通讯网络来实现无线网络接入。此后，诺基亚、索尼爱立信、三星等相继推出了采用Symbian操作系统的智能手机，国内的手机生产厂商也开始研制生产智能手机。智能手机的出现使手机也可以实现像电脑一样便捷的操作，大大促进了手机出版的发展。

2010年1月，苹果iPad的问世再次带给世界一种新型的数字终端——平板电脑，国内联想、神州数码等企业也仿照这种形式，相继推出了自己的品牌Pad。这种轻薄的便携式手持电脑，可以提供浏览互联网、收发电子邮件、观看电子书、播放音频或视频等功能，甫一问世，便风靡全球，成为数字终端的又一新宠。

数字终端技术的飞速发展，电子阅读器、智能手机、平板电脑等便携式产品的出现，使数字产品拥有了与纸媒体一样方便的手持式终端。载体的进步使数字化阅读迅速流行起来，为数字出版的大规模推广与普及提供了保障。

3. 数字出版传播渠道不断拓展

长期以来，数字出版的传播渠道只有互联网传输一种形式，智能手机出现后，网络传输速度与传送能力直接决定手机出版的内容形式，人们对无线通讯渠道传输提出了更高的要求。

2009年1月，工信部发放3G牌照，中国移动、中国电信、中国联通三家通讯运营商分别获得TD-SCDMA、CDMA2000和WCDMA的三张3G牌照，参与中国手机通讯市场的竞争，中国正式进入3G时代。这一年，中国联通与苹果公司达成合作，开拓3G手机市场，渠道运营商与终端生产商的有效结合，使数字出版在移动终端上获得长足发展，此后几年，3G用户增长迅速。

数字网络环境的建立为数字出版提供了良好的发展基础。手机出版获得快速发展，中国移动、中国电信、中国联通三大运营商分别建立了自己的移动阅读基地，中国移动还分别建立了手机动漫基地与手机游戏基地，涉足手机出版内容运营，向产业链上游延伸。

除了互联网、移动互联网，利用中国强大的卫星通讯技术来进行数字内容的传播，已经走向商用。2011 年，中国卫星通讯集团公司成立了“航天数字传媒有限公司”，为城市家庭提供高品质音、视频内容传输服务，作为既有渠道的有益补充，同时为渠道资源匮乏的偏远乡村提供数字内容传输服务。

4. 数字出版国家基地纷纷建立

2008 年 2 月，位于浦东新区的上海张江数字出版国家基地获批，基地以优惠的政策引进动漫、游戏、技术研发、内容制作等数字出版产业，以盛大网络、方正科技为代表的数字出版龙头企业纷纷落户张江，成为数字出版集群效应的示范试点。到 2010 年，张江数字出版国家基地入驻企业达到 300 多家，合计销售收入达 110 亿元，成为全国首个突破百亿元的基地。基地建设专项资金全年资助项目 216 个，资助金额 4 993 万元。[①]

张江数字出版国家基地获批后，在不到 3 年的时间里，另有 8 家数字出版国家级基地获批，分别是重庆北部新区、浙江杭州、湖南中南、湖北华中、陕西西北、广东广州、天津空港、江苏南京—扬州—苏州。

按照新闻出版总署的规划，到“十二五”末期，要在中国形成 8 至 10 家各具特色、年产值超百亿人民币的国家级数字出版基地或国家级数字出版产业园区。国家数字出版基地以优惠政策吸引、集纳国内外数字出版及相关产业的战略投资者和创业者，通过搭建综合性的公共服务平台降低企业进入及运营的成本，从而有效整合上下游力量，带动数字出版整体产业链发展，形成规模效应，使数字出版产业形成集群式快速发展。

建立国家基地，以数字出版基地的集聚效应来带动推进数字出版产业的发展，这成为我国数字出版发展的一大特色。

5. 数字出版版权意识逐步加强

自 2005 年之后，中国数字版权保护快速进步，表现为：数字版权保护意识不断加强，行政保护力度增大，司法保护在强化，版权保护技术研发得到大力支持。

2005 年 9 月，北京海淀法院对百度公司 MP3 侵权作出判决，百度公司败诉。2010 年，当当、互动百科、盛大文学、磨铁图书等公司要求百度删除百度文库的侵权书籍。此后，22 位作家联合发布声明声讨百度文库侵

① 金鑫：《上海“十二五”数字出版年产值力争 700 亿元》，《中国新闻出版报》2011 年 8 月 3 日版。

权，并称将起诉百度。中国文字著作权协会随后也发布声明，公开支持出版界起诉百度。“百度文库案”的爆发成为迄今为止数字出版领域最著名的一起侵权案。虽然百度公司利用互联网行业的“避风港原则”[①]，回应称百度文库所有文稿等资料为网友上传，百度本身并不上传侵权的书籍和作品，因此百度没有侵害作家和出版机构的利益。但司法程序的介入以及舆论的强烈谴责，最终还是迫使百度文库做出最大让步，推出百度文库版权合作平台，采取付费分成模式、广告分成模式这两种合作模式，并承诺通过多个宣传渠道对合作的正版资源进行宣传推广。

在数字版权保护法律法规制定方面，2005 年 5 月 30 日，我国第一部网络著作权行政管理规章《互联网著作权行政保护办法》正式实施。2006 年 7 月 1 日，国务院颁布的《信息网络传播权保护条例》正式实施。

此外，越来越多的社会力量加入到数字版权保护行列。其中，2005 年 7 月成立的中文“在线反盗版联盟”旨在建立一种及时发现在线盗版、快速反馈信息和有效打击在线盗版行为的机制，为有关单位和权利人提供法律咨询，进行维权、调查等。2005 年 9 月，中国互联网大会上，40 多家互联网相关企业共同签署《中国互联网网络版权自律公约》，倡导网络行业自律，逐渐形成尊重数字版权的维权行动。

2011 年 7 月，数字版权保护技术研发工程正式启动。数字版权保护技术研发工程是列入《国家“十一五”时期文化发展规划纲要》的重大科技专项，该工程将针对数字网络环境下版权保护水平滞后、产业模式不合理等问题，组织多方力量，研发一系列关键技术，并通过总集成和应用示范平台的搭建，形成数字版权保护技术整体解决方案，为数字出版产业探索新型商业模式奠定基础。

三、数字出版中存在的主要问题及未来发展趋势

从互联网出版到数字出版，经过十余年的发展，我国数字出版到目前已基本形成了由内容提供企业、内容加工企业为主的内容提供商；以互联网、移动通信、通讯卫星为主的传输渠道服务商；以综合或专业、特色数据库

---

① 避风港原则是指，互联网公司不制作内容时，如果被诉侵权有删除义务，如果没有被告知哪些内容应该删除，公司不承担侵权责任。

为主的平台服务商;以数字技术开发和数字技术应用服务为主的技术服务商;以电子书和其他新型阅读器为代表的阅读终端企业构成的一个相对来说比较完整的数字出版产业链,为整个产业的进一步发展打下了良好基础。

在看到成绩的同时,我们也看到数字出版尚存在一些问题,本节对这些问题进行总结并对数字出版的未来发展趋势加以简要概括。

(一) 数字出版存在的主要问题

1. 传统出版单位数字化进程迟缓

传统出版单位的数字化进程关乎中国数字出版的整体进程。目前,国外大型出版集团数字化做得卓有成效,而国内出版集团数字化整体水平则比较落后,传统出版单位在数字出版领域的收入非常少,基本处于边缘化的地位。传统出版单位虽然拥有大量内容资源,但目前转化为数字产品,可在新媒体上呈现、带来收益的内容却很少。目前业务规模都比较小,还是处在早期探索的阶段,没有形成明确可靠的盈利模式。

2. 优质内容缺乏,同质化现象严重

目前,用户上传内容过多过杂,缺乏把关人,已造成数字内容泛滥、良莠不齐的困扰。严重缺乏优质内容和优质内容难以脱颖而出,不利于数字产品品牌的创建与打造。以各大城市的手机报为例,无论在内容、编辑、发行以及传播方式上,都呈现出同质化的现象,使得手机报缺少特色,缺少竞争力和不可替代性,而同质化的手机报由于自身没有竞争优势也难以吸引到更多的订阅用户,形成恶性循环。

3. 数字出版深阅读有待进一步加强

2011 年发布的中国数字出版统计数字显示:2010 年数字出版总产值达 1 051 亿元,手机出版、网络游戏和互联网广告三项内容占据年度总收入的 90%以上,而代表主流阅读的电子书产值却只有区区 24.8 亿元①,仅占 2.36%。近年来,尽管数字出版产值增长非常迅速,但在数字内容的生产上过于关注消费化的短阅读、浅阅读产品,对有价值的深阅读产品开发不够。手机出版、网络游戏和互联网广告,这些数字内容产品更多体现为一种娱乐形式和信息形式,其内容深度有限。传播知识、引导国民阅读、提升国民素质的重任,光靠浅阅读是不能完成的,现有数字出版应加强深阅读的内容研发与推广力度,使主流文化在数字出版传播方面发挥出其应有

---

① 郝振省主编:《2009—2010 中国数字出版产业年度报告》,中国书籍出版社 2011 年版,第 16 页。

的价值来。

4. 中小市场需求尚未大规模激活

目前,我国的数字出版产业存在着“抓大放小”的现象。数字出版企业一般更加注重大市场,缺乏对细分市场的认识与作为,缺乏对中小市场需求的调研与调动,没有引发中小市场对数字出版的强烈需求。虽然有些数字出版企业创建了面向中小机构用户的个性化出版服务模式和商业模式,但是普遍而言,中小机构对信息和知识服务的需求意识还相当薄弱,市场启动还需要通过典型用户的示范和引导加以推动。

5. 数字出版领域标准相对滞后

缺乏统一的行业标准,特别是数字出版产业的整体标准体系尚未建立,已成为制约我国数字出版发展的另一重要问题。“十一五”期间,虽然完成了新闻出版、信息化、出版物发行等标准体系的制定工作,但距离建设层次清晰、分类科学、完整适用的标准体系还有一定的差距:基础性标准和关键性标准缺位;手机出版、互联网出版、动漫出版、网络游戏出版、数据库出版等新型出版领域的标准化工作处于起步阶段;企业标准格式不一,难以协调。数字出版标准化所存在的一系列问题直接影响了数字出版行业的顺利发展。

6. 数字出版运营模式有待进一步探索

自 20 世纪 70 年代之后,人类社会开始进入后工业时代,特别是近十年来,随着数字技术突飞猛进的发展,传统的出版业也开始出现了变化:以流水线下的大规模复制为主要利润源的“机器大工业”的方式,日渐转化为以提供个性化、差异化、参与互动为主导“小众服务性”的后工业化生产方式,其收益形式也由大众出版的二八利润转化为数字化后的长尾利润。如果说传统出版单位是以作者为中心建立起来的单纯内容提供商,那么数字出版将是以平台为中心、版权为纽带、终端为阅读介质建立起来的数字内容服务商。传统出版流程在数字化后将由编辑、印刷、发行转变为数字内容的聚会与分发——数字出版本质上是出版流程再造。应充分认识到传统出版与数字出版是两种不同的产业模式,如果仍以传统出版的经营模式与理念来进行数字出版经营,就会出现许多脱节和不适应的状况,探索与完善适合数字出版的全新运营模式,是数字出版发展的理论与实践的重要课题。

7. 数字出版产业链间利益分配不均衡

数字出版内容与技术结合的特质决定了数字出版内容与技术均衡发

展的特质。我国数字出版产业，内容创造者、内容提供商一直处于弱势地位，缺少相应的话语权与主导权，在数字出版领域获利能力低，这些严重影响了他们参与数字出版的主动性与积极性。随着电子书产业的发展，虽然内容提供商与电信运营商、技术提供商在收入分成比例上有所调整，但是由于技术提供商、平台运营商将产品定价定得较低，对于内容提供商、创作者来说，收益甚微。究其根本，在于内容提供商、创作者交易主动权、定价权的缺失。从目前来看，在美国等出版发达国家中，数字产品定价权由内容提供商、创造者进行主导已初露苗头。我国数字出版产业的迅猛发展对内容创作和生产也提出了越来越高的要求，内容对于产业的意义将会日益突出，内容创造者、提供商对数字出版产品定价权的话语权应进一步提升。

8. 人才匮乏影响了数字出版的发展

传统出版单位信息技术方面的人才非常缺乏，特别是既懂出版又懂技术研发的人才。而在新媒体出版及制作单位中，数字出版流程及审读规范还不完善，缺乏适应数字出版要求的编辑人才。同时，出版单位的人才管理不规范，制度不健全，对人才的管理仍停留在传统的人事管理模式阶段，阻碍了优秀人才的引进，并造成人才流失。另外，现在的高校很少涉及数字出版专业，且师资力量不足，造成人才培养与数字出版发展不同步。人才的缺乏导致企业对技术含量高的数字出版新业态无法把握，影响了数字出版的发展。

此外，国内数字出版核心技术匮乏，数字出版基地的集群效应如何有效实现，政府对数字出版的支持政策如何与市场进行有效对接，数字出版与国外的差距如何缩小，国内数字出版机遇期不断压缩，等等，都是当前数字出版发展需要解决的重要问题。

（二）数字出版发展趋势

1. 数字出版发行走向知识服务

数字出版发行从数据库营销走向知识服务是近来出版平台服务商达成的共识。知识服务是一种面向知识内容和解决方案的服务，是基于对信息和知识查询进行分析和再组织所提供的增值服务。知识服务重视用户需求分析，提供基于逻辑分析的深度服务，而不再是以往数据库平台所提供的基于用户简单提问和数据占有获取的服务。知识服务平台通过提高用户知识应用和知识创新效率来实现价值。

2. 教育数字化发展迅速

2011年,新闻出版总署在其《新闻出版业"十二五"时期发展规划》中明确将电子书包研发工程列入"十二五"重大工程项目。电子书包是一款集硬件、内容、平台、软件开发为一体的系统解决方案,承载着电子教材、电子教学资料以及相关虚拟学具,可被多种终端设备访问的电子化系统。扬州、上海虹口、西安、宁波、北京、重庆等城市相继进行了电子书包的教学试点,教育部也在加紧制订电子课本与电子书包的相关标准。"十二五"期间,中国将大力研究开发以网络环境为依托,由移动终端设备、电子教学服务平台、资源加工出版支撑体系以及教育教学数字内容共同构建的电子书包。

中国是教育大国,教育出版数字化影响深远。电子书包的早期形态是电子阅读终端推广,今后将在人机交互、网络互联的电子书包整体解决方案上作进一步的开拓。

3. 4G将使手机出版跃升新高度

2012年3月,中国移动宣布将在国内七个城市筹建4G网络。4月5日,杭州成为国内第一个4G网络试点城市。4G体验用户将在下半年定点推出。据中国互联网络信息中心(CNNIC)2012年1月发布的《第29次中国互联网发展状况统计报告》显示,我国手机网民数已达到3.56亿人;2010年,我国手机出版产值达到349.8亿[①],占整个数字出版产值的33.26%。伴随手机网民的不断增加,手机移动阅读基地的快速成长,手机出版已显示出强劲的增长势头。国内最大的手机渠道运营商——中国移动4G网络的推出,将极大地推动手机出版的大幅增长。据悉4G的网速将是3G的10倍,届时,数字出版中需要大网速传送的内容将会获得更好的用户体验,技术与渠道的扩容,为数字内容的深化开发与推广,提供了支持。4G时代,手机将会与互联网一样快捷,而手持、移动的便捷属性又使手机拥有PC终端所无法比拟的优势,手机出版将会迎来又一个大幅度的增长。在数字出版的所有终端中,手机将成为最重要的一种载体形式。

4. 数字出版引领媒介融合走向深入

目前在国内,由于历史原因,我们的媒体条块分割,在资源的有效利用方面,具有先天的局限性。因此,数字出版与三网融合、推进媒介融合、组

---

① 郝振省主编:《2009—2010年中国数字出版产业年度报告》,中国书籍出版社2011年版,第17页。

建大型媒体集团应该是同步进行的。随着数字技术的发展，出版业在实现多种媒体形式之间整合的同时，它与广播电视业、影视业、娱乐业、IT 等产业之间的界限也会越来越模糊，数字出版则通过不同行业的融合，有效地达到优势互补，资源共享，使信息服务由单一业务转向文字、语音、数据、图像、视频等多媒体综合数字出版业务。未来的数字出版不仅继承了传统出版原有的数据、文字和音视频业务，而且可以通过数字化整合，创造出更加丰富的增值业务类型，引导媒介融合走向深入。

5. 数字出版将走向“云出版”

“云”是一种聚集方式，云计算是指基于互联网的 IT 基础设施的交付和使用模式，用户通过云计算平台，以按需、易扩展的方式获得所需资源。对于出版产业来说，建立统一的在线数字出版综合服务云出版平台，使分散的碎片化的出版资源整合成整块的“云”，对出版商和渠道商来说都是一件好事。通过云出版平台，出版社可以对社内资源加密，可以选择发行渠道进行授权、安全分发；渠道运营商可以打通各种渠道的终端应用，方便获取出版单位授权的资源进行运营。一切的流程通过云出版服务平台进行，渠道的销售数据随时反映在平台上，出版单位可以随时掌握，甚至连读者的查询、点击、购买等行为，也可以通过该平台了解掌握。云计算在出版领域的应用对于出版产业达成合作联盟，统一行业标准，完善产业链分工，优化高效利用和使用资源，提供更好和更便捷的服务，将起到直接的推动作用。

新千年来的中国版权贸易与出版“走出去”

版权贸易是不同国家和地区之间在版权许可和版权转让过程中产生的涉外贸易行为，通常指著作权人与著作权使用者不在同一国家或地区的情况，涉及图书、录音和录像制品、电子出版物、软件、电影和电视节目等领域。1991年6月，《中华人民共和国著作权法》正式颁布实施。随后，我国又相继加入《伯尔尼公约》和《世界版权公约》这两个世界性的公约组织。这标志着我国版权贸易进入一个全新的发展阶段，为新世纪版权贸易的进一步发展奠定了基础。

版权贸易涉及的众多领域中，图书版权贸易处于绝对领先地位，基本能从总体上代表和反映我国版权贸易的大致情况。如在2010年全国共引进的16 602种出版物版权中，图书13 724种，录音制品439种，录像制品356种，电子出版物49种，软件304种，电影284种，电视节目1 446种；2010年全国共输出的5 691种出版物版权中，图书3 880种，录音制品36种，录像制品8种，电子出版物187种，电视节目1 561种，其他19种。[①] 因此，我们在这里拟以图书版权贸易和中国图书“走出去”为例，概括性介绍新千年以来我国的版权贸易与出版“走出去”。

一、新千年来版权贸易与出版“走出去”：数据分析

在目前情况下，我国图书版权贸易主要是通过出版社进行的，版权代理公司和其他机构进行的图书版权贸易所占比例非常小，出版社图书版权贸易构成了我国图书版权贸易的主体，基本上反映了我国图书版权贸易的全貌。下面以历年《中国知识产权年鉴》和国家版权局公布的我国出版社

① 新闻出版总署. 2010年全国新闻出版业基本情况. http://news.xinhuanet.com/zgjx/2011-09/07/c_131109727.htm. 2012-04-10.

从2000年至2011年这12年间图书版权贸易及相关统计数据为基础，对新千年以来我国版权贸易和出版“走出去”进行数据分析[①]。

(一) 图书版权贸易总量分析

从数量上看，从2000至2011年的12年间，我国通过出版社进行的图书版权贸易共计162 304种，其中引进图书版权136 091种，输出图书版权26 213种；新千年伊始的2000年，我国通过出版社进行的图书版权贸易共计8 081种，其中引进7 343种，输出738种；2011年通过出版社进行的图书版权贸易共计20 630种，其中引进14 708种，输出5 922种。2011年是这12年间我国图书版权贸易的最高峰，这一年图书版权的引进、输出总量占12年间图书版权贸易总量的12.7%。从2002年开始至2010年的连续9年中我国图书版权贸易总量都在万种以上(见图1)。

从增长率上看，2000—2011年的12年间，我国图书版权贸易年均增长率12.8%，其中2008年增幅最高，增长率高达42.1%；其次是2002年，增长率是29.5%。2004、2005年连续两年由于图书版权引进数量明显下降致使我国图书版权贸易在总量上出现负增长，尤其是2004年出现了−14.8% 的增长率(见图2)。

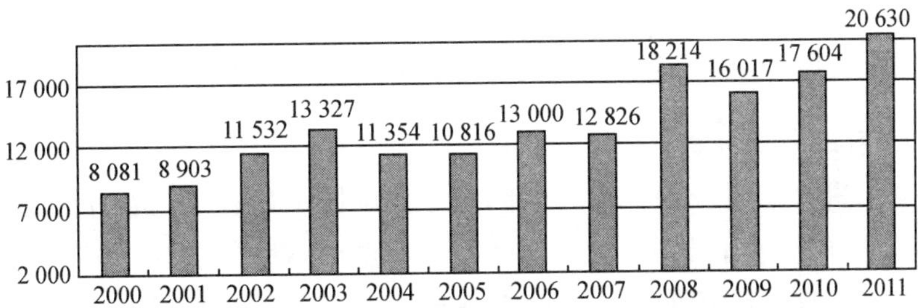

图1 2000—2011年我国图书版权贸易总量变化示意图(单位：种)

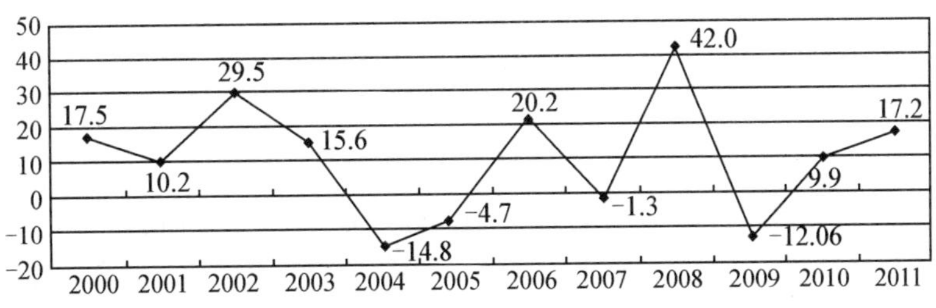

图2 2000—2011年我国图书版权贸易年增长率示意图(单位：%)

① 本文所作的中国图书版权贸易数据分析不包括台湾、香港和澳门地区的图书版权贸易。

（二）图书版权贸易引进分析

1. 引进数量分析

从引进数量看，2000—2011 年我国图书版权引进继续 20 世纪末期的增长势头，总体仍呈上升趋势。这段时期我国共引进图书版权 136 091 种，引进数量最少的年份是 2000 年（引进 7 343 种），引进数量最多的年份是 2008 年（引进 15 774 种）；前 5 年中，2003 年达到图书版权引进的高峰（共引进 12 516 种），此后的 2004、2005 年则连续两年下降。这表明，2003 年以后，我国的图书版权引进在经过一个阶段的持续上升以后，出版业对图书版权的引进更加理性和冷静。后 5 年中，受人民币汇率攀升、海外购买力增强的有利影响，2008 年达到短期引进的高峰（引进15 774种），此后三年略有回落（见图 3）。

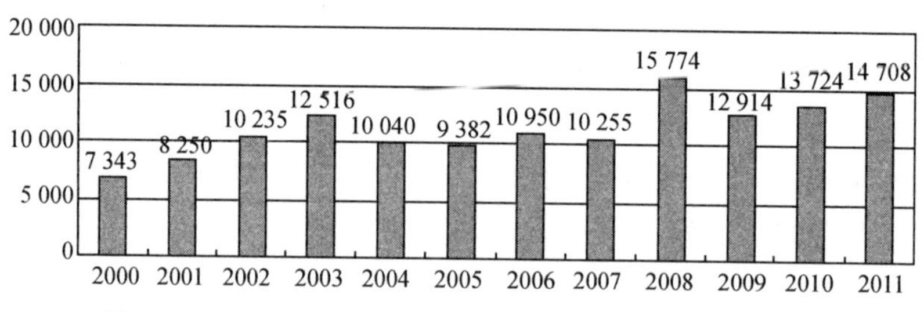

图 3　2000—2011 年我国图书版权引进数量示意图（单位：种）

2. 引进来源分析

从引进来源看，2000—2011 年，位于我国图书版权引进前十位的国家和地区分别是美国、英国、台湾地区、日本、德国、韩国、法国、香港地区、新加坡和俄罗斯（注：国家版权局没有公布 2000、2001、2002 年从新加坡引进图书版权的数据，但从长期趋势看，不影响我国图书版权引进的总体态势）。12 年间，从这些国家和地区共计引进图书版权 124 547 种，占 12 年间图书版权引进总数的 91.7%，位于图书版权引进前 4 位的国家和地区连续 12 年一直是美国、英国、台湾地区和日本。这期间从美国引进图书版权的数量最多，12 年共引进 48 304 种，占这段时期图书版权引进总数的 35.5%；其次是英国，12 年共计引进图书版权 21 753 种，占这段时期图书版权引进总数的 16.0%；在排行前 10 位的国家或地区中，12 年间，从俄罗斯引进的图书版权数量最少，共计 642 种，占这段时期引进总数的0.5%。从图书版权引进来源的区域分布上看，12 年间，我国图书版权引进数量最多的地区是欧美地区(包括这 10 个国家或地区中的美国、英国、德国、法国和俄罗斯),共计引进图书版权 81 730 种,占 12 年引进总数的 60.0%;其次是以台湾地区、日本、韩国、香港地区和新加坡为代表的亚洲地区,12 年间从这些国家和地区共计引进图书版权 42 817 种,占 12 年引进总数的 31.5%。由此可见,新千年以来的前 12 年间,我国图书版权引进主要来源于欧美地区,其次是亚洲地区(见表 1)。

表 1　2000—2011 年图书版权引进来源地及其数量、比例　(单位:种)

年份＼国家/地区	美国	英国	台湾地区	日本	德国	韩国	法国	香港地区	新加坡	俄罗斯
2000	2 937	1 404	966	680	345	82	259	252	缺	43
2001	2 101	1 129	1 366	776	442	97	181	186	缺	104
2002	4 544	1 821	1 275	908	404	275	194	178	缺	20
2003	5 506	2 505	1 319	838	653	219	342	335	132	56
2004	4 048	2 030	1 173	694	504	250	313	264	156	20
2005	3 932	1 647	1 038	705	366	554	320	204	140	49
2006	2 957	1 296	749	484	303	315	253	144	156	38
2007	3 878	1 635	892	822	585	416	393	268	228	92
2008	4 011	1 754	6 040	1 134	600	755	433	195	292	49
2009	4 533	1 847	1 444	1 261	693	799	414	398	342	58
2010	5 284	2 429	1 747	1 766	739	1 027	737	877	335	58
2011	4 553	2 256	1 295	1 982	881	1 047	706	345	200	55
总数	48 304	21 753	19 304	12 050	6 515	5 836	4 545	3 646	1 981	642
比例	35.5%	16.0%	14.2%	8.9%	4.8%	4.3%	3.3%	2.7%	1.5%	0.5%

3. 引进地区分析

从引进地区看,新千年以来的 11 年间,除西藏以外,我国所有省、市、自治区都参与了图书版权的引进,引进图书版权省份的地区分布非常广泛;2000—2010 年间引进图书版权最多的地区是北京市,11 年共计引进图书版权 73 797 种,占这 11 年全国图书版权引进总数的 60.8%,处于绝对领先的地位;2000—2010 年间图书版权引进最少的是青海,11 年中只引进 2 种图书版权;位于 2000—2010 年间图书版权引进总数前 10 位的地区分别是北京、上海、广东、江苏、辽宁、广西、吉林、湖南、浙江和天津。这 10 个地区 11 年间共引进图书版权 108 297 种,占这一时期我国图书版权引进总数的 89.2%(见表 2)。

表 2 2000—2010 年我国图书版权引进总数前 10 位地区引进数量(种)及所占比例

	北京	上海	广东	江苏	辽宁	广西	吉林	湖南	浙江	天津
2000	4 480	551	228	221	425	168	105	143	88	128
2001	5 550	553	197	24	346	226	315	105	140	173
2002	6 780	696	158	213	331	136	224	231	150	237
2003	8 798	833	108	220	275	455	226	163	95	74
2004	6 702	1 020	103	251	212	192	76	110	146	184
2005	6 322	1 179	47	33	167	255	166	140	132	123
2006	7 291	1 080	121	387	169	229	87	162	181	112
2007	6 189	1 242	68	424	205	187	242	180	133	72
2008	5 902	1 119	5 088	426	440	240	281	197	258	90
2009	7 709	1 304	79	783	346	278	292	171	287	143
2010	8 074	1 133	69	568	501	370	654	336	129	140
合计	73 797	10 710	6 266	3 550	3 417	2 736	2 668	1 938	1 739	1 476
比例	60.8%	8.8%	5.2%	2.9%	2.8%	2.3%	2.2%	1.6%	1.4%	1.2%

4. 引进内容分析

从引进内容看，根据 1999 年至 2006 年 5 月份引进版图书 CIP 数据统计，在大的图书分类上，这段时期我国图书版权引进所占比例最多的是社会科学类图书，占同期引进总数的 71.0%；其次是自然科学类图书，占同期引进总数的 22.7%；再次是哲学、宗教类图书，占同期引进总数的 5.7%；最后是综合类图书和马克思主义、列宁主义、毛泽东思想、邓小平理论类图书，所占比例分别是 0.4%和 0.1%(见图 4)。从小的图书类别上看，则主要集中于文学类、工业技术类、经济类和语言文字类图书，所占比例分别是 24.4%、13.1%、11.5%和 9.5%[①]。另据国家版权局公布的《2003 年全国版权引进图书类别情况统计》，从内容上看，2003 年我国图书版权引进也主要集中于工业技术类(2 382 种)、经济类(1 896 种)、文化科学教育类(1 463 种)、文学类(1 288 种)和语言文字类(982 种)图书，所占比例分别是 19.03%、15.1%、11.7%、10.3%和 7.8%，基本与这一时期的总体图书引进内容一致。总体上看，这一时期我国引进版权图书的内容与我

① 王晓丽:《近年引进版图书宏观形势统计与分析》,《全国新书目》2006 年第 16 期。

国当前社会、政治、经济和文化的发展是密切相关的。

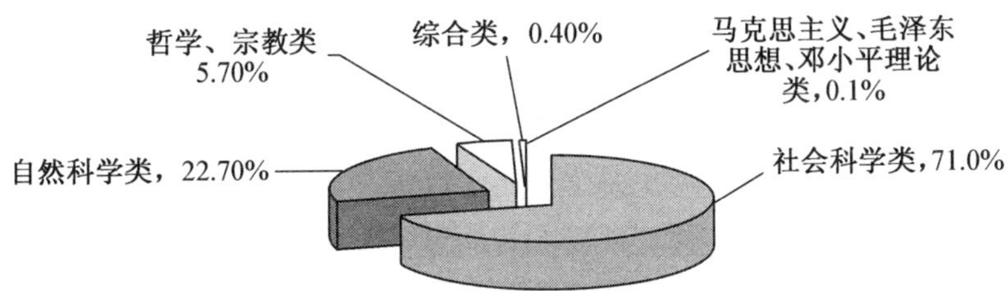

图4 1999年至2006年5月间引进版图书内容分类所占比例示意图

(三)出版“走出去”数据分析

为了推动中国出版更好地“走出去”，促进中国文化的海外传播和国家“软实力”的快速提升，进入21世纪之后，国家果断地提出了中国出版业“走出去”战略，并陆续出台了一系列推动中国出版“走出去”的政策措施。新千年以来的12年中，中国出版“走出去”成效较为显著。

目前，中国出版“走出去”的主要途径有图书商品贸易、图书版权贸易和海外直接投资三种类型。中国出版业海外投资刚处于起步阶段，规模和影响均较为有限，也没有系统的统计数据。下面拟对2000—2011年我国图书商品输出、图书版权输出进行数据分析，以反映12年间我国出版“走出去”的大致情况。

1. 图书商品输出

2000—2011年，中国图书商品输出的主要流通组织者有隶属于国家和地方的30多家图书进出口公司以及一部分拥有图书进出口权的出版社和民营书店、网上书店。图书商品输出的对象国或地区主要是日本、韩国、美国、加拿大和港台地区。此外，英国、新加坡、马来西亚、荷兰、德国、法国的图书市场上也有一些中国图书。中国图书商品的海外客户主要是各地的图书馆以及中文书店，除一部分直接用外文写作或者被翻译成外文出版的图书外，通过这种模式走向世界的大部分中国图书的读者对象主要是海外华人、华侨以及一部分海外汉学家。

根据新闻出版总署历年《新闻出版业基本情况》公布的资料，从2000至2011年的12年间，中国出版业通过商品贸易方式累计出口图书品种11 271 432种，年均939 286种(同期间累计进口图书品种7 754 308种，年均进口646 192.3种)；出口图书数量累计6 607万册，年均550.6万册(同期间累计进口图书数量4 762万册，年均进口396.8万册)；图书出口累计金额29 931万美元，年均2 494.3万美元(同期间图书进口累计金额69 371万美元，年均进口金额5 780.9万美元)。从2000年到2011年的12年间，中国图书出口种数由2000年的704 119种增长到2011年的878 174种，增长了24.7%，出口数量由2000年的240万册增长到2011年的855万册，增长了256%，出口金额由2000年的1 233万美元增长到2011年的3 277万美元，增长了166%(见表3)。2007年之后由于受人民币对美元汇率上升、美国金融危机和欧洲债务危机等国际宏观经济形势的影响，中国图书商品出口的三项指标均出现一定程度的下降(与此同时，图书进口的三项指标则出现较大幅度的上升)，显示出采取这种模式“走出去”推动中国图书走向世界存在着一定的金融风险。

表3　2000—2011年中国图书商品进出口数量一览表

(单位:种次，万册，万美元)

类别 年份	出口			进口		
	种数	数量	金额	种数	数量	金额
2000	704 119	240	1 233	453 722	208	2 430
2001	601 662	306	1 371	399 222	249	2 825
2002	863 032	321	1 363	512 234	258	2 622
2003	1 028 855	465	1 867	648 581	285	3 750
2004	836 259	468	2 084	602 307	338	3 870
2005	1 148 110	518	2 921	553 644	404	4 197
2006	1 437 462	735	3 192	559 896	361	4 324
2007	1 104 293	714	3 298	771 582	366	7 813
2008	900 204	653	3 131	648 907	438	8 155
2009	855 934	625	2 962	755 849	533	8 317
2010	913 328	707	3 232	806 076	568	9 402
2011	87 8174	855	3 277	1 042 288	754	11 666
合计	11 271 432	6 607	29 931	7 754 308	4 762	69 371
年均	939 286	550.6	2 494.3	646 192.3	396.8	5 780.9

2. 图书版权输出分析

(1) 输出数量分析

从输出数量上看，近12年来，我国图书版权输出的规模总体偏小，这与中国经济的快速发展、中国在国际上的大国形象、中国博大深厚的文化底蕴以及中国的图书版权引进数量相比还不相称。据新闻出版总署公布的数据，2000—2011 年，国内出版社输出的图书版权共计 26 213 种（年均 2 184 种），与同期引进的 136 091 种图书版权（年均 11 341 种）相比存在着巨大的贸易逆差（1∶5.19）（逆差最高峰时的 2003 年则高达 1∶15.4），与国外出版业发达国家的图书版权输出相比也存在着巨大差异。如不考虑美国输入到其他国家和地区的图书版权，2000—2011 年，仅输入到中国的图书版权就多达 48 284 种，是同期中国图书版权输出总数的 1.84 倍，是同期中国输往美国图书版权 2 698 种的17.90倍。但是，2000—2011 年，除 2003 年受“非典”影响、2008 年受人民币对美元汇率升值影响，我国图书版权输出种数的总量有所下降外，2000 年以来我国的图书版权输出基本上每年都在增长。2000 年输出图书版权 738 种，2011 年输出图书版权已达 5 922 种，增长了 7.02 倍（见图 5）。尤其是 2003 年中国政府出版业“走出去”战略的提出和一系列鼓励图书版权输出优惠政策的出台更是有效地促进了图书版权输出的快速增长。

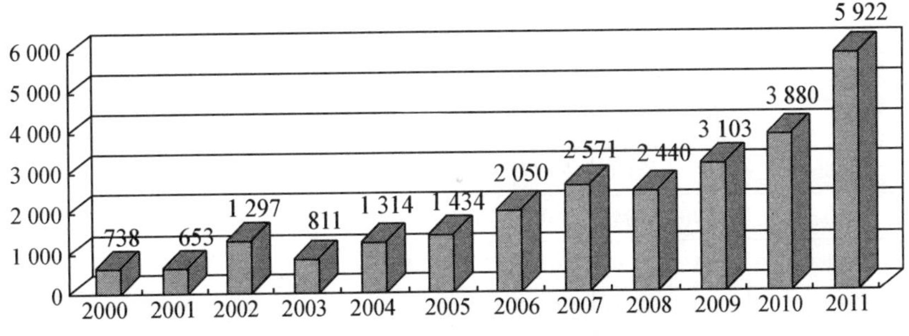

图 5 2000—2011 年我国图书版权输出总量示意图（单位：种）

(2) 输往国家和地区分析

2000—2011 年，位于我国图书版权输出前 10 位的国家和地区分别是台湾地区、香港地区、韩国、美国、英国、新加坡、日本、德国、俄罗斯和澳门地区，12 年间共向这些国家和地区输出图书版权 21 336 种，占同期我国图书版权输出总数的 81.4%（见表 4）；台湾地区和香港地区一直是我国图书版权输出的最主要的地区和国家，12 年间共向台湾地区输出图书版权 8 853种，占输往这 10 个国家或地区总数的 41.5%；向香港地区输出图书版权2 788种，占输往这 10 个国家或地区总数的 13.1%（见图 6）；从区域分布上看，近 12 年间我国图书版权输出主要集中在亚洲地区（占输往这 10

个国家或地区总数的 77.1%，占 12 年间我国图书版权输出总数的 62.7%）和欧美地区（占输往这 10 个国家或地区总数的 22.9%，占 12 年间我国图书版权输出总数的 18.7%），亚洲地区所占份额处于绝对优势地位。但最近几年，输往欧美国家的图书版权呈明显上升势头，表明我国的图书已经越来越得到欧美国家的认可和青睐，图书版权输出渐呈冲出亚洲、走向世界之势，显示了中国出版业通过版权贸易方式“走出去”的初步成效。

表 4 2000—2011 年图书版权输出国家和地区数量及比例 （单位：种）

年份＼国家/地区	台湾地区	香港地区	韩国	美国	英国	新加坡	日本	德国	俄罗斯	澳门地区
2000	459	81	38	3	2	8	9	0	0	0
2001	187	80	7	6	1	1	12	1	0	0
2002	755	352	103	9	6	0	18	2	0	0
2003	472	178	89	5	2	9	15	1	1	0
2004	655	278	114	14	16	30	22	20	0	94
2005	669	168	304	16	74	43	15	9	6	1
2006	702	119	363	147	66	47	116	104	66	53
2007	630	116	334	196	109	171	73	14	100	38
2008	603	297	303	122	45	127	56	96	115	47
2009	682	219	253	267	220	60	101	173	54	10
2010	1 395	534	360	1 147	178	375	214	120	11	6
2011	1 644	366	446	766	422	131	161	127	40	19
总数	8 853	2 788	2 714	2 698	1 141	1 002	812	667	393	268
比例	41.5%	13.1%	12.7%	12.6%	5.3%	4.7%	3.8%	3.1%	1.8%	1.3%

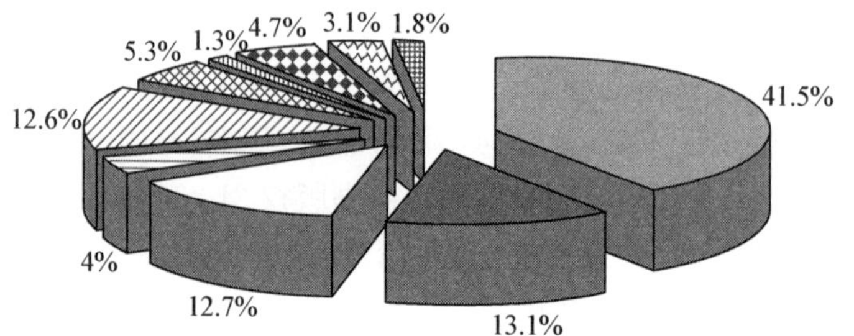

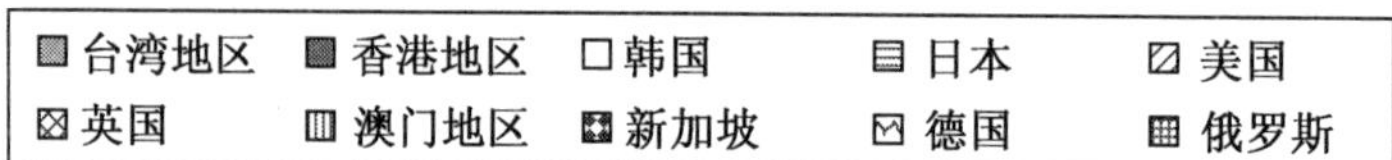

图 6 2000—2011 年图书版权输出国家和地区比例示意图

3. 输出省份分析

根据国家版权局官方网站公布的数据，新千年以来的10年间，除西藏外，我国所有省份都或多或少地涉及了图书版权输出。这一时期，我国图书版权输出数量前10位的省市分别是北京、上海、辽宁、江苏、安徽、湖南、湖北、江西、浙江和山东。这10个省市11年间累计输出图书版权17 191种，占同期图书版权输出总数的84.8%；其中输出最多的是北京市，11年间共输出图书版权10 387种，占同期输出总种数的51.2%，处于图书版权输出的绝对优势地位；其次是上海，11年共输出图书版权1 991种，占输出总种数的9.8%；这10个省区中输出最少的是山东，11年共输出图书版权423种，占输出总数的2.1%(见表5)。

表5 2000—2010年我国图书版权输出总数前10位省市输出数量(种)及所占比例

	北京	上海	辽宁	江苏	安徽	湖南	湖北	江西	浙江	山东
2000	328	13	70	41	19	2	18	0	30	0
2001	318	3	60	24	3	0	38	14	53	0
2002	532	232	114	64	29	6	99	0	37	0
2003	321	171	46	48	20	4	27	0	19	0
2004	597	262	38	60	46	4	20	0	11	70
2005	868	272	37	18	10	5	16	0	46	25
2006	1 188	207	85	60	59	69	38	61	20	29
2007	1 529	120	106	92	90	25	45	69	15	65
2008	1 232	216	93	120	114	97	28	102	74	24
2009	1 382	232	99	168	169	114	28	131	124	83
2010	2 092	263	102	130	196	177	145	109	40	127
合计	10 387	1 991	850	825	755	503	502	486	469	423
比例	51.2%	9.8%	4.2%	4.1%	3.7%	2.5%	2.5%	2.4%	2.3%	2.1%

4. 输出内容分析

近年来，我国版权输出图书的内容主要集中于传统文化与语言艺术两个方面，而以旅游风光、古今建筑、名胜古迹、古籍整理、工艺美术画册、历史、文学和医药等为主。例如，我国于2003年输出的811种图书中，地理、历史类有179种，科、教、文、体类有148种，医药、卫生类有93种，这三类就占了我国2003年输出图书总数的一半以上(见表6)。此外，根据不同国家文化背景的不同，图书版权输出的内容也有所差别。如欧洲国家对中国的传统医学和艺术感兴趣，故我国向德国输出了《西藏风貌》、《中医内科学》、《中国保健推拿图谱》等，向意大利输出了《中国瓷器绘画艺术》、《长寿之谜》等，向法国输出了《敦煌吐蕃番文集成》等；亚洲地区的新加坡、马来西亚对我国的少儿、语言类图书比较感兴趣，故向这些国家输出的作品主要有《绘图本中国古典文学》、《中华民间故事大画册》和《汉语拼音彩图故事》；日、韩等国对中国的文学、哲学和传统医学类图书感兴趣，故向这些国家输出了《中国哲学大纲》、《中国武侠史》、《中国药膳大词典》等图书；美国从中国输入的图书版权相对比较分散，涉及内容较广，像《气功精要》、《中国金鱼画册》、《三松堂》、《中国历代名著全译》、《企业信用的再创造》等都在美国引进的图书版权之列；我国当代政治经济与科技方面的图书在版权输出中也占有一定比例，但输出的国家数量有限而集中，如《经济白皮书：中国经济形势与展望(1994—1995)》、《中国国家能力报告》和《中国农业发展报告(1995)》等被输出到日本、英国，《孤立子理论与应用》、《非线性阶偏微分方程》被分别输出到德国与美国；文艺类作品的输出则主要集中于茅盾、鲁迅、老舍、巴金、郭沫若、曹禺等现代著名作家，当代作家如杨继军、王蒙等也有图书版权输出。

表6 2003年全国版权输出图书类别情况统计

类别	A:马列主义	B:哲学	C:社会科学	D:政治、法律	E:军事	F:经济	G:文、教、科、体	H:语言、文字	I:文学	J:艺术	K:历史、地理
数量	0	19	13	58	0	10	148	54	93	16	179
类别	N:自然科学	O:数理科学和化学	P:天文学	Q:生物科学	R:医药、卫生	S:农业科学	T:工业科学	U:交通运输	V:航空航天	X:环境科学	Z:综合性图书
数量	39	2	1	5	93	24	8	3	8	0	38

二、新千年来版权贸易与出版“走出去”中的代表性事件

(一) 中国出版“走出去”战略的提出

2003年1月15日，在北京召开的全国新闻出版局长会议上，新闻出版总署领导在报告中提出了推动我国新闻出版业进一步发展的“走出去”

战略。此战略与同期提出的精品战略、集约化战略、科技兴业战略和人才战略并称为中国新闻出版业“五大战略”,号召和鼓励国内出版业加快对外开放的步伐,鼓励外向型出版单位特别是实力雄厚的出版集团去海外发展。

(二)“金水桥计划”全面实施①

2003 年,资助国外出版机构翻译出版中国图书的大型工程“金水桥计划”全面启动,国务院新闻办公室与法国有关出版机构签署了资助出版中国图书的协议。在新闻出版总署和国务院新闻办公室的共同推动下,2004 年 3 月,首批资助出版的 70 种各 3 000 本法文版中国图书亮相第 24 届法国图书沙龙。至 2004 年下半年,我国政府已与法国、英国、美国、日本、新加坡等国家 9 家知名出版单位签署了资助约 200 万元人民币、出版 110 余种中国图书的协议。

(三)“中国图书对外推广计划”全面实施②

2004 年 3 月,由中国国务院新闻办公室提供资助、法国出版机构组织翻译出版的 70 种法文版中国图书在第 24 届法国图书沙龙上展出、销售,获得了很大的反响,引起了法国读者和公众的极大兴趣和强烈关注,不到一周时间即售出将近三分之一。这是法国图书出版机构的第一次大规模地组织翻译和出版中国图书,并将其纳入法国的图书销售主流渠道。这项资助活动显示出中国政府力图通过图书向世界介绍中国的积极态度,拓宽了海外国家进一步了解和熟悉中国的渠道和视野。

基于上述资助模式的成功,本着“向世界说明中国,让世界各国人民更完整、更真实地了解中国”的宗旨,2005 年 7 月 14 日, 国务院新闻办公室与新闻出版总署联合发布《“中国图书对外推广计划”实施办法》, 并公布《2005 中国图书对外推广计划推荐书目》,“中国图书对外推广计划” 正式启动。这是中国政府第一次资助中国图书的对外推广,以借此推动中国文化产业的“走出去”。该计划主要以资助翻译费的方式鼓励海外出版机构翻译、出版中国图书,使全球读者能够以自己熟悉的文字通过阅读中国图书来更好、更多地了解中国。

2005 年,我国与英国、法国、日本、美国、澳大利亚、新加坡等国的 10 余家出版机构签署了资助 300 多万元人民币、出版 170 多种图书的协议,

---

① http://finance.sina.com.cn/chanjing/b/20060518/16332578875.shtml, 2012-04-10.

② 中国图书对外推广计划网. http://www.cbi.gov.cn/wisework/content/10000.html. 2012-04-10.

其中一些图书已经陆续出版发行。

2006 年 1 月,国务院新闻办公室与新闻出版总署在京联合成立了“中国图书对外推广计划”工作小组。工作小组实行议事办事合一的工作机制,办公室设在中国图书进出口总公司。工作小组成员单位包括中国出版集团、中国国际出版集团、中国科学出版集团、北京出版社出版集团、上海世纪出版集团、广东出版集团有限公司、山东出版集团、湖南出版投资控股集团、辽宁出版集团、重庆出版集团、凤凰出版传媒集团、四川出版集团、浙江出版联合集团、吉林出版集团、外语教学与研究出版社、北京语言大学出版社、北京大学出版社、清华大学出版社、五洲传播出版社等国内知名出版机构。

2006 年以来,工作小组不断加大对“中国图书对外推广计划”的宣传推广,目的是让更多的国内外出版、发行机构了解这个计划并参与其中。同时将积极组织推荐图书参加国际书展,组织工作小组成员单位出访,考察国外类似计划的实施情况,向国外出版机构宣传介绍“中国图书对外推广计划”。

国内出版单位每年分两次集中向“中国图书对外推广计划”工作小组办公室推荐图书,第一次为 1 月初至 2 月底,第二次为 7 月初至 8 月底,也可以根据需要随时向工作小组办公室推荐。

国内出版单位申请资助时,需填写《“中国图书对外推广计划”资助申请表》,附国外出版机构法律证明文件和版权转让协议复印件,向“中国图书对外推广计划”工作小组提出申请;国外出版机构申请资助时,也需按照上述要求,填写并提供相关材料,通过中国驻外使领馆、版权代理机构或直接向“中国图书对外推广计划”工作小组提出申请。未列入推荐书目的图书,在转让版权后,也可按照上述程序提出申请。

工作小组将对资助申请进行审查,凡符合资助条件的,国务院新闻办公室将与申请单位签订《资助协议书》。《资助协议书》签订后,国务院新闻办公室将拨付全部资助费用的 50%,待所资助图书正式出版后,出版机构须提供样书若干册,国务院新闻办公室再拨付其余的资助费用。

“中国图书对外推广计划”在“十一五”期间取得了长足进步,截至 2011 年 3 月,已同美国、英国、法国、德国、荷兰、俄罗斯等 54 个国家 322 家出版社签订了资助出版协议,涉及 1 558 种图书,33 个文版,资助金额超过 8 100 万元。工作小组成员单位由最初的 20 家增至 33 家。国务院新闻办公室副主任王仲伟说，讲清楚“中华文化是什么”，加大力度进行文化创新和内容创新，回应世界对中国和中国文化的期待；讲清楚“中华文化对当代中国发展有什么影响”，回应国际社会对中国快速发展的关注；讲清楚“中华文化给世界带来什么”，使得中华文化在重大的全球议题面前，能给出其解释并有所贡献，是“中国图书对外推广计划”的工作重点。

新闻出版总署副署长邬书林对“中国图书对外推广计划”的作用和经验作了如下总结：一是始终坚持政府资助、企业运作的运行机制；二是紧密结合中国出版的年度主题工作，讲求出版规律，体现“走出去”产品的文化水准和创新性；三是着重翻译反映当代中国的文化精品力作，特别是一些文学作品；四是不断挖掘传统文化的深厚内涵，是出版“走出去”始终倚重的文化根基；五是切实加强国际合作以及和周边国家的文化交往。

（四）《狼图腾》大规模进入海外主流文化市场①

在 2005 年 9 月第十二届北京国际图书博览会上，长江文艺出版社与世界最大的出版集团——培生集团下属的企鹅出版集团签订了 2004 年 4 月出版的《狼图腾》一书的英文版权转让协议，不仅创造了我国中文原创图书首次被一次性买断英文版权和我国出版业版权输出贸易中版税率、预付金额等多项第一的记录，也使我国当代文艺作品首次大规模进入英文主流文化市场。这对于改变中国版权贸易逆差，探讨传播中华文化的途径，产生了一定的积极作用。

（五）《大中华文库》出版发行

列入国家“十五”重点图书出版规划中的“重大工程”《大中华文库》，从 1995 年正式立项，历经 10 年已推出 54 种经典名著。它是我国历史上首次系统全面地向世界推出的外文版中国文化典籍的巨大文化工程，也是弘扬中华民族优秀传统文化的基础工程，由一批造诣精深的专家学者担任文库的学术顾问。外文出版社、湖南人民出版社和新世界出版社等单位具体承担了《大中华文库》浩繁艰辛的编辑出版工作。这项出版工程计划从先秦到近代包括历史、文化、经济、哲学、科技和军事等领域里最具代表性的经典著作中精选出一百种，组织行业专家进行精心校勘、整理，进行由文言文到现代文再到英文的翻译工作。

《大中华文库》（汉英对照）因其版本选择上的权威、英文翻译的精准、

---

① 中国出版年鉴社：《中国出版年鉴》（2006），中国出版年鉴社 2007 年版，第 219 页。

编辑体例的妥善和整体筹划的成功，受到了海内外出版界、翻译界、学术界的关注，得到了任继愈、杨宪益、韩素音、沙博理、季羡林、袁行霈、李赋宁、金开诚、李学勤等专家学者们的充分肯定。据悉，《大中华文库》英文版出到一定规模时，还计划出版法文、西班牙文等语种版。书目选择的范围将由古代扩展到近代、现当代。《大中华文库》(汉英对照)的编纂出版工作得到了党和国家的肯定、重视和支持，认为这部巨著的出版是弘扬中华民族优秀文化的有益实践和具体体现，对传播中国文化、促进世界文化交流与合作具有重大而深远的意义，提供了一个成功的范例。

(六)《中国读本》全面走向海外市场①

2006年6月26日，德国贝塔斯曼书友会、上海新闻出版发展公司、三联书店(香港)有限公司分别得到了中宣部"五个一工程"奖获奖图书《中国读本》德文版、英文版和中文繁体字版的版权，标志着第一本"走出去"的中宣部"五个一工程"获奖图书《中国读本》海外出版计划进入实质性的市场运作阶段。

《中国读本》是一部全面介绍中国的普及读物。全书20万字，里面配有近百幅插图，简要介绍了中国的文化形成、哲学思想、自然概貌、发明创造、科技典藏、民族繁衍、经济影响、生活习俗以及艺术成就等诸多方面的基本知识，还较为全面客观地介绍了新中国成立后我国各个领域取得的巨大成就，是世界了解中国的一个很好的窗口，成为阐释中国文化的"定本"。该书先后荣获中宣部"五个一工程"优秀图书奖、国家图书奖以及全国优秀畅销书奖等多项大奖。

该书贴近西方读者、港台地区及海外华人的阅读习惯，以西方文明发展史为参照线，将中华文明在各个时期的发展与之对应，便于海外读者更加深刻地认识华夏文明对于人类历史所做出的巨大贡献。该书创造性地实现了中西方的"三个对接"：第一，时空对接，即在讲述中国历史的同时，点到同时期海外文明的一些相应事件，让西方读者、港台地区及海外华人在阅读时有所参照；第二，文化对接，即认真研究中西文化的差异，正确地找到彼此认知的结点；第三，情感对接，即强调在人类文明的旗帜下，中华民族对于和平与发展的美好愿望②。

---

① 中国出版年鉴社:《中国出版年鉴》(2007)，中国出版年鉴社2008年版，第110页。

② 《中国读本》内容简介. http://wmw.hkwb.net/content/2011-10/31/content_496965.htm?node=3794.2012-06-10.

(七)《江边对话》在美国出版发行[①]

2008年2月20日,《江边对话——一位无神论者和一位基督徒的友好交流》一书在美国出版发行。作者是原国务院新闻办公室主任赵启正与美国基督教福音派领袖路易·帕罗。两位作者的话题,从《圣经》到《论语》,从牛顿到爱因斯坦,从“终极关切”到社会和谐,从自然科学到神学及社会科学,内容深入而广泛。虽然作者的文化背景不同,信仰迥异,但在他们之间没有产生丝毫隔阂。坦诚、真挚又睿智、幽默的对话赢得了中美读者的欢迎和好评。这是中美文化交流史上少有的一次深层次对话。美国第六十任国务卿舒尔茨说“这一友好对话以卓越的洞察力,深入探讨了价值观与生命本质的相互关系。阅读此书,您会备受启发”。中国学者季羡林说:“这是东西方文化之间、宗教信徒与非宗教人士之间的一次真诚对话,可谓开创之举。对中美两国人民更好地理解对方及本国文化,都具有重要意义。”帕罗本人也认为,美国应该学习这种对话方式,即在相互尊重的基础上展开和平、坦诚的对话,美国应该明白,阐明观点并不需要通过攻击对方才能实现。

应该说,良好的国际秩序应建立在平等的国家间对话的基础之上,而好的对话应该具有广博的视角、时代的高度、开放的胸怀、深刻的历史眼光、相当的哲学深度以及对人类前途和命运的关怀等特质。在当今号称对话时代的大背景下,我们有理由期待高水平的国际间的对话,能够增进相互间理解和友谊的对话有助于提高国家的软实力,增强国家的影响力。处于上升趋势的中国软实力,特别是上升的文化软实力,是在中国快速发展的大背景下的上升。提高国家文化软实力,进行国际间对话,需要提高两个能力,一是吸纳兼容外来文化的能力,也就是“请进来”;二是向外辐射民族文化的能力,也就是“走出去”。而文化的辐射或传播,并能产生影响,应该是那种能够影响他人生活方式的文化力量,是那种极具吸引力的价值观的力量。近些年,我们吸收外来文化的能力有了很大的提高,好莱坞大片、欧美畅销书等,几乎能与生产国同步出品。相比而言,我们对外辐射及传播的能力还有待加强。为此,中国政府采取了多项措施支持文化企业以各种形式“走出去”。“中国图书对外推广工程”便是中国政府鼓励中国图书在国外出版发行的具体措施。

---

① 中国出版年鉴社:《中国出版年鉴》(2009),中国出版年鉴社2009年版,第662页。

（八）首个国家级版权交易系统开通①

2009年5月8日，国内第一个国家级版权贸易交易系统在我国国际版权交易中心正式开通，同时，北京版权产业融资平台也同步启动。这意味着版权人可通过这个交易系统进行版权转让，通过北京版权产业融资平台寻求新的资金来源。该交易系统开通的当天，总额超过1亿元人民币的30个项目同时在系统内挂牌交易，覆盖音乐、影视和动漫等版权项目。国际版权交易中心定位于“立足北京，辐射全国，连接世界”，针对目前版权交易中存在的“量大面广标的小，分散隐蔽管理难”的现状，提出以“服务、创新、合作”的理念，建设版权交易综合服务平台、版权投融资综合服务平台、版权产业信息资源中心、版权产业智力资源中心和建设版权中央商务区，促进版权交易的集中和规范。版权交易系统的开通标志着国内首个版权交易所的正式诞生，将对版权保护和有序流动起到积极的促进作用，北京版权产业融资平台的启动将改善中小型文化创意企业融资难的困境。”②

（九）“经典中国国际出版工程”启动③

“经典中国国际出版工程”是新闻出版总署为鼓励和支持适合国外市场需求的外向型优秀图书选题的出版，有效推动中国图书“走出去”而直接抓的一项重点骨干工程，于2009年10月正式启动。

为了确保工程顺利开展，新闻出版总署专门成立了以柳斌杰署长为主任、邬书林副署长为常务副主任、中国编辑学会会长桂晓风为副主任的评审委员会。评审委员会办公室设在新闻出版总署对外交流与合作司。中国编辑学会受总署委托承办接受项目申请和前期审核事务。

“经典中国国际出版工程”采用项目管理方式资助外向型优秀图书选题的翻译和出版，重点资助《中国学术名著系列》和《名家名译系列》图书。该工程自启动以来，得到了社会各界的广泛关注和各地出版单位的热烈响应，在工程启动之后的一个多月时间内先后收到161家出版社的555个项目申请。经过前期审核，112家出版社提交的311个项目最终进入评审阶段。整个评审工作分为专家组评审和评审委员会终评两个阶段。评审委员会在对候选项目终审后，根据每年资助的总金额和申请项目的实际情况，决定资助项目名单和资助金额。评审结果将在相关行业媒体上公示一

---

① 中国出版年鉴社：《中国出版年鉴》(2010)，中国出版年鉴社2010年版，第68页。

② 同上。

③ 经典中国国际出版工程. http://baike.baidu.com/view/5584026.htm. 2012-04-20.

周，获得资助的项目及金额经新闻出版总署批准后实施。

（十）中国出版集团公司成立海外合资公司

新千年以来的12年中，中国出版集团公司积极推动出版实体“走出去”，努力实施本土化战略。首先把原有驻外业务代表处改制为公司，进行体制机制创新，增强经营活力；继而陆续在海外建立了合资的中国出版（巴黎）公司、中国出版（悉尼）公司、中国出版（温哥华）公司、中国出版（首尔）公司、香港凤凰出版公司、中国出版（伦敦）公司，已经出版100多种国际版图书，通过国际渠道进入主流市场。还在美国纽约、圣地亚哥地区合资开办了两家新华书店，销售情况良好。截至2009年9月，集团公司在海外的控股或合资出版公司及销售网点已达27个①。2010年7月20日，经过近两年的筹备，中国出版东贩株式会社在日本东京宣布成立，标志着中国出版集团进入日本出版市场成为现实。中国出版东贩株式会社的成立是中国出版集团公司贯彻落实国家文化“走出去”战略、推动出版实体“走出去”以及挺进日本出版市场的又一重要举措。目前，中国出版集团公司与中国图书进出口（集团）总公司已在悉尼、巴黎、温哥华、伦敦、纽约、法兰克福、首尔、东京成立了8家合资和独资出版公司，形成了英、法、德、日、韩5种语言的出版格局。中国出版东贩株式会社兼具出版和发行功能，主营业务为在日本翻译出版中文图书、合作出版中国主题的日文图书，以及在日本销售中国的书报刊、音像制品和电子出版物。这种海外出版合资、独资公司主要有三个任务要面对：一是借助海外和中国媒体的本土优势，编辑策划中国主题系列图书，并积极开展与国内出版社的版权输出和合作出版；二是借助海外的发行渠道优势，确保出版的图书进入海外主流文化渠道，从而起到介绍中国、提升中华文化海外影响力的作用；三是发挥中图公司的资源优势，进一步密切与海外同行的合作，加强以进带出，迅速扩大国内出版物出口的数量，发展中外不同国家出版文化进出口贸易。②

（十一）中国出版集团公司启动“中外出版深度合作”项目③

2011年8月31日，由中国出版集团公司主办，人民文学出版社、天天出版社承办的“千年古国聚首，双向文化交流——中外出版深度合作签约

---

① 中国出版集团公司打造两个上市融资平台. http://info. printing. hc360. com/2009/08/271340105428. shtml，2012-04-20.

② 中国出版年鉴社：《中国出版年鉴》(2011)，中国出版年鉴社2011年版，第273页。

③ 同上，第274页。

仪式(希腊站)”在北京举行,标志着项目正式启动。

“中外出版深度合作”项目是一项整合中外作家、插图画家、译者和顶级出版机构等优质资源的综合合作计划,即“由人民文学出版社和外国顶级出版社牵头,邀请两国最优秀的作家在同一题材、同一体裁之下进行创作,同时约请两国顶级翻译家与插图画家为对方国家作家的作品进行翻译和配图,最后两部作品将被装订成一本完整的图书,分别以两个国家的语言在各自国家出版发行,使同一题材、同一体裁的作品在同一本书中实现跨语种、跨国界、跨艺术形式的立体演绎”[①]。此项计划旨在利用作家在本国的影响力,带动对方作家在本国知名度的提升和域外文化在本国的交流与吸收。该项目选择希腊作为首个合作国,不仅因为中希两国都是千年古国,文化脉络源远流长,是构成东西两个文明体系的根基,还因为主办方希望将该项目立足于一种文化交流之旅的开始,并以此为起点把这一出版合作模式贯穿到与法国、澳大利亚、比利时、西班牙、俄罗斯等国外出版机构和作家的合作中,相互借力,相互造势,用一国作家带动另一国作家,形成一种宣传的场效应,让彼此的文化逐渐走进对方国家读者的视野和内心。此次合作,可谓是两国文化,甚至两种文明体系的交汇。以此次中希两国作家、出版机构共同签署《中希儿童文学双向出版深度合作意向书》为契机,启动“中外出版深度合作”项目,正是履行企业文化使命的重要举措。该项目旨在依托人民文学出版社近60年来积累的丰富的作家、作品资源,与国外知名出版机构深度合作,将中国作家及中国文化进行有效输出。

(十二) 中国出版物国际营销渠道拓展工程两项目开始实施

2010年12月9日,新闻出版总署主持实施的中国出版“走出去”战略的又一重点工程——中国出版物国际营销渠道拓展工程进入实质实施阶段。

该工程包括“国际主流营销渠道合作计划”、“全球百家华文书店中国图书联展”和“跨国网络书店培育计划”三个子项目。“国际主流营销渠道合作计划”将“通过实施‘借船出海’战略,实现我国新闻出版产品通过跨国分销、零售巨头旗下的配送、销售网络进入使用世界主要语言国家的主流市场的目标。目前已经实施的项目包括上海新闻出版发展公司与法国拉加代尔集团之间的合作项目。根据双方的合作协议,中方将通过拉加代尔

① 中国出版年鉴社:《中国出版年鉴》(2011),中国出版年鉴社2011年版,第274页。

集团遍布全球重要机场、车站的3 100家零售书店，在全球销售外文版中国图书、杂志等文化产品。2011年中国春节期间，双方还在美国、加拿大、法国、德国等10个国家的20个国际机场、100家书店同时举行为期3周的外文版中国图书全球春节联合展销活动。"①

"全球百家华文书店中国图书联展"活动由中国国际图书贸易总公司和全国地方出版对外贸易公司联合体（地贸联）共同承办，通过联合在韩国、新加坡、日本、美国等27个国家的100家华文书店，举办"全球百家华文书店中国图书联展"活动，时间自2010年12月16日开始，为期一个月。该活动的目标是，通过与全球100家华文书店进行合作，有效整合海外华文图书渠道资源，形成有利于我中文图书海外销售的网点布局，达到扩大中文图书出口和重点图书海外销售，为海外华人华侨和读中文的外国人提供内容丰富的最新中文图书的目的。联展特供图书达300余种，由国图公司、地贸联邀请国内出版集团、出版社提供。

此外，当当网、卓越网、博库书城三家网络书店有关负责人均表示，通过科技手段实现中国图书全球网络销售大有潜力，他们将在渠道建设中加大国际网络发行渠道建设力度，扩大出版物国际销售。②

"十二五"期间，总署计划通过该工程构建包括上述3个渠道在内的中国出版物国际立体营销网络，推动更多中国优秀中文版和外文版出版物走向世界。③

三、版权贸易与出版"走出去"中的主要问题及未来发展趋势

新千年以来的12年中，我国版权贸易与出版"走出去"在取得重大成就的同时，在不同领域也都存在着一系列问题，需要引起我们的思考与关注。

（一）图书商品输出方面存在的主要问题

2000—2011年，在中国图书商品输出数量上的繁荣背后，也存在着语

---

① 中国出版物拓展国际营销渠道. http://news.xinhuanet.com/politics/2010-12/12/c_12870729.htm. 2012-04-08.

② 中国出版物拓展国际营销渠道. http://news.xinhuanet.com/politics/2010-12/12/c_12870729.htm. 2012-04-08.

③ 中国出版年鉴社：《中国出版年鉴》(2011)，中国出版年鉴社2011年版，第267页。

言、渠道和品种这三大不容忽视、亟须解决的现实问题，这些问题妨碍着中国图书走向世界。语言方面，目前，直接以外文方式出版并走向世界的中国图书的数量还非常有限，输往海外市场的成品图书大部分仍然是中文图书，流通范围也局限于海外华人、华侨、海外汉学家及一部分图书馆，难以进入西方社会的主流渠道，产生的文化影响还非常有限。渠道方面，我国的图书出口并不是按照国际惯例进行分国别、分区域授权营销，而是通过多种渠道进行无规则销售，难以进入海外主流市场。我国虽然已经在世界各地的近百个国家和地区设立了发行网点 1 000 多个，出口的图书可发行到 180 多个国家和地区，但与出版业发达的国家相比，网点的数量和规模仍然十分有限，网点类型和网点结构也很不合理。这些网点大部分是中小型书店或个人代销户，铺面小，品种少，资金薄弱，人力和影响力有限，没有打入这些国家的传统发行渠道，如大型书店、连锁店等，极大地制约了中国图书的海外市场扩展和中国文化的海外传播。品种方面，近年来我国图书可供品种逐年增多，但相当一部分是选题重复、平庸的图书和教材教辅，剩下的那些图书又由于国内出版机构海外市场意识的淡薄而使得真正适合外国人阅读、满足海外读者阅读需求的外向型图书品种相当有限。此外，除图书进出口公司外，一些出版社、书店和个人也在从事图书出口业务，时常引发图书出口的恶性竞争，导致出口图书价格不断下降，市场风险明显加大。

（二）图书版权贸易方面存在的主要问题

纵观近 12 年来我国图书版权输出的现实情况，我国图书版权输出在一系列“走出去”的优惠政策鼓励下取得明显成效的同时，也暴露出一些问题，主要集中在以下三个方面：

1. 贸易数量失衡

20 世纪 90 年代以来，我国图书版权贸易一直存在着较大逆差，版权引进和版权输出的数量严重失衡。进入 21 世纪以后，这种失衡现象依然存在。从版权引进和输出数量的比例上看，2001、2003 年这两年都在 10∶1 以上，2003 年则更是高达 15.4∶1。尽管 2003 年以后这种贸易逆差状况有所改观，但逆差依然存在，这一点从这几年的贸易逆差数量上就能明显地得到反映(见表 7)。目前情况下，这种逆差虽然有其存在的必然性且在短时间内难以彻底消除，但也有着不容忽视的弊端，不利于中国出版业“走出去”和中国图书、中国文化走向世界。

表 7　2000—2011 年中国图书版权贸易逆差状况统计

年份	2000	2001	2002	2003	2004	2005	2006	2007	2008	2009	2010	2011
引进	7 343	8 250	10 235	12 516	10 040	9 382	10 950	10 255	15 774	12 914	13 724	14 708
输出	738	653	1 297	811	1 314	1 434	2 050	2 571	2 440	3 103	3 880	5 922
逆差	6 706	7 597	8 938	11 705	8 726	7 948	8 900	7 684	13 334	9 811	9 844	8 786
比例	9.1∶1	12.6∶1	7.9∶1	15.4∶1	7.6∶1	6.5∶1	5.3∶1	4.0∶1	6.5∶1	4.2∶1	3.5∶1	2.5∶1

2. 贸易省区失衡

这种失衡主要体现在国内绝大多数省、区(市)参与的程度上。图书版权贸易交易量的大部分主要集中在少数省、区(市)。一方面,自 20 世纪 90 年代我国新一轮图书版权贸易勃然兴起以来,新千年以来的 11 年中参与图书版权贸易的省、区(市)也在不断增加,除西藏外,其他省、区(市)都或多或少地参与了图书版权贸易。另一方面,我国图书版权引进和输出数量的绝大部分又主要集中在少数几个省、区(市)。根据新闻出版总署公布的数据统计,从图书版权引进方面看,2000—2010 年,位于我国图书版权引进前 10 名的 10 个省、区(市)共引进图书版权 108 297 种,占这一时期我国图书版权引进总数的 89.2%,位于前 3 名的北京、上海和广东 3 个省市共引进图书版权 90 773 种,占这一时期全国图书版权引进总数的 74.8%;从图书版权输出方面看,从 2000 至 2010 年的 11 年间,位于我国图书版权输出前 10 名的 10 个省、区(市)共输出图书版权 17 191 种,占这一时期我国图书版权输出总数的 84.7%,位于前 3 名的北京、上海、辽宁 3 个省市共输出图书版权 13 228 种,占这一时期全国版权输出总数的 65.2%。可见,我国图书版权贸易数量在省、区(市)的分布上又存在着明显的区域集中化趋势。

3. 贸易区域失衡

版权输出方面,新千年以来的前 12 年中,我国图书版权输出的主要地区是以台湾地区、香港地区、韩国和新加坡为代表的亚洲地区和国家,表 4 的统计数据显示,12 年间我国大陆共向台湾地区输出图书版权 8 853 种,占同期图书版权输出总数的 41.5%;向香港地区输出图书版权 2 788 种,占同期图书版权输出总数的 13.1%;从区域分布上看,近 12 年间我国图书版权输出主要集中在亚洲地区(占输往这 10 个国家或地区总数的 77.1%,占 12 年间我国图书版权输出总数的 62.7%)和欧美地区(占输往这10个国家或地区总数的22.9%，占12年间我国图书版权输出总数的18.7%)。可见，我国图书版权输出也同样存在着输出地区相对集中的问题。

版权引进方面，表1显示，从2000至2011年的12年间，我国图书版权引进的主要来源地是美国和英国。12年间，我国从这两个国家引进的图书版权达70 037种，占12年图书版权引进总数的51.5%，其他国家和地区所占比例则相对较少。这种状况一方面使我国引进了欧美发达国家大量先进的科学技术、管理经验和优秀文化；另一方面，图书版权引进的相对集中又在一定程度上妨碍着人们文化多元化的渴求，而且，欧美强势文化的过多引进也会影响青少年对我国优秀传统文化的吸取和认知。

（三）版权贸易与出版“走出去”的未来发展趋势

通过新千年前12年内我国版权贸易与出版“走出去”的现状分析，我们可以对我国版权贸易与出版“走出去”的未来发展趋势进行大致预测。

1. 版权贸易与中国出版“走出去”的力度和规模将不断扩大

进入新千年，逐步变好的政治、经济、行业环境使我国图书版权贸易和出版业“走出去”的规模不断扩大。前文数据分析显示，新千年伊始的2000年，我国图书版权贸易8 081种，2011年达到20 630种，2011年是这12年间我国图书版权贸易的最高峰，这一年图书版权的引进、输出总量占12年间图书版权贸易总量的12.7%；从2002年开始至2010的连续9年中我国图书版权贸易总量都在万种以上；从增长率上看，2000—2011年，我国图书版权贸易年均增长率12.8%，其中2008年增幅最高，增长率高达42.1%，其次是2002年，增长率是29.5%。由此，我们可以大胆地预测，正常情况下，未来一段时间，我国版权贸易和出版业“走出去”的力度和规模仍将不断扩大。

2. 图书版权贸易的逆差比例将逐步降低

20世纪90年代以来，在一系列因素的共同作用下，我国图书版权贸易一直存在着巨额逆差。进入新千年，这种逆差仍然存在，出现了两轮逆差高峰。第一轮逆差高峰出现在2003年，这是之前逆差的惯性延续，这一年引进与输出的逆差高达11 705种，逆差比例高达15.4∶1，创历史新高。此后，在国家一系列鼓励政策的推动下，这次高逆差开始下降。第二轮高峰出现于2008年，这是人民币货币贬值导致的结果，这一年图书版权贸易逆差高达13 334种，再创历史新高，但是，逆差比例只有6.5∶1，远低于

2003 年高峰时的 15.4∶1。数据显示，2003 年之后，在中国文化“走出去”、中国出版“走出去”的宏观背景下，我国图书版权贸易逆差比例总体处于逐步下降之中，已由 2003 年的 15.4∶1 下降到 2011 年的 2.5∶1，下降幅度较为明显。由此，我们可以大胆预测，正常情况下，未来一段时间，我国图书版权贸易的逆差比例仍将逐步降低。

3. 版权贸易与出版“走出去”的政策环境将更加宽松

为了更好地促进中国文化的海外传播和国家“软实力”的快速提升，进入新千年，我国果断地提出了中国出版业“走出去”战略，并陆续出台了一系列鼓励性政策措施，营造了一种中国图书“走出去”的良好的政策环境。

2003 年 1 月，新闻出版总署提出了推动我国新闻出版业进一步发展的“走出去”战略，号召和鼓励国内出版业加快对外开放的步伐，鼓励外向型出版单位特别是实力雄厚的出版集团去海外发展。同年，我国还全面启动了扶持中国图书“走出去”的“金水桥计划”，该计划旨在资助海外出版机构翻译和出版中国图书。

2004 年下半年，国务院新闻办公室与新闻出版总署共同启动了以“向世界说明中国，让世界各国人民更完整、更真实地了解中国”为宗旨的“中国图书对外推广计划”，这是中国政府第一次资助中国图书的对外推广。

2006 年底，新闻出版总署公布《新闻出版业“十一五”发展规划》，提出了积极实施中国出版业“走出去”战略，主要内容有：(1) 以海外的汉文化圈和西方主流文化市场为重点对象，采取积极措施努力推进出版业“走出去”、版权“走出去”、新闻出版业务“走出去”及资本“走出去”；(2) “走出去”的具体目标是实现 2010 年的实物出口量比 2001 年翻一番；(3) 鼓励和支持国内的单位和个人到海外创立合法的出版、发行和印刷机构，带动中国图书、中国文化走向世界，合资、合作、参股、控股等方式均可灵活运用。

2007 年 3 月，新闻出版总署提出鼓励中国出版业“走出去”的八大政策。规定凡是实施中国出版业“走出去”战略的图书或者是列入“中国图书对外推广计划”的图书出版时所需要的书号不受数量上的限制；国内大型出版单位申办图书出口权时给予大力支持；鼓励国内出版机构创办面向海外市场和海外读者的内容各异、形式多样的外向型外语期刊；制订与“鼓励和扶持文化产品和服务出口的若干政策”相互配套的有关文件；外向型出版企业、出版工程项目需要信贷资金支持时，积极协调国内相关金融机构给予帮助和配合；提供更多的政府资金，竭力办好国际书展，努力打造形式多样的中国图书对外推广平台；继续向“中国图书对外推广计划”提供资金支持；适时、积极表彰和奖励在中国图书“走出去”方面取得显著成绩的出版集团和出版社。

2007年4月11日，文化部、商务部、外交部、新闻出版总署、广电总局及国务院新闻办共同发布《文化产品和服务出口指导目录》。该目录的宗旨是发挥中华文化的传统优势，支持和鼓励文化企业积极参与国际竞争，提高它们的国际竞争力，带动中国文化产品和服务的出口。

2009年开始，国家在“中国图书对外推广计划”的基础上又全面推动“中国文化著作翻译出版工程”。该工程以资助系列图书产品的出版为主，采取政府资助、联合翻译出版、商业运作发行等方式资助书稿的翻译费用和图书的出版及推广费用。此外，国家还将从四个方面继续推动中国出版业“走出去”：一是做好图书商品出口与图书版权贸易工作；二是加大国际合作出版与境外直接出版的力度；三是借用海外力量扩大中国文化的国际影响；四是充分发挥北京国际图书博览会及法兰克福书展的宣传作用。

2009年10月，新闻出版总署正式启动“经典中国国际出版工程”，主要采用项目管理的方式资助外向型优秀图书选题的翻译和出版，资助范围涉及社会科学、自然科学、文学、语言、艺术、少儿等领域优秀图书的选题，代表各领域的最高水平，主要以中国经典传统文化和反映当代中国政治、经济、文化、科技和社会等方面发展变化为主要内容的精品图书为主，重点资助“中国学术名著系列”和“名家名译系列”两大子项目工程。

2010年12月9日，新闻出版总署正式实施“中国出版物国际营销渠道拓展工程”。该工程包括“国际主流营销渠道合作计划”、“全球百家华文书店中国图书联展”以及“跨国网络书店培育计划”3个子项目，拟在“十二五”期间，建构一个包括国际主流营销渠道、海外主要华文书店和重要国际网络书店在内的中国出版物海外立体营销网络体系，旨在推动数量更多的国内出版社出版的优秀中文版和外文版图书走向世界。

此外，中国新闻出版总署还在积极筹划、制订“国际畅销书计划”。该计划拟对进入其中的图书项目给予包括政策、资金在内的大力扶持，争取在未来5到10年内打造出一批国际畅销书。

由此，我们完全有理由预测，未来一段时间，正常情况下，我国版权贸易与出版“走出去”的政策环境将更加宽松。

新千年来的中国出版物市场监管（“扫黄打非”）

出版物市场监管主要是通过“扫黄打非”工作进行的。“扫黄打非”是党中央直接领导的净化文化市场的专项斗争，“扫黄打非”工作小组及其办公室是常设机构。1989年，中共中央决定成立全国整顿清理书报刊和音像市场工作小组，2000年2月决定改称全国“扫黄打非”工作小组。目前，全国“扫黄打非”工作小组成员单位有28个。“扫黄打非”是文化市场管理的一个专业术语，是一项执法活动。“扫黄”指清理黄色书刊、黄色音像制品及歌舞娱乐场所、服务行业的色情服务，就是指扫除淫秽色情、封建迷信等危害人们身心健康、污染社会文化环境的文化垃圾。“打非”是指打击非法出版物，即打击违反《中华人民共和国宪法》规定的破坏社会安定、危害国家安全、煽动民族分裂的出版物、侵权盗版出版物以及其他非法出版物。开展“扫黄打非”活动是净化文化市场的一个重要手段，这项工作由国家新闻出版总署反非法与违禁出版物司（“扫黄打非”办公室，简称“扫黄办”）来执行。全国31个省、自治区、直辖市均相应设有“扫黄打非”工作领导小组及其办公室。

一、新千年来的出版物市场监管（“扫黄打非”）：数据分析

2000年以来，国家加大了“扫黄打非”的力度，推出了打击和严惩淫秽色情信息和非法出版的各种专项行动。各项工作扎实推进，成效显著，亮点频现，展示了我国政府打击侵权盗版的决心和成果。

（一）侵权盗版总体情况分析

从表1可以看出，2000—2005年侵权盗版品种总数有逐年增加的趋势，2006年起逐渐下降，2009年有所回升，这与2009年实行的专项行动有关。国家版权局每年收缴的各种侵权盗版品如表1所示。从图1的发展趋势看，2001—2005年逐渐增加，以后整体呈现逐年下降的趋势。

表 1 2000—2011 年历年盗版情况统计

（统计单位：册，盒，张，件）

年份	盗版图书	盗版期刊	音像制品	电子出版物	盗版软件	其他	合计
2000	12 873 252	117 723	7 682 960	7 695 169	4 111 315	147 903	32 628 322
2001	12 215 079	807 310	37 657 164	4 425 198	4 694 464	2 326 368	62 125 583
2002	20 024 178	1 358 329	27 071 282	7 330 965	5 968 645	6 150 862	67 904 261
2003	24 750 560	1 788 718	26 451 917	6 620 566	7 222 764	1 140 759	67 975 284
2004	18 691 831	1 821 876	39 374 359	19 218 477	5 526 797	424 429	85 057 769
2005	19 088 996	1 144 400	65 870 348	13 016 355	7 742 211	98 836	106 961 146
2006	18 373 240	1 107 321	48 143 389	2 018 495	3 799 138	246 309	73 687 892
2007	11 212 722	1 843 304	52 498 769	2 074 964	3 009 210	5 057 985	75 696 954
2008	8 983 933	1 805 029	30 536 277	1 111 311	1 592 772	1 619 104	45 648 426
2009	11 299 000	/	43 358 000	2 187 000	/	/	56 844 000
2010	8 495 176	827 137	23 754 110	1 088 552	545 627	411 666	35 122 268
2011	6 630 000	/	31 540 000	988 000	/	/	39 158 000

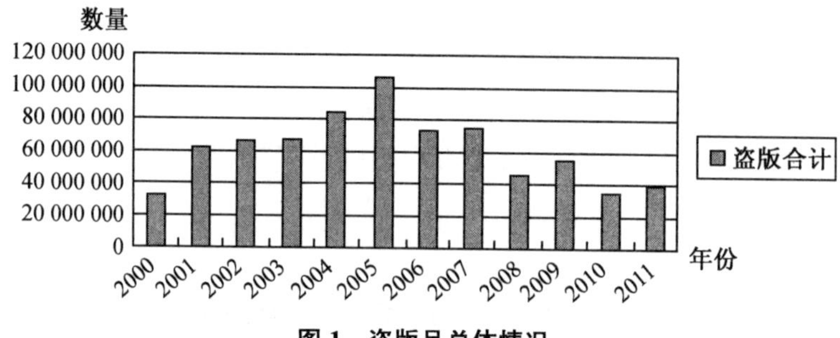

图 1 盗版品总体情况

1. 图书盗版情况

新千年以来，从盗版的图书数量看，2003 年是最多的一年，2011 年最少，这与国家加大打击力度有关，也反映了数字出版物的发展对图书的影响。具体见图 2。

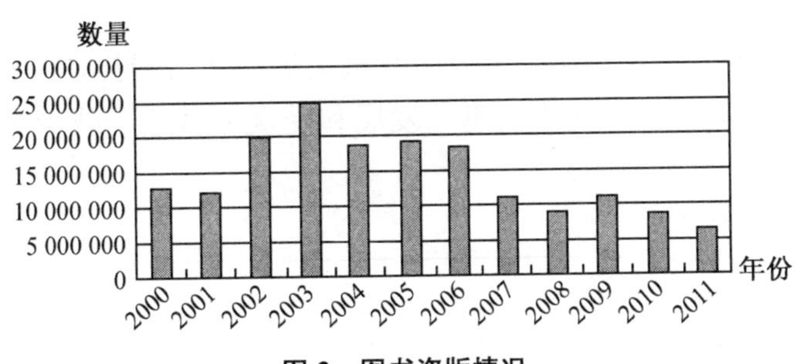

图 2　图书盗版情况

2. 期刊盗版情况

期刊盗版情况从 2000 年以来的数据看,处于起起伏伏的状态。2000 年最少,以后逐年增加,2005 年和 2006 年有所减少,与国家采取的专项行动有关。2007 年起又有所增加。2009 年和 2011 年没有查到相关数据。

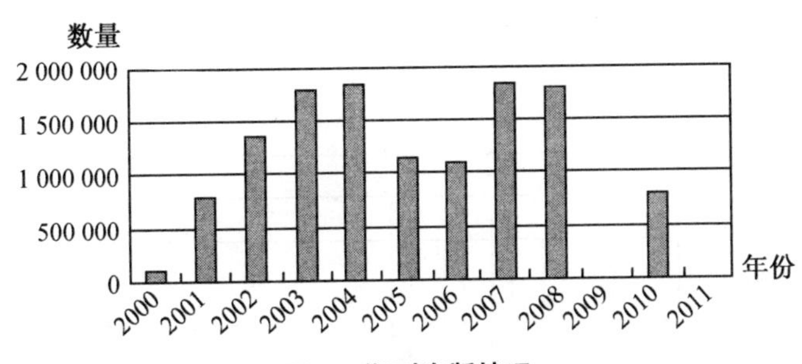

图 3　期刊盗版情况

3. 音像制品盗版情况

新千年以来,音像制品盗版一直居高不下,这与音像制品的受众广泛有关。2005 年盗版到了最高峰,以后整体处于下降趋势。具体见图 4。

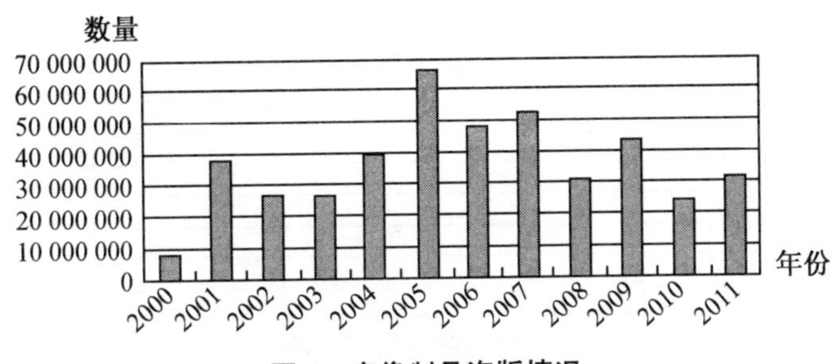

图 4　音像制品盗版情况

4. 电子出版物盗版情况

新千年以来，电子出版物的盗版数量呈逐渐递增趋势，2004 年到了最高峰，以后逐年递减，与网络的迅速发展和受众数量逐渐减少有关。具体见图 5。

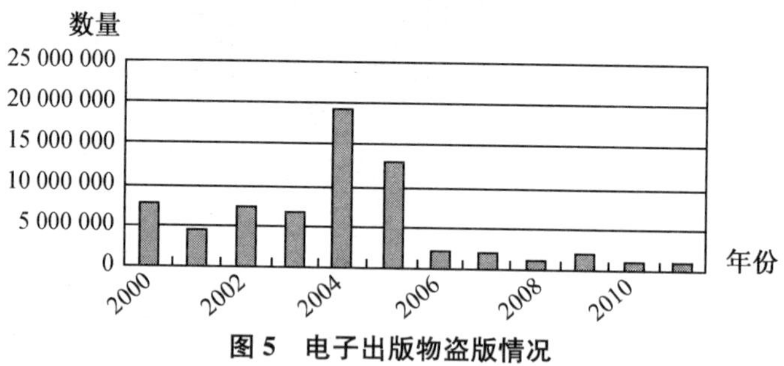

图 5 电子出版物盗版情况

5. 软件盗版情况

新千年以来，软件盗版情况逐渐增加，2005 年到了最高峰，以后逐年下降。没有 2009 年和 2011 年的数据。具体见图 6。

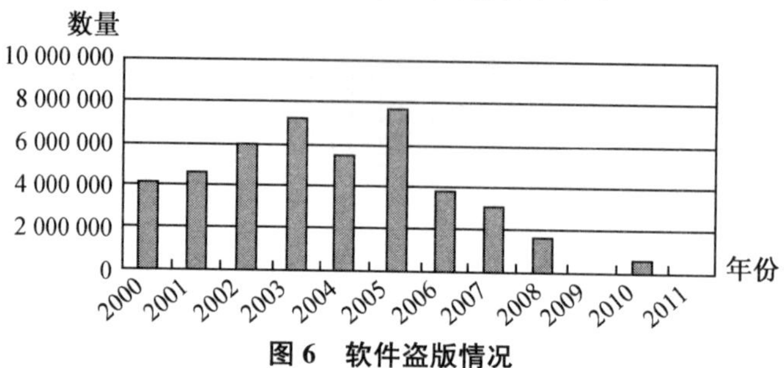

图 6 软件盗版情况

6. 其他盗版品情况

新千年以来，其他盗版品情况以 2002 年和 2007 年较多，其他年份比较少。具体见图 7。

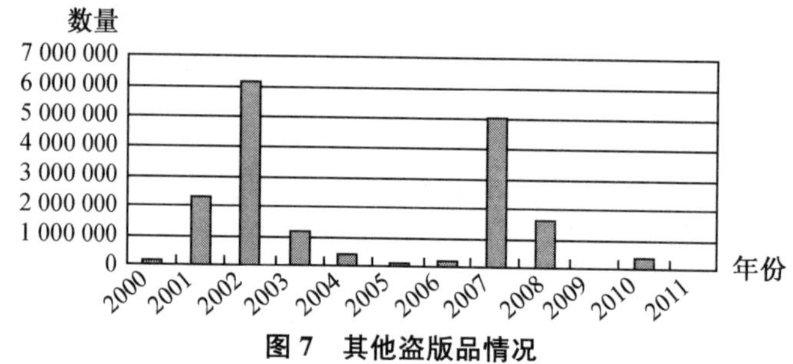

图 7 其他盗版品情况

(二) 市场监管案件执法情况

执法情况反映了案件的处理情况，包括结案情况和不结案情况，以及提起行政诉讼和行政复议情况。具体情况见表 2 和表 3。

1. 2001—2006 年版权执法情况

从表 1 可以看出，2001 年以来执法机关受理的案件有逐年增加的趋势，2003 年最多。

表 2　2001—2006 年版权执法情况　（单位：件）

年份	2001	2002	2003	2004	2005	2006
受理案件	4 420	6 408	23 013	9 691	9 644	10 559

2. 2007—2010 年版权执法情况

2007 年以来，国家版权局执法情况与过去相比，更加细致和具体，不但有行政处罚的具体情况，还包括案件移送、罚款等情况，增强了依法办事的力度。

表 3　2007—2010 年版权执法情况

年份	行政处罚数量（件）	案件移送（件）	检查经营单位（个）	取缔违法经营单位（个）	查获地下窝点（个）	罚款金额（人民币元）
2007	9 816	268	548 646	13 170	1 224	19 096 455.5
2008	9 032	238	782 670	36 601	694	14 188 386
2010	10 590	538	963 842	61 995	727	22 143 117

(三) 市场监管的表彰情况

重奖版权执法有功的单位和个人，特别是将奖励政策倾斜于基层办案人员，可起到事半功倍的引领和示范作用。他们战斗在“扫黄打非”斗争的第一线，坚决贯彻中央的方针政策和行动方案，坚持“打团伙、查源头、破网络、端窝点”，在“扫黄打非”大案要案查处中，在集中统一开展的专项行动中，不怕困难，敢打硬仗，成绩显著，有力地打击了犯罪活动，教育了群众，规范了市场。尤其是 2006 年的“反盗版百日行动”，有效遏制了音像和计算机软件市场销售盗版猖獗的势头，整治了各种非法出版活动和文化市场秩序，有力地维护了文化安全和社会政治安定，树立了我国政府保护知识产权的良好形象。据“扫黄打非”网有关数据显示，从 1994 年开始设立先进集体的表彰，1996 年开始设立先进个人的表彰。2005 开始增加了有功个人和有功集体的荣誉。具体见表 4。

表 4 2000—2011 年表彰个人和集体名单

年份	先进个人（名）	先进集体(个)	有功个人（名）	有功集体（个）	反盗版百日行动有功集体（个）
2000	28	33	/	/	/
2001	38	33	/	/	/
2002	37	36	/	/	/
2003	46	43	/	/	/
2004	44	47	/	/	/
2005		6	61	57	/
2006	107	60	86	75	63
2007	125	49	123	124	/
2008	143	128	88	96	/
2009	181	147	/	/	/
2010	210	157	242	148	/
2011	182	159	/	/	/

1. 个人表彰

个人表彰包括先进个人和有功个人的表彰，从表彰的数量看有逐渐增加的趋势。从一个侧面说明"扫黄打非"力度越来越大。具体见图 8 和图 9。

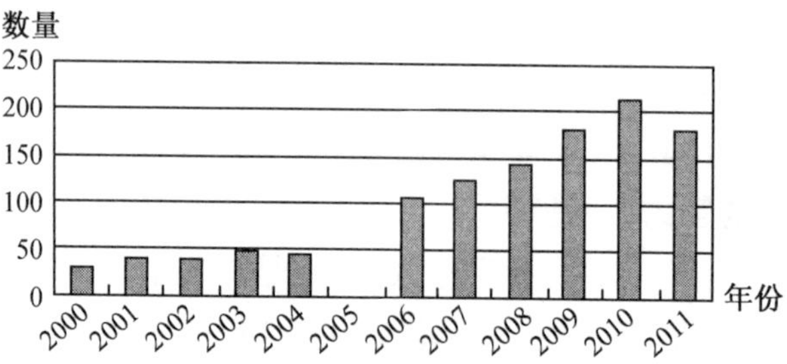

图 8 2000—2011 年先进个人

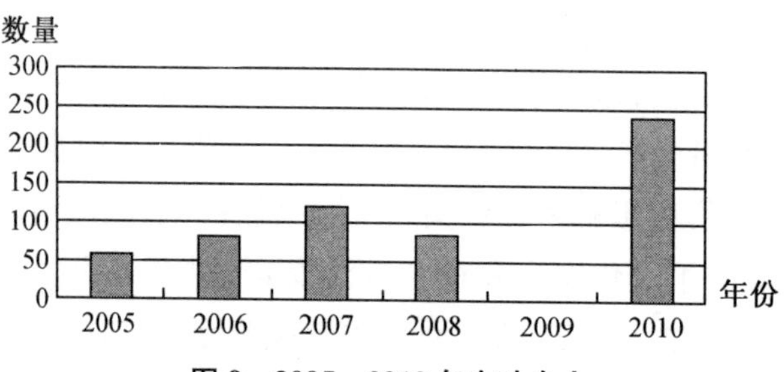

图 9 2005—2010 年有功个人

2. 集体表彰

集体表彰的数量和个人表彰类似，都呈逐年增加的趋势，说明了“扫黄打非”任务的艰巨性以及参与单位的广泛性。

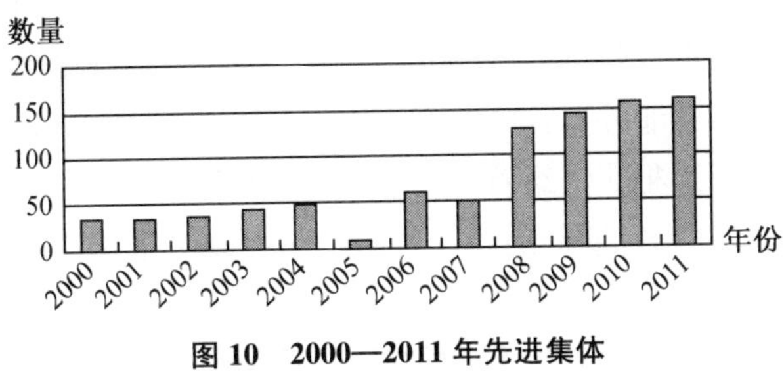

图 10　2000—2011 年先进集体

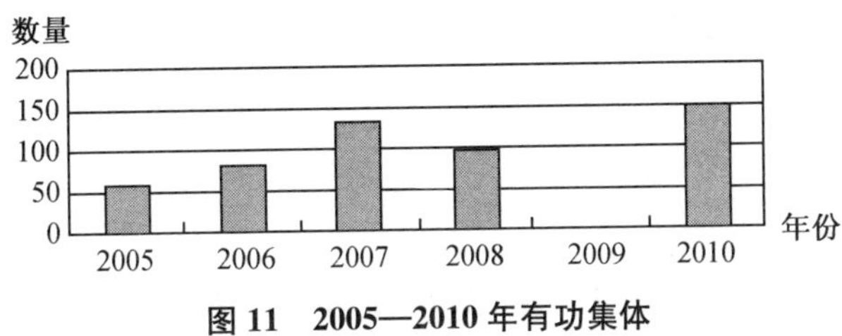

图 11　2005—2010 年有功集体

二、新千年来出版物市场监管（“扫黄打非”）中的代表性事件

出版物市场监管是中宣部牵头、多部门联合执法的。新千年以来，随着复制技术和网络技术的迅速发展，出版物市场监管中出现了很多大案要案，从“扫黄打非”办公室公布的案件看，总体呈现出涉及范围广、涉案人员多、涉案金额大、涉案时间长等特点，代表性的案件主要集中在教材教辅盗版案件、音像制品盗版案件、手机涉黄和网络淫秽色情传播案件和网络侵权盗版案件。

（一）图书侵权盗版案件

由于教材教辅用户众多、发行面广，此类案件一直是“扫黄打非”的重点，屡打不绝。从历年公布的案件看主要有：

2000 年，贵州省王某、杨某非法经营盗版教材教辅案。1999 年 8 月 30 日，根据群众举报，贵州省兴义市文化稽查队会同兴义市公安局在市区城南旅社内查获了王某与兴义市部分中、小学校非法订销的各种盗版教学辅导读物共 41 292 册，码洋为 215 087 元。查获杨某与兴义市部分中、小学校非法订销的各种盗版教学辅导读物共 32 052 册，码洋为 126 209 元。共计 15 类，163 种，73 344 册，码洋共 341 296 元。2000 年 4 月 21 日，贵州省兴义市人民法院对王某、杨某非法经营罪一案作出判决：王某犯非法经营罪，判决有期徒刑七年，并处罚金人民币 10 万元；犯行贿罪，判处有期徒刑一年零六个月；数罪并罚，决定执行有期徒刑七年零六个月，并处罚金人民币 10 万元。杨某犯非法经营罪，判处有期徒刑六年，并处罚金人民币 8 万元；犯行贿罪，判处有期徒刑六个月；数罪并罚，决定执行有期徒刑六年，并处罚金人民币 8 万元。

2004 年，涉及金额 3334 万元的"9・26"钟某非法出版大案立案。从 2000 年至 2003 年，钟某盗印包括人民教育出版社、中国青年出版社、科学普及出版社等多家出版社书刊 300 多种，总案值达 3 334 万元。其中盗印人民教育出版社的就有 39 种，案值达 2 000 多万元。2001 年 7 月至 2002 年 9 月，钟某在灏月印刷厂盗印人民教育出版社的《高中语文读本》就达 10 万册。

2004 年，岳阳某学院非法发行《现代礼仪教程》等盗版教材案。2004 年 9 月以来，岳阳市新闻出版局在全市开展了一场以大中专院校及函授站（班）为重点的教材教辅读物专项治理行动。专项行动中，市新闻出版局一举查实岳阳市某学院非法发行盗版教材《现代礼仪教程》、《艺术欣赏》共计 8 000 册，涉案码洋达 19 万余元。该学院所订购的盗版教材《现代礼仪教程》，进货渠道为山东枣庄当代出版发行有限公司在临沂市费县所设立的办事处。此教材每册定价 26.8 元，学校以每册 21.44 元进价，共购进 4 000册，以原价销售给学生 2 930 册，从中获利 15 704.80 元。执法过程中，在其库存内又发现了由山东枣庄当代出版发行有限公司发行的另一本教材《艺术欣赏》涉嫌盗版。经市新闻出版局抽样鉴定，该书系盗用中国文联出版社名义和书号出版的非法出版物。经查明，盗版教材《艺术欣赏》每册定价 24.8 元，该学院以每册单价 19.84 元共购进 4 000 册，按原价销售给学生 2 572 册，从中获利 12 757.12 元。

2011 年，北京"2.18"制售盗版教材教辅案。北京鹏翔宏途图书有限公司制售盗版中央广播电视大学出版社等社的教材教辅，涉案码洋超过 1 亿元，非法收入达 7 600 余万元，5 名案犯被以侵犯著作权罪分别判处有期徒刑六年至四年不等，并处罚金 300 万元至 30 万元不等。

2012年南京"4·16"重大教辅图书侵权盗版案。此案是江苏省近年来罕见的重大教辅图书侵权盗版案件,也是一起全国"扫黄打非"办公室和公安部挂牌督办的重点案件。被告单位超诚公司和金灿公司,未经著作权人许可,非法复制大量教辅教材,涉案图书高达16个品种,总计4.6万余册。2012年,南京"4·16"重大教辅图书侵权盗版案在南京市鼓楼法院公开宣判。法院依照刑法及司法解释有关规定,以构成侵犯著作权罪,判处被告单位超诚公司罚金人民币8万元;被告单位金灿公司罚金人民币8万元;被告人陈某有期徒刑三年四个月并处罚金人民币2万元;被告人童某有期徒刑三年并处罚金人民币1.5万元。

2012年9月,"扫黄打非"办公室公布了10起非法制售教辅书案件:河北辛集"11·16"制售盗版教辅图书案;山西太原"10·13"盗印教辅图书案;河南新乡"2·11"非法印刷教辅图书案;河南洛阳"4·28"盗印教辅图书案;河北石家庄"振兴书社"销售盗版教辅案;河南三门峡兰亭书店二店销售盗版教辅案;黑龙江哈尔滨"6·16"销售盗版教辅材料案;天津瀚海星文化传播有限公司制售非法教辅图书案;湖北武汉"5·15"非法印刷教辅报纸案;广东惠州非法出版教辅图书案。从上述10起案件可以看到,盗版教材教辅是全国性存在的问题,打击盗版,任务艰巨。

(二) 音像制品案件

近年来发生的许多音像制品案件,很多是正规音像制品出版社出版复制的违规产品,给"扫黄打非"带来了难度,对这种知法犯法的行为应该严惩。这些案件主要有:

2009年5月7日,新闻出版总署对严重违法违规出版、复制低俗音像制品的广东汕头海洋音像出版社、江西文化音像出版社和北京文录激光科技有限公司作出了最严厉的行政处罚决定:吊销经营许可证。4月30日,对非法经营低俗音像制品的广东金图影音有限公司作出吊销经营许可证的行政处罚。5月22日,全国"扫黄打非"办又公布了第二批处罚名单,其中包括对贵州音像教材出版社处以吊销音像制品出版许可证的行政处罚;依法吊销广东金海湾文化传播有限公司的音像制品经营许可证;依法对河北大厂县彩虹光盘有限公司处以警告的行政处罚;对中国人口音像出版社进行诫勉谈话;对广东肇庆国声镭射技术制作有限公司、广东中凯文化发展有限公司进行诫勉谈话。上述10起涉嫌构成犯罪的案件已移交公安机关查处。

这些公司的违规情况主要是:北京文录激光科技有限公司(光盘复制单位)涉嫌大量复制生产低俗音像制品。仅在2007年10月至2008年5月间,该公司复制生产有关性教育、艳舞等题材的低俗类音像制品数百种,1 700多个批次,总数达443.35万张。其次,严重违反国家有关光盘委托复制管理的规定。如2007年11月至2008年6月在没有合法委托手续的情况下,复制生产已于2006年6月被新闻出版总署吊销《音像制品出版经营许可证》的吉林省长白山音像出版社曾出版的性爱宝典系列光盘共计32万张。汕头海洋音像出版社在2004年至2007年间,以"买卖版号"的形式,出版低俗音像制品9种(系列),非法所得13 650元。其中包括与广东某文化传播公司"合作出版"明星、模特写真集等光盘,收取版号费6 150元;以"买卖版号"的形式与广东某公司"合作出版"性教育知识系列光盘,收取版号费7 500元。江西文化音像出版社在2005年至2007年间,以"买卖版号"的形式出版低俗类音像制品52种,非法所得98 500元。其中包括与广东金图影音有限公司"合作出版"所谓中国宫廷性保健系列光盘24个品种,收取版号费4.8万元;与广州某传播有限公司"合作出版"古代性文化等光盘,收取版号费3万元;与广东某公司"合作出版"含有不健康内容的光盘3个品种,收取版号费3 000元;与广东某公司"合作出版"健康性知识光盘,收取版号费17 500元。2009年4月8日,广州市文化市场综合行政执法总队执法人员在广东金图影音有限公司(音像发行单位)库房内,现场查获内容格调低下的中国宫廷性保健等系列光盘共计4.8万余张,并查获江西文化音像出版社向佛山某光盘厂开具的复制委托书共计24份,以及江西文化音像出版社向该公司开具的中国宫廷性保健系列光盘经销委托书1份。

贵州音像教材出版社成立于1988年。从2005年至2007年,贵州音像教材出版社涉嫌以买卖版号的形式出版了《激情魅力》、《情窦初开》、《醉人香闻》、《丽水佳人》等10种"人体艺术"系列低俗光盘,非法所得3万元。广东金海湾文化传播有限公司成立于2006年3月,从2006年至2008年,以挂版费形式购买版号并从事非法出版活动,复制、发行了《明星模特写真集》、《超女模特写真集》、《健康性知识》、《性爱宝典》等数量为8 500套共计约8.6万张低俗内容光盘。河北大厂县彩虹光盘有限公司涉嫌无规范委托书复制内部资料性光盘21 500张,擅自将《健康性知识》系列光盘转委托生产以及复制生产委托书已过期的各类光盘14 000张。中国人口音像出版社以买卖版号的方式与广东金图影音有限公司出版光盘《东方性经》，非法所得1万元。广东肇庆国声镭射技术制作有限公司于2004年生产由汕头海洋音像出版社委托复制的《性爱宝典》、《性爱课堂》、《性爱体位》等光盘各5 000套，共计15万张；于2006年复制生产由江西文化音像出版社委托复制的《泰国爱经》、《印度瑜珈爱经》、《印度爱经》等光盘各2万张，共计6万张。广东中凯文化发展有限公司于2004年以买卖版号的方式，发行、复制《性教育知识》系列光盘共计30个品种。

（三）手机涉黄和淫秽色情网站案件

随着网络的发展和手机的广泛应用，互联网和手机媒体传播淫秽色情和低俗信息问题屡禁不绝。为促进未成年人健康成长，净化网络环境，全国“扫黄打非”有关部门出台了一系列措施。

王某等传播淫秽物品案。2011年5月至12月期间，王某、杨某、黄某等10人明知他人创建的某色情网站为传播淫秽电子信息网站，仍然先后申请为该网站的版主、超级版主，并分别对网站指定的板块进行管理，允许或放任他人在其管理的板块内发布淫秽电子信息。其中，最多的为淫秽电子图片6 597张，淫秽小说2 441篇，共计9 038件(篇)。其次，还有淫秽视频121个。法院认为，其行为均已构成传播淫秽物品罪。据此，江苏省南京市江宁区人民法院以传播淫秽物品罪依法分别判处10人有期徒刑十个月至拘役六个月，缓刑一年不等。据悉，10名被告人中有7人分别为“80后”或“90后”。

2011年江苏南通“8·13”网络传播淫秽色情动漫案。犯罪嫌疑人陆某于2008年9月创建“寻狐社区”网站，先后招募19名网站管理人员从互联网上下载日本原版淫秽色情动漫，经过翻译和添加字幕后，在境内外多家淫秽色情网站上传播。截至案发，该网站共发展会员13万人，传播淫秽色情视频1 459个、图片11万余张，点击量达650万人次。2011年10月20日，法院以传播淫秽物品牟利罪判处陆某有期徒刑6年，并处罚金6万元；其他18名被告也分别被判处有期徒刑或拘役。

网上淫秽色情信息一直是社会公害，社会各界反映十分强烈。淫秽色情信息通过手机网站的肆意传播，严重损害社会公德，危害青少年身心健康，如不加以治理，将贻害无穷。政府部门对此采取了坚决的打击措施，受到社会各界的普遍欢迎和支持。当然，问题还远没有得到根本解决，在封堵传播源头、切断利益链条、查办大案要案、通过技术手段建立防治长效机制、保持强大社会舆论压力等方面，工作任务仍十分艰巨。2009 年 11 月 16 日，全国“扫黄打非”办公室针对一些手机网站制作、传播淫秽色情信息活动不断蔓延的情况，下发了《关于严厉打击手机网站制作、传播淫秽色情信息活动的紧急通知》，要求就手机网站制作、传播淫秽色情等有害信息活动进行专项治理。2009 年 12 月 4 日，全国“扫黄打非”办公室、新闻出版总署、国家版权局向社会公布举报中心电话（12390、010-65212870、010-65212787）。这 3 个举报电话 24 小时受理公众举报非法出版物、淫秽色情出版物、侵权盗版出版物、非法报刊及非法新闻活动、互联网及手机媒体淫秽色情和低俗信息等各类案件线索。

2009 年 12 月 8 日，中央外宣办、全国“扫黄打非”办公室、工业和信息化部、公安部、新闻出版总署等中央 9 部门在北京召开电视电话会议，就进一步深入开展整治互联网特别是手机媒体淫秽色情及低俗信息专项行动作出部署。12 月 15 日，全国“扫黄打非”工作小组办公室下发了《关于开展打击手机网站传播淫秽色情信息专项行动的实施方案》，决定自 2009 年 12 月至 2010 年 5 月底，继续开展打击手机网站传播淫秽色情信息专项行动，并明确提出，采取深入加强宣传教育、集中清理网站、深入查办案件、抓好源头治理、强化技术防范、严格问责制度等六大措施以治理、净化手机网络环境，并进一步明确了各部门的工作职责，形成各司其职、各负其责，相互配合、协同作战的工作格局。

（四）网络侵权盗版现象案件

随着互联网的普及，销售侵权盗版活动有了向网上蔓延的新趋势。

2008 年天津“6·3”批销盗版音像制品团伙网络案是 2008 年全国“扫黄打非”工作小组办公室和公安部挂牌督办的大案。此案于 2008 年 9 月下旬一举破获，抓获付伟等 24 名主要犯罪嫌疑人，查获盗版光盘 30 万余张、淫秽光盘 1 000 余张以及汽车、电脑等一批犯罪工具。

2009 年 12 月，第五次打击网络侵权盗版专项治理行动顺利结束，国家版权局、公安部、工业和信息化部及各地相关部门认真组织落实，严厉打击网络侵权盗版行为，专项治理行动取得了显著成效。截至 11 月 20 日，各地共对 3 029 家重点网站实施主动监管，各级版权行政执法部门及公安、工信部门共查办网络侵权案件 541 件，关闭非法网站 362 个，采取责令删除或屏蔽侵权内容的临时性执法措施 552 次，罚款总计 128.25 万元，没收服务器 154 台。这次打击网络侵权盗版专项治理行动历时 4 个月，是历年来最长的一次。此次专项治理行动采取了规范合法网站与打击非法网站相结合的措施，在严厉打击各种网络侵权盗版行为的同时，注重规范重点互联网企业和网站使用作品行为，加大对在各地区有影响的互联网企业和网站的主动监管，对网络影视传播、文学网站、网络新闻转载等涉及作品授权使用问题进行主动检查，通过宣传教育、自查自纠、限期整改等方式，树立互联网企业和网站“先授权、后传播”的法律意识。

2011 年 4 月、9 月、10 月，“扫黄打非”部门先后在上海、齐齐哈尔、苏州等地查处了多起通过在淘宝网注册后在网络上制售侵权盗版出版物的案件。其中上海凌某网上经营盗版光盘案、黑龙江齐齐哈尔梁某夫妇网上经营非法复制港台原版图书案和江苏苏州谢某网上经营盗版图书案极具代表性，此类违法犯罪活动具有来势猛、速度快、人员杂等三大特点。全国“扫黄打非”办公室鉴于此，采取了严格查处、明确责任、规范管理和加强引导等 4 项措施，严打网上销售盗版行为。打击网络侵权盗版是“扫黄打非”工作的一项重要职责，目前我国正大力整治新媒体领域的盗版活动。针对网上经营盗版案件高发的新特点，全国“扫黄打非”办公室已要求各地“扫黄打非”机构在加强对各类出版物实体经营场所监管的同时，加大对网上经营盗版行为的查处力度，发现线索，追根究底，固定证据，依法查办。

三、出版物市场监管（“扫黄打非”）中存在的主要问题及未来发展趋势

（一）出版物市场监管中存在的主要问题

出版物市场监管中存在的系列问题，与相关法律缺失和技术的迅速发展有关，从目前的情况看，主要存在以下问题。

1. 版权保护不力，惩罚力度小

从 1990 年《中华人民共和国著作权法》通过到今天，我国先后制定了《著作权法实施条例》、《计算机软件保护条例》等 5 个版权条例，并两次对《著作权法》进行了修改，目前正在进行第三次修改，可以说已经建立了既符合国际公约又具中国特色的著作权法律体系。总的来看，形成了具有中国特色的版权执法体系，建立了版权公共服务体系和版权宣传教育体系。近 5 年来，各级版权行政管理部门共行政处罚 49 416 起侵权盗版案件，取缔违法经营单位 128 493 家，查获地下窝点 3 507 个，收缴各类盗版品 3.17

亿册。虽然知识产权相关法律已经比较完备,但还需进一步完善。第一,我国法律对盗版的惩罚过轻。有的西方国家盗版一张光盘就可以判刑,中国盗版一张光盘根本构不成犯罪。根据我国法律规定,盗版500张以上才能进入刑事司法程序,这就留下了很大的空子。第二,版权执法力量有待加强。人民群众反映了大量侵犯知识产权案件,由于执法力量不足,有些得不到查实处理。第三,公民知识产权意识有待提高。第四,新技术给版权保护带来了新挑战。要解决这些问题,要从加紧完善法律体系、加强执法体系建设、加快完善版权公共服务体系、发动人民群众参与知识产权保护活动等几个方面加大力度。

2. 集中行动多,效果不明显

为了加强"扫黄打非"力度,2009年以来全国"扫黄打非"办公室先后实施了以清缴查处非法出版物为重点,严厉打击非法出版和侵权盗版活动,确保北京及其周边地区的社会稳定和文化安全,联防联控、案件协查的"护城河工程";打击"藏独"违禁、非法出版物和宣传品的"珠峰工程";以打击境内外宗教极端势力、民族分裂势力、国际恐怖势力"三股势力"散布的非法出版物和宣传品为主要任务的"天山工程";为适应新形势下"扫黄打非"工作需要,严厉打击各类非法出版物的,保障广州亚运会等国际体育盛会成功举办,营造良好文化市场环境,打防结合、预防为主的"南岭工程"。四大工程实施以来,在提高各省区市之间联防协作和整体作战能力等方面,确实发挥了越来越重要的作用,但因为技术发展迅速,违法人员作案手段花样翻新,还存在很多问题有待解决。特别是如何做到查案坚决彻底、问责严格到位、整改扎实有力,把专项行动转化为日常的"扫黄打非"行动,还需进一步的研究和落实。由于专项行动都是临时性、阶段性的任务,在专项行动暴风骤雨式的集中整治下,某种非法出版活动能得到有效遏制,但专项行动过后,一旦缺少了管制,这类非法出版物很快会死灰复燃,又需要启动新一轮的治理,进入"运动不止,问题不止"的恶性循环。

(二)出版物市场监管未来发展趋势

2011年1月10日,最高人民法院、最高人民检察院、公安部联合印发了《关于办理侵犯知识产权刑事案件适用法律若干问题的意见》(以下简称《意见》),对侵犯知识产权刑事案件的法律适用问题进行了明确规定。《意见》共十六条,进一步明确了侵犯知识产权刑事案件的管辖,收集、调取证据的效力,如何认定侵犯著作权罪中"以营利为目的"等7个问题。《意见》

对网络侵权定罪量刑标准更明确;"以营利为目的"的认定更具体;"未经著作权人许可"问题的认定更清晰。《意见》的发布与实施,对于侵犯著作权大要案的移送、立案及司法审判极具操作性;同时,对版权行政执法与司法的有效衔接,提高中国知识产权刑事司法保护水平,推动全国打击侵犯知识产权和制售假冒伪劣商品专项行动的深入开展,维护公平有序的市场环境,具有十分重要的意义。对以后的市场监管,笔者认为应该从以下几个方面展开。

1. 联合执法,加强监管执法力度

挂牌督办已经成为"扫黄打非"案件查办工作的一个重要手段。通过充分发挥挂牌督办作用,1 月至 11 月,全国"扫黄打非"办公室从备案的 200 余起重点案件中,筛选确定了单独挂牌督办或会同公安部、最高人民检察院、最高人民法院共同挂牌督办的"扫黄打非"大案要案共 27 件,先后召开案件协调会 20 余次,派员 30 余人次。为此,很多在案件查办中遇到的问题得以协调解决,重大案件顺利突破。据全国"扫黄打非"办公室相关负责人表示,挂牌督办中做到了对外查案与对内问责相结合,一方面对犯罪分子穷追猛打,依法重判重罚,另一方面严查监管部门公职人员失职渎职、包庇纵容、参与非法出版活动的行为,依法依纪予以惩处。

目前,全国"扫黄打非"系统已建立起综合协调、信息预警、联合封堵、日常监管、案件查办、责任追究、考核表彰等一系列行之有效的工作机制。2011 年,全国"扫黄打非"办公室又推出多项新举措,"扫黄打非"工作水平和效率进一步提升。新出台了"扫黄打非"台账管理制度,要求各地"扫黄打非"部门在 2012 年内逐步建立印刷复制企业、出版物物流仓储企业、出版物集中销售场所、游商摊点主要分布区域、出版物市场检查、督办案件等系列管理台账。

市场是检验"扫黄打非"工作成效的最终标准,暗访检查是了解市场真实情况的有效手段。2012 年以来,全国"扫黄打非"办公室先后组织较大规模的出版物市场暗访检查 19 次,出动人员 200 余人次,检查范围涉及 24 个省(区、市)的重点城市。而且,利用各种出差、开会等机会对当地乃至周边省(区、市)的重点出版物市场进行暗访检查,对原先问题较突出的地区进行回访了解整改情况。检查结果向各地"扫黄打非"工作领导小组通报,引起了有关领导的高度重视,对净化文化市场起到了推动作用。

2. 发动群众，奖励表彰举报人员

归根结底，“扫黄打非”是一场保护人民群众文化权益的斗争。2012年以来，全国“扫黄打非”办公室注重倾听百姓呼声，发现问题，积极作为，有针对性地开展专项行动，集中力量解决群众反映的突出问题。

2009年2月11日，本着合理配置、资源整合的原则，全国“扫黄打非”办、新闻出版总署、国家版权局决定将原有的全国“扫黄打非”办举报中心、新闻出版总署举报中心、国家版权局举报中心合并为“全国‘扫黄打非’办、新闻出版总署、国家版权局举报中心”，由全国“扫黄打非”办负责举报中心的日常工作，及时受理群众举报并督办落实。原三个举报电话（12390、010-65212870、010-65212787）号码不变，职能相同，统一受理举报事宜。对已受理的举报信息，将按类别分别交由全国“扫黄打非”办、新闻出版总署和国家版权局办理。同时加强创新宣传，争取群众参与。2011年，全国“扫黄打非”办公室联合举报中心全年受理群众举报线索4万多条，向各地各部门转送各类非法出版物举报信息750件，各地据此查办重点案件477起。尤其值得一提的是，全国“扫黄打非”办及时兑现群众举报奖励，奖励举报有功人员41名，发放举报奖金28.8万元，其中最大的一笔奖励，是奖励湖南长沙“1·19”盗版图书案举报人13万元。

据不完全统计，目前100%的副省级和地级城市（包括直辖市的区）、97%的县级市和县设立了“扫黄打非”办公室，管辖范围较大、人口数量较多、出版物市场较活跃的乡镇和街道建立健全了“扫黄打非”工作体系和工作机制，确保了基层“扫黄打非”工作有人抓、有人管。

3. 充分利用现代技术手段，加强市场监管

网络时代背景下，“扫黄打非”不能停留在以往对传统出版形态的监管上，亟须拓展对新型传播形态的管理。为此，全国“扫黄打非”办公室与具有雄厚技术力量的中国科学院签订战略合作协议，全方位构筑“扫黄打非”工作技术支撑体系。重点开展全国“扫黄打非”信息管理系统研究，新技术背景下“扫黄打非”手段研究，网络出版物传播监测管理，网络出版物发现与识别判定技术研究，网络非法传播取证技术研究等核心技术研发。其中值得一提的是在打击手机网站传播淫秽色情信息专项行动中，天津市通信管理局积极配合市“扫黄打非”部门开展相关工作，切实履行行业管理职责，通过完善技术手段加强对于本地接入的互联网和手机网站的管理和清查，从源头上解决违法网站在区内接入的问题。在有关部门曝光和关闭的淫秽色情网站中，无一例是在天津接入的。

2011 年 1 月 28 日，国家版权局、公安部、工业和信息化部联合召开“打击网络侵权盗版专项治理‘剑网行动’视频网站主动监管工作会议”。通报了自 2010 年 9 月起，国家版权局通过技术手段对 18 家网站上 300 部作品的传播情况予以重点监控的成果。悠视网、新浪网、乐视网、优酷网、搜狐网、天线视频、百度视频、酷 6 网、激动网、pps 网络电视、verycd 网、土豆网、腾讯网、56 视频、迅雷看看等 18 家视频网站纳入国家版权局主动监管名单后，进行了自查自纠、健全规章制度、规范工作流程、依法妥善处理侵权投诉和权利人的通知、核查本单位使用作品的授权情况，及对于未取得授权或权利状况不明的作品及时删除或者断开链接。通过对 18 家视频网站的主动监管，切实提高了重点视频网站在传播影视作品时对“先授权后使用”的认识水平，引导重点视频网站切实按照《信息网络传播权保护条例》的规则合法经营，进一步探索可持续发展的经营理念，有效地规范了网络版权经营秩序，促进了行业规范有序的发展。

新千年来的中国出版物印制

出版物印刷主要是指图书印刷、报纸印刷和期刊印刷。出版物印刷是整个印刷业的重要组成部分。从总产值看,出版物印刷占印刷业总产值的30%左右。

一、新千年来的出版物印制:数据分析

进入新千年以来,我国出版物印刷继续保持稳定的增长,产业规模不断扩大,产业实力不断增强。根据新闻出版统计资料,2011 年,我国有出版物印刷企业 8 309 家,实现销售产值 1 320. 68 亿元,增加值 412. 37 亿元,总资产 1 781. 99 亿元,总利润 78. 37 亿元,从业人员 57. 62 万人。

(一) 出版物印刷产量及增长率

表 1　2000—2011 年出版物印刷产量及增长率

年度	总印张数(亿印张)	总印张数增长率(%)	用纸量(万吨)	总用纸量增长率(%)
2000	1 276. 08	13. 4	296. 05	13. 3
2001	1 445. 96	13. 3	335. 27	13. 2
2002	1 630. 21	12. 7	377. 95	12. 7
2003	1 806. 92	10. 8	418. 59	10. 8
2004	2 100. 51	16. 3	486. 01	16. 1
2005	2 231. 67	6. 22	524. 45	7. 91
2006	2 307. 83	3. 41	534. 11	1. 84
2007	2 345. 2	1. 62	542. 7	1. 61
2008	2 649. 26	12. 97	613	12. 95
2009	2 701. 14	1. 96	624. 95	1. 95
2010	2 935. 41	8. 67	679. 11	8. 67
2011	3 099. 23	5. 58	717. 01	5. 58

数据来源:《中国新闻出版统计资料汇编》

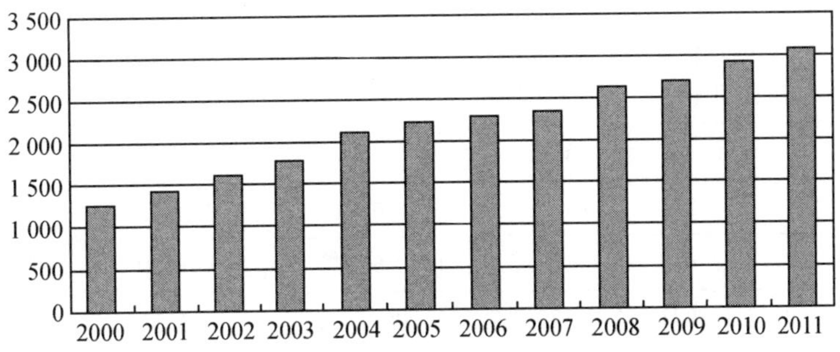

图 1 2000—2011 年出版物印刷总印张(单位:亿印张)

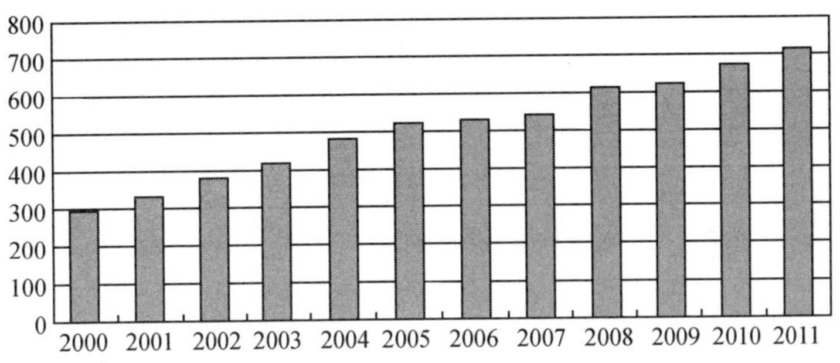

图 2 2000—2011 年出版物印刷用纸量(单位:万吨)

出版物印刷总印张逐年增长,2011 年达到 3 099.23 亿印张,用纸量与总印张保持同步增长,2011 年达到 717.01 万吨。

(二) 图书、报纸、期刊出版印刷情况

1. 图书出版印刷规模

2011 年,我国图书出版种数达到了 36.95 万种,其中新书为 20.75 万种,总印数 77.05 亿册,总印张达到了 634.51 亿印张,比上年略有增长。2007 年,图书出版总印数和总印张出现下降,而 2008 年总印数和总印张都出现了较大的增长。

表 2 2000—2011 年图书出版印刷情况

年度	出书种数(千种)	新书种数(千种)	总印数(亿册)	总印张(亿印张)	用纸量(万吨)
2000	143.376	84.235	62.74	376.21	88.58
2001	154.526	91.416	63.10	406.08	95.6
2002	170.926	100.693	68.7	456.45	107.43

（续表）

年度	出书种数（千种）	新书种数（千种）	总印数（亿册）	总印张（亿印张）	用纸量（万吨）
2003	190.391	110.812	66.7	462.22	108.77
2004	208.294	121.597	64.13	465.59	109.52
2005	222.473	128.578	64.66	493.29	115.99
2006	233.971	130.264	64.08	511.96	120.37
2007	248.283	136.266	62.93	486.51	114.42
2008	275.668	149.988	69.36	560.73	131.85
2009	301.719	168.296	70.37	565.50	132.93
2010	328.387	189.295	71.71	606.33	142.52
2011	369.523	207.506	77.05	634.51	149.11

数据来源:《中国新闻出版统计资料汇编》

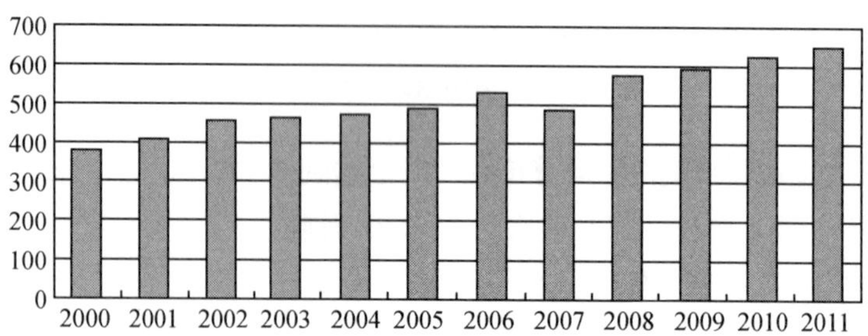

图 3　2000—2011 年图书出版印刷总印张(单位:亿印张)

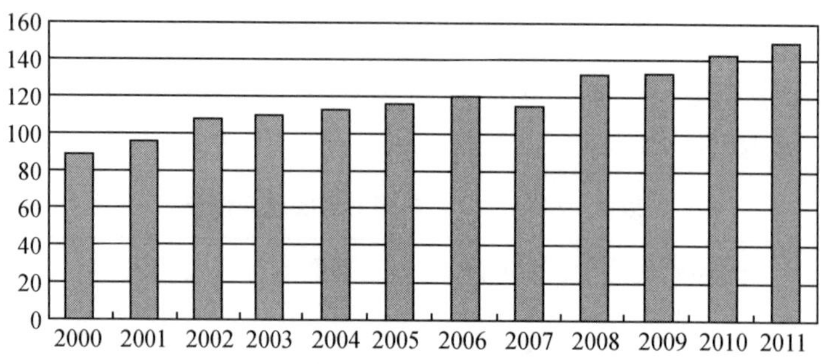

图 4　2000—2011 年图书出版印刷用纸量(单位:万吨)

由以上图表可以看出,图书印刷总印数 2002 年以后逐年下降,一直延续到 2007 年,2008 年后有缓慢增长。图书出版总印张增长有一定波动,

2007年曾出现下降，2008年后有所增长。这说明图书印刷受到网络等新媒体的影响，增长前景具有不确定性。未来图书印刷将保持缓慢增长的趋势，在整个印刷市场中的地位将逐步下降。

2. 报纸出版印刷规模

到2011年，全国共有报纸总数为1 928种，比上一年度略有减少。经过报刊治理整顿取消了一些县级报纸，2004年后，报纸种数基本稳定，上下浮动不大。2011年报纸总印数为467.43亿份，比2010年略有上升，总印张达到了2 271.99亿印张。

表3　2000—2011年报纸出版印刷情况

年度	种数（种）	总印数（亿份）	总印张（亿印张）	平均期印数（万份）	用纸量（万吨）
2000	2 007	329.29	799.83	17 913.52	183.96
2001	2 111	351.06	938.96	18 130.48	215.96
2002	2 137	367.83	1 067.38	18 721.12	245.51
2003	2 119	383.12	1 235.58	19 072.42	280
2004	1 922	402.4	1 524.41	19 521.63	350.7
2005	1 931	412.6	1 613.14	19 548.86	379.09
2006	1 938	424.52	1 658.94	19 703.35	381.56
2007	1 938	437.99	1 700.76	20 545.37	391.17
2008	1 943	442.92	1 930.55	21 154.79	444.03
2009	1 937	439.11	1 969.4	20 837.15	452.96
2010	1 939	452.14	2 148.03	21 437.68	494.05
2011	1 928	467.43	2 271.99	21 517.05	522.56

数据来源：《中国新闻出版统计资料汇编》

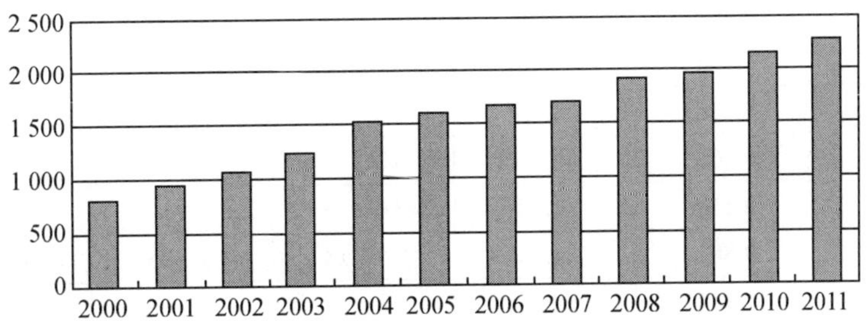

图5　2000—2011年报纸出版印刷总印张（单位：亿印张）

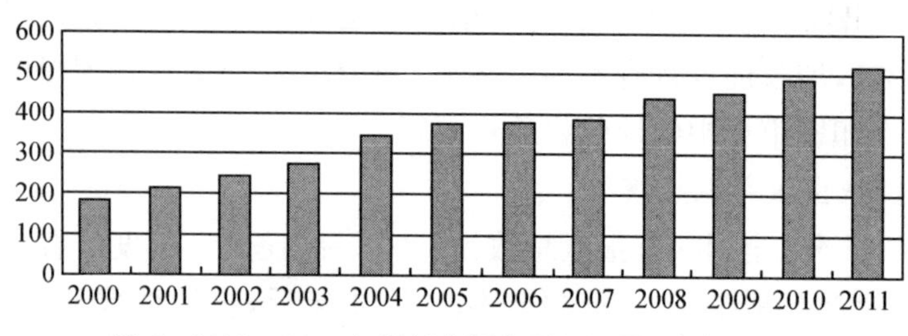

图 6 2000—2011 年报纸出版印刷用纸量(单位:万吨)

由以上图表可以看出,我国报纸印刷无论是总印数还是总印张,都保持了持续增长的趋势。报纸印刷是未来带动出版物印刷增长的主要力量。根据 2006 年 8 月发布的《全国报纸出版业"十一五"发展纲要(2006—2010)》,到"十一五"期末,我国日报拥有量将力争达到平均每千人 90 份,报纸普及率达到平均每户 0.3 份。2010 年,我国平均每千人拥有报纸 102.2 份,报纸普及率为 0.37,超额完成"十一五"规划提出的目标。报纸业的发展,将带动报纸印刷的进一步发展。

3. 期刊出版印刷规模

到 2011 年,全国期刊数为 9 849 种,总印数为 32.85 亿册,比上一年度有小幅上升,总印张为 192.73 亿印张,比上一年度有一定增长。

表 4 2000—2011 年期刊出版印刷情况

年度	种数(种)	总印数(亿册)	总印张(亿印张)	折合用纸量(万吨)	平均期印数(万册)
2000	8 725	29.42	100.04	23.51	21 544
2001	8 889	28.95	100.92	23.71	20 697
2002	9 029	29.51	106.38	25.01	20 406
2003	9 074	29.47	109.12	23.71	19 909
2004	9 490	28.35	110.51	25.97	17 208
2005	9 468	27.59	125.26	29.44	16 286
2006	9 468	28.52	136.94	32.18	16 435
2007	9 468	30.41	157.93	37.11	16 697
2008	9 549	31.05	157.98	37.12	16 767
2009	9 851	31.53	166.24	39.06	16 457
2010	9 884	32.15	181.06	42.54	16 349
2011	9 849	32.85	192.73	45.28	16 880

数据来源:《中国新闻出版统计资料汇编》

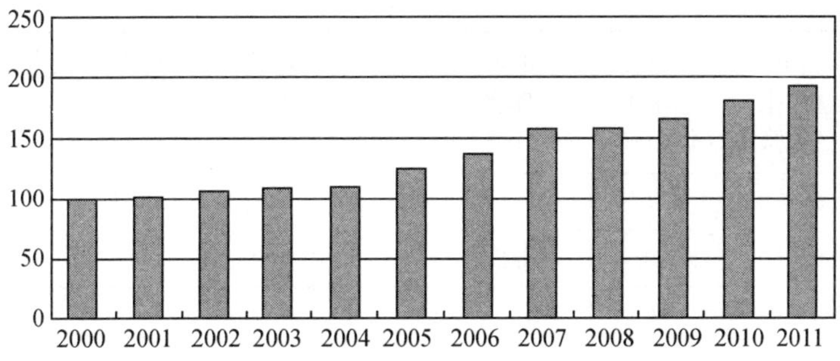

图 7　2000—2011 年期刊出版印刷总印张(单位:亿印张)

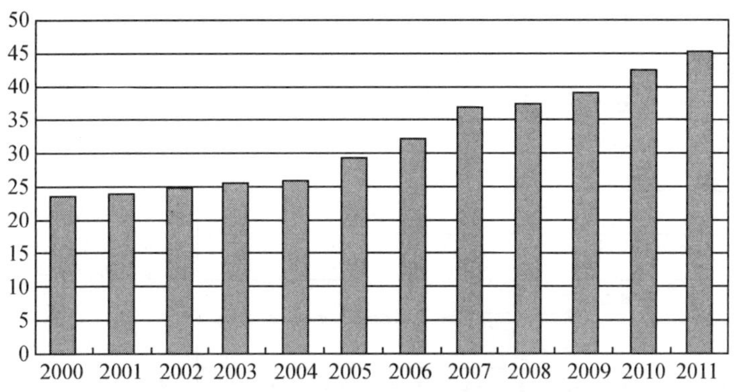

图 8　2000—2011 年期刊出版印刷用纸量(单位:万吨)

(三) 出版物印刷的总量和结构

表 5　2000—2011 年书、报、刊印刷总印张

年度	图书总印张(亿印张)	报纸总印张(亿印张)	期刊总印张(亿印张)	合计总印张(亿印张)	图书所占的比重(%)	报纸所占的比重(%)	期刊所占的比重(%)
2000	376.21	799.83	100.04	1 276.08	29.48	62.68	7.84
2001	406.08	938.96	100.92	1 445.96	28.08	64.94	6.98
2002	456.45	1 067.38	106.38	1 630.21	28.00	65.48	6.53
2003	462.22	1 235.58	109.12	1 806.92	25.58	68.38	6.04
2004	465.59	1 524.41	110.51	2 100.51	22.17	72.57	5.26
2005	493.29	1 613.14	125.26	2 231.67	22.10	72.28	5.61
2006	511.96	1 658.94	136.94	2 307.83	22.18	71.88	5.93
2007	486.51	1 700.76	157.93	2 345.2	20.74	72.52	6.73

（续表）

年度	图书总印张（亿印张）	报纸总印张（亿印张）	期刊总印张（亿印张）	合计总印张（亿印张）	图书所占的比重（%）	报纸所占的比重（%）	期刊所占的比重（%）
2008	560.73	1 930.55	157.98	2 649.26	21.17	72.87	5.96
2009	565.50	1 969.4	166.24	2 701.14	20.94	72.91	6.15
2010	606.33	2 148.03	181.06	2 935.42	20.66	73.18	6.17
2011	634.51	2 271.99	192.73	3 099.23	20.47	73.31	6.22

数据来源:《中国新闻出版统计资料汇编》

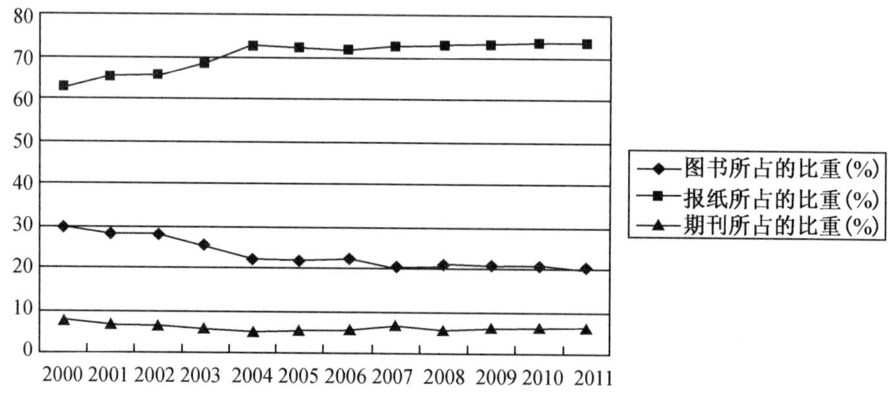

图 9　2000—2011 年出版物印刷结构

从出版物印刷构成看:期刊印刷所占比重基本稳定,大约在 6%;图书出版印刷比重逐年下降,2011 年所占比重为 20%左右;报纸出版印刷在 2004 年前稳步上升,2011 年达到 73%以上。

（四）出版物印刷总体规模

出版物印刷是整个印刷业的一部分,出版物印刷的规模,在整个印刷业规模基本确定的基础上可以推算出来。在印刷业中,出版物印刷的增长速度略低于包装装潢印刷的增长速度,在考虑印刷业整体增长速度的基础上,得出出版物印刷业的增长速度和相应的总产值、增加值数据。

1. 出版物印刷总产值和增加值

2000 年到 2011 年出版物印刷业的总产值和增加值数据如表 6。

表 6　2000—2011 年出版物印刷总产值和增加值

年度	总产值（亿元）	总产值增长率（%）	增加值（亿元）	增加值增长率（%）
2000	530	7.1	177	7.3
2001	640	20.8	213	20.3
2002	760	18.8	253	18.8
2003	935	23.0	310	22.5
2004	1 050	12.3	350	12.9
2005	1 190	13.3	400	14.3
2006	1 238	4.03	410	2.50
2007	1 288	4.04	421	2.68
2008	1 456	13.04	473	12.35
2009	1 590	9.20	510	7.82
2010	1 700	6.92	550	7.84
2011	1 820	7.06	584	6.18

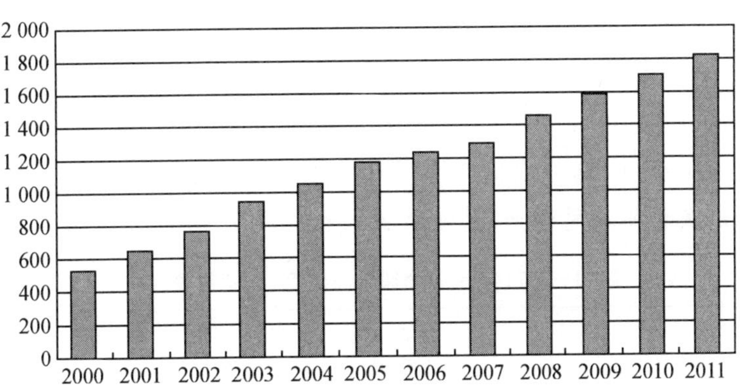

图 10　2000—2011 年出版物印刷总产值（单位：亿元）

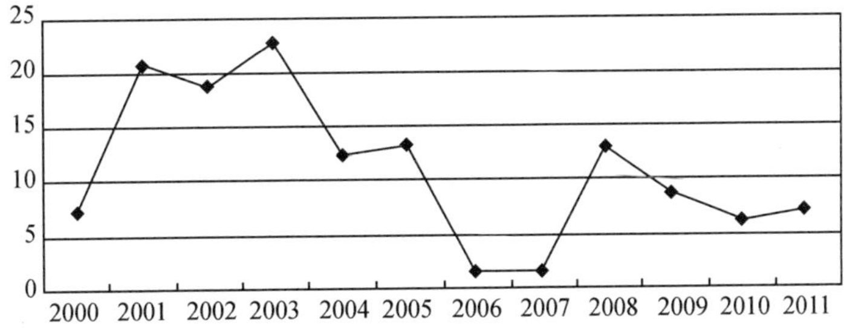

图 11　2000—2011 年出版物印刷总产值增长率（单位：%）

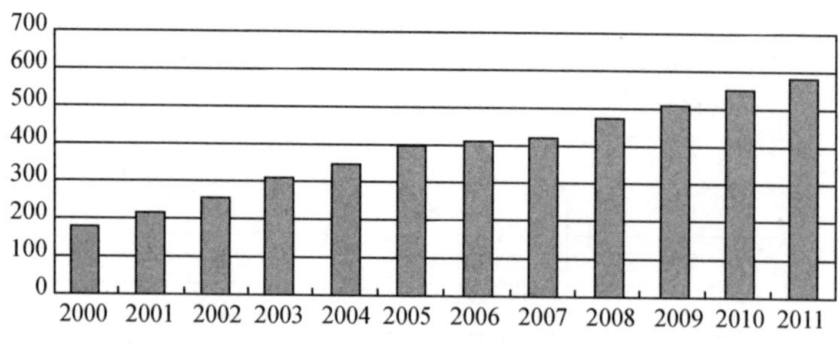

图 12　2000—2011 年出版物印刷增加值(单位:亿元)

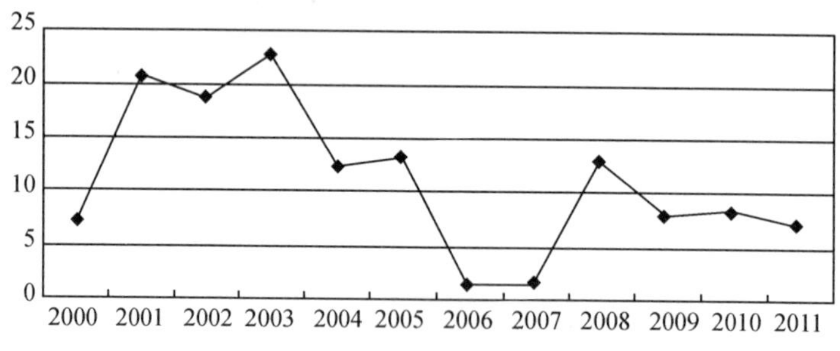

图 13　2000—2011 年出版物印刷增加值增长率(单位:%)

从 2000 年到 2011 年,我国出版物印刷总产值和增加值都有大幅的增加,2001 年和 2003 年增长最快,增长率超过了 20%。2011 年出版物印刷总产值 1820 亿元,增加值达 584 亿元,占印刷业增加值的 27.4%以上。

2. 出版物印刷总资产、总销售收入和总利润

表 7　2000—2011 年出版物印刷总资产、总销售收入和总利润

年度	总资产(亿元)	总资产增长率(%)	总销售收入(亿元)	总销售收入增长率(%)	总利润(亿元)	总利润增长率(%)
2000	837	7.0	505	9.0	41	24.0
2001	982	17.3	599	18.6	47	14.6
2002	1 070	9.0	710	18.5	54	14.9
2003	1 248	16.6	892	25.6	67	24.1
2004	1 470	17.8	987	10.7	74	10.4
2005	1 690	15.0	1 131	14.6	83	12.2
2006	1 730	2.4	1 176	4.0	87	4.8
2007	1 780	2.9	1 224	4.1	90	3.4
2008	1 960	10.1	1 383	13.0	99	10.0

（续表）

年度	总资产（亿元）	总资产增长率（%）	总销售收入（亿元）	总销售收入增长率（%）	总利润（亿元）	总利润增长率（%）
2009	2 070	5.6	1 492	7.9	102	3.0
2010	2 180	5.3	1 615	8.2	110	7.8
2011	2 220	1.84	1 765	9.30	108	－1.8

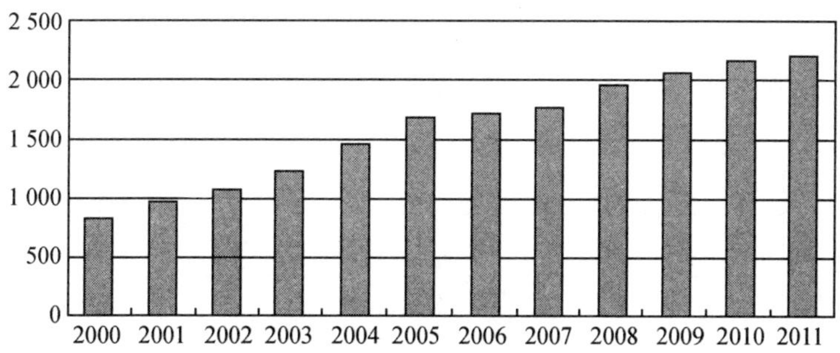

图 14　2000—2011 年出版物印刷总资产（单位：亿元）

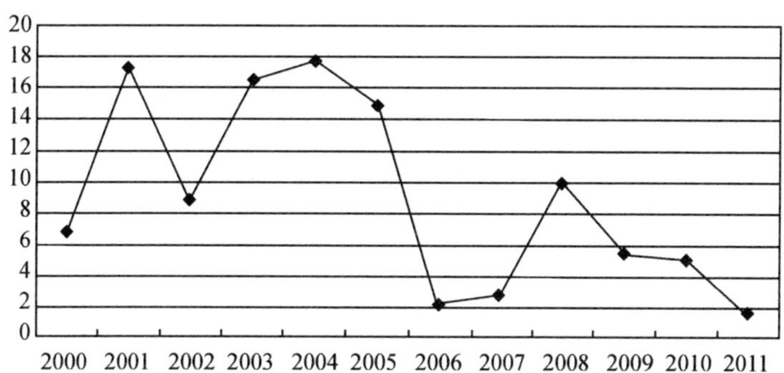

图 15　2000—2011 年出版物印刷总资产增长率（单位：%）

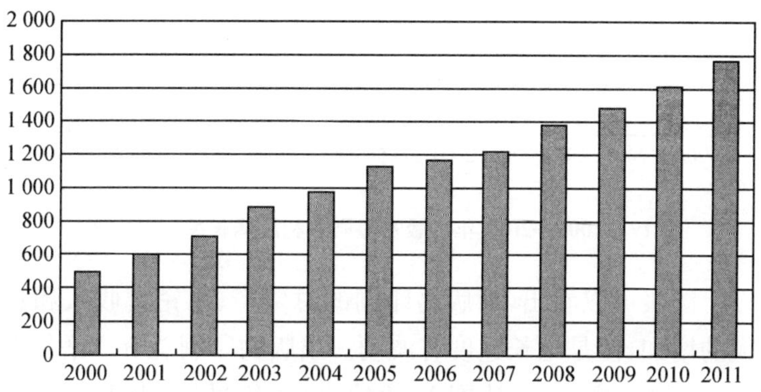

图 16　2000—2011 年出版物印刷总销售收入（单位：亿元）

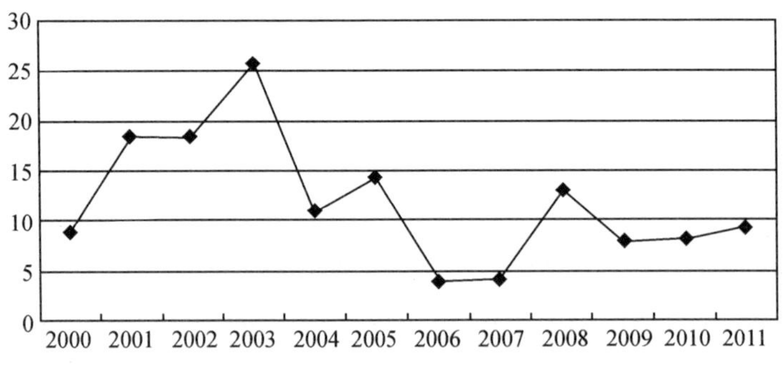

图 17 2000—2011 年出版物印刷总销售收入增长率(单位:%)

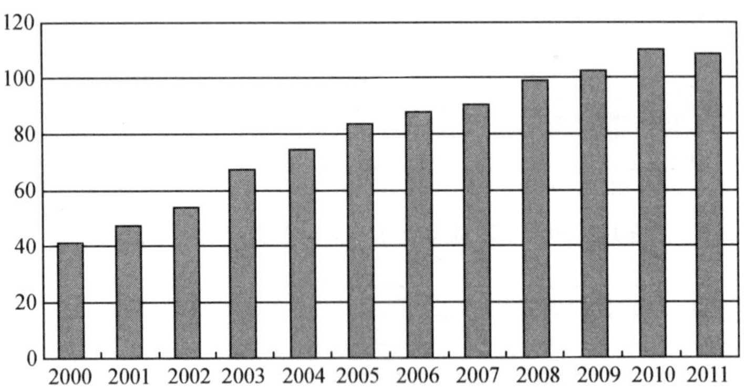

图 18 2000—2011 年出版物印刷总利润(单位:亿元)

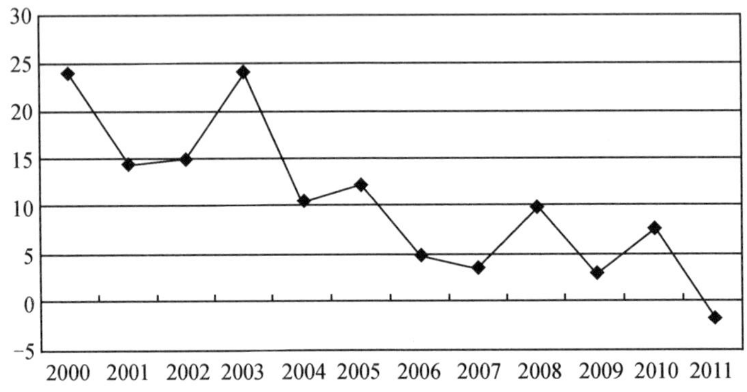

图 19 2000—2011 年出版物印刷总利润增长率(单位:%)

从以上图表可以看出,出版物印刷的总资产、总销售收入和总利润规模有较大的增加,但是增长速度有波动。出版物印刷总资产增长率有较大波动,2004 年增长率最高,达到 17.8%,2001 年最低,为 1.84%。出版物印刷销售收入增长率波动也比较大，2003 年销售收入增长率为 25.6%，2006 年增长率最低，为 4%。出版物印刷总利润增长率在波动中呈下降趋势，2003 年增长率为 24.1%，2011 年下降到 1.8%。

(五) 出版物印刷业发展的基本特点

出版物印刷是我国印刷业中的重要组成部分，和新闻出版事业紧密相连，国家对出版物印刷业发展高度重视，出版物印刷业在政策的保护和扶持下得到了比较快速的发展。经过几十年的发展，特别是进入 21 世纪以来的 10 年，我国出版物印刷业大量引进国际先进的印刷、装订设备，逐步实现“印前数字、网络化，印刷多色、高效化，印后多样、自动化，器材高质、系列化”，即印刷业发展的 28 字方针。彩色胶印印刷已经成为出版物印刷技术的主流，印刷能力和印刷质量水平大幅度提高。

1. 出版物印刷发展不平衡

出版物印刷主要集中在经济发达地区和中部人口大省，西部和边远地区比较落后。由于出版物印刷和出版产业联系紧密，而出版产业属于文化产业，主要集中于经济、文化发达的中心城市，因此和出版业配套的出版物印刷能力也主要集中在这些经济发达的地区。另外一方面，我国图书出版中有一半以上是课本的出版，尤其是中小学课本，所以，人口大省的教材需求量也大，人口大省的书刊印刷业也相对比较发达，如河南、四川、湖南、湖北等省份。图书的出版印刷主要集中在以北京为中心的环渤海地区和以上海为中心的长三角地区，二者加起来占全国的 2/3 左右，其次是广东、河南、湖北、四川、湖南等经济或人口大省。这种非均衡的分布，既是计划经济时期我国印刷产业布局的结果，也是市场经济进一步发展的结果。环渤海地区已经成为我国出版物印刷的中心，许多印刷企业在北京、河北、天津、山东等地投资建厂，也主要是面向北京这一巨大的出版物印刷市场。

2. 改革不断深入，资本多元化步伐加快，企业所有制形态发生重大变革

出版物由于具有意识形态属性，所以国家对出版物印刷业的管理一直比较严格，有些出版物印刷企业以前是事业单位性质的，近几年来，随着我国文化体制改革的深入，出版物印刷企业的改革步伐也在加快，其重要标志是，国有印刷企业进行了改制，开始建立现代企业制度，出版物印刷业逐步对外资开放，一批民营和“三资”企业逐渐成为出版物印刷领域的骨干企业，带动了我国出版物印刷业的整体水平提高。

3. 产品多元化经营成为企业主流

多数有一定规模的出版物印刷企业同时进行其他印刷业务，目前有一定规模的出版物印刷企业都谋求多元化的产品发展道路。这种多元化表现在两个方面：其一，是不同的出版物产品的多样化。如报纸印刷企业以前的业务基本上都是报纸印刷，有的甚至只印刷所在报社的报纸，不对外营业，而现在多数报纸印刷厂开始接其他各种商业印刷业务。其二，是出版物印刷企业多在尝试开展包装装潢印刷业务、数字印刷业务，以求增加出版物印刷企业在新媒体时代的生存能力和竞争能力。这也说明我国的出版物印刷企业的市场主体地位进一步加强，市场意识和竞争观念进一步强化，企业开始主动走向市场，根据市场需求调整企业的业务范围和业务方向，市场化改革取得初步成效。

4. 出版物印刷企业以中等规模的企业居多，有竞争力的大企业还不多

虽然我国的出版物印刷企业发展十分迅速，但总体上看，有竞争力的大企业还不多，企业规模相对较小。从2010年印刷业百强企业来看，进入百强最后一名企业的销售收入为3.09亿元，尽管比前几年有较大提高，但是相对其他一些企业，这样的规模还比较小。在印刷百强企业中，出版物印刷企业有9家，包装印刷企业50家，其他印刷企业6家，从事混合印刷业务的35家。出版物印刷企业，无论是企业销售收入规模还是人均销售收入、人均利润率等指标，都不如包装装潢印刷企业。

5. 技术水平提高较快，但总体技术水平与国外相比还有一定差距

在短短的20年左右的时间里，我们就完成了从“铅与火”到“光与电”的转变，一些大型出版物印刷企业在技术上一直紧追国际先进水平。在国家大力推动印刷业的技术改造和技术设备引进的政策支持下，我国出版物印刷企业从20世纪90年代以后，大量引进国外先进的印刷和装订设备，生产能力和技术水平大幅度提高，加快了印刷企业的信息化建设，直接制版技术、数字印刷技术逐步得到应用，报纸印刷实现了远程传版和异地印刷，印刷企业逐步朝数字化工作流程转变。但是，我国出版物印刷企业技术发展不平衡，企业与企业之间的差异比较大，一些企业还停留在比较落后的状态，引进先进设备和技术的企业，还存在着如何掌握、消化、吸收先进技术，形成企业自己的核心能力的问题，往往是有了先进的设备，但利用不足，使用不好，存在着从引进技术到掌握技术和有效地利用技术的差距。

6. 总量过剩，印刷能力供大于求，国内市场竞争日趋激烈

尽管我国对出版物印刷企业进行比较严格的审批和管理，但是，由于地方政府为主要的投资主体，加之印刷市场地区分割，各地出版物印刷主要寻求本地配套，造成出版物印刷重复建设，企业规模较小、专业化程度低，产品结构单一和趋同，劳动生产率低下，企业经济效益较差等问题。目前，总生产能力已经明显大于出版物印刷的实际需求，导致许多出版物印刷企业生产设备闲置，开工不足，形成浪费。随着出版物印刷业对私人资本和民营资本的放开，一些小印刷企业相继成立，更加剧了印刷生产能力的过剩。

二、新千年来出版物印制中的代表性事件

2000 年

1. 新闻出版总署出台我国出版物印刷业总量、结构、布局宏观调控规划。按这一规划，2000 年前，我国出版物印刷企业总量将不超过 5 600 家，规划对各地出版物印刷企业总量控制数和国家级定点、省级定点企业控制都有了明确的规定，要求在 2000 年前不得突破控制数。

2. 经新闻出版总署批准，由新闻出版总署科技发展司、中国印刷科学技术研究所、中国印刷技术协会主办，中国包装技术协会、中国包装装潢印刷工业协会协办，《印刷技术》杂志社承办的“德鲁巴来到中国”国际印刷技术报告会于 2000 年 7 月 5 日至 6 日在北京梅地亚中心举行。

3. 彩色电视纪录片《前进中的中国印刷工业》拍摄完成。该片通过书刊印刷、报纸印刷、包装印刷、票证和防伪印刷、快速印刷、丝网印刷以及印前电子系统、印机与设备器材、印刷科教等发展的具体事例，全面、系统、生动地反映了建国 50 年来，我国印刷及设备器材工业取得的伟大成就，揭示了在新千年和加入 WTO 临近的新形势下，我国印刷业面临的机遇和严峻挑战的客观现实。

4. 2000 年 12 月 28 日，国家质量技术监督局公布了等同采用 2000 版 ISO9000 族国际标准的 GB/T 19000—2000《质量管理体系——基础和术语》、GB/T 19001—2000《质量管理体系——要求》和 GB/T 19004—2000《质量管理体系——业绩改进指南》，并于 2001 年 6 月 1 日开始实施。

2001 年

1. 2001 年 5 月 21—22 日第七届世界印刷大会(简称 WPC7)在北京召开。我国从 1985 年第三届开始参加,1993 年提出申办世界印刷大会。1994 年 4 月,经江泽民、李鹏等中央领导批示同意,由新闻出版总署署长于友先率团参加了 1997 年在澳大利亚举行的第六届世印大会,这次大会正式通过由我国承办第七届世界印刷大会。

2. 2001 年 8 月 2 日,国务院颁布实施《印刷业管理条例》。新修订的《印刷业管理条例》共 7 章 48 条,包括总则、印刷企业的设立、出版物的印刷、包装装潢印刷品的印刷、其他印刷品的印刷、罚则和附则。条例明确规定印刷业经营者必须遵守有关法律、法规和规章,讲求社会效益,禁止印刷含有反动、淫秽、迷信内容和国家明令禁止印刷的其他内容的出版物、包装装潢印刷品和其他印刷品。

3. 2001 年 6 月 7 日,根据国务院关于深化教材管理体制改革配套文件起草工作计划的要求,由国家质量监督检验检疫总局牵头,会同教育部、新闻出版总署,三部门联合组织领导,主要由全国印刷标委会、全国造纸标委会、全国信息与文献标委会第七分会起草制定的《中小学教科书幅面尺寸及版面通用标准》和《中小学教科书用纸、印制质量标准和检验方法》两项国家标准(GB/T 18358—2001 和 GB/T 18359—2001)从即日起发布并实施。这两项新的国家标准对中小学教科书的幅面尺寸、版面、用纸和印制质量提出了具体明确的规定,对消灭无标准生产、加速推进中小学教科书的编写印制工作步入规范化轨道具有重要意义。

4. 2001 年 11 月 9 日,石宗源署长签署中华人民共和国新闻出版总署第 15 号令,《印刷业经营者资格条件暂行规定》自发布之日起施行。该规定是在广泛调研、论证及征求意见的基础上制定的,其目的是改变目前我国印刷业的散滥状况,促进印刷企业生产上规模、产品上档次、效益上台阶。

2002 年

1. 为了解决书刊印刷出版中经常出现的印刷及装订质量问题,并宣传贯彻相关的技术质量标准,2002 年 6 月 14 日,全国印刷标准化技术委员会在京举办了书刊印装质量标准研讨会,来自北京、天津地区的 40 余家出版社的约 60 位出版部负责同志出席了会议。

2. 2002 年 11 月 25 日,由三菱重工业株式会社、中国出版工作者协会、中国印刷技术协会主办的"出版印刷新技术交流会"在北京饭店隆重召开。

2003 年

1. 2003 年 2 月 27 日，已经实行了 12 年之久的书刊印刷两级定点制度取消。这一天，国务院发布《国务院关于取消第二批行政审批项目和改变一批行政审批项目管理方式的决定》，同时取消书刊印刷两级定点制度在内的共 406 个行政审批项目。

2. 2003 年 4 月 1 4 日，新闻出版总署下发《印刷企业“十五”后三年总量结构布局宏观调控指导意见》，对“十五”后三年全国印刷企业的发展目标实施办法作出了具体规划。

3. 2003 年 9 月 1 日，《印刷品承印管理规定》正式实施。

4. 2003 年 12 月 5 日，国家标准化管理委员会和认可认证委员会发布了 ISO14020 系列标准。

2004 年

1. 2004 年 3 月 19 日，由中国出版工作者协会、中国期刊协会、中国印刷技术协会与三菱重工业株式会社联合举办的图书、期刊出版与印刷新技术交流会在京召开。

2. 2004 年 4 月 8—9 日，全国书刊印装质量标准研讨会在北京召开。

3. 2004 年 12 月 9 日，国家新闻出版总署第 4 次署务会通过《图书质量管理规定》。《规定》称：符合中华人民共和国出版行业标准《印刷产品质量评价和分等导则》(CY/T 2—1 999)规定的图书，其印制质量为合格，否则为不合格。

2005 年

1. 2005 年 3 月 1 日，新的《图书质量管理规定》开始施行。

2. 2005 年 11 月，中国印刷标准化年会暨全国印刷标准化技术委员会第十二届通讯成员年会在福建省厦门市成功召开。各省新闻出版局印刷处、印刷品质量监测站、印刷协会，各省出版总社、出版社，各印刷包装企业，各通讯成员单位、委员单位及印刷出版相关单位的 120 多位领导和代表参加了本次会议。

2006 年

1.《中国标准书号》国家标准(GB/T 5795—2006)于 2006 年 10 月由国家标准化管理委员会批准颁布，2007 年 1 月 1 日起在全国实施。2007 年 1 月 1 日以后出版(包括再版、重印)的图书、音像制品和电子出版物，从征订目录到版本记录一律使用 1 3 位中国标准书号。

2. 2006 年 10 月，经报新闻出版总署和国家标准化管理委员会批准，全国印刷标准化技术委员会计划启动《CY/T 2—1999 印刷产品质量评价和分等导则》、（CY/T 2—1995 书刊印刷品检验抽样规则》和《GB/T 18359—2001 中小学教科书用纸、印制质量标准和检验方法》三项标准的修订工作。

3. 2006 年 12 月 30 日，中国商务部、新闻出版总署、海关总署联合发布《关于加强对承接境外印刷复制业务监管的紧急通知》，要求各地加强对外单印刷业务的监管力度。

2007 年

1. 2007 年 1 月 5 日，国家标准化管理委员会印发了《ISO 和 IEC 标准出版物版权保护管理规定（试行）》。该《规定》适用于我国境内 ISO、IEC 标准出版物的复制、销售、翻译出版和使用，ISO、IEC 标准出版物的版权保护工作由国家标准化管理委员会统一管理。

2. 2007 年 8 月 29 日，首届“中华印制大奖”颁奖典礼在深圳举行，新闻出版总署、广东省新闻出版局、两岸四地主办单位领导、获奖单位代表及部分企业代表近 300 人到会。首届“中华印制大奖”自 2006 年 3 月启动，总共收集来自全国 26 个省、直辖市及港、澳、台地区的参赛作品 856 件。

2008 年

1. 2008 年 2 月 27 日，新闻出版总署在北京隆重举行首届中国出版政府奖颁奖典礼。

2. 2008 年 3 月 17 日，新闻出版总署以署长令的形式正式公布《电子出版物出版管理规定》，并于 2008 年 4 月 15 日起施行。

3. 新闻出版总署颁布的《图书出版管理规定》于 2008 年 5 月 1 日起施行，对图书出版单位实行分级管理。

4. 2008 年 7 月 29 日和 30 日，商务部分别和香港、澳门特别行政区政府签署《〈内地与香港关于建立更紧密经贸关系的安排〉补充协议五》和《〈内地与澳门关于建立更紧密经贸关系的安排〉补充协议五》，对印刷出版服务作出了规定。这两个协议将于 2009 年 1 月 1 日起正式实施。

2009 年

1. 2009 年 3 月 25 日，新闻出版总署印发了《关于进一步推进新闻出版体制改革的指导意见》。

2. 2009 年 3 月 27 日，财政部、海关总署、国家税务总局联合下发《关于支持文化企业发展若干税收政策问题的通知》。18 类文化企业被列入执行税收优惠政策的范畴，包括“采用数字化印刷技术、CTP 技术、高速全自动多色印刷机、高速书刊装订联动线等高新技术和装备的出版物印刷企业”。执行期限为 2009 年 1 月 1 日—2013 年 12 月 31 日。

3. 2009 年 7 月 22 日，国务院会议讨论并原则通过《文化产业振兴规划》，并于 2009 年 9 月 26 日正式公布全文。

4. 2009 年 8 月，受新闻出版总署和国家环保部的委托，中国印刷技术协会和国家环保部环境发展中心正式启动国家环保印刷标准的编制工作。

2010 年

1. 2010 年 1 月 4 日，新闻出版总署下发《关于进一步推动新闻出版产业发展的指导意见》，明确了我国新闻出版产业未来发展的“路线图”。

2. 2010 年 9 月，新闻出版总署下发《关于加快我国数字出版产业发展的若干意见》。

3. 2010 年 9 月 14 日，环境保护部与新闻出版总署在北京正式签署了《实施绿色印刷战略合作协议》。

4. 2010 年，《印刷业“十二五”发展规划》编制完成。

2011 年

1. 2011 年 1 月 11 日，新闻出版总署印发了《数字印刷管理办法》。

2. 2011 年 1 月，新闻出版总署印发了《全国印刷复制行政执法报告评价制度实施办法》。

3. 2011 年 3 月 9 日，环境保护部在其网站发布《HJ 2503－2011 环境标志产品技术要求印刷第一部分：平版印刷》。该标准自 3 月 2 日起批准并实施。

4. 2011 年 4 月，新闻出版总署公布了《印刷业“十二五”时期发展规划》。

5. 2011 年 6 月，新闻出版总署正式批准陕西建设西安国家印刷包装产业基地。

6. 2011 年 7 月 15 日，北京盛通印刷股份有限公司在深圳证券交易所挂牌上市。

7. 2011 年 8 月 5 日，由中国印刷及设备器材工业协会组织编制的《印刷机械行业“十二五”发展规划》正式发布。

8. 新闻出版总署和环境保护部10月8日发布《关于实施绿色印刷的公告》，对“十二五”期间实施绿色印刷工作进行全面部署。

9. 2011年11月1日，新闻出版总署和环保部在京联合召开绿色印刷推进会，发布《绿色印刷手册》(2011年绿皮书)，向首批获得环境标志产品认证的60家企业授牌。

10. 2011年12月新闻出版总署发布《国家印刷复制示范企业管理办法》，明确提出到“十二五”期末，在全国建100家左右国家印刷示范企业和10家左右国家光盘复制示范企业。

三、出版物印制存在的主要问题及未来发展趋势

(一) 出版物印制存在的主要问题

1. 出版物印刷业结构趋同

由于长期的计划经济和地区市场的相对分割状态，我国出版物印刷业结构趋同现象没有从根本上解决。尽管珠三角、长三角、环渤海三个印刷产业带具有各自的特色优势，以北京为中心的环渤海印刷产业带出版物印刷比较发达，长三角包装印刷相对发达，珠三角的外向型经济比较明显，但随着传统的出版印刷企业通过多元化逐步进入包装印刷领域，一些包装印刷企业也开始涉足出版物印刷领域，导致各地之间的产业结构和产品结构的趋同现象。除了三大印刷产业带外，一些中部省份和人口大省，也都把印刷业作为重点发展的产业之一，各地出版物印刷和包装印刷的投资力度也都比较大，出版印刷集团化的发展，使得各省市的印刷企业基本垄断了本地的印刷市场，省份之间趋同现象更加明显。这样一种状态，难以形成良性的市场竞争，印刷企业也难以进一步上规模、上水平，影响印刷业的进一步发展。

2. 印刷企业数量多，差异大，地区发展不平衡

我国印刷企业数量多，企业平均规模小，企业技术水平和管理水平差距较大，地区之间发展不平衡。根据新闻出版总署提供的统计数据，2009年，我国共有各级各类印刷企业10万多家，总产值6 300多亿元，平均产值只有600万元左右，从业人员300多万人，平均一家企业人数30人左右。根据2009年全国第二次经济普查数据，2008年全国有印刷企业5.2万个，从业人员153.4万人，主营业务收入3 459.4亿元，每个企业平均从业

人员不到 30 人，平均主营业务收入 660 万元。根据国家统计局的统计，2010 年印刷业全部国有及规模以上非国有企业 6 850 家，主营业务收入 3468.31 亿元，从业人员 85.06 万人，总产值 3 562.91 亿元，增加值 1 157.95 亿元，每个企业平均产值 5 201.33 万元，平均增加值 1 691.37 万元，平均从业人员 124 人，平均主营业务收入 5 063.23 万元。规模以上印刷企业占印刷企业总数的 10%左右，90%都是规模以下的小型印刷企业。从以上数据可以看出，我国印刷企业数量众多，企业平均规模较小，只有少数印刷企业规模比较大，技术和管理水平比较高。

3. 传统印刷企业和印刷业务进入微利时代

随着人工成本和原料成本的不断攀升，加上我国印刷业整体上出现生产过剩的状况，竞争的加剧以及印刷工价多年保持不变，传统印刷企业和印刷业务进入微利时代，一些印刷企业在亏损的边缘挣扎。印刷业亏损问题没有根本好转，相比其他工业门类，印刷业劳动生产率相对较低，整体效益无优势，印刷业进入新一轮的结构调整期。随着我国印刷业进入成熟期，印刷业利润日渐微薄，尽管有些印刷企业依靠资本的积累和新商业模式的开拓获得了不菲的收入，但“做印刷不赚钱”依然成为业内的共识。尤其是近一两年，印刷工业的发展似乎陷入了一个诡异的境地。一方面是印刷工业总产值年均保持两位数以上快速增长，另一方面却是印刷企业普遍感叹经营艰难。这一点的突出体现就是印刷企业营业收入与利润的非对称增长。究其原因，大部分人都会归咎于几年前国际金融危机的冲击，人力成本和原材料价格的大幅上涨。的确，这是导致印刷企业整体进入微利时代，举步维艰的真正“凶手”。以北京印刷业为例，2005—2009 年，规模以上企业的亏损面始终在 20%以上。广东印刷企业也大体有 20%以上的亏损面，可见亏损现象在我国印刷企业中还是比较普遍。从劳动生产率指标看，国有及规模以上非国有印刷企业的劳动生产率指标低于全部工业平均的劳动生产率指标。劳动生产率增长率制约着企业的盈利能力，也制约着企业人均工资的增长上限，人均工资的增长一般会低于劳动生产率的增长。

4. 绿色印刷的比重较低

与我国印刷业企业规模小、企业比较分散的状况相联系，符合能源节约型、环境友好型的绿色印刷的比重还比较低，印刷业对能源的消耗还比较高，对环境还会造成一定的污染。我国一些小的印刷企业，大量使用的是一些面临淘汰的旧设备和落后工艺，技术水平不高，生产条件相对比较差，造成大量的能源消耗和一定的环境污染，对从事印刷的员工的健康也造成了危害。近10年来，我国一些大型印刷企业引进了大批的国外先进设备，开始使用CTP技术或进行数字化流程的改造，加强了对环境污染治理的投入，逐步建立了绿色环保的生产体系，绿色印刷观念逐步得到企业领导和员工的重视，从整体上提升了我国印刷业的技术水平。但是，对数万家小型印刷企业来说，他们更关心的是相互竞争，以低廉的价格和成本获得印刷业务，赚取越来越低的利润，无能力也没有太多的积极性投资于绿色环保印刷技术与设备。因此，从整体上看，我国印刷业还处于比较低的发展水平。

5. 技术与市场之间不平衡

技术引进与消化吸收之间的差距以及生产能力的迅速扩大与市场需求的稳步增长之间的平衡问题。近10年来，中国市场是世界上最具增长潜力的市场，也是发展最快的市场，世界各大印刷设备制造商和器材供应商都把占领中国市场作为重点，我国一批大型的国有、民营和外商投资印刷企业纷纷从国外进口印刷装订设备以及器材，国外最先进的印刷、装订设备往往率先落户中国。设备的引进，迅速提高了我国印刷企业的技术水平，扩大了生产能力。但是，也存在对先进技术的有效利用和消化吸收能力不足的问题，导致花费巨额资金引进的设备技术难以发挥出应有的效益，事实上是一种巨大的浪费。我国印刷企业沦为外国设备厂商的“打工仔”，印刷企业往往会陷入贷款引进设备、扩大业务、再花更多的钱引进更加先进的设备这样一个循环。如果有一天，印刷业发生比较大的变动，则印刷企业到头来可能只剩下一些花巨资引进的设备。另外，在很多企业都坚持引进设备、扩大能力、获得更大市场这一商业逻辑的时候，就会出现企业生产能力的盲目扩大和市场容量的稳步增长之间的不平衡，会导致更加激烈的竞争和资源的浪费，影响印刷业的整体发展。

6. 人才流失矛盾比较突出

印刷业发展对高素质、专业化印刷人才的需求增长与印刷业由于工资、福利待遇缺乏优势而导致的人才流失之间的矛盾比较突出。任何产业的发展，都离不开劳动力和人才的支持。随着我国劳动力市场的成熟，行业之间的工资差异将引导劳动力从工资较低的行业流向工资相对较高的行业，从而基本达到市场的均衡。对印刷企业来说，人员流失始终是一个重要的问题。由于印刷业劳动生产率不高，劳动强度又比较大，工作环境和条件有待改善，人均工资和其他制造业或服务业相比不具备竞争优势，在这种情况下，印刷业很难吸引和留住熟练以及非熟练的技术工人，更不用说具有高素质的专业技术人才和管理人才了。各印刷企业奉行人才使用上的拿来主义，都不愿意花费时间和经费进行人员培训，重视硬件的投资而忽视人力资本的投资，使得印刷业这种需要知识经验积累、传承的行业缺乏相应的人才支持，制约印刷业朝更高的水平发展。

7. 数字化技术使印刷业未来不确定

数字化技术改变了传统的以纸为媒体的信息传播方式，对传统的图书、期刊、报纸等出版物印刷有一定的替代性影响，出版物印刷未来的发展前景具有不确定性。随着数字出版、网络出版和手机出版等新型传播媒体的快速发展，手机、各种电子阅读终端等迅速为年轻一代的读者所接受，传统纸媒体出版物逐渐丧失优势，国外一些传统的大型报纸在推出网络版后减少了印刷版或者不再出版印刷版，国内图书、报纸、期刊等也会受到同样的影响。因此，未来传统的出版物印刷市场的发展存在较大的不确定性，即便在教育出版这一领域，一些传统出版商和设备系统供应商以及电信运营商等都在考虑采取电子化取代传统的出版形式。我国新闻出版总署也在考虑中小学教材领域电子书包的可能性。这些都说明印刷业的发展一方面可能受益于数字化技术的发展而开展数字化印刷，同时也可能受到数字化媒体的发展而减少传统的印刷业务。

8. 国内印刷市场的开放与国际印刷市场的开拓

随着我国改革开放进程的加快，我国印刷业对外开放程度不断提高，国有经济在印刷业中所占比重已经比较小，民营资本、港澳台资本和国外资本纷纷进入印刷领域，成为印刷业的中坚力量。但是，我国印刷市场的地区分割状况依然存在，还没有完全形成统一有序的大市场，国内印刷市场存在进一步的开放问题。另外，随着国内市场逐渐趋于成熟与饱和，我国印刷业进一步发展还需要重视国际市场的开放，承接国际印刷业务，但是除广东省印刷业外向型程度比较高以外，我国内地的印刷企业基本上是面向本地的或区域的市场在经营，海外业务所占比重非常小。未来的印刷业发展，需要重视国内和国际两个市场。

(二) 出版物印制未来发展趋势

1. 出版物印刷技术升级与绿色环保将成重点

通过落实《新闻出版业“十二五”时期发展规划》和《印刷业“十二五”时

期发展规划》，出版物印制的技术升级和绿色环保将成为重点，将加快数字化技术推广，重组一批大型印刷复制企业。中小学教科书、政府采购产品印刷中绿色印刷进一步普及，数字印刷、数字化工作流程、CTP和数字化管理系统得到进一步发展。到“十二五”期末，将培育一批具有国际竞争力的优势印刷企业，绿色印刷企业数量占到我国印刷企业总数的30%左右，数字印刷产值占我国印刷总产值的比重超过20%。

2. 产业结构将进一步调整

通过落实《新闻出版业“十二五”时期发展规划》和《印刷业“十二五”时期发展规划》，印刷业结构布局进一步优化，印刷业产业聚集带的特色和优势进一步突出，一些骨干优势企业规模和水平进一步提升，一些规模小、水平低、效益差的印刷企业将被淘汰，出版物印刷企业整体实力增强，结构、布局、分工进一步优化，高档印刷生产能力进一步增加。出版物印刷市场开放程度进一步扩大，民营和国外资本进一步进入高端印刷和新型印刷领域，出版物印刷整体水平得到提升。

3. 数字印刷比重将大幅增加

出版物印刷技术进步加快，整体技术水平进一步提高，适应小品种多批量需求的数字印刷在出版物印刷中的比重将大幅增加。在过去的10年中，数字印刷技术已经取得了突破性发展，一些高品质数字印刷设备的色彩还原及层次再现已经接近于传统印刷，印刷成本在逐步降低，适用的承印材料品种增多，操作更为便捷，也节省占地面积和操作人员。未来主要解决的是印刷幅面的加大、印刷成本的降低(包括耗材和设备)以及设备使用寿命延长的问题。一方面，数字出版将会大大减少出版物的印刷品种和印刷数量；另一方面，数字印刷会在相当大的程度上和范围内替代传统印刷。因此，在数字出版和数字印刷的双重挤压下，传统印刷，尤其是传统的出版物印刷和商务印刷，其未来前景必将是很不乐观。数字印刷和印刷数字化技术的发展，为企业发展和调整结构提供了条件。要研究数字印刷新技术与网络媒体结合，与无线通讯服务相结合，与各行业的个性化需求相结合，从而开辟印刷企业新的服务领域。

4. 按需印刷业务将快速发展

适应技术和市场的变化，出版印刷企业的转型加快，出版印刷产业链的合作将加强，按需出版等新型个性化印刷业务将快速发展。随着社会信息化水平的日益发展，图书出版的个性化需求明显增多，包括：同样内容不同版本的图书，根据特定需要汇编的图书，经常需要改版的、小批量印刷的图书。按需印刷可以满足这方面的需求。按需出版有利于传统图书出版单位商业模式的转变，它能在一定程度上解决图书出版行业存在的痼疾：库存、退货风险、货款结算等问题。未来，它还将有可能为偏远地区报刊发行的时效性问题提供解决办法。加快出版物印刷企业的转型，围绕文化创意产业的发展，为出版、动漫、展览、收藏、拍卖等方面提供印制服务，让企业从简单的加工服务中跳出来，研发自主创意产品。有特色才有魅力，才能产生新的增长点。规模出版物印刷企业要研究产业链的合作，通过与出版企业、文化传媒公司紧密合作，提升企业的市场占有率。还要注重新技术的应用，以适应高品质、小批量、短周期的市场需求。

5. 出版物印刷业国际化水平将进一步提高

出版物印刷市场将进一步开放，大型印刷企业将更多地面向国际市场开展业务，出版物印刷业的国际化水平将进一步提高。国内市场的逐步饱和，制约了我国印刷企业的进一步发展。出版物印刷企业将利用欧美发达国家由于劳动力成本比较高以及产业结构调整导致的印刷业向亚太地区转移这一契机，积极培育企业的外向经营能力。出版物印刷企业国际化程度将整体提高。

新千年来的中国民营出版

中国的民营出版，主要包括三个方面，出版物的选题策划、编辑，出版物的印刷复制，出版物的分销。新中国成立初期，民营资本可以进入编辑、出版、印刷、发行等所有出版领域。1956年以后，民营资本逐步退出了所有的出版活动。1978年以后，随着改革开放的深入，民营资本又渐次进入了印刷、发行、编辑等环节，但民营企业仍然无法获得出版许可证。

2000年以来，伴随着中国加入世界贸易组织和中国改革的不断深化，民营资本参与出版活动的领域不断拓宽，民营资本不仅可以进入出版物的零售，还可以进入批发和总批发，民营资本不仅可以从事出版物的选题策划，还可以通过特定的方式参与出版。民营资本在出版产业发展中的作用越来越重要，在文化建设中的地位越来越重要，民营出版正在成为中国出版业的一支不可或缺的、非常有潜力的力量。

一、新千年来的民营出版业：数据分析

关于民营出版的数据可以说是支离破碎的，甚至是充满了矛盾、虚假、猜测，因为到目前为止，民营出版尚没有完整的统计制度，从事选题策划、编辑的民营公司没有被纳入新闻出版统计体系当中，已经纳入统计的只有发行方面的数据，但是数据有限，2000年只有“集、个体书店摊”等几个指标，后来又增加了“集、个体零售网点从业人员”统计。2009年，新闻出版总署发布新闻出版产业分析报告以后，民营出版的数据有所增加，但是仍然不够详尽。

(一) 民营出版业总体数据①

从2009年开始，新闻出版总署出版产业发展司发布年度产业分析报

① 资料来源：新闻出版总署出版产业发展司2009年、2010年、2011年新闻出版产业分析报告。

告，对新闻出版领域不同所有制企业的总体情况进行了全面的分析。从全行业的统计数据来看，民营出版业在整个新闻出版产业中占有重要的比例。

表 1　2009—2011 年新闻出版产业企业法人单位情况

		国有全资	集体企业	民营企业	外商投资	港澳台投资	混合投资	合计
2009	数量(家)	19 732	7 862	82 848	1 992	2 280	417	115 131
	比重(%)	17.14	6.83	71.96	1.73	1.98	0.36	100
2010	数量(家)	19 446	7 028	100 023	3 824	626	441	131 388
	比重(%)	14.80	5.35	76.13	2.91	0.48	0.34	100
2011	数量(家)	19 293	6 017	124 340	2 290	563	574	153 077
	比重(%)	12.60	3.93	81.23	1.50	0.37	0.37	100

从表 1 可以看出，在整个新闻出版企业法人中，民营企业的数量最多，所占比例最高，2011 年民营出版企业数量已经占新闻出版企业总数的 81%。同时，民营企业的发展很快，2011 年与 2009 年相比，民营企业在整个新闻出版企业中的比重增加了近 10 个百分点。

与此同时，民营企业的主要经济指标在新闻出版产业中的比例也在不断地提高。

总产出：在印刷复制企业中，2009 年民营企业占 76.85%，2010 年民营企业占 86.4%，2011 年民营企业占 86.24%；在出版物发行企业中，2009 年民营企业占 60.60%，2010 年民营企业占 61.1%，2011 年民营企业占 63.05%。

增加值：在印刷复制企业中，2009 年民营企业占 75.54%，2010 年民营企业占 84.5%，2011 年民营企业占 85.44%；在出版物发行企业中，2009 年民营企业占 62.94%，2010 年民营企业占 63.5%，2011 年民营企业占 67.55%。

资产总额：在印刷复制企业中，2009 年民营企业占 75.50%，2010 年民营企业占 85.7%，2011 年民营企业占 85.03%；在出版物发行企业中，2009 年民营企业占 64.34%，2010 年民营企业占 66.9%，2011 年民营企业占 58.05%。

营业收入：在印刷复制企业中，2009 年民营企业占 76.92%，2010 年民营企业占 86.2%，2011 年民营企业占 86.26%；在出版物发行企业中，2009 年民营企业占 60.53%，2010 年民营企业占 61.8%，2011 年民营企业占 62.87%。

利润总额：在印刷复制企业中，2009 年民营企业占 74.81%，2010 年民营企业占 84.6%，2011 年民营企业占 86.52%；在出版物发行企业中，2009 年民营企业占 64.40%，2010 年民营企业占 66.00%，2011 年民营企业占 68.74%。

纳税总额：在印刷复制企业中，2009 年民营企业占 75.97%，2010 年民营企业占 84.1%，2011 年民营企业占 85.31%；在出版物发行企业中，2009 年民营企业占 64.87%，2010 年民营企业占 63.8%，2011 年民营企业占 67.12%。

从 2010 年新闻出版产业经济数据看，民营企业在整个新闻出版产业中的地位是十分重要的，说民营书业已经占有中国书业的半壁江山并不为过。

（二）民营发行网点相关统计数据①

与民营发行有关的数据包括三类，一是民营零售网点及从业人员，二是民营二级批发机构及从业人员，三是民营发行发货量。当然，由于多方面的原因，有些统计数据不够连贯。见表 2 至表 4。

表 2 发行网点数量及从业人员数量

时间	发行网点总数（个）	集、个体零售网点（个）	全国出版物发行业从业人员（万）	集、个体零售网点从业人员（万）
2000	76 136	37 374	24.895 8	未统计
2001	74 235	36 448		/
2002	71 824	36 035	24.859 5	/
2003	67 356	34 384		/
2004	139 150	104 266	15.994 2	/
2005	159 508	108 130		/
2006	159 706	110 562	72.22	42.38
2007	167 254	114 965	76.85	45.11
2008	161 256	105 563	67.91	35.65
2009	160 407	104 269	70.97	32.14
2010	167 882	109 994	72.38	32.36
2011	168 586	113 932	72.54	34.74

① 数据来源：全国新闻出版统计网. http://www.ppsc.gov.cn/tjsj/. 2012-04-23.

表 3　民营二级批发网点情况①

时间	二级民营批发网点(个)	二级民营批发点从业人员(万)
2004	4 687	
2005	5 103	
2006	5 137	6.23
2007	5 946	9.13
2008	5 454	9.59

从表 2 和表 3 可以看出,民营发行网点的数量和民营发行企业从业人员在整个出版物发行网点和从业人员中的比例都超过了 50%。

表 4　民营发行网点销售总额在批发销售总额中的份额②

时间	全行业批发销售总额(亿元)	批给集、个体书店(亿元)
2000	562.8	59.35
2001	614.93	70.07
2002	666.68	78.03
2003	726.36	90.68

二、新千年来民营出版中的代表性事件

1999 年

网上书店兴起③。1999 月 11 月,由民营的科文公司、美国老虎基金、美国 IDG 集团、卢森堡剑桥集团、亚洲创业投资基金(原名软银中国创业基金)共同投资的当当网上书店正式上线,开始了民营网上书店的发展进程。2010 年 12 月 8 日当当网在纽约证券交易所正式挂牌上市,成为中国第一个上市的网上书店。

2000 年

中国书刊发行协会非国有委员会建立。2000 年 7 月,中国书刊发行

---

① 2009 年以后,二级民营批发网点数据不再单独统计。

② 2004 年以后,批给集、个体书店的份额不再单独统计。

③ http://baike.baidu.com/view/126090.htm;李星星,孙晶.民营书业 30 年大事记.http://news.ifeng.com/special/culture/bertelsmann/list/200806/0625_3975_637594_5.shtml.2012-04-23.

业协会非国有书业代表大会暨非国有书业经营研讨会在京召开。经中发协会长办公会议提议，并经此次大会确认，将原来的集、个体书业工作委员会更名为非国有书业工作委员会，这标志着民营书业行业组织的正式建立。2004年初，中华全国工商业联合会书业商会成立大会召开，民营书业领域又一个行业组织成立。民营书业行业组织的建立，标志着民营书业的成熟与规模的扩大。

2001年

中国加入世界贸易组织。经过15年的艰苦谈判，2001年12月，中国终于加入了世界贸易组织。按照中国加入世界贸易组织时在分销服务方面的承诺[①]：书报刊的零售有1年的过渡期，即2002年12月应当开放书报刊零售业务，允许外国资本在我国开办书店；书报刊的批发、特许经营和佣金代理有3年的过渡期，即到2004年12月应当开放书报刊的批发、特许经营和佣金代理等形式；在过渡期内，开放的地域是有限制的。"入世"1年我国承诺开放的地区共13个，包括深圳、珠海、厦门、海南和汕头5个经济特区，北京、天津、上海、广州、大连、青岛、郑州、武汉8个城市；"入世"2年，开放的领域扩大到所有省会城市和宁波。"入世"3年，即2004年12月，开放扩大到全国所有地区。外资书店的数量，在过渡期内，北京、上海不超过4家，其他不超过2家；加入世界贸易组织后3年内，即2004年12月，以上所有的限制条件取消。仅保留对超过30家分店的连锁店的限制，要求是不能独资，只能合资，但是尚没有股权约定。"入世"10年来，外资进入中国出版物分销的情况并不很多，但是外资收购中国网上书店，控制网上渠道进展迅速。

2003年

1. 取消"二渠道"的称呼。2003年1月，柳斌杰副署长在"2003中国书业高峰论坛"上提出：我们要取消所谓"二渠道"这样的称呼，让所有的人能够公平地在这个发行市场上竞争。[②] 其实，"二渠道"之名，也是改革开放的产物。"文化大革命"期间，图书发行领域实现高度的统一，由新华书店一统天下，除供销社代购点外，基本没有其他发行渠道。为解决网点不足的问题，1980年12月，国家出版局发出了《建议有计划有步骤地发展集

① 石广生：《中国加入世界贸易组织知识读本(三)》，人民出版社2002年版，第830—833页。

② http://www.sinobook.com.cn/guide/newsdetail.cfm?icntno=997.2012-4-20.

体所有制和个体所有制的书店、书亭、书摊和书贩》的通知，建议在全国城乡有计划有步骤地发展一些不同形式的集体所有制和个体所有制的书店、书亭、书摊和书贩，开启了民营资本进入图书发行业的大门。[①] 1988 年 4 月，中宣部和新闻出版署提出图书发行体制改革的目标是建立和发展开放式的、效率高的、充满活力的图书发行体制，在完善和发展“一主三多一少”的基础上推进“三放一联”，即：放权承包，搞活国营书店；放开批发渠道，搞活图书市场；放开购销形式和发行折扣，搞活购销机制；推行横向经济联合，发展各种出版发行企业群体和企业集团。[②] 此后，民营书店成为新华书店以外的第二个批发渠道。由于民营发行网点的快速发展，到 2000 年，全国共有图书发行网点 76 136 处，其中，国有书店 2 711 处，国有售书点 10 922 处，供销社售书点 14 155 处，出版社自办售书点 672 处，集、个体书店摊 37 374 处，其他 10 302 处[③]，民营发行网点的数量很快就超过了国有书店及其他书店的数量。在这种情况下，把民营发行渠道称为“二渠道”显然不妥，行业内外人士呼吁取消“二渠道”的称谓，为民营书业正名。柳斌杰副署长的讲话，代表了国家新闻出版总署对民营书业态度的转变，在民营书业中产生了重大的反响，得到了民营书业的高度评价。

2. 首届中国民营书业发展论坛举办。2003 年 4 月 18 日至 20 日，中国出版科学研究所在北京举办了首届民营书业发展论坛，邀集政府有关部门、研究机构、民营书业代表共商民营书业发展问题。这次会议的意义在于这是首次就民营书业举办高规格的论坛，由此搭建一个政府、学界与民营书业进行交流、沟通的平台。到 2012 年，中国民营书业发展论坛已经举办了 9 届。

3. 民营书业首次获得总发行权。按照 1999 年 11 月新闻出版署颁布的《出版物市场管理暂行规定》，出版物的发行分为总发行、批发、零售。其中，申请从事出版物总发行业务的单位，应经其上级主管机关同意，省、自治区、直辖市新闻出版局审核后，报新闻出版署批准、颁发《出版物发行（总发行）许可证》，并向工商行政管理部门领取营业执照，方可从事出版物总

---

① 国家出版事业管理局办公室：《出版工作文件选编（1976.10—1980.12）》，1981 年，第 378 页。

② 1988 年中共中央宣传部、新闻出版署《关于当前图书发行体制改革的若干意见》，新闻出版署政策法规司：《中华人民共和国现行新闻出版法规汇编（1949—1990）》，人民出版社 1991 年版，第 374 页。

③ 2000 年全国新闻出版业基本情况. http://www.ppsc.gov.cn/tjsj/200701/t20070110_8672.html. 2012-04-23.

发行业务。从事出版物总发行业务的单位，应是具有法人资格的国有出版物发行单位或国家核准的国有资本控股的出版物发行公司。[①] 依此规定，民营书业只能从事零售和批发业务，不能从事总发行业务。2001 年，我国在加入世界贸易组织的承诺中，包括了开放出版物分销市场的内容。根据此项承诺，2003 年新闻出版总署颁布了《出版物市场管理规定》，对出版物总发行企业的设立不再有资本性质的限制，民营资本进入出版物总批发的大门彻底打开。从此，民营发行业获得了与国有企业基本平等的地位。2003 年，一些民营发行企业获得了出版物总批发权，如民企文德广运集团获得了报纸的总发行权。2004 年，上海英特颂图书有限公司、时代经纬文化发展有限公司和山东世纪天鸿书业有限公司等三家民营企业同时获得了“出版物国内总发行权”和“全国性连锁经营权许可”两项权利。[②] 到 2011 年，全国有总发行权的企业 94 家，其中民营企业 30 多家。[③]

4. 贝塔斯曼直接集团并购北京二十一世纪锦绣图书连锁有限公司。北京二十一世纪锦绣图书连锁有限公司成立于 2001 年 1 月，由湖北金环股份有限公司、北京嘉富信投资有限公司、海南长阳企业管理公司、深圳汉典文化发展有限公司、北京德高房地产顾问有限公司、北京汉典文化传播有限公司六家企业股东发起组成，曾经在昆明、哈尔滨、南京与厦门建立大型书店。[④] 2003 年 12 月，贝塔斯曼直接集团宣布收购二十一世纪锦绣图书连锁有限公司 40％的股份，联合打造中国首家中外合资全国性图书连锁机构。[⑤] 这是国外出版集团公开收购的首家民营出版机构。

2004 年

美国亚马逊收购卓越网。2000 年，由金山公司分拆，金山、联想共同投资组建了卓越网，以在线方式销售图书、音像制品，并很快成为中国最著名的网上书店之一。2004 年 8 月 19 日，亚马逊公司宣布以 7 500 万美元

---

① 1999 年《出版物市场管理暂行规定》。

② 魏玉山：《新中国民营书业政策演变与民营书业的发展》，《出版广角》2009 年第 9 期。

③ 新闻出版总署. 关于北京发行集团有限责任公司等 175 家出版物总发行企业、全国性出版物连锁经营企业和外商投资出版物分销企业通过 2011 年年度核验的批复. http://www.gapp.gov.cn/cms/html/21/508/201110/725254.html. 2012-04-23.

④ 北京二十一世纪锦绣图书连锁有限公司成立. http://www.gmw.cn/01gmrb/2001-01/08/GB/01%5E18659%5E0%5EGMA2-005.htm. 2011-01-08.

⑤ 贝塔斯曼败走中国记. http://finance.sina.com.cn/chanjing/b/20080712/16045085654.shtml. 2008-07-12.

收购卓越网，卓越网成为亚马逊中国全资子公司。2007 年亚马逊将“卓越网”改名为“卓越亚马逊”。2011 年 10 月 27 日亚马逊正式宣布将“卓越亚马逊”改名为“亚马逊中国”①。卓越网从此不再存在。

2005 年

1. 民营书业首次进入“全国书市”主场馆。全国书市始办于 1980 年，先后在北京、上海、广州、成都、武汉、深圳、长春、西安、长沙、南京、昆明、福州、桂林、天津、乌鲁木齐、重庆、郑州等城市举办。2006 年 8 月中央颁布了《国家“十一五”时期文化发展规划纲要》，全国书市更名为“全国图书交易博览会”②。全国书市由国家新闻出版行政管理机关和省市区人民政府共同主办，是由政府主导的展销场所，其参展单位主要是新华书店系统、其他国有发行单位、出版社等，民营书店不能正式进入书市主场馆。2005 年 5 月 18 日，第 15 届全国书市在天津国际展览中心举行。本届书市不仅规模超过往届，而且民营书商首次获邀进场交易。据《天津日报》报道：包括深圳金版文化发展有限公司、北京博佳时代图书有限公司在内的 42 家业内著名的民营发行实体均来津参加了本次书市。③ 此后，民营书业企业参加全国书市（全国图书交易博览会）成为常态。民营书业企业参加全国书市的象征意义大于实际意义，因为在此之前，在每一次的全国书市、全国图书订货会举办的同时，民营书业的订货会也几乎同步举办，只是不在主展馆而已。

2. 国务院《关于非公有资本进入文化产业的若干决定》颁布。2005 年 8 月 8 日，国务院颁布了《关于非公有资本进入文化产业的若干决定》，共 10 条，对非公有资本进入文化产业领域作出了规定。其中鼓励和支持非公有资本进入的领域包括：互联网上网服务营业场所、动漫和网络游戏、书报刊分销、音像制品分销、包装装潢印刷品印刷等领域，以及文化产品和文化服务出口业务。允许非公有资本进入的领域包括：出版物印刷、可录类光盘生产、只读类光盘复制等文化行业和领域。同时，非公有资本可以投资参股下列领域的国有文化企业：出版物印刷、发行，新闻出版单位的广告、发行，广播电台和电视台的音乐、科技、体育、娱乐方面的节目制作，电影制作发行放映，但上述文化企业国有资本必须控股 51%以上。非公有

---

① http://baike.baidu.com/view/29682.htm. 2012-04-23.

② http://baike.baidu.com/view/928265.htm. 2012-04-23.

③ http://www.tj.xinhuanet.com/misc/2005-05/22/content_4279235.htm. 2012-04-23.

资本不得进入的领域包括：投资设立和经营通讯社、报刊社、出版社、广播电台（站）、电视台（站）、广播电视发射台（站）、转播台（站）、广播电视卫星、卫星上行站和收转站、微波站、监测台（站）、有线电视传输骨干网等；不得利用信息网络开展视听节目服务以及新闻网站等业务；不得经营报刊版面、广播电视频率频道和时段栏目；不得从事书报刊、影视片、音像制品成品等文化产品进口业务等。

2006 年

1. 席殊书屋的衰败。席殊书屋曾经是中国民营书业的一面旗帜，它创始于 1995 年，1996 年开办第一家全国性民营连锁书店，到 2000 年初有连锁店约百家。[①] 2000 年引进新加坡 MPH 公司的风险投资，2001 年又与香港天卷控股公司合并，并以特许连锁为主，席殊书屋的连锁书店快速扩张，到 2002 年连锁店已经发展到 512 家，遍及全国 30 个省市区的 400 个城市，计划在两到三年内发展到 1 000 家，并准备上市融资。[②] 可惜好景不长，从 2003 年开始就传出资金紧张的消息，虽然席殊书屋也多次试图融资，但是效果甚微。2006 年，席殊书屋连锁店黯然收场。[③] 席殊书屋从创办到倒闭不过 10 年左右的时间，其鼎盛时期不过三四年，它曾经给民营书业带来无限的希望，其加盟连锁方式曾经是许多民营书店进行扩张的途径。它的衰败也给民营书业提供了最直接的经验与教训。

2. 国有出版单位收购民营书业企业。[④] 2006 年初，长江出版集团成功并购湖北海豚卡通有限公司。新的湖北海豚传媒有限责任公司开始运作，原湖北海豚卡通有限公司停止运营。新的湖北海豚传媒有限责任公司由长江出版集团和原湖北海豚卡通有限公司总经理等七方股东共同注资 3600 万元发起成立。其中，长江出版集团与湖北美术出版社、湖北少儿出版社共持有 51%的股份，原湖北海豚卡通有限公司的四名股东持有其余 49%股份。长江出版集团为控股方，此次收购为国有出版集团收购民营企业第一案。

---

① 席殊书屋. http://baike.baidu.com/view/4222010.htm. 2012-10-20.

② 余敏主编：《2002—2003 中国出版业状况及预测》，中国书籍出版社 2003 年版，第 61—62 页。郝振省主编：《2004—2005 中国出版业发展报告》，中国书籍出版社 2005 年版，第 18 页。

③ 章剑锋：《席殊书屋，败走麦城始末》，《财经文摘》2007 年第 5 期。http://www.taizhou.com.cn/a/20070509/content_20810.html. 2012-10-20.

④ 李星星、孙晶整理. 民营书业 30 年大事记. http://news.ifeng.com/special/culture/bertelsmann/list/200806/0625_3975_637594_5.shtml. 2012-10-20.

2008 年

"民营出版"获得政府认可。虽然早在20世纪80年代开始，一些民营机构或个人就从事图书选题策划、编辑业务，并通过书号合作的方式，间接从事出版活动，但是政府管理部门一直不承认民营出版，而是用民营发行业、民营书业、民营文化工作室等代替。2008年7月，国务院《关于印发〈国家新闻出版总署(国家版权局)主要职责内设机构和人员编制规定〉的通知》提出"增加对从事出版活动的民办机构进行监管"，间接提出民营出版问题。2008年12月，新闻出版总署署长柳斌杰在接受《南方周末》专访时说："我国出版业已经形成了许多以做书为主的民营文化工作室，聚集了一批包括海归派在内的高层次的文化人才。不像刚开始那种文化个体户，现在的文化公司有的多达几千人，每年的收入超过十几亿，与出版社合作策划出版了一批能跟上世界先进潮流的图书，市场上绝大多数畅销书也都是由民营工作室参与策划的。事实上，民营出版机构应该说也是一种新的文化生产力。"①直接提到民营出版。2009年4月，新闻出版总署印发了《关于进一步推进新闻出版体制改革的指导意见》，提出："引导非公有出版工作室健康发展，发展新兴出版生产力。按照《国务院关于非公有资本进入文化产业的若干决定》(国发〔2005〕10号)，鼓励和支持非公有资本以多种形式进入政策许可的领域。按照积极引导、择优整合、加强管理、规范运作的原则，将非公有出版工作室作为新闻出版产业的重要组成部分，纳入行业规划和管理，引导和规范非公有出版工作室的经营行为。积极探索非公有出版工作室参与出版的通道问题，开展国有民营联合运作的试点工作，逐步做到在特定的出版资源配置平台上，为非公有出版工作室在图书策划、组稿、编辑等方面提供服务。鼓励国有出版企业在确保导向正确和国有资本主导地位的前提下，与非公有出版工作室进行资本、项目等多种方式的合作，为非公有出版工作室搭建发展平台。"②首次把民营(非公有)出版工作室写入政府文件。从民营发行业到民营书业再到民营出版，这不是简单的称谓变化，而是民营资本可以参与出版产业领域的写照。

---

① 南方周末专访柳斌杰：两年内出现大出版传媒集团. media. ifeng. com/news/tradition/paper/200812/1206-4272-910201-2. sht. 2012-04-22.

② 新闻出版总署. 关于进一步推进新闻出版体制改革的指导意见. http://www. chinanews. com/gn/news/2009/04-06/1633449. shtml. 2009-04-06/2012-04-23.

2009 年

盛大文学收购华文天下等民营书业公司。盛大文学有限公司 2008 年 7 月成立，主要负责网络文学原创网站的经营管理，旗下的网络文学网站包括起点中文网、红袖添香网、言情小说吧、晋江文学城、榕树下、小说阅读网、潇湘书院七大原创文学网站以及天方听书网和悦读网等。[①] 2009 年盛大文学开始进军线下图书业务，先是 2009 年 6 月，在天津成立了聚石文华图书公司，开展纸质图书出版、发行等业务；同月又收购民营的天津华文天下图书公司 51％的股权；2010 年 3 月，收购了民营的北京中智博文图书有限公司 51％的股权，完成了其图书出版的业务布局。

2010 年

1. 民营书业企业入驻北京出版创意产业园。2010 年 6 月，包括磨铁图书有限公司、北京时代华语图书股份有限公司、北京时代光华图书有限公司等在内的民营书业企业开始入驻北京出版创意产业园。北京出版创意产业园的建立，是为解决非公有文化机构参与出版通道的问题所进行的首次尝试。在新闻出版总署的支持下，2011 年年初，北京市新闻出版局主管主办的原京华出版社转企并更名为北京联合出版有限责任公司，改造后的联合公司承担园区出版服务平台的职能，为入驻企业提供选题论证、三审三校、图书印刷服务，入驻企业自己负责图书策划、设计和包装、市场运营[②]。

2. 中国民营书业第一股。从 2005 年开始，出版发行企业启动了上市进程，2006 年上海新华书店借壳上市，2007 年四川新华书店在香港上市。此后，出版集团又纷纷上市，如北方联合出版传媒股份有限公司、时代出版传媒股份有限公司等，目前已经有近 10 家出版发行公司上市。在这近 10 家上市的出版发行企业中，只有一家民营书业企业，这就是湖南天舟科教文化股份有限公司。天舟公司是湖南省唯一获得总发行资质的民营企业，经过多年的发展，目前已成为湖南省最大的民营图书策划发行企业，在湖南省青少年读物市场形成了较强的品牌影响力。2008 年公司教辅类图书销售收入接近 10 个亿。2010 年 12 月，天舟文化发行 1 900 万股新股，募资 4 亿余元。在民营书业企业中，天舟的规模不是最大的，在行业中的知名度也不是最大的，与国有出版发行企业相比，其规模也不算大。但是天

① 盛大文学公司. http://baike.baidu.com/view/2348840.htm. 2012-10-30.

② 王坤宁:《筑巢引凤 落实"待遇"》,《中国新闻出版报》2012 年 1 月 16 日。

舟的上市却表明，政府在鼓励、支持出版发行企业上市方面，没有遗忘民营企业，民营出版企业可以上市融资。

2011 年

1. 民营书店倒闭潮。自 2010 年特别是 2011 年以来，出现了一股民营实体书店倒闭潮。2010 年 1 月，北京的第三极书局倒闭；2011 年 7 月，北京的风入松书店关门；2011 年 11 月，光合作用全国连锁书店关门；2012 年春节前夕，成都时间简史书坊、上海万象书店突然倒闭。[①] 当然，倒闭的民营书店远远不止这几家，倒闭的也不仅仅是民营书店，还有国有及外资书店，但民营书店所受到的冲击最大。此番民营书店的倒闭潮，引起了社会方方面面的广泛关注，新闻出版总署已经协调有关部门，研究制定扶持实体书店的政策，有的地方政府部门已经采取措施，比如 2012 年 2 月，上海、杭州两个地方政府部门已经宣布将出台办法，对实体书店给予资金支持。[②] 关于此次实体书店倒闭风潮成因的分析，一般认为是网络书店挤压、房租水电人工成本上涨、数字阅读兴起等综合因素导致。笔者认为除此因素以外，图书的定价机制，包括政府和社会对图书的低价要求，图书的固定定价制度，使得书店对图书的销售价格缺乏自主调整的空间，这就是为什么只有书店倒闭而其他商店却能够生存与发展的差别所在。

2. 加强对中小学教辅材料的管理。2011 年 8 月，新闻出版总署发布《关于进一步加强中小学教辅材料出版发行管理的通知》，提出从出版、印刷复制、发行、价格、质量、市场等 6 个方面对中小学教辅材料加强管理。随后，新闻出版总署下发了《关于加强图书出版单位中小学教辅材料出版资质管理的通知》。2012 年 2 月教育部、新闻出版总署、国家发展改革委、国务院纠风办联合发布了《关于加强中小学教辅材料使用管理工作的通知》，提出一个学科每个版本选择一套教辅材料推荐给本地区学校供学生选用，即“一课一辅”。此次政府部门对教辅材料管理的决心很大，力度很大，措施也很具操作性。由于在民营书业中，教辅出版占有很大的比例，规

---

① 张抗抗. 实体书店是城市文化地标 政府应扶一把. http://reader. gmw. cn/2012-02/28/content_3668662. htm. 2012-10-30.

② 夏冰. 上海将出资 500 万元定向支持各类实体书店: http://www. nbd. com. cn/articles/2012-02-29/637123. html. 2012-10-30.

及烁. 杭州将出台国内首个民营书店扶持办法. http://news. sxpmg. com/ynxx/gndt/201202/80936. html. 2012-10-30.

模大的民营出版机构多数以出版教辅为主，因此，此次政策的出台，对民营书业的发展会有很大的影响。

三、民营出版中存在的主要问题及未来发展趋势

如果从改革开放初期允许集、个体开办书店算起，民营出版已经走过了 30 余年的发展历程。特别是进入新千年以来，民营书业取得了很大发展，发生了很多的变化，依然面临很多的问题，也拥有许多的期待。

(一) 民营出版中存在的主要问题

民营出版所面临的问题主要源自于两个方面：即外部政策、环境方面的问题和内部经营管理等方面的问题。

在中国，民营书业是伴随着改革开放的步伐应运而生的，是伴随着改革开放的阳光不断发展的。不断宽松的政策给中国民营书业的发展提供了越来越广阔的空间，但是民营书业的发展也受到一些政策的限制。

1. 民营出版机构的身份模糊

2008 年柳斌杰署长在接受《南方周末》记者采访时说：事实上，民营出版机构应该说也是一种新的文化生产力。这对民营出版机构是一个很高的评价。对民营出版机构的评价虽高，但是身份却有些模糊。现在，民营发行机构、民营印刷机构，甚至包括民营数字出版机构，其身份已经比较明确，可以通过正常的程序，向新闻出版行政管理机关申请发行(包括零售、批发、总发行)许可证和印刷许可证。但是，民营出版机构是不能申请出版许可证的，到目前为止，民营出版机构大多数以文化、传媒等公司的名义设立的，只经过工商行政管理部门的登记，而没有，也不可能得到新闻出版行政管理机关的批准。因此，他们处于一种半明半暗的状态。明着，他们是文化公司，是经过工商部门登记的；暗着，他们从事着出版活动而没有获得行政许可。要明确民营出版机构的身份，才能有助于对其管理，有助于民营出版机构自身的发展。

2. 民营出版机构参与出版的通道单一

2009 年 4 月，新闻出版总署印发的《关于进一步推进新闻出版体制改革的指导意见》提出，“积极探索非公有出版工作室参与出版的通道问题”。2010 年北京市出版创意产业园的建立，为民营出版公司建立了参与出版的通道。一年多来，尝试已经取得了初步的成效。据报道，2010 年，园区

销售总码洋达70亿元，利税总额达15亿元，逐步探索出一条国有出版社和民营书业企业合作的新路子[①]。但就全国来看，民营出版工作室参与出版的通道数量太少，目前全国只有北京出版创意产业园这一个通道，而全国民营出版工作室有上万家。因此，如何拓宽民营出版工作室参与出版的通道，是制约民营出版发展的重要问题之一。

3. 民营发行企业的优惠政策缺乏

我国政府对图书发行企业的优惠政策最重要的有两个：第一个是对全国县及县以下新华书店和农村供销社在本地销售的出版物免征增值税。对新华书店组建的发行集团或原新华书店改制而成的连锁经营企业，其县及县以下网点在本地销售的出版物，免征增值税。[②] 第二个是部分新华书店转企改制以后，享受免征企业所得税、出口退税等优惠政策。[③] 但是，这两项优惠政策针对的主要是新华书店系统，民营发行企业不能获得。让民营发行企业获得与新华书店同等的优惠政策，是促进民营发行企业发展的重要条件之一。

民营书业发展既面临来自外部的、政策性的障碍，更面临着源自于其自身、与生俱来的问题，民营书业如果不加强自身修炼，练好内功，在日趋复杂多变的市场竞争当中，更容易受到伤害和冲击。

民营企业自身的问题概括起来有以下几个方面。

1. 企业的现代化水平低

经过最近几年的转企改制，国有新闻出版单位基本完成了由事业单位向企业单位的转变，部分单位还建立了现代企业制度，完成了由传统事业向现代企业的过渡。民营书业企业，大多源于家族企业或个体企业，企业的发展主要依靠个人的才能与水平，但是，随着企业规模的不断扩大，民营书业企业的组织形式也面临着改造问题。最近几年，一些民营企业已经开始注意到企业组织形式改造，有的民营文化企业对内部的股权结构进行了调整，有的组建了企业集团，甚至有的企业还在海内外上市。但是，总体来看，民营出版企业的组织形式比较落后，许多仍然是家族式企业，与现代公

---

① 王坤宁：《筑巢引凤 落实“待遇”》，《中国新闻出版报》2012年1月16日。

② 财政部、国家税务总局《关于继续执行宣传文化增值税和营业税优惠政策通知》。

③ 财政部、海关总署、国家税务总局《关于文化体制改革中经营性文化事业单位转制为企业的若干税收政策问题的通知》(财税[2005]1号)和《关于文化体制改革试点中支持文化产业发展若干税收政策问题的通知》(财税[2005]2号)。

司制体制有一定的距离。

2. 产品的质量不高，核心竞争力不足

目前，多数民营出版工作室的出版物是教辅读物和大众图书，而许多教辅读物和大众图书的质量不高的现象相当突出。许多公司教辅读物品种虽多，但质量平庸，有的甚至相互抄袭；许多大众文化类图书装帧虽精美，但内容贫乏，主要靠拼凑而成，由此给读者留下了民营出版品质不高的印象。民营出版要想持久发展下去，首要的问题是提高产品的质量，提高出版物的文化含量，以高质量的内容赢得市场、赢得读者；其次，民营出版企业也面临着产品结构调整的问题，教辅读物支撑了民营书业的半边天，许多民营出版工作室靠编写教辅读物发展起来，许多的个体书店靠卖教辅读物维持下去。但是，随着政府出版管理部门、教育行政管理部门对教辅读物出版、发行、使用的管理力度不断加大，教辅读物市场面临重组，以教辅读物为主要业务的民营出版机构，也需要调整产品结构，转变经营思路，拓宽经营领域，否则将面临重大市场风险。

3. 面临数字化的挑战

最近几年来，网络化、数字化在出版业中的应用越来越广泛，出版业的数字化转型越来越明显，一些民营出版企业也加快了数字化的进程，有的民营书业企业为此成立了专门的数字出版部门。但是，也有不少的民营书业企业信息化、网络化、数字化的程度比较低，数字化转型缓慢，在未来的发展中易处于被动局面。

（二）未来民营出版发展趋势

民营出版作为中国出版业的一支重要力量，其地位、作用是不可替代的，并且随着经济体制改革、政治体制改革的深入，其地位、作用会更加重要，未来民营书业的发展前景更好。

1. 民营出版的政策环境越来越好

从改革开放 30 多年来民营书业发展的历程可以看出，关于民营资本参与出版业的政策在一步一步地向前发展，民营资本参与出版产业的领域逐渐拓展，参与的环节不断增加，民营资本的出版领域所占的比例在增长。未来民营资本参与出版的通道会进一步拓宽和多元化，有关出版业的优惠政策将会逐步惠及民营出版，民营出版的法律环境更加稳定、公平。

2. 国有与民营出版之间进一步融合

随着国有出版单位体制改革的深入，国有出版单位也面临着产权多元化、股权多元化的改革。在改革过程中,民营出版机构与国有出版单位之间有可能实现资本层面的合作,同时,国有出版单位也可能收购、控股、参股民营出版机构,此其一;其二,民营出版机构与国有出版单位进行选题合作、项目合作的范围更加广泛,民营出版机构或加盟国有出版单位,成为其组成部分,或为国有出版单位提供选题策划、市场开拓服务;其三,国有出版单位与民营出版机构之间在数字出版领域的合作更加紧密,国有出版单位的内容优势与民营机构的技术优势结合,共同助推数字出版产业进一步发展。

3. 民营出版业的分化与转型加剧

未来中国出版业的总体趋势是集团化、专业化、国际化、数字化,民营出版作为中国出版业的一部分也不能例外。民营出版也面临重组与分化的挑战,大型民营出版机构的集团化步伐加快,对小型民营出版机构的挤压加剧,部分小型民营出版机构或联合应对,或退出市场;与此同时,随着中国出版市场的日渐成熟,分工的细化,编印发一条龙式民营出版公司也面临专业化拆分,专业化是生存发展的必由之路;另外,民营出版机构的数字化转型也在所难免。

新千年来的中国出版教育

自1983年9月武汉大学图书馆学系创办图书发行管理学专业，1984年9月北京大学、南开大学和复旦大学建立编辑学本科专业起，我国的出版教育终于在改革开放后开始起步。近30年来，全国大陆有68所高校开设了编辑出版学本科专业。在编辑出版学专业本科教育蓬勃发展的基础上，研究生教育也在硕士和博士两个层面陆续展开并取得了很大的成就，为出版界培养了大量急需的高素质人才。在出版教育发展的同时，也暴露出一些妨碍该专业进一步发展、亟待解决的问题。

一、编辑出版学本科教育基本情况

1983年，武汉大学与新华书店总店创办图书发行管理学专业，成为我国编辑出版学本科教育的开端。目前，我国编辑出版学本科教育已有30年的发展历史。据统计，大陆地区共有68所高校开办了编辑出版学本科专业。这些高校分布在25个省、自治区和直辖市。具体情况见表1。

表1　我国开设编辑出版学本科教育高校基本情况

学校	院系	专业名称	地区
北京大学	新闻传播学院	编辑出版学	北京
中国人民大学①	新闻学院	编辑出版学	北京
北京印刷学院	新闻出版学院	编辑出版学、传播学（数字出版）	北京
中国传媒大学	电视与新闻学院	编辑出版学（新媒体编辑方向）、编辑出版学（媒介融合方向）	北京

① 中国人民大学编辑出版学本科专业2007年起停止招生。

（续表）

学校	院系	专业名称	地区
南开大学	文学院	编辑出版学	天津
河北大学	新闻传播学院	编辑出版学	河北
河北经贸大学	人文学院	编辑出版学	河北
河北大学工商学院	人文学部	编辑出版学	河北
山西师范大学	文学院	编辑出版学	山西
内蒙古大学	蒙古学学院	编辑出版学	内蒙古
	文学与新闻传播学院	编辑出版学	
内蒙古民族大学	蒙古学学院	编辑出版学	内蒙古
辽宁大学	历史学院	编辑出版学	辽宁
吉林师范大学	历史文化学院	编辑出版学	吉林
吉林工程技术师范学院	文化传媒学院	编辑出版学	吉林
吉林艺术学院	音乐学院	音乐学专业（音乐编辑与出版方向）	吉林
吉林华侨外国语学院	汉学院（原国际交流学院）	编辑出版学	吉林
黑龙江大学	信息管理学院	编辑出版学	黑龙江
上海理工大学	出版印刷与艺术设计学院	编辑出版学	上海
华东师范大学	传播学院	编辑出版学	上海
上海师范大学	人文与传播学院	编辑出版学	上海
南京大学	信息管理学院出版科学系	编辑出版学	江苏
南京师范大学	文学院	汉语言文学（图书编辑方向）	江苏
中国传媒大学南广学院	新闻传播学院	编辑出版学	江苏
浙江大学	传媒与国际文化学院	编辑出版学	浙江
杭州电子科技大学	人文学院	编辑出版学	浙江
浙江工商大学	人文与传播学院	编辑出版学	浙江
浙江万里学院	文化与传播学院	编辑出版学	浙江

（续表）

学校	院系	专业名称	地区
浙江传媒学院	新闻与文化传播学院	编辑出版学	浙江
浙江工商大学杭州商学院	人文系	编辑出版学	浙江
浙江越秀外国语学院	网络传播学院	编辑出版学	浙江
安徽大学	新闻传播学院	编辑出版学	安徽
漳州师范学院	新闻传播系	编辑出版学	福建
中国海洋大学	文学与新闻传播学院	编辑出版学	山东
青岛科技大学	传播与动漫学院	编辑出版学	山东
临沂大学	文学院文化产业管理系	编辑出版学	山东
山东经济学院	文学与艺术学院	编辑出版学	山东
山东工艺美术学院	人文艺术学院	编辑出版学	山东
山东工商学院	政法学院	编辑出版学	山东
河南大学	新闻与传播学院	编辑出版学	河南
武汉大学	信息管理学院出版科学系	编辑出版学、数字出版	湖北
武汉理工大学	文法学院	编辑出版学	湖北
湖北民族学院	文学与传媒学院	编辑出版学	湖北
湖北第二师范学院	文学院	编辑出版学	湖北
武汉理工大学华夏学院	人文与艺术系	编辑出版学	湖北
湖北民族学院科技学院	文学与传媒学院	编辑出版学	湖北
湘潭大学	公共管理学院	编辑出版学	湖南
湖南师范大学	新闻与传播学院	编辑出版学	湖南
衡阳师范学院	中文系	编辑出版学	湖南
衡阳师范学院南岳学院	中文系	编辑出版学	湖南
湖南商学院	中国语言文学学院	编辑出版学	湖南
湖南商学院北津学院	中文系	编辑出版学	湖南
南昌工程学院	人文与艺术学院	编辑出版学	江西
汕头大学	长江新闻与传播学院	编辑出版学专业（出版策划与经营方向、数字出版方向）	广东

（续表）

学校	院系	专业名称	地区
华南理工大学	新闻与传播学院	编辑出版学（网络传播与电子出版方向）	广东
广东海洋大学	文学院	编辑出版学	广东
华南师范大学	文学院	编辑出版学	广东
北京师范大学珠海分校	文学院	编辑出版学（传播编辑方向）	广东
广西师范大学	文学院	编辑出版学	广西
广西民族大学	文学院	编辑出版学	广西
广西民族大学相思湖学院	人文社会科学系	编辑出版学	广西
四川大学	文学与新闻学院	编辑出版学	四川
昆明理工大学	文学院	编辑出版学	云南
云南民族大学	民族文化学院	编辑出版学	云南
陕西师范大学	新闻与传播学院	编辑出版学	陕西
西北政法大学	新闻传播学院	编辑出版学	陕西
西安欧亚学院	新闻与传播学院	编辑出版学	陕西
青海师范大学	人文学院中国语言文学系	编辑出版学	青海
新疆大学	人文学院	汉语言文学（编辑出版发行方向）	新疆

（一）编辑出版学本科教育的规模和分布

68 所高校的编辑出版学本科专业，分布在 25 个省、自治区和直辖市。其中，浙江省设置编辑出版学专业的高校有 7 个，数量最多。山东省、湖北省、湖南省有 6 所高校设置编辑出版学专业，广东省有 5 所，北京市和吉林省有 4 所。中国大陆尚有 6 个省级行政区没有高校设置编辑出版学专业，它们是海南省、重庆市、贵州省、西藏自治区、甘肃省、宁夏回族自治区。

根据以上统计数据，大陆地区编辑出版专业在地域分布上集中于东部和中部地区。沿海省份开设该专业的高校数量较多，这与该地区的经济发展水平、文化教育水平、出版发行单位规模等因素有直接关系。

从编辑出版学专业所在院系来看，在这 68 所高校中，共有 28 所高校的编辑出版学专业设置在新闻传播院系，有 27 所高校设置在文学相关院系，有3所高校的编辑出版学专业设置在信息管理学院。大多数高校的编辑出版学专业分布在文学、新闻传播院系。

近年来，我国数字出版产业发展迅速，数字出版业产值已超过传统出版产业。数字出版产业的迅速发展，对出版高等教育提出了新的要求与挑战。培养一批熟悉专业出版知识，并且掌握现代数字出版技术和善于经营管理的复合型人才，是我国出版界当前刻不容缓的任务。在此背景下，北京印刷学院设置了传播学(数字出版)专业。该专业面向数字媒体及相关领域，主动适应国家文化、经济建设和社会发展对复合型人才的需要，培养具有现代科学文化艺术基本素养，掌握数字媒体编辑加工基本技术，具备数字媒体出版、传播技能，了解数字媒体产业运作规律的应用型高级专门人才。[①] 2012年，武汉大学信息管理学院成功申报了数字出版本科专业，专业代码为050308S。[②]

(二) 编辑出版学本科专业的课程设置与培养模式

在设置编辑出版学本科专业的高校中，既有北京大学、南京大学等综合性高校，也有吉林师范大学、南京师范大学、上海师范大学等师范类院校，武汉理工大学、华南理工大学等理工科院校，河北大学工商学院、中国传媒大学南广学院、北京师范大学珠海分校、西安欧亚学院等民办高校。由于所在高校、归属院系等方面的不同，各高校编辑出版学本科专业的课程设置不一致。我们通过对各高校课程设置的调查，认为编辑出版学本科专业有新闻传播类、中文类和信息管理类三种课程设置模式。现选取北京大学、广西师范大学和武汉大学这三所代表性高校作详细分析。

北京大学编辑出版学专业创办于1985年，最初设在中文系，是国内最早的同类专业之一，2001年由信息管理系转入新闻与传播学院。20年来积累了丰富的办学经验，正在逐步建立良好的教学条件及高素质的师资队伍，形成了理论与实践并重，重点培养出版经营管理和现代出版技术人才的特色与优势。[③] 广西师范大学编辑出版学专业自2005年始隔年招生，以培养具备坚实的汉语言文学基础知识和基本理论，同时具备编辑出版相关知识和相关理论，适应国家管理机关、新闻出版单位及其他企事业单位

---

① 传播学(数字出版)专业介绍. http://www.bigc.edu.cn/web/xwcb/jxxm/bks/bkzyjs/4919.htm. 2012-03-25.

② 我院新增数字出版本科专业. http://sim.whu.edu.cn/board/show_board_news.php? board_news_id=2154. 2012-03-25.

③ 本科编辑出版学专业培养方案(Ver.09). http://sjc.pku.edu.cn/PlanBenEdit.aspx. 2012-03-25.

和高校宣传、编辑工作的人才为目标。[①]武汉大学编辑出版学专业创办于1983年，是国内最早的同类专业，拥有良好的教学条件及高素质的师资队伍，积累了丰富的办学经验，形成了理论与实践并重，强调学生市场意识和出版营销技能的人才培养特色与优势。[②] 三所学校编辑出版学本科专业的课程设置情况如表2所示。

表2　三所高校的专业课程设置一览表

学校	所属院系	专业必修课程	专业选修课程	专业类型
北京大学	新闻传播学院	编辑出版概论、中国图书出版史、期刊编辑实务、新闻编辑、市场营销原理、市场调查、编辑实用语文写作、出版经营管理、选题策划与书刊编辑实务、电子出版技术、出版案例研讨、媒介经营管理	媒体与文化、媒介经济学、舆论学、新媒体与网络传播、网络采编实务、媒体与国际关系、传播伦理学、古籍资源与整理、中外出版业、近现代出版文化、出版营销	新闻传播类
广西师范大学	文学院	现代汉语、文学概论、写作、中国现代文学史、中国古代文学史、古代汉语、外国文学史、经典诗文诵读、编辑出版概论、传播学原理、新闻学原理、电子出版技术概论、图书营销学、版权法与出版法规、中国编辑出版史、古典文献学	文艺学系列、中国古代文学系列、现当代文学系列、比较文学与世界文学系列、民族民间文学系列、现代汉语系列、古代汉语系列、写作系列、计算机应用系列、文秘系列、编辑出版学系列等11个系列	中文类
武汉大学	信息管理学院	出版学基础、编辑学原理、数字出版导论、书业法律基础、中国出版史、书业营销学、出版经济学、书业企业管理、世界书业导论、网络编辑、信息系统设计与应用、知识产权法、书业财务管理	出版文化学、高级语言程序设计、数据库原理与应用、网页设计和网站建设、统计分析系统SPSS、期刊编辑与制作、期刊广告与发行、书业物流管理、出版物市场管理、对外图书贸易、编校软件应用、编辑出版专业英语、图书装帧设计、读者学、文献编纂实务	信息管理类

由表2可见，三所高校编辑出版学专业的课程设置各有侧重。北京大学编辑出版学专业隶属于新闻传播学院，课程设置偏向于传播学，注重新

① 广西师范大学文学院课程设置. http://www.cllc.gxnu.edu.cn/jdnewsview.asp?id=730. 2012-03-25.

② 信息管理学院编辑出版学专业本科培养方案. http://sim.whu.edu.cn/major/major_detail.php?major_id=20. 2012-03-25.

闻传播知识与能力的培养。在专业必修课程中开设了新闻编辑、市场调查、媒介经营管理等新闻传播类课程，专业选修课程也设置了媒体与文化、媒介经济学、舆论学、新媒体与网络传播等新闻传播类课程。

广西师范大学编辑出版学专业课程设置偏向于文学，注重文学基础知识和理论。在专业必修课程中开设了现代汉语、文学概论、写作、中国现代文学史、中国古代文学史、古代汉语、外国文学史、经典诗文诵读、古典文献学等文学类课程。

武汉大学编辑出版学专业隶属于信息管理学院，注重数字出版能力培养，在专业必修课程中开设了数字出版导论、网络编辑、信息系统设计与应用，专业选修课程也设置了高级语言程序设计、数据库原理与应用、网页设计和网站建设、统计分析系统 SPSS、编校软件应用等信息技术类课程。

由于编辑出版学本科专业所在院系不同，编辑出版学专业形成了多种课程体系和培养模式。这样，不同学校的编辑出版学专业形成了自身的专业特色和优势，如武汉大学编辑出版学专业注重出版营销和数字出版，北京大学编辑出版学专业侧重新闻传播能力的培养，广西师范大学编辑出版学专业注重语言文学功底等。

这种多元化的课程模式，有其优势，易于让编辑出版学专业学生获得多学科背景。但应当强调的是，特色也好，多学科背景也好，都应当以编辑出版学专业的核心课程为前提。笔者认为，编辑出版学专业应将出版学基础、编辑学、中国出版史、数字出版等课程作为编辑出版学专业的核心课程。在每个学校都设置核心课程的基础上，鼓励不同学校有所侧重，形成多元化的办学特色。在当今数字出版的大趋势下，编辑出版学专业应该增加数字出版类课程的比重，注重数字出版人才的培养。

二、出版研究生教育基本情况

虽然至今为止，出版学或编辑出版学这一学科仍未被国务院学位委员会列入《授予博士、硕士学位和培养研究生的学科、专业目录》之中，但一些高校利用国家规定在一级学科授予权下可以自主设置博士、硕士研究生学科专业的政策，利用自己一级学科的优势，自行设置了编辑出版学或与编辑出版学相关的研究生专业，推动了出版高等教育的发展。武汉大学（2002 年）、北京大学（2004 年）、南京大学（2006 年）在“图书馆、情报与档案管理”一级学科下设置了“出版发行学”和“编辑出版学”研究生专业，中国传媒大学(2003 年)和复旦大学(2003 年)在“新闻传播学”一级学科下设置了“编辑出版(学)”研究生专业。其他一些高校在相关专业设置了出版专业研究生方向，开始培养出版专业方面的博、硕士研究生，使编辑出版教育迈上了一个新的台阶。

2010 年，国务院学位委员会批准设置了出版硕士专业学位，北京大学、南京大学、武汉大学、中国传媒大学、复旦大学、南开大学、四川大学、河南大学、河北大学、安徽大学、湖南师范大学、华中科技大学、北京印刷学院、吉林师范大学 14 所高校获得了首批出版硕士专业学位授予权。2011 年起开始招收出版专业硕士。出版硕士专业学位教育开辟了新的出版研究生教育模式。出版硕士专业学位能够把出版理论与出版实践结合起来，更好地推动出版产业的发展。

(一) 出版学博士研究生教育

据笔者查询各高校网站，截至 2012 年 3 月，我国共有 6 所高校在 6 个办学点招收编辑出版学或类似专业博士研究生。它们分别是北京大学、南京大学、武汉大学、中国传媒大学、中国人民大学和南开大学(见表 3)。

表 3　国内高校编辑出版学或类似专业博士研究生教育基本情况一览表(*为自主设置专业)

序号	学校	办学层次	所属院系	所属一级学科	专业名称	研究方向
1	北京大学	博士	信息管理系	图书馆、情报与档案管理	*编辑出版学	现代出版业研究；出版产业与出版文化研究；文献收藏与阅读研究
2	南京大学	博士	信息管理学院	图书馆、情报与档案管理	*编辑出版学	出版理论与历史；社会转型与出版发展；出版经济与管理；出版文化；数字出版；期刊出版研究
3	中国人民大学	博士	新闻学院	新闻传播学	*传媒经济学	出版产业研究；数字化与出版转型研究

(续表)

序号	学校	办学层次	所属院系	所属一级学科	专业名称	研究方向
4	武汉大学	博士	信息管理学院	图书馆、情报与档案管理	*出版发行学	出版学基础理论与管理;图书发行学;出版营销管理;数字出版;编辑出版理论;中国编辑思想史研究;出版政策与法规;出版产业管理与版权贸易;期刊产业研究;传媒企业管理;出版供应链与出版战略;出版经济与出版产业;英美出版业研究;中国近现代出版史;阅读史与阅读文化;网络传播
5	中国传媒大学	博士	电视与新闻学院	新闻传播学	*编辑出版	编辑出版学
6	南开大学	博士	商学院信息资源管理系	图书馆、情报与档案管理	图书馆学	出版管理

出版教育博士点的建立,是出版教育取得的重要成果。这些博士点的建立,为我国出版业和出版教育界培养了一批高素质的管理人才和教学科研人才。需要说明的是,上述高校设立的博士点,多是利用国家规定的在一级学科授予权下可以自主设置学科专业的政策而自行设置的,因此,专业名称也就不统一。

(二)出版学学术硕士研究生教育

在出版学本科教育发展的同时,一些高校就开始在相关专业下培养编辑出版研究方向的硕士生。如北京大学、南京大学、武汉大学等在图书馆学研究生专业下培养过编辑出版研究方向的硕士生。其他一些高校在新闻学、传播学、中国现当代文学等相近专业硕士点下培养过编辑出版研究方向的硕士生。目前,出版学硕士研究生教育存在利用一级学科硕士授予权自主设置和在相关研究生专业培养两种情况。

从各高校网站上看,截至 2012 年 3 月,我国共有 41 所高校在 45 个办学点招收编辑出版学或类似专业硕士研究生。[①] 这45个办学点所属的院系、一级学科、二级学科、招收专业名称和专业研究方向的详细情况见表4。

表4 国内高校编辑出版学或类似专业学术硕士研究生教育基本情况一览表(*为自主设置专业)

序号	学校	所属院系	办学层次	所属一级学科	所属二级学科	招收专业名称	专业研究方向
1	北京大学	信息管理系	硕士	图书馆、情报与档案管理	*编辑出版学	*编辑出版学	现代出版业研究;出版产业研究;文献与出版史研究;数字出版研究;阅读文化研究
		新闻与传播学院	硕士	新闻传播学	传播学	传播学	编辑出版学
2	北京师范大学	文学院	硕士	新闻传播学	传播学	传播学	编辑出版
3	北京印刷学院	新闻出版学院	硕士	新闻传播学	传播学	传播学	数字传播;书刊编辑学;出版产业研究
4	中国传媒大学	电视与新闻学院	硕士	新闻传播学	*编辑出版学	编辑出版学	编辑出版理论;出版经营与管理;电子出版编辑
5	中国人民大学	新闻学院	硕士	新闻传播学	*传媒经济学	传媒经济学	数字化与出版转型
6	复旦大学	新闻学院	硕士	新闻传播学	传播学	传播学	编辑出版
7	华东师范大学	传播学院	硕士	新闻传播学	传播学	传播学	文化理论与编辑出版实务

① 肖东发教授等在2005年7月统计时,发现我国培养编辑出版学方向的研究生办学点有31个。肖东发、杨琳:《抓住历史机遇促进编辑学的建设和发展》,《中国出版》2005年第12期,第34—35页。李建伟教授等在2006年调查时,将博、硕士点一并统计,发现我国招收编辑出版专业研究生的高等院校有35所、38个办学点。见李建伟、张锦华:《我国编辑出版专业研究生教育现状研究》,《河南大学学报(社会科学版)》2007年第2期,第167—173页。

(续表)

序号	学校	所属院系	办学层次	所属一级学科	所属二级学科	招收专业名称	专业研究方向
8	上海理工大学	出版印刷与艺术设计学院	硕士	新闻传播学	传播学	传播学	数字出版与传播
9	上海师范大学	人文与传播学院	硕士	新闻传播学	传播学	传播学	编辑出版学
10	第二军医大学	科研部	硕士	图书馆、情报与档案管理	情报学	情报学	医学期刊编辑出版
11	同济大学	传播与艺术学院	硕士	新闻传播学	传播学	传播学	新兴科技与出版研究
12	南开大学	商学院	硕士	图书馆、情报与档案管理	图书馆学	图书馆学	图书与出版管理
		文学院	硕士	中国语言文学	*高级应用语言文学	*高级应用语言文学	高级写作与编辑
13	武汉大学	信息管理学院	硕士	图书馆、情报与档案管理	*出版发行学	出版发行学	出版基础理论与管理；编辑理论与实践；数字出版研究；出版营销研究；出版管理研究；出版经济研究；期刊研究；版权研究；国外出版业研究；出版史与出版文化研究
14	华中科技大学	新闻与信息传播学院	硕士	新闻传播学	传播学	传播学	编辑出版
15	武汉理工大学	文法学院	硕士	新闻传播学	传播学	传播学	编辑出版学
16	河南大学	新闻与传播学院	硕士	新闻传播学	新闻学	新闻学	编辑出版理论与实务；图书出版产业

（续表）

序号	学校	所属院系	办学层次	所属一级学科	所属二级学科	招收专业名称	专业研究方向
17	南京大学	信息管理学院	硕士	图书馆、情报与档案管理	*编辑出版学	编辑出版学	编辑出版理论；编辑出版实务；编辑出版数字化；外国编辑出版；编辑出版史
18	南京师范大学	新闻与传播学院	硕士	新闻传播学	新闻学	新闻学	编辑出版
19	兰州大学	新闻与传播学院	硕士	新闻传播学	传播学	传播学	编辑出版学
20	华南师范大学	文学院	硕士	中国语言文学	文艺学	文艺学	出版与文学
21	河北大学	新闻传播学院	硕士	新闻传播学	传播学	传播学	编辑出版
22	广西民族大学	文学院	硕士	中国语言文学	语言学及应用语言学	语言学及应用语言学	编辑出版与语言应用
23	安徽大学	新闻与传播学院	硕士	新闻传播学	传播学	传播学	图书报刊编辑
24	山西大学	文学院	硕士	新闻传播学	传播学	传播学	编辑出版与广告学
25	湖南师范大学	新闻与传播学院	硕士	新闻传播学	传播学	传播学	编辑出版学
26	陕西师范大学	新闻与传播学院	硕士	新闻传播学	传播学	传播学	编辑出版学；出版与文化产业
27	四川大学	文学与新闻学院	硕士	新闻传播学	传播学	传播学	编辑出版研究
28	重庆大学	文学与新闻传媒学院	硕士	新闻传播学	新闻学	新闻学	数字出版研究
29	西南大学	新闻传媒学院	硕士	新闻传播学	传播学	传播学	编辑出版
		汉语言文献研究所	硕士	中国语言文学	中国古典文献学	中国古典文献学	古籍整理与出版

（续表）

序号	学校	所属院系	办学层次	所属一级学科	所属二级学科	招收专业名称	专业研究方向
30	西南交通大学	艺术与传播学院	硕士	新闻传播学	传播学	传播学	编辑出版
31	内蒙古大学	蒙古学学院	硕士	新闻传播学	新闻学	新闻学	蒙古族出版史
		文学与新闻传播学院	硕士	新闻传播学	传播学	传播学	新媒体与数字出版
32	中央财经大学	文化与传媒学院	硕士	新闻传播学	*媒体经济	媒体经济	出版经济研究
33	江南大学	物联网工程学院	硕士	轻工技术与工程	*印刷工程与媒体技术	印刷工程与媒体技术	电子出版原理与多媒体技术
34	东北师范大学	文学院	硕士	新闻传播学	传播学	传播学	平面媒体（出版）传播
35	黑龙江大学	信息管理学院	硕士	图书馆、情报与档案管理	图书馆学	图书馆学	文献与出版研究
36	山东大学	文学与新闻传播学院	硕士	新闻传播学	传播学	传播学	出版发行
37	厦门大学	公共事务学院	硕士	公共管理	*知识产权与出版管理	知识产权与出版管理	出版事业管理
38	苏州大学	凤凰传媒学院	硕士	新闻传播学	传播学	传播学	编辑与出版
39	湘潭大学	公共管理学院	硕士	图书馆、情报与档案管理	图书馆学	图书馆学	网络出版
40	福建师范大学	传播学院	硕士	新闻传播学	传播学	传播学	编辑出版研究
41	华中师范大学	文学院	硕士	新闻传播学	传播学	传播学	编辑出版

注：表3、表4中的信息均采自各院校研究生院主页所颁布的2012年研究生招生简章或专业招生目录，并参考专业所在院系主页。

（三）出版硕士专业学位教育

2010 年，国务院学位委员会批准设置了出版硕士专业学位，北京大学、南京大学、武汉大学、中国传媒大学、复旦大学、南开大学、四川大学、河南大学、河北大学、安徽大学、湖南师范大学、华中科技大学、北京印刷学院、吉林师范大学 14 所高校获得了首批出版硕士专业学位授予权，列入 2011 年全国研究生统一招生专业目录进行招生。

从各高校网站上看，2012 年共有 10 所高校招收了出版硕士专业学位的学生。

表 5　国内高校出版硕士专业学位教育基本情况一览表

序号	学校	所属院系	办学层次	招收专业名称	专业研究方向
1	南京大学	信息管理学院	硕士	出版硕士	图书出版、报刊出版、音像及电子出版、网络编辑和出版、出版营销、出版经营与管理
2	武汉大学	信息管理学院	硕士	出版硕士	
3	北京印刷学院	新闻出版学院	硕士	出版硕士	编辑出版、出版产业与管理、跨媒体与数字出版技术
4	吉林师范大学	传媒学院	硕士	出版硕士	
5	南开大学	文学院	硕士	出版硕士	现代出版业务、出版经营与管理、出版物营销
6	河南大学	新闻与传播学院	硕士	出版硕士	
7	四川大学	文学与新闻学院	硕士	出版硕士	
8	河北大学	新闻传播学院	硕士	出版硕士	版权贸易、编辑出版业务、出版经营与管理
9	安徽大学	新闻传播学院	硕士	出版硕士	
10	湖南师范大学	新闻与传播学院	硕士	出版硕士	出版学

由表 5 可以看出，设置出版硕士专业学位的高校以综合类高校和师范类高校为主。各高校出版专业硕士的招生隶属于信息管理学院、新闻传播学院、新闻出版学院、传媒学院、文学院、文学与新闻学院等院系。由于归属院系和师资结构等方面的差异，各学校的出版硕士研究方向不同。南京

大学出版硕士研究方向为图书出版、报刊出版、音像及电子出版、网络编辑和出版、出版营销、出版经营与管理。北京印刷学院出版硕士研究方向为编辑出版、出版产业与管理、跨媒体与数字出版技术。

有学者认为,在呈现"媒介融合"的数字时代,编辑出版专业人才培养要基于"大出版"视角,包括实践型出版人才和研究型出版人才。① 的确,出版硕士专业学位的人才培养应当秉持"大出版"理念,尤其应该重视实践能力的培养。课程设置上,应开设"大出版"类的课程,包括策划、营销、管理、印刷、数字出版等。另外,出版专业硕士可以实行校内和校外双导师的指导模式。校内导师主要是高校教师,负责指导学生的理论课程学习,毕业论文选题等;校外导师主要聘请国内外出版业界的精英人士担任,负责具体指导学生的实习工作等,优化学生的实践学习。

出版硕士专业学位旨在培养实务型人才,以在职学习为主,满足出版业界人员提升自身素养的需要,这无疑是当下我国出版学硕士培养体系的新的途径,将更好地满足社会对出版人才的需求。

三、我国出版教育存在的主要问题

在看到出版教育取得的成绩的同时,我们也必须正视存在的问题,这样才能使我国的出版学教育更上一层楼。

(一) 出版教育的学科归属不明朗

1. 博士点专业学科归属

从表 3 可以看出,国内 6 所高校所进行的编辑出版学(或类似专业)博士研究生教育没有统一的专业名称和学科名称,所依托的一级学科分别是"图书馆、情报与档案管理"或"新闻传播学"。同时,这 6 个博士点的专业名称也各不相同,分别涉及"编辑出版"、"编辑出版学"、"传媒经济学"、"出版发行学"、"图书馆学"等 5 种不同的称谓,因此,博士点专业学科的归属是今后应当解决的问题。

2. 学术硕士点学科归属

表 4 显示,我国编辑出版学专业的硕士研究生教育也没有统一的专业

---

① 肖东发、李武:《基于"大出版"视角培养出版人才——北京大学编辑出版专业研究生教育的案例分析》,《中国出版》2009 年 8 月(下),第 3 页。

名称。除一些高校利用一级学科优势自设的学科专业外，主要挂靠在国务院学位委员会颁布的《授予博士、硕士学位和培养研究生的学科、专业目录》里的一些二级学科之下进行(见表6)。在这些二级学科之下开设编辑出版或类似专业方向，涉及的专业名称非常不统一，主要有传播学、新闻学、编辑出版学(编辑出版、出版发行学)、图书馆学、传媒经济学(媒体经济)、语言学及应用语言学(高级应用语言学)、中国古典文献学、情报学、知识产权与出版管理、文艺学、印刷工程与媒体技术等，可谓五花八门。

表6　国内高校编辑出版学或类似专业硕士研究生教育学科专业归属情况一览表

专业	数量(个)	比例
传播学	25	55.56%
新闻学	4	8.89%
编辑出版学 (编辑出版、出版发行学)	4	8.89%
图书馆学	3	6.67%
传媒经济学(媒体经济)	2	4.44%
语言学及应用语言学 (高级应用语言学)	2	4.44%
中国古典文献学	1	2.22%
情报学	1	2.22%
知识产权与出版管理	1	2.22%
文艺学	1	2.22%
印刷工程与媒体技术	1	2.22%
合计	45	100%

(二) 出版本科和研究生专业隶属院系差异较大

专业隶属何院系虽然属于各自学校的内政，但基本上应该按照学科属性来进行归并，且须隶属于相同或相近的一级学科，这样才有助于学科的发展 。但出版专业隶属的院系差异较大，对专业发展不利。

1. 出版博士学位点隶属院系情况

在表3所示的6所高校6个编辑出版学或类似专业的博士研究生办学点中，属于信息管理系、信息管理学院或信息资源管理系，所属一级学科为图书馆、情报与档案管理的有4个，占总数的66.7%；属于新闻与传播学院

(新闻学院、电视与新闻学院),所属一级学科为新闻传播学的有 2 个,占总数的 33.3%。这说明,由于《授予博士、硕士学位和培养研究生的学科、专业目录》里没有明确的规定,我国该专业博士研究生教育的实施主体很难统一和一致,集中于信息管理系(学院)和新闻与传播学院(或类似学院)。

2. 出版硕士学位点隶属院系情况

根据表 4 的统计,目前我国 41 所高校开办的招收编辑出版学或类似专业硕士研究生的 45 个办学点分别归属于 45 个院系部门,其中归属新闻与传播院系(包括新闻传播学院、新闻学院、传播学院、电视与新闻学院、传播与艺术学院、新闻与信息传播学院、文学与新闻学院、艺术与传播学院、新闻传媒学院、文学与新闻传媒学院、人文与传播学院、文化与传播学院、凤凰传媒学院)的有 24 个,占总数的 53.33%;归属文学院系(包括文法学院、人文学院)的有 8 个,占总数的 17.78%;归属于信息管理院系(信息管理学院、信息资源管理系)的有 5 个,占总数的 11.11%;归属于公共事务学院(公共管理学院)的有 2 个,占总数的 4.44%;归属于汉语言文献研究所、新闻出版学院、出版印刷与艺术设计学院、物联网工程学院、蒙古学学院、科研部的分别有 1 个,各占总数的 2.22%(见表 7)。

表 7 国内高校编辑出版学或类似专业硕士研究生教育院系归属情况一览表

所属院系	数量(个)	比例
新闻与传播院系(包括新闻传播学院、新闻学院、传播学院、电视与新闻学院、传播与艺术学院、新闻与信息传播学院、文学与新闻学院、艺术与传播学院、新闻传媒学院、文学与新闻传媒学院、人文与传播学院、文化与传播学院凤凰传媒学院)	24	53.33%
文学院系(包括文法学院、人文学院)	8	17.78%
信息管理院系(信息管理学院、信息资源管理系)	5	11.11%
公共事务学院(公共管理学院)	2	4.44%
汉语言文献研究所	1	2.22%
新闻出版学院	1	2.22%
出版印刷与艺术设计学院	1	2.22%
物联网工程学院	1	2.22%
蒙古学学院	1	2.22%
科研部	1	2.22%
小计	45	100%

3. 编辑出版学本科专业隶属院系情况

从编辑出版学专业所在院系来看，在这 68 所高校 69 个办学点中，共有 28 所高校的编辑出版学专业设置在新闻传播院系，包括新闻学院、新闻传播学院、文化传媒学院、人文与传播学院、文学与新闻学院等；有 27 所高校设置在文学院、人文学院、中文系、人文艺术学院或人文社会科学系等文学院系；有 3 所高校的编辑出版学专业设置在信息管理学院。内蒙古大学、内蒙古民族大学和云南民族大学，由于处在少数民族地区，编辑出版学专业设置在蒙古学学院和民族文化学院。值得一提的是，北京印刷学院和上海理工大学的编辑出版学专业设置在专门的出版学院。可见，我国编辑出版学本科专业的院系归属不一致。具体院系归属情况见表 8。

表 8　国内高校编辑出版学本科教育院系归属情况一览表

所属院系	数量(个)	比例
新闻与传播院系(包括新闻与传播学院、新闻传播学院、新闻学院、传播学院、电视与新闻学院、文学与新闻传播学院、传播与艺术学院、新闻与信息传播学院、传媒与国际文化学院、文学与新闻学院、艺术与传播学院、新闻传媒学院、文学与传媒学院、人文与传播学院、网络传播学院、传播与动漫学院、长江新闻与传播学院、凤凰传媒学院)	28	40.58%
文学院系(包括文学院、人文学院、中文系、人文艺术学院、文法学院、文学与艺术学院或人文社会科学系)	27	39.13%
信息管理学院	3	4.35%
蒙古学学院	2	2.9%
历史学院(历史学院、历史文化学院)	2	2.9%
出版学院(新闻出版学院、出版印刷与艺术设计学院)	2	2.9%
公共管理学院	1	1.45%
政法学院	1	1.45%
音乐学院	1	1.45%
汉学院(原国际交流学院)	1	1.45%
民族文化学院	1	1.45%
小计	69	100%

(三) 课程设置有待完善

由于所在高校、归属院系等方面的不同，各高校编辑出版学本科专业的课程设置不一致。笔者通过对68所高校编辑出版学本科专业课程设置的调查，认为编辑出版学本科专业有新闻传播类、中文类和信息管理类三种课程设置模式。新闻传播类的课程设置偏向于新闻传播学，注重新闻传播知识与能力的培养。中文类的课程设置偏向于文学，注重文学基础知识和理论，在专业必修课程中一般都开设有现代汉语、文学概论、古代汉语、外国文学史等文学类课程。信息管理类的课程设置注重数字出版能力培养，在专业必修课程中开设了数字出版导论、网络编辑、信息系统设计与应用，专业选修课程也设置了高级语言程序设计、数据库原理与应用、网页设计和网站建设、统计分析系统SPSS、编校软件应用等信息技术类课程。

虽然国内已有41所高校涉足编辑出版学硕士研究生教育，但实施编辑出版学硕士研究生教育时间较长、形成一定的教学规模并具有自己特色的并不算多。与美国等世界先进国家的出版研究生教育相比，我国出版研究生教育课程设置的差距较大。如美国位于纽约的纽约大学、佩斯大学和位于波士顿的爱默森学院设有出版学硕士研究生专业，出版研究生教育已比较成熟且颇具规模。[①] 但国内高校的出版研究生专业，由于设置在不同的一级学科之下，开设的课程尚不能集中反映出版研究生专业的基本特征。根据潘文年的研究，"美国的佩斯大学和纽约大学出版学硕士必修课的课程设置相关度较高，分别达到1和0.92，这意味着这两所大学的出版学硕士研究生教育设置的必修课程绝大多数都是出版学的核心课程，与出版学研究有着相当的关联；大陆地区的5所大学（武汉大学、南京大学、北京印刷学院、河南大学和四川大学）""出版学硕士必修课的课程设置相关度相对较低"，"尤其是四川大学"、"南京大学""必修课课程相关度均低于0.7"，这说明这几所"高校的出版学硕士研究生必修课课程设置中，都开设了比例不等的非出版类专业课程，不管出于何种原因，这都在一定程度上冲淡了出版学硕士研究生教育的主题。""总体上说，美国的两所大学（纽约大学和佩斯大学）的课程设置都比较强调实践性和可操作性，力求培养出来的人才能很好地适应出版业的实际需要，因此，这两所大学的课程设置比较侧重于出版应用类课程的开设。这类课程的开设比例很高，占两校开课总数的平均百分比为72.2%，平均每所高校开设的出版应用类课程14.8门；基础与理论课开设的门数最少，平均只有1门，所占的比例也最

---

① 张志强.万婧:《美国出版研究生教育述略》,《编辑学刊》2005年第6期,第4—8页。

小,平均仅4.9%。"相对而言,中国大陆5所大学"则比较侧重于出版理论知识的传授,此类课程的开设门数和所占比例都较大",平均开设出版理论类课程近12.1门,占开课总数的平均百分比为62.2%;出版应用类课程平均开设了6.63门,占开课总数的平均百分比为34.04%,这和美国的两所大学形成了鲜明的对比。[①] 因此,课程设置特别是必修课课程设置的专业相关度,是今后课程改革必须要高度关注的问题。

四、发展我国出版教育的建议

针对编辑出版学本科和研究生教育存在的问题,笔者认为应该进一步推动出版研究生教育的发展、促进出版专业归属院系统一、增加数字出版和实践课程比重。通过这些途径,来解决出版教育中的问题,推动出版教育的健康发展。

(一)进一步推动出版研究生教育的发展

在出版改革不断深化、出版产业不断发展的基础上,编辑出版学研究生教育也达到了相当的规模,为业界培养了大量的高素质人才,满足了产业发展的需要。6所高校招收编辑出版学或类似专业博士研究生,41所高校在45个办学点招收编辑出版学或类似专业硕士研究生,都说明出版研究生教育呈现出良好的发展态势和勃勃生机。这一总体规模和态势迫切要求编辑出版学研究生教育摒弃挂靠型教学模式,在自己独立的学科下进行招生和培养,以独立的姿态为业界培养高素质人才。

通过对我国编辑出版学研究生教育的分析,我们认为,解决我国出版研究生教育存在问题的关键,是将出版学研究生专业列入国务院学位委员会《授予博士、硕士学位和培养研究生的学科、专业目录》。《授予博士、硕士学位和培养研究生的学科、专业目录》是国家对研究生教育进行管理的依据,也是各高校设立研究生专业、进行学科建设的依据。国内的一些专家学者也曾就这一问题提出过建议,全国开设出版教育的大学还联名发出过呼吁,但这一问题始终没有得到解决。只有将出版学专业列入国家的《授予博士、硕士学位和培养研究生的学科、专业目录》,才能真正推动和促

---

① 潘文年:《大陆、台湾和美国八所大学出版学硕士研究生教育课程设置比较分析》,《教育资料与图书馆学》2007年第44卷第4期,第473—490页。

进出版学专业的发展。

(二) 促进出版专业归属院系统一

出版学本科和研究生教育的实施主体多种多样,院系归属五花八门。编辑出版学本科专业设置在新闻学院、新闻传播学院、文化传媒学院、人文与传播学院、文学与新闻学院、文学院、人文学院、中文系、人文艺术学院、人文社会科学系、信息管理学院等不同院系。硕士研究生教育的院系归属更为分散,目前我国41所高校开办的招收编辑出版学或类似专业硕士研究生的45个办学点,分别归属于新闻传播院系、文学院系、信息管理院系、新闻出版学院、出版印刷与艺术设计学院、蒙古学学院、科研部、汉语言文献研究所等。博士研究生教育分散在信息管理院系和新闻传播院系。这说明,目前我国编辑出版学教育在院系归属上过于分散,这必然导致出版教学资源的严重浪费,不利于出版学科的长远发展。同时,也容易导致编辑出版学招生、培养上的混乱,无法形成统一的培养方案和培养目标,在培养方式和培养手段上也必然是大相径庭,最终影响出版人才的培养质量和专业水平,不利于为业界培养和输送高素质人才,不利于我国出版业的长远发展。

出版教育归属院系的不同,主要是历史上学科渊源不同。一些高校编辑出版学专业在中文学科的基础上发展而来,另一些高校在新闻传播学或者图书馆学的基础上发展而来。不同的学科渊源,形成每个高校不同的院系归属。笔者认为,实现出版教育所属院系的统一,需要教育行政部门和高校的共同努力。只有通过行政的力量,才能促进编辑出版学教学资源的整合。各高校编辑出版学院系也应共同协商,将编辑出版学本科专业归属到哪一个院系更好,或者是独立成专门的出版院系。由于出版研究生教育是挂靠在不同的一级学科下招生,出版研究生教育的归属院系整合起来也相对困难。

(三) 增加数字出版和实践课程比重

通过对国内高校出版本科和研究生教育课程设置的分析,可以发现国内高校编辑出版学教育的课程设置不一致。由于编辑出版学本科教育归属院系不同,课程设置有着较大差异。由于出版研究生教育所依托的学科不同,课程设置也是千差万别,课程设置的随意性很大。笔者认为,建立统一、科学的专业核心课程体系,是目前出版教育急需解决的问题。

多数高校的编辑出版学专业设置在新闻传播院系和文学院系,课程设置着重培养学生的写作能力和媒介素养，突出专业的文化性与传播性。这样的课程结构过于单一，学生的专业优势模糊，已经不能满足当前数字出版的新趋势。面对数字出版技术的迅速发展，编辑出版学专业应增加数字出版相关课程的比重，加强数字出版教材和数字出版实验室建设。数字出版类课程应该成为出版学专业课程体系中的核心课程，课程设置不应局限于数字出版概论，应该具体到数字出版具体环节的业务处理。

目前，我国编辑出版学专业实践教学比重偏低。出版学是一门应用性的社会科学，但我国出版教育一直轻视实践教学，注重理论课程，忽略学生实践能力的培养。在新的课程体系建设中，国内编辑出版学专业应该大幅度增加学生实习的学分，在理论教学中要强化学生出版实践意识，变单一形式的理论教学为以出版实践为核心的实践教学。出版学课程设置立足于职业需要，授课方式应该灵活多样。除了传统出版教学方式以外，出版专业课程应采用专题讨论会、案例教学、实地考察以及举办出版论坛等方式，加强学生实践能力的培养。出版专业应请出版业界人士到高校举办讲座，使学生对出版产业有更全面的了解。

新千年来的中国出版学研究

2000年到2011年是我国出版业大变革、大发展、大转型、大突破的时期，文化体制改革推动出版机构的市场化进程，数字技术创新在颠覆传统纸媒统治地位的同时也给出版业带来很多机遇。作为回应，理论界对实践中的新生事物及其演进规律进行了积极探索，涌现出一系列值得重视的研究成果。

一、新千年来的出版学研究：数据分析

根据学界普遍认可的研究主题分类，我们以年度为界限(1月1日到12月31日)，对出版学的研究成果(论文和专著)进行统计分析，对2000年至2011年出版学研究中的代表性成果进行系统梳理，进而归纳要点，总结得失。

笔者在CNKI数据库通过关键词“出版学”或“出版理论”检索整理了出版学基础理论的论文数量如表1所示，同时通过中国国家图书馆OPAC系统检索题名中包含“出版学”的专著，经过人工剔除误差数据后得到同领域专著数据如表1所示。由表中数据可以发现，出版学基础理论学术论文的年度边际增量相对稳定，而专著数量则不太一致，主要是因为许多研究成果以系列书的形式出版，所以某些年份的数量会较高。

表1　出版学基础理论方面的研究成果

年份	论文	专著
2000	11	1
2001	21	0
2002	17	1
2003	33	10
2004	32	4

（续表）

年份	论文	专著
2005	36	9
2006	27	10
2007	32	14
2008	28	4
2009	38	1
2010	39	8
2011	28	3
总计	342	65

笔者在CNKI数据库通过关键词“出版史”或“图书出版史”检索整理了阅读文化与出版史方面的论文数量如表2所示，同时通过中国国家图书馆OPAC系统检索题名中包含“出版史”的专著，统计出该领域专著的数据如表2所示。由表中数据可以发现，出版史方面的论文数量边际变化平稳，这与该领域研究范式成熟、研究队伍人数大致稳定等原因有关；而专著数量则比较平衡，2003年、2008年和2011年专著数量较多是因为有几套丛书同一年出版的缘故。

表2　出版史方面的研究成果

年份	论文	专著
2000	13	5
2001	16	8
2002	20	6
2003	19	35
2004	17	5
2005	16	1
2006	16	3
2007	17	7
2008	17	15
2009	19	8
2010	20	4
2011	15	19
总计	205	116

笔者在CNKI数据库中用关键词“编辑学”检索编辑工作理论与实践方面的论文，经过统计形成表3，同时在中国国家图书馆OPAC系统检索了题名中包括“编辑学”一词的专著数目。统计结果显示，编辑工作理论与实践研究成果总体变化趋势比较平缓，不同年度之间专著数量基本持平，而论文数量则略有减少，这与编辑研究比较成熟以及其他学术热点分散注意力等原因有关。

表3　编辑学方面的研究成果

年份	论文	专著
2000	151	6
2001	173	8
2002	153	4
2003	158	5
2004	123	12
2005	90	3
2006	103	4
2007	107	7
2008	83	7
2009	134	5
2010	119	8
2011	80	7
总计	1 474	76

笔者在CNKI数据库通过关键词“图书印刷”或“数字印刷”或“按需印刷”检索整理了出版物印制方面的论文数量如表4所示，同时通过中国国家图书馆OPAC系统检索题名中包含“图书印刷”或“数字印刷”或“按需印刷”的专著，统计出该领域专著的数据如表4所示。由表中数据可以发现，出版物印制方面的论文数量基本稳定，一直保持在50到60篇左右，而专著数量则略有波动，2005年专著数量较多是因为有丛书在该年度出版。

表 4　出版物印制方面的研究成果

年份	论文	专著
2000	46	0
2001	51	2
2002	61	0
2003	65	2
2004	58	0
2005	50	5
2006	57	1
2007	67	3
2008	62	1
2009	63	2
2010	66	1
2011	58	3
总计	704	20

笔者在 CNKI 数据库通过关键词"图书发行"或"图书营销"或"出版物营销"检索整理了出版物营销方面的论文数量如表 5 所示，同时通过中国国家图书馆 OPAC 系统检索题名中包含"图书发行"或"图书营销"或"出版物营销"的专著，统计出该领域专著的数据如表 5 所示。由表中数据可以发现，出版物营销方面的论文数量有所下降，而专著数量则不太一致。

表 5　出版物营销方面的研究成果

年份	论文	专著
2000	40	5
2001	43	2
2002	46	1
2003	46	1
2004	45	3
2005	44	4
2006	38	0
2007	34	1

（续表）

年份	论文	专著
2008	31	2
2009	29	1
2010	28	1
2011	24	2
总计	448	23

笔者在 CNKI 数据库通过关键词“出版产业”或“出版经营管理”检索整理了出版经营管理方面的论文数量如表 6 所示，同时通过中国国家图书馆 OPAC 系统检索题名中包含“出版管理”或“出版经营管理”或“出版业宏观管理”的专著，统计出该领域专著的数据如表 6 所示。由表中数据可以发现，出版经营管理方面的论文数量增长速度较快，这与出版业的市场化改革有关，而专著数量则较少。

表 6　出版经营管理方面的研究成果

年份	论文	专著
2000	84	1
2001	105	1
2002	80	5
2003	150	1
2004	168	1
2005	130	3
2006	117	0
2007	191	1
2008	218	2
2009	302	1
2010	403	3
2011	411	3
总计	2 359	22

笔者在 CNKI 数据库通过关键词“网络出版”或“数字出版”或“新媒体”检索整理了数字出版与新媒体方面的论文数量如表 7 所示，同时通过

中国国家图书馆OPAC系统检索题名中包含“网络出版”或“数字出版”或“电子出版”或“互联网出版”的专著，统计出该领域专著的数据如表7所示。由表中数据可以发现，数字出版与新媒体方面的研究论文数量增长速度很快，这与社会各界对新媒体的关注和投入有关，同时新媒体研究不仅是出版学关注的热点议题，新闻传播学、社会学等学科也对新媒体的发展投入了大量科研资源。因此，统计结果显示该领域的论文数量比较庞大且增幅较高，有些年份甚至出现翻番现象，而专著数量则相对平衡，2008年和2011年专著数量较多是因为有丛书在该年度出版的缘故。

表7　数字出版与新媒体方面的研究成果

年份	论文	专著
2000	247	1
2001	409	0
2002	261	2
2003	348	3
2004	308	2
2005	369	1
2006	1 053	2
2007	1 607	5
2008	2 266	6
2009	2 612	2
2010	3 107	3
2011	3 986	6
总计	16 573	33

以上是出版学研究文献的增长与分布的大致情况。概括而言，出版学研究起步于1980年代，起初研究者的视角主要限于出版社、新华书店和印刷机构的运作规律和利益关系的处理。2000年之后，由于出版业的戏剧性变革，催生了许多新现象和新问题，对既有理论提出了严峻挑战，因此，出版学研究相应地作出调整，比如引入经济管理理论探寻盈利模式问题，再如应用传播学的受众分析方法来理解读者的数字阅读行为，等等。根据笔者在CNKI数据库中文献检索的结果，从2000年到2011年间，文章篇

名中出现“出版学”一词的文献共有197篇，文章篇名中出现“出版业”一词的文献有2 538篇。笔者浏览了50篇论文的题目和摘要，发现除了极少数是书刊广告或会议通知之外，其余都属于严肃的学术成果。在这些文献中，既有关于出版学基础理论、中外出版史、编辑工作、出版机构经营管理、出版物营销、数字出版及新媒体的研究，也有关于产业融合、集团化与国际化、数字阅读心理与行为等方面的探索，这些成果非常贴近实践，具有鲜明的现实针对性。此外，数字环境下出版经营模式的创新，新媒体在出版营销中的应用，出版企业和战略伙伴的协同问题等也吸引了学者的广泛兴趣，部分研究成果见解独到，对我国出版企业的转型升级提供了有益的启示。

二、出版学研究专著

出版学研究成果主要是以专著和论文的形式发表的，考虑到阐述的条理性，以下我们从出版学基础理论、出版史、编辑学、出版物印制、出版物营销、出版经营与管理、数字出版与新媒体七个方面切入，对已有专著进行介绍和简评。

（一）出版学基础理论方面的代表性专著

在出版学基础理论方面，代表性的著作主要有余敏的《出版学》(中国书籍出版社2002年5月版)，张志强的《现代出版学》(苏州大学出版社2003年12月版)，罗紫初、吴赟、王秋林合著的《出版学基础》(山西人民出版社2005年8月版)，师曾志的《现代出版学》(北京大学出版社2006年5月版)，张天定的《图书出版学》(河南大学出版社2006年11月版)，易图强的《出版学概论》(湖南师范大学出版社2008年3月版)，罗紫初的《编辑出版学导论》(湖南大学出版社2008年8月版)，以及汪启明的《出版通论》(四川大学出版社2008年版)。以上著作主要从出版学原理的角度出发，结合产业变革的实际，探讨了人类出版活动的历史、规律和发展趋势。虽然各个学者的切入视角和分析重点会有所差别，但是对于出版学的基本概念、出版活动的基本规律、出版工作的业务流程、新技术环境下出版业的演变趋势等问题都进行了系统的分析和阐述，而且在若干问题上已经形成了共识。比如，上述学者都承认出版活动既有商业性质，又具有文化属性，因此要兼顾盈利和社会效益两种目标。此外，李新祥的《出版传播学》(浙江大学出版社2007年版)借鉴了传播学的理论框架对出版学原理进行了系统的解读,周蔚华的《出版产业研究》(中国人民大学出版社2005年版)则运用产业经济学、信息经济学和新闻传播理论对出版产业的运作规律进行了探索,仓理新的《书籍传播与社会发展——出版产业的文化社会学研究》(首都师范大学出版社2007年版)引入社会学理论,将出版活动作为一种社会文化现象进行了独特的解读。

(二)出版史方面的代表性专著

在出版史研究方面,代表性的著作主要有肖东发的《中国图书出版印刷史论》(北京大学出版社2001年版)。该书主要包含印刷术诞生前的图书出版活动,活字印刷的起源和发展,寺院刻书和佛经雕印、官刻书、私刻书和书院刻书,以及中国印刷术的向外流布情况等内容。肖东发的《从甲骨文到E-Publications:跨越三千年的中国出版》(外文出版社2009年版),分别由同一出版社在同一年份出版了英文版和德文版。这本书以出版介质和出版方式为切入点,以经典作品、重点出版机构和重要人物为中心,将三千年中国出版历史分为甲骨竹帛时代、纸写本时代、手工印刷时代、机械印刷时代和21世纪"大出版"时代等几个阶段。此外还描述了中国当代出版业的发展现状,当代出版与他国的交流及中国出版业对世界出版业的贡献。整部书比较客观地反映了中国出版文化和中华文明的发展全景与丰富内涵。肖东发的《中国编辑出版史》(辽海出版社2005年第2版)讲述了每个历史时期编辑出版活动的发展历程,主要涉及文化背景、编纂机构、编辑活动、著名人物及代表性成果、图书生产技术及形式制度、图书的流通发行等。黄镇伟的《中国编辑出版史》(苏州大学出版社2003年版)和吴永贵、李明杰主编的《中国出版史(上、下)》(湖南大学出版社2008年版)两本教材也是出版史研究中的值得重视的成果。在新世纪的第一个10年中,出版史研究不仅表现出更多的史学意识、更新的切入视角,而且史料的挖掘程度也更加深入,比如更多学者开始将民国出版史研究与现实的市场运作机制引入和技术创新成果应用结合起来考察,期望从历史的回顾中获得更多有益的启示。这种观照现实的学术自觉在出版史研究中是值得提倡的,否则单纯地从时间和技术变化的角度切入,会沦为单纯的史料整理。

南京大学的张志强教授在其专著《20世纪中国的出版研究》(广西教育出版社2004年版)中对近百年来我国出版研究的基本情况进行了全面细致的梳理,回顾了我国(含港澳台地区)出版学学科由产生、曲折发展到革新转型的整个历程。这部专著系统梳理了20世纪以来出版学研究的全貌，对于学者们把握近10年来的出版学学术史具有重要意义。出版活动历史悠久，但是作为一门严肃学科存在的时间却不长，学术史的整理有助于我们站在更高远的格局中俯瞰学科演变进化的图景，而且有助于将出版学与其他相关学科进行比较，能帮助研究者发现学科发展中存在的问题并为其提供对策建议。

（三）编辑学方面的代表性专著

在编辑学研究方面，代表著作有张积玉先生的《编辑学新论》（中国社会科学出版社2003年版）以及姬建敏教授的《编辑心理论》（河南大学出版社2004版）等书，受到了学界同仁广泛关注和好评。其中，张积玉的《编辑学新论》主要以编辑活动为逻辑起点，探讨了编辑本质、编辑社会、编辑文化、编辑传播、编辑主题等12个关键的理论问题，全面探讨了编辑活动的基本规律。姬建敏的《编辑心理论》则主要运用普通心理学、认知心理学和管理心理学的理论框架，对编辑心理过程、心理规律、编辑个性心理和编辑心理修养等问题进行了系统研究。从心理学的角度分析编辑活动的规律，这种角度的选择具有较高的原创性。邵益文和周蔚华的《普通编辑学》（中国人民大学出版社2011年版）根据媒介发展的最新趋势，归纳了编辑活动的基本规律，论述了编辑活动的本质、特征、原则、主客体、一般过程等重要问题，并对编辑与质量、编辑与市场等问题进行了阐述和分析。从图书标题看，两位作者显然是把编辑活动的普遍规律作为研究目标。在网络编辑方面，彭兰的《网络新闻编辑教程》（武汉大学出版社2007年版）结合网络媒体发展的趋势，对网络新闻的选择、加工、整合和延展进行了前瞻性分析，并对实践中可采用的编辑技巧和编辑工具进行了系统介绍。在出版企业越来越多地引入数字技术，在互联网上开展经营活动的趋势下，这种探讨和归纳无疑是必要而及时的。

（四）出版物印制方面的代表性专著

在出版物印制方面，代表性的专著有周连芳的《印刷基础及管理（修订本）》（辽海出版社2002年版）。该书内容丰富，包括图书印刷的基本知识、排版技术和管理、制版技术和管理、书刊印刷技术和管理、装订技术和装订管理等。这本书被很多高等院校指定为教材，但是由于时代的限制，对于电子出版技术、按需印刷技术和数字出版技术等新兴技术尚未论及。修香成主编的《印刷基础理论与操作实务：印前篇》、《印刷基础理论与操作实务：印刷篇》、《印刷基础理论与操作实务：印后篇》（印刷工业出版社 2007 年版）是为印刷行业技术人才教育编写的一套教材，分别介绍了当前出版业印前、印刷、印后三道工序的现状与技术水平，强调了基本概念和操作技能，内容翔实实用。当然，其内容仍然局限于传统印刷类出版物的制作工艺方面，而且除了图书之外还涉及其他印刷品的加工制作。陶晓鹏先生翻译、美国罗森塔尔著的《按需印刷：国际图书印刷与营销新途径》（清华大学出版社 2009 年版）一书，介绍了按需印刷技术的发展状况以及它给出版业带来的冲击和机遇，探讨了出版经营者如何把纸质书库存转变为数字库存，利用该技术实施自主出版，以及 POD 技术带来的中间环节的删减、成本的降低、营销效率的提高等一系列产业新变化。该书的特征在于不仅将按需印刷看成是一个工艺变革，而且着眼于这种新技术给整个产业带来的创新契机以及它未来的走向，这种视角是值得后来者借鉴的。刘全香编著的《数字印刷技术及应用》（印刷工业出版社 2011 年版）一书系统阐述了数字印刷的基本原理、数字印刷系统的工作原理及其特点，描述了数字印刷工艺的基本流程和关键方法，对数字印刷的色彩管理原理与方法、数字印刷的用纸与油墨、数字印刷质量控制方法与手段以及数字印刷技术的经典案例等进行了全面介绍。数字印刷技术及其管理实践是随着环境和科技水平不断更新的，数字印刷方面的转变应该反映业界的创新状况，同时考虑到技术人员、高校师生、管理者阅读诉求的差异，此类专著在文字表述、内容侧重、章节布局方面还应该考虑多元化的选择。

（五）出版物营销方面的代表性专著

由于历史原因，出版物营销在早期被学者称为“图书发行”，但是“发行”一词有浓厚的计划经济色彩，而且仅仅相当于商品的分销环节，无法将其他出版物营销战略和战术方面的探讨囊括进去，因此，笔者在本报告中将统一使用出版物营销的名称，在具体综述中将全面梳理相关的代表性成果。

出版物营销方面的代表性著作有方卿的《图书营销管理》（复旦大学出版社 2004 年版），方卿、姚永春的《图书营销学教程》（湖南大学出版社 2008 年版），刘拥军的《现代图书营销学》（苏州大学出版社 2003 年版），赵东晓的《出版营销学》（中国人民大学出版社 2010 年版）等。这些著作都对市场营销管理的基本框架有所借鉴，同时在营销思路和策略的阐述、案例的选取方面，照顾到了出版领域营销行为的特殊性。宫承波、要力石合著的《出版策划》（中国广播电视出版社 2007 年版）从选择策划、作者策划、内容策划、形式策划、营销策划、系列策划和产业链策划等方面论证了图书出版活动的创新规律。虽然作者强调的是创意、创造和创新(即策划),但是该书中分析的内容与出版营销结合紧密,也可以归入出版营销专著的范畴。出版营销学方面的专著主要借鉴市场营销的经典分析框架,从营销环境分析、阅读市场细分、目标市场选择、战略定位、营销策略组合(即 4Ps)的角度出发,探讨出版物营销的基本理念和具体方法。现有的出版营销学专著中对于市场营销学的借鉴痕迹过浓,对于出版营销领域的独特问题缺乏有深度的探讨。比如,读者在消费出版物过程中的心理和行为特征,与读者在日用品等领域的消费心理和消费行为两者并不相同,因此,直接运用其他领域对消费者研究的结论来分析出版物市场是不合理的。此外,数字出版的发展正在稳步推进,而读者的数字阅读心理、数字消费行为、在线阅听习惯等分支领域的研究还没有展开,这不能不说是一种遗憾。可以预见的是只要方法得当,上述领域的研究者一定能够取得新的成果。

(六)出版经营管理方面的代表性专著

在出版经营管理领域,代表性的著作有黄先蓉的《出版物市场管理概论》(武汉大学出版社 2005 年版)。这部专著分别对政府出版物市场管理的概念、类型、原则、方法、手段、管理体制进行了解释,并从管理对象的角度分别阐述了政府对市场主体、客体和市场行为的管理方式,最后还分析了 WTO 规则下我国出版物市场管理的变化趋势。黄先蓉的《出版法规及其应用》(苏州大学出版社 2005 年版)主要介绍了我国社会主义出版法律规范及其应用,探讨了出版活动中的违法行为及其对应的法律责任。余敏的《国外出版业宏观管理体系研究》(中国书籍出版社 2004 年版)一书由国外出版业宏观管理体系研究的主报告和美、加、英、法、德、俄等八个不同国家的专题报告组成,分析了各国不同的历史、政治和人文背景及形式各异的管理方式和管理方法,材料的梳理全面、深入,具有较强的资料价值。朱静雯的《现代书业企业管理》(苏州大学出版社 2003 年版)对出版企业的管理体制、战略管理、组织管理和人力资源管理等问题进行了阐述。该书借鉴了企业管理领域的基本概念和框架,由此可以推断:在作者看来转型后的出版企业应该与一般的工商企业具有较高的相似性。吴赟的《文化与经济的博弈——出版经济学理论研究》(中国社会科学出版社 2009 年版)一书采用主流经济学的研究范式,对出版物产品、出版机构、出版物供给与需求、阅读消费行为、出版市场的垄断与竞争、政府对出版业的规制以及出版产业政策等内容进行系统、深入的分析，对于出版经济学分支学科的建立做出了较大的贡献。

（七）数字出版与新媒体方面的代表性专著

在数字出版和新媒体研究方面，对手机、互联网等新媒体与出版活动之间关系的研究日益成为学者关注的焦点，也取得了一些令人瞩目的成果。其中代表性的著作有匡文波的《电子与网络出版教程》（中国人民大学出版社2008年版）。该书整合了计算机科学、新闻传播学、情报学、出版发行学等多个学科的知识，对电子出版进行多维度的分析，结合案例讲解了电子出版物制作的常用技术和软件。匡文波的《手机媒体概论》（中国人民大学出版社2006年版）对手机这种新兴媒体的概念、特征、多种应用方式和未来发展趋势，手机媒体的经营策略、手机媒体的负效应及管理创新等问题进行了全面的考察。作者还指出只有在3G实现大规模商用之后，手机出版才能获得实质性发展。该书是国内较早地系统研究手机出版的代表作。上海世纪出版集团的陈昕先生根据考察美国数字出版产业的见闻所著的《美国数字出版考察报告》（上海人民出版社2008年版）一书对中美数字发展瓶颈和核心问题的观察和分析相当深刻，对理论界和实业界都有很高的借鉴意义。周蔚华等人所著的《数字传播与出版转型》（北京大学出版社2011年版）着重讨论了数字出版技术给书报刊等出版媒体带来的影响，提出了出版业实现转型的具体对策，分析了盈利模式、出版管理和版权保护等数字出版发展中会遇到的核心问题。黄孝章、张志林和陈丹的《数字出版产业发展研究》（知识产权出版社2011年版）一书对数字出版从概念界定、发展历程、现状和问题，数字出版对传统出版的影响，外部环境对数字出版的作用，各个细分领域的发展状况，我国数字出版发展模式及未来趋势等进行了系统的研究。该书涉及的问题较广，其中的有些见解非常独特，具有较高的参考价值。

以上提及的只是近年来我国出版学研究中具有典型意义的专著，其中数字出版和产业化研究属于学者们关注的热点，而编辑工作理论与实践研究、出版史等方向的研究则相对成熟，因此，从成果的边际增量看要略少于其他领域。出版学基础理论研究关注的焦点在于学科范式受到数字技术和新媒体发展的挑战，许多新的出版形态和商务模式值得我们投入更多时间精力去归纳、解释和预测。因此，对本学科根本问题的探索仍然需要引起学界同仁的高度重视。

三、出版学研究论文

由于论文发表周期比图书出版周期短得多，因此，出版学研究的成果主要体现在论文方面。由于公开发表的论文数量较多，质量参差不齐，为方便梳理总结，本报告主要以CSSCI源刊为主，选择这些刊物中一些代表性的成果进行简要介绍和评析。由于出版业市场化、数字化、国际化发展，以及民营书商异军突起、文化体制改革的推进、传媒集团上市等多种变革力量的驱动，出版学研究明显呈现出繁荣的景象。从主题角度来看，论文选题可谓相当多元，几乎每个新兴的实践现象都受到知识界的关注。已有研究的切入角度非常多元，很多学者根据自身学科知识背景对业内的新现象进行了深入剖析，比较常见的分析视角有历史学、社会学、经济学、营销学、管理学、传播学、法学等，这种多元拓展路径既与出版领域新现象涌现较快，自身学科范式弹性不足而必须借助“外援”有关，又与出版现象演变本身复杂的动因机制有关。为了阐述方便，我们根据研究对象和研究方法的不同，将出版学研究成果大致分为出版学基础理论、出版史、编辑学、出版物印制、出版物营销、出版经营与管理、数字出版与新媒体等七大主题，对已有的代表性论文进行介绍和简评。

（一）出版学基础理论方面的代表性论文

在出版学基础理论方面，武汉大学的罗紫初教授在《论出版学的学科体系》[①]一文中阐述了自己对建立出版学学科体系的观点，他认为出版学的相关学科有传播学、文化学、经济学、新闻学、图书馆学、市场营销学等，而出版学的分支学科必须满足如下条件：既有相对独立性，又与出版学研究对象紧密相关，并且能对人类整体性地认识出版现象有所贡献。罗紫初教授还主张根据出版物产品类型、出版活动的性质、出版活动的形成条件以及理论研究内容的性质等构架出版学学科体系模式。该成果借鉴了相关学科的理论框架，系统地阐述了出版学研究可以采用的几种可行方案，对后续研究具有较高的启示意义。南京大学信息管理学院的张志强教授通过严格的文献考证指出，“出版学”的概念最早由中国文献学家杨家骆在《图书年鉴》一书中提出，在改革开放之后中国有一批专家学者呼吁重建出

① 罗紫初：《论出版学的学科体系》，《出版发行研究》2004年第7期。

版学，国内的出版学研究得以开展，日本人清水英夫是国外最早提出“出版学”的研究者。该文还回顾了我国学者和老一辈出版家在出版学学科构建方面所作的积极尝试，重点介绍了其中具有代表性的叶再生、彭建炎、袁亮、罗紫初等前辈的观点，并对出版学研究中存在的重要论争进行了总结归纳。该文从“出版学”概念产生及流变的角度入手，分析了出版学研究的演进轨迹，是国内第一篇系统地从时间维度出发研究出版学发展脉络的学术成果。[①] 刘辰在《试论出版基础理论建设》一文中指出，“出版基础理论研究，在知识论的层次上，应该寻求从一定的角度和理论的高度去解释和评价”出版活动与政治、经济、文化、科技、社会环境的“联系和变化，包括结构的、功能的、效益的”。[②] 韩国学者李钟国撰文介绍了韩国学界的出版学研究情况，并对今后出版学研究的方向该如何把握的问题阐述了自己的看法。[③] 苗遂奇在《现代出版学刍议》一文中提出，“现代出版学是对现代出版及其传播活动的整体属性、功能和规律进行综合研究的一门学科”，现代出版的属性主要表现为文化、产业、工程和科技四个方面，出版的功能则表现为存储文化、传播文化、创新文化和塑造人类社会等诸多方面，出版活动应该遵循文化创造与传播规律、产业运作与市场规律、科技创新与审美规律等。[④] 李新祥提出按照出版物形态设置应用出版学子学科的主张，即在出版学这个母学科之下，设置理论出版学、出版史、图书出版学、期刊出版学、报纸出版学、音像与电子出版学、网络与手机出版学七个子学科。他认为这种设计一方面可以避免子学科间的交叉重复，另一方面又有利于提高出版教育的有效性。[⑤] 王建辉认为“现代出版”的内涵大别于传统出版，现代出版是指“以多种现代媒体为手段的内容提供，其特征是以市场经济为基本前提，以高新技术作为物质基础，以大出版大市场为生产形态，以多媒体的共同发展为运行载体，以知识管理为产业原则，以国际规则为发展参考的出版”。王建辉的研究着眼于产业转型升级中经营者应该对技术创新、市场化趋势、多媒体融合、知识共享和国际化发展等时代背景做出的回应，描绘的是一种理想状态下的现代出版业愿景，可以为出版企业的管理

---

① 张志强：《“出版学”概念的历史考察》，《编辑学刊》2001 年第 2 期。

② 刘辰：《试论出版基础理论建设》，《出版科学》2002 年第 1 期。

③ （韩）李钟国：《韩国出版学研究的回顾与张望》，《出版发行学研究》2002 年第 5 期。

④ 苗遂奇：《现代出版学刍议》，《大学出版》2009 年第 3 期。

⑤ 李新祥：《试论出版学的学科体系》，《科技与出版》2009 年第 11 期。

创新提供参考。[①] 王鹏涛对出版活动中的核心规律进行了深入思考，总结了出版物需求量的多因决定规律、出版物需求形成的过程规律和条件规律、出版物消费需求的不可逆性规律、出版物消费需求量的弹性变化规律、出版物消费需求量随边际效用递减而递减的规律、出版物市场供求平衡规律和出版物市场竞争规律、出版业与社会同步发展的规律、出版产业内部协调发展规律、文化积累与文化传播兼顾平衡规律以及出版资源科学开发的规律等 12 种规律，并指出了每种规律对出版经营创新的启示。[②]

此外，研究方法如何创新的问题引起了学者的普遍关注。吴赟[③]建议出版学研究自发地采用多种方法，比如比较研究、调查研究、系统研究、历史分析、思辨推理、定量研究方法等可以结合使用，此外还可以吸收新的技术方法。学者们需要密切关注新兴的互联网研究方法，出版学研究可以采用网站（页）问卷调查方法、电子邮件调查方法等。吴赟还特别强调方法的综合互补，“出版学研究应加强不同研究方法的互补，描述性研究和解释性研究互补，思辨研究与实证研究互补，定性研究与定量研究互补”。徐升国等研究者突出了个案研究法在出版学研究中的重要意义，陈燕和康宁则专门阐述了编辑学研究中引入个案研究法的问题。个案研究的对象非常广泛，包括编辑从业人员和机构、编辑工作的各个环节，以及生产运营、某一个编辑问题、某种新的现象、特殊事件的深层次的个案分析。[④] 不难预见，有关方法论的探讨会持续下去，特别是实证研究、定量研究、个案访谈等方法的创造性应用可以提升出版学研究的规范化程度，让出版学真正成为一门“社会科学”，能得到国内外学术界和社会公众的认同，方便国内同仁与西方学者就共同关心的课题展开对话与合作。

（二）出版史方面的代表性论文

在出版史方面，代表性的成果有：王余光、吴永贵、陈幼华、徐丽芳、汪涛等学者对 20 世纪以来一百年内畅销书发展演变的大致脉络进行了系统梳理，该文不仅按照主题分门别类地介绍了若干种图书畅销的时代背景、出版史料，还对这些书籍的社会影响、文化意义进行了细致点评。众所周知，畅销书阅读人群数量巨大，辐射面广，而且其之所以能引爆流行，往往

---

① 王建辉：《现代出版的内涵》，《出版科学》2000 年第 4 期。

② 王鹏涛：《出版活动基本规律之我见》，《大学出版》2008 年第 5 期。

③ 吴赟：《关于深化出版学研究的几个问题》，《图书情报知识》2003 年第 4 期。

④ 徐升国、孙鲁燕、刘兰肖：《2004 年出版科研大扫描》，《出版科学》2005 年第 3 期。

与作者(译者)意见领袖的社会身份有关,故而文化意义和学术影响不容忽视。此外畅销书还离不开当时社会环境、民众心态以及政治经济文化趋势的推动,更和当时的时尚趣味动向有着紧密联系,因此,对于畅销书百年历史的回眸和剖析就有着特殊的意义。① 武汉大学的吴永贵教授回顾了2000年到2005年我国出版史研究的概况,认为出版史研究在史料汇撰、园地建设、方志出版、通史工程启动四个方面取得了显著成效,列举了史学意识增强、研究领域扩宽、文化视野关照、现实意识渗透、近现当代出版史研究升温、政府资助力量加大等六种值得关注的现象,还分析了史料挖掘有待深入、个案研究需要加强、宏观概括尚显薄弱、研究规划可更长进、学风问题存在隐忧等五方面不足。② 华中师范大学的范军先生对2006年到2010年中国出版史的研究进行了阶段性概括,总结出了这一时段出版史研究的五个维度:台港澳地区中国出版史研究、中国出版史方面的内部出版物、以中国出版史为主题的社科基金项目、中国出版史方向的博士学位论文、有关中国出版史的重要学术会议。范军先生认为上述五个维度的研究成果的学术意义不亚于公开发表的论文和专著,应该受到学界的充分重视,至于港台学者的研究,鉴于其独有特点和价值,更应受到同行重视。③ 南京大学的张志强教授介绍了1925年到21世纪初期海外中国出版史的研究情况,该文将80年来的海外出版史研究分为早期(1925—1949)、中期(1949—2000)和近期(2000年之后)三个阶段,以英文研究者和研究成果为主,同时兼及其他语种。最后该文还总结了海外中国出版史研究的主要特征,即从早期的中国印刷史研究转向探讨出版与社会、经济、文化的互动等多维关系,尤其是借助文化权利、公共领域等概念重新架构中国出版史研究,将成为海外该领域的主流。中国出版史海外研究的归纳对于国内该领域科研工作的规划、实施具有重要的参考价值,而且对于国内学者开展国际合作和高端学术对话具有指导意义。④ 此外,国内一些学者还对商务

① 参见王余光、吴永贵:《中国畅销书百年回眸(一)》,《出版广角》2000年第10期;王余光、陈幼华:《中国畅销书百年回眸(二)》,《出版广角》2000年第11期;王余光、徐丽芳:《中国畅销书百年回眸(三)》,《出版广角》2000年第12期;王余光、汪涛:《中国畅销书百年回眸(四)》,《出版广角》2001年第2期;王余光、汪涛:《中国畅销书百年回眸(五)》,《出版广角》2001年第3期。

② 吴永贵:《2000—2005年中国出版史研究综述》,《出版科学》2006年第6期。

③ 范军:《中国出版史研究综述(2006—2010)的五个维度》,《济南大学学报(社会科学版)》2011年第3期。

④ 张志强:《海外中国出版史研究概述》,《中国出版》2006年第12期。

印书馆、中华书局以及民国出版企业的广告策略、民营出版企业的发展等问题进行了个案研究。如吴永贵撰文分析了清末在社会外力和技术、经济力量的促动下，石印书局、点石斋书局、同文书局和拜石山房等民营出版机构逐步崛起，它们从事变法维新书刊、翻译著作、教科书和小说的出版，以获取利润为根本，在时代文化发展中起到了不容忽视的作用，成为近代文化的重要组成部分。[①] 另外，他还关注并分析了中国出版业的近现代转型及其与思想文化近代化转型的互动关系[②][③]，以及抗战期间我国出版业在大后方的发展[④]。出版史研究取得了丰硕成果，而且抗战期间延安地区的出版业发展等课题也得到一定程度的开展，但是仍然存在重复性研究过多、视角雷同、泛泛而谈等问题。

（三）编辑学方面的代表性论文

姬建敏在《我国第一部编辑学著作简论》一文中认为，1949 年 4 月广东国民大学新闻学系教授李次民在广州自由出版社出版的《编辑学》是我国最早的一部编辑学著作，该书从新闻学、新闻编辑入手探讨了编辑学的基本问题，为构建编辑学体系开了一个好头，具有重要的纪念价值。[⑤] 姬建敏在《我国编辑学研究 60 年回眸》一文中对我国编辑学研究 60 年的历史进行了细致的梳理，指出学术同仁应该在中国编辑学会倡导的“大文化、大媒体、大编辑”思想的指导下，构建能涵盖多种媒体运作规律的普通编辑学学科体系。姬建敏教授在规律性地对一定时段内编辑学研究进行回顾归纳之外，还对编辑人员心理活动及心理健康等课题进行了研究。[⑥] 阙道隆先生在 2001 年发表了《编辑学理论纲要（上、下）》两篇论文，一共分为 13 章，全面总结了二十年来国内编辑学的研究成果，简要论述了编辑学的研究对象、性质和学科地位、学科体系以及编辑理论的内容和架构，阐述了编辑活动、编辑规律、编辑价值等基本范畴，探讨了编辑与读者、作者、传媒、社会之间的关系。该文是 21 世纪初期编辑学理论界最为系统的一篇

---

① 吴永贵:《论清末民营出版业的崛起及其意义》,《陕西师范大学学报(哲学社会科学版)》2008 年第 5 期。

② 吴永贵:《论我国出版业近代化转型的内外部因素》,《济南大学学报(社会科学版)》2008 年第 3 期。

③ 吴永贵:《五四新思潮下的几项出版变革》,《出版发行研究》2009 年第 1 期。

④ 吴永贵:《抗战期间我国出版业的后方大转移》,《出版科学》2008 年第 2 期。

⑤ 姬建敏:《我国第一部编辑学著作简论》,《出版发行研究》2010 年第 10 期。

⑥ 姬建敏:《我国编辑学研究 60 年回眸》,《中国出版》2010 年第 5 期。

文献综述，为新技术和新背景下编辑学研究的继续开展奠定了良好的基础。① 阙道隆先生在《试论编辑基本规律》一文中提出，在文化创造和传播过程中编辑与社会相互作用的规律是编辑活动的基本规律，它全面地反映了编辑活动深刻的本质关系，具有丰富的内涵，是最高层次的编辑规律。② 李经女士的《编辑学原理初探》一文提出了她对编辑学原理的独特看法，归纳出了中介过滤原理(对编辑工作的形象概括)、信息整合原理(对编辑工作功用的概括)和符号再现原理(对编辑工作本质的概括)。③《中国编辑》杂志在 2007 年邀请邵益文、阙道隆、王振铎和吴飞四位专家学者就构建普通编辑学的问题进行了探讨。其中，邵益文先生回顾了分类编辑学(图书编辑学、报纸编辑学、期刊编辑学、网络编辑学等)的发展状况，以及我国编辑出版教育的基本情况，认为尽快建立普通编辑学既有必要也有可能。阙道隆教授则从普通编辑学的涵义、普通编辑学与分支编辑学的关系、普通编辑学的应用价值、普通编辑学的前景以及普通编辑学可采用的理论模式等角度分析和预测了普通编辑学可能的发展方向。王振铎教授认为普通编辑学是基础性学科而非应用性学科，应该研究编辑活动在其历史发展和现实运行中的规律，同时建立普通编辑学还应该正确地处理编辑学与出版学之间的关系。吴飞教授则对照传播学的发展指出了普通编辑学建构过程中可能存在的几种困难，而且针对性地提出了解决的路径。④ 吴赟对编辑学和出版学两个学科的关系进行了对比分析，他认为辩证两个学科的关系应该从各自的研究对象出发，注意研究的逻辑起点和核心概念的内涵，两个学科之间存在交叉、互补、渗透、融合的发展趋势，从建立普通编辑学的角度看，编辑学的发展应该与出版学、传播学、新闻学、广播电视艺术学、电影学等相邻学科协同发展。⑤ 从以上述评可以看出，编辑学研究在遇到产业变革、体制改革和技术革命的前提下呈现出一派繁荣的景象，不同学者借助各自的知识背景和研究工具，对编辑活动的基本规律进行了深入的分析，对于出版物乃至其他文化产品的生产、优化、传播活动进行了宏观层面的关照，产生了一批值得重视的理论成果。展望未来，在数字技术环境下，

---

① 阙道隆:《编辑学理论纲要(上、下)》,《出版科学》2001 年第 3、4 期。

② 阙道隆:《试论编辑基本规律》,《出版科学》2002 年第 3 期。

③ 李经:《编辑学原理初探》,《编辑学报》2002 年第 6 期。

④ 邵益文、阙道隆、王振铎、吴飞:《构建普通编辑学:任重而道远》,《中国编辑》2007 年第 5 期。

⑤ 吴赟:《对编辑学与出版学关系的再思考》,《中国出版》2009 年第 2 期。

编辑作为出版物生产和传播的核心环节如何发挥好文化中介的作用，如何提高内容优选过滤的效率等问题，仍然有待学界同仁进一步去探索和思考。

(四)出版物印制方面的代表性论文

印制是出版经营活动中唯一的工艺制造环节，它关系到出版物质量的高低和读者需求的满足，既受技术因素的影响，又是一门境界有待不断提升的艺术，历来受到学界的普遍重视。这方面的代表性观点有：姚明基认为图书印刷质量的优劣直接影响到作者、编辑、装帧设计者等人主观意图的实现，而要提高图书印刷质量，就需要注意根据印件选择适配的纸张，科学地考察和选择印刷厂，合理选择装订工艺等。[①] 可见，姚明基的研究秉承的是“大印刷”的观念，除了书刊印装技术问题的妥善处理之外，还考虑到整个出版活动的全局，尤其是观照了不同业务环节的配合和读者的利益诉求，这是印刷学研究必须关注的要点之一。早在2002年，李国雄就展望了我国数字印刷业的发展前景，在分析数字印刷技术市场优势的基础上，介绍了国外数字印刷技术的进展，并对数字印刷技术的发展趋势进行了预测，对国内该领域的创新方向提出了若干建议。[②] 李国雄的研究从新技术提升经营效率的角度入手，这种思路启示我们，任何工艺改进都必须有效地开拓企业的营收空间，否则这种工艺被业界采纳的可能性就不高，因此，在数字出版研究中，技术创新成果的商业转化才是学者应该关注的重点。在彩色印刷越来越多地被应用到书刊广告中的前提下，胡维友介绍了数字印刷中的静电数字印刷过程(充电、曝光、显影、转移、定影、清洗等)、数字彩色无水胶印、彩色喷墨和激光印刷，并分析了电子油墨的优势和喷墨墨水的应用情况。[③] 熊伟认为数字印刷技术是按需印刷最为关键的技术支撑，按需印刷的优势在于小批量的印刷市场，而要获得规模效应，必须实施多品种经营的策略，按需印刷与按需出版是同源共生的关系，两者应该加快互动合作的步伐。[④] 此外，熊伟还总结了按需印刷的十大内涵：即时印刷、远程印刷、按量印刷、个性印刷、可选印刷、数字印刷、闪电印刷、绿色印刷、永续印刷和零库存印刷等，对于学界存在的片面技术主义的认知误区进行了深入批判，辩证地分析了按需印刷在技术上的可行性以及经济上的

---

① 姚明基:《提高图书印刷质量的几种方法》,《出版与印刷》2001年第1期。

② 李国雄:《我国数字印刷的发展前景》,《广东印刷》2002年第5期。

③ 胡维友:《彩色数字印刷工艺》,《印刷世界》2005年第7期。

④ 熊伟:《按需印刷的内涵、意义与发展方向》,《科技与出版》2005年第6期。

局限性，指出按需印刷与传统印刷应该互补互助、共演共进，最后还特别辨析了按需印刷与按需出版两个概念之间的异同，并对按需技术的发展路径提出了可供参考的建议。① 熊伟的研究理清了学界常见的认知偏差，对于按需印刷技术在出版业的应用提出了独到见解，值得理论和实业界参考借鉴。陈彦认为虽然发达国家的数码印刷发展兴盛，但是如果无视中国市场环境的特点而盲目乐观，那么对数码印刷在国内的健康发展无疑是不利的，陈彦从发展现状、发展趋势和发展建议三个方面分析了数码印刷在我国发展的现状和前景。② 陈彦的研究报告特别重视数码印刷与互联网联姻之后对于个性化需求的满足所带来的商业契机，强调了市场细分和品牌管理等营销策略在数字印刷市场培育与开发中的关键性作用，对于政府部门制定相关政策以规范行业管理等提出了前瞻性的建议，同时还强调了“快印连锁店＋数码印刷工厂”模式在设备和市场等资源共享方面的积极意义。吴光远和钱军浩则认为数码印刷代表着印刷业的未来方向，而想要成功发展数码印刷，顺应数字化的历史潮流，则需要重视性价比、服务平台和定制化三种要素。究其本质而言，性价比、附加服务和个性化定制其实都是顾客导向（市场导向）的营销哲学在数码印刷经营中的应用，可见以市场需求为本，才能保证数码印刷得到健康发展，为出版业的数字化转型做出更大贡献。③

（五）出版物营销方面的代表性论文

在出版物营销方面，现有研究大多借鉴经典营销理论 4Ps（产品、价格、渠道、促销）分析框架，因此，我们将按照产品、定价、分销、促销的顺序来综述已有的成果。

在出版物产品研究方面，代表性成果主要包括以下几种。苏雨恒认为近年来出版物的品种规模方面虽然不断增长，但是质量水平并没有大幅度提升，低水平重复的品牌居多，精品图书比例偏低，编校质量存在问题的出版物数量居高不下。究其原因，是由于整个出版业还没有实现从粗放型经济增长方式向科学发展方式转变，当然这与出版社经营管理水平欠佳也有直接联系。产品质量是市场营销成功的基石，探讨出版物质量是我国出版

---

① 熊伟：《走出按需印刷的几个认知误区：按需印刷几个基本问题的辩证》，《印刷杂志》2006 年第 5 期。

② 陈彦：《数码印刷在中国的发展现状和前景分析》，《数码印刷》2008 年第 12 期。

③ 吴光远、钱军浩：《数码印刷：顺势而下，以变取胜》，《数码印刷》2011 年第 7 期。

企业营销管理创新的重要课题，从与国际出版传媒集团对比分析的结果看，国内出版企业的质量管理确实需要全盘检讨和改进。[①] 苏雨恒的研究指出了问题的重要性及其成因，但是并没有给出治理对策。在产品组合方面，齐蔚霞认为应该树立出版物产品的整体观念，围绕核心产品层全方位开发系列产品，在形式产品、期望产品、延伸产品和潜在产品方面进行综合性开发。出版物产品的整体性概念实质上是要出版企业充分地重视读者地位的提升，争取创造和让渡最优价值给读者，同时从资源配置优化角度看，出版企业完全可以通过选题的多元开发提升营销管理的整体绩效。从产品创新数量角度分析，出版业每年上市的新产品数非常多，因此，出版物产品开发是出版营销创新的关键。[②] 根据黄玥的研究，目前我国出版业跟风现象严重，低水平重复和照搬照抄严重地影响着中国出版人的开拓和创新精神，跟风追逐市场热点是出版法律、法规不健全的表现，显示出经营者市场意识和策划创意不足。[③] 万海刚则认为"心理上担心失败、行为上缺乏长期规划和创新模式单一"是制约我国出版产品创新的三大原因。[④] 他们都建议要遏制跟风习气，必须努力完善出版法律法规，纠正不良竞争行为，加强人才培养力度，尤其是要引进策划人才，改革出版创新机制，建立出版物全程策划机制。针对实践中产品同质化现象严重的问题，雷鸣、刘非凡认为，读者的感知价值在新产品研发中的作用非常关键，出版企业在研发过程中，必须在读者感知价值的各个因素中突出侧重点，使产品具有明显的特征，这样才有利于提高读者感知价值。只有清楚地掌握读者感知"利得因素"和"利失因素"，才能有针对性地将出版物顺利地转化为读者感知价值。这样，产品才会得到读者的青睐，选题跟风问题也会得到解决。[⑤] 从阅读心理和消费行为的角度切入研究营销组合是目前学界的一大热点，出版营销领域的研究者应该积极借鉴消费者行为学、用户研究、体验营销、社会心理学等学科的成果，积极开展阅读消费研究，为出版营销创新提供更多更有价值的指导。

---

① 苏雨恒：《加强质量管理，推动产业升级与业务转型：关于出版物质量问题与对策的思考》，《中国编辑》2009 年第 2 期。

② 齐蔚霞：《出版社要从产品整体概念角度开发图书产品》，《编辑之友》2007 年第 5 期。

③ 黄玥：《关于出版物"跟风"现象的调查与思考》，《科技与创业月刊》2006 年第 10 期。

④ 万海刚：《谈图书产品创新不足的内部原因和解决途径》，《中国出版》2007 年第 5 期。

⑤ 雷鸣、刘非凡：《论读者感知价值与图书产品的开发策略》，《编辑之友》2009 年第 8 期。

出版物定价问题是出版营销学关注的第二个重点。价格不仅关系到读者的购买和阅读行为，而且会影响出版企业的营收和长远发展，在国内，部分出版物(如教材)还与保证公民受教育权等社会议题高度相关，因此关于书价是否过高、定价的影响因素等一直是出版营销领域众说纷纭的话题。曹小杰、胡丽丽等人对1988年到1999年我国图书的销量、定价、印张数和平均每印张单价等作了对比分析，断定“图书利润的增长主要是依靠提高单位印张价格来实现的”。他们还将书价与同期零售物价指数趋势线相比，指出12年来图书每印张单价在不断攀升，最后得出总结论，认为我国书价偏高，严重失范。[①] 这种历史性考察和不同产品间横向比较的研究范式看似科学，但是却忽视了我国图书业长期实施“保本微利”政策对书价抑制的事实。关于图书价格也有持相反观点的学者，他们认为我国的书价目前没有所谓的虚高问题，比如王苏平、潘正安、张青就以科技类出版物为例证明我国书价其实不高。他们的调查显示，尽管我国科技图书的定价约为大众图书定价的两倍，但是与欧美发达国家的4倍到10倍相比，我国科技图书定价显然偏低。[②] 对于书价的看法差异常常与立论者的观察角度和价值立场有关，郭丹、缪婕等人分别认为，以读者为代表的社会公众普遍认为当前我国书价偏高，其理由有：其一，书价与过去几年相比增长不少；其二，“高定价、低折扣”的做法本身就反映了书价“水分多”；其三，大量读者认为图书价值不配高定价；其四，市场上出现部分“天价书”，明显不符合价值规律。而以出版发行商为代表的业内人士则认为书价不高，理由包括：中国的书价比国外低很多；相对消费者收入增长而言，图书环比增长不高；读者不了解图书成本的构成，实际成本比读者想象的高。业内人士抱怨利润微薄，与读者对书价的不信任是图书定价中遇到的最严重的问题。[③] 那么，到底是什么在决定出版物价格呢？桂梅归纳了我国出版物价格的决定因素，它们是成本、发行折扣、印数、收益、价值、价格弹性和出版政策。[④] 刘瑞东注意到“读者认知”对出版物价格的影响，认为出版物定价必须关照读者对价格的主观感知，根据偏好的不同可以将读者分为价格敏

---

① 曹小杰：《图书定价失范状况探析》，《出版发行研究》2006年第11期。

② 王苏平、潘正安：《我国科技图书定价要与国际接轨》，《科技与出版》2008年第10期。

③ 郭丹：《把脉关于图书定价的争议》，《消费导刊》2008年第2期。缪婕：《图书定价高低的换位思考》，《商业营销》2008年第8期。

④ 桂梅：《图书定价的七大因素分析》，《价格月刊》2006年第11期。

感型、专家偏好型、内容关注型、理性判断型。定价关系到读者的购阅成本，对书价问题的关注体现了在买方市场格局中，出版企业对于读者利益诉求的重视和关怀。[①] 在数字技术不断发展的前提下，电子出版物和网络出版物定价问题受到越来越多的关注。美国佩斯大学的练小川教授认为电子书价格引起的交易双方的对峙更为严峻，唯一有效的定价策略是“以价格为基础的成本管理”。实质上是以读者可接受的价格来倒推生产经营成本，即以需求来确定生产。[②] 潘幼乔对中文电子书定价提出了具体方案，包括询问定价、差异定价、“会员制”定价、集体议价、捆绑定价、智能定价、个性化定价等策略。[③] 潘幼乔的方案显示出新型出版物定价的动态性、针对性和多因决定性，符合数字环境下出版营销精细化、复杂化的发展趋势。

出版物分销是出版营销研究关注的第三个重点。渠道管理一方面要保证分销效率，让读者方便地获得所需商品，另一方面则要设法避免渠道成员的利益冲突造成的不良影响。该领域的代表性观点有：张志林、包蕴慧认为在国有、民营和国外发行机构多元竞争的背景下，应该强调技术在整合渠道中的关键作用，出版发行行业整合渠道应该“技术与标准先行，信息流整合为先”，然后从终端开始，以中盘为核心，辅以政策保证和体制改革的驱动力，完成整个出版行业渠道的整合。[④] 至于发行渠道冲突问题，李宏葵认为其原因大致可分为宏观和微观两类，宏观方面主要是体制和市场环境的限制；微观方面则是由于出版企业渠道管理不善，整个产业供应链运营效率不高所致。[⑤] 在图书发行领域，窜货、退货和呆坏账等问题相当严重且长期存在，影响行业的健康发展，黄茂林认为，出版企业与分销商之间的关系应该从交易型转变为关系型，以战略伙伴的方式对待渠道成员可以有效化解渠道冲突。[⑥] 而谢桂生则认为要采取定期评估渠道成员、建立合理的价格（折扣）体系、保持信息顺畅等具体策略。[⑦] 在网络时代，网上书店的发展为出版物分销做出了重要贡献，改进了图书发行的效率，网络书店在索价、产品展示、反应速度和物流配送等方面都具有独特优势，对

---

① 刘瑞东：《读者认可价格下的图书营销策略》，《出版发行研究》2006 年第 10 期。

② 练小川：《电子图书的定价难题》，《出版参考》2009 年第 5 期。

③ 潘幼乔：《中文电子图书的营销策略研究》，《科技情报开发与经济》2008 年第 15 期。

④ 张志林、包蕴慧：《图书发行渠道整合的路径选择》，《出版发行研究》2007 年第 9 期。

⑤ 李宏葵：《出版物发行渠道冲突原因探析》，《出版发行研究》2008 年第 7 期。

⑥ 黄茂林：《三个节点沟通图书流通渠道》，《出版发行研究》2007 年第 12 期。

⑦ 谢桂生：《图书发行渠道的目标、矛盾以及管理对策》，《大学出版》2007 年第 10 期。

传统书店造成了威胁，双方竞争将长期存在。黎宏河敏锐地指出，虽然网络书店前景光明，但是网络书店的发展空间也受到若干因素的制约，网络书店想进一步发展，必须做到一方面满足读者需求，为其提供“快、简、全、实、独”的服务，另一方面还要兼顾出版社利益，与处于价值链上游的出版社建立双赢的利益联合体。目前的现状是，网络书店尚无法满足读者日益增长的需求，也没有和出版社建立良好合作关系。① 此外，农村地区的图书发行工作、高校教材分销渠道等特殊问题也得到了学者的关注。在数字时代，由于书籍载体的革命性变化，分销工作的重点将发生变化，实物产品的传递将变成电子文档的下载，随之伴生的电子支付、个人隐私等问题将成为该领域的热点话题。

出版物促销策略是出版营销研究关注的第四个重点。促销环节在出版营销中占据重要地位，它的成功与否关乎读者对营销组合价值高低的判断和品牌忠诚度的提升。近年来，随着市场机制的引入和营销能力的增强，出版企业在促销宣传方面不仅手段多元，而且不断借鉴其他行业的经验，进行改造创新。在该领域，代表性的论文成果如下。目前，业界采用的广告形式有店面广告、户外广告、平面媒体广告、书讯书目宣传、会展广告等。《中国图书商报》组织的一项读者调查显示，62%的读者认可书店广告，书店中电梯边的海报招贴广告最引人注目，读者最关心的是新书广告，其次是打折促销类广告。② 陶明远认为STM出版(科学、技术和医学类出版)与大众出版在需求弹性和市场范围方面存在较大差异，相应地在广告推销方面应该突出直接包邮、邮件、目录册、卡片盒或卡片集、专业会展、书评和图书馆市场推介等工具的使用。③ 陶明远研究的虽然是欧美图书市场，但是对于营销日益精细化的国内专业出版类企业而言，依然具有较高的借鉴意义。在卖场布置方面，《中国图书商报》的调查表明停车位、休息椅和餐厅等设施、室内空气质量、卫生间环境、安全出口、采光效果、导购标志、图书分类牌等八项细节会影响到读者的购买行为。④ 除了广告和推销之外，公共关系和营业推广也是常用的促销手段，出版企业不仅需要与终

① 黎宏河:《网络书店:未来并非坦途》,《中国文化报》2007年8月6日。

② 昱琴、秀中、温君:《新形势下出版业广告营销系列之三:出版社该如何在书店做广告》,《中国图书商报》2009年5月15日。

③ 陶明远:《欧美STM图书市场稳定营销有方》,《中国图书商报》2002年2月5日。

④ 米山:《基层门店营销的8个“硬”细节》,《中国图书商报》2007年12月14日。

端读者、经销商建立合作关系，而且还必须妥善地处理好与公众、社会组织、新闻媒体、政府部门等利益相关者的关系，赢得他们的支持和配合。根据《中国图书商报》的调查，近年来一些商业媒体逐渐开始娴熟地使用贸易展览、会议、论坛等公关手段赢得相关机构的好感。而杂志出版商则通过创刊酒会、展览、会议、客户见面会、节日宴会、论坛、评选（榜单）等方式来经营公共关系，时尚消费类杂志则喜欢采用时尚 Party、周年庆典、比赛、人物评选等方式影响相关群体的态度。随着媒介混融的深入发展，出版企业的公共关系和营业推广活动可以从杂志和商业媒体的成功做法中获得启发。网络的成熟使得出版企业的促销活动逐步互联网化，经营者更多地利用网络平台来与读者进行沟通，博客、微博、手机和社交媒体等都被用于营销领域，有效地提升了经营者与终端读者之间的沟通效率。[①] 屈辰晨总结了搜索引擎、即时聊天工具、自办 web 2.0 网站、手机无线媒体、社区、博客等网络营销工具的特点及优势。[②] 屈辰晨还特别关注了网络社群营销在书业的应用，他指出图书社群营销将是促进出版业“从一个注意力充裕但内容不足的世界转向一个内容过剩但注意力不足的世界”的过程中，建立注意力声誉、实现实体价值突破的绝佳方式。而要做好网络社群营销需要遵守以下几点“戒律”：牢记关键人物法则、不能忽视信息的附加值、重视目标读者的忠诚度培育。[③] 此外，还有学者探讨了博客、微博、手机等新媒体营销工具在出版物促销、读者调研、品牌忠诚培养等活动中的作用，各个出版企业应该综合考虑战略目标、资源实力和业务内涵等因素，在系统规划的基础上积极尝试并利用这些新媒体提高营销绩效，改进读者的体验。在新媒体不断涌现并被用户逐步接受的前提下，探讨新兴传播方式在出版营销中的应用就益发显得重要了。出版营销研究借鉴了经典营销的框架，虽然取得了一定的成绩，但是也存在机械模仿、分析肤浅、创新乏力等问题。

（六）出版经营管理方面的代表性论文

在出版经营管理方面，学者们在考察西方出版业发达国家管理经验的基础上，结合中国出版业体制改革和数字技术革命的实际，建构了一系列富有价值的理论框架。代表性的论文成果如下。于友先认为出版业具有文化和商业两重属性，因此出版社既要追求商业利润，又要追求文化效益，

---

① 晓雪：《活动营销“四两拨千斤”》，《中国图书商报》2006 年 4 月 11 日。

② 屈辰晨：《图书营销新模式悄然到来》，《出版参考》2006 年第 7 期。

③ 屈辰晨：《社群营销的戒律》，《中国图书商报》2008 年 9 月 5 日。

为文化找市场或以市场促进文化发展是一个问题的两个方面，因此，在组织结构分工协同方面，发行部门和编辑部门承担的任务各有侧重，但是又必须接受高层的宏观调控，实现两个效益兼顾的目标。[①] 于友先的分析实际上是将产业目标分解到了单体的出版机构，然后分析组织内部如何有效地分工与配合以实现两个效益兼顾的目标，而当每个单体企业都能实现两种属性的统一时，整个产业健康发展的目标就自然达成了。李祥洲分析了西方国家出版业宏观管理体系，认为国外出版企业曾经实施多种出版管理制度，比如内容审查制度、特许证制度以及保证金制度等，18世纪后，随着出版自由制度的产生和推广，各国陆续开始实行登记制，并随之产生、形成了与登记制相配套的宏观管理调控体系，包括法律管理体系、经济调控管理体系以及行业协会管理体系等。这种管理模式既有成功之处也存在很多问题，中国的文化体制改革应该选择性地加以借鉴。[②] 黄先蓉、赵礼寿和刘玲武对我国出版政策体系的阶段性演变特征进行了梳理，评估了政策的实施效果，认为新中国成立至今，出版政策体系大致经历了计划经济的出版政策体系、计划经济过渡到市场经济的出版政策体系、逐步建立市场经济的出版政策体系、完善市场经济的出版政策体系等几个阶段，并且每个阶段都有其独特的政策出台背景、政策体系的特点，且实施效果也各有不同。[③] 这种划分方法突出经济资源配置方式转换对于出版业的影响，具有新制度主义经济学分析框架的影子，但是对于政府主导作用、国外传媒业宏观管理体制的经验等分析比较欠缺。数字技术环境对出版产业的转型升级产生着重大影响，相应地出版产业的健康发展离不开科学产业政策的引导，黄先蓉、赵礼寿和甘慧君认为要发挥数字技术改进资源配置的方式，政府部门必须制定与技术变革相适应的产业政策。具体而言，政府部门考虑出版业演变在产业结构政策、产业组织政策、产业技术政策和产业布局政策等方面的政策需求，然后有针对性地推动出版产业政策方面的调整优化。[④] 这种从产业政策需求出发的视角，隐含的假设是：政府部门制

---

① 于友先：《论出版产业的两重属性与宏观管理》，《编辑之友》2003年第4期。

② 李祥洲：《国外出版业宏观管理体系探析》，《出版科学》2004年第5期。

③ 黄先蓉、赵礼寿、刘玲武：《出版政策体系阶段演进及其效果评估：1949—2010》，《重庆社会科学》2011年第7期。

④ 黄先蓉、赵礼寿、甘慧君：《数字技术环境下出版产业政策需求研究》，《出版发行研究》2011年第7期。

定的产业政策应该为出版产业数字化转型服务，这种对服务意识的强调在同类研究中尤为突出。面对数字化转型，黄先蓉、刘菡认为，我国政府管理部门应该在版权保护、盈利模式、管理体制等方面持续创新，并在法律法规和技术标准等方面加强制度建设，以推动数字出版产业健康发展。① 各国政府及其他相关组织在监管本国出版业时，都会出台一系列政策促进出版业发展，黄先蓉、黄媛和赵礼寿从经济的角度入手，对中国出版产业政策的制定机构、财税政策、金融政策和外贸政策等进行了比较。② 姚同梅和黄先蓉分析了我国出版业宏观管理手段方面存在的问题，提出整合行政管理、法律管理、经济调控和行业协会管理四种管理手段，完善和强化出版宏观管理保障机制的思路和措施。③ 黄先蓉、赵礼寿和阮静借鉴产业经济学理论中“市场失灵理论”、“后发优势理论”、“结构转换理论”等产业政策价值取向理论的长处，指出中国政府应该在维护整体经济社会利益的前提下，采用间接的、系统的干预手段去推动出版产业的和谐发展，并探讨了出版产业政策制定过程中应坚守的原则。④

（七）数字出版与新媒体方面的代表性论文

在数字出版和新媒体研究方面，学者的注意力主要集中在技术平台的建构与应用、读者阅读习惯迁移、网络营销范式变化等方面，涌现出了一些有创见的研究成果，比如匡文波对于手机出版的研究。匡文波认为手机媒体随着信息技术的成熟会变为迷你型电脑和网络媒体的延伸，手机传播可以将人际传播与大众传播融为一体，手机传播的实践使部分经典传播理论失去了解释力，必须重新建构理论范式，同时手机用户具有不同于其他媒体用户的特征。⑤ 早在2005年，谢新洲就指出网络出版的前景广阔，但是仍然存在几个制约性问题：出版主体不明、版权保护不力、费用和收益不足、阅读方式不适、技术与标准不一以及保存收藏困难等。未来的网络出版会出现如下几个走向：出现著作权集中管理组织、网络出版物价格会上涨、存储介质多样化发展、出现一批囊括多家出版社产品的“超级出版商”、

---

① 黄先蓉、刘菡：《传统出版业数字化转型的政策需求与制度、模式创新》，《中国编辑》2011年第1期。

② 黄先蓉、黄媛、赵礼寿：《中外出版政策比较研究》，《出版科学》2011年第2期。

③ 姚同梅、黄先蓉：《我国出版宏观管理的保障机制研究》，《出版科学》2008年第5期。

④ 黄先蓉、赵礼寿、阮静：《出版产业政策的价值取向与原则的制定》，《中国出版》2011年第6期。

⑤ 匡文波：《手机媒体的传播学思考》，《国际新闻界》2006年第7期。

出版周期越来越短等。[①] 徐丽芳在2005年系统分析了数字出版的概念、内涵和形态问题[②]，五年之后又对国内外新的数字出版物形式，比如电子书、数字期刊、博客、手机出版物、维基等媒介的形式、呈现方式和具体功能进行分析，梳理了2006年到2010年国内外各类型数字出版物的研究进展，指出了方法论方面具有独到之处或者结论富于洞见的若干研究成果。[③] 这种全景式的考察和回顾对于学界深入分析数字出版的发展态势、提炼浮现中的新型产业链、归纳数字出版运营的内在规律等都能起到基本的支持作用。在数字转型成为全球出版业共识的情境下，何孟洁、张志林和孙佳迪在梳理我国数字出版业态的基础上，借鉴企业成长理论等相关分析框架，建立了解读数字出版业成长性的两维框架，即从企业成长角度分析影响数字出版成长方向、成长速度的内生因素，从产业融合角度探讨影响数字出版产业成长的外部因素，进而探讨了我国数字出版业成长的动力机制、约束条件及应对举措。[④] 该研究以企业成长和产业融合两个维度的整合为思路，具有较高的原创性，而且还契合传媒业渠道整合与内容集成化呈现的发展趋势，对其他研究具有一定的参考意义。由于我国新闻业和出版业在传统时代是分开经营、分开管理的，这不仅与国际传媒业的成功经验相悖，而且不符合人类内容获取、消遣娱乐的内在规律。张志林对全媒体出版(Federated Media Publishing)的概念进行深入剖析，指出全媒体出版应该从整合营销的角度去理解和应用，即要以受传者为重心，通过覆盖多种媒介，传播表达同一内容，以最适合受传者接受的方式提供信息服务。出版企业应该顺应产业融合的动向，运用数字出版技术推动全媒体出版整合营销，以实现内容的跨媒体、跨平台、跨界的出版传播。作者还预见全媒体出版模式在未来应该常态化，故而我们应该拥抱变化，学习和接受新事物。整合营销传播(IMC)的理念应用在出版业就是要求我们彻底转变态度，从读者立场出发考虑问题，整合各种媒介形式，形成传播合力，有效提升传播和营销效果，全媒体出版的探讨对出版企业在新媒体时代的生存和发展具有重要的启发意义。[⑤] 张立对我国出版产业的发展趋势和对

---

① 谢新洲：《网络出版面临的问题与未来走向》，《传媒》2005年第7期。

② 徐丽芳：《数字出版：概念与形态》，《出版发行研究》2005年第7期。

③ 徐丽芳、方卿、邹莉、丛挺：《数字出版物研究综述》，《出版科学》2010年第5期。

④ 何孟洁、张志林、孙佳迪：《数字出版业成长性探析》，《北京印刷学院学报》2010年第2期。

⑤ 张志林：《全媒体出版的概念理解与前瞻》，《今日印刷》2010年第8期。

策进行了研究，他认为我国数字出版产业的收入规模和品种数量将会持续快速增长，传统出版单位会加速转型，内容资源的重组和整合越来越盛行，原创性网站会迅速崛起，内容创作更多地在网络平台上完成，手机将会演变成移动媒体，出版软件将会从流程管理为主向内容管理为主转变，数字印刷机的使用将更为普遍。顺应上述趋势，他提出对策如下：积极探索新的盈利模式，加强投入产出规划；鼓励出版企业进行体制、机制创新，与数字技术公司实现战略联盟；积极进行出版流程再造，打造出版产业数字化全流程系统；建议出版集团加大数字化业务投入，加大资源整合力度；探索分级分类的数字出版管理模式；数字出版应向新型的基于互联网与知识管理的知识服务业转变。① 张立的研究视野宏阔，广泛地论及数字出版发展所涉及的各类问题，部分观点已经被产业界证明是可行的，当然由于技术实践水平的限制，作者并未论及移动互联网、社交媒体、云计算等技术创新对整个产业的影响及出版产业的应对思路。目前，数字出版发展的重点有二：一是利用数字技术增强内容呈现效果；二是整合资源重新塑造新的商业模式，实现传播和服务效果的最优化。这两个问题都与产业链整合有关，刘灿姣、黄立雄认为数字出版价值链具有主体的独立性、环节的依存性、价值的差异性和媒介的融合性等特点，目前政策体制不健全、产业链没有理顺、技术标准不统一、版权保护不力、缺乏有效盈利模式等问题严重阻碍着我国数字出版的发展，为此，我国数字出版产业要在内容、渠道、技术和资本等方面实现整合，以实现产业的健康、快速发展。② 产业链整合是目前我国出版业发展遇到的核心问题之一，由于数字出版产业尚未成型，因此，产业整合既需要单体企业之间的协调，尤其是不同经营者利益冲突的妥善处理，又需要政府部门在产业政策和管理体制方面不断创新。因此，产业链整合是一个相当宏大的课题，它必须以用户需求调查和市场格局考察为基础，进行多维度的观照和分析。由于技术革新速度较快，数字出版和新媒体领域的研究命题会相应地发生变化，但是对于读者（阅听用户）心理和行为的关注，产业链中价值创造和分配机制的研究等将成为该领域的重点议题。

至于出版教育方面的成果在本报告相关章节会有专门阐述，这里不再展开。值得一提的是，由于政府部门已经制定了专业研究生学位的长期发

① 张立：《我国数字出版产业的发展趋势及对策分析》，《出版发行研究》2008 年第 10 期。

② 刘灿姣、黄立雄：《论数字出版产业链的整合》，《中国出版》2009 年第 6 期。

展战略，因此，可以预见在未来几年内有关出版专业硕士教育得失的总结性文章会大量涌现。

总体而言，出版学研究成果的规模、成果和动向，都能够反映出理论界对产业变革的密切观照和深入思索，这种问题导向的学术自觉是值得肯定的，但是在研究方法、理论框架、思考角度等方面，部分文献还存在着种种缺陷，需要在以后的研究中加以解决。

四、新千年来出版学研究中存在的主要问题及对策

（一）研究中存在的主要问题

2000 年以来的出版学研究尽管取得了一定成果，但是也存在不少问题，简析如下：

1. 出版学研究存在“扎堆逐热”的浮躁现象

对于新兴问题很多学者在积累不够或缺乏必要准备的前提下，就径直介入且急于发表见解，这是学风虚浮不实的表现。尤其是一些名校教授，由于其在课题资源竞争方面具有天然优势，因此对于出版学中一些时兴的热点问题，常常就会在没有认真思考和缺乏基本常识的情况下轻易发表“高见”，捞到“浮油”之后马上“华丽转身”，并没有长期深入研究学科基本问题的打算，这种不实的学风不值得提倡。出版学研究需要具有不同知识背景的人来共同探讨，但是前提是任何学者必须具有严谨踏实的态度，功利的做法只能带来学术垃圾和后人的不屑。余英时先生曾经说过，“治学最重要的秘诀在于敬业”，希望学界同仁以此共勉，能够以更为严肃的态度开展出版学研究，对产业演变进行冷峻的观察和深刻的思考，对时代性的课题给出自己独特的回答。

2. 学科基础理论和前沿问题需要投入更多精力去深入开掘

出版学的传统理论范式在数字技术、市场化、产业融合、跨国发展等趋势的冲击下遭遇到了严重的危机，对于某些新兴问题不仅无法解释而且难以预测其演进动向，为此加强出版学学科基础理论的研究，重新探讨基本理论框架是否合理等问题，就变得极为重要。至于新情境下的前沿问题更是出版学研究者不能回避的学术责任，数字技术和新媒体的兴盛带来的读者阅读心理和阅读行为的转变，阅读消费结构的变化带来的影响等一系列新的现象都是出版学研究必须考察的重要问题。基础理论研究和前沿问

题应该结合起来，即利用实践前沿的调查数据分析人类阅读行为普遍存在的需求、期望、困境和出路。

3. 跨学科、跨区域、跨国别的合作研究亟待开展

出版产业中的许多新兴问题由于涉及若干学术领域，因此需要利用多个学科的理论框架和研究方法来综合性地加以剖析，比如读者的数字化阅读就与新媒体传播、社会心理学、消费者行为学、人机交互设计、用户研究等学科有关，单一地从某一个学科出发，无法完整地掌握数字化阅读现象中蕴含的深层规律，因此，研究者需要进行跨学科的协同研究。至于跨区域和跨国别的合作，主要是由于网络技术尤其是移动互联网技术的发展，使得整个出版产业的发展突破了地理空间上的障碍，可以在全球范围内开展营销活动，与各国经营者进行竞争与合作，加上国外出版传媒的变革早于国内，经验更为丰富，因此，跨越地理空间的科研合作就显得尤为必要了。

4. 国家对出版领域的科研资助力度有待加强，学术界与产业界的合作还应当进一步加强

出版学研究的健康发展离不开政府部门的资助和管理，出版学属于新兴学科，学科历史不长，但是新鲜的事物和问题层出不穷，创新空间巨大，因此，需要政府有关部门的规划和引导。此外，出版学研究还必须结合产业创新的实际。高等院校和科研院所应该与产业界实现合作，一方面积极地为出版企业的经营提供战略咨询服务，另一方面学院派研究者可以通过合作深入产业实际，在第一线考察出版企业经营方案的执行效果，探讨其成功之处和存在的问题，进而提出自己的看法和改进对策。所以，出版学研究应该坚持该学科注重应用性的传统，在与政府部门、企业的合作中实现学科范式的转变和突破。

5. 部分成果的规范性存在问题，研究方法和工具的使用存在严重缺陷

研究成果的发表主要是为了在学术共同体中交流，因此，无论什么学科的研究成果都必须恪守公认的学术规范。然而，笔者在搜集资料时发现，出版学领域许多专著和论文并没有严格遵守文献著录格式的统一要求，要么自行其是，要么残缺不全。这种不严肃的态度容易导致投机行为的产生，而且也会影响到出版学获得应有的社会认同。在研究方法和研究工具方面，许多结论缺乏深刻的分析和数据支撑，随意发表议论、经验总结式的文章、领导讲话时的空喊口号屡见不鲜，缺乏从现象描述走向理论建构的学术自觉。从长远看，出版学研究者应该共同努力，在理论范式、学术规范、研究方法和研究工具方面形成一套独特的体系，唯此方能推动出版学研究的健康发展，驱动出版学研究者真正能深入到本质层面去分析问题和解决问题，让出版学获得应有的社会地位。

（二）未来出版学研究实现突破的对策建议

根据上述几类问题的分析，笔者认为出版学研究要实现突破，必须要从研究工具、资料共享、跨领域合作、国际交流、政府资助和引导等方面进行创新。

1. 多合作，多整合

国内外各类研究者应该通过多种途径、多种方式实现合作，整合不同知识背景的长处，协同努力突破出版学研究中的根本性问题。比如，随着媒介融合、跨界交融的盛行，不同媒介编辑学和分支编辑学的研究固然更为重要，但是编辑出版学理论和基本规律的研究并不会自然而然地走向成熟，整合经典出版学理论，提炼各类媒体编辑规律，建构具有普遍指导意义的普通编辑学的任务更为艰巨，需要学者们投入更多的时间和精力。比较而言，管理学原理的研究就是在管理过程理论（计划、组织、领导、控制）基本框架的基础上，吸收了新兴管理理论的精华，不断调整更新的基础上走向成熟的。因此，这种整合多个支持性学科、动态归纳提高的模式对于出版学而言是有参考价值的。

2. 寻找新的研究点

结合数字出版和新媒体运作经验及发展动向，及时开展数字阅读消费心理、移动阅读与出版、网络编辑学、数字出版营销、新媒体运行机理等前沿领域的研究工作。数字化和媒介融合是出版产业发展的重要趋向，研究者应该对新兴的传播技术和传播方式保持高度的敏感，通过与产业界的合作考察新兴领域的动向，总结产业演进的本质规律。笔者认为，战略管理中的产业链协同、流程再造、价值创新等理论对反思出版业数字化中存在的问题和未来的出路具有重要的意义，建议学界同仁在实证调研的基础上，借鉴和参考管理学理论的前沿成果，为中国出版业的数字化和新媒体的融合出谋划策。

3. 共同努力建立专业案例库和数据库

搜集、统计、整理我国出版业发展的基本数据和经典案例，并将可靠的数据实现共享，避免个体学者或不同机构之间重复统计造成的精力浪费和标准混乱。出版学研究的进步不仅要关注产业变革、技术创新的前沿,同时还要加强本领域内学者个人之间、学术团队之间、高等院校和研究机构之间的合作。经典案例库和行业统计数据的汇总集成能够提高学术探索工作的效率,而且能够为出版教育提供高品质的教学素材,比如提升案例教学法的实践效果等,提高人才培养的质量。

4. 争取政府部门和产业界的支持

在出版学研究中我们既需要倡导学术自由原则,又需要结合现实需要,分析产业转型升级过程中遇到的关键而紧迫的问题,特别是要借鉴西方发达国家出版业的经验,为我国出版业的市场化、数字化、国际化发展出谋划策。在资助方式方面,优先投入人力和资源进行产业布局调整、价值链重构、资本运营创新、多媒体融合、出版业“走出去”、业务流程再造、数字出版创新等重点课题的研究。可以借鉴其他学科的成功经验,结合研究机构、研究者个人和所在地区的特点,综合考虑之后给出资助方案,并且要对资助项目的成果进行检查和考核,以保证学术资助活动的效率和公平。

5. 鼓励青年学者与国际专家进行实质性的交流与合作

设立基金资助青年学者出国考察、参加国际学术会议等。青年学者是出版学研究最为重要的生力军,面对数字技术和市场化运营等新趋势的冲击,青年学者特有的敏感和视角能为相关问题的研究开创崭新的局面。因此,建议政府相关部门应该规划青年学者的资助计划,通过各种途径筹集资金,帮助青年学者与国外高端专家合作开展课题研究,比如可以和某些大型出版传媒集团的博士后流动站合作,由政府、企业和高校三家联手资助有潜力的青年学者开展高端合作研究。在资助的优先顺序方面,我们建议重点突出有关传媒集团并购经验、数字出版营销创新、新媒体发展趋势考察等方面的课题。

6. 组织专家科学规划出版学学科总体布局

在确立优先资助领域的基础上,鼓励学者自由开展研究,以自身的知识基础为起点,充分发挥个体创造性,实现出版学研究的跨越式发展。出版学学科的发展需要政府管理部门和高端学者合作进行科学规划,周密地设计该学科的发展战略,特别是要突出新兴问题在学科布局中的分量,在优先资助领域的选择上主要以效率为考虑问题的侧重点,综合运用多种措施鼓励学者进行基础性创新。此外,相关管理部门应该留出一定数额的资金支持学者根据个人志趣和知识积累自由开展研究,尤其是要鼓励学者发挥创造力，在前沿领域进行自由探索，集中热情和精力于某一领域，实现实质性的突破和创新，引领国内外出版学研究的前进方向。

总之，新的技术条件与时代背景为出版学研究提出了许多新命题，学术界同仁应该结合自己的知识积累和兴趣偏好，专注于学科内的某个领域，经过长期努力之后推出对理论界和实务界都能产生积极意义的成果。

新千年来的香港地区出版

香港作为一个中西交汇的国际化大都市，它的出版文化也深刻反映出沟通中西的作用及价值。自1882年香港出现了第一家出版社以来[①]，香港出版业一直都在自己独有的生存空间中顽强成长着。香港具有特殊的政治、文化、社会和地域条件，有先进的通讯网络、广阔的海外关系，有足够的创作空间，并积累了相当数量的视野开阔、有创意的出版人力资源，能够以创意作为附加值，不断地做出一些优质的作品，再加上完善的出版运作体系，使得香港享有华文出版世界中的独特地位。时至今日，香港已经跻身世界四大印刷中心之一，出版印刷业在香港制造产业中位居前列，成为仅次于内地和台湾地区的全球第三大华文出版市场。

随着香港1997年回归祖国并经历1998年亚洲金融危机的洗礼，特别是进入新千年，香港出版业遭遇了大大小小的困难，但同时也涌现出一个个新的机遇。总体而言，新千年以来，香港出版行业发展蓬勃。出版机构数量有所增加，主要是非纯文学、依循商业规则运作的出版社多了，部分出版机构还特别针对分众市场。出版物也趋向多样化和多元化，题材繁杂，各具精彩。过去出版社出版图书偏重文学类，而近年出版的图书，既有文艺创作，也不乏投资理财、商业管理、个人健康、生活趣味、社会政治时事分析和评论等题材。虽然报纸和期刊由于互联网和数字出版的冲击，种类有减少的趋势，但编辑能力显著提升并积极寻求转型。另一方面，出版物零售的饼做大了，中型、大型书店数量增加，具有香港特色的小型"二楼书店"依旧运作，与之互为补充，外资书店也开始起步，大大小小的报摊网点覆盖更加齐全。当然，与欧美和我国内地、台湾地区一样，香港出版业也面临互联网和新出版模式的挑战，开始积极进行数字出版转型。

---

① 薛辰：《香港出版中西文化的熔炉》，《新华书目报》2011年8月8日。

一、出版政策与环境

(一)出版管理体制

香港没有专门设立的出版管理机构,新千年来香港继续奉行自由开放的出版政策,除了香港特区政府康乐及文化事务署下辖的书刊注册组负责图书注册、国际标准书号的核发以及电影、报刊及物品管理办事处负责报刊的注册以外,并无直接的出版管理机构。

香港也并未制定专门的新闻出版法,但在历年香港立法局制定的法例中,有些辅助性或附属性的条例规则涉及新闻出版。比如香港法例 142 章《书刊注册条例》、268 章《本地报刊注册条例》、544 章《防止盗用版权条例》、21 章《诽谤条例》等,这些条例和规则在新千年以来历经多次修订,现在更加完善。

跟内地书刊出版单位“审批制”不一样的是,香港地区的书刊出版管理制度为“登记制”,即在香港开设出版社或者其他出版机构,只须像开设其他商业机构一样,办理商业登记手续,填写一份表格,领取一张商业登记证便可以营业,无需任何审定。出版物无须呈交任何官方机关检查。但是据香港法例 142 章《书刊注册条例》规定,出版人有“每本新书刊送交民政事务局局长”的义务。它的目的在于“登记及保存在香港首次印刷、制造或出版之书刊之样本”。该条款规定:“任何新书刊的出版人,须于该书刊在香港出版、印刷、制作或以其他方式制成后 1 个月内,将该书刊 5 本连同附属该书刊的所有地图、图片或其他刻印,免费送交民政事务局局长;该等书刊须予妥当钉装、缝线或缝制,并须以印刷或制作该书刊及其任何地图、图片或其他刻印所用的最佳纸张制作而成。”[①]民政事务局局长则根据规定将接受的新书刊备存于注册纪录册,并将该书刊的一本送予香港大会堂图书馆或它所批准的其他图书馆。而对于报刊的注册和管理还有一些特殊的规定。如香港法例 268 章《本地报刊注册条例》就本地报刊及通讯社的注册、报刊发行人牌照的发出及相关事宜制定了条文。子条例《报

① 香港立法局. 香港《书刊注册条例》. http://www.legislation.gov.hk/blis_pdf.nsf/6799165D2FEE3FA94825755E0033E532/7BED712C50E23A05482575EE0044A120/$FILE/CAP_142_c_gb.pdf. 2012-09-03/2010-09-26, 2012-09-30.

刊注册及发行规例》[1]规定所有本地报刊均须按照规定进行注册。报刊需要向注册主任提交详情并进行核证,并由注册主任备存,作为本地报刊注册纪录册,进行注册须缴付费用905港元,并按期缴纳年费。同时规定报刊只可由获注册主任发给牌照的报刊发行人发行经销,但向公众零售报刊不会因本条规定而须领有牌照。子条例《印刷文件(管制)规例》[2]对于印刷管理做了一些较为细致的规定,比如第二条规定:所有印刷文件均须以英文或中文字体清楚印上承印人的名称及详细地址,并在其前面加上"承印"或"承印人"的中文或英文字样。

香港的书号管理制度。香港于1976年引入国际标准书号ISBN系统,新千年以来香港书号的核发和管理部门一直都是香港特区政府康乐及文化事务署下辖的书刊注册组。书刊注册组还负责将出版社出版的样书进行审核、注册备案。香港书号的核发程序相对内地而言比较简单,在香港特区合法注册成立的出版社,凭相关商业登记证等文件可向书刊注册组提交书号申请,而个人出版则可以凭借香港身份证直接申请书号。新千年以来康乐及文化事务署每季度在政府宪报上都会公布已向政府报备的正式出版物(即已纳入ISBN、ISSN系统的)的目录。因此,在一本书上印上书号和条码还不能算是正式出版物,还必须由出版商交样书向政府备案。而期刊部分,香港目前暂时没有国际标准期刊号系统(ISSN)的代理机构,出版商如果需要为报纸、杂志申请国际标准期刊号,可以直接与国际标准期刊号组织(ISSN)联系。

(二)版权保护

香港立法局于1886年7月12日所通过的《承印人与出版人条例》及1888年4月2日所通过的《殖民地书籍注册条例》奠定了香港对出版业法律管制的基础,并成为日后法例修订的依据。英国1956年版权法于1972年12月12日开始适用于香港,成为香港现行版权制度的基础。香港现行的《版权条例》于1996年6月27日生效。新千年以来《版权条例》经历了

---

① 香港立法局. 香港《报刊注册及发行规例》. http://www.legislation.gov.hk/blis_pdf.nsf/CurAllChinDoc/4F4C6D2053ED503E482575EE0054E914/$FILE/CAP_268B_c_b5.pdf. 2012-09-03/2012-09-26.

② 香港立法局. 香港《印刷文件(管制)规例》. http://www.legislation.gov.hk/blis_pdf.nsf/6799165D2FEE3FA94825755E0033E532/DF6F61229BE96D41482575EE0054F39D/$FILE/CAP_268C_c_gb.pdf. 2012-09-03/2012-09-26.

多次增删和修订，如 2007 年 7 月生效的版权修订条例规范了平行进口版权作品输出和引进，规定：有关作品在世界任何地方发表后 15 个月内，任何人士经销或输入任何平行进口版权作品（计算器软件产品除外）作经销用途，均须承担刑事责任。这一条例进一步打击了盗版和侵权，对香港出版业界起到了正面的作用。最新版的《版权条例》修订草案为《2011 年版权（修订）条例草案》。《版权条例》对于规范出版市场和出版行为，维护著作权人、出版人和读者的利益起到了非常重要的作用。

香港现行的《版权条例》规定："作品要在香港取得版权保护，毋须办理任何手续。各地作者的作品，或在世界各地首次发表的作品，都可在香港受到版权保护。"[①]香港加入了世界知识产权组织（WIPO）和世界贸易组织（WTO），所以不少国际版权公约以及国际条约均适用于香港，如《伯尔尼公约》、《日内瓦唱片公约》、《世界知识产权组织版权条约》等。香港海关负责执行侵犯版权的刑事法例。

《版权条例》被列为香港法例的第 528 章，该条例对于版权的侵权行为和版权的限制都有详细规定。版权的侵权行为主要表现为："（1）未经版权所有人许可而复制版权作品或出版、改编发放复制品、租赁作品、向公众提供复制品、广播、公演版权作品。（2）未获作品的版权拥有人的特许，将该作品的复制品输入或输出香港，而且输入或输出该复制品并非供自己私人和家居使用。"[②]对版权的限制包括："（1）合理使用：指在利用版权作品时，毋需经版权所有人许可，也不需要支付版税，而且不构成侵权的特定行为。合理使用包括下列几种情形：为研究或为私人学习而利用作品；在批评或评论文章中引用版权作品；批评、评论及新闻报道中利用作品；附带地包括版权材料。（2）教育用途：一般指为编写教材或拟定考试题目等用途而复制或改编作品，但有严格的范围限制。（3）图书馆或档案馆的利用。（4）公共行政。包括司法程序中的使用等。（5）对已出版的文学、戏剧作

① 香港知识产权署. 香港的版权法. http://www.ipd.gov.hk/sc/pub_press/publications/hk.htm. 2010-07-16/2012-09-26.

② 香港立法局. 香港《版权条例》. http://www.legislation.gov.hk/blis_pdf.nsf/6799165D2FEE3FA94825755E0033E532/9849EA415F543AAA482575EF0014C04F/$FILE/CAP_528_c_gb.pdf. 2012-09-03/2012-09-26.

品的特定使用。(6) 法定许可。”①

(三) 外部环境

如前文所述,香港没有专门设立的出版管理机构,所以香港出版业的发展很少受到行政政策的影响,更多的是靠行业自律。但是出版行业作为香港地区经济的一个重要部门,必然会受到整个经济大环境的影响,比如物价上涨导致出版成本增加、经济不景气导致购买力不足等等。另外,占据香港出版重要份额的教育出版则受香港特区政府教育改革以及其他教育政策的影响较大。概括而言,香港出版业的发展主要受到税收政策、市场环境、经济环境以及教育政策等外部环境的影响。

1. 税收政策

香港是一个税项少、税率低的自由港。目前其税收主要为三大类:利得税、薪俸税(个人所得税)和物业税,香港并不征收增值税、销售税或资本增值税,且只有在香港赚取的收入才须课税。出版业同其他产业一样交纳15%的利得税。出版物进出口免税。新千年以来香港继续维持较低的税率,这保证了出版业能在经营成本很高的香港生存并发展,而出版物进出口免税一方面促进了香港本土出版的对外输出,尤其是世界华文市场的输入,香港一度成为世界最重要的华文出版中心,近年来随着内地和台湾出版崛起和快速发展,香港出版的优势渐失;另一方面,也促进了内地、台湾以及世界各地的出版物输入香港。这种开放和交融也非常好地体现了香港出版的最大特色:中西交汇,一个融汇了香港本地出版、内地出版、台湾出版和国外出版的融合体。

2. 市场环境

香港出版长期以来受经营成本过高及市场狭小问题的困扰。香港人口只有700多万,不及台湾人口总数的三分之一,跟内地13多亿人口的市场相比,更是小巫见大巫,所以香港不论是在出版物品种还是在出版市场上都无法跟内地或台湾比较。香港出版市场由自由经济决定,内地及台湾书籍的出版、发行、零售会持续涌入香港出版市场,来者不拒,而香港书籍进入内地或台湾市场则较为困难,这跟固有的政策限制和壁垒有关,也跟香港出版的本土化特色有关。近十年来,虽然香港政府实施一系列中文教

① 香港立法局. 香港《版权条例》. http://www.legislation.gov.hk/blis_pdf.nsf/6799165D2FEE3FA94825755E0033E532/9849EA415F543AAA482575EF0014C04F/$FILE/CAP_528_c_gb.pdf. 2012-09-03/2012-09-26.

育政策，香港市民也开始逐渐接受简体字，但多数人还是习惯繁体字，香港出版的图书还是采用繁体字，大量的繁体字图书依赖于台湾引进，而且其销量远远超过了内地运来的简体字图书。所以说，虽然香港回归后简体字的流行开拓了一部分香港出版市场，但是简体字图书依赖于内地进口，而繁体字图书又被台湾书籍所占领，这导致香港本地出版企业的市场更加狭小。另一方面，香港出版也在积极开拓海外市场和英语出版市场。香港出版很早就开始了它的海外扩展探索，新千年来香港出版人加快了香港出版的国际化部署和海外扩展步伐。与国际大型出版机构进行合作、版权贸易，并将香港书店经营门市的成功经验推广到新加坡、马来西亚乃至北美洲的纽约、华盛顿、温哥华等地，开设连锁分店，逐步建立全球性行销网络格局。此外随着香港国际化程度的进一步加深，市民更加看重英语教育和英语培训，英文图书卖得红火，市场继续扩大。1997 年香港回归祖国，中国加入 WTO，内地出版市场开始逐渐开放，香港出版人也凭借自身的出版优势抓住了这样的机遇，积极投入大陆新市场的开辟。

3. 经济环境

虽然表面上看文化事业与金融市场以及经济环境的关系不算太密切，但是它们之间的间接联系却非常密切。经济环境不仅仅对于出版市场有直接影响，也会通过房价、租金、印刷、物流等因素影响到出版业的发展。2003 年的 SARS 病疫使得香港经济遭遇了近一二十年没有遇到的困难，连带出版业也受到了不同程度的打击。尽管香港出版界团结一致沉着应对，也只是使 2003 年勉强维持到 2002 年的水平。2008 年的金融危机给香港带来的失业率上升、收入下降、资产缩水、购买力下降，也直接影响到了书店和出版社的运作，陆续出现了“二楼书店”倒闭的现象。金融市场的不乐观，成本的增加，书价的上扬，使得书店在选书，出版社在选题方面愈加谨慎小心。而最近几年来，人民币升值使得内地图书的销售不看好；香港楼价居高不下，房屋店面租金一路上扬，使得书店的经营更加困难；国际原油价格上涨，导致运输费用大幅增加，图书成本也随之抬高等，这种种因素都给书店、出版业界带来了沉重的打击。

4. 教育政策

教育出版一直都是香港出版的重要组成部分，在很大程度上会受到教育政策的影响。进入新千年以来，香港教育出版市场进一步萎缩，一个非常重要的原因是香港学生人口持续下降。而与此同时，因为教育改革以及教育政策的摇摆不定，教育出版近十年来遭遇种种困难，主要是竞争压力和出版风险更大。2003年香港教育部门要求教材教具高度信息科技化，但却因经济不景气，书价在社会舆论压力下难以调高，连续两年冻结，加上多媒体制作的成本高昂，改版多而生命力短，教科书书商利润大幅削减。香港教育出版商已经不仅仅是学校教科书、教参以及教材的提供商，根据教育改革的进行，教育出版商已经慢慢地由内容提供商转变为服务提供商。出版社须相应地提供更多元化及立体化的服务。具体来说，出版社除须出版传统的教材及教参书以外，同时亦要提供不同形式的电子教材，包括光盘及网站如网上评估系统、阅读网、网络学习网站等，而且出版社还须分别为学生和教师定期更新内容。至于为教师及学生设计的培训课程更是不可或缺，有时又需定期派员到学校进行互动交流。作为服务提供商，教育出版商的投资及开发成本大增，回报减少，风险激增。2009年香港施行新学制，各出版社配合课程改革和教育改革，开发一系列新产品，这对于香港教育出版来说既是机遇也是挑战。

二、书刊出版

香港的出版统计不够完善，暂时还没有出版产业的政府统计，也没有出版产业的行业统计。与此相关的官方统计为"纸品、印刷及出版业"或者"纸制品、印刷及已储录资料媒体的复制"①的行业统计，这个统计从制造业的角度将出版物视为工业产品，重视的是印刷和复制，不能完全反映出版行业的发展速度和规模。但我们从香港出版行业机构数量、行业从业人数、书刊登记数等相关统计数据中也可以窥见新千年以来香港出版发展的基本脉络和一般趋势。

(一) 概况

从2000年到2011年香港"出版"②行业机构数和就业人数的统计表(如表1所示)我们可以看出，2000年至2011年香港出版机构数和行业从

---

① "纸品、印刷及出版业"行业分类参照《香港标准行业分类1.1版》。从2009年开始，香港行业分类开始实行《香港标准行业分类2.0版》，香港特区政府统计处的《工业生产按年度调查报告》不再统计"纸品、印刷及出版业"行业，取而代之的为"纸制品、印刷及已储录资料媒体的复制"行业。

② "出版"涵盖《香港标准行业分类2.0版》中的"581书籍、期刊的出版及其他出版服务"和"582软件出版"。

业人数并不是呈现持续增长的态势，中间也经历了一些往复和曲折。但从总体上看，近十年来香港的出版机构数和行业从业人数还是呈现增长的趋势。因为香港是一个资本高度流通和自由的国际港，人才、资本进出出版业非常方便，再加上在香港成立出版社手续简单，只需在公司注册署进行简单的商业登记就可以，所以伴随着外部环境和出版产业发展的变化，出版行业机构数会出现较大幅度的波动。再者香港政府和行业各界都非常重视出版业以及文化创意产业的发展，一些新的举措和促进政策开始实施；出版人也在努力进行转型和调整以适应新的出版形势和出版趋势，并积极开拓新市场；而香港民众较高的阅读需求和阅读素养也在一定程度上保证了香港出版业的发展。新千年以来，香港的老牌出版机构如商务、三联、中华书局继续调整发展，并且形成了一些较具规模的出版零售集团、出版传媒集团、教育图书出版社和国际出版社。此外香港近十年来还新成立了为数不少的小型出版机构，其中一部分是境外出版机构在香港设立的分支机构，另一部分则是独立出版人。这些小型出版机构的出现，极大地丰富了香港的出版题材和出版种类，使得香港出版业进入多元化发展时代。

表 1 2000—2011 年香港“出版”行业机构数和就业人数统计表①

年度	2000	2001	2002	2003	2004	2005	2006	2007	2008	2009	2010	2011
机构数目	1 129	1 305	1 419	1 402	1 510	1 513	1 419	1 534	1 335	1 483	1 534	1 596
就业人数	19 116	18 691	19 116	20 042	18 909	19 932	21 036	21 518	21 218	20 685	20 364	20 622

数据来源：香港特区政府统计处（按行业主类划分的机构单位数目、就业人数及职位空缺数目统计表）

（二）图书出版

“2009 年在香港书刊注册组申请书号，正式在香港出版的书刊共有 11 637 种（中文书 9 303 种，英文书 2 334 种）；2010 年截至 11 月 30 日为止，则有 11 690 种（中文书 9 332 种，英文书 2 358 种）。”②根据这一统计和表 2 的统计数据，2002 年至 2010 年香港正式出版图书种数呈现抛物线式

---

① 所选取的数据是“书籍、期刊的出版及其他出版服务”和“软件出版”两类 2000—2011 年历年 12 月的统计数据。

② 高玉华：《2010 年香港出版现况》，《全国新书资讯月刊》2010 年第 1 期，第 108—112 页。

的发展，在 2006 年增长到顶峰之后，开始逐年下滑，到 2010 年 11 月底下滑到 11 690 种，接近 2002 年的水平。而另一项统计数据"签发国际标准书号数量"则与表 1 中出版行业机构数的数量相对应，呈现出逐年递增的发展趋势。这两项主要数据表明香港近年来正式图书出版品种开始减少，但减少的幅度不大，而所设立的出版机构数和签发的国际标准书号数量却在增加。这在某种程度上也证明了，一方面近年来香港出版业由于物价上涨、租金上调、成本增加而造成的生存环境之困难，正式出版的图书品种开始减少；另一方面伴随着两岸三地开放交流更加频繁，国外、中国内地和台湾地区的出版机构纷纷在香港设立分支机构，进军或深入开发香港出版市场，以及独立出版人的出现，使得香港出版业的竞争日趋激烈。

表 2　2002—2010 年香港图书登记数和签发国际标准书号数

年度	2002	2003	2004	2005	2006	2007—2008	2008—2009	2009—2010
图书登记册数	11 900	13 075	13 885	14 603	14 842	13 919	12 767	13 763
签发国际标准书号	517	669	709	708	717	691	825	886

数据来源：香港特区政府康乐及文化事务署 2002 年至 2010 年历年年报

香港的图书出版体系进入 21 世纪以来发展更加完整，按照被广泛认可的"三范畴"分类方法，香港的图书出版涵盖了一般图书出版、教育图书出版和专业图书出版（如表 3 如示）。其中一般图书出版又按照国际惯例分为非文学类图书（非虚构类图书）和文学类图书（虚构类图书）两类。教育类图书出版作为香港出版的重要组成部分，分为中小学教科书及参考书、大专教科书及参考书出版。专业类图书则涵盖了 STM[①]、会计、投资等类型的图书。

据统计："香港图书终端市场，也即最终消费者的购买量，每年大约（不计杂志）在 5 亿美元，即 40 亿港元左右。这 40 亿港元的市场蛋糕中，其中 20 亿为中小学教参书。剩下的 20 亿之中，约 3 亿为漫画（包括引进日本的漫画单行本及本地创作的定期、不定期结集），3 亿为大专参考书，其余的约 14 亿便是面向社会大众的其他书籍。这 14 多亿的其他书籍，包括来

① S(Science), T(Technology), M(Medicine).

自内地、台湾地区及香港本土的出版物，以及海外的英文书。”①

表3 香港图书出版分类表

一般图书出版	非文学图书
	文学图书
教育类图书出版	中小学教科书及参考书
	大专教科书及参考书
专业类图书出版	STM、会计、投资、金融、法律

1. 一般图书出版

新千年以来香港的一般图书出版以着重实用性、休闲性的商品型图书为主，而基础文化类较薄弱。出版社一般采取出书小型化政策，广种薄收，大型投资则比较少见。所以香港的文学类图书市场一向比较狭窄，而竞争又十分激烈，各文学出版社的装帧设计愈具心思，也越来越讲究营销手法，麦兜、金庸等是香港文学类出版中最活跃的原创点。而非文学类书则更受香港民众的欢迎，主要包括：生活实用图书、财经致富图书、旅游指南图书、思想哲理图书、社科人文图书等。比如2003年SARS带来的重视健康的思维，香港刮起了一股健康养生书畅销热潮；香港饮食文化发达，所以香港食谱类图书也很具有口碑；虽然工商管理类图书在香港一直畅销，但是2007年开始的美国次贷危机，还是促使香港的财经类图书又火了一把。

2. 教育图书出版

教育图书市场是高度本地化的，跟随政府的教育制度而变化。影响教育类图书出版的两个重要因素是学生人数和教育政策。进入新千年以来，香港教育图书市场进一步缩减，主要原因就是香港学生人口持续下降，而学校新增科目却不多；另一方面，教育主管部门的要求和教育政策导致教育类图书出版成本加大、风险增加。比如频繁的课程改革，导致出版机构需要不停地投入大量人力物力进行配套教材和教参的编辑出版。2003年，教育部门要求教材教具高度信息科技化，出版机构必须加大支持网站和服务的投资力度；2009年，新学制“三三四”开始实行，教科书和教辅书市场又一次洗牌，机遇和挑战并存。

---

① 《香港图书出版市场规模及总量》，《中国新闻出版报》2007年9月19日。

3. 专业图书出版

由于香港的国际化程度很高，再加上香港地域狭小，所以在香港没有形成产业化的专业出版。但是香港的专业出版形成了自己的特色："一些国际专业出版社或集团在香港当地有出版业务，重点是出版有关香港、中国内地以及亚洲其他各国法律、税务的专业书籍。例如 Sweet and Maxwell，是 Thomson Corporation 法律分部的子公司，其香港分社成立已有十多年的历史，每年出版五六十种书籍，都是有关亚洲国家商法、财产法、船舶运输、知识产权法律的专著。香港大学出版社的学术出版构成香港专业出版的重要部分，香港大学出版社、香港中文大学出版社及香港城市大学出版社都各有特色，几家大学出版社都同时以中、英文出版，其中英语出版物还在欧美主流市场有一定销量。并且香港的大学出版社的书稿评定、出版社运作模式、稿件的来源，也都跟国外出版社比较相近。"①

（三）期刊出版

根据香港特区政府康乐及文化事务署每年发布的年报统计数据显示（如表 4 所示），2002 年至 2010 年香港期刊登记数量并没有明显的变化，登记数量在 2004 年增长到高点之后从 2005 年开始缓慢减少；与此对应的是，截至 2012 年 9 月 21 日，香港特区政府电影、报刊及物品管理办事处的统计数据显示，香港注册报纸数量为 48 种，注册期刊数量为 678 种。同时结合表 5 的数据，我们可以发现，从 2002 年到 2010 年，注册期刊种数呈现一个较为明显的减少趋势，而注册报纸种数波动不大。这证明香港近十年来期刊和报纸出版市场变化不大，但期刊出版数量和注册期刊份数有所减少。

表 4　2002—2010 年香港期刊登记数

年度	2002	2003	2004	2005	2006	2007—2008	2008—2009	2009—2010
期刊登记期数	12 923	13 427	14 630	14 163	13 924	13 648	13 484	12 226

数据来源：香港特区政府康乐及文化事务署 2002—2010 年历年年报

① 柳斌杰：《中国图书年鉴（2004）》，湖北人民出版社 2004 年版，第 58 页。

表 5　2002—2010 年香港期刊报章注册份数统计表[①]

	2002	2003	2004	2005	2006	2007	2008	2009	2010
注册期刊份数	754	864	799	722	699	689	N. A.	N. A.	N. A.
注册报章份数	52	52	46	49	49	44	N. A.	N. A.	N. A.

数据来源：香港特区政府电影、报刊及物品管理办事处

香港的期刊出版市场以周刊为主导，这意味着香港期刊出版的编辑能力近十年来有了非常大的提升。“香港因为人口的限制期刊销量有限，周刊最高销量也只有每期十四五万本左右，还只有少数几种‘港式’娱乐新闻生活情报综合杂志才能有此销量；其他类别按销量依次是计算机电玩类、消费情报、女性生活类与嗜好类杂志。”[②]所以在香港期刊市场中，占有主导地位的是女性时尚杂志和年轻人杂志。这些期刊以广告为主要内容，采用图录式手法介绍消费产品和时尚趋势，成本低发行量大，印刷精美，以广告作为主要收入来源，并且这类期刊中几份大刊基本上瓜分了香港期刊市场。而时事政论期刊的经营则比较艰苦，学术期刊不成比例，精美的、大型的、内容有深度的期刊已经不复存在。

三、数字出版

香港出版业在数字出版方面起步发展较早，但一直以来也没有取得质的飞跃。纵观 2000 年以来香港数字出版的发展，大致经历了两个比较明显的发展时期。

第一个发展阶段是以电子出版物为主，虽然这个时期网络出版和 eBook等已经兴起，但香港那个时期阅读 eBook 的人仍属少数，电子书阅读器也不够普及，大众的阅读习惯还没有改变，所以出版机构均采取观望态度。但是因为香港政府进行教育改革，推行多媒体教材，所以以 CD-ROM 为载体的电子出版物盛行了一段时间。与此同时，教学配套的一些数字内容学习网站开始兴起，但由于盗版的盛行和电子出版物高昂的

① 香港《本地报刊注册条例》规定，凡载有新闻、资讯、评论的刊物，如出版时间每次相隔不超过六个月，即须注册；但学术性期刊、历书、漫画和连环画、图片集、商业广告和传单等印刷品，可获得豁免。

② 柳斌杰：《中国图书年鉴（2004）》，湖北人民出版社 2004 年版，第 56 页。

制作成本，到后来陈列展销的地方不断萎缩，最后只能以邮购方式存在，或变为纸张出版物的附属品而已。很多独立出版的CD-ROM也仅为教科书出版社的教学光盘或者学术研究用的光盘。

第二个发展阶段是以网络出版和电子书为主。这一阶段的发展是伴随着亚马逊kindle模式的风行、苹果iPad的快速发展和娱乐化阅读的流行而兴起的。随着阅读习惯的改变，碎片化、娱乐性、消遣性的阅读越来越流行，这孕育了网络小说、网络漫画和网络游戏的蓬勃发展。如2005年正式启动的盛大·点击书(Digibook)项目。这个项目是香港玉皇旗下的漫画帝国网与上海盛大合作的多媒体出版平台。同时，近年来香港eBook的发展速度虽然没有内地快，但是也取得了一定的突破，如2008年香港盲人辅导会推出全港首个“点字电子书借阅”及“网上预约系统”；香港教育局也宣布成立“课本及电子学习资源发展专责小组”。

现在，香港出版各界都越来越认识到数字出版潮流不可阻挡，纷纷进行数字出版的探索，上马数字出版项目。主要分为两个发展方向：网络学习平台和eBook。一直以来教育出版在香港出版业中占有非常重要的地位，教育出版的数字化转型起步较早，现在很多香港教育出版机构在努力探索更加完善和多功能的网络学习平台，如博文教育(亚洲)有限公司推出的eClass平台、商务印书馆两套分别供中学生和小学生使用的网上阅读的中文平台等，香港现代教育网络亦针对网上教学提供内容和技术支持。而另一方面，对eBook的探索和努力也在继续，如2010年香港书展为电子书设立专区，并作专题深入研讨。香港各大书店也纷纷争先公布电子书的出版计划，如三联2010年宣布分批推出电子书。

四、出版物印刷

香港是全球四大印刷中心之一，印刷业作为香港三大支柱产业之一，在香港社会经济文化发展中扮演着重要的角色。高度发达的香港印刷业为香港出版业的发展提供了强有力的保障，香港本地出版物的印刷质量非常精美，质量一流。但是相对的，香港本地出版物由于印刷成本高昂，出版物定价普遍较高。所以从内地和台湾地区引进的出版物由于价格优势，在香港出版物市场中占有一席之地。

出版物印刷作为香港印刷业重要的组成部分，并没有独立的相关政府统计和行业统计，一直以来印刷业都是作为制造业中的六大产业之一进行核算和统计。从印刷业的产值、印刷业机构数量、从业人数以及印刷业出口贸易额等相关统计数据中，我们也能从侧面了解香港出版物印刷的基本情况。进入新千年以来，香港印刷业经历了原料上涨、工资上调等一系列不利因素的影响以及 2008 年金融危机的冲击。十余年来，香港印刷业有发展也有挫折，总体上来说发展较为平稳，历年的增长和衰退幅度都不大。根据香港《标准行业分类 2.0 版》，印刷业（印刷以及储录资料媒体的复制）被归在制造业大类中。印刷业在香港制造业中占有重要地位，根据统计（如表 6 所示），2005 年至 2010 年香港印刷业销售收入和增加值有升有降，但所占制造业整体的比重呈现稳中有升的发展趋势。

表 6　2005—2010 年香港“纸制品、印刷及已储录数据媒体的复制”行业产值统计表①

年度	2005	2006	2007	2008	2009	2010
销售及其他收入（百万港元）	19 198	18 791	16 148	19 043	16 407	18 124
制造业总销售及其他收入（百万港元）	174 942	182 600	163 788	182 246	168 129	205 038
所占比重(%)	10.97	10.29	9.86	10.45	9.76	8.84
增加价值（百万港元）	6 356	5 516	5 979	5 573	5 071	5 222
制造业增加价值（百万港元）	40 422	40 969	35 338	33 780	32 129	34 961
所占比重(%)	15.72	13.46	16.92	16.50	15.78	14.94

数据来源：香港特区政府统计处（按选定行业大类划分的所有制造业机构单位的主要统计数字）

印刷业是香港吸纳就业人数最多的行业之一，2000 年（如表 7 所示）以来，印刷业吸纳就业人数占制造业总就业人数的比例都维持在 14%—16%。从表 7 中我们可以看出，2000 年以来香港印刷业的机构数量呈现逐年减少的趋势，对应的就业人数也在减少，这跟大量的香港印刷企业北上开厂有关。随着 1997 年香港回归祖国，内地进一步对香港开放，很多香港印刷企业被内地低廉的劳动力成本所吸引，纷纷将厂房北撤，形成了“前店后厂”的模式。但是我们从表 7 中也可以看到，2011 年香港“印刷及已储录数据媒体的复制”行业机构数量在经历了近 10 年的减少后开始增长，

① 行业分类参照《香港标准行业分类 2.0 版》。

出现这一现象的原因在于人民币升值，内地开厂的劳动力成本、原料成本及运输成本都大幅增加，所以本港印刷开始呈现复兴的迹象。

表7　2000—2011年香港"印刷及已储录数据媒体的复制"机构数目就业人数统计表①

年度	机构数目	就业人数	制造业总就业人数	就业人数占比(%)
2000	4 075	28 405	207 816	13.67%
2001	3 996	28 957	184 176	15.72%
2002	3 788	24 449	165 606	14.76%
2003	3 364	23 564	150 555	15.65%
2004	3 248	22 134	150 186	14.74%
2005	3 094	21 491	148 396	14.48%
2006	3 140	21 631	139 547	15.50%
2007	3 125	21 282	135 709	15.68%
2008	3 069	20 153	130 602	15.43%
2009	3 022	19 835	124 907	15.88%
2010	2 793	19 432	117 590	16.53%
2011	2 934	17 983	110 379	16.29%

数据来源：香港政府统计处(按行业主类划分的机构单位数目、就业人数及职位空缺数目统计表)

与世界其他三大印刷中心不一样的是，香港由于它独特的地理位置和经济模式，其印刷业主营出口业务。印刷出口是香港出口贸易最重要的行业之一，2011年"纸及纸制品和印刷以及储录资料媒体的复制"行业在香港十大出口行业中排名第二，仅次于"化学品及化学产品"。根据表8我们能够看出，从2005年到2011年香港印刷业出口呈现出非常明显的"衰退—低谷—复苏"的形态：在2005年至2008年间，香港印刷出口总额持续减少；2009年由于席卷全球的金融海啸对香港经济的影响开始放大，出版物印刷和商业印刷需求减少，香港印刷出口总额降到谷底；随后2010年到现在，随着金融危机影响的慢慢消退和全球经济的复苏，香港印刷出口也开始慢慢复兴，出口总额呈现增长的趋势。

① 行业分类参照《香港标准行业分类2.0版》；所选取的数据是2000—2011年历年12月的统计数据。

表 8　2005—2011 香港“纸及纸制品和印刷以及储录资料媒体的复制”行业出口统计表[①]

年度	2005	2006	2007	2008	2009	2010	2011
出口总额（百万港元）	6 401.8	5 642.3	5 025.0	4 671.0	3 646.9	4 248.7	4 593.6

数据来源：香港特区政府统计处（按产品所属工业划分的港产品出口统计数字）

五、出版物流通

国际化无疑是香港出版业最大的特点之一。进入新千年，香港出版业继续它的国际化特色，尤其是在流通领域，香港的中转站角色愈发明显和突出。香港小是小，但特有的政治背景、经济条件及地理环境使香港出版业具有无与伦比的优势。香港不仅是图书贸易的一大中转站，也是一个重要的出口港，香港构建了完善和发达的出版物国际流通体系：“香港现有书刊进出口代理商 100 多家，主要经营外国出版物的进口和转口业务。英、美等出版大国的出版集团在港设有子公司，经营向亚洲销售出版物的业务；中国大陆与台湾的出版机构亦在香港设立分支部门，从事出版书刊的进出口业务。香港出版物的主要进口来源是英国、美国、日本和包括台湾省在内的中国其他地区，主要销往英国、澳大利亚、新加坡以及中国大陆和台湾地区”[②]；同时香港书商还在北美、东南亚等华人聚居地区积极开拓华文图书零售市场。

香港出版物的本地流通网络同样也很发达。2000 年以来香港的书刊流通网络进一步完善，在只有 1 万多平方公里和 700 多万人口的土地上构建了书店、报摊、临时销售、机构销售、图书馆采购、网上销售、邮购等多渠道、多方位的立体流通模式（见表 9）。“书店与书报摊仍然是香港的两大主要零售渠道。临时书刊销售场地的兴起是亚洲金融风暴以后的事情，但其中也有高低两个层次。邮购等直销形式在香港所占比例不大。”[③]

---

① 行业分类参照《香港标准行业分类 2.0 版》。

② 陈才俊：《香港图书出版业的历史发展与现代启示》，《学术研究》2004 年第 9 期，第 106—110 页。

③ 柳斌杰：《中国图书年鉴（2004）》，湖北人民出版社 2004 年版，第 54 页。

表 9 香港本地图书报刊流通网络①

分类	明细	举例
书店	连锁书店	三联、中华、商务、大众、天地、辰冲、叶一堂(PAGEONE)、Bookazine、Dymocks
	独立书店	“二楼书店”、专业书店
报摊		大约有 1 000 家固定报摊,300 个流动报摊,此外还有约 1 000 个各种便利店也有报刊零售
临时销售场	商场书展	
	学校书展	
	大型书展	香港书展
	特卖场	
机构消费	企业、学校集体采购	
图书馆采购	政府图书馆	供货合约招标
	各级学校图书馆	有招标与非招标两种
邮购		
网上订购		香港书城(http://www.hkbookcity.com/) 商务网上书店(http://www.cp1897.com.hk/)
电子传递	按需印刷(POD)	商务网上书店(http://www.cp1897.com.hk/)

除去机构消费和图书馆采购的批量销售,香港图书的零售主要是通过分布在全港数以千计的大中小型书店和图书销售点进行的。香港是一个书店报摊密度非常高的地区,大大小小的书店布满了本来就不大的香港。新千年以来香港的大、中型书店数量有所增加。大型连锁书店,以其丰富的图书品种、较大的阅览空间、完备的企业化管理在香港独树一帜。原来在香港经营几十年的联合出版集团属下的三个图书零售系统——三联、中华和商务保持活跃,十余年来不停扩展,分店从 20 多家增加到 40 多家,销售的图书品种也大幅度提升。外来的大型书店如大众书局陆续扩展分店,PAGEONE 稳占英文书店和设计图书市场,来自澳洲的 Dymocks 连锁授权书店与《南华早报》(SCMP)集团合作,开拓香港的英文图书市场。此外内地和台湾地区的大型书城也纷纷进军香港出版市场,如新华书城和城邦

① 柳斌杰:《中国图书年鉴(2004)》,湖北人民出版社 2004 年版,第 54 页。

书店。中小型书店亦称为独立书店，一般专营某类或某几类图书，以特色取胜，有的还兼营文具，在港数量最多，分布最广。同时具有香港特色的小型“二楼书店”（也叫“楼上书店”）作为大型综合书店的补充依旧运作，各占市场，坚持专门书店的特色。近年来由于租金上涨、成本增加、销量降低等因素的影响，陆续出现“二楼书店”倒闭的现象，其经营逐渐陷入困境。图书销售点则是指设于地铁站的连锁便利书店、超级市场或百货公司中的商场书店以及遍布街头的书摊。

“中文杂志的主要销售通道依次是报摊、便利店、杂志屋。订阅是极为少见的，全靠读者见书买书。这就形成了杂志的封面必须适应陈列，设计夸张醒目，杂志的名称必须在上部（否则就在杂志架上被遮盖）等特点。英文、日文杂志基本上是进口，本土出版凤毛麟角。外文杂志的订阅比例稍高，但零售仍是主要形式。外文杂志的销售点主要是外文书店，部分外文杂志在中文报摊也有出售。英文杂志的销售倾向与中文杂志大不相同，是以政治经济为主，生活实用为辅。不过日文杂志的销售也是以生活实用为主。”①

香港书展。香港书展由香港贸易发展局主办，是亚洲最大型的书展之一。每年一度的香港书展是香港出版业的盛事，吸引了来自香港、台湾地区、中国内地以及世界各地的出版商、图书销售商、发行商、作家及读者参与，为亚洲出版尤其是两岸三地的出版界提供了一个新书推广的平台。经过新千年来十多年的发展，香港书展也在经历着成长和变化，到现在香港书展已经成为亚洲参观人数最多的书展之一，发展成为集版权交易、零售、新书推广、展览参观、论坛等为一体的综合性大型书展。2011 年，共有 526 家商号参加香港书展，其中约 100 家来自外地，大会吸引了 950 000 人到场参观。

网络书店。进入 21 世纪，出版物流通领域发生了较大的变化，一个革命性的事件就是网络书店的兴起。以美国亚马逊为代表的网络书店，代表了一种新的出版物流通方式，对传统出版物流通尤其是实体书店产生了巨大的冲击。相比较内地和台湾网络书店的红火，香港的网络书店暂时还未成气候，显得不温不火，几家网络书店多维持在推广宣传层面，营业额不大，对实体书店影响有限。因为香港幅员狭小，人口相当集中，不管是商业

① 关永圻：《香港十年之出版》，《中华读书报》2007 年 6 月 27 日。

区还是住宅区，都有大大小小的书店和报摊，读者总会在公司、学校或住家附近找到书店，要买书实在是轻而易举。再加上每年香港的新书品种有限，差不多几千种，实体书店足够容纳，且香港发达的发行流通体系可以保证即使书店没有现货，只要读者提出订书而出版社又有存货，书店便可在两三天内满足读者需求。

六、出版产业发展趋势

（一）产业进一步整合和融合

香港出版业在进入21世纪以后，加快了产业整合和融合的步伐。尽管囿于香港出版市场狭小，香港还未形成国际性的综合出版集团，目前的出版机构还是以中小型规模为主，但香港出版企业很早就进行了兼并融合的探索。首先这使得出版上游的内容生产部门能够有能力承担大型项目的开发及营销策划，并可以积极运作数字出版项目。其次在出版下游的出版发行渠道得以共建、物流体系得以共享、零售系统得以合并，使得出版物生产销售过程中的资金流、信息流和物流能够更加方便快捷地传递。比如1988年成立的香港联合出版集团，在进入新千年以来积极整合集团旗下的出版、印刷、发行、零售、物流等部门，试图发挥整个图书产业链最大的效益及优势。再者香港不少出版社已经开始在业务构架方面进行跨媒体整合，如商务印书馆和朗文香港教育合作，推出 Wi-5 Infinity 8100 流动辞典机。产业的融合和升级已然成为香港出版未来发展的一个重要趋势，通过产业深度合作和整合可以将出版资源优化，发挥集团化、产业化、合作化、多元化以及跨界经营的优势，更好地开拓出版市场。

（二）数字出版转型进一步加快

香港数字出版的起步并不晚，但是因为种种因素的影响，香港现在数字出版的发展步伐不仅没有赶上世界数字出版发展的步伐，甚至还被近年来崛起的内地数字出版所赶超。越来越多的香港出版人认识到数字出版潮流不可逆转，在亚马逊 Kindle 模式、苹果 iPad 模式和 Google 数字图书馆模式的刺激下，纷纷加快了数字出版转型和探索的步伐，主要是电子书出版和多媒体出版的探索。“香港书展2010年首次设立‘电子书及数字出版’展区，汉王、联合出版集团、明报等20多家参展商展出最新的电子书及数字阅读器。香港各大书店也争先公布电子书出版计划，唯恐落后于前人。如三联宣布分批推出电子书，天窗出版社则以时尚生活类电子书出战。”①“香港书展2011年为迎合电子书日趋普及的大势，特别为电子出版业设立两个专区，吸引32家商号参展，较去年增加60%，并同期举行国际出版论坛，主题是《出版电子化的新机遇》。2010年，香港出版超过1 000本电子书。由3家香港出版机构与香港贸发局携手合办的电子书阅读平台，自2011年6月底起录得逾18 000次下载。”②此外多媒体出版方面，多家教育出版社推出和完善多媒体学习网站。尽管香港数字出版和电子书现在发展得还不够成熟，但随着电子阅读设备的普及，香港教育多媒体和电子化改革的继续推进以及香港出版人的积极探索，未来数字出版将会成为香港出版一个新的亮点。

（三）出版产业的内容属性进一步凸显

在香港特区政府统计处的统计中，出版相关的统计是“印刷及已储录数据媒体的复制”行业的统计，该分类把“出版”归类为“印刷、出版及有关行业”，可以看出目前在官方的统计中出版依旧属于印刷业的一个附属，没有独立的产业地位。但事实上出版业应该是内容产业，应该强调的是它的内容属性而不是它的载体属性(印刷)，所以出版业更多的是内容产业而不是制造业。香港政府也越来越意识到出版产业的内容属性，开始提出一系列促进内容创意产业发展的举措。“提出了包括文化及创意产业、医疗产业、教育产业等在内的香港六大优势产业，而文化及创意产业主要包括：广告；建筑；艺术品、古董及手工艺品；设计；电影、视像及音乐；表演艺术；出版；软件、计算机游戏及互动媒体；电视与电台。”③虽然短期内还无法将工业制造业生产兴盛年代形成的《香港标准产业分类》(HSIC)进行大的改变，但目前香港出版业的普遍看法是香港出版仍具创意方面的优势，应该将出版业纳入到整个内容产业的角度来进行跨产业运作。一个典型的例子就是漫画“麦兜”系列已成为了动漫电影的主角，电影取得了巨大成功，从而带动了图书、文具、服饰等周边产品的热销。

---

① 高玉华：《2010年香港出版现况》，《“全国”新书资讯月刊》2010年第1期，第108—112页。

② 香港贸易发展局. 香港出版业概况. http://hong-kong-economy-research. hktdc. com/business-news/article/%E9%A6%99%E6%B8%AF%E8%A1%8C%E4%B8%9A%E6%A6%82%E5%86%B5/%E9%A6%99%E6%B8%AF%E5%87%BA%E7%89%88%E4%B8%9A%E6%A6%82%E5%86%B5/hkip/sc/1/1X000000/1X006NW7. htm. 2011-08-29/2012-09-29.

③ 香港特区政府统计处. 香港四个主要行业六项便势产业(概念及方法). http://www. censtatd. gov. hk/hkstat/sub/sc80_tc. jsp. 2012-09-28/2012-09-29.

(四) 出版市场进一步开拓

由于香港本土出版市场很小,所以香港出版人一直以来都在积极维护出版本土市场并开拓外部市场,用香港出版总会陈万雄的话讲就是:“一是更加注重本土性,免受外来力量的干扰;二是更加注重跨地域性和国际性,关照并领先整个华文市场。”首先是教育出版市场的开拓,香港的教育出版面临着学制改革和教学模式改变的巨大机遇和挑战,如果出版人能够抓住这个机遇并化解挑战,将极大地提升香港教育出版的发展。其次是英文图书市场的开拓。香港的本地英文图书市场极具潜力,教育及儿童书的销售不断增长。配合有实力的跨地域图书批发系统,香港有能力发展成为亚洲英文图书批发中心,不单满足不断增长的内需市场,而且还可将发行力量及网络扩展至香港以外的多个亚洲地区。最后是香港出版“走出去”的发展,一面走到内地、台湾,一面是走到海外。内地市场的巨大潜力已成为全球的焦点。香港出版商处于有利地位,可以将中国内地的资讯输往世界各地,同时近几年不少香港出版社在台湾市场上也有良好的收获。而走向海外,主要是海外华文图书市场的开拓和与海外出版机构的合作出版,例如香港中文大学出版社近年来除与国内大学出版社合作外,还跟众多欧美出版社合作出版,让香港出版更有效地走进国际市场。

新千年来的澳门地区出版

作为一个领土只有30平方公里、人口不足56万，却有着400多年出版历史的城市，澳门的特殊性不言而喻。据有关史料记载，澳门印刷业始于明朝中叶，由外国传教士将改良后的活字印刷术从欧洲带入澳门，如利玛窦、罗明坚在澳门合编的《葡华字典》即为中国最早用活字印刷的字典之一。但是，很长时间以来，尽管作为沟通东西方文化的最早门户之一，澳门的出版业发展却十分缓慢，直到20世纪80年代如雨后春笋般涌现出一批本地出版社，才令出版业初见起色。进入90年代，由于澳门政府积极促进本地教育文化的发展，促使澳门的出版业有了很大提升，亦为图书出版拓展了市场空间。

澳门12年来共出版了7 172种图书，可见近年来澳门出版业发展相当迅速，以下为澳门回归以来出版业发展的重点回顾。

一、出版数量及出版单位分析

（一）出版业平稳发展，政府出版主导图书市场

2000—2011年，澳门出版的图书、期刊、特刊等出版品共计7 172种。从图1可以看出，澳门出版品的数量在12年间未有较大增长，平均维持在每年600种左右，唯独在2004年达到711种，正因当时适逢澳门回归五周年大庆，不同社团及作者相继出版回顾、庆祝之专集，使得2004年澳门出版品数量出现一次难得的小高潮。

自2010年始，在互联网高速发展的影响下，部分出版社努力推动本地图书电子化，将已出版的书籍、杂志等转化为手机电子书，如2010年9月，澳门和记电讯公司伙拍香港电子书籍库光波24书网，推出多媒体流动电子书平台3Books，它涵盖了经典书、畅销书、杂志及相集等，还加入网页连续功能，支持多媒体影音播放，让读者实时将好书分享至各大社交网络平

台(月付费 38 元澳门币可无限次浏览 2 000 本图书及杂志);2010 年底澳门原力出版社与香港梦想书城正式合作,在免费的"梦想书城"App 内建立澳门区图书,让 IOS 系统的手机和平板计算机都可以在世界各地下载澳门书籍;澳门政府也积极推动电子阅读,电子图书的兴起导致澳门传统的出版品数量有明显下降,几乎与 2000 年持平。

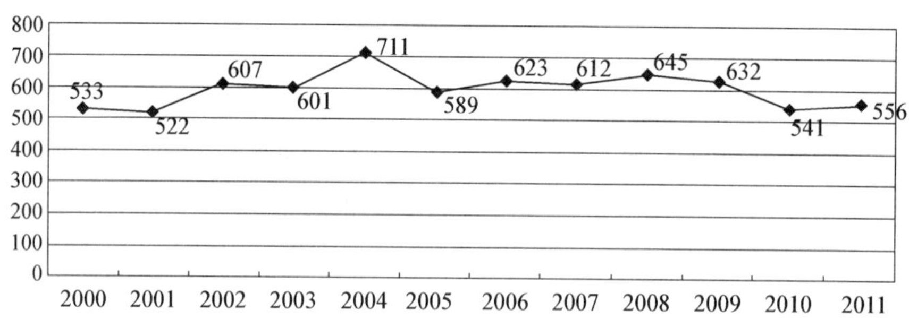

图 1 2000—2011 年澳门历年出版数量一览图

经笔者搜集整理,澳门本地出版单位共计 896 个(参见图 2),当中以社团数量为最(424 个),约占所有出版单位的 47.32%。与中国内地、香港和台湾地区的政治文化不同,澳门是一个社团文化的政治社会,全澳约有 3 000 多个注册社团。这种现象也反映在澳门出版市场上,约有 14%的社团以不同的方式出版了 1 727 种出版品,占 12 年间出版品总量的 24.08%;尽管澳门政府出版单位只有 84 个,占社团数量的 20%,但其出版品数量(3 528 种)却占据了出版品总量的半壁江山(49.19%),可见政府部门在某种程度上主导了澳门的出版市场;第三位为私人出版单位,共 258 个,其中

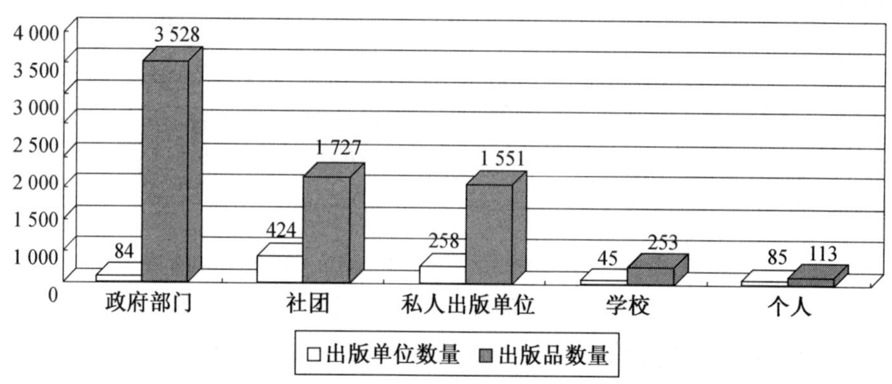

图 2 2000—2011 年澳门出版单位统计图(笔者收集整理)

包括私人出版社、商业公司、公共事业机构等，出版品达 1 551 种，占出版品总量的 21.63%；第四为学校出版单位，全澳有约 100 所中小幼学校，接近一半的学校(45 所)共出版书刊 253 种，占出版品总量的 3.53%；最后为个人自资出版单位，共 85 个(113 种)，占总量的 1.58%。

1. 政府出版

众所周知，一般意义上的政府出版物是指政府各部门及其下属机构出版的、具有官方性质的文献，因此又称为"官方出版物"，大致可分两类：一类是行政文件，如会议记录、司法资料、规章制度、调查统计等；另一类是科技文献，如研究报告、科普资料、技术政策文件等。政府出版物是一种既特殊又重要的文献资源，更是一个国家或地区体现社会各个方面的重要数据来源之一，历来为各国政府或地区的新闻出版部门和图书馆界所重视。

图 3 为政府出版单位前 20 位排行表。从中可以看出，政府出版单位以澳门民政总署出版量最多，共 475 种；次为统计暨普查局 392 种；澳门大学和澳门理工学院作为澳门地区规模最大的两所公立高校，拥有一定的学术出版物做支撑(本澳公立高校亦属政府单位，故此列入)，分别出版了 322 种和 276 种，分列第三、第四位；第五为教育暨青年局 174 种。前五位出版单位的出版品总量即占所有政府部门出版数量的 46.46%。其他政

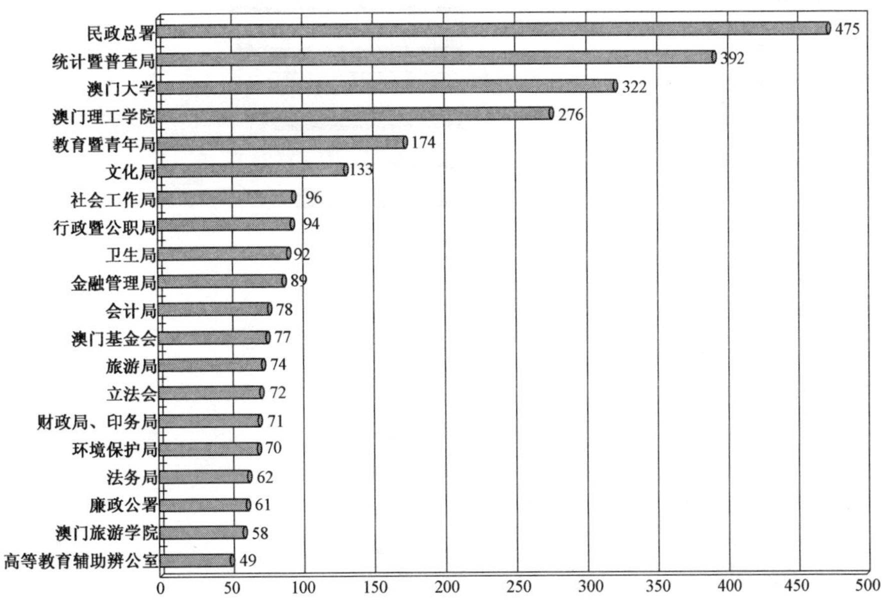

图 3 2000—2011 年前 20 位政府出版单位排行

府单位出版量差别不大，平均约70种左右。

2. 社团出版

澳门社团历史悠久、数目之多，可谓世上独一无二。澳门是一个国际化都市，华人、葡萄牙人、欧洲人、马来人聚居在这个弹丸之地，成为西洋文化与东方文化融合交汇处。相对于同时期世界绝大多数尚处在封建专制中的地区而言，澳门却凸显其开放和接纳的优势，正是这种社会氛围，民间社会团体才得以在澳门广泛兴起。自19世纪后至20世纪初始，镜湖医院慈善会(1871年)、澳门同善堂(1892年)、澳门中华总商会(1913年)相继诞生，据不完全统计，目前澳门地区社团数量超过4 000个，其中具有澳门身份证明可注册的已逾3 000个。澳门社团是本澳政治、经济、社会等各方面发展所衍生的产物，因此澳门也素有"小政府大社会"之称。

图4为12年间前20位社团出版单位列表，他们致力于从文化、社会和经济等方面向国际社会推广澳门。澳门的澳门国际研究所是影响最大

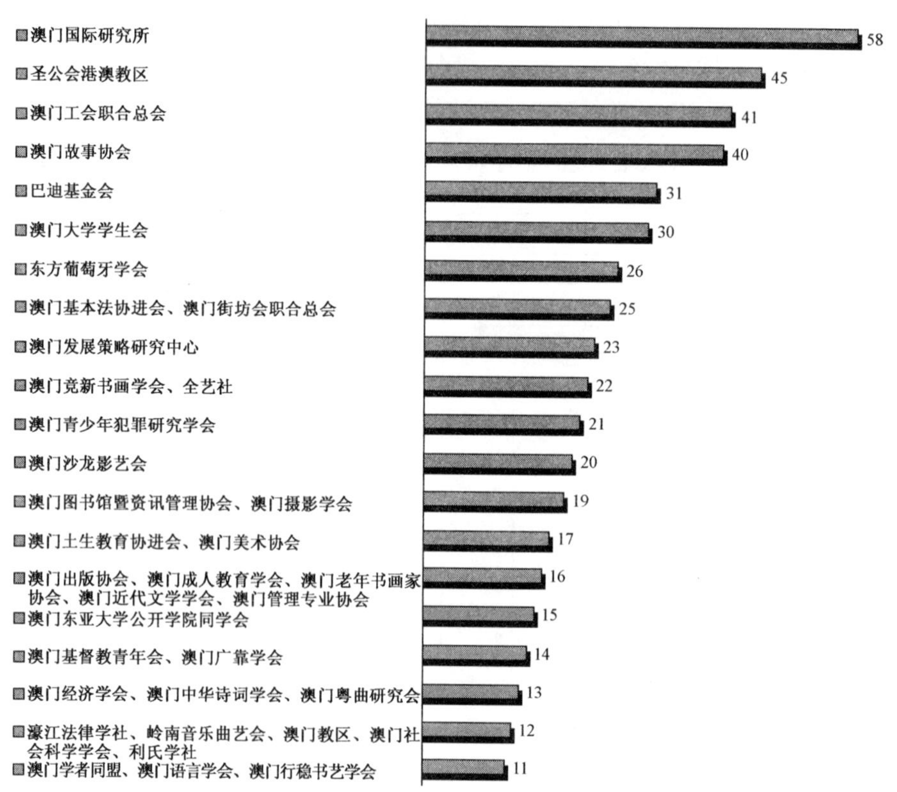

图4 2000—2011年前20位社团出版单位排行

的国际性非盈利社团机构，其出版物如基督之城系列、论坛文集、论澳论已、千禧今天、马赛克系列等等在澳门各书店均有销售，12 年间共出版了 58 种出版物；次为圣公会港澳教区（45 种），该教区前身为中华圣公会华南教区（前称港粤），现已被香港圣公会教省取代，是港澳地区最主要的基督教会之一；作为澳门各行业工会联合组织的澳门工会联合会位居第三（41 种），目前工联属下的基层工会已有 50 个左右；第四为澳门故事协会，其作品以不同形式出版，并派发到各学校、图书馆及其他公共服务团体以作教育及推广文学创作之用。前 4 位社团之出版品数量较其他单位有明显差距。

3. 私人公司出版

图 5 为 2000—2011 年前 15 位私人公司排行表。以国际港澳出版社有限公司及新纪元国际出版社各 93 种并列第一位，前者为综合性单位，以人文社科类较有特色，辅以其他，出版范畴广阔，内容丰富多样；后者为巴哈伊国际出版社（BPI）的下属机构，主要出版反映巴哈伊原则和观点的繁简体中文图书，亦代理 BIP 英文书籍的销售及版权贸易。澳门出版社有限公司以 87 种位居第二，主要为美术、书法、绘画及文学类书籍，如《广东美术馆年鉴》、《中国当代书画名家》等。第三为澳门日报出版社，76 种。作

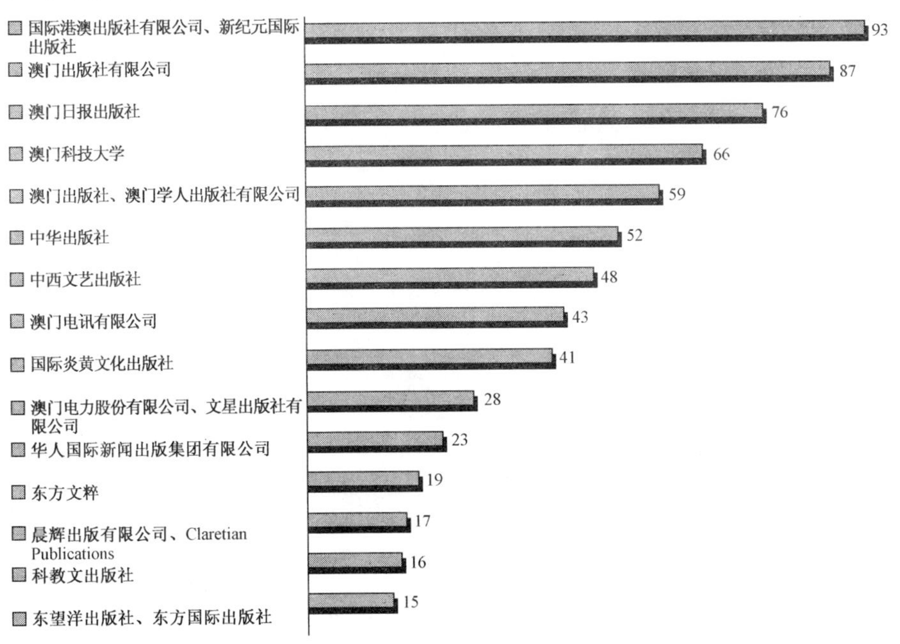

图 5　2000—2011 年前 15 位私人公司排行

为澳门销量最多、最有影响的中文日报——《澳门日报》另设有出版单位，澳门日报出版社近年推出了不少优秀的文学作品，如《澳门文学论集》，以及庆祝《澳门日报》创刊五十周年出版《澳门手册》、《澳门市区图》等。第四为澳门科技大学(66 种)，为澳门最大的私立高校，以出版学术著作为主。澳门出版社和澳门学人出版社有限公司以 59 种并列第五位，前者以“积累澳门文化艺术创作成果，开拓澳门出版业新途，促进澳门与内地文化交流”为宗旨，出版了不少本澳小说、诗词选集、旅游及经济类书目，如《澳门四百年诗选》、《澳门小说选》等，还致力于繁荣粤剧事业，共出版粤剧书刊二十余种，成为该社出版业务的一大特色；后者主营字画、出版、印刷等，出版物以人文社科类居多。

4. 高校出版

图 6 为澳门 10 所高校的出版量分析，以澳门大学为最多，达 336 种；次为澳门理工学院(283 种)；第三为澳门科技大学(66 种)。其出版特点为传统规模较大的学校，长年累积了一定的师资队伍以及学生组织等资源，出版数量亦相对较强，出版物大部分均以学术专著为主，辅以校刊、学报及各类研究所出版物。

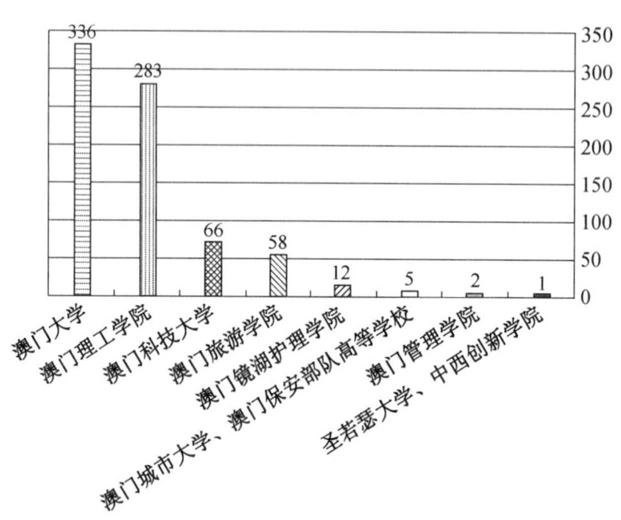

图 6　2000—2011 年 10 家大学出版排行

5. 学校出版

图 7 为 2000—2011 年前 10 位学校出版排行表，首位为濠江中学 29 种，次为圣若瑟中学 25 种，第三为培正中学 21 种，第四为澳门劳工子弟学

校18种，第五为粤华中学10种。澳门的中学有不少以宗教为依托，如天主教的圣若瑟中学，基督教的培正中学等，诸如纪念特刊、校刊以及偶尔推出一些具有宗教性质的出版品是这些学校较有特色的出版物类别，如培正中学的《培正校刊》等等。

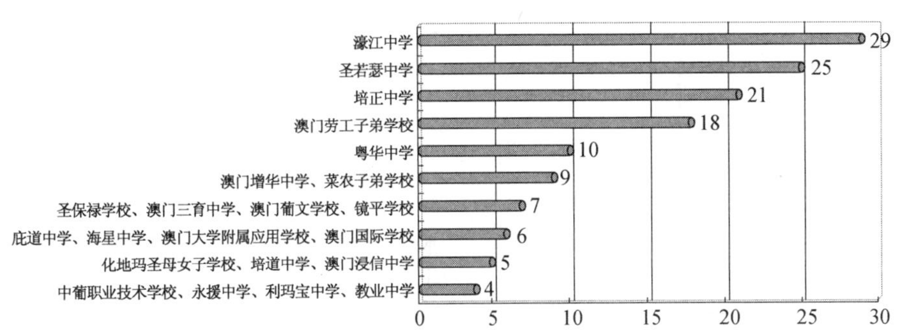

图7　2000—2011年前10位学校出版排行

(二) 本地作者以政府及高校者众，外地作者以宗教为依托

从出版品作者性质分析（参见图8），在笔者所统计的7 172种出版品中，由于大部分为政府及社团出版物，故团体作者的出版数量有绝对优势（3 948种），占55.05%；澳门本地作者（1 298种）占18.10%；外地个人作者（872种）占12.16%，其他作者占14.70%。本地作者著作虽然较多，但与外地作者相差并不太大，作为历史悠久的全球文化交流的开放门户，欧洲和中国的各种文化在此荟萃，使澳门在文化交流产业上具有巨大发展潜力和全球化色彩，因此对外地作者亦有很大的吸引力。

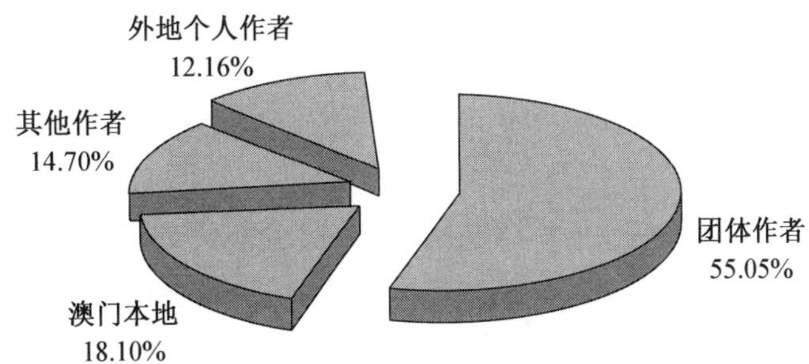

图8　2000—2011年出版作者统计图（笔者收集整理后的分析）

1. 本地作者

图 9 为 2000—2011 年本地作者出版排行表前 5 位，其中尤为突出的是以澳洲籍澳门大学教师客远文出版作品最多，共 34 种；次为已故澳门记者陈炜恒的个人结集；第三位并列有 5 位，分别为澳门基金会主席吴志良及金国平两位的历史著作，黎祖智的澳门与葡国的政论，李立基的澳门法

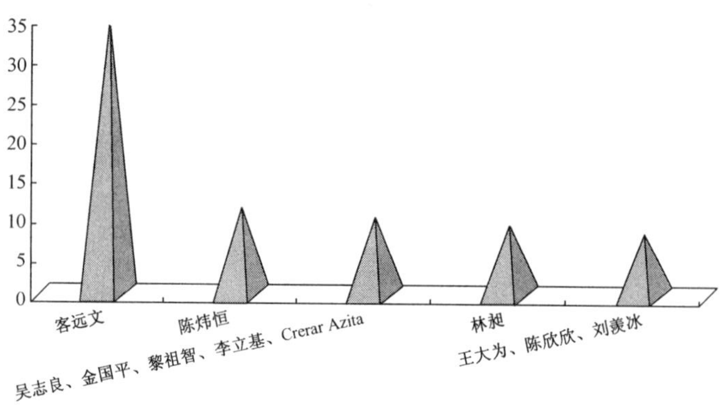

图 9　2000—2011 年本地作者出版排行前 5 位

律专著，及 Crerar Azita 的儿童英语教材；第四位为著名新闻记者及出版人林昶的两岸政论书系；第五有 3 位，分别为澳门基督徒文字协会会长、《时代月报》(澳门历史最悠久的福音报)总编辑王大为的传教类著作，陈欣欣的本澳政治社会和青少年犯罪问题研究，以及教育家刘羡冰的教育类专著。

2. 外地作者

图 10 为 2000—2011 年外地作者出版排行表。以巴哈欧拉·阿博都巴哈的巴哈伊教(也称"大同教")教义书刊为最多(25 种)，巴哈欧拉是巴哈伊著作的唯一权威解释人，其作品被认为是巴哈伊圣作的权威诠释。次为致力于儿童早期教育近 40 年的 Addis Fryback 女士(18 种)，她擅长研究儿童早期道德和品格教育，曾为本澳、中国内地、泰国、印度、巴基斯坦和哥伦比亚等地区的幼儿园老师提供过培训；位居第四的是非物质文化遗产、民间文学和民俗学领域专家叶春生教授；位居第三的 Lee Anthony A. 与第五的李绍白均为巴哈伊教的推介者，在巴哈伊文献的译介方面多有建树，其译作深受学者和教友喜爱。巴哈伊教大量的文献多以英文、阿拉伯文和波斯文为载体，20 世纪至今已有少量文献译为汉语，但是目前仍然满

足不了学术界和宗教界对巴哈伊教研究、了解和学习的需要。学术界早已发出系统译介巴哈伊文献的呼声，相信未来会有更多相关论著面世。

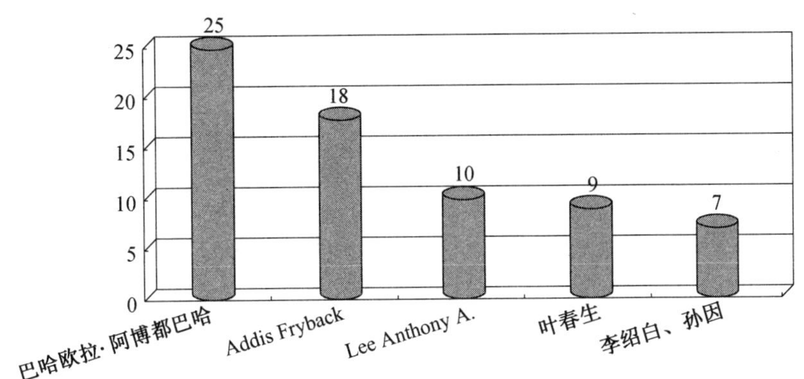

图 10　2000—2011 年外地作者出版排行前 5 位

3. 个人出版

由创作者自行出版而不经过出版社的出版模式被称为个人出版。对于个人出版来说，图书贵精不贵多，虽然从销量来看这种出版模式在出版产业中占的比例并不大，但是它已存在了数个世纪，且因复印机、桌面出版系统、随选打印等出版技术的进步而日益活跃。DIY 运动、部落格等文化现象也对个人出版的进展有所贡献。①

在港澳地区，个人出版也是一种自费出版，能够满足作者著书立说的需求，是港澳出版业的特色之一(参见图 11)。个人出资，以个人名义申请 ISBN，不通过出版社，而是找图书公司出版，这种方式操作起来比较方便。由于出版量远比政府以及民间社团来得少，当中以 João Correia dos Reis

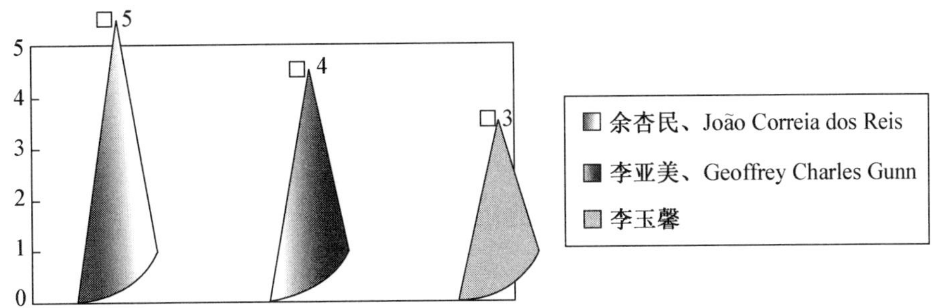

图 11　2000—2011 年前 3 位个人出版排行

① 参见百度百科：http://baike.baidu.com/view/724508.html. 2012-06-23.

及余杏民(各5种)为最多,次为 Geoffrey Charles Gunn 及李亚美(4种),第三为李玉馨(3种)。

(三)多语种出版仍为特色,社会科学及艺术类出版物稳居前列

1. 出版物语种分析

虽然外资公司不断进驻澳门,政府各部门亦对本澳社会经济研究非常重视,但图书出版仍以中文书(4 075种)为主。同时,澳门自回归之后一直积极推动中葡双语的语言政策,故葡文书数量略高于英文书,分别为506种和453种。表1为2000—2011年同本出版品包含不同语种的统计表[①]。从表中可知,同一本出版品内使用语种越多,其数量则越少。中、葡、英三种语言在澳门最为常用,因此中、葡、英三语著作超过了中葡和中英双语著作,分别为837种、697种及534种,如《珠澳合作开发横琴专题研究:澳门如何参与》(2010)、《澳门产业结构优化与适度多元化研究》(2006)等为三语著作。英语作品集中在文学创作及语言学习方面,葡语作品主要为艺术及法律出版品,纯外语著作有1 003种,外语人才有较强劲的表现。

表1 2000—2011年同本出版物内包含不同语种之统计表

语种	出版数量	语种	出版数量
中	4 075	中、英、其他	1
中、葡、英	837	中、英、法	1
中、葡	697	中、英、捷克	1
中、英	534	中、意	1
葡	506	中、葡、英、法	1
英	453	中、葡、英、法、西	1
葡、英	25	中、葡、英、普	1
西	12	中、葡、英、意	1
中、葡、英、法	10	日	1
中、英、日	3	英、法	1
中、葡、英、西	3	德	1
中、葡、英、日	2	/	/
法	2	/	/
英、日	2	总计	7 172

① 意指同一本出版品内包含不同的语种。

除多语种混合出版以外，为了节省翻译的时间，部分出版单位（主要为政府部门）分别以中葡英各语种单独出版。另有一组数据可作说明：经统计，在已知的786种出版品中，有248种葡文书另有中文版本，约79种葡文书同时有中文版和英文版；约232种中文书另有葡文版本，约90种中文书同时有葡文版和英文版，约40种另有英文版，等等。至于从外文翻译出版的著作只有80种，主要为葡文文学及宗教作品译本。多语种出版使澳门的出版在华文地区中颇具特色，也正因如此，本地更加需要多语种编辑的人才。

2. 出版物内容分析

按中国图书分类法进行分类（见表2及图12），在7 172种图书中，以社会科学类图书为最多，共3 012种，占总体的42.00%；次为艺术类，共1 293种，占18.03%；第三为应用科学类，共819种，占11.42%。最少出版的图书则为哲学和外国史地类，分别为53种及87种。表2为2000—2011年澳门图书分类统计表，从中可见澳门以社会科学类出版为主导方向，并辅以艺术类图书带动整个出版市场发展。

表2 2000—2011年图书分类统计表（按中国图书分类法分）

年份	总类	哲学	宗教	自然科学	应用科学	社会科学	中国史地	外国史地	语言文学	艺术	总计
2000	18	5	21	11	61	236	45	5	49	82	533
2001	11	2	15	10	58	244	31	3	68	80	522
2002	23	4	19	12	64	245	27	7	88	118	607
2003	21	7	24	19	91	242	31	8	56	102	601
2004	22	7	33	12	81	270	53	9	95	129	711
2005	22	3	15	6	68	248	47	16	54	110	589
2006	28	12	15	8	82	240	31	14	94	99	623
2007	28	2	30	11	74	243	37	12	58	117	612
2008	28	3	20	9	54	284	37	4	82	124	645
2009	19	5	31	13	47	287	42	4	62	122	632
2010	12	2	17	14	47	233	42	3	37	132	539
2011	9	1	13	56	92	238	22	2	45	78	556
总计	241	53	253	181	819	3 012	445	87	788	1 293	7 172

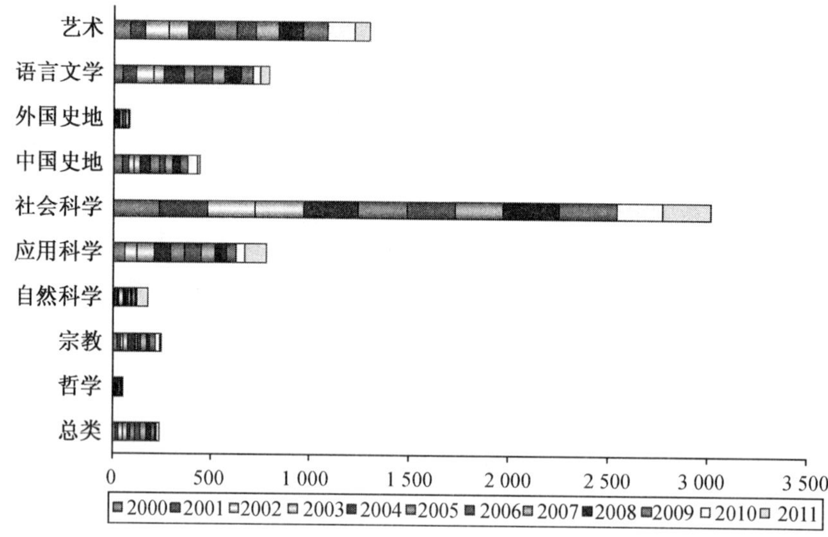

图 12 2000—2011 年图书分类统计图(按中国图书分类法分)

如按照图书的主题进行分析(参见图 13),以艺术类为最多,共 1 293 种;次为公共行政类,为 709 种;第三为经济类 671 种。前 10 位出版数量均超过 200 册。在 7 172 种图书中,约有 4 900 种题材与澳门相关,可见出版品内容过于本土化,缺乏对国际视野及论题方面的探讨,令澳门出版市场往海外发展受到一定程度的限制。

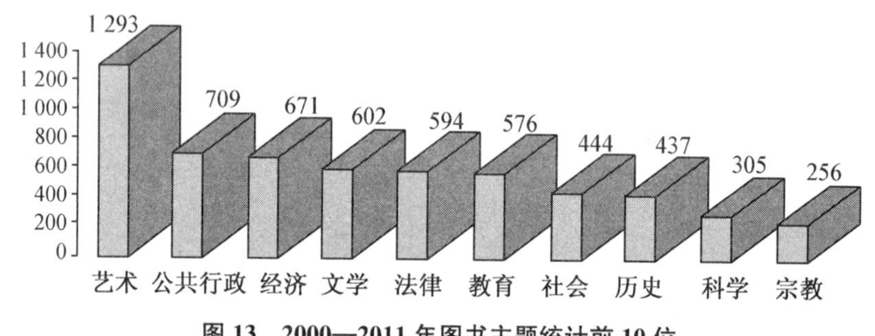

图 13 2000—2011 年图书主题统计前 10 位

2008 年国家颁布《珠江三角洲地区改革发展规划纲要》,首次提出要把澳门建设成为"世界旅游休闲中心",而 2011 年中央政府最新出台的《"十二五"规划纲要》中也明确支持以"休闲旅游"为核心发展其他产业,这为澳门经济今后的发展指明了方向[①]。从表2中可见艺术类图书的出版数量遥遥领先于其他图书，此乃国家及澳门政府大力发展文化创意产业所致。2010年澳门特区政府正式启动文化产业工作，并研究设立“文化创意产业基金”，结合政策的制定和实质的支持，务实推动澳门的文化创意产业之发展。根据国家文化创意产业的相关政策，澳门对本地文化创意产业作了重点发展的划分，包括视觉艺术、设计、电影录像、流行音乐、表演艺术、出版、服装及动漫八大项目。世界各地艺术家纷纷来澳举行各类活动，如画展、书法展、摄影展、陶艺展等，同时出版相应的画册、书法集、摄影集等，艺术类图书的出版数量由此大幅增加。作为远东最早的传教中心，宗教类图书一直保有稳定的出版数量，除了论著最多的巴哈伊教外，另有天主教、基督教、伊斯兰教、佛教、道教等各类宗教著作在此汇聚，使得宗教类图书力压旅游类和博彩类挤进前10位。

二、澳门的期刊及报纸

澳门是西方印刷术最早传入中国的城市。早在1833年，基督教传教士马礼逊创办的不定期中文刊物《杂闻篇》，是最早以金属活字印刷术印刷的中文期刊，也是在中国境内最早出版的中文期刊，同时是澳门历史上最早出版的中文期刊。澳门出版的期刊寿命大都非常短暂，部分创刊一至两期后便告停刊。政府或部分社团机构出版的期刊，因为资金充裕，又有专职人员负责，所以刊期较为稳定及可持续出版。1986年，澳门社会科学学会成立并出版学报《濠镜》，在澳门社会科学发展史上成为学术期刊的奠基石；1987年，澳门文化局的前身澳门文化学会，采用季刊形式分别以中葡双语创办了《文化杂志》，主要刊载历史、艺术、文化和宗教等领域的文章，至今已发展为中文版及国际版两刊，亦是中国社会科学引文索引(CSSCI)的来源期刊；1988年由澳门东亚大学澳门研究中心创办的综合性刊物《澳门研究》亦为CSSCI资料来源的学术期刊，是澳门人文社会科学领域较具权威且为人关注的刊物。[②] 由此可见，澳门的期刊在20世纪80年代便取得了不错的成绩。

---

① 世界旅游休闲中心:《澳门经济新增长点》,《时代经贸》2011年第6期。

② 吴志良:《澳门社会科学期刊的历史发展》,《行政》2008年第4期,第904页。

回归以前，澳门出版的报纸及期刊约有 109 种，题材以澳门旅游、时事及机构通讯为主。回归前澳门已有日报 11 份：《澳门日报》、《华侨报》、《大众报》、《市民日报》、《星报》、《正报》、《现代澳门日报》、《华澳日报》、《句号报》(葡文)、《澳门论坛日报》(葡文)、《澳门今日》(葡文)。回归后，共有 3 份新日报出版，主要是应市场需求，加上外地来澳工作的人员增加，其中两份更以英文出版，包括：《澳门邮报》(英文)、《澳门每日时报》(英文)、《濠江日报》，另有一份《今日澳门》为香港《新报》在澳门发行的报纸。14 份报纸的发行量为每日约 23 万份。周报方面，则有《讯报》、《澳门脉搏》、《澳门文娱报》、《时事新闻报》、《体育周报》、《澳门观察报》、《澳门早报》、《澳门商报》及葡文的《号角报》等。而学术期刊有 70 多种，内容以文史研究、法律、经济、教育等类别为主。

自回归以来至 2011 年，澳门的期刊处于稳步发展阶段，进步的空间依然很大。在 11 年间澳门创刊的报纸及期刊有 501 种，包括不定期刊物、季刊、月刊、周刊、双周刊及日报等。从图 14 可见 2000 年、2002 年以及 2008 年创刊的期刊较多；图 15 为期刊内容分析表，可发现大部分期刊为通讯性的刊物，共 266 种，占总体的 53.09%，由于内容更为丰富，更贴近时政和民生百态，因此有助于扩大本澳读者群体。次为休闲性及知识性期刊，共 115 种，占 22.95%，学术性期刊为 74 种，广告性期刊 40 种，日报 5 种及招生简章 1 种。总的来说，目前较重要的报刊有报纸 10 种及期刊 30 种，题材以澳门旅游、时事为主。而学术期刊有 100 多种，内容以文史研究、法律、经济、教育等类别为主。部分澳门高校亦有自己的学报以及某些专业领域的研究刊物，如由澳门理工学院 2002 年创刊的《中西文化研究》，澳门科技大学 2007 年创刊的《澳门科技大学学报》，以及澳门理工学院“一国两制”研究中心 2009 年 7 月创刊的《“一国两制”研究》(季刊)，等等。

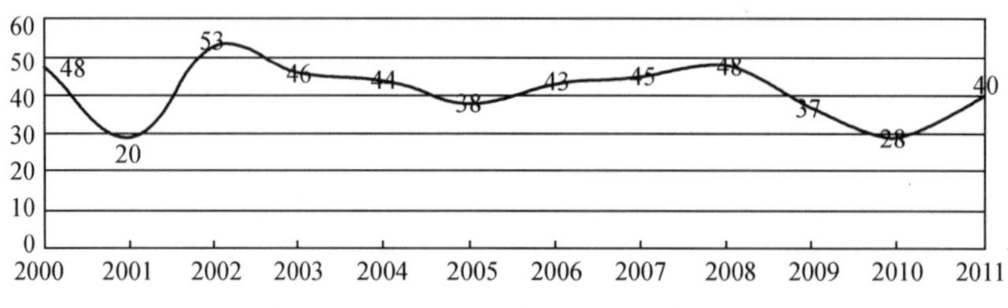

图 14　2000—2011 年期刊创刊统计图

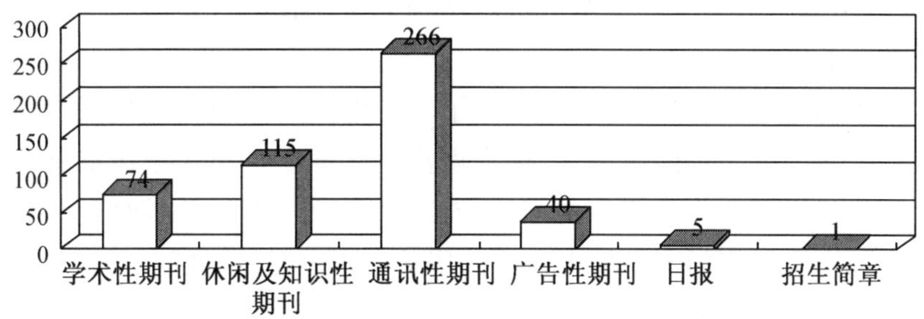

图 15　2000—2011 年创刊期刊内容分析图

三、出版业界的交流

澳门每年的三次大型书展，分别在 5 月、7 月及 11 月举行，5 月、7 月的书展分别由澳门出版协会及一书斋举办，每次均展出逾万种图书。平均每次入场人数约有二万人次，主要客源为图书馆及个人读者。而在 11 月举行的书展是由澳门出版协会主办，台湾图书出版事业协会合办，书展展出台湾出版物及教育用品逾千种。2003 年澳门举办第九届两岸华文出版联谊会，会上建议澳门成立出版专业社团，2004 年澳门出版协会正式成立。之后每年均赴中国内地、香港和台湾参加出版联谊会年会活动，得以与两岸三地的行业人员交流和沟通，促进彼此间的了解。

2007 年澳门出版协会与澳门大学出版中心合办第十二次两岸华文出版联谊会，同年该会为推动澳门出版事业的发展，主办第一届封面设计比赛及活跃图书出版奖。2008 年澳门业界首次参加了 2008 香港国际书展，分别有澳门动漫协会及澳门大学与澳门出版协会的摊位各 1 个。2009 年澳门业界赴北京参加第十四届华文出版联谊会，同年澳门出版业界首次参加德国法兰克福书展，展出澳门出版品百多种，笔者在会上发言概述澳门出版业现况。

而在 2010 年 4 月，澳门出版协会、澳门大学出版中心、东亚出版人会议合办了第十次东亚出版人会议，此次会议共有来自海峡两岸暨香港、澳门以及日本、韩国的出版人四十多位参加；7 月参加在香港举行的亚洲出版年会，并在香港国际书展中增加至两个展位。

在专业培训方面，2010 年澳门出版协会与台湾辅仁大学澳门校友会开设了一门“图书出版编辑与发行”课程，分别邀请台湾的出版人刘文忠先生、香港出版学会的导师来澳进行教学与分享工作心得,开创了关于澳门出版教育的先河。

同年,澳门文化局成立文化产业厅,期望能诱导文化产业的发展,而业界成立了澳门电子媒体业协会,标志着澳门传媒走向电子出版的新方向,体现出澳门出版业将可望有更多的交流与多方位的发展。澳门图书馆暨信息管理协会及澳门大学加入台湾的华艺电子书系统,开创了澳门图书销售以电子图书为主要渠道的新路向。澳门基金会亦联同社会科学文献出版社、广东人民出版社及香港三联书店合作,资助社团以及个人以澳门研究为题材的图书著作出版,可见澳门与内地的出版合作渐趋频繁。

四、书店业

澳门的书店以出售港、台、澳版图书为主,内地图书由于有简体字的障碍及港澳与内地售价差异甚大等因素的影响,只占中文图书销售总数不到10%的比例。目前,澳门共有门市书店及代理公司 39 间,包括:澳门文化广场(3 间分店)、宏达图书中心(4 间分店)、澳门星光书店(2 间分店)、葡文书局、文采书店、边度有书、一书斋、珠新图书公司、科海图书公司、信息店、环球书局、光启教育中心(原为海星教育中心)、悦书房、耶路撒冷书城、浸信书局、圣保禄书局、活力文化、新城市图书中心、大众书局、环亚图书公司、樟容记书局、大丰啤令行、竞成贸易行、ABC 计算机公司、学术专业图书中心、Bookachina(2007)、创意文化(2007)、小河马(2007)、Bloom(2007)、商务印书馆澳门分馆(2008)、澳门政府书店(2008)、知乐馆(2008)、悦学越好有限公司(2010)等。而澳门星光书店在澳门理工学院开设了一家新分店,主要对象为游客与大学学生。二手书店约有 10 间,漫画店约有 50 间,报刊批发商有 6 间。此外,澳门亦有便利店 30 间及书报摊 30 间分销图书及报刊。在澳门有八成的书店设于中区,形成澳门独有的书店街。2009 年结业的书店有读品书坊(2007)及 Bloom(2007);2010 年结业的书店有在威尼斯人度假村开设的 Time(2007)。另外澳门政府书店及民政总署设计了网上售书网站,努力打开外地市场。

澳门的书店一般都会举办专题书展,规模亦愈来愈大,在现代化的会议展览厅每年都有三次较大型书市,一些中等规模的书展亦常在百货商场或旅游广场举行,为本澳居民购买图书提供各种便利。

在代理市场方面，有牛津大学出版社、中澳图书公司、香港教育出版社、朗文出版社、InfoAccess及从珠海来澳开业的凤凰书城，均专攻图书馆业务及学校教科书业务。

五、澳门出版业之优劣势分析

(一) 优势

澳门是东西文化双向交流的最早基地，使得图书出版业具有“以中为主，中、葡、英结合”的特点。除了政府的大力支持以及博彩旅游酒店业的发达外，澳门紧靠中国内地及香港地区，出版政策自由宽松，这种环境为澳门出版业的发展提供了良好的土壤。具体而言，主要有以下几个方面的优势：

1. 政府提供财政支持出版书刊，鼓励本地创作

根据表2的统计，由于本澳大部分出版物均为政府出版或由政府资助出版，出版机构或个人能够得到有力的财政支持，这推动了出版业及印刷业的发展。

2. 旅游经济带动多语种出版，有利于打开国际市场

作为近代中西文化交流最为重要的一个交汇点，澳门以其独特的历史风貌、融合欧亚特色的建筑风格和历史城区，每年吸引着来自世界各地上千万的游客，旅游休闲业成为澳门经济中最重要的组成部分。2010年澳门入境旅客达2 500万人次，人均消费1 704.5澳门币，博彩业收入近2 000亿澳门币，占澳门当年地区生产总值的87.2%。[①] 近年来澳门的博彩收益已经超越美国的拉斯维加斯，旅游业也非常发达，更提出建设“世界休闲旅游中心”的目标，其带动的各项消费也非常可观。这让世界各地对研究澳门经济、旅游业发展及城市定位的兴趣日渐浓厚，因此以澳门研究为主题的具有本地特色的出版物也较受欢迎，这直接推动了出版业的发展。

同时，随着博彩业及酒店业的迅速壮大，大量欧美以及世界各地的外籍员工来澳工作，也使得外文书刊市场持续兴旺。由于受到本澳历史背景之影响，不少书刊以中、英、葡等多语种出版，与其他地区相比更显示其独

① 世界旅游休闲中心：《澳门经济新增长点》，《时代经贸》2011年第6期。

特性,有利于打开国际图书市场。

3. 地理优势提供优渥资源,共享合作出版之良机

作为中国最早对外开放的门户之一,澳门有着优越的地理位置。邻近中国内地及香港地区,为本地私人出版社搭建了一条联系各地作者及开拓稿源之路,部分出版单位(作者)与外地出版单位(作者)合作出版图书,保证了新题材的引进,借以扩大图书市场的影响力。例如澳门基金会与广东人民出版社,澳门教育暨青年局与人民教育出版社,澳门文化局与上海古籍出版社,澳门大学与上海古籍出版社、复旦大学出版社等不同的内地单位合作出版图书。此外,由于澳门大部分印刷厂均在珠海设有分厂,大大降低成本,有利于增强市场的竞争力。

(二) 劣势

由于地理空间狭小,市场规模有限,再者人口素质亦不高,澳门出版业的发展在某种程度上取决于信息交流是否顺畅,不了解各项信息的最新进展,就无法把握好出版契机。澳门一方面与欧美有密切的联系,另一方面毗邻香港和内地,信息管道十分畅通,这种优势本应该在图书出版方面大展拳脚。但事实上,澳门在让世界了解自己和澳门形象塑造方面还有待改进。总的来说,影响澳门出版业长远发展的因素主要有以下几个方面:

1. 欠缺必要的法律以及规范化条文的支撑

澳门专为本地区出版产业拟定的法律,即为 1990 年 8 月 6 日第 32/1990 号澳门政府公报上刊登的第 7/90/M 号《出版法》[①],主要包含出版自由和信息权、刊物的组织和出版登记等内容。另一部关于出版之法令,为《核准著作权及有关权利之制度》[②](第 43/99/M 号法令),刊登于 1999 年 8 月 16 日第 33/1999 号澳门政府公报,并经 11/2001 号法律修改后成立。该法令共分七章,包括文学及艺术之作品以及著作权、受保护作品之使用、著作权之相关权利、刑事违法行为及行政违法行为等内容。

相较于内地"一法七条例"[③]的详细规定,除以上两部法律法令外,享

---

① 杨允中:《澳门特别行政区常用法律全书》,澳门理工学院一国两制研究中心 2012 年版,第 119—123 页。

② 同上,第 124—138 页。

③ "一法七条例"为《中华人民共和国著作权法》、《出版管理条例》、《音像制品管理条例》、《印刷业管理条例》、《计算机软件保护条例》、《中华人民共和国著作权法实施条例》、《信息网络传播权保护条例》、《著作权集体管理条例》。

有较大言论自由的澳门图书出版业尚未建立起比较完善的法律体系，对于本澳图书市场持续、规范、有序发展极为不利。据统计，每年出版品中仍有近三分之一的书刊出版没有申请国际标准书刊号码，各地书商难以全面采购，影响本地出版物向外地市场的推广；其次，图书定价并没有统一机制，加上外销运费高，导致海外书商营运不利；再次，澳门并没有一个统筹的单位来代理全澳的出版物，各出版单位的出版物非常分散，既给政府统一管理出版产业带来一定的难度，亦增加了出版成本，由于业界难以掌握行业信息，更不利于学者及出版从业人员对本澳出版产业的宏观调查与研究。

2. 缺乏竞争机制，内容及出版技术受限较重，制约本地图书市场的发展

由于澳门阅读人口不多，内销市场局限，加上以政府出版物为主，且大部分以赠送形式分发，制约了本地的销售市场。此外，出版物内容多偏向以澳门为题，对本澳之研究相对较为透彻，但同时也是弱点，加上图书定价偏低，海外的运输成本较其他地区高，导致海外书商营运成本高，局限了澳门以外的销售市场。另外，出版制作技术及工艺仍相对落后，电子出版等技术仍在起步阶段，加上内需市场小以及缺乏资金投入，按量印刷等较新技术根本无法普及。

澳门图书市场的收入除门市销售以外，主要依靠举办书展以及促销摊位、教科书销售、图书馆及学校团体批量订购等。据估计，每年澳门的图书馆花在本地购书经费上约为 1 500 万元人民币，而书展及门市收益约为 500 万元人民币，教科书销售约有 1.5 亿元人民币，合计总收益约为 1.7 亿元人民币。以澳门现约 56 万人口算，平均每人每年花费的购书费约为 300 元人民币。澳门出版单位每年在印刷方面等开支约 1 000 万人民币。这些费用大部分由政府或基金会承担，缺乏必要的良性竞争机制，不利于图书市场的长远发展，澳门出版行业的市场化进程还有很长的路要走。

3. 出版从业人员匮乏，专业素质亟待提高

据调查，2010 年共有 6 万余人从事博彩业，这个数字远远高于其他行业。博彩业的薪金较高且门槛较低，致使大量人力资源向其聚集，每年都有数千名澳门高中生因此辍学。由于博彩业对空间和人力等资源的占有和消耗均较大，无形中限制了其他行业的市场规模和人员发展，这将导致澳门出现人才断层的危机。传统的制造业，以及需要高学历或专业技术性人才的金融业、公共行政等其他行业比重过低，出版业亦不例外。

澳门图书出版的从业者不足 2 000 人，分别在近 300 个出版单位工作，其中有近四成为社团及业余性质的出版人，另约有 500 人从事报刊的出版与编辑工作，以致从事图书销售的人员不足 300 人。澳门出版业界跟邻近地区相比，大部分澳门的出版人均没有接受过编辑、校对以及发行等相关的专业培训，因此对书刊出版的质量与效率产生一定的影响。业界现有的出版技术与知识大多都是从工作中累积经验，也有一部分编辑、制作以及后期加工方面的工作分别依靠内地、香港或国外的专业人员或出版机构提供协助与支持。人力资源的不足，加上印刷成本日益上涨，令出版成本增加，很大程度上阻碍了出版产业的发展。比如动漫产业除了人才匮乏外，市场和出版公司更为欠缺。另外比较关键的一点是，出版从业者薪酬普遍低于本澳公务员和社会平均薪酬水平，不仅影响其积极性，也难以吸引更多人才投身于图书出版事业。

4. 政府大力推动文化产业，阅读文化尤见浓厚

澳门教育暨青年局根据近年来中小幼学教学人员在非教学方面的工作日益增加，于 2007 年起推行学校专职人员资助计划，设立若干名中小学教学协助的专职人员，其中包括：信息科技教学人员、学校医护人员、余暇活动人员、阅读推广人员以及实验室管理人员等，作用是减轻教学人员在非教学方面的工作。

其中阅读推广人员的设立理念早于 2004 年度行政长官的《施政报告》上就提出，“将阅读纳入教学规范，透过课程推广阅读风气，培养学生终生阅读的兴趣及习惯”。据统计，2008—2009 学年全澳中小幼学校共计 163 所，聘用阅读推广人员有 80 名，2009—2010 学年全澳中小幼学校共计 167 所，聘用阅读推广人员有 83 名，即约澳门一半的学校已经参与此项计划，因此学校方面对于阅读推广文化的重视可见一斑。除了获得人力资源的配合外，每所学校每年还均可获得澳门币 3 万元的购买图书资金，学校图书馆可在本澳及邻近地区各大书店购买藏书及期刊，亦间接地推动了学校与出版社之间的关系。可惜他们对本地出版物并不了解，一般只购买外地的出版物作为馆藏。

六、未来图书出版发展方向之建议

1. 促进相关出版法律及条文的完善，加强本澳图书市场规范化管理

在澳门地区，要成立一个出版单位或机构的门槛并不高，这对本澳出版产业的起点带来较大影响，相关法律条文的完善也成为下一步的努力方向。澳门新闻局曾于2011年3月至5月对《出版法》进行民意调查，期望收集和咨询传媒、社会大众对修订该法的意见，并作为草拟法律文本的参考；2012年2月21日，澳门新闻局举行座谈会，听取新闻界对《出版法》的修订意见；2012年3月28日，新闻局再次召开修订澳门"出版法"的咨询会议，公布之前民意调查的初步意见与主要内容，进一步推动该法的制定进程。

对出版产业而言，应加大本澳出版物著作权保护，加强出版、印刷、发行管理，形成"有法可依、有法必依、执法必严、违法必究"的良性法律机制和市场竞争，提高作者保护能力和读者抵制非法出版物能力，这必将有助于推动澳门出版业的发展；其次，加强出版单位申报国际标准书号的管理，简化申请的流程，鼓励从业者规范自身的出版活动；再次，建议成立统筹图书单位元机制，全面代理澳门出版物业务，更有利于出版产业的规范化管理。

2. 把握社会及政府之发展意向，做好阅读需求调查，为图书内容提供必要依据

发展图书出版业，须顺应时代变革，了解社会及政府的发展意向，并积极推动本澳出版业界融入政府的发展策略中。应对澳门图书市场进行全面调查，掌握现有市场之份额、特色以及阅读对象等；同时，对各类型书展进行系统调查、统计及分析，以便统一整合与改善书展的模式，更切合读者的阅读需求，多出版优秀出版物，引导民众阅读倾向。

以澳门创业产业为例，2010年政府推出文化创意产业的目标与发展蓝图，并加大资源投放，支持本澳的文化创作，研究加强保留具有卓著艺术贡献、本土气息的文化作品，丰富本澳的文化遗产内涵。到目前为止，广告设计、平面设计、会展策划、酒店服务等行业已形成一个较为成熟的内需市场，由此带动相关图书的问世。从目前来看，理论学术性出版物以内地著作居多，介绍本澳经济产业情况等的统计资料以政府出版为主。应时代和社会之需要，做好图书市场调查，把握读者阅读需求，是发展本澳出版业的重要途径，亦能保证图书的市场占有额。

3. 进一步扩大港、珠、澳地区的交流与合作，加强同业界的联系和凝聚力，令同业经营者可享受规模经济带来的益处

内地作为最临近澳门的地区，珠海以及珠江三角洲对于澳门今后出版业之发展有不小影响。澳门可以凭借在图书出版方面的地域和环境优势，增加同内地、香港乃至其他各地区之交流与合作，吸引优秀作者到澳门出版图书，并借助内地图书市场扩大发行量，提高澳门在中国乃至世界的影响力；在本澳亦可加强出版物服务网点建设，最大程度地满足小区民众的阅读需求。另外，拓宽出版单位对供货商的议价空间，希望在不久的将来，出版单位能够与营销机构打造成全面的"供应—销售链"模式，做到合作双赢。规模经济有助出版业成为文化产业强大的一员，也借此希望政府更为重视并进一步扶植出版业。同时，分工不明也影响着出版业的发展。澳门出版物有很大一部分均为政府和机构出版，显得颇为分散且不具有代表性，笔者认为可尝试建立一个隶属于政府但又相对独立的出版单位，全权经营这部分出版物的出版发行工作，明确相应分工，做好政府参谋，当好百姓喉舌。

管道过于单一，一直是澳门出版业的软肋。要做到多渠道并举并非易事，尤其是在澳门这个弹丸之地。要发展出版必须重视图书的发行，应不遗余力地培育图书市场营销体系，使其体制、机构、管道、形式都日趋完善。除了出版社自办发行管道、建立拥有一定市场份额的批发经销中心外，也需要发展一定规模的书店，如星光书店及澳门文化广场等。如果暂时无法做到独营图书，也可兼售其他商品，但商品类别应尽量与图书种类契合，如在旅游用品店出售旅游、地理图书，儿童用品及玩具店出售少儿图书等。连锁书店是推动澳门图书市场的有力武器，但须建立由上到下的统一的经营核算体系。

4. 提升出版技术，提高从业人员的专业素质及薪酬待遇

自澳门回归之后，十余年来出版多元化趋势愈见明显，图书种类增加，可是目前澳门出版业尚停留在初步发展阶段，尤其是出版技术与世界先进国家相比仍有很大差距，出版社应通过引进较先进的出版制作技术等途径，以出版优质图书、精品图书为己任，图书之间要形成差异化，从而树立本澳品牌意识和长期发展意识。在未来的日子里，要更多地借鉴国外先进国家的经验，并以培养出版从业人员的文化修养和专业素质为重点，包括编辑、排版、装帧及版面设计、图书营销、发行等方面，因为唯有好好培养本地人才，澳门人才能承接起出版的使命；再次，亦是关键性的，需尽快提高澳门图书出版从业人员的薪酬待遇，为他们提供一个良好且富有前景的工作环境，鼓励更多的优秀人才参与图书出版领域，为本澳出版产业长远发展献策献力。

5. 做好市场营销，推动创意产业

澳门“中央图书馆”在 2001 年成立了 ISBN 中心，建立国际书号的登记制度，促使各出版单位进行出版物登记，使澳门出版物有一个展示的平台。2004 年澳门出版协会成立，2009 年文化局成立了文化产业厅，2010 年起澳门基金会与文化局合作在香港、台湾及其他各地举办重要的书展，展售澳门出版物。可是这一系列的活动缺乏有效的规划与市场营销的策略，澳门可借着博彩业与旅游业在海外市场宣传的机遇，制订一套形象鲜明的出版营销计划，同时做好物流的安排，推动出版创意产业走出澳门。

澳门自回归以来，宏观上，各行各业于十年间均有一致向好的发展，而回归后十年间的澳门出版，除了在数量上的增长以外，本澳的传统图书出版产业并没有显著的突破点；书店业基本上并没有因为澳门每年有近三千万的游客涌入而令销售业绩大幅提升；一些专门为来澳游客而出版的旅游指南、地图以及期刊，因为得到了澳门不同商号的赞助，在大量刊登各种广告的支持下，均得到良好的业绩。

可喜的是，在特区政府着重对本澳文化及创意产业进行大力推动的方针下，政府已向业界进行有关的咨询活动，以为日后制订有效的发展方案。相信在未来五年间，在政府的有力推动下，澳门出版业及图书市场的发展一定会有美好的前景。

新千年来的台湾地区出版

图书与杂志出版业是所有“内容产业”的根本，在新时代数字科技的推波助澜下，图书杂志出版成果之加值利用与推广，也常成为“文化创意产业”的极佳素材。营造这些文化素材的出版产业，在传统上，向来都极具地域特性。整体而言，台湾图书市场国际化之进展缓慢，出版集团之形成仍以横向主题联盟之功能为导向，外资之引进与国际并购仍未见实质发展，即使布局中国大陆市场，仍充满变量。以下兹就台湾图书、杂志与期刊产业之环境、出版人才培育及未来愿景分节叙明。

一、图书出版产业

台湾大部分出版产业结构始终存在以中小企业为主的大环境里，以及出版商高度的地理集中特性和低创业资本的行业本质。这些世界共同特性都足以说明图书出版之多元和复杂。若以 2000 年为例，据《“中华民国”89 年(2000)台湾图书杂志出版市场研究报告》显示，若以台湾之非官方出版社凡出版 4 种以上之图书始列入计算，则台湾于 2000 年新书出版总数推估为 24 385 种。此数据间接对照出版社于同年申请取得 ISBN 与 CIP 之图书出版总数 40 951 种(1999 年 10 月至 2001 年 2 月计 17 个月)，平均每月新书出版量为 2 409 种。换言之，即相当于台湾自 2000 年起，一年就有约 28908 种新书之出版实力。此数据首次经由调查研究报告间接证实：即使依 ISBN 申请数推估台湾一年新书出版种数，仍有相当参考价值，透过调查研究报告的佐证，增加了众人对台湾 ISBN 出版数据反推全台新书出版种数可行性之信心。台湾图书出版种数之蓬勃增加已成为华文出版世界颇为人钦羡之成就。

回顾历史，图 1 为从 2000 年至 2010 年台湾“国家”图书馆负责 ISBN 配发之出版品种数。然而，此数据亦透露了另一讯息：2000 年申请取得

ISBN 之图书种数已达 34 533 种，此数据又与 2000 年研究报告有明显差异。原因即在于研究报告之调查对象限定为“年度出版量(以台湾“国家”图书馆 ISBN 中心数据为准)在 4 种以上之图书出版业者，且排除当局机关、学校及个人的出版品”，此项标准也立下了往后台湾图书出版调查之常规。此外，由于“出版单位申请 ISBN 之时间可提前至图书正式出版前三个月，且或有延误出版之情事”，因此，两种数据必定存在误差，也突显了“正确”统计数的困难。

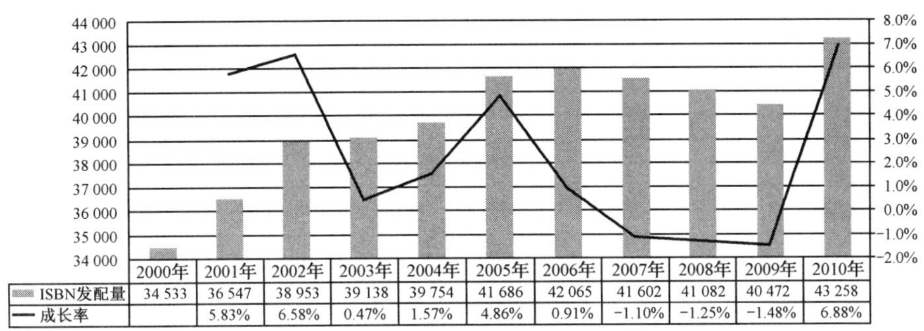

	2000年	2001年	2002年	2003年	2004年	2005年	2006年	2007年	2008年	2009年	2010年
ISBN发配量	34 533	36 547	38 953	39 138	39 754	41 686	42 065	41 602	41 082	40 472	43 258
成长率		5.83%	6.58%	0.47%	1.57%	4.86%	0.91%	−1.10%	−1.25%	−1.48%	6.88%

图 1　台湾新书(ISBN)出版种数①

图 2 为 2000 年至 2011 年书籍出版家数与成长率之统计，数据来自“财政部”的统计资料。图中显示台湾图书出版家数由 2001 年的 1 247 家增至 2011 年的 1 740 家，其增长幅度波动除 2003 年陡降外，大致维持在正负 1%之间。图 2 显示台湾书籍出版家数自 2005 年以来即维持在 1 700 家左右，似乎达到一定的稳定度。对照《“中华民国”89 年(2000)台湾图书杂志出版市场研究报告》与《“99 年”(2010)图书出版产业调查报告》两份报告，针对“新书 ISBN 码申请量 4 本以上之非当局机关、非个人出版单位”之调查对象定义进行清查，仅分别取得 987 家与 1 050 家图书出版社，可据以进行调查分析。

① 资料来源：《“全国”新书出版资讯月刊》。《2007 图书出版及行销通路业经营概况调查》，第三章第二节，图 3 - 3，http://www.gio.gov.tw/info/publish/2007market/html/D3 - 2.htm；以及根据《(2010 年)图书出版产业调查报告》，第三章第二节，图 3 - 3。

http://www.gio.gov.tw/info/publish/2010survey/catalog3 - 2.html，2012-11-21.

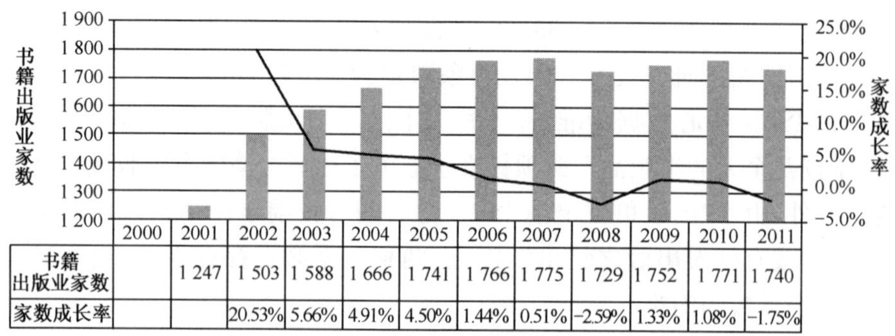

	2000	2001	2002	2003	2004	2005	2006	2007	2008	2009	2010	2011
书籍出版业家数		1 247	1 503	1 588	1 666	1 741	1 766	1 775	1 729	1 752	1 771	1 740
家数成长率			20.53%	5.66%	4.91%	4.50%	1.44%	0.51%	−2.59%	1.33%	1.08%	−1.75%

图 2 2000—2011 年书籍出版业历年家数变化①

自 1999 年出版法废止后，“新闻局”不再负有出版登记之责，现今只要向“经济部”商业司申请“公司登记”或“商业登记”之营业项目登记有“图书发行”等相关业者，即被认定为广义的“图书出版社”，而“财政部”之数据则反映了此特性，而为当年实际课征税收之企业、公司进行数据登录。图 3 为 2000—2011 年书籍出版业营收变化，2011 年据“财政部”数据显示，台湾图书出版营业总收入已达新台币 352.44 亿元。

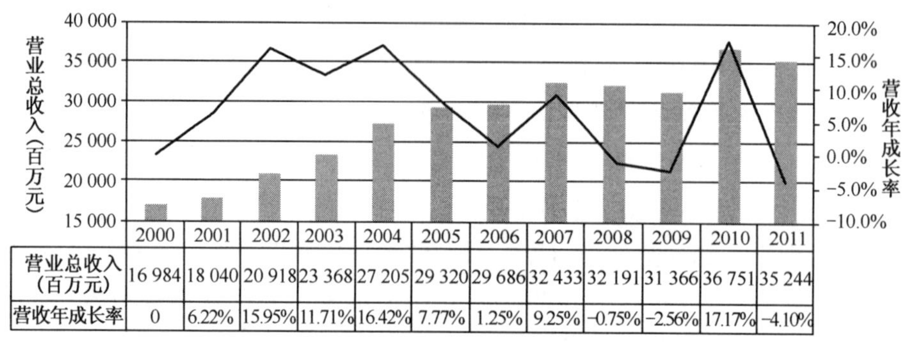

	2000	2001	2002	2003	2004	2005	2006	2007	2008	2009	2010	2011
营业总收入(百万元)	16 984	18 040	20 918	23 368	27 205	29 320	29 686	32 433	32 191	31 366	36 751	35 244
营收年成长率	0	6.22%	15.95%	11.71%	16.42%	7.77%	1.25%	9.25%	−0.75%	−2.56%	17.17%	−4.10%

图 3 2000—2011 年书籍出版业营收变化②

值得注意的是：出版产业历年来执行的调查研究报告所获得之出版产值与“财政部”公布出版营业总收入，两者所反映的数据有相当大的差异。

---

① 资料来源：“财政部”财政统计查询数据库. http://web02.mof.gov.tw/njswww/WebProxy.aspx?sys=100&funid=defjspf2;《“96 年”(2007 年)台湾杂志出版产业调查研究》，第三章，表 3.1 杂志出版业家数变化. http://info.gio.gov.tw/public/Attachment/651514523658.pdf. 2012-11-20.

《“中华民国”91 年(2002)图书出版产业调查研究报告》，第三章，p16，http://info.gio.gov.tw/public/Attachment/diy/3.pdf. 2012-11-20.

② 资料来源：“财政部”财政统计查询数据库. http://web02.mof.gov.tw/njswww/WebProxy.aspx?sys=100&funid=defjspf2、《“96 年”(2007 年)台湾杂志出版产业调查研究》，第三章，表 3.2 各类出版业营收变化，http://info.gio.gov.tw/public/Attachment/651514523658.pdf. 2012-11-20.

兹以《“99 年”(2010 年)图书出版产业调查报告》为例，其推估之产值方式为“图书出版总额”除以“贩卖图书收入占总收入之占比”，进而得到 2010 年台湾图书出版产值(不含营销通路业)为 277.9 亿新台币，此报告产值与图 3“财政部”公布之 367.51 亿新台币相比，明显存在落差。

近年来，在数字出版产业政策的发展上，台湾自 2009 年由主管民间产业发展的当局相关单位推动五年的“数位出版产业发展策略及行动计划”(2009—2013)，该计划以“内需试炼，带动产业发展”、“EP 同步，扩大出版内容”、“技术深耕，打造产业生态”、“全民悦读，建构知识平权”为推动策略，结合当局各部会的资源与产业界的力量，目标在于促进整体数字出版及电子书产业发展。而身为出版产业主管机关——台湾“行政院新闻局”更增办“数位出版产业前瞻研究补助计划”。“数位出版产业前瞻研究补助计划”之分项计划“数位出版创新应用典范体系计划”系以当局提供补助经费，鼓励出版业与同业或异业形成合作体系，透过具有数字出版实绩的领导厂商(领头羊)带领传统出版社(小羊)，借由教育训练等辅导方式进行传统出版社之数字出版转型，建立数字出版产业或电子书之创新应用典范，此亦为俗称的台湾“点火(Kindle)计划”。此分项计划协助每一传统出版业者，至少发行五种完成电子书国际编码(ISBN)登录或 APP 应用软件之数字出版品，并依台湾《图书馆法》规定送存台湾“国家”图书馆典藏，且无偿授权至少一家公共图书馆馆内阅读。

由 2011 年甫执行的“数字出版创新应用典范体系计划”中，发现台湾中小企业型态的图书出版产业，本质既已缺乏充沛人力、资金，软硬件设备的缺乏更形成传统出版社开发电子书的困局，外在环境更因“读者电子书阅读习惯未养成”而有所滞碍，从而影响了传统出版社投入电子书市场的意愿。

二、杂志出版产业

台湾习惯将杂志(magazine)泛称为一般大众通俗性定期刊物；而期刊(journal)则为内容多以学术与专业性论文为主体之定期刊物，兹就此定义论述之。据“经济部”商业司数据显示(如图 4)，台湾 2011 年广义的杂志出版社高达 8 675 家，从 2000 年至 2011 年期间，家数起伏颇大，大致可归因于“杂志(出版)社”一如“图书出版社”，其定义松散与统计标准不一，充其量应实称为“杂志出版单位”或“杂志出版发行业者”。再者，出版产业进入门槛低，登记发行者众。图 4 所显示的从 2000 年至 2011 年之杂志出版家数即为此广义之数据，2011 年虽已增至 8 675 家，但实际常态经营运作者应远远不如此数据之预期，因为若就“财政部”所公布之统计，显示 2011 年杂志出版家数仅为 1 121 家(如图 5)；自 2004 年以来营业总收入已突破 200 亿元新台币的规模，2011 年为 2 03. 41 亿万新台币(见图 6)。

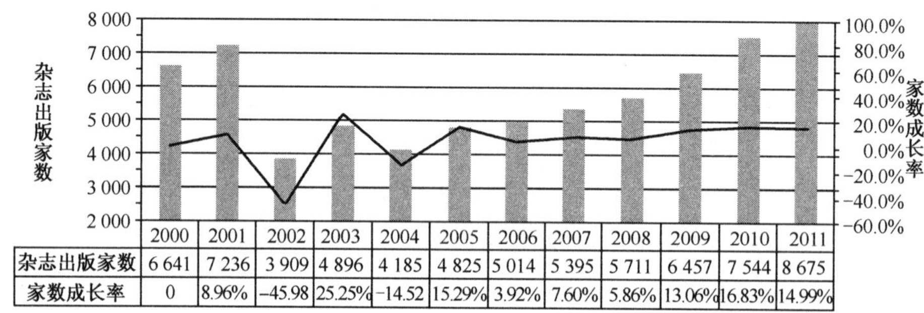

	2000	2001	2002	2003	2004	2005	2006	2007	2008	2009	2010	2011
杂志出版家数	6 641	7 236	3 909	4 896	4 185	4 825	5 014	5 395	5 711	6 457	7 544	8 675
家数成长率	0	8.96%	-45.98	25.25%	-14.52	15.29%	3.92%	7.60%	5.86%	13.06%	16.83%	14.99%

图 4 2000—2011 年杂志出版营业登记家数历年趋势(台湾“经济部”)①

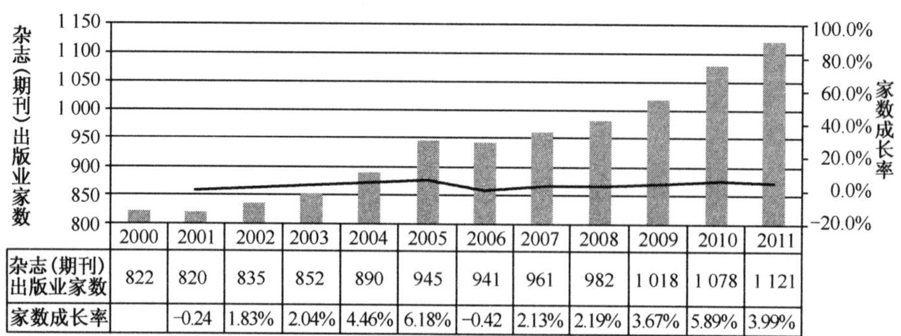

	2000	2001	2002	2003	2004	2005	2006	2007	2008	2009	2010	2011
杂志(期刊)出版业家数	822	820	835	852	890	945	941	961	982	1 018	1 078	1 121
家数成长率		-0.24	1.83%	2.04%	4.46%	6.18%	-0.42	2.13%	2.19%	3.67%	5.89%	3.99%

图 5 2000—2011 年杂志(期刊)出版业历年家数变化(台湾“财政部”)②

① 资料来源：台湾“行政院新闻局”：《2011 出版年鉴》，台北市：“行政院新闻局”2011 年版，第 340 页。http://info. gio. gov. tw/Yearbook/100/c7. pdf；2011 年资料取自“行政院新闻局”.“国情”简介：出版事业. http://info. gio. gov. tw/ct. asp? xItem=19956&ctNode=2854&mp=21. 2012-11-20.

说明：全部资料转引自台湾“经济部”商业司，统计标题为“营利事业登记”之营业项目含杂志出版之家数，但仍存疑义。

② 资料来源：整理自台湾“财政部”财政统计查询数据库.

http://web02. mof. gov. tw/njswww/WebProxy. aspx? sys=100&funid=defjspf2, 2012-11-20.

《“96 年”(2007 年)台湾杂志出版产业调查研究》，第三章，表 3. 1 杂志出版业家数变化

http://info. gio. gov. tw/public/Attachment/651514523658. pdf, 2012-11-20.

《“中华民国”91 年(2002 年)图书出版产业调查研究报告》，第三章，p16,

http://info. gio. gov. tw/public/Attachment/diy/3. pdf, 2012-11-20.

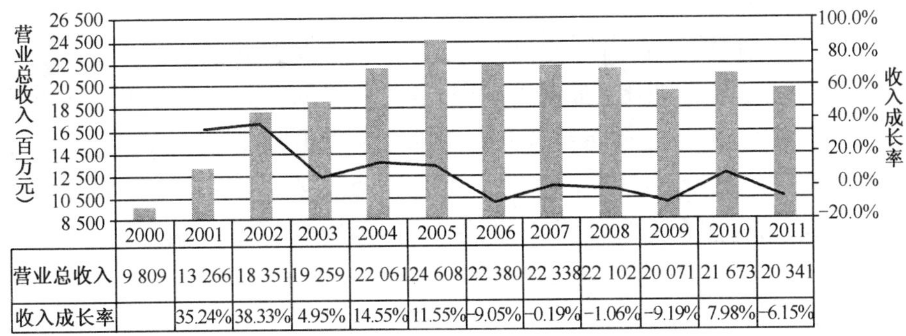

	2000	2001	2002	2003	2004	2005	2006	2007	2008	2009	2010	2011
营业总收入	9 809	13 266	18 351	19 259	22 061	24 608	22 380	22 338	22 102	20 071	21 673	20 341
收入成长率		35.24%	38.33%	4.95%	14.55%	11.55%	-9.05%	-0.19%	-1.06%	-9.19%	7.98%	-6.15%

图 6　2000—2011 年杂志出版业营收变化[①]

不同单位公布的统计数据有极大的差异，其原因在于：在自由出版之情况下，业者只要向“经济部”商业司申请营业项目登记有“杂志发行”等之“营利事业登记”或后来之“公司登记”、“商业登记”，同样即被认定为广义的“杂志出版社”。“财政部”因税务之责，亦有相关税籍登记之实。然而，因实际营业税收之产生，重点在于实质产生相关交易行为。整体而论，虽然“经济部”的商业司所统计之历年杂志出版家数较为完整，但其统计标的为“登记”家数，数据尚包含企业之分公司、未持续营运或已解散之公司资料；反观“财政部”财税数据为记录课征营业税之基本资料，系根据当年实际课征税收之企业、公司进行数据登录，因此“财政部”财税数据相较之下，应较为可信。由于“经济部”与“财政部”之出版家数相差颇巨，故审视与运用数据时必须格外谨慎为要。

台湾于 2006 年至 2011 年期间，共进行三次杂志出版业调查研究，而在每一次的调查研究中，皆以特定方式筛选出研究母体进行抽样分析。例如：2008 年《“96 年”(2007 年)台湾杂志出版产业调查研究》发现只有 304 家实际定期发行季刊、月刊或周刊等杂志，故以此家数为主要研究母体。[②]

① 资料来源：整理自台湾“财政部”财政统计查询数据库. http://web02.mof.gov.tw/njswww/WebProxy.aspx?sys=100&funid=defjspf2；《“96 年”(2007 年)台湾杂志出版产业调查研究》，第三章，表 3.2 各类出版业营收变化. http://info.gio.gov.tw/public/Attachment/651514523658.pdf. 2012-11-20.

② 2007 的杂志调查研究在出版业者调查方面，其问卷调查对象以“具有经济活动且有固定营收在 2007 年度出版杂志之业者”为主，“杂志出版业者”之操作型定义：“为用一定刊名，刊期在 7 日以上、3 月以下之期间，按期发行，并依台湾《公司法》或《商业登记法》申设登记之杂志事业”；鉴于坊间有未需依《公司法》或《商业登记法》申设登记之非营利组织，亦发行畅销杂志，故再外加“符合前项调查定义，且发行畅销杂志之非营利组织”，以提升调查之完整性。

而在《"100年"(2011年)台湾杂志出版产业调查研究》中,除了延续《"96年"(2007年)台湾杂志出版产业调查研究》对于研究母体的调查定义外,更鉴于坊间有非营利组织虽未申设登记《公司法》或《商业登记法》,确有发行畅销杂志之事,因此亦将符合此一条件之杂志出版业者纳入该次研究母体中,以求真实反映台湾实际杂志出版之经营状况。而在该次的研究母体共有318家,对照台湾"财政部"(见图5)于2011年登记的杂志社为1 121家,《"100年"(2011年)台湾杂志出版产业调查研究》显然又作了更符合实际状况的修正。①

在变动与差异性相当明显的出版单位数量上,对读者、业者或执行调查研究者而言,不免造成困扰。客观而论,主管部门施政所产生之统计数据与产业调查所筛选之"活跃"数据,皆有其一定之价值,在提供不同意义和条件而展现特定需求答案之外,前者足以提供较持续的年度成长率分析;后者则较精确地提供趋近于市场实况之产业结构。

三、图书杂志产业与其他出版产业综合比较

为便利综览台湾其他广义出版产业,本节将图书与杂志两项产业基本数据之家数和营业额,连同新闻出版业等其他出版产业(如:有声出版业、软件出版业、未分类的其他出版业)之数据并列比较,表1与表2之出版家数与营业收入变化之数据来自台湾"财政部"财税数据,此为纪录课征营业税之基本资料,系目前各项公务调查信息中最完整者,借由此二表,站在历年来同样立足点之基础上作一比较,仍可以了解台湾目前出版产业发展梗概,以及整体产业面貌。

---

① 台湾"文化部"编:《"100年"(2011年)台湾杂志出版产业调查研究报告》,台北市:"文化部"2012年版,第7页。

表1　2000—2011年各出版业家数变化①　（单位：家）

	2000	2001	2002	2003	2004	2005	2006	2007	2008	2009	2010	2011
新闻出版业	—	—	—	198	203	195	176	193	198	189	193	207
杂志（期刊）出版业	822	820	835	852	890	945	941	961	982	1 018	1 078	1 121
书籍出版业	—	1 247	1 503	1 588	1 666	1 741	1 766	1 775	1 729	1 752	1 771	1 740
其他出版业	—	—	—	499	531	568	578	591	600	649	703	779
出版业总计				3 137	3 290	3 449	3 461	3 520	3 509	3 608	3 745	3 847

表2　2000—2011年各出版业营收变化②　单位：百万元新台币

	2000	2001	2002	2003	2004	2005	2006	2007	2008	2009	2010	2011
新闻出版业	27 739	19 966	13 964	14 983	14 683	10 636	7 503	8 412	8 565	6 390	7 951	9 164
杂志（期刊）出版业	9 809	13 266	18 351	19 259	22 061	24 608	22 380	22 338	22 102	20 071	21 673	20 341

① 资料来源：整理自台湾"财政部"财政统计查询数据库. http://web02. mof. gov. tw/njswww/WebProxy. aspx? sys=100&funid=defjspf2. 2012-11-20.

《"96年"（2007年）台湾杂志出版产业调查研究》，第三章，表3.1杂志出版业家数变化. http://info. gio. gov. tw/public/Attachment/651514523658. pdf. 2012-11-20.

《"中华民国"91年（2002年）图书出版产业调查研究报告》，第三章，p16，

http://info. gio. gov. tw/public/Attachment/diy/3. pdf. 2012-11-20.

说明：

1. 其他出版业包含有声出版业、软件出版业、未分类其他出版业。

2. 自2008年起，其他出版业另增加音乐书籍出版。

3. 台湾"财政部"财政统计查询数据库仅保存2003—2011年数据，因此2000—2002年杂志（期刊）出版业数据则参考《"96年"（2007年）台湾杂志出版产业调查研究》；而2001—2002年书籍出版业数据则参考《"中华民国"91年（2002年）图书出版产业调查研究报告》。

② 资料来源：整理自台湾"财政部"财政统计查询数据库. http://web02. mof. gov. tw/njswww/WebProxy. aspx? sys=100&funid=defjspf2. 2012-11-20. ;《"96年"（2007年）台湾杂志出版产业调查研究》，第三章，表3.2各类出版业营收变化. http://info. gio. gov. tw/public/Attachment/651514523658. pdf. 2012-11-20.

说明：如表1所述

（续表）

	2000	2001	2002	2003	2004	2005	2006	2007	2008	2009	2010	2011
书籍出版业	16 984	18 040	20 918	23 368	27 205	29 320	29 686	32 433	32 191	31 366	36 751	35 244
其他出版业	13 974	12 753	12 847	15 124	16 106	13 176	12 079	8 882	5 663	5 615	8 055	11 057
出版业销售额总计	68 506	64 025	66 080	72 734	80 055	77 740	71 648	72 065	68 521	63 442	74 430	75 806

杂志出版产业与图书出版产业同样具有高度的地理集中特性。就杂志业而言，《“96 年”(2007 年)台湾杂志出版产业调查研究》显示受访业者多集中于台北县市共占 90.9%，其中位于台北市者占 78.3%，台北县者占 12.6%。杂志出版家数与刊物种数上，部分亦呈现集团化现象，其中 30.9% 的受访业者为集团成员，属于某一集团内的母公司、子公司、分公司或相关企业等，集团化经营为杂志社提高了面对上下游厂商的谈判议价能力，也提供了广告客户跨杂志的媒体采购效益。① 然而，就整体来看，台湾图书与杂志出版产业仍属中小企业规模，根据 2007 年的杂志出版产业调查报告，出版社兼营图书与杂志两类出版品者几近半数(49.7%)。除此之外，“有从事其他经营项目”的出版业者自 2007 年的 57.1%上升至 2011 年的 60.4%，由此可见消费者需求日渐扩增，致使杂志出版业者之业务朝多元化经营外，图书与杂志出版产业之份际亦值得玩味。②③

若根据《“100 年”(2011 年)台湾杂志出版产业调查研究报告》数据显示，台湾杂志刊物于 2011 年广告收入占营收比为 35.8%，销售收入占营收比为 42.7%，台湾杂志社年营收超过一亿新台币的杂志数量只占 12.9%，相较于 2007 年的 8%上升了 4.9 个百分点。④ 虽然“内容生产”是

① 陈素兰：《台湾杂志市场观察报告》，《“96 年”(2007 年)台湾杂志出版产业调查研究》，台北市：“新闻局”2008 年版，第 326—327 页。

② 邱炯友：《结论与建议》，《“96 年”台湾杂志出版产业调查研究》，台北市：“行政院新闻局”2008 年版，第 352—356 页。

③ 台湾“文化部”编：《“100 年”(2011 年)台湾杂志出版产业调查研究报告》，台北市：“文化部”2012 年版，第 26 页。

④ 同上，第 36—38 页。

杂志出版产业的核心，但是"营业规模太小，无法对上下游供货商造成一定程度的影响，乃至在面对议价谈判时，'内容生产者'的价值完全无法发挥，这是这个产业最最致命的弱点"。[①] 上述顾虑可以从"数位出版与典藏产业"于台湾数字内容市场规模中得到印证。表 3 总计 8 大数位内容产业分项，2001 年至 2008 年间"数位出版与典藏产业"规模，相较于其他大多数内容产业，显得相当弱小，但自 2008 年以后，由于政府政策的整合和推动，积极扩大了市场规模；根据《台湾数字内容产业年鉴 2011》数据显示，数位出版与典藏产业产值自 2010 年的 493 亿元成长 45.2%至 2011 年的 716 亿元，其中数字出版产值约为 686 亿元，相较于 2010 年成长了 46.68%。在这当中，除了受惠于政府政策的支持和补助外，更是因消费者阅读习惯逐渐改变，且电子书阅读器厂商低价促销所带来的市场成长效应，在在均使得数字出版产业的现实基础更为扎实。[②]

表 3　台湾数字内容市场规模[③]　　单位：亿元新台币

项目/年	2001	2002	2003	2004	2005	2006	2007	2008	2009	2010	2011
总产值	1 334	1 537	1 892	2 525	2 902	3 412	3 612	4 004	4 603	5 225	6 003
计算机动画	39	28	30	19	19	21	22	29	40	43	45
数字游戏	49	110	152	201	191	209	237	283	354	422	436
数位影音	308	287	308	326	344	368	400	410	420	451	594
行动应用服务	66	73	98	132	184	263	286	352	450	522	731
数位学习	4	30	49	40	65	94	99	130	153	266	332
数位出版与典藏	9	10	13	36	43	52	56	60	283	493	716
内容软件	566	654	748	1 205	1 445	1 690	1 735	1 920	1 210	1 355	1 741
网络服务	293	345	494	566	611	715	777	820	1 693	1 673	1 408

台湾自 2002 年 1 月 1 日，正式加入世界贸易组织(World Trade Organization，WTO)，迄 2012 年已满 10 年，对于图书进出口贸易以及版

① 陈素兰：《台湾杂志市场观察报告》，《"96 年"(2007 年)台湾杂志出版产业调查研究》，台北市："新闻局"2008 年版，第 322 页。

② 台湾财团法人信息工业策进会：《台湾数位内容产业年鉴．2011》，台北市："工业局"数字内容产业推动办公室 2011 年版，第 12—13 页。

③ 资料来源：2007、2008、2009、2010、2011 年台湾数位内容产业年鉴。

说明：《2007 年台湾数位内容产业年鉴》仅统计至 2001 年，因此无 2000 年资料。

权交易等商业行为亦有所增加。根据台湾“经济部”国贸局对于图书进出口的统计，台湾图书进口规模一直是远大于出口金额的水平，近五年来以2011年最高，达111.1百万美元；在过去十余年间，虽然图书每年进口额均保持在100百万美元以上，但因2009年国际金融情势混乱而使得该年度的图书进口额跌幅大增，来年才逐渐复苏及回稳（见图7）。此外，由表4统计数据显示，近十年来台湾系以亚洲图书为主要进口对象，其中又以新加坡、日本及中国大陆、香港之图书为主；但因欧美国家拥有英语为全球通用语言之优势，而使得其图书进口量亦占有相当分量。

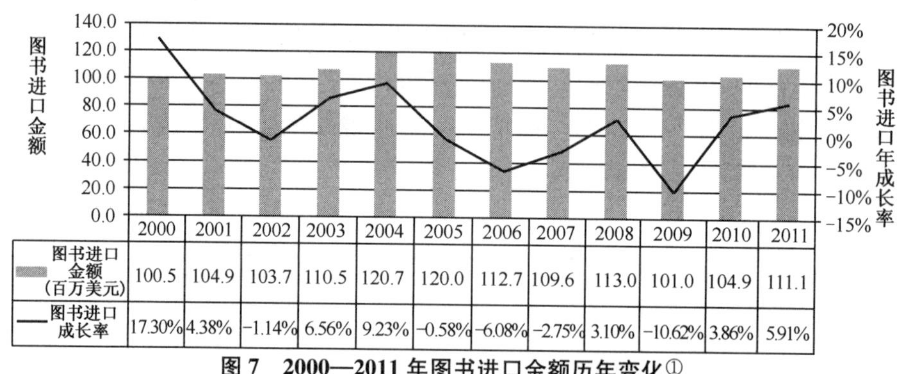

	2000	2001	2002	2003	2004	2005	2006	2007	2008	2009	2010	2011
图书进口金额（百万美元）	100.5	104.9	103.7	110.5	120.7	120.0	112.7	109.6	113.0	101.0	104.9	111.1
图书进口成长率	17.30%	4.38%	−1.14%	6.56%	9.23%	−0.58%	−6.08%	−2.75%	3.10%	−10.62%	3.86%	5.91%

图7　2000—2011年图书进口金额历年变化①

表4　2000—2011年台湾图书进口总额各洲排名②

排名	洲别	图书进口总额（美元）
1	亚洲	535 620 450
2	北美洲	454 858 042
3	欧洲	294 824 050
4	其他	16 977 716
5	南美洲	4 174 471
6	大洋洲	3 738 223
7	中美洲	2 021 424
8	中东及近东	322 116
9	非洲	72 320
总进口额		1 312 608 812

再者，在两岸经济贸易与投资情势日益热络下，连带使得台湾进口大

① 资料来源：“国际贸易局”进出口贸易统计. http://cus93.trade.gov.tw/FSCI. 2012-11-20. 说明：其包含书籍、小册、传单及类似印刷品之进口金额，且不论是否单页者均属之。

② 同上。

陆地区出版品之数量逐年攀升。而出版管理机关基于现实考虑，为避免对台湾出版界造成太大冲击，而采取渐进式开放大陆图书进口展售，因此自2008年起，每年大陆图书进口量开始逐渐呈现回稳状态外，其进口册数每年均达到200万册以上(见图8)。就整体来看，目前在台湾出版市场上较被接受的大陆简体字版图书主要系以学术性居多，且又以大专院校专业学术用书为主；而值得一提的是，申请进口的学术性大陆简体字版图书占大陆进口图书总值之60%至80%以上，由此可看出简体字图书于近年来已成为各领域学术专业人士重要的知识媒介。

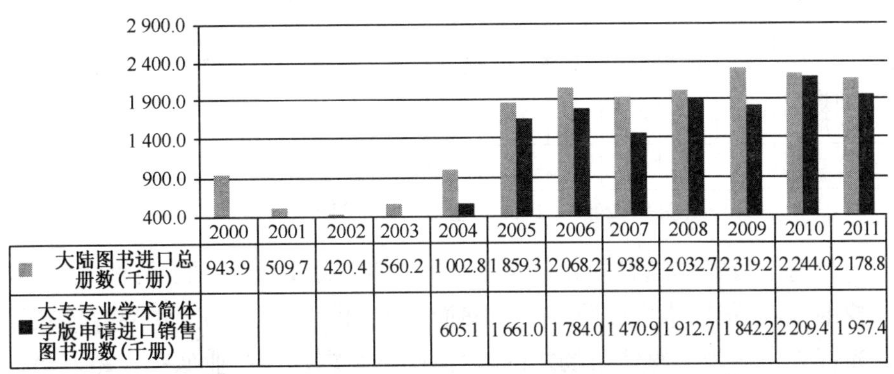

	2000	2001	2002	2003	2004	2005	2006	2007	2008	2009	2010	2011
大陆图书进口总册数(千册)	943.9	509.7	420.4	560.2	1 002.8	1 859.3	2 068.2	1 938.9	2 032.7	2 319.2	2 244.0	2 178.8
大专专业学术简体字版申请进口销售图书册数(千册)					605.1	1 661.0	1 784.0	1 470.9	1 912.7	1 842.2	2 209.4	1 957.4

图8　2000—2011年台湾进口大陆地区出版品册数统计①

至于台湾图书出口方面，自2005年起，每年图书出口金额均有所成长。虽然台湾图书进口规模一直远大于出口金额的水平，近十年来以2004年最高，达120.7百万美元，是出口金额的3.6倍水平。但自2005年起开始逐年成长，尤其是在2010年出口金额大幅成长，而使得进口金额仅为当年出口金额的1.7倍左右。由此可见，台湾图书进军海外市场逐渐有所斩获(见图9)。近十年来，台湾图书以美国、马来西亚、新加坡、日本及中国大陆、香港等地为主要输出对象，但因香港日常书写之文字系以繁体字为主、简体字为辅，且在传统观念、文化习俗以及宗教信仰等方面均与台湾雷同，因此对于台湾所出版的繁体字图书需求量自然比其他地区来的多。此外，为考虑华文市场发展，台湾出版社近年来不断探究大陆市场发

① 资料来源：台湾"文化部"，《2012出版年鉴》，台北市："文化部"2012年版，第343页。http://www.moc.gov.tw/images/Yearbook/100/c7.html. 2012-11-20.

说明：2000—2003年对于大专专业学术简体字版申请进口销售图书册数与2004年后之统计基础不同，因此仅以2004年后之统计资料做比较。

展的步骤与可能性，也积极促使两岸出版交流频繁；不仅透过参访、书展、发行物流到版权贸易等方式进行交流，历年来官方单位亦积极举办公开论坛，在版权及著作权等议题上进行讨论，不难看出两岸在出版交流和合作模式均开始向前迈进。

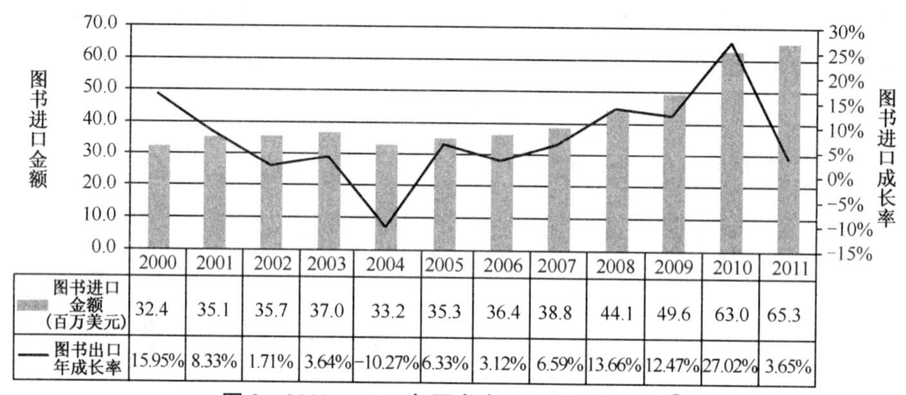

	2000	2001	2002	2003	2004	2005	2006	2007	2008	2009	2010	2011
图书进口金额（百万美元）	32.4	35.1	35.7	37.0	33.2	35.3	36.4	38.8	44.1	49.6	63.0	65.3
图书出口年成长率	15.95%	8.33%	1.71%	3.64%	-10.27%	6.33%	3.12%	6.59%	13.66%	12.47%	27.02%	3.65%

图 9　2000—2011 年图书出口金额历年变化①

台湾出版媒体随着国际资本来台而加速发展，出版品的品牌、人才、经营技术等，也跟随华人阅听市场成熟而登上国际舞台。当全世界媒体集团目光都集中在华人媒体市场之际，台湾图书杂志媒体产业似乎也跟着迈向产业化和集团化的趋势，这使得华人世界最大杂志集团得以跨港台而形成。随着台湾加入 WTO，台湾媒体竞争对手来自世界各国，但国际合作之机会也势必随之而来，挑战自然就接踵而至。然而，留下的疑惑却是：以中小企业经营型态为主的传统出版产业的数字转型与获利，并无法达到全面与极大，唯有大型出版公司集团，以及具有资金与技术的信息厂商，才有足够的能力与机会驰骋于数字内容市场。台湾出版业者普遍认定“人力不足”、“资金不足”、“技术不足”为未来发展数字出版之障碍，因此，也为其他有能力开发数字出版与阅读平台之信息厂商提供了一个涉足出版市场的契机。

四、学术期刊出版产业

台湾学术期刊总数，截至 2012 年约为 1400 多种。表 5 为台湾学术期

---

① 资料来源：“国际贸易局”进出口贸易统计. http://cus93.trade.gov.tw/FSCI/, 2012-11-20. 说明：其包含书籍、小册、传单及类似印刷品之进口金额，且不论是否单页者均属之。

刊总量按传统出版市场主题分类统计数据。

表 5　台湾学术期刊总量[①]

类别	数量(本)	类别	数量(本)
000 总类	245	500 社会科学类	433
100 哲学类	59	600 中国史地类	51
200 宗教类	25	700 史地类	18
300 自然科学类	99	800 语文类	124
400 应用科学类	331	900 艺术类	95

总计:1 480 本
(统计时间:截至 2012 年 3 月 31 日止)

台湾主要或现行之学术期刊出版暨评鉴体系,较具规模与制度者包括:1994 年至 2004 年,每年执行之"国科会奖助学术研究优良期刊"、1997 年起陆续执行之"学术研究期刊评比排序报告",以及 1999 年起,"国科会"陆续规划之"台湾社会科学引文索引(TSSCI)数据库期刊"、"台湾人文学引文索引与其核心期刊(THCI and THCI Core)数据库期刊"、以及台湾"国家图书馆"出版的"台湾期刊论文索引系统"等数种,这些数据库之重心几乎全置于人文社科学域期刊之上。然而,除了上述官方所运作之期刊数据库之外,学术出版市场也出现民营之期刊数据库产品,例如:

1. "中文电子期刊服务"(Chinese Electronic Periodical Services,简称 CEPS)收录自 1991 年起,台湾、大陆地区出版之学术期刊,另也纳入香港、马来西亚等地区出版之中英文期刊,收录范围涵盖人文学、自然科学、社会科学、应用科学、医学与生命科学等五大领域,收录内容又以 A&HCI、SCI、SSCI、EI、TSSCI、CSSCI、CA、Medline、中国科技引文、中文核心期刊要目总览等各式指标作为选刊之依据。[②]

2. "学术引用文献数据库"(Academic Citation Index,简称 ACI),收录

① 说明:1. 以 2010 年 9 月依台湾"国家"图书馆期刊指南出版系统 1 438 种为基础,再根据该系统所增加至 2012 年 3 月新出版刊数(新更刊名者及并刊者不在此列,停刊后又复刊者计 1 笔)。

2. 此处学术期刊之定义为(1)台湾"国家"图书馆出版期刊指南系统中出版类型定义为"学术期刊"者;(2)大专院校出版之期刊(扣除社团、系友、校友会所发行刊物),被 ISI 收录者,也包含其中。

3. 此处未扣除已停刊者。

② 华艺在线图书馆."CEPS 中文电子期刊数据库". http://www.airitilibrary.com/about.aspx. 2011-02-15.

自1956年起(2003年以前未完整收录),中国大陆、香港、台湾地区出版之中英文期刊,其中涵盖台湾社会科学引文索引数据库(TSSCI)之期刊、台湾人文学引文索引核心期刊(THCI Core),以及台湾地区出版的重要期刊等,目前已收录超过400种学术期刊。收录范围以人文学及社会科学为主,所有期刊依主题可细分为教育、图资、体育、历史、社会、经济、综合、人类、心理、法律、哲学、政治、区域研究及地理学、管理、语言、艺术、传播等学门。①

3. “HyRead台湾全文数据库”,收录自1974年起,台湾出版之学术电子期刊,目前已收录超过400种电子期刊全文,100多种TSSCI、TSCI、THCI核心期刊,收录范围涵盖综合、自然、人文、应用、社会、生医等领域。②

4. “台湾学术在线”(Taiwan Academic Online,简称TAO)已收录超过10万篇学术文献,收录内容种类包括学术专书、期刊、会议论文、学位论文及研究报告等,是一跨语文别、跨文献类型之学术知识库,TAO期刊收录主要仍以SCI、SSCI、A & HCI、EI、CA、Medline、TSSCI、“国科会”奖助优良期刊等各式指标为依据,收录范围涵盖社会科学、人文学、自然科学、应用科学、医学与生命科学等五大领域。③

事实上,前述各种期刊数据库所收录之期刊源差异性不大,同构型过高,乃为台湾学术期刊数据库产业的致命伤。此外,由于“学术期刊”之定义涉及所谓“学术内涵与形制”之认定,而学术信息是否为公共信息?是否与一般出版品同具经济规模而产生市场价值?这些问题远较一般出版品来得有争议性,同样导致种数与产值难以正确估计。

五、出版教育与趋势

根据近六年来的图书出版及杂志出版产业之调查报告(见图10及图11),其统计数据皆显示出版业者所雇用的员工均系以拥有大学教育程度

① 学术引用文献数据库. http://www.airiti.com/ACI/. 2011-02-22.

② 凌网科技. “HyRead台湾全文数据库”. http://www.hyweb.com.tw/ct.asp?xItem=244&CtNode=405&mp=1. 2011-03-15.

③ 智慧藏学习科技. “关于TAO台湾学术在线”. http://tao.wordpedia.com/abouttao.aspx. 2011-04-12.

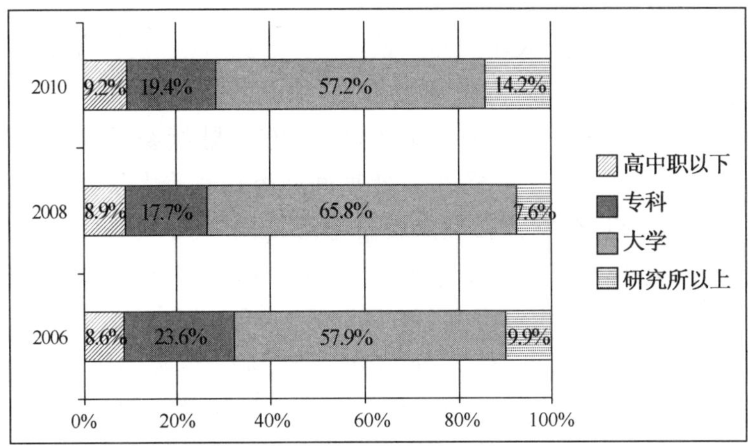

图 10　台湾图书出版业者员工教育程度分组占比历年比较①

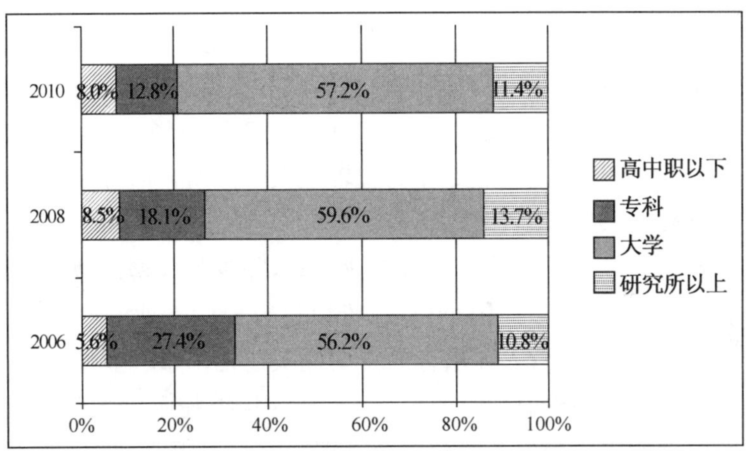

图 11　台湾杂志出版业者员工教育程度分组占比历年比较②

者所占比率为最高，而其中拥有“专科”学历员工比例则是逐年下降。其原因乃为台湾自 2000 年起，教育主管部门鼓励大多数的专科学校改制成技术学院或科技大学外，更因大学教育普及化而使得业界所雇用的员工学历有向大学学历集中的趋势。虽说图书出版业与杂志出版业历年所调查的母体对象及数量均为不同性质，但仍可从中发现目前台湾出版产业乃属于

① 资料来源：《2007 图书出版及行销通路业经营概况调查》、《“97 年”（2008 年）图书出版产业调查》以及《“99 年”（2010 年）图书出版产业调查报告》。

② 资料来源：《台湾杂志出版产业调查研究报告（2005）》、《“96 年”（2007 年）台湾杂志出版产业调查研究》以及《“100 年”（2011 年）台湾杂志出版产业调查研究报告》。

高学历需求之产业。[1]

台湾出版产业专业人才的养成教育，可分为正规学校教育和非正规之专业研习等。在非正规之专业研习方面，除了若干经由大学开设之研讨会、座谈会和研习班之外，“新闻局”2000年以来，陆续委托民间单位办理出版专业人才培训，2003年至2009年期间亦委托政治大学公企中心承办实务出版研习活动，包括：“数位出版研习营”、“出版业策略成本管理研习营”、“华文出版研习营”、“出版业整合与创新研习营”等。2010年交由民间企业承办“数位出版实务讲座”和“国际漫画研习营”系列。[2]

在正规教育部分，回顾台湾2000年以降，大学系所，如图书馆与资讯科学(图书资讯学)相关学系、印刷与图文传播相关学系、新闻与传播学相关学系皆发展出版课程，这是继专门的出版学系所或传统文学系所之后，出版产业相当重要的从业人力资源。[3] 上述这些系所学门，因非源自于出版专业系所，较缺乏完整周延之出版知识体系的建立，而大部分的课程设计乃在于求取与本科系各课程间的相互串联和支持，例如：源自图书馆学、印刷学或传播学等科系本质之拓展应用。1997年南华大学设立“出版学研究所”为台湾第一所以出版专业为主轴之大学系所，师资广泛来自印刷、图书资讯、管理等领域学者共同参与。

由于台湾大学体系仍缺乏出版专业教育，除少数大型出版社或集团之外，台湾出版业者亦大多为中小企业，难以进行出版产业专业经理人才培训工作。因此，基于经营人才培育的重要性及建构出版产业经营管理知识分享的平台与管道，新闻局自2003年至2008年委托政治大学办理“出版高阶经营管理硕士学分班”，整合企业管理师资与出版业高阶主管等专家，共同开设策略、营运、营销、财务等出版实务课程，以强化出版专业人才培育机会。[4]

在其他与出版研究相关之大学系所，为因应新兴文创产业发展大环境下，更为积极对本身的课程架构重作审视，除了保有原系所本身应属的学

---

① 台湾“文化部”编：《“100年”(2011年)台湾杂志出版产业调查研究报告》，台北市：“文化部”2012年版，第49页。

② “行政院新闻局”. “出版人才培育专案历年办理成果”. http://info. gio. gov. tw/ct. asp? xItem=72206&ctNode=5048&mp=3. 2012-11-10.

③ 邱炯友：《出版教育的学术与非学术》，《文讯》1997年第4期，第40—41页。

④ “行政院新闻局”. 出版人才培育专案介绍. http://info. gio. gov. tw/ct. asp? xItem=72205&ctNode=5048&mp=3. 2012-03-10.

科领域特色之外，也融入各种因应数字内容典藏与出版新趋势之课程，培育符合“数位内容产业”与“文化创意产业”之专业人才。表 6 列出台湾主要开设出版专业相关课程之大学系所及近期之变动。

表 6　台湾主要开设出版专业相关课程之大学系所

创始年	大学名称	系所名称	隶属学院	学位授予	备注
1968	文化大学	信息传播学系	新闻暨传播学院	学士 硕士	原名“印刷工程学系”：1983 年改为“造纸与印刷研究所”；2002 年改为现名
1969	世新大学	图文传播暨数位出版学系	新闻传播学院	学士 硕士	原名“印刷摄影学系”，1995 年更名“平面传播科技学系”，2004 年改为现名
1971	淡江大学	资讯与图书馆学系	文学院	学士 硕士	原名“教育资料科学学系”，2000 年改为今名。2012 年另成立“数字典藏与出版数位学习硕士在职专班”
1997	南华大学	文化创意事业管理学系	管理学院	硕士 （2012 年 8 月起含学士班）	原“出版学研究所”；2003 年更名为“出版事业管理研究所”；2007 年更名为“出版与文化事业管理研究所”；2012 年 8 月起改为现名
2003	政治大学	出版高阶经营管理硕士学分班	政大公企中心	无（硕士学分）	开设于 2003—2008，由“新闻局”委托办理
2012	淡江大学	数位出版与典藏数位学习硕士在职专班	文学院	硕士	专班简称“数位出版与典藏网硕专班”

建构于图书馆学认知下之“出版”研究子题也是近十五年来的事，但是以出版为设计主轴而形成单一学程模组（module）的课程科目整理仍有待积极发展。[①] 就理论而言，新兴的数字出版产业首重信息内容的创造、加值、流通。因此在课程的设计上，以目前台湾图书馆与信息学相关系所为例，便思索整合下列趋势议题与既有相关课程，而形成创新的课程内容，

① 邱炯友：《媒体出版与图书馆学整合课程模组刍议：图书与资讯研究》，《图书与资讯学刊》1997 年第 20 期，第 46—52 页。

例如：①

1. 素材(资讯资源)创造：资讯组织、编辑出版概论等。

2. 出版(资讯)加值：数据库结构与管理、电子书科技与应用等。

3. 知识流通(商流、物流、资金流、资讯流)：知识管理、数字典藏、图书参考服务、资讯需求行为、数字营销与资讯服务、数位内容授权与平台管理等。

由于数字时代下的出版专业已成为科际整合之学门，上述课程内容将难以被任何一传统大学系所独揽。未来台湾以出版为设计主轴而构成单一学程模组的课程组合，以及因数字出版之发展或迎合文化创意产业前景等因素，而新设或改组之部分大学系所，是否将因为教学与研究内容之转移，而使原本较为单纯的"出版产业研究"或"出版学研究"主题产生质变，这将是未来另一波值得观察之重点。

六、结论：期许与建议

台湾出版法规政策相较于祖国大陆，以及民众阅读消费习惯相较于欧美国家，显然皆有不足之处，亟待政府与民间之共同决心与努力以克服窘境。在日渐强调创意精致与数字出版商品之市场导向下，台湾正致力于推动文化创意产业，其首务在于建立民众与出版社对文化创意产业的认知与意识，这种意识的汇聚及行动的贯彻，将形成出版产业未来发展的新动力。在此网络科技时代中，唯有详实擘画文化出版政策，并积极营造优良产业投资环境，借由法令之完备合宜作为台湾出版产业迈入新时代之引导基石，充分发挥其文化经济属性之优越价值地位。

在出版人才教育方面，学界与产业须以群策力量协助政府具体描绘未来出版教育与训练蓝图，使出版实务人才、出版研究者与具出版志趣者，得以于良好之出版教育环境中，增进经营管理能力，以及开创专业领域和实现文化理想。未来在培育数字内容人才时，"出版业者"与"创作者"乃是极为重要之项目辅导对象与行业，尤其应针对文字创作者、美术创作者、设计者、编辑，以及出版业之制作者与营销者等，有系统地规划和举办兼具传统与科技性之生产、管理、销售等面向的出版教育训练课程。就出版产业经

① 邱炯友：《媒体出版与图书馆学整合课程模组刍议：图书与资讯研究》，《图书与资讯学刊》1997年第20期，第46—52页。

营者目标而言，乃在寻找出版人“核心竞争力”，使出版专业人员具有调动与运用各方面资源而产生的战略优势和潜能，它既是出版机构在图书市场中的精神象征，亦是出版机构参与市场竞争之制胜因素。

我们期许在出版产业上推动数字与网络化，以及鼓励异业结合，以增加出版在文化创意产业中之多元加值与应用，提升整体文化出版之产值，并为台湾建立海外出版舞台。在保障文化出版自由之基础下，出版产业已成为引领台湾数字内容产业之基础，也将是文化社会进步之核心与原动力。

新千年来中国出版业大事记

（附港澳台地区）

2000 年

1 月 1 日，中国版权保护信息网开通。该网是目前国内版权保护领域唯一的综合性信息网。

1 月 12 日，新闻出版署公布首届国家电子出版物获奖名单，共有 35 种作品获奖。其中国家电子出版物奖荣誉奖 5 种，国家电子出版物奖 10 种，国家电子出版物奖提名奖 20 种。

1 月 18 日，全国“扫黄”办、财政部、公安部、新闻出版署、国家版权局联合发出《对举报“制黄”、“贩黄”、侵权盗版和其他非法出版活动有功人员奖励办法》。

1 月 23 日，首届国家期刊奖暨第二届全国百种重点社科期刊奖颁奖大会在北京举行。

1 月 23 日，首届国家音像制品奖颁奖大会在北京举行，社科、科技、文艺、教育四大类共 54 种音像制品获奖。其中国家音像制品奖荣誉奖 1 种，国家音像制品奖 19 种，国家音像制品奖提名奖 34 种。

1 月 24 日，第六届中国韬奋出版奖颁奖大会在北京举行，江曾培等 11 位获奖。

1 月 24—25 日中国出版工作者协会第四届会员代表大会在北京举行。于友先当选为协会主席、宋木文为名誉主席。会议通过了新一届版协章程。

2 月 15 日，新闻出版署转发《财政部、国家税务总局关于宣传文化单位出版物增值税优惠政策的补充通知》。

2 月 21 日，新闻出版署发出《关于对新闻出版业利用社会资金和外资出版情况进行调查的通知》。

2 月 28—29 日，全国部分地区反盗版联盟工作座谈会在上海举行。

会议的主题是:进一步认识和深化反盗版联盟工作,研究如何组建全国性反盗版联盟。

2月29日,国家版权局同意成立中国文字作品著作权协会。

3月2日,新闻出版署、国家版权局、公安部、国家工商局联合发出《关于开展集中打击制作和销售盗版DVD音像制品活动的紧急通知》。

3月2日,新闻出版署发出《关于使用图书条码附加码的通知》。

3月8日,教育部、新闻出版署联合发出《关于对贫困地区中小学生供应黑白版教科书的通知》。

3月10日,新闻出版署、文化部联合发出《关于切实防止出版销售有严重政治问题的音像制品和清理低级庸俗、夹杂淫秽色情内容的彩封及包装的音像制品的通知》。

3月17日,文化部发出《关于音像制品网上经营活动有关问题的通知》。

3月27日,新闻出版署发出《关于明确电子出版物属于软件征税范围的通知》。

3月28日,北京日报报业集团成立。

3月29日,新闻出版署发出《出版物条码管理办法》。

4月10日,新闻出版署发出《关于规范涉外版权合作期刊封面标识的通知》。

4月11日,新闻出版署批文,同意成立新闻出版署报刊服务中心。

4月17日,新闻出版署发出《关于限定气功、练功类音像制品的出版单位的通知》。

4月28日,教育部、新闻出版署联合发出《关于在高校管理体制改革中加强对高校出版社领导的通知》。

5月4—6日,第八届莫必斯多媒体光盘国际大奖赛在巴黎举行。来自世界20多个国家的50部作品参赛。我国参赛的作品《宇宙之谜》获教育奖,《中国书法大典》获教育项鼓励奖,《文渊阁四库全书》获文化鼓励奖。

5月15日,新闻出版署报刊司发出《关于加强小报小刊审读工作的通知》。

5月23日,团中央中国少年儿童新闻出版总社在北京成立。

5月26日,国家版权局发出《国家版权局公告》(第7号令),对《计算机软件著作权登记办法》的有关条款进行修订。

5月29日，中宣部、新闻出版署联合发出《关于建立违规违纪报刊警告制度的意见》。

5月30日，北京市反盗版联盟成立。

6月13日，新闻出版署批文，决定撤销改革出版社。

6月25日，中国科学出版集团在北京成立。

6月25日，浙江日报报业集团在杭州成立。

6月28日，新闻出版署发出《关于进一步加强时事政治类、综合文化生活类、信息文摘类和学术理论类期刊管理的通知》。

6月30日，新闻出版署发出《关于清理整顿军事报刊的通知》。

7月7日，新闻出版署发文，通报了全国查处"法轮功"类出版物非法印刷活动的有关情况，对于非法印刷活动的涉案企业分别给予了警告、罚款、停业整顿、吊销许可证、取缔等行政处罚。

7月13—14日，中国书刊发行业协会非国有书业代表大会暨非国有书业经营研讨会在北京举行。

7月20—30日，首届中国西部书市在成都举行。来自全国27个省、市、自治区的371家出版社、1 200余家新华书店参展。

7月21日，新闻出版署发出《关于加强对出版"地方广告版"管理的通知》。

7月27日，新闻出版署发出《出版物批发市场管理暂行办法》、《关于进一步加强出版物发行管理的通知》。

8月30—9月3日，第八届北京国际图书博览会在北京举行。博览会期间由新闻出版署、国家版权局联合举办了首次"中国图书版权贸易成就展"。

9月1日，新闻出版署发出《音像制品条码实施细则》。

9月21日，中共中央任命石宗源同志为新闻出版署党组书记。10月5日国务院任命石宗源同志为新闻出版署署长、国家版权局局长。

9月26日，辽宁省反盗版联盟成立。

9月28日，新闻出版署发布《关于坚决制止发表和出版政治观点错误的文章和图书的通知》。

9月30日，国家版权局网站正式开通。

10月9日，解放日报报业集团在上海成立。

10月12—22日，第11届全国书市在江苏南京举行。来自全国34个出版代表团、1 500 余家发行单位和电脑、电子网络单位参展。

10 月 17 日，新闻出版署、全国“扫黄”办联合发出《关于进一步加强报刊管理的意见》。

10 月 24 日，新闻出版署办公室发出《关于对“网络出版单位”和“网络出版”界定的意见》。

10 月 31 日，第九届全国人民代表大会常务委员会第十八次会议审议通过《中华人民共和国国家通用语言文字法》，自 2001 年 1 月 1 日起施行。国家通用语言文字法是我国历史上第一部关于语言文字的法律。

11 月 2 日，新闻出版署、对外贸易经济合作部联合发出《关于中外合资合作光盘复制与生产企业设立及设备引进有关问题的通知》。

11 月 6 日，国务院新闻办公室、信息产业部联合发布《互联网站从事登载新闻业务管理暂行规定》。

11 月 8 日，国家计委、新闻出版署联合发出《关于核定 2001 年秋季中小学教材价格有关问题的通知》。

11 月 10 日，新闻出版署发出《关于对新办期刊实行试办期制度的通知》。

11 月 22 日，国务院第 33 次常务会议审议并原则通过了《中华人民共和国著作权法修正案(草案)》，并提交全国人大。

11 月 22 日，最高人民法院审判委员会第 1144 次会议通过《最高人民法院关于审理涉及计算机网络著作权纠纷案件适用法律若干问题的解释》。

11 月 22 日，新闻出版署发出《关于加强光盘复制管理若干问题的通知》。

11 月 24 日，新闻出版署、公安部联合发出《关于光盘生产源鉴定工作有关问题的通知》。

11 月 30 日，中国音像协会光盘工作委员会签署了《中国光盘复制行业自律公约》。

12 月 15 日，新闻出版署发出《关于禁止收费约稿编印图书和期刊的通知》。

12 月 18—20 日，全国报刊管理工作会议在安徽召开。会议总结全国报刊清理整顿、结构调整工作，研讨报刊中存在的问题及加强管理的措施，落实建设“中国期刊方阵”的工作方案。

12月20日，全国“扫黄打非”工作小组、文化部、新闻出版署、国家工商局联合发出《关于取缔、关闭、限期整治有关出版物市场的通知》。

12月20日，浙江出版联合集团成立。

12月22日，第九届全国人大常委会第十九次会议审议《中华人民共和国著作权法修正案(草案)》。国家版权局局长石宗源受国务院的委托在会上就修正案(草案)作了说明。

12月23日，黑龙江省反盗版联合会成立。

2001年

1月8—12日，2001年北京图书订货会在北京举行。来自全国560余家出版单位、500余家各地新华书店和民营书店的近万人参加订货会。订货码洋近16亿元。

1月18日，由新华书店总店、诚成文化投资集团股份有限公司和信息产业部下属单位中国通广电子公司共同投资建立的“新华音像租赁发行有限公司”开办的社区文化连锁店“新华驿站”启动仪式在北京举行。

2月5日，国家工商行政管理局、国家广播电影电视总局、新闻出版署联合发出《关于进一步加强大众传播媒介广告宣传管理的通知》。

2月8日，国家药品监督管理局、国家工商行政管理局、新闻出版署联合发出《关于公布允许刊播处方药广告的第一批医药专业媒体名单的通知》。

2月13日，中国出版工作者协会少儿读物工作委员会第十次会议暨国际儿童读物联盟中国分会(CBBY)理事会在浙江绍兴举行。

2月21日，第十二届中国图书奖颁奖大会在北京举行。由新闻出版署组织、全国23家出版社联合出版的“邓小平理论研究书系”获荣誉奖；《邓小平理论与社会主义的历史命运》等思想性与艺术性、社会效益与经济效益相结合的149种优秀图书获奖。

2月22日，新闻出版署发出《关于严格审核期刊封面刊登党和国家领导人图片的通知》。

2月26日，文化部办公厅向各省、自治区、直辖市文化厅(局)、音像市场行政管理部门发出《关于启用新版音像制品防伪标识的通知》。

3月5日，第九届全国人大第四次会议在北京举行。国务院总理朱镕基在政府工作报告中指出：进一步发展文学艺术、新闻出版、广播影视等各项事业。坚持为人民服务、为社会主义服务的方向和百花齐放、百家争鸣的方针，生产出更多更好的精神产品。整顿和规范文化市场，坚持不懈地开展“扫黄打非”斗争。

3月27—29日，由国家版权局与世界知识产权组织联合举办的“关于WCT(《版权条约》)与WPPT(《表演和录音制品条约》)及其对版权产业的影响亚太地区研讨会”在广州举行。

4月10日，教育部、新闻出版署联合发出《关于推广使用中小学经济适用型教材的意见的通知》。

5月10—12日，首次全国性社店存书调剂会在武汉举行。来自全国各地的60多家出版单位、200余家国有和民营书店参加调剂会。

5月14—15日，全国光盘复制管理座谈会在深圳举行。

5月19—20日，中国音像协会第一届第二次会员代表大会在北京举行。中国音像协会换届选举同时举行，刘国雄连任中国音像协会会长，朴东生等14人为副会长。大会通过了新一届中国音像协会章程。

6月1日，中华人民共和国新闻出版总署挂牌。

6月7日，国家计委、教育部、新闻出版总署联合发出《关于印发中小学教材价格管理办法的通知》。

6月7日，新闻出版总署、教育部、国家质量监督检验检疫总局联合发出《中小学教科书幅面尺寸及版面通用标准》和《中小学教科书用纸、印刷质量标准和检验方法》的通知。

6月13日，新闻出版总署向各省、自治区、直辖市新闻出版局，中央国家机关各部委，各民主党派、群众团体出版社主管部门，解放军总政治部宣传部，全国各出版社发出《关于重申禁止中国标准书号“一号多用”的通知》。

6月19日，新闻出版总署发出《关于进一步加强记者证管理的通知》。

6月19日，新闻出版总署发出《关于进一步加强和改进报刊审读工作的通知》。

6月19—21日，由新闻出版总署组织召开的新华书店连锁经营研讨会在深圳举行。会议就新华书店如何通过连锁经营的方式，加大发行资源的整合力度，如何在新世纪与新形势下做大做强等问题进行了讨论。

6月28日，国家版权局、公安部、国家工商行政管理总局、全国“扫黄打非”工作小组办公室联合发出《关于禁止销售盗版软件的通告》。

7月3日，新闻出版总署发出《关于印发〈关于坚决制止报刊摊派切实做好当前减轻农民负担工作实施方案〉并开展专项检查的通知》。

7月16日，新闻出版总署发出《关于维护报纸正常发行秩序的通知》。

7月17—18日，全国文艺出版社图书发行联合体在深圳成立。

8月7日，人事部、新闻出版总署联合发出《关于印发〈出版专业技术人员职业资格考试暂行规定〉和〈出版专业技术人员职业资格考试实施办法〉的通知》。

8月14日，新闻出版总署发出《关于对出版物使用互联网信息加强管理的通知》。

8月21日，国务院重新修订的《印刷业管理条例》颁布实施。《条例》明确规定:新闻出版总署主管全国印刷业监管工作。1997年3月8日国务院发布的《印刷业管理条例》同时废止。

8月22日，新闻出版总署、公安部、国家工商行政管理总局、国家质量监督检验检疫总局、全国“扫黄打非”工作小组办公室联合发出《关于整顿和规范印刷市场秩序的通知》。

8月24日，新闻出版总署发出《关于加强教材发行管理工作的通知》。

8月29日，国家版权局、国家发展计划委员会、财政部、信息产业部联合发出《关于政府部门应带头使用正版软件的通知》。

8月，中央“两办”发出《关于新闻出版广播影视业改革的通知》的17号文件，对新闻出版业和广播影视业改革问题进行布置，有力地推动了新闻出版广播影视业的改革。

9月15—25日，第十二届全国书市在云南昆明举办。本届书市分别在大理、玉溪、丽江、西双版纳设立分会场。

9月19日，国家发展计划委员会、财政部、新闻出版总署联合发出《关于中小学教材印张中准价等有关事项的通知》。

9月28日，新闻出版总署发出《关于中小学教材发行费用标准的通知》。

10月19日，新闻出版总署、对外贸易经济合作部联合发出《关于不得进口二手光盘生产、复制设备的通知》。

10月21日，中华苏维埃共和国中央印刷厂旧址在江西瑞金修复揭牌。

10月25日，新闻出版总署、农业部联合发出《关于抓紧落实制定农村订阅报刊费用限额切实减轻农民负担的通知》。

10 月 26 日，新闻出版总署、海关总署联合发出《关于不得委托境外企业加工光盘的通知》。

11 月 1—4 日，中国期刊展在北京举行。“如何做大中国期刊的发行市场和广告市场”、“中国期刊市场发展趋势及中国期刊业国际化运营战略”、“中国期刊发展趋势”等研讨会同时举行。

11 月 5 日，新闻出版总署发出《关于禁止传播有害信息进一步规范出版秩序的通知》。

11 月 8 日，中国书刊发行奖在福州颁发。100 位“中国书刊发行奖”获得者和 205 家“中国书刊发行行业双优单位”受表彰。2001 年全国书刊发行业协会年会暨常务理事会同时举行。

11 月 9 日，新闻出版总署发出第 15 号署长令《印刷业经营者资格条件暂行规定》。

11 月 12—14 日，由中国出版工作者协会主办，中国出版工作者协会电子研究会承办的第九届莫必斯多媒体光盘国际大奖赛在北京举行。来自法国、意大利、希腊、芬兰、加拿大、美国、德国、西班牙、巴西、中国(包括香港和台湾地区)等国家的 44 件多媒体光盘作品参赛。《中国皮影戏》获得大奖，中国《国粹——京剧》获得文化奖，中国《金庸群侠传》(网络版)获评委特别奖。

11 月 27 日，新闻出版总署、教育部联合发出《关于〈中小学教辅材料管理办法〉的实施意见》。

12 月 7 日，由中宣部、中央文明办、新闻出版总署等 12 部门联合发出《关于进一步深入开展文化科技卫生“三下乡”活动的通知》。

12 月 19 日，新闻出版总署发出《关于公布“中国期刊方阵”名单及加强期刊方阵建设的通知》。

12 月 21 日，国务院重新修订的《计算机软件保护条例》颁布实施。条例自 2002 年 1 月 1 日起施行，1991 年 6 月 4 日国务院发布的《计算机软件保护条例》同时废止。

12 月 25 日，国务院颁布重新修订的《出版管理条例》，自 2002 年 2 月 1 日起施行，1997 年 1 月 2 日国务院发布的《出版管理条例》同时废止。

12 月 25 日，国务院颁布重新修订的《音像制品管理条例》，自 2002 年 2 月 1 日起施行，1994 年 8 月 25 日国务院发布的《音像制品管理条例》同时废止。

12月27日，第五届国家图书奖颁奖大会在北京举行。《李大钊全集》、《中国古代书画图目》、《中华本草》等11种获国家图书奖荣誉奖；《马寅初全集》、《新中国经济史》、《汤用彤全集》等31种获国家图书奖；《邓小平理论与中共党史学》、《中国共产党组织史资料（1921—1997）》、《中国少数民族革命史》等88种获国家图书奖提名奖。

12月30日，新闻出版总署发出《关于不得擅自出版有关公开选拔领导干部应试读物的通知》。

12月，中国加入世界贸易组织，并承诺在三年的时间内逐步开放出版物分销，外资可以通过各种方式逐步进入书报刊的零售、批发等发行领域。

本年，法律出版社发行部改为具备现代企业制度和法人治理结构的公司，出版社是投资方，不久又进行了股份制改革，引入员工股。

2002年

1月29日，新闻出版总署与对外贸易经济合作部联合发布《设立外商投资印刷企业暂行规定》，对设立外商投资印刷企业应当具备的条件和应当履行的申请、审批程序作出了明确规定。

3月14日，天津经济技术开发区人民法院对《腾格尔》CD盗版侵权案作出一审判决：涉嫌盗版发行、制作、销售《腾格尔》CD的三个被告被判处向此案的原告——天津泰达音像发行中心支付30万元的赔偿金，并在《法制日报》、《中国新闻出版报》上刊登致歉声明。

3月20日，文化部颁布了《音像制品批发、零售、出租管理办法》（以下称新《管理办法》），自2002年4月10日起施行。1996年1月30日文化部发布的《音像制品批发、零售、出租和放映管理办法》（以下称原《管理办法》）同时废止。

3月，王选院士荣获“国家最高科学技术奖”。

4月3日，新闻出版总署、公安部、国家工商总局、国家质检总局、全国“扫黄”办等五部门在京联合召开全国整顿和规范印刷市场秩序工作领导小组会议。

4月10日，中国出版集团成立大会在北京人民大会堂隆重举行。

5月17日，为贯彻落实《中央宣传部、国家广电总局、新闻出版总署关于深化新闻出版广播影视业改革的若干意见》，新闻出版总署印发《关于贯彻落实〈关于深化新闻出版广播影视业改革的若干意见〉的实施细则》及八个配套文件目录。

5月24日，第九届北京国际图书博览会在整修一新的北京展览馆隆重开幕。5月28日闭幕。

5月，清华同方光盘股份有限公司、中国学术期刊(光盘版)电子杂志社与国家光盘工程研究中心宣布《中国优秀博硕士学位论文全文数据库》(CDMD)研制成功，5月25日在京举行了首发仪式。

6月3日，新闻出版总署印发《关于新闻出版业集团化建设的若干意见》。

6月3日，新闻出版总署印发《关于印发〈新闻出版行业领导岗位持证上岗实施办法〉的通知》。

6月3日，新闻出版总署印发《出版专业技术人员职业资格管理暂行规定》。

6月11日，新闻出版总署发出《关于加强对出版单位与境外出版机构联合冠名管理的通知》，明确未经新闻出版总署批准，任何出版单位不得与境外出版机构在合作出版中联合冠名。

6月17日，文化部文化市场司正式在中国音像电影网开通了进口音像制品数据查询系统。

6月中旬，北京市通州区法院对被列入全国"扫黄打非"大案的盗版《大学英语》案作出一审判决。因侵犯著作权罪，盗版《大学英语》的委印人孟祥国被判处有期徒刑五年，没收所有非法所得并处罚金五万元。这是迄今为止涉及非法盗印的最严重的处罚。

6月27日，新闻出版总署与信息产业部联合发布了《互联网出版管理暂行规定》，自8月1日起施行。

7月25日，新闻出版总署印发《关于推进和规范出版物发行连锁经营的若干意见》。

7月29日，中央"两办"发布16号文件，对文化改革进行全面部署，提出了加大集团化建设、加快政府职能转变、加快市场流通体制改革和加快文化机构内部改革四大核心任务。

8月2日，《中华人民共和国著作权法实施条例》公布，自2002年9月15日起施行。原由国家版权局1991年5月30日发布的《著作权法实施条例》同时作废。

8月2日,新闻出版总署发出《关于印发出版集团组建基本条件和审批程序的通知》《关于印发发行集团组建基本条件和审批程序的通知》以及《关于印发报业集团组建基本条件和审批程序的通知》。

8月5日,新闻出版总署发出《关于加强对进口出版物内容审查工作的通知》。

9月22日,备受出版界关注的首次全国出版专业职业资格考试在北京、天津、重庆和全国各省会城市的33个考区同时开考。

10月15日,《最高人民法院关于审理著作权民事纠纷案件适用法律若干问题的解释》施行。该司法解释规定:"出版者、制作者应当对其出版、制作有合法授权承担举证责任,发行者、出租者应当对其发行或者出租的复制品有合法来源承担举证责任。举证不能的,依据著作权法第四十六条、第四十七条的相应规定承担法律责任。"

11月27日,新闻出版总署发出《关于进一步规范出版物订货、展销活动的紧急通知》,要求各地新闻出版管理部门坚持严格审批制度,严厉打击和查处此类展销活动,致使"高定价、低折扣"图书展销活动之风得到有效遏制。

本年,新闻出版总署印发《关于新华书店(发行集团)股份制改造的若干意见》,股份制改造工作在全国新华书店全面展开。

本年,新闻出版总署批准了4家合资出版物分销企业,其中包括《中国计算机报》与TOM网站合建的重庆计算机报经营有限公司,注册资本3 000万元人民币。

2003年

1月6日,中国新华书店协会在北京成立。

1月21日,新闻出版总署作出决定,对《中国演员报》严重违规,出卖刊号,造成严重后果的案件发出行政处罚决议书,按照《出版管理条例》第六十条的规定,给予《中国演员报》以吊销出版许可证的处罚。

3月17日,新闻出版总署、对外贸易经济合作部联合颁布《外商投资图书、报纸、期刊分销企业管理办法》,标志着我国的图书、报纸、期刊分销市场将向世贸组织成员国开放。

3月20日,新闻出版总署发出《关于进一步加强图书出版质量管理的通知》。

3月21日根据《国务院关于机构设置的通知》(〔2003〕8号),中华人民共和国新闻出版总署(国家版权局)改为国家新闻出版总署(国家版权局),其英文译名相应发生变化,改后英文译名为 General Administration of Pres and Publication (National Copyright Administration)。

4月7日,新闻出版总署对1992年制定并下发的《国家图书奖评奖办法》进行了修订。修订后的《办法》明确规定,国家图书奖由新闻出版总署主办,为全国图书评奖中的最高奖励。

4月15日,河北出版集团挂牌成立。

5月12日,新闻出版总署印发《关于抓紧制定、及时报送出版物发行网点规划的通知》,提出除合理限定大型书城(大型书城的营业面积标准由各地自定)之间的距离外,只要符合城建总体规划,具备申办条件,经营者在任何地段申办发行网点均不应受到限制。

6月24日,国家版权局下发《关于查缴盗版〈十六大报告辅导读本〉等党员干部学习用书的通知》,要求各级版权行政管理部门对本地区的图书市场进行紧急清查,发现销售盗版《十六大报告辅导读本》和《全国干部培训教材》等党员干部学习用书的,一律收缴,并予以严厉查处。

7月18日,新闻出版总署和公安部联合颁布《印刷品承印管理规定》,自2003年9月1日起实施。

7月23日,由新闻出版总署批准成立的全国性的游戏出版行业组织——中国出版工作者协会游戏工作委员会成立大会在北京国际饭店会议厅举行。

7月24日,新修订的《著作权行政处罚实施办法》颁布,从9月1日起施行。

7月,新闻出版总署公布实施《出版物市场管理规定》,从9月1日起正式实施,取代此前于1999年11月新闻出版署发布的《出版物市场管理暂行规定》。《规定》明确提出打破出版物发行领域国有新华书店的垄断局面,对从事出版物零售和批发、总发行、全国连锁等不再实行所有制限制,而是对资金等方面实行准入制度。

8月26日,新闻出版总署废止70件有关出版规章及规范性文件。

9月19日,经新闻出版总署批准,国内首家获得报刊发行权的民营企业——文德广运发行集团在京组建成立。

10月1日,中国书刊发行业协会重新修订的《全国书刊发行行业公约》开始实行。

11月6日，中关村图书大厦正式营业。

12月3日，新组建的二十一世纪图书合资公司在京举行新闻发布会。经新闻出版总署与商务部批准，获得全国连锁经营执照的北京二十一世纪锦绣图书连锁有限公司(21世纪图书)进行增资扩股，与全球著名传媒企业贝塔斯曼所属的贝塔斯曼直接集团联合组建中国第一家中外合资全国性图书连锁企业——北京贝塔斯曼二十一世纪图书连锁有限公司，贝塔斯曼直接集团拥有该公司40%的股份。这成为中国书业第一起外贸并购案。

12月12日吉林出版集团挂牌成立，同时事业单位改制为企业，并取得了国有资产授权经营。

12月19日，国家版权局北京市版权局联合在北京市亦庄经济开发区举行"全国打击盗版软件专项治理北京销毁盗版制品仪式"。

12月22日，由全国"扫黄""打非"工作小组办公室主办的中国扫黄打非网(www. shdf. gov. cn)正式开通。

12月23日，新闻出版总署发出《关于进一步加强对涉及民族宗教问题出版物管理的通知》。

12月25日，第六届国家图书奖颁奖大会在京举行。本届国家图书奖共评选出荣誉奖12种、正式奖30种、提名奖100种，50种抗击非典图书作为第六届国家图书奖特别奖同时受到表彰。

12月26日，四川出版集团挂牌成立。

12月30日，由新闻出版总署主办的中国出版物发行管理网(www. cnempp. gov. cn)正式开通。

12月31日，国务院办公厅颁发《文化体制改革试点中支持文化产业发展的规定(试行)》和《文化体制改革试点中经营性文化事业单位转制为企业的规定(试行)》(国办发〔2003〕105号)。

2004年

1月13—14日，新闻出版总署举行首批互联网出版机构负责人座谈会。

2月6日，中宣部、国务院纠风办、新闻出版总署联合发出《关于进一步规范党政部门报刊征订工作的通知》。

2月15日，文化部决定启用新版音像制品防伪标志。

2 月 26 日，中华全国工商业联合会书业商会成立大会在京召开。

2 月，中宣部、新闻出版总署联合下发《关于对管办分离和划转报刊加强管理的通知》。

5 月 20 日，中宣部、新闻出版总署发布《关于进一步加强“三农”读物出版发行工作的意见》，强调要多出版发行农民看得懂、用得上、买得起的读物，为促进农民增加收入、统筹城乡经济社会发展服务。

5 月下旬，新闻出版总署发出通知，给予吉林摄影出版社等 21 家出版“高定价、低折扣”图书的出版单位通报批评。

5 月 24 日，新闻出版总署和全国“扫黄打非”工作小组办公室发出《关于开展对淫秽色情“口袋本”图书、有害卡通画册和游戏软件专项治理的通知》。

6 月 17 日，新闻出版总署发布第 22 号令，公布《音像制品出版管理规定》，自 2004 年 8 月 1 日起施行。

6 月 30 日，教育部、新闻出版总署联合发出《关于切实加强引进版教材图书出版和使用管理的通知》。

7 月，全国“扫黄打非”工作小组办公室、国家工商行政管理总局、新闻出版总署联合下发通知，决定对城乡集贸市场中销售非法出版物的行为进行专项治理。

7 月 17 日，全国出版物发行标准化技术委员会成立大会在京举行。

7 月，新闻出版总署、全国“扫黄打非”工作小组办公室公布首批被取缔的《WTO 中国》等 30 个利用境外注册刊号在境内非法出版、印刷、发行的期刊名单。

8 月，新闻出版总署、国家版权局联合发出《关于落实国务院归口审批电子和互联网游戏出版物决定的通知》，就电子和互联网游戏出版物出版著作权管理提出明确要求，进一步规范电子和互联网游戏出版市场。

9 月 10 日，新闻出版总署根据《音像制品管理条例》和《关于公安部光盘生产源鉴定中心行使行政、司法鉴定权有关问题的通知》的有关规定，发出了《关于加强蚀刻光盘来源识别码管理的通知》，重申了蚀刻光盘来源识别码及样盘报送的有关规定。

10 月 18 日，新闻出版总署发出《关于进一步加强辞书出版管理的通知》，重申辞书出版必须严格履行图书按专业分工出版的规定，尤其是单语或双语辞书（辞典）的出版。

11 月 9 日，新闻出版总署音像电子和网络出版管理司主办的“治理音像出版业低俗之风”座谈会在京召开。

11 月，新闻出版总署、全国“扫黄打非”工作小组办公室联合公布了《人民权益报》等 60 种利用境外注册刊号在境内非法出版的报刊名单，并宣布予以取缔。

12 月 3 日，国家版权局召开新闻发布会，公布对两家光盘厂侵犯微软著作权案件的处罚决定以及对《怪物史莱克 2》的查缴情况。

12 月 22 日，《关于办理侵犯知识产权刑事案件具体应用法律若干问题的解释》施行。该解释第 5 条规定：以营利为目的，实施刑法第 217 条所列侵犯著作权行为之一，违法所得数额在 3 万元以上的，属于“违法所得数额较大”；具有下列情形之一的（非法经营数额在 5 万元以上的；未经著作权人许可，复制发行其文字作品、音乐、电影、电视、录像作品、计算机软件及其他作品，复制品数量合计在 1 000 张（份）以上的；其他严重情节的情形），属于“有其他严重情节”，应当以侵犯著作权罪判处三年以下有期徒刑或者拘役，并处或者单处罚金；以营利为目的，实施刑法第 217 条所列侵犯著作权行为之一，违法所得数额在 15 万元以上的，属于“违法所得数额巨大”；具有下列情形之一的（非法经营数额在 25 万元以上的；未经著作权人许可，复制发行其文字作品、音乐、电影、电视、录像作品、计算机软件及其他作品，复制品数量合计在 5 000 张（份）以上的；其他特别严重情节的情形），属于“有其他特别严重情节”，应当以侵犯著作权罪判处三年以上七年以下有期徒刑，并处罚金。新的司法解释，降低了打击著作权犯罪的金额标准和数量标准。

2005 年

1 月 19 日，由新闻出版总署人事教育司与北京师范大学联合主办的京师出版论坛暨北京师范大学出版科学研究院成立典礼在北京举行。

2 月 16 日，中国音像协会发布“中国音像反盗版北京宣言”。

2 月 18 日，为维护图书出版市场的正常秩序，维护广大消费者的权益，维护中国出版界的声誉，新闻出版总署发布《关于对含有虚假宣传信息的图书进行专项检查的紧急通知》。

2 月 24 日，为了制止虚假图书，提倡诚信原则，中国版协发出《制止虚假图书，提倡诚实守信，多出精品》倡议书。

3月31日，劳动和社会保障部正式向社会发布了第三批10个新职业，网络编辑名列其中。

4月21日，国务院新闻办公室召开新闻发布会，公布了《中国知识产权保护的新进展》白皮书。

4月28日，新闻出版总署、全国"扫黄打非"工作小组办公室发出通知，要求各地依法取缔《中外法制》等60种非法期刊。

5月18—28日，第十五届全国书市在天津国际会展中心举行。

5月，新闻出版总署公布首批含有虚假信息的图书，机械工业出版社出版的《没有任何借口》、《麦肯锡卓越工作方法》，国际文化出版公司出版的《强者怎样诞生》等19种图书被列入名单。

6月10日，新闻出版总署发出《关于建立出版物发行单位违规档案的通知》，对违规发行单位将建立专项档案。

6月27日，《新闻出版总署主管社会团体管理暂行办法》颁行。

7月8—10日，首届中国数字出版博览会在北京举行。在博览会上，北京中文在线文化发展有限公司、中国大百科全书出版社、中国作家出版集团等多家出版和网络机构、律师事务所及知名作家联合发起成立了中文"在线反盗版联盟"。

7月14日，国务院新闻办公室与新闻出版总署联合发布《"中国图书对外推广计划"实施办法》，并公布《2005中国图书对外推广计划推荐书目》，"中国图书对外推广计划"正式启动。

7月20日，新闻出版总署、国务院新闻办公室、商务部、国家工商行政管理总局、全国"扫黄打非"工作小组办公室近日下发《关于清查取缔非法外文报刊的通知》，要求各省（自治区、直辖市）新闻出版局、新闻办公室、商务厅、工商行政管理局、"扫黄打非"工作领导小组办公室等部门，依法查处取缔非法报刊。

7月，新闻出版总署公布第二批伪书名单，哈尔滨出版社出版的《超级分析力训练》等、企业管理出版社出版的《管理圣经》等12家出版社的49种图书再次被列为伪书。

8月1日，新闻出版总署、教育部、共青团中央、中央综治委预防青少年违法犯罪工作领导小组办公室、全国"扫黄打非"工作小组办公室联合在全国开展以未成年人为主要对象的有害出版物专项治理行动启动。

8月24日，中宣部、国务院纠风办、新闻出版总署联合发出《关于开展规范报刊发行秩序工作的通知》。

8月30日，中国版协发出的《关于举办韬奋出版新人奖的通知》宣布，根据中宣部《关于中华优秀出版物奖、韬奋出版新人奖的批复》，中国版协将从2005年9月份开始，举办“韬奋出版新人奖”评选活动。

9月1—5日，第十二届北京国际图书博览会在北京中国国际展览中心举行。

9月8日，《图书流通信息交换规则》课题工作组在北京举行第五次工作会议，备受图书出版发行业瞩目的图书出版发行标准化的实施工作开始进入试点阶段。

9月8日，由新闻出版总署印刷复制管理司举办的光盘复制管理工作会议在上海举行。

9月8日，新闻出版总署发出通知，要求各地有关部门进一步规范人体美术和艺术写真类音像制品出版。

10月22日，全球首个大型同步出版项目——“重述神话”系列图书在北京西单图书大厦举行了盛大首发式。

10月29日，首个“新闻出版总署印刷高技能人才培训基地”在安徽省新闻出版职业技术学院揭牌。

11月1日，上海市人民政府与新闻出版总署共建的上海理工大学出版印刷学院（上海出版印刷高等专科学校）的签约仪式，在上海市政府贵宾厅举行。

2006年

1月8日，中国新闻出版信息网（www. cppinfo. com）正式开通，由新闻出版总署信息中心主办，提供出版行业各种信息的发布和查询服务。

1月11日，长江出版集团并购湖北海豚卡通有限公司，成为国有出版机构收购民营机构的首个案例。

1月18日，读者出版集团在兰州挂牌成立。该集团以甘肃人民出版社为基础、借助《读者》品牌优势组建成立。

1月19日，中国出版集团公司与河南出版集团正式签署战略合作协议，在图书出版、渠道建设、电子音像和新兴媒体等方面开展长期合作，开创了出版集团跨地区合作的先河。

1月，湖北长江出版集团以480万元投资入股40集电视连续剧《张居正》的拍摄，这是该集团首次实施跨行业发展，进军影视业。

1月，中共中央、国务院发出《关于深化文化体制改革的若干意见》，对文化体制改革的必要性和紧迫性、指导思想、原则要求、日标任务等作出了明确指导。

2月13日，国家发改委经济体制综合改革司召开中小学教材招标投标试点工作座谈会，第二轮中小学教材招投标试点工作开始启动。

2月14日，第一届"韬奋出版新人奖"揭晓，中国金融出版社王璐、辽宁科学技术出版社刘红等20位出版人获此殊荣。

3月10日，新闻出版总署发布了《关于规范图书出版单位辞书出版业务范围的若干规定》，旨在提高图书出版质量，规范辞书出版秩序，维护读者权益。

3月13日，国内著名门户网站"TOM在线"(www. tom. com)宣布并购中国最大原创文学网站"幻剑书盟"(www. hjsm. net)，进军网络文学市场。

3月15日，博客写手秦涛委托律师在北京市海淀区人民法院起诉搜狐公司，这是国内首起博客著作权案。

4月7日，浙江教育出版社下属国有全资的浙江教育书店以380万元的价格，向民营资本出让65%的股权，开浙江文化领域国有资产以公开拍卖方式出让的先河。

4月，内蒙古远方出版社因为买卖书号、一号多用、一号多卖，造成恶劣的社会影响，被新闻出版总署停业整顿6个月，社领导班子全部解聘。

4月，新闻出版总署出台《关于规范图书出版单位辞书出版业务范围的若干规定》，自5月1日起正式实施。

5月1日，新闻出版总署发布的《关于禁止出版发行"黄金书"等包装奢华、定价昂贵图书的通知》正式实施。

5月11日，人民出版社由中国出版集团划转新闻出版总署管理划转交接仪式在京举行，标志着人民出版社从事业单位转向了公益性出版机构。

5月，经国家民政部批准，"中国图书评论学会"正式成为由国家新闻出版总署主管的国家一级学会。中宣部《求是》杂志社原社长高明光当选为会长。

5月26日，上海新华发行集团召开新闻发布会宣布，收购华联超市股份有限公司45.06%的股份，并以此借壳上市。华联超市将更名为上海新华传媒股份有限公司，继承新华传媒的全部资产和业务。这将是中国出版发行类传媒第一个上市的股份公司。

7月1日，《信息网络传播权保护条例》开始施行。

7月15日，大型图书零售卖场第三极书局正式亮相北京中关村。书局开业后，推出为期三天的“买100送100”的优惠活动，引发图书折扣大战。

8月4日，《全宋文》由上海辞书社和安徽教育出版社联合出版，分15个大类，共360册，总字数逾1亿字。

9月13日，中共中央办公厅、国务院办公厅印发《国家“十一五”时期文化发展规划纲要》。《纲要》指出，要积极发展电子书、手机报刊、网络出版物等新兴业态；培育一批具有较强竞争力和实力的出版企业集团；支持出版物发行企业开展跨地区、跨行业、跨所有制经营等。

9月，由机械工业出版社投资创办的大型综合性图书零售卖场北京百万庄图书大厦开业，从而揭开了国内首家由出版社投资创办大型书城的新篇章。

10月13日—10月15日，第十四届莫必斯多媒体光盘国际大奖赛在加拿大蒙特利尔市举办，由北京印刷学院研制、人民教育电子音像出版社出版的多媒体作品《盛世钟韵》获得大奖赛最高奖项。

11月6日，深圳书城中心城开业，是当时世界上经营面积最大的书城。

11月31日，新闻出版总署发出《关于进一步做好出版发行领域不正当交易行为自查自纠工作的通知》，要求各地、各单位围绕自查自纠的重点环节和商业贿赂的易发、多发部位进行专项治理。

12月4日，内蒙古新华发行集团股份有限公司在内蒙古政府礼堂挂牌成立，这是内蒙古自治区首家以资产为纽带的大型文化产业集团。

12月11日，中国出版工作者协会举办的首届中华优秀出版物奖揭晓。《当代资本主义新变化》等50种图书获得图书奖、《西方美学范畴史》等30种图书获得图书奖提名奖；《对专业出版核心竞争力的认识》等55篇论文获得论文奖；《黄帝内经》等19种作品获得音像奖、《中国名著半小时》等13种作品获得音像奖提名奖；《想象》等14种作品获得电子出版物奖、《中国名画家》等10种作品获得电子出版物奖提名奖；《完美世界》等7种作品获得游戏出版物奖。

12 月 21 日，陕西出版传媒集团有限责任公司正式挂牌成立。

2007 年

1 月 1 日，财政部、国家税务总局联合印发《关于宣传文化增值税和营业税优惠政策的通知》。2007 年 1 月 1 日起，音像制品和电子出版物的增值税税率由 17%下调至 13%。

1 月 1 日，新版《中国标准书号》正式实施，由原来的 10 位升至 13 位。

1 月 22 日，江苏新华发行集团与海南新华书店系统战略合作意向书签约仪式在海口举行。此次合作，将是我国国有图书发行业首次实现跨地区合作。

1 月，《大中华文库》(汉英对照)启动全球发行。该文库是首次系统全面地向世界推出中国古籍整理和翻译的重大文化工程，计划在两年内翻译出版 105 种古代文史哲著作。

3 月 13 日，新闻出版总署、中央文明办、国家发展改革委等八个部委正式印发《农家书屋工程实施意见》，从 2007 年开始，在全国范围内实施"农家书屋"工程。

3 月 16 日，美国的兰登书屋入驻上海的大众书局。大众书局兰登书屋专区实现了外版图书国际、国内同步发行，中国读者能在第一时间购买到最新的外版图书。

3 月，百度图书搜索上线。与百度合作的图书累计达到 1 500 万种以上，科技期刊文献达到 13 000 余种，使百度拥有了全球最大的中文图书可检索数量。

4 月 17 日，中国青年出版社总社伦敦分社在伦敦市中心举行开业酒会，该社进军英国市场。

4 月 18 日，《中华人民共和国海关进出境印刷品及音像制品监管办法》公布，6 月 1 日起实施。

4 月 24 日，新闻出版总署召开党组扩大会议宣布，中央决定调整新闻出版总署主要领导，柳斌杰任总署党组书记、署长和国家版权局局长。

4 月 5 日，最高人民法院、最高人民检察院联合出台新的办理侵犯知识产权刑事案件司法解释，进一步加大知识产权的刑事司法保护力度。新的司法解释明显降低了侵犯著作权罪的数量门槛。根据这一司法解释，以营利为目的，未经著作权人许可，复制发行其文字作品、音乐、电影、电视、录像作品、计算机软件及其他作品，复制品数量合计在 500 张(份)以上的，属于刑法第 217 条规定的"有其他严重情节"；复制品数量在 2 500 张(份)以上的，属于刑法第 217 条规定的"有其他特别严重情节"。新司法解释规定的以上两个侵犯著作权罪的数量，较之 2004 年出台的司法解释缩减了一半。

5 月 30 日，北大方正集团打造的数字出版物发行平台——爱读爱看网(http://www.idoican.com.cn)开通。该网拥有电子书和数字报两个资源库，其中有全国 450 多家出版社的正版电子书 30 多万种，全国 70 多家报社(集团)的数字报纸 200 多份。

5 月 30 日，四川新华文轩连锁股份有限公司在香港联合交易所正式挂牌上市，成为国内首家在港上市的图书发行企业。

6 月 9 日，《世界知识产权组织版权条约》和《世界知识产权组织表演和录音制品条约》在中国正式生效。

7 月 16 日，河南省各级新华书店划归河南出版集团直接管理。

7 月，新闻出版总署主办的首届"三个一百"原创出版工程最终确定 254 种图书入选。

8 月 1 日，《中国新闻周刊》日文版创刊纪念会在北京人民大会堂举行。《中国新闻周刊》日文版于 5 月 26 日正式在日本创刊，创刊号销量突破 4.2 万册，是首家在日本拥有正式刊号并通过主流发行渠道参与期刊市场竞争的中国时政类刊物。

9 月 1 日，中国出版集团公司协同下属中国出版对外贸易总公司，分别与法国博杜安出版公司和澳大利亚多元文化出版社签订协议，在巴黎和悉尼注册成立合资出版社。两家合资出版社将使用"中国出版(巴黎)有限公司"(CPG International-Paris)和"中国出版(悉尼)有限公司"(CPG International-Sydney)的名称。

10 月 9 日，湖北长江出版传媒集团有限公司挂牌。

10 月，"新华书店"被认定为驰名商标。

11 月，由原深圳发行集团和海天出版社整合组建而成的深圳出版发行集团宣告成立。

11 月，李鸣生、张抗抗、张平、卢跃刚、王宏申、邱华栋和徐坤等 7 位中国文坛颇有影响的知名作家联手将北京书生公司告上法庭，起诉该公司涉嫌侵犯这7位作家总字数1 600多万字作品的著作权。

12月7日，新闻出版总署对江西出版集团重组中国和平出版社事宜作出批复，原则同意中国宋庆龄基金会与江西出版总社共同合作将中国和平出版社重组并改制为中国和平出版社有限责任公司的方案。

12月17日，中国出版集团公司及下属的中国出版对外贸易总公司和澳洲多元文化出版社三方合资成立的“中国出版(悉尼)有限公司”举行揭牌仪式。

12月21日，辽宁出版传媒股份有限公司在上海证券交易所上市，成为国内首家将编辑业务和经营业务整体上市的公司。

2008年

1月24日，《上海大辞典》由上海辞书出版社出版，是迄今为止编纂出版的规模最大、总字数逾700万字的关于上海的大型综合性工具书。

1月，广东省新闻出版局增设数字出版管理处，成为中国第一个数字出版行政管理机构。

2月25日，辽宁出版传媒股份有限公司获准设立企业博士后科研基地，成为我国出版界首家获此资格的企业。

2月27日，首届中国出版政府奖颁奖典礼在京举行。《韦加宁手外科手术图谱》等100部出版物、湖南新华印刷集团等50个出版单位、毛凤昆等50位优秀人物获奖。

3月6日，新闻出版总署发出《关于开展以教辅读物为重点的专项质量检查活动的通知》，对于在检查中发现的不合格图书要严格依据《出版管理条例》和《图书质量管理规定》予以行政处罚。

3月13日，《狼图腾》英文版全球首发式在北京故宫举行，由长江出版集团和企鹅出版集团联合举办，在110个国家和地区同步发行。

3月17日，新闻出版总署公布《电子出版物出版管理规定》和《音像制品制作管理规定》，于4月15日起施行。

4月8日，海南、江苏两省新华书店集团签署战略合作协议，全国发行产业首家跨省区合作项目正式启动。

4月22日，中国出版集团数字传媒有限公司在北京成立。

4月24日，我国第一个少数民族语言知识产权服务平台——中国蒙文知识产权服务平台正式开通。

5 月 1 日,《图书出版管理规定》正式实施,对图书出版单位设立条件和程序、图书的出版、监督管理、法律责任等作了细化、明确的规定。

5 月 9 日,由江苏、海南两省新华书店集团合资组建的海南凤凰新华发行有限责任公司在海南省海口市挂牌,这是我国出版业首个跨地区战略重组的大型发行企业。

5 月 26 日,西藏出版发行物流中心正式开业并投入使用,填补了西藏没有一座现代书城的空白。

5 月 28 日,中国音像著作权集体管理协会在京召开成立大会,审议并通过了《中国音像著作权集体管理协会章程》。

6 月 1 日,《出版专业技术人员职业资格管理规定》正式实施,明确规定,国家对在图书、非新闻性期刊、音像、电子、网络出版单位内承担内容加工整理、装帧和版式设计等工作的编辑人员和校对人员,以及在报纸、新闻性期刊出版单位从事校对工作的专业技术人员实行职业资格制度,对职业资格实行登记注册管理。

6 月 7 日,人民卫生出版社美国编辑部成立仪式在美国康涅狄格州谢尔顿市举行。

6 月 13 日,北京贝塔斯曼二十一世纪图书连锁有限公司宣布将终止其全国范围内 36 家贝塔斯曼书友会的连锁书店业务,7 月 31 日前全部关闭。7 月 3 日,贝塔斯曼集团中国总部宣布,停止上海贝塔斯曼文化实业有限公司在华的全部业务。贝塔斯曼书友会全线撤出中国市场。

6 月 27 日,山东省新华书店整体改造为山东新华书店集团有限公司并正式挂牌。

6 月,新闻出版总署发出《关于进一步规范出版单位配合本版出版物出版电子出版物的管理的通知》。

7 月 4 日,上海盛大网络发展有限公司宣布成立盛大文学有限公司。三家著名原创文学网站——起点中文网、晋江原创网、红袖添香网成为其下属的全资公司和投资公司。

7 月 16 日,新闻出版总署与上海市人民政府签署《新闻出版总署、上海市人民政府部市合作框架协议》,首个国家数字出版基地落户上海。

7 月,新闻出版总署下发对经营性图书出版单位进行首次等级评估工作的通知,连续两个评估期被警示且不具备办社条件的,将被取消出版资格。

8月1日，新华书店在美国纽约法拉盛开设的第一家海外分店剪彩开业。分店总营业面积500平方米，经销各类出版物3万多种。

8月，经新闻出版总署批准，福建省海潮摄影艺术出版社更名为海峡书局出版社有限公司（简称海峡书局），以对台出版、发行、交流、合作为主要功能。

10月24日，经国家版权局、民政部正式批准成立的中国文字著作权协会在京举行成立大会。该协会主要对文字作品复制权、信息网络传播权、广播权、表演权等作者难以单独行使或控制的权利进行集体管理，同时负责教科书以及报刊转载作品等"法定许可"情形下著作权使用费的收转工作。

11月5日，四川出版集团有限责任公司在成都正式挂牌成立。

11月18日，时代出版传媒股份有限公司成立暨上市大会在安徽合肥举行，是新闻出版领域真正意义上主业整体上市的第一家公司。

11月18日，家庭期刊集团转制为家庭期刊集团有限公司挂牌仪式在广州举行，成为广东省首家实现整体转制的期刊单位。

11月21日，中国摄影著作权协会成立大会在北京举行。

11月，天津市新华书店、天津古籍书店和天津外文书店共同出资组建的天津新华发行有限责任公司正式揭牌。全国新华书店系统转企改制任务基本完成。

12月21日，国内首家上市的辽宁出版传媒股份有限公司更名为"北方联合出版传媒（集团）股份有限公司"。

12月25日，中国出版工作者协会主办的第二届中华优秀出版物奖揭晓。《星火燎原·未刊稿》（10册）等50部图书获图书奖，《大战略之战：整体战》等80部图书获图书提名奖，同时还揭晓了全国优秀出版科研论文奖、音像出版物奖等其他奖项。

12月28日，贵州新华文轩发行有限责任公司正式挂牌成立，由其建设经营的贵州书城也正式开业。

2009年

1月1日，中国出版集团公司下属的中国图书进出口（集团）总公司和中国出版对外贸易总公司完成战略重组，对外统一使用"中国图书进出口（集团）总公司"的名称开展业务。

1 月 8 日，书号实名申领全面推开启动仪式在新闻出版总署举行，从 4 月 1 日起全部实行书号网上实名申领。

2 月 28 日，新华书店（圣地亚哥）正式挂牌营业，这是第二家使用新华书店品牌在海外经营大陆图书的书店，营业面积 300 多平方米，主要经营中国大陆出版的图书以及各类音像制品。

2 月，教育部网站公布教育部办公厅发出的《对高校出版社转制工作规程的通知》，高校出版社转制后，要建立现代企业法人治理结构；依据法定程序设立董事会、监事会；校领导不宜兼任董事长。

2 月，广东省出版集团数字出版有限公司正式成立。该公司由广东省出版集团有限公司、广东教育出版社、广东海燕电子音像出版社共同出资组建。

2 月，四川出版集团旗下天地出版社联合四川民族出版社，推出了《中国农村文库》藏文版，填补了藏文“三农”图书出版的空白。

2 月，200 多位药学和医学专家倾力奉献的《马丁代尔药物大典》中文版由化学工业出版社出版，全书逾 1 000 万字，收录 5 500 余种药物专论、12.8 万种制剂、4 万多篇参考文献，涉及 660 余种疾病。

3 月 18 日，青岛出版集团正式揭牌成立。

4 月 6 日，新闻出版总署出台《关于进一步推进新闻出版体制改革的指导意见》，对当前新闻出版体制改革的指导思想、原则要求、目标任务提出明确要求，并就体制改革的政策保障、组织领导做出部署。《指导意见》明确将“非公有出版工作室”定位为“新闻出版产业的重要组成部分”、“新兴出版生产力”，并且提出要“在特定的出版资源配置平台上，为非公有出版工作室在图书策划、组稿、编辑等方面提供服务”。

4 月 16 日，中国大百科全书出版社出版的《中国大百科全书（第二版）》（32 卷）在全国公开发行，正文 30 卷，索引 2 卷，共收条目 6 万个，约 6 000 万字。

4 月 18 日，凤凰数码印务有限公司在南京成立，凤凰出版传媒集团开始进军按需出版市场。

4 月，财政部、国家税务总局公布《关于文化体制改革中经营性文化事业单位转制为企业的若干税收优惠政策的通知》，对经营性文化事业单位转制中资产评估增值涉及的企业所得税，以及资产划转或转让涉及的增值税、营业税等给予适当的优惠政策。

5 月 8 日，首个国家级版权交易系统在国际版权交易中心正式开通，北京版权产业融资平台也同步启动。

5 月 18 日，黑龙江出版集团有限公司成立大会暨集团公司揭牌仪式在哈尔滨举行。

5 月 28 日，北京出版集团有限责任公司挂牌成立，标志着北京出版社出版集团改制成企业。

5 月，新闻出版总署发布《新闻出版总署立法程序规定》和《新闻出版总署废止第四批规范性文件的决定》，国家版权局发布《著作权行政处罚实施办法》和《国家版权局废止第三批规章、规范性文件的决定》。

6 月 1 日，《当代中国》大型丛书海外版正式面世。该丛书全套 152 卷 210 册，总计 1 亿字，插图 3 万幅。

6 月 19 日，中国出版（首尔）有限公司（木兰出版社）成立签约仪式在京举行，由中国出版集团公司、中图（集团）总公司、韩国熊津出版集团共同出资成立。

7 月 6 日，《中国新文学大系》第五辑（1976—2000）30 卷由上海文艺出版集团上海文艺出版社编纂完成，全部出齐，全面展示了中国新文学在 20 世纪最后近 25 年的优秀成果。

7 月 14 日，《中国家谱总目》由上海古籍出版社出版。全书 1 200 万字、共 10 册，收录了中国家谱 52 401 种、计 608 个姓氏，是迄今为止收录中国家谱最多、著录内容最丰富的专题性联合目录。

7 月 22 日，国务院总理温家宝主持召开国务院常务会议，讨论并原则通过《文化产业振兴规划》。

7 月 30 日，中国出版集团公司与美国按需图书公司按需印刷合作协议签字仪式在京举行，中国出版集团全面进军按需印刷领域。

7 月，新闻出版总署下发《关于促进我国音像业健康有序发展的若干意见》，明确了我国音像业的发展方向，以及音像出版单位在实现“三个一批”改革过程中进行兼并重组、融资、跨行业整合合作的音像产业政策。

7 月，根据《出版管理条例》和《音像制品管理条例》的有关规定，新闻出版总署制定《复制管理办法》，于 8 月 1 日起实施。1996 年 2 月 1 日发布的《音像制品复制管理办法》同时废止。

8 月 9 日，原人民文学出版社副牌社“外国文学出版社”更名为以出版少儿读物为主的“天天出版社”，标志着中国出版集团公司开始进军少儿图书市场。

8月12日，新闻出版总署与中国银行股份有限公司在北京签署了《支持新闻出版业发展战略合作备忘录》，双方正式建立起长期战略合作关系。

8月，新闻出版总署开展的首次全国经营性图书出版单位等级评估工作结束，拟被评为一级的“百佳”图书出版单位名单进行公示，标志着我国出版业评估制度已经正式建立。

9月9日，黄河出版传媒集团有限公司成立。

9月11日，新闻出版总署公布了中央各部门各单位出版社第一批转制名单，包括中国电影出版社、中国摄影出版社等101家出版社。

9月21日，新版《辞海》发行。此次新修订的《辞海》共收录了1.8万余个单字字头、12.7万多条词目、2 300余万字，1.6万余幅图片，新增收了常用或流行的近现代汉语和网络用语等条目。

9月，中原出版传媒集团和大象出版社举行大型影印丛书《民国史料丛刊》的新书首发式。该丛刊从10万余种民国版中文图书中分类选编2194种影印出版，包括政治、经济、社会、史地、文教5类30目、1128册。

10月20日，中国图书进出口(集团)总公司在欧洲的第一家新华书店在伦敦开业。

11月26日，新闻出版总署举办全国百佳图书出版单位命名大会，100家出版社在首次全国经营性图书出版单位等级评估中获得一级称号。

12月8日，浙江出版联合集团数字传媒有限公司挂牌。该公司将与IT厂商、互联网、无线移动等进行融合，实现数字内容的集成化服务和运营。

12月9日，方正集团与上海张江集团签署合作协议，将共同投资2.85亿元组建“中国数字出版技术有限公司”，并正式入驻张江国家数字出版基地。

12月10日，内蒙古出版集团有限公司成立揭牌仪式在呼和浩特举行。

12月17日，杭州出版集团有限公司成立。

12月24日，读者出版传媒股份有限公司在兰州举行成立大会。

12月31日，中国出版集团公司与宁夏回族自治区人民政府签署对黄河出版传媒集团有限公司进行联合重组的协议。

12月，胡愈之等22人获评“新中国60年杰出出版家”，王仿子等100

人获“新中国60年百名优秀出版人物”称号。

12月，王涛任中国出版集团公司党组书记、副总裁，李朋义不再担任中国出版集团公司党组书记、副总裁职务。

2010年

1月4日，新闻出版总署发布《关于进一步推动新闻出版产业发展的指导意见》，对未来新闻出版业发展的主要目标、发展重点和发展措施进行了描述，对非公有资本参与新闻出版产业的方式和渠道进行了细化。

1月8日，《图书公平交易规则》正式出台，规定一年内新书在实体店销售不得打折，网上书店卖新书则不得低于8.5折。该规则出台后引起社会强烈反应，一些群体表示抗议。

1月18日，安徽新华传媒股份有限公司A股股票在上海证券交易所成功上市，成为全国发行行业在主板市场首发上市的“第一股”。

1月20日，北京最大的民营书店——第三极，因经营不善，资不抵债，宣告停业。

1月28日，新闻出版总署与中国农业银行股份有限公司签署《全面战略合作协议》，中国农业银行将在未来3年内对新闻出版行业提供总额不低于人民币500亿元的意向性信用额度。

2月3日，广东数字出版产业联合会在广州宣告成立，是国内第一个数字出版社团组织。

2月10日，国务院总理温家宝主持召开国务院常务会议，讨论并原则通过《中华人民共和国著作权法修正案(草案)》。2月26日，第十一届全国人民代表大会常务委员会第十三次会议通过了修正案。

2月，盛大文学出资控股文学网站小说阅读网。

3月25日，时代出版传媒公司通过ISO9001:2008质量管理体系审核，这是国内首家通过该项认证的大型文化企业和出版传媒上市公司。

3月31日，盛大文学正式宣布收购潇湘书院。

3月，新闻出版总署下发《关于印发新闻出版体制改革工作要点的通知》。

3月，经过10年修订，《汉语大字典》第二版由四川出版集团四川辞书出版社和湖北长江出版集团崇文书局共同出版。

4月22日，中国民主法制出版社转企改制暨加入中国出版集团公司交接仪式在北京举行。全国人大常委会办公厅和中国出版集团公司代表签署有关交接文件，并交换有关协议。

4 月 24 日，商务印书馆(成都)有限责任公司在成都举行揭牌仪式，该公司以图书选题策划、版权贸易和图书发行为主营业务，兼及举办各类教育培训业务。

4 月，中国人民银行、中宣部、财政部、文化部、国家广电总局、新闻出版总署、银监会、证监会和保监会等 9 部门联合发布了《关于金融支持文化产业振兴和发展繁荣的指导意见》，是近年来金融支持文化产业发展繁荣的第一个宏观金融政策指导文件。

5 月 28 日，华文出版社加入中国出版集团公司改制重组签约仪式在北京举行，华文出版社加入中国出版集团公司。

6 月 1 日，盛大公司“一人一书(OPOB)基金”在北京成立，盛大网络宣布为该基金逐年分批注资 1 亿美元，用于补贴硬件企业和版权内容，同时与“云中数字图书馆”合作，以推动正版数字图书的建设与发展。

6 月 22 日，新闻出版总署发布《民族文字出版专项资金资助项目管理暂行办法》，对民族文字出版专项资金资助项目的立项、申报、评审、结项、验收等方面工作进行了全面的规范，自 2011 年 1 月 1 日起施行。

6 月 22 日，文化部正式出台《网络游戏管理暂行办法》，自 8 月 1 日起施行，这是第一部专门针对网络游戏进行管理和规范的部门规章。

6 月 23 日，四川新华文轩连锁股份有限公司以总价 12.55 亿元人民币收购四川出版集团 15 家全资子公司的全部股权。

6 月，浙江教育出版社与广东教育出版社联合出版的《王国维全集》(20 卷)在浙江首发，全书集王国维著作、译作、书信日记、诗文题跋和古籍校注之大成，计 840 余万字。

7 月 20 日，中国出版集团公司、中国图书进出口(集团)总公司与日本大型出版经销商东贩株式会社、中国媒体株式会社共同出资成立的中国出版东贩株式会社在日本东京宣告成立。

7 月 21 日，新闻出版总署与中国电信集团公司在京签署《推动数字出版产业发展战略合作备忘录》，双方通过多方合作大力促进我国数字出版产业的发展。

8 月 3 日，数字阅读平台读览天下正式入驻 iPad，这是我国入驻 iPad 的首个正版电子杂志平台。

8 月 3 日，新闻出版总署与国家开发银行在京签署《支持新闻出版产业发展合作备忘录》，双方建立长期战略合作，以中长期融资助力我国新闻出版产业的发展。

8 月 23 日，盛大发布公告，其电子书硬件产品 Bambook 正式发售的零售价格为 999 元，开始接受预定，正式上市时间为 9 月 28 日，引发国内电子阅读器的降价风潮。

8 月 30 日，中国出版工作者协会网站发布《关于发布图书交易规则的通知》，发布了修改后的《图书交易规则》。原《规则》中"限折令"一章全部删除。

9 月 8 日，安徽时代出版传媒集团收购拉脱维亚 S&G 印刷公司，开中国和拉脱维亚经济文化产业界合作先河。

9 月 16 日，《读者》杂志在深圳发布首款按人类阅读习惯设计的电纸书 DZ60B，该款电纸书采用平面大圆角的设计、EPUB 档格式，并实现了触摸翻页功能。

9 月 17 日，新闻出版总署出台《关于加快我国数字出版产业发展的若干意见》，规定了数字出版产业发展的总体目标、主要任务和保障措施，描画数字出版产业发展的蓝图。

9 月 26 日，时代出版传媒集团举行影视合作项目签约仪式，现场共签约 9 个合作项目，成为国内第一家进军影视业的出版上市企业。

9 月 27 日，北方联合出版传媒(集团)股份有限公司发布公告，称拟收购辽宁省内市、县(市、区)新华书店控股权。全省 62 家市、县(市、区)新华书店今年年底前将全部完成公司制改造并整合进入北方联合出版传媒(集团)股份有限公司。

9 月 28 日，山东大学负责编撰的两汉现存文献总汇《两汉全书》正式出版。

9 月 29 日，第三届中华优秀出版物奖评选揭晓，《辞海》等出版物分获各类奖项。

9 月 30 日，经中央机构编制委员会办公室批复同意，全国唯一的国家级出版科学研究机构、成立于 1985 年的中国出版科学研究所更名为中国新闻出版研究院。

10 月 9 日，《新闻出版总署关于发展电子书产业的意见》正式发布。《意见》阐释了电子书产业发展的重要意义、指导思想和基本原则、重点任务和保障措施。

10月11日，中南出版传媒集团股份有限公司开始启动IPO(首次公开募股)，并于28日正式登陆上海证券交易所。

10月26日，湖南天舟科教文化股份有限公司首发申请获通过。12月15日，正式登陆深市创业板，公开发行1 900万股，成为中国“民营出版传媒第一股”。

10月，新闻出版总署下发《关于加强养生保健类出版物管理的通知》，就养生保健类出版物的出版资质、质量监控作出相关规范。

11月11日，中国图书进出口(集团)总公司在海外开办的第六家、在纽约开办的第三家新华书店——曼哈顿新华书店正式开业，该店营业面积500多平方米。

11月11日，京东图书频道悄然上线，试运行销售的图书商品涵盖文艺、社科、经管励志、教育考试、科技、生活、少儿等7大品类39个大分类超过10万种。

11月23日，新闻出版总署下发《关于进一步规范出版物文字使用的通知》，要求出版媒体和出版单位严格执行《出版物汉字使用管理规定》。

11月，新闻出版总署向中国出版集团数字传媒有限公司、汉王科技股份有限公司等首批21家企业颁发电子书相关业务资质证书。

12月1日，由读者出版集团主办的《读者》杂志在台湾发行试刊号，成为大陆第一本进入台湾发行的杂志。

12月8日，当当网在纽约证券交易所挂牌上市。

12月18日，中国教育出版传媒集团有限公司在京挂牌成立。该集团公司以图书、期刊、音像制品、电子出版物、数字出版物出版和销售为主业，属中央国有大型文化企业。

12月26日，中国文字著作权协会与中华语文著作权集体管理协会在京签署相互代表协议。

12月，全国首个仓储式数字作品出版平台在重庆上线运营，该平台由重庆维普资讯有限公司打造完成并上线运营，旨在构建一个用户自主、公开的出版电子商务平台。

2011年

1月5日，浙江出版联合集团召开“贯通电子书产业链”新闻发布会，正式发布自主品牌的博库手持阅读器，并启动“博库书城网”电子书销售平台。

1月11日，新闻出版总署下发《关于印发〈数字印刷管理办法〉的通知》，《数字印刷管理办法》于2011年2月1日起开始实施。

1月15日，第一份主要面向海峡两岸广大医药卫生科研工作者的医药科技类期刊——《中国医药科学》杂志在京创刊。

1月16日，中国人力资源和社会保障出版集团成立大会在京举行。

1月29日，全国“扫黄打非”工作小组办公室发出《关于组织开展打击盗版工具书专项行动的通知》，决定于2月至3月在全国开展打击盗版工具书专项行动。

2月10日，京东商城旗下的音像频道与“在线读书”频道正式同步上线。

2月16日，新闻出版总署和中国工商银行在北京签署战略合作协议，中国工商银行将为新闻出版行业的发展提供包括融资、投资银行、财务顾问、现金管理、企业年金等在内的全方位金融服务。

3月11日，新闻出版总署下发《关于进一步加强出版单位总编辑工作的意见》，对总编辑岗位设置、总编辑任职条件、总编辑工作职责等提出了具体要求。

3月18日，第二届中国出版政府奖颁奖典礼在北京举行。《马克思恩格斯文集》等出版物获得各类奖项，上海科学技术出版社等单位和个人获先进出版单位奖和优秀出版人物奖。

3月19日，国务院公布新修订的《出版管理条例》和《音像制品管理条例》，自公布之日起施行。

3月28日，江苏凤凰出版传媒股份有限公司在宁成立，凤凰出版传媒集团公司是股份公司的控股单位。

3月，新闻出版总署公布《出版物市场管理规定》，此前新闻出版总署和有关部门颁布的《出版物市场管理规定》、《音像制品批发、零售、出租管理办法》、《外商投资图书、报纸、期刊分销企业管理办法》和《中外合作音像制品分销企业管理办法》及有关补充规定同时废止，规定施行前与规定不一致的其他规定不再执行。

4月6日，中国教育出版传媒股份有限公司在北京成立，采用“集团公司＋股份公司”的模式组建，集团公司与股份公司同步组建、共同发展。

4月8日，上海文艺出版集团与上海新华传媒连锁有限公司签订《数字出版战略合作框架协议》，标志着分别以出版、发行为主的两大集团，将携手进军数字出版。

4月16日，《读者》杂志在甘肃兰州推出第三代电纸书，采用第三代珍珠屏，应用全球领先的挥动感应技术，包含了电磁触控、手写批注、涂鸦、挥动翻页等新功能。

4月20日，新闻出版总署公布《新闻出版业“十二五”时期发展规划》，对今后5年新闻出版业科学发展进行了总体布局。

4月25日，“建银国际文化产业股权投资基金”正式启动，是首支以广播、影视、出版行业作为重点投资方向的文化产业基金，基金规模20亿元人民币，投资范围涵盖出版、电影、广播电视、网络游戏、动漫产业等。

4月，上海市政府签发《关于促进本市数字出版产业发展的若干意见》，从宏观政策、财政扶持、政府采购、税收优惠、知识产权保护、投融资、资质认定和人力资源等领域，推动上海数字出版产业发展。

5月5—6日，中国出版协会第六次会员代表大会在北京举行。本次会议经民政部批准，“中国出版工作者协会”更名为“中国出版协会”，协会主席、副主席相应更改为理事长、副理事长。本次会议也是中国版协换届大会，新闻出版总署署长柳斌杰当选第六届中国出版协会理事长。

5月8日，中国新闻出版传媒集团有限公司成立大会暨揭牌仪式在北京人民大会堂举行。中国新闻出版报社整体转制成中国新闻出版传媒集团有限公司。

5月10日，历时一年多的盛大文学诉百度侵权案宣判。上海市卢湾区法院一审判决，百度公司存在间接侵权和直接侵权行为，赔偿盛大文学经济损失人民币50万元以及合理费用人民币44 500元。

5月18日，《中国大百科全书》数据库出版发布会在中国大百科全书出版社举行。该数据库是目前国内唯一的百科全书式的，具有权威性、系统性、准确性和完整性的可升级性知识集成型资源数据库。

5月25日，据中国证监会发布的公告，北京盛通印刷股份有限公司首发申请获通过，这是国内首个获准上市的民营出版物印刷企业。

5月，新闻出版总署正式发布《新闻出版业“十二五”时期发展规划》，明确了新闻出版业“十二五”时期发展的主要指标。

6月1日，京东商城宣布正式启动“原创作者版税补贴计划”。据此方案，京东商城将把所售纸质图书销售额的3%直接支付给作者本人。该补贴计划暂定运营三年，采取作者主动登记、京东商城审核、季度结算的方式。

6月3日，上海世纪出版集团、上海文艺出版集团重组工作会议在上海举行，此次两家集团重组后，上海世纪出版股份有限公司、上海文艺出版集团有限公司、上海人民出版社有限公司等将作为独立法人企业归属于上海世纪出版集团。

7月4日，《新华字典》第11版首次实行全球同步上市。新版字典除了传统的普通本和双色本外，还特别针对边远贫困地区推出了价格低廉的平装本。

7月5日，新闻出版总署与中国移动在北京签署《共同推进数字出版产业发展战略合作备忘录》，并同时发布“新青年掌上读书计划”。

7月5日，新闻出版总署公布《别让不懂营养学的医生害了你》、《特效穴位使用手册》等24种编校质量不合格的养生保健类图书，要求出版单位将其全部收回并销毁，并同时向社会公布了包括科学出版社、人民卫生出版社、中国中医药出版社等在内的53家具备养生保健类出版资质的出版单位名单。

7月6日，首只国家级文化产业投资基金——中国文化产业投资基金在北京成立。该基金由财政部、中银国际控股有限公司、中国国际电视总公司和深圳国际文化产业博览交易会有限公司共同发起，目标总规模为200亿元人民币，主要以股权投资方式，投资新闻出版发行、广播电影电视、文化艺术、网络文化、文化休闲及其他相关行业领域，以引导示范和带动社会资金投资文化产业，推动文化产业的振兴和发展。

7月11日，上海文汇出版社、太白文艺出版社、蓝狮子、亿部文化等46家版权机构先后与百度文库达成协议，在百度文库旗下的百度书店中推出“一折购书”活动，参与销售的正版电子书数量超过1万本。

7月19日，中国科技出版传媒集团有限公司暨中国科技出版传媒股份有限公司在北京正式成立。集团公司由科学出版社、人民邮电出版社和电子工业出版社联合组建，力争成为集图书、期刊、文献信息与服务、网络出版、进出口、印刷等为一体，国内一流、有国际竞争力的科技出版“航母”。

8月17日，新闻出版总署下发《关于进一步加强中小学教辅材料出版发行管理的通知》，从出版、发行、印刷复制、质量、价格、市场等方面明确了规范管理要求。

8月25日，作家出版社宣布，向天下霸唱等80余位作家共支付百万元数字出版版税，是传统出版社首次大规模向作家支付数字出版“稿费”。

9月1日，英国出版科技集团宣布其主要技术和服务品牌正式入驻中国，技术主要包括全球数字图书馆平台、网络出版系统平台、多平台出版管理系统以及全球机构市场营销服务等。

9月1日，浙江出版联合集团宣布将与日本电话电报株式会社(NTT)旗下子公司太阳大海开展手机漫画业务合作。

9月29日，华中国家数字出版基地揭牌暨基地总部(华中智谷)奠基仪式在武汉举行，这是全国第四家、华中地区首家国家级数字出版基地。

9月29日，亚马逊“中国书店”合作项目启动仪式在京举行。这是由中国国际图书贸易集团有限公司和美国亚马逊公司共同合作的项目，也是中国出版物国际营销管道拓展工程的子项目。亚马逊“中国书店”今年8月投入试运行，目前已有千余种中国图书上线。

9月，历经40年的《中华民国史》(36册)由中华书局全部出齐。全书共计2 100万字，是一部整体反映民国历史全貌的通史。

10月24日，江苏凤凰出版传媒股份有限公司首次公开招股计划获通过，将成为传播与文化板块的第22家上市企业。以营业收入计算，凤凰传媒上市后将成为传媒板块的最大成员。

10月27日，全球电子商务龙头亚马逊在中国昆山建成面积达12万平方米的运营中心，这是它在本土以外建立的最大运营中心。同时，卓越亚马逊正式更名为“亚马逊中国”，启用新LOGO及短域名。

11月10—11日，全国数字出版工作会议在安徽合肥举行，这是新闻出版总署组织召开的首次数字出版工作会议。

11月12日，《中国大百科全书》(汉文第二版简明版)发行仪式暨维吾尔文、哈萨克斯坦文版翻译启动仪式在新疆维吾尔自治区新华书店国际图书城举行。这是新疆第一次使用少数民族文字翻译出版百科全书。

11月15日，中南国家数字出版基地揭牌仪式在长沙举行。

11月15日，全国“扫黄打非”工作小组办公室与中国科学院在京签署《关于开展互联网“扫黄打非”技术保障战略合作协议》，双方将在全国“扫黄打非”信息管理系统研究、新技术背景下“扫黄打非”手段研究、网络出版物传播监测管理、网络出版物发现与识别判定技术研究、网络非法传播取证技术研究等方面进行合作。

11月27日，首个医学与养生保健出版专家委员会成立。该委员会由江苏凤凰出版传媒股份有限公司牵头主办，首批55位委员皆是来自江苏省内多个重点医学院校和大型医院的权威医学专家。

11月28日，山东出版传媒股份有限公司正式挂牌成立，该公司由山东出版集团经股份制改造而成。

11月29日，大型文化工程《清史》出版签约仪式在京举行。国家清史办决定将《清史》交由人民出版社出版。

11月30日，江苏凤凰出版传媒股份有限公司正式登陆上海证券交易所，新股首发5.09亿股，发行价为每股8.8元，发行市盈率63.40倍。

11月，黑龙江出版集团在乌苏里斯克设立俄罗斯中国文化中心，主要展示集团旗下出版单位出品的图书、报刊、音像制品以及其他印刷制品等文化产品。

12月2日，中原大地传媒股份有限公司在深圳证券交易所正式复牌上市，该公司的控股股东是中原出版传媒投资控股集团公司。

12月6日，设在中国图书进出口（集团）总公司北京总部的中国首家进口出版物专用保税库正式启用。首批入库的图书主要以大学教材教辅类以及科技、财经类图书为主。

12月17日，韬奋基金会第四届理事大会在京召开，基金会选举产生了新一届领导机构。聂震宁当选韬奋基金会第四届理事会理事长。

12月20日，燕山大学出版社有限公司成立大会暨揭牌仪式在燕山大学举行。燕山大学出版社是新闻出版总署自2008年以来批准成立的唯一一家出版社，也是河北省继河北大学出版社之后的第二家高校出版社。

12月28日，中国出版传媒股份有限公司成立大会暨挂牌仪式在京举行，该公司由中国出版集团公司、中国联合网络通信集团有限公司、中国文化产业投资基金及学习出版社共同发起成立。

12月，新闻出版总署发布《国家印刷复制示范企业管理办法》，2012年1月1日起施行。

2012年

1月6日，由中国电力报社转企改制组建而成的中国电力传媒集团在京揭牌成立。

1月6日,全国首家专业版权评估中心——中国人民大学国家版权贸易基地版权评估中心成立仪式在北京举行。

1月7日,中国图书评论学会第二次会员代表大会在京召开,选举产生了新一届理事会。邬书林当选中国图书评论学会第二届会长。

1月8日,中华书局百年庆祝活动"新的百年,我们一起出发——出版界同庆中华书局百年华诞峰会"在北京举行。

1月9日,新闻出版总署出台《关于加快我国新闻出版业走出去的若干意见》,对新闻出版业走出去的"十二五"末主要目标提出了量化标准。

1月,国家发展改革委和商务部联合印发《外商投资产业指导目录(2011年修订)》,新《目录》自2012年1月30日起施行。部分印刷机相关条目被列入鼓励类和限制类目录。

2月1日,文化部出台的《文化市场综合行政执法管理办法》正式施行。

2月13日,新闻出版总署发出通知,决定在2012年春季开学前后,组织一次中小学教辅材料出版发行工作专项检查,重点检查出版中小学教辅材料的出版单位是否符合资质管理要求,是否存在买卖书号、买卖刊号、买卖版号和一号多用等违法违规行为,教辅类报刊是否严格按照批准的业务范围出版,非教辅类报刊是否超越业务范围刊登教辅内容,以及根据他人享有著作权的教材编写出版中小学教辅材料,是否依法取得著作权人的授权等问题。

2月15日,《国家"十二五"时期文化改革发展规划纲要》公布,到2015年,我国文化改革发展的目标主要包括:社会主义核心价值体系建设不断推进,文化体制改革重点任务基本完成,覆盖全社会的公共文化服务体系基本建立,文化产业增加值占国民经济比重显著提升,公有制为主体、多种所有制共同发展的文化产业格局逐步形成,国家文化软实力和国际竞争力显著提升等。

2月16日,中国ISRC(国际标准录音制品编码)中心揭牌仪式举行。该中心将通过对ISRC编码的分配,实现相关制品在网络环境下的有效检索、版权信息确认以及检测和版权费用结算认证等。该中心是新闻出版总署批准设立的中国标准录音制品编码(GB/T 13396—2009)国家标准的执行机构,由中国版权保护中心建设和管理。

2月23日,商务部网站公布新修订的《文化产品和服务出口指导目录》，目录包括新闻出版类、广播影视类、文化艺术类及综合服务类等。其中，新闻出版类包括期刊数据库服务、电子书出口、传统出版物境外发行、出版单位版权输出等。

2月24日，新闻出版总署发布《关于加快出版传媒集团改革发展的指导意见》，对出版传媒集团的兼并重组及跨地区、跨行业、跨所有制、跨国界经营发展进一步提出鼓励扶持政策。

3月1日，《出版物发行术语》正式发布实施。这是出版物发行领域的第一个国家标准。

3月11日，国家对外文化贸易基地暨北京国际文化贸易服务中心在北京天竺综合保税区奠基，这是国内首个"文化保税区"，有利于降低文化企业"走出去"成本，增强国际竞争力。

3月15日，凤凰出版传媒集团发布公告，集团将出资7 726.5万元通过下属子公司江苏凤凰职业教育图书有限公司收购厦门创壹软件有限公司51%股权，实现对该公司的控股，并加快集团的数字化转型和推进职业教材数字化。

3月26日，"ST源发600757"正式更名为"长江传媒"。至此，长江出版传媒股份有限公司上市的所有法定程序顺利完成，成为地方出版集团又一家出版上市公司。

3月，新闻出版总署下发通知，将开展图书质量专项检查，重点检查科技图书和文化历史类图书，并将2012年确定为"出版物品质规范年"。

4月7日，安徽电子音像出版社更名为时代新媒体出版社有限责任公司，将以"新媒体、新技术、新业态、新产业链"为经营方向，以手机出版、网络出版和应用出版为三大主攻方向。

4月11日，中国新闻出版传媒集团有限公司与安徽新华传媒股份有限公司在合肥签署《战略合作协议》。双方将发挥各自优势，共同推动经新闻出版总署已立项批复的"中国数字发行运营平台"项目落户安徽并实现产业化。

4月18日，凤凰出版传媒集团在海外成立的首家实体企业——凤凰传媒国际(伦敦)有限公司在伦敦举行揭牌暨数码印刷基地启动仪式。凤凰出版传媒利用北大方正的技术，在英国埃塞克斯郡建立数码印刷基地，并拓展版权贸易、中国文化出版和创意产业等领域的业务。

4月23日，国家出版基金规划管理办公室颁布《国家出版基金资助项目绩效管理暂行办法》，这是国家出版基金为规范和加强资助项目管理，提高资助经费使用效益而采取的重要举措。

4月29日，杭州国家数字出版产业基地授牌仪式举行。该基地由国家新闻出版总署批复建立并授牌，是目前国内唯一的一个以城市为单位的国字号数字出版基地。

5月8日，中国出版集团公司与吉林出版集团有限责任公司在北京举行“中国出版集团公司与吉林出版集团有限责任公司战略合作暨中吉联合文化传媒（北京）有限公司成立仪式”，双方签署战略合作协议，将从整合内容资源、数字出版、物流合作、国际合作、印刷材料购销、人才培训等6个方面根据各自优势进行战略合作和互惠支持。

5月10日，新闻出版总署对50家涉及登载（传播）42部淫秽色情网络出版物的网站进行了查处，这些网站提供了淫秽色情网络出版物的在线阅读服务。

5月15日，中国文字著作权协会近30位会员的200余部经典作品正式接入中国移动手机阅读基地。该协会将根据实际销售情况，以季度或半年为周期向作者支付数字出版稿酬。

5月18日，数字出版公司易博士集团发布首款基于“赛伦纸”的高清屏电子书阅读器。该款4.3英寸的阅读器采用国产“赛伦纸”电子墨水屏，也是目前最为轻薄的电子书阅读器。

5月24日，新华文轩出版传媒股份有限公司与中国国际出版集团旗下新世界出版社在成都签订战略合作协议，实施走出去战略合作协议和图书供销合作协议，共同努力打通地方出版企业走出去渠道。

5月29日，中国出版集团公司、中国教育出版传媒集团有限公司、中国科技出版传媒集团有限公司联合主办、北京中文在线数字出版股份有限公司承办的首届数字出版大会亮相第一届中国（北京）国际服务贸易交易会（简称“京交会”）。首届数字出版大会通过主旨演讲、共同宣言、合作签约等形式，共议国内外数字出版商业模式的创新成果和新机遇，构筑国际化高端交流与合作平台，推进中国数字出版走出去。

5月，时代出版传媒股份有限公司、英国OPUS传媒集团与姚明就《姚明OPUS》出版项目在上海签订正式合作协议。《姚明OPUS》一书将摘录姚明青少年生活片段及篮球生涯精彩经历，采取图文并茂，以图为主、文字为辅的形式呈现，并采用中英文对照形式，由时代出版传媒公司与英国

OPUS传媒集团共同投资、共同出版，在中、英两国同步推出，全球市场推广发行。

6月6日，西安国家数字出版基地、西安国家印刷包装产业基地揭牌仪式在西安举行。西安国家数字出版基地是经新闻出版总署批准组建的第九个国家级数字出版基地。

6月12日，新闻出版总署对62家涉及登载（传播）淫秽色情网络出版物的网站进行查处，这些网站系2012年度第二批登载（传播）淫秽色情网络出版物的网站。

6月28日，新闻出版总署发布《关于支持民间资本参与出版经营活动的实施细则》，支持民间资本投资设立的文化企业，以选题策划、内容提供、项目合作、作为国有出版企业一个部门等方式，参与科技、财经、教辅、音乐艺术、少儿读物等专业图书的出版经营活动；支持民间资本通过国有出版传媒上市企业在证券市场融资参与出版经营活动，支持国有出版传媒企业通过上市融资的方式吸收民间资本，实现对民间资本的有序开放。与此同时，实行采编与经营“两分开”后的党报党刊出版单位，亦可在报刊出版单位国有资本控股51%以上的前提下，允许民间资本投资参股报刊出版单位的发行、广告等业务，提高市场占有率。

6月28日，全国新闻出版标准化技术委员会成立大会在北京召开。标委会将负责书、报、刊、音像电子出版物、数字出版物、网络出版物领域的国家标准制修订工作，是由国家标准化管理委员会直接管理的一级国家标准化技术委员会。

7月2日，新闻出版总署与中国联通集团公司在北京签署《推进数字出版产业发展战略合作备忘录》，双方建立战略合作关系，支持中国联通沃阅读运营中心开展数字阅读平台的建设和运营，同时中国联通将积极支持中国新闻出版业结构调整、产业升级和发展方式转变，双方将携手加快推进数字出版产业发展。

7月3日，新闻出版总署与中国进出口银行在北京签署《关于扶持培育新闻出版业走出去重点企业、重点项目的合作协议》。根据协议，中国进出口银行将在今后5年合作期内为中国新闻出版企业提供不低于200亿元人民币或等值外汇融资支持，打造新闻出版走出去重点企业和重点项目的融资平台，扶持和推动新闻出版企业走出去。

7月25日，当当网正式发布电子书阅读器产品“都看”。26日，在当当网上进行独家预售，首批 1 万台预售价 499 元。“都看”搭载了 Wifi 及 3G 上网功能，可以直接联网当当书城购买电子书。另外，还配备了红外感应翻页、语音输入、微博分享书评等功能。

7 月 26 日，国内首个数字出版产业体验中心落成典礼在上海张江国家数字出版基地隆重举行。该体验中心由上海张江国家数字出版基地携手方正信产集团共同设计建造，面积近 2 000 多平方米，是国内第一家系统展示数字出版技术的基地展厅。

7 月 30 日，新闻出版总署制定出台了《关于报刊编辑部体制改革的实施办法》，对经新闻出版总署批准从事报刊出版活动、获得国内统一连续出版物号、但不具有独立法人资格的报刊编辑部体制改革作出部署。办法规定，原则上不再保留报刊编辑部体制，应转企改制的报刊出版单位所属的报刊编辑部，一律随隶属单位进行转企改制。

7 月，山东出版传媒股份有限公司投资设立的山东数字出版传媒有限公司成立。这是一家集音像制品、电子出版物及网络出版、发行于一体的综合性出版公司。

8 月 1 日，新闻出版总署下发《关于调整“十二五”国家重点图书、音像、电子出版物出版规划的通知》。通知指出，“十二五”国家重点图书、音像、电子出版物出版规划项目由 2 030 种增至 2 578 种，其中图书由 1 730 种增至 2 244 种，音像电子出版物由 300 种增至 334 种。

8 月 29 日，100 种中国图书“走出去”签约暨 CN TIMES INC. 揭牌仪式在北京举行。CN TIMES INC. 暨中国时代出版公司是由北京时代华语图书股份有限公司在美国纽约投资成立的全资出版公司，面向全球出版发行英文纸质书和电子书，公司重点是引进中国图书“走进美国”、出版发行英文版中国图书。

9 月 14 日，全国首家新闻出版策划中心在武汉揭牌成立。该中心以一批专家学者为智囊团，在重大出版选题等方面提供智力支持。

9 月 17 日，海淀法院对韩寒、郝群（笔名慕容雪村）、韩瑷莲（笔名何马）起诉北京百度网讯科技有限公司关于百度文库侵犯著作权的 14 起案件进行了集中宣判，一审判决百度共赔偿经济损失及合理开支 17.3 万元，对韩寒等作家提出的关闭百度文库、赔礼道歉等诉讼请求未予支持。此案宣判后，在上诉期内双方均未提起上诉，一审判决生效。

9 月 19 日，北京市二中院开庭审理中国大百科全书出版社诉苹果公司侵犯著作权案。9月27日，一审判决认定苹果侵权成立，赔偿中国大百科全书出版社经济损失52万元。

9月26日，由新闻出版总署和天津市人民政府共同主办的首届中国国际新闻出版技术装备博览会在天津开幕，以“新媒体、新技术、新平台”为主题，展览和活动面积达7万平方米，参展企业560多家。

9月27日，全国农家书屋工程建设总结大会在天津举行。2012年8月，新闻出版总署宣布，农家书屋工程全面竣工，投入财政资金120多亿元、社会资金60多亿元，共建成农家书屋60万家，覆盖了全国有基本条件的行政村，比计划提前3年完成。

9月，新闻出版总署下发了《关于进一步加强学术著作出版规范的通知》，再次明确了学术著作的内涵，强调了引文、注释、参考文献、索引等学术规范的重要性，对于出版单位如何加强规范学术著作出版等也做出了明确要求。

10月11日，瑞典文学院诺贝尔奖评审委员会在斯德哥尔摩宣布，中国作家莫言获2012年诺贝尔文学奖，获奖理由是“人与幻觉现实主义的融合”。莫言成为首个获得诺贝尔文学奖的中国籍作家。

10月12日，江苏国家数字出版基地“展示中心”、“体验中心”和“云计算中心”在南京揭牌启用，总面积达1 096平方米，总投资1 300万元。

10月19日，“中国京剧百部经典英译系列”首辑(10部)新书发布会在北京举行。该系列丛书由中国人民大学与北京外国语大学共同编写、中国人民大学出版社与外语教学与研究出版社共同出版，首辑共出版10本，采用中英文对照方式，其内容包括剧目赏析导读、文学剧本、曲谱(含五线谱和简谱)、穿戴谱等，佐以大量剧照与图样，充分将文字说明视觉化，推动中华文化走向世界。

10月24日，《中国出版家》编委会在北京举行第一次编委会会议，全面启动《中国出版家》的编辑出版工作。

10月25日，盛大文学“维护著作权人权益白皮书联合发布会”在北京举行。会上，盛大文学与百度、搜狗、奇虎360、腾讯搜搜四家搜索引擎公司签署《维护著作权人合法权益联合备忘录》，联手抵御网络文学盗版。

10月30日，广西新华书店集团股份有限公司正式挂牌成立。

11月6日，新闻出版总署与中国交通银行在北京签署《支持新闻出版业发展战略合作协议》。根据协议，交通银行将支持各地分支机构积极对接各地出版传媒集团,提供金融支持和服务,将在未来3年内为我国新闻出版业提供500亿元的意向性融资支持。

11月7日,新闻出版总署公布《"十二五"少数民族语言文字出版规划》。根据规划,新闻出版总署将在国家出版基金、少数民族文字专项资金等评审工作中对规划专项予以重点关注和支持。

11月14日,《读者》杂志出版藏文版创刊号,每季度首月15日出版,80%的内容来自《读者》杂志汉语内容的精选和翻译,其余内容为藏族作家的原创作品。

11月15日,苏宁易购正式上线电子书频道,并同时推出覆盖IOS、Android和PC终端的电子书阅读应用,首批共引进电子书近5万册,涵盖传统的人文、社科、教育、生活等品类以及时下流行的原创文学品种。苏宁易购成为继当当、京东、淘宝之后进军电子书市场的又一电商平台。

11月22日,国内移动运营商下属的首家文化公司天翼阅读文化传播有限公司在杭州正式揭牌。其前身为成立于2010年9月的中国电信天翼阅读基地,目前天翼阅读平台拥有图书规模近20万余册,8大主流类型的品牌杂志近2万余册,9大主流类型的知名漫画近1万余册,以及19个信息类型的资源。

11月30日,当当网宣布获得莫言作品电子书的独家授权。包括《檀香刑》、《红高粱》、《蛙》、《生死疲劳》等作品在内的莫言文集全套20本电子书将在当当网独家销售,价格约为纸质书的三到五折。

11月,两项出版物物流国家标准《出版物物流接口作业规范》和《出版物物流退货作业规范》正式出台,填补了国内出版物物流作业方面标准的空白。

11月,时代出版传媒股份有限公司技术中心获批入选国家认定企业技术中心,成为全国首家获得"国家认定企业技术中心"殊荣的文化企业。

12月1日,时代出版传媒股份有限公司正式设立"数字出版工程技术研究中心",将全面提升其数字出版的技术水准。

12月5日,凤凰文化贸易集团公司加拿大办事处在加拿大温哥华挂牌成立。这是凤凰出版传媒集团在北美的首家办事处。

12月8日,凤凰出版传媒集团在智利圣地亚哥挂牌成立凤凰瀚融国际股份有限公司,这是凤凰出版传媒集团在南美成立的首家境外机构,也是该集团第二家境外实体企业。

12 月 8 日，长江三峡集团传媒有限公司正式揭牌。由《中国三峡工程报》、《中国三峡》杂志和《中国三峡建设年鉴》三家出版单位共同组建而成。

12 月 10 日，《汉语大词典》(第二版)编纂出版正式启动，根据计划 2015 年出版第二版第一册，预计 2020 年完成全书 25 册、约 6 000 万字的编纂出版工作。

12 月 11 日，莫言精装版文集和莫言作品苹果平台电子书同时全球首发。莫言作品全媒体版权由北京精典博维公司获得，是目前最全也是唯一正版授权的莫言电子书平台。

12 月 13 日，亚马逊中国网站上线 Kindle 电子书店(测试版)，同时推出免费的 Kindle 阅读软件和电子书下载，并支持网上银行以及支付宝等第三方支付账户支付。

12 月 24 日，北京市第一中级人民法院终审判定北京国学时代文化传播股份有限公司侵犯中华书局点校本《二十四史》及《清史稿》著作权。

12 月 27 日，北京市第二中级人民法院再次对苹果公司被诉侵犯信息网络传播权的 8 起案件进行一审宣判。苹果公司在 8 起案件中全部败诉，被判赔偿李承鹏等 8 位作家经济损失及合理费用共计 103.5 万元。

12 月 28 日，甘肃飞天传媒股份有限公司和甘肃新华印刷集团有限公司正式揭牌。飞天传媒由甘肃新华书店集团作为主要发起者成立，定位为大型文化商贸流通企业。甘肃新华印刷集团由兰州新华印刷厂、甘肃新华印刷厂、天水新华印刷厂共同发起组建，着力打造印刷、房地产、物流三大板块。

12 月 28 日，华中国家版权交易中心在武汉正式运营，是继北京之后，经国家版权局批准建立的全国第二家、华中地区唯一国家级版权交易中心。

12 月，国内最大的互联网学习平台沪江网宣布：沪江部落注册会员突破 1 500 万；沪江移动端用户也逼近 1 500 万，日 PV 超过 1 000 万。这意味着平均每 50 个人中就有一个沪江用户，标志着我国在线教育进入快速发展期。

12 月，现存汉文古籍总目录《中国古籍总目》由中华书局和上海古籍出版社出齐 26 卷。该总目收录中国古籍约 20 万种，分经、史、子、集、丛书等 5 部，反映了中国主要图书馆及部分海外图书馆现存汉文古籍的品种、版本及收藏现状。

12 月,为进一步规范和管理网络出版,加强新闻出版行业标准化,新闻出版总署会同有关部门对《互联网出版管理暂行规定》等规章进行了修订,起草了《网络出版服务管理办法》(修订征求意见稿)。

附:新千年来港澳台地区出版业大事记

2000 年

1 月 17 日,《澳门首份环境状况报告(一九九九)》发行。该报告从土地面积、人口、经济指标及主要行业的变化情况,分析了澳门地区的社会经济特征,阐述环境问题与经济发展的紧密关系。

2 月 15 日,台湾首家网络原生报《明日报》正式上线。《明日报》由 PC home 集团与《新新闻》杂志投资 1.4 亿台币共同创办,是台湾第一家没有传统媒体作为支撑的“网络原生报”。

2 月 16 日至 21 日,第八届台北国际书展在台北世贸馆顺利举行,主题为“人文与科技的对话”,参观人数达 40 万人次,销售额在 2 亿元新台币以上,为历届之最。并新增世贸二馆展区,为电子书与漫画专区。

6 月 30 日,澳门国际标准书号中心成立。该中心负责国际标准书号(ISBN)、国际标准刊号(ISSN)及国际标准录音录像代码(ISRC)等系统在澳门特区的推广工作,协助澳门地区出版业者共同参与国际标准的系统的建设。

7 月 2 日,由澳门基金会出版、澳门文化广场有限公司担任总发行的《澳门回归大事记》在澳门出版发行。该书完整记录了澳门回归祖国的历程。全书分三个部分:中葡两国政府解决澳门问题的主要过程;中国政府对解决澳门问题的立场、方针及实施经过;过渡时期澳门社会发生的其他大事。

7 月 4 日,香港教育统筹局宣布取消学能测验,一夜之间与学能测验相关的推理练习书籍成“废纸”,出版商估计损失 600 万港币,但对书店的影响不大。学能测验全称为香港学业能力测验(Hong Kong Academic Aptitude Test,HKAAT),为香港教育署于 1978 年至 2000 年配合香港中学学位分配办法举行的测验,与香港中学会考和香港高级程度会考并称为香港三大公开考试。

7月12日，香港十间书局联手组成“文教广场”网站，同一天，香港“商务网上书店”(CP1897. com)宣布上线“中学教科书销售区”，香港教科书市场进入网上“战国时代”。香港教科书市场一直都是各书店争夺的重点，书商们各出奇招，另辟蹊径，希望通过销售教科书而在教科书市场上分一杯羹。

8月1日，香港最大网上书店博学堂由于股东未能就注资问题达成共识宣告倒闭。拥有100名员工、10万名订户的博学堂成立于1997年，是香港第一家网上书店，号称香港“亚马逊”。博学堂在网上服务全球华人，销售两岸三地出版物；同时亦为各书店提供专业图书供应服务；另外，博学堂是香港特区政府及职业训练局、康乐及文化事务署的中文图书合约商，并为学校提供分科专业推荐和专业分类、编目。

8月8日，澳门经济局和警方公开销毁约80万张查获的盗版光盘，价值约400万澳门元。

12月1日，澳门特别行政区经济局查获怀疑用作制造盗版光碟母盘的生产线。这是澳门首次发现有制造盗版光碟母盘的生产线。过去，澳门曾多次破获制造盗版光碟的地下工场，但未发现有制造盗版光碟母盘的生产线。

本年，台湾智慧藏学习科技公司成立，负责研发、制作大型知识库及电子书产品，创立建构全台第一个专业经营的“在线百科全书”。2002年先推出“在线中国大百科全书”、“光华杂志中英对照知识库”；2003年又推出“科学人杂志中英对照知识库”、“在线大英百科全书”，完成“Wordpedia. com 百科全书网”的初步服务架构。

本年，台湾心灵励志类及生死学类书籍受关注。9·21大地震后，心灵励志类及生死学类书籍受到瞩目，市场上此类图书销售火爆。经典传讯、张老师文化、创意力文化、发鼓文化等多家出版社推出与灾民心灵康复有关的书籍；同时过去立绪出版的《拥抱忧伤》、远流出版的《与孩子谈死亡》等书再度受到关注。

2001年

3月6日，台湾诚品书店在成立12周年庆典上宣布“诚品全球网路”(www. eslitebooks. com)开站及诚品物流上线，将为读者提供80万种中外文书籍的资料库与搜索机制。成为继金石堂书店、新学友书局之后，第三家涉足虚拟网络书店经营的大型连锁书店。

4月1日，香港《2000年知识产权(杂项修订)条例》正式实施。新条例在对拥有和使用盗版软件而构成犯罪的犯罪事实认定方面作出了更严格的规定，这标志着香港在知识产权保护方面有了更加严格的法律标准。但由于社会各界反对声大，香港工商局向立法会提出暂停实施的动议。香港出版总会联合业界团体成立了专责小组，做了大量解释、说服、咨询工作，反对无限期冻结。最终，立法会确定了《条例》暂停执行的期限，并让社会各界充分讨论后再出台。

5月，香港 Tom. Com 集团并购台湾出版媒体集团。台湾的 PC Home 电脑家庭出版集团、城邦出版集团与香港跨媒体集团 Tom. Com 跨界结盟，携手打造全球最大中文媒体平台。根据所签订的协议，电脑家庭、城邦集团将进行重组，成立新公司家庭传媒集团(Home Media Group)，以整合、持有和经营电脑家庭和城邦的书刊出版、发行业务。Tom. Com 集团以现金增资与购买原始股方式取得新公司49%的股份。11月22日，Tom. Com 集团以8000万元收购台湾尖端出版社。年底，Tom. Com 集团与商周媒体集团宣布合并，Tom. Com 集团以16.5亿购买下商周媒体集团股份。

8月29日，澳门首份中医药学术专业期刊《澳门中医药杂志》在澳门特区政府的大力支持下创刊发行。

9月5日，在澳门特区政府新闻局注册登记并获准创刊的葡萄牙文报纸《今日澳门》正式出版发行。该报是综合性葡文日报，周六出刊，星期日休刊，分新闻(政治、社会、特写分析)、评论(社论及专栏)、体育消息与艺术文化、国际及经济新闻等栏目。

9月19日，亚洲地区首个收藏儿童性侵犯书籍的图书阁在香港沙田公共图书馆正式启用。接近700套藏书及视听资料全部由“护苗基金”捐献，他们希望图书阁的设立有助于唤起市民对保护儿童的关注，提高大众对儿童性侵犯的认识。

11月30日，“香港出版学会会士”制度正式实施。为了表彰对香港出版学会及出版行业贡献良多的资深会员，香港出版学会在2000年会员大会上动议并同意设立“香港出版学会会士”制度，2001年颁布并通过“会士制度”章程。2002年香港资深出版人陈万雄和罗志雄当选首批“香港出版学会会士”。

本年，外文期刊纷纷在台湾推出中文版。法国著名报业《费加洛报》集团下属的《费加洛》时尚女性刊物国际中文版由中国时报系时报周刊股份有限公司于1月5日正式发行；经典传讯第三度与美国时代集团合作，1月推出《Popular-Science》国际中文版《科技时代》，首印10万本；6月，《中国国家地理杂志》印行繁体国际中文版。

2002年

1月9日，“吉港出版论坛”首届年会召开。年会由香港联合出版集团与吉林省新闻出版局联合主办，联合出版集团属下的三联、中华、商务、万里、新雅、利文等出版机构，以及吉林省9个出版社共有40多名代表出席会议。年会围绕“中国传统文化出版资源的开掘与创新”、“文图版图书与中国传统文化类图书的市场空间与前景”、“南北合作的可行性与操作方式”三个主题进行了出版学术研讨，并进行了双方合作出版项目的洽谈。

3月14日，香港最受学生欢迎的十大图书揭晓。香港教育署、康乐及文化事务署与保良局合作举办评选最受欢迎的十大好书活动，共分为初小、高小、初中和高中四个组别，共计300多个学校逾5 000名学生参与。小学组选出的十本好书，以流行小说为主，如《麦兜》、《哈利·波特》；初中组的十大好书则以散文小品为主，如《小王子》、《海阔天空》；高中组更偏好实用图书，如《富爸爸穷爸爸》。

6月17日，为纪念清代著名思想家郑观应诞辰160周年，澳门历史文物关注协会和澳门历史学会联合出版的《郑观应文选》发行仪式在澳门文化广场举行，同时举行了《郑观应著作与手迹·郑家大屋》图片展览，展出了郑观应著作的多种版本，并首次展示了郑观应的手迹。

9月，《2002澳门年鉴》出版发行。《澳门年鉴》由澳门特别行政区政府新闻局每年出版，分中、葡、英三种文字版本，旨在按年度全面、系统地记录澳门特别行政区政治、经济和社会文化等方面的基本情况、重大事件和主要发展变化，宣传和推广澳门，为研究和期望进一步了解澳门的人士提供翔实的资料。内容大体上分为澳门特别行政区政府施政理念、大事纪要、澳门特别行政区年度回顾、澳门特别行政区概况和附录。2002年是首部年鉴。

9月，香港推出“电子书包计划”。香港教育署从9月起开始在香港十所中小学正式实行“电子书包”计划，以掌上电脑（PDA）和笔记本电脑代替传统课本，学生可以查阅学校局域网上的资料以及互联网上的相关内容进行学习。经过一年试验，“电子书包计划”效果良好，2003 年开始向全港 1 000 多所中小学推广，于新学年先投资 3 400 万元资助学校购买教材，铺设无线网络。

12 月 11 日，台湾远流出版公司与大英百科策略联盟。计划以台湾为基地，陆续推出大英百科全书线上信息产品，并购与整合台湾的数据库，开发数据库网路商业模式。

12 月 17 日，香港电子书阅读器 Easy Read 问世。Easy Read 由香港文化传信集团有限公司推出，外形轻巧，体积只有 18.8 厘米×14.8 厘米×2.1 厘米；配备编辑软件，可自制及自行编辑电子书内容；内置 8MB 内存，可容 380 万字（相当于 20 本书）。文化传信与商务印书馆签署“共同发展电子出版”合作意向书，推动香港电子书的发展。

本年，魔幻奇幻风席卷台湾出版市场。除了《哈利・波特》持续大卖外，《魔戒》配合电影的火爆而重新包装、重新翻译大卖；更有不少出版社推出许多西方奇幻文学旧书，比如《地海巫师》、《黑暗元素》三部曲等。

本年，台湾新学友书局转型为亲子书店。从 2001 年爆发跳票危机迄今，台湾新学友书局持续调整书店经营思路，确定转型为亲子书店，发挥自身优势，锁定不太受政治经济影响的亲子教育市场。

本年，台湾第一届漫画金像奖设立。作为“2002 台湾国际漫画大赛”的重头戏“第一届漫画金像奖”在经过评审委员评审讨论后，共颁出 11 个奖项以及终身成就奖。漫画金像奖由财团法人中华图书出版事业发展基金会和台北市漫画从业人员职业工会联合主办。

2003 年

3 月 21 日，著名作家金庸在澳门金庸图书馆内为读者签名。同时，专门收藏各种版本全套金庸武侠小说的金庸图书馆在澳门揭幕开馆。

5 月 10 日至 6 月 15 日，香港百家书店合办“抗炎读书月”。2003 年非典型肺炎肆虐香港，对市民身心造成很大影响。本着提倡阅读、战胜疫情的宗旨，香港出版总会联同百多家出版社和书店业界举办“香港读书月”。该活动以“健康生活，从阅读开始”为主题，为期 5 周。期间，主办者每周推介一个主题，如亲子阅读、健康生活、美丽香港、励志人生、深度阅读等。参与行动的书店除了提供折扣优惠外，还邀请作家举办讲座、读书会等。

5月26日，香港教科书商组成反盗印联盟。为防止不法之徒利用新学年盗印课本图利，包括朗文、牛津、现代、精工、中大、文达、商务印书馆等在内的香港10家主要教科书出版社决定组成“反盗印联盟”，并成立一个最少10万港元的基金，用以追查盗印。

6月10日，澳门海关成功截获一批准备从澳门机场偷运往美国的盗版光盘，搜出一万多张光盘。该批光盘若成功出售，估计价值数十万元。

7月18日，香港联合出版集团旗下中华商务联合印刷（香港）有限公司代表和上海印刷集团公司在《投资协议书》上签字。中华商务联合印刷（香港）有限公司将斥资逾460万元人民币，加盟商务印书馆上海印刷股份有限公司，成为该公司的第二大股东，标志着港沪印刷方面的合作取得了新的进展。

7月19日，香港与清华大学合办印刷硕士课程。香港星光印刷集团与北京清华大学合办专门培训印刷人才的印刷及数码媒体专业硕士研究课程，面向全国公开招生，是香港和内地出版教育合作的一项创新、改革的尝试。

8月1日，台湾华文电子杂志“eMagazine”上线。宏碁公司与PC Home电脑家庭出版集团和博客来数字科技合作，整合最新“数字版权管理技术”，正式推出华文电子杂志“eMagazine”，让读者可以直接在网络上付费订阅或零买整本杂志。

8月2日，香港书刊业商会主办的“香港书刊业网站”（www.hkbmta.com）在香港书展上正式开通启用。该网站是香港首个由书刊业组织、专门提供最新图书刊物信息的非牟利网站，其最重要的功能是搭建一个信息交换平台，让本地出版社和发行商自行把最新的图书刊物资料，特别是完备的华文出版书目，集中地提供给世界各地的读者、采购人员和版权贸易者。

9月5日，澳门中央图书馆于何东图书馆三楼多功能厅举行《2000至2001年澳门图书出版目录》简介会。澳门出版机构、政府部门、大专院校、图书馆、书店及各大传媒等介绍2000至2001年澳门图书的出版情况，详细讲解两种目录的内容、出版目的和意义。

11月26日，台湾农学社物流中心启用。台湾最大的图书发行商农学社斥资4亿元新台币完成的6 000余坪物流中心于南崁正式启用。农学社引进日本东贩 know-how 技术合作，希望借“信息共享、物流共同化”提升出版业整体竞争力，打造共荣共享的信息平台。

12 月 31 日，百年老店“台湾书店”关门。在台湾初中小学九年一贯新课程教科书都改为民编本各自发行以及多元竞争的环境下，台湾书店营运规模相对萎缩，选择“退场”。台湾书店最早可以追溯到日据时代，当时叫做“台湾总督府文教局‘台湾书籍株式会社’”。

12 月，台湾“新闻局”完成“出版品及录像带节目分级处理办法”及“因特网分级管理办法”草案。首度将因特网的阅读分为“限制级”、“辅导级”、“保护级”、“普遍级”等四级管理；出版品中，报纸确定不分级，由媒体经营者采用自律原则处理；光盘纳入录像带节目的分级；但对于儿童福利法的规定，有关“录像带节目都应分级”，则不得不规定，未来拟授权由专业团体自行审查并核发合格证明。

2004 年

1 月 7 日，澳门首部研究“一国两制”和澳门特区的英文专著“*One country, two systems*”*and the Macao SAR* 举行首发仪式。本书是澳门大学澳门研究中心杨允中博士等老中青三代学者的专项研究成果。

3 月 24 日，香港立法会通过《2003 年版权(修订)条例草案》及批准《〈2001 年版权(暂停实施修订)条例〉2004 年(修订)公告》。香港立法会通过决议案，把暂停实施《2001 年版权(暂停实施修订)条例》的期限，延长两年至 2006 年 7 月底，让政府与业界有更多时间讨论版权使用者的刑责问题，再实施法例。

5 月 4 日，台湾联经出版公司成立 30 周年。联经出版公司是华文出版世界少数的大规模综合出版公司之一，在继续开拓传统出版的同时着手发展网络世界中的影音出版、数字出版以及远距教学。30 周年庆当日官方网站(www. linkingbooks. com. tw)正式改版为“联经出版网”。

6 月 15 日，“台湾著作权保护协会”成立。九个关心著作权保护团体及多家从事影音与出版发行业者，宣布成立“台湾著作权保护协会”，致力于引介国际著作权保护政策与观念，提升民众对著作权内涵的了解，并为政府提供相关的政策意见。

6 月，香港联合出版集团属下三联书店、中华书局、商务印书馆、万里机构、新雅文化事业公司五间营业部组成香港联合书刊物流有限公司。该公司除了总代理联合出版集团全部出版物外，还代理中国内地、香港、台湾地区和欧洲、美国、日本等地的优秀图书杂志。

8月12日，台湾“数字出版小组”成立。为推动台湾数字出版产业的发展，台湾“行政院新闻局”与“经济部工业局”共同成立了“数字出版小组”，主要是在数字内容产业下针对数字出版的产业辅导计划，包括提供500万元新台币的辅导奖金，奖励出版业发行数位出版品、设立在线数位出版媒合机制等。

8月24日，“台湾著作权法”十三项条文修正案通过。“立法院”临时会三读通过著作权法十三项条文修正案，增列防盗拷保护措施、将盗版行为一律改为公诉罪及强化“边境”管制措施等。这标志着台湾的智慧财产保护工作更加与国际接轨。

9月2日，澳门首次作为正式成员加入华文出版联谊会议，扩大了联谊会议的参与范围。此届会议的主要议题是华文图书的出版整合与销售通路，旨在探讨华文出版如何走向世界。

9月6日，台湾版本的CC授权条文正式发表。台湾“中央研究院”正式发表台湾版本的CC授权条文，未来台湾的创作人只要上网站选取最适合的授权方式，就能够安心地与其他人分享自己的智慧结晶。鼓励创作者将作品与公众分享的Creative Commons计划，由美国斯坦福大学法学院Lessig教授于2001年创办，其概念是提倡著作权人保留部分权利的同时，大众也可以在特定条件下自由使用创作人的著作。

9月，香港联合出版首次以1∶1的兑换率发售内地图书。联合出版集团属下三联书店、中华书局和商务印书馆等数十家门市，推出“特选内地图书”优惠，以人民币定价1元折合港币定价1元(即兑换率1∶1)发售。

12月9日至10日，首届“泛珠三角出版论坛”在广州举办，泛珠三角九省区出版行政部门、出版产业部门和港澳出版业的代表，以“合作发展，共创未来”为主题，探讨了泛珠三角出版合作与发展的意义、宗旨和原则，并签署了《泛珠三角出版合作框架协议》，同意在内容生产、印刷复制、出版物市场、人才交流、信息共享、行政执法、信用体系建设、合作融资、宣传推广等9个方面全面合作。

12月10日，占地3万平方英尺的新华书城在香港正式开业。书城由香港“聪明影音地带控股有限公司”及“广东新华发行集团股份有限公司”联营，总投资额逾千万港元，是香港最大的书店，也是供应内地简体字书最多的书店，提供图书多达5万种。

2005年

1月17日，经过WTO、CEPA及泛珠三角区域合作(9+2)等重大历史进程，香港与内地的联系日益密切，广东联合图书有限公司获内地正式批准成立，该公司是香港联合出版集团全资拥有的附属机构，标志着香港书业进军内地的重大突破。业务以图书策划、发行为主，经营范围包括：经销内地版图书、报纸、期刊、电子出版物的批发、零售(含网上)业务。这是中国加入世贸组织3年后开放图书批发市场，第一家获得批准进入内地的图书发行企业。

3月2日，台湾PC home网络书店正式上线。“PC home书店”是台湾最大的网络购物业者“网路家庭”旗下产品，首创“购书免运费”和畅销书“网路最低价”服务。PC home书店迥异于一般网络书店的销售模式，不仅将仓储和物流转嫁出版社负担，运费也由出版社自行承受，等于只是帮出版社“接订单”。PC home书店拥有一万种书籍可供挑选，分为企管、工作、理财、计算机、人文、休闲、艺术等15项。

3月7日，台湾“诚品书店畅销榜”出炉。16年来只做选书而不做畅销排行榜的诚品书店，正式推出“诚品书店畅销榜”，细分出艺术、人文科学、华文创作、翻译文学、财经商业和心理励志类8大类排行榜，全方位呈现阅读焦点。

3月23日，澳门科技大学举办由萧蔚云教授主编的《论澳门特别行政区行政长官制》新书发行仪式。该书论述了澳门特区行政长官制的特点、内容和成功实践，具有重要的理论价值和实践意义。

4月29日，由澳门特别行政区政府文化局出版的《2005澳门视觉艺术年展作品集》正式出版。本集收录了以“澳门文化遗产——穿越历史”为主题的“2005澳门视觉艺术年展”活动中获选的125件入选作品和10件2005年度“最佳视觉艺术作品”。

7月1日，台湾《出版品及录像节目带分级办法》正式实施。台湾“新闻局”考虑民间自律团体组成需要时间，提出施法但不开罚的做法，给予业者三个月劝导期作为缓冲，10月1日起正式开罚。

9月30日，台湾成立“中华出版伦理自律协会”。协会的主要宗旨为：协助认定分级的出版品，核发辨识标志供业者参考使用。

10 月 3 日，香港漫画出版集团玉皇朝，与内地著名游戏生产商盛大网络，达成点击书(Digibook)的收费平台合作，推出网上收费漫画，使其 4 500 万名付费会员可透过此网上平台，以每本人民币 5 角的价钱在线浏览。

11 月，香港 GameOne 生产的计算机游戏《梦幻古龙》，在 91 款申报游戏中脱颖而出，被选入国家新闻出版总署中国民族网游工程第二批作品，成为首个被推荐进入内地市场的港产计算机游戏。

12 月 3 日，台湾联合在线正式上线。联合在线(udn. com)提出“数位阅读生活”的概念，以“UDN 数位版权网”、“UDN 数位阅读网”正式进军数位出版产业。“UDN 数位阅读网”为出版社提供“制作、销售、客服”的电子出版解决方案，让出版业者无后顾之忧地跨入数字出版领域。“UDN 数位版权网”则是版权品信息媒合平台，可供出版业者、内容加值利用者或创作人进行版权品媒合，提供知识产权交易更便捷的新渠道。

2006 年

1 月 18 至 19 日，由河南省新闻出版局、河南出版集团、香港联合出版集团联合主办，香港商务印书馆协办的“中原文化港澳行——河南图书音像精品展”，在尖沙咀商务印书馆星光图书中心展览厅举行。通过书展，香港读者不仅可以了解河南文化，更可以透过河南文化深刻理解中华民族的厚重文化。书展期间，河南省新闻出版局与香港出版团体和机构联合举办“豫港出版座谈会”，两地出版社负责人分别就团体或机构概况和管理等方面作交流。

2 月 23 日，台湾中盘商农学社控告金石堂书店积欠账款一案在台北高等法院即将宣判前双方达成和解，金石堂同意支付农学社一笔相当金额，双方恢复交易往来。双方矛盾的焦点在于金石堂推行“销售结款”后，金石堂以销转结、保留款结算农学社应付账款，与农学社认定有落差，双方对账，差价达上百万元。农学社因而停止供货给金石堂，并提起告诉。金石堂一审败诉，被法院判赔给农学社 400 多万元账款。

4 月 5 日，澳门特区政府民政总署与中国科学院华南植物园共同合作编辑的澳门有史以来的首部植物志正式出版发行。澳门首部植物志共分 3 卷，本次出版发行的是第 1 卷。植物志收录澳门野生与习见栽培的维管束植物 1 500 多种。3 卷将于 2008 年 3 月出齐，是澳门目前最具权威的植物分类学专著。

5月10日，台湾图文阅读网正式上线。这是远流出版公司旗下的智慧藏学习科技公司开发的一个以数字出版为核心、以在线授权交易为服务的新网站，为创作者提供图文作品授权和经销服务，建构创作者和使用者之间联结的平台。

5月23日，《澳门回归历程纪事》(第一辑)和《澳门回归之路》正式出版。该书撰稿者都是澳门回归的参与者和见证者。

6月16日，香港联合出版集团率领麾下的6家出版社赶赴新疆乌鲁木齐参加第十六届全国书市，这是联合出版集团首次在全国书市参展。以"国际视野全球网络"为参展主题，共租用了5个展台，展示700余种图书，参展出版社包括香港三联书店、香港中华书局、香港商务印书馆、万里机构、新雅文化事业以及知出版。

9月13日，台湾联合在线与远见杂志等宣布合作推出"远见杂志知识库"，收录20年来11 200万篇深度报道，提供网友付费查询。

9月21日至24日，由国际儿童读物联盟(IBBY)主办，国际儿童读物联盟中国分会(CBBY)、澳门新青年协会、澳门学生联合会、澳门出版协会共同承办的2006IBBY第30届大会在澳门举行。来自全世界54个国家的500多名儿童文学作家、插图画家、翻译工作者、出版商、图书馆员、评论家、学者、教师、故事妈妈、阅读推广组织成员以及家长欢聚澳门渔人码头国际会议中心，共同研讨和交流儿童文学创作和阅读领域的全球性问题。

9月22日，台湾出版业反击"非涂布道林纸课征反倾销税"申请案。出版界召开记者说明会反击8月22日以永丰余纸业为首的台湾区造纸工业同业公会向"财政部"提出的"对自日本、大陆及印度尼西亚进口之非涂布道林纸课征反倾销税暨课征临时反倾销税"。记者会上，出版业代表认为此案若成立，对近年呈现颓势的台湾出版业将会造成更大的影响。

9月29日，《澳门平台发展战略——澳门作为中国与葡语国家的经贸合作服务平台研究》举行出版首发式。该书由澳门特区贸易投资促进局主席李炳康博士和中国社会科学院拉丁美洲研究所副所长江时学研究员合作完成。该书从理论的高度，全面系统地阐述了澳门回归祖国以后特别行政区政府根据实际情况和未来发展需要确立的社会经济发展战略。

10月22日，台湾城邦集团推出"书号管理制度"应对出版颓势。在2006年台湾出版整体出现衰退、竞争压力陡然提升的大背景下，城邦出版集团针对旗下的37个出版社，宣布将采取"书号管理制度"，即按各出版社营业额给一定额度的书号，限制新书发行数量，由现有近 1 200 种新书量锐减为 850 种。

11 月 30 日，台湾创刊 28 年的《民生报》停刊，走下全球中文报业的舞台。

12 月 4 日，澳门出入口商会出版发行《澳门出入口贸易史略》。该书从澳门的自然环境与区位特征、澳门开端口与葡商入据、明朝澳门出入口贸易、澳门“海上丝绸之路”、清代前期澳门进出口贸易、卖鸦片、卖猪仔与特殊出入口贸易、民国时期澳门出入口、现代澳门出入口、21 世纪初的澳门出入口等方面，介绍澳门出入口 400 多年来的变迁。

12 月 13 日，第十八届香港印制大奖揭晓。大会以“为社会 · 添色彩”为主题，展示香港印刷、设计、出版界的成就，以及为社会带来的色彩。本届香港印制大奖共设有 24 个印制项目，2 个出版项目（优秀出版大奖和杰出成就大奖）及一个企业管理项目（企业社会责任大奖），印制大奖得奖的作品于 2006 年 12 月 15 日至 2007 年 1 月 30 日在香港巡回展出。香港印制大奖是香港最具规模的奖赛，1989 年创办。

2007 年

1 月 19 日，Google 公司宣布与台湾城邦出版集团策略结盟，城邦将成为 Google 繁体中文图书搜寻应用的合作伙伴。与城邦出版集团的结盟计划将是 Google 为台湾的图书数字化奠定稳固基础的起跑点，也是华文书籍推向国际市场的里程碑。

2 月 26 日，Dymocks 首次进驻香港。澳洲连锁书店品牌 Dymocks 在香港开设了首家集 Cafe、画廊与书店三合为一的主题书店。书店位于大屿山愉景湾的住宅区，有着便利的地理位置与优雅的阅读气氛。

2 月，台北书展刮起电子书风潮。在台北国际书展上曝光了可阅读书籍的手机和可卷式电子书阅读器“Readius”，引起业界的轰动。“Readius”是远流出版公司从欧洲引进的电子书阅读器，屏幕宽为五吋，比手掌还要小；长度就像纸一样可以伸缩自如，一旦与手机结合，便可解决屏幕太小的问题。同时中华电信推出“口袋书店”，提供 Vogue、GQ、商周、空中英语教室等 40 余本杂志的电子版；格林出版社推出新产品“手机绘本”。

4 月，香港“光波 24 书网”推出免费试阅计划，借书网站由光波文化有限公司、Vresion2 Limited、方正环球科技有限公司合办，初期提供 5 万本图书,2007 年底增至 10 万本,被称为全球最大的中英文电子书借书网站。

5 月 14 日,台湾商务印书馆成立 60 周年。商务印书馆 1897 年在上海成立,1947 年台湾分馆成立,2007 年是台湾商务印书馆成立 60 周年暨商务印书馆创立 110 周年。台湾商务印书馆推出《勇往向前——商务印书馆百年经营史》,详细梳理纪录跨越三个世纪、两岸三地的商务印书馆百年大事记,并推出《鹿桥全集》以飨读者。

5 月 19 日,香港商务印书馆"星光图书中心"搬迁并易名后继续营业。位处九龙枢纽地段的新店"尖沙咀图书中心",店堂面积近 22 000 平方英尺,为全港罕有的宽阔阅读空间。店内设专题及焦点阅读图书区、中英文图书部、文具精品部、儿童图书阁及多媒体影音区,图书品种达 15 万种。

5 月 30 日,四川新华文轩连锁股份有限公司在香港联交所主板市场正式挂牌上市。这是中国书业第一家香港上市公司,也是国内首家进入国际资本市场的图书发行业零售企业。

6 月 27 日,台湾博客来网路书店推出数字阅读服务,为上千本新书及热销书籍提供电子书试阅服务,读者可试阅、下载或打印书籍内容的 1%—10%不等。在线试阅可拉近网路书店和实体书店的差距,对读者选择书籍有帮助。

7 月 19 日至 24 日,第十七届香港书展在香港湾仔会议展览中心举办,各项指标再创新高。本届书展参加机构共 434 家,展出出版物超过 1 万种,总入场人数达 68 万人次,同上届相比无论是参展单位、展出品种、入场人数,还是参展商营业额,各项指标均创历届香港书展新高。本届香港书展恰逢香港回归祖国 10 周年,新闻出版总署组织内地多家重要出版集团和出版社参展,内地参展规模超历届。内地参展团由中国出版集团、人民出版社等多家重点出版发行集团和出版社组成强大阵容,参展面积超过 1 000 平方米,共有 476 家内地出版商的 3.13 万种图书参展。

7 月 23 日至 24 日,第十二届华文出版联谊会议在澳门召开。会议由澳门出版协会陈雨润理事长主持。台湾、内地、香港、澳门代表及同业 50 余人参加会议。本届会议的主题是:华文出版的新挑战与新机遇。

本年,台湾书店通路风波不断。2007 年诚品、金石堂、博客来三大通路均发生了规模不等的地震。7 月,16 家经销商借"凌域爆发退票倒闭事件"联手抗议金石堂的"销售结账制"并停止供货,城邦集团从金石堂撤架;7 月 4 日,博客来创办人张天立召开记者会,抗议统一超商公司无预警解除他在博客来总经理的职位；接下来是经销商与通路的不断角力，15 家出版社组成“台湾出版业者通路秩序联盟”与通路协商和谈判。

2008 年

1 月 10 日，台湾诚品书店改变交易条件，将原来的“月结制”改为现在的“寄售制”，出版物经销商必须付费加入“诚品供应链平台”，寄售出版物的损坏和失窃出版社需分担部分成本，此举引起出版业的强烈反弹。

3 月 18 日，香港商务印书馆澳门分馆正式开业。店堂面积 360 多平方米，图书类别涵盖小说、历史、饮食、生活时尚、传记及儿童图书等，其中英文书近 3 000 种，是当地英文书种和书量最丰富的书店之一。店内还辟有活动专区，定期举办多元化文化及教育活动。澳门分馆将服务扩至校园，兼营中学和大专图书销售及订购。

4 月 2 日至 3 日，第八届亚太地区出版会议暨“2008 年亚洲出版会议”在澳门举行。研讨会采用会议结合展览的双重形式，由世界顶级行业专家讲授最新的出版策略及成功企业范例。全世界各国知名媒体也受邀参加了此次盛会。

4 月 28 日至 5 月 1 日，“2008 香港国际印刷及包装展览会”在香港亚洲国际博览馆隆重举行。本届展会是香港国际印刷及包装展览会成功举办的第三届，是中国唯一的以促进印刷贸易为主旨的专业展会。香港作为全球四大印刷中心之一，在国际印刷出口贸易中占有重要地位。

7 月 7 日，“台湾数字出版联盟”成立。由台湾 52 家出版业者与电信业者、通讯服务业者、图书馆共同筹组的“台湾数字出版联盟”正式成立，城邦集团首席执行长何飞鹏担任第一届理事长。这是台湾出版业者首度与科技及通讯业者大规模的结盟，表明传统出版产业跨界创价、打开市场的企图心。

7 月 13 日，澳门《濠江日报》正式创刊。《濠江日报》的宗旨是，坚持爱国爱澳、服务社会，支持社会福利公益及进步事业，支持特区政府依法施政。《濠江日报》开设有澳门新闻、国际新闻、两岸新闻、会展经济、娱乐、足球、体育、科学健康、资讯、地产、饮食、旅游、新天地等 18 个版面。

7 月 24 日，香港联合出版(集团)有限公司举行 20 周年志庆酒会。联合出版(集团)有限公司于 1988 年在几家历史悠久的出版机构的基础上组建而成，业务包括图书出版、书刊发行与零售，书刊、商业与安全印刷，是香港最大的综合出版集团。

7月,《故宫博物院藏文物珍品全集》亮相香港书展。标志着历时14年,由北京故宫博物院与香港商务印书馆合作的跨世纪文化工程——60卷的《故宫博物院藏文物珍品全集》终于出齐。

10月30日,香港三联书店举行60周年店庆酒会暨回顾展,并联合北京三联书店,出版了多本回顾三联书店历史、纪念其发展历程的书籍。

11月14日,香港最具代表性的周刊之一《明报周刊》创刊40周年。

12月1日,台湾联合发行股份有限公司成立。出版流通业的知名品牌联经出版公司和农学社宣布结盟成立“联合发行股份有限公司”,专营出版品发行业务,这是台湾图书发行业首次大规模整合。联合发行股份有限公司登记资金额一亿新台币,12月正式挂牌运作,拥有客户近2 000家,预计占台湾图书零售市场份额的15%至20%。月发新书品种达到500种,约占台湾月新书产量2 000种的25%,节约成本至少15%。

12月1日,澳门特区政府主持的《澳门地方志》编纂工程正式启动。《澳门地方志》预计2018年底基本完成,2019年各分卷可全部出版,全过程花10年时间;全书分设43卷,约4 000多万字。

本年,“海角七号”各类出版品大卖。台湾电影“海角七号”在全台上映后,引起巨大社会影响,不断刷新台湾影史的票房纪录,媒体竞相报道,形成一波波的“海角”热潮。各类型的出版品也纷纷推出:电影小说、典藏套书、影音商品、电影原声带、电影配乐等,形成台湾2008年出版市场的最大亮点。

本年,随着阅读习惯的改变和杂志行业的不景气,台湾多部杂志宣布停刊。如发行24年的《推理》杂志在刊行282期后画下句点;《新台湾新闻周刊》宣布停刊;《诚品好读》也宣布暂时停刊,调整内容和商品定位;《出版情报》、《ELLE girl》停止出版纸本,只保留电子本。

2009年

2月,台湾联合发行公司建置CPFR系统。由联经出版公司发行部与农学社合并成立“联合发行公司”,推出“CPFR协同规划、预测与补货”系统,促成其体系内的上游出版社和下游书店通力合作,共同建立可预测需求的出版机制与信息平台,减少信息流不对称造成的问题,以降低库存及减少销售损失。

3 月 11 日，台湾研制成功最新“电子纸”。台湾“经济部”和“工研院”发布最新研发的“电子纸”，长达 1 000 米，不但是世界上最长的电子纸，且具有显示彩色的特性，并具备音效芯片，使得阅读时有观看影片的效果。

3 月 12 日，台湾诚品书店成立 20 周年。诚品 20 周年庆以“关怀与分享”为主轴，展开了一系列深度推广阅读的活动。诚品书店成立于 1989 年 3 月 12 日，成立 20 年来已经在台湾各地开设 45 家分店，每年客流量超过 8 千万人次。除了售书，诚品积极向不同领域拓展，将诚品书店打造成为集书籍、音乐、展览、演讲活动、美食于一体的复合型多元文化场所。

4 月 1 日，《澳门知识丛书》在澳门出版并举行发行仪式。该书由澳门基金会与澳门历史教育学会联合策划和出版，共分 4 个系列主题：综合论述、历史文化、文学艺术、乡土风物。此次出版的首批 5 种图书包括《澳门土生葡人》、《澳门水彩画》、《澳门地理》、《澳门半岛石景》及《澳门步行径》。

4 月 21 日，台湾“立法院”通过《著作权法修正案》。新通过的《著作权法修正案》规定网民只要三度被网络服务提供者抓到“侵权行为”，将遭终止服务的处罚；网络业者若认真履行了告知、管理网络侵权行为的责任，可免除法律及连带赔偿责任。

5 月 11 日，澳门特区政府与商务部签署《〈内地与澳门关于建立更紧密经贸关系的安排〉补充协议六》。该协议就内地与澳门特区在印刷、出版服务等方面的合作进行了规定。

9 月 1 日，香港开始实行新学制，教科书市场机遇与挑战并存。新学制“三三四”即以初中三年、高中三年、大学四年的新制取代现行中学五年、预科两年、大学三年的制度，各出版社配合课程改革和教育改革，开发一系列新产品，这对香港教科书和教辅书市场来说是一次洗牌，机遇和挑战并存。同时因为纸张等原料上涨以及投资风险增大等因素，教科书又一次涨价，在香港社会引起较大争议。

10 月 26 日，在美国金融海啸席卷全球对香港影响放大，出版业面临着成本增加消费减少的压力背景下，凭借合资双方在德国和香港印刷出版行业多年的经验和领先地位，德国兴码股份公司和香港永固纸品业有限公司合资成立的香港永固兴码有限公司北京代表处和北京永固兴码文化传媒有限公司在北京 CBD 正式成立。新成立的公司搭建了中欧版贸桥梁，不仅向中国内地引进德国和欧盟国家的图书版权，同时也致力于推动中国图书的输出。

12月1日，澳门基金会在澳门理工学院礼堂举行《澳门研究丛书》首发式。首批出版的《澳门研究丛书》系列书籍包括有一套12卷、收录了500多篇近30年澳门研究文章的《澳门人文社会科学研究文选》，是学术界对澳门回归10周年的最佳献礼。

12月15日，《澳门道教科仪音乐》一书首发式在澳门博物馆演讲厅举行。这是继2009年4月"澳门道教科仪音乐"被列入澳门非物质文化遗产名录后，又一抢救、承传这一本土传统音乐文化品种的得力举措。

12月21日，澳门特区政府新闻局以中、葡、英3种语言出版了《我们的10年》特刊，记录澳门特区发展历程。全书125页，彩色图片208帧，内容包括"行政长官献辞"、"我们的喜悦"、"家国情怀"、"共建家园"、"我们的一天"、"承载·传承"。

本年，香港商务印书馆先后推出两个电子语文学习平台，分别是"阶梯阅读空间"和"i-reading 电子书——商务互动学习平台"。"阶梯阅读空间"是一个专为小学生而设的中文网上阅读平台，提供2 000多篇不同程度的文章；"i-reading 电子书"则与优质教育基金合作，是首套配合新高中中文课程的网上阅读系统，培养学生对中国文化的认识。此前博文教育（亚洲）有限公司推出的 eClass 是一套功能完善的网上教学平台。香港现代教育网络亦针对网上教学提供内容和技术支持。这说明电子书潮流浩浩荡荡，香港出版社纷纷大力拓展网上学习平台。

本年，台湾电子书发展如火如荼。7月，城邦集团与方正阿帕比公司在北京签署协议，双方将在电子书、期刊、电子书阅读器等方面进行合作；7月，远传、诚品书店与三立电视台宣布合作计划，进军电子书市场；8月，UDN 联合线上与博客来网路书店签订策略联盟，扩大电子书发行量并联合推出电子书阅读器；9月，"电子书产学研 POC"合作联盟正式启动。

2010年

3月25日，香港出版学会首办出版专业文凭课程。开办"出版专业文凭课程"旨在使编辑和制作两方面的工作人员，在出版物的编印过程中，能更好地沟通了解和增强配合，从而获得更佳的出版印制效果。此前香港出版学会曾举办"出版专业证书课程"以及其他类型的出版培训。

4月20日，澳门传媒工作者协会出版《陈炜恒文存》丛书。该书旨在纪念已故澳门历史学者及知名专栏作家陈炜恒（陈截、陈渡）对澳门历史文化研究的贡献，全套共13册，内容涉及澳门历史、文化、民俗、环境保护等。

5月6日，由澳门出版协会、澳门大学、东亚出版人会议合办的“第十次东亚出版人会议澳门会议”在澳门开幕。来自日、韩及海峡两岸暨香港、澳门30多名出版业界人士与会。本次会议旨在促进各地区出版业界的沟通交流，鼓励澳门出版活动继续与东南亚接轨，由非商业活动过渡至文化创意产业，配合政府发展经济适度多元化的施政理念。

5月28日，澳门特区与商务部签署《〈内地与澳门关于建立更紧密经贸关系的安排〉补充协议七》。协议规定，从2011年起，澳门的服务提供者可以在内地设立的分销企业分销澳门出版的图书，其销售的澳门版图书须由国家批准的出版物进口经营单位代理进口。

6月29日，海峡两岸关系协会会长陈云林与海峡交流基金会董事长江丙坤签署《海峡两岸知识产权保护合作协议》。作为ECFA框架下的一项单行协议，该协议的签订对于切实维护两岸同胞知识产权权益，促进两岸知识产权保护领域的交流与合作，乃至丰富和推动两岸经济文化交流，有着积极的保障作用。

7月9日，2010亚洲出版大奖（Asian Publishing Awards，APA）在越南胡志明市举行颁奖典礼，《空中英语教室》创办人彭蒙惠荣获最高荣誉“终生成就奖”，这是台湾获此殊荣的第一人。亚洲出版大奖是亚洲第一个专为亚洲最优秀出版者设立的奖，主要是鼓励亚洲出版业的杰出表现，包含亚洲杂志经营奖、亚洲图书出版奖及亚洲企业沟通奖等三大类奖项。

7月17日，由澳门津漫出版有限公司主办、原力出版社和创作漫画文化协会协办的《澳漫双周》发布会暨首届创作漫画文化协会理监事就职典礼在澳门举行。《澳漫双周》是目前澳门唯一包含本地原创漫画及青少年杂志的双周刊。

9月7日，台湾财团法人信息工业策进会与中国电子信息产业发展研究院共同举办“两岸数字内容产业合作及交流会议”，两岸业界分别就“加强两岸电子书交易平台商务合作”、“推动两岸数字出版共同标准”、“加强两岸游戏授权及动画共同合作开发”、“鼓励数字内容跨业合作”等议题进行深入探讨。会议还签署了《海峡两岸数字内容产业合作及交流会议纪要》、《两岸电子书合作协议》、《开源合作协议》、《两岸动画制作及培训合作协议书》等4份两岸合作协议书并结成产业联盟。

10月22日，《赖和小说集》英文版在台湾出版。赖和被誉为“台湾新文学之父”,他是影响台湾文学发展的重要先驱之一。《赖和小说集》由客委会补助、“中央社”出版,“中央社”董事长洪健昭主译,收录赖和《一杆称仔》、《丰作》、《惹事》等21篇短篇代表作,这也是赖和作品的首部英译本。

10月22日,由澳门印刷业商会主办的“第八届两岸四地印刷业交流联谊会”及“2010两岸四地印刷发展论坛”、澳门印刷业商会成立40周年庆祝晚宴在澳门举行。本次论坛吸引了海峡两岸及港澳几十家企业参展,有效提升了澳门印刷业界的形象。

11月8日,台湾博客来推出“OKAPI”。台湾最大网路书店博客来新推出“OKAPI”网站,从售书平台转型成汇集专访与专栏内容的分享平台。

11月14日,《澳门食谱》一书在澳门举办新书首发会。本书由《澳门日报》出版,40余位最有代表的澳门名厨以自己的代表菜谱结集出版,是澳门饮食界、出版界的盛事。

11月,香港联合出版集团与香港商务印书馆荣获“香港骄傲企业品牌”奖。由香港《明报》与香港中文大学联合举办的“香港骄傲企业品牌选举”已进入第四届,本年度参评结果于11月公布。其中,香港联合出版(集团)有限公司和属下的商务印书馆(香港)有限公司赢得专业评审和广大民众的一致肯定,分别获得“文化事业类别”的两大奖项——“评选团大奖”和“消费者大奖”。据介绍,商务印书馆连续三年蝉联该奖项,成为市民心目中最喜爱的品牌,足以证明该集团在品牌建立和管理上的卓越成就,对维持香港的竞争力和可持续发展做出了贡献。

本年,香港中文大学陆续推出张爱玲的英文自传体小说《易经》和《雷峰塔》,以此纪念这位女作家诞辰90周年及逝世15周年。张爱玲曾在香港大学读书,和香港友人有千丝万缕的关系。张爱玲的自传式小说《小团圆》是2009年香港商务印书馆文学畅销书榜冠军。自此,其自传体小说“人生三部曲”率先在港“团圆”。

2011年

1月10日,澳门文献信息学会、北京师范大学珠海分校艺术与传播学院合作出版国际性学术刊物《南国艺传》。该刊的宗旨和使命是聚焦文化变革、推动艺术发展、促进传播探索、引领学术研究。

1月14日,澳门中央图书馆推出新的阅读服务计划——“全民网上阅读平台”。该平台能够实现邻近地区首项免费、免注册的全民网上阅读服务。“全民网上阅读平台”推出的网上书刊数据库包括:龙源电子期刊、华艺电子图书、万方数据库、中华数字书苑—电子图书资源库、EBSCO电子报刊及健康信息等。

2月16日,由澳门基金会与中国社会科学文献出版社合作出版的《澳门研究丛书》之一——《澳门法律新论》(内地版)全国首发。该书在2005年出版的《澳门法律新论》的基础上加以修订,能够全面体现回归十年澳门法制建设的成就,让读者全面和深入地去认识澳门的法律制度。

3月20日,澳门数码印刷协会于新口岸科学馆会议中心举行成立及理监事就职典礼。澳门数码印刷2011峰会同时举行,展示最新数码印刷作品。该协会旨在带动行业向环保、科技、创新等目标迈进,使澳门的传统印刷通过网络及数码化改造,使市场拓大,产品多样,提升竞争力,使事业可持续发展。

4月1日,澳门大学研究中心策划编撰的《澳门经济社会发展报告(2010—2011)》(俗称“2011澳门蓝皮书”)在澳门大学举行发行仪式。本书以兼顾效率与公平的民生与发展为主线,分别从政治法制、经济贸易、社会事业、文康事业等方面出发,详细而又系统地介绍了2010年澳门经济、社会、政治、文化、法制、民生等各个方面的发展情况。

4月2日,《围的再生——澳门历史街区城市肌理研究》于何东图书馆多功能厅举行新书发行仪式。该书由香港大学建筑系副教授王维仁及文化局,文化财产厅厅长张鹊桥共同主编,主要内容是反映澳门传统城市居住面貌的街区空间,记录澳门华人社会的生活积淀。

5月13至16日,澳门文创产业委员会邀请本地动漫业界共同设立澳门动漫馆展览,这是首次集合多个澳门动漫社团和企业举办的展览,使业界有机会相互交流及了解,并可更深入了解各社团单位之活动情况。

6月24日,由澳门电子商务协会、澳门高新科技产业商会及澳门电脑商会联合主办的“第一届两岸四地电子媒体业高峰论坛”在澳门渔人码头会议展览中心开幕,本次会展的主题是“绿色科技”,吸引了来自海峡两岸及港澳特区约70家参展商,同时还邀请了来自新加坡、马来西亚、泰国、印度和海峡两岸及港澳特区的约100名专业买家。

6月29日,澳门出版业第一个商业团体——“澳门出版产业商会”筹组工作完成,举行商会成立暨第一届理监事就职典礼,并邀请澳门特区政府社会文化司张裕司长为理监事监誓。

8月14日，“华文出版趋势研究学术研讨会”在台湾举行。由台湾南华大学出版与文化事业管理研究所、北京大学现代出版研究所及河北大学新闻传播学院共同举办的“华文出版趋势研究学术研讨会”首度在台湾举行。与会专家学者以及业内人士围绕着“华文出版与数字化”这一主题，探讨数字化给出版产业发展带来的机遇与挑战，促进两岸出版学术的交流。此项研讨会迄今已迈入第七届，致力于探察产业发展趋势，协助业界掌握先机，同时也重视人才的培养，成效显著。

8月31日，香港出版界、印刷界首次以“香港馆”的方式参展第十八届北京国际图书博览会。此次香港馆以“腾飞创意”为主题，精选了600项展品，包括386本书籍、171项印刷品及42本电子书籍，多角度展现香港出版及印刷业的独特创意。香港馆分为出版区和印刷区，占地面积180平方米。“腾飞创意——香港出版及印刷业参与大型国际展览”还亮相于10月的第63届德国法兰克福国际书展、2012年2月的台北书展和2012年4月的伦敦国际书展，首次以独立设馆的方式集中展示了香港创意、香港文化和香港出版。

9月16日，“台湾电子书协会”成立。经由2767位电子出版实务工作者在云端力量的结合下，台湾电子书协会(Taiwan Ebook Association)在台北正式成立。协会将完整结合电子内容出版上中下游投入者，首开国际先例以《电子书整合实体》进行全程议程。协会的宗旨为全力协助电子书产业的投入者，一起合力开创一条由电子内容产出端，到电子内容消费端的平台道路。电子书协会成立后还获得绿林信息100台自有品牌新款电子阅读器“EZRead易读机”的赞助。

9月16日，台湾《联合报》创立60周年。联合报系在台北隆重庆祝《联合报》创立60周年，台湾当局领导人马英九、著名诗人余光中、宏碁集团创始人施振荣等到会祝贺。1951年9月16日，《民族报》、《全民日报》、《经济时报》三报联合成立《联合版》，成为《联合报》前身。60年来，《联合报》由初始发行的1.2万份，发展到20世纪80年代发行量一度突破150万份，成为台湾最具影响力的报纸之一。目前，联合报系是台湾三大报系之一。

10月21日，“两岸四地出版产业高峰论坛”在澳门威尼斯人度假村酒店会展中心举行。本次论坛由澳门出版产业商会主办，深圳报业集团、澳门印刷商会、澳门电子业媒体协会协办，澳门贸易投资促进局、工商业发展基金为支持单位，并获澳门航空赞助。本次论坛从多方面、多角度探讨了媒体的发展趋势及市场动向。

10月21日，《澳门地图集2011》正式出版。该书呈现了澳门地区最新的自然环境、城市现状、地理分布及旅游资源等要素。同时，首次加入了澳门历史城区的三维影像图，读者可俯瞰世界文化遗产的著名景点。亦新增了20世纪澳门地区的历史航空照片，让读者可以了解澳门近代的地貌演变概况。

10月24日，由澳门会议展览业协会出版的《澳门会展指南2011/2012》正式出版。这是澳门会展领域一部综合性的资料汇编，为澳门业界、组展商及与会者提供全面、准确的会展信息，首版于澳门各会展相关政府部门及企业免费派发。

10月27日，澳门出版产业商会举办"两岸四地出版产业高峰论坛"。来自两岸四地的出版、媒体业界相聚，以传统出版与电子出版之间的关系、矛盾及如何取得和谐共存共赢为主题展开交流探讨。

11月28日，香港印刷业商会在香港中区大会堂美心皇宫举行庆祝晚宴，庆贺香港印刷业商会杨金溪会长及冯广源副监事长获颁中国印刷界的最高奖励"第十一届毕昇印刷杰出成就奖"，同时庆祝杨金溪会长获颁授香港特区政府"铜紫荆星章"及中国新闻出版行业最高奖项"第二届中国出版政府奖·优秀出版人物奖"。

11月，《台湾新文学史》正式出版。这是专研台湾文学与历史的著名学者陈芳明经过12年书写，累积了近50万字的巨作；是继1987年叶石涛《台湾文学史纲》、1998年彭瑞金《台湾新文学运动四十年》后，最受人瞩目的台湾文学史作。

12月2至4日，第四届两岸四地学术名刊高层论坛在香港举办，这也是香港首次承办此论坛。论坛主题为"华文学术期刊的国际化及其超越"，与会代表围绕着"提高期刊学术质量"、"推进办刊机制国际化"、"推动华文学术超越式发展"等议题开展了热烈讨论，并共同签署以"推动学术名刊国际化转型，引领中华学术超越式发展"为题的《香港愿景》。

12月11日，由两岸四地华文出版界合办、澳门出版协会承办的2011两岸四地华文出版年会在澳门举办。中国出版协会、台湾图书出版事业协会、香港出版总会及澳门出版协会等近30位代表出席会议，与会者围绕传统实体书店未来的发展方向展开探讨。

12月14日，澳门电子媒体业协会举行澳门电子媒体业协会进京交流(考察)报告发布会。该会会长吴伟恩、理事长王俊光以及数十名该会会员出席活动。吴伟恩、王俊光在会上总结该协会上月赴京探访的情况，并就澳门电子媒体的发展提出多项建议。

本年，受香港旺角一带租金飙升等因素的影响，引发了香港新一轮的书店停业及搬迁潮。香港旺角集中了香港多家老牌书店，历来都是书店扎根之地，涵盖了各种类型的书店，2011年出现搬迁和停业潮。

本年，纪念"中华民国"百年系列图书在台湾出版。10月，《百年风华》出版，集合了112位学术界、艺文界及媒体界等不同领域的专业人士，从民众的角度诠释历史，记录百年来感人的人、事、物，内容包罗万象；11月，耗时两年，多达149位学者共同编撰的《"中华民国"发展史》正式出版发行。

2012年

1月4日，由澳门基金会和澳门文化局联合出版的《2010年度澳门文学作品选》正式发行。本书一共收录了93位澳门文学作者在2010年发表在本地和外地报刊上的235篇中文作品。本次出版是为了推动澳门文学的发展，保存澳门文学资料，总结年度文学创作成果。

2月3日，澳门基金会、澳门文化局，联同澳门大学、澳门民政总署等，首次参展台北国际书展。澳门展摊设在国际馆展区，由八个摊位组成，展示了逾千册澳门近年出版的精品图书，充分反映澳门中西文化交融的特色文化。

2月23日，澳门特区政府新闻局举行第二场座谈会，继续听取新闻从业员对修订《出版法》和《视听广播法》的意见和建议。新闻局局长陈致平表示，新闻局一直通过各种渠道与传媒界保持沟通，收集业界对两法修订的看法。除座谈会外，欢迎业界代表以各种方式积极发表对修法的意见。

3月9日，澳门动漫联盟成立。该联盟由漫画从业员协会、漫画天地工作室、红叶动漫同人会、澳门动画漫画家协会、望德堂区创意产业促进会，以及新加入的澳门业余漫画社联合成立。以六会会长为联盟核心成员，并选出黄奕辉为联盟秘书长。

3月19日，《"一国两制"研究》(英文专集和葡文专集)第一期新书在澳门理工学院"一国两制"研究中心举行发行仪式。该书是2009年7月"一国两制"研究中心创办的全国首份专研"一国两制"理论与实践的刊物。

3月29日，由澳门大学澳门研究中心、澳门基金会联合主办，中国社科院社科文献出版社出版的《澳门学引论》暨《澳门经济社会发展报告(2011—2012)》的发行仪式在澳门大学图书馆举行。这两本书均从文化的角度对澳门的历史地位和人文底蕴进行了深入的分析和阐述。

3月30日，台湾加入“国际期刊联盟”。台北市杂志商业同业公会以“中华台北”(Chinese Taipei)的名义加入“国际期刊联盟”(International Federation of the Periodical Press，简称FIPP)。

4月2日，澳门传媒集团De Ficção Multimedia Projects推出首份聚焦澳门商业的英文日报*Business Daily*。该报的目标读者为商旅人士以及在澳工作的外籍人士，旨在为读者提供有关当日最重要商业话题的最新思路。

4月25日，《澳门500年：一个特殊中国城市的兴起与发展》新书发布会在澳门大学图书馆举行。该书综合了澳门500年城市发展历程，有中、英、葡文三个版本，由澳门大学与三联书店(香港)有限公司联合出版，英文和葡文版由澳门大学、天窗专业出版社及香港浸会大学联合出版。

7月1日至6日，“第十届世界书展主席会议”(Conference of International Book Fairs)在台北举行。来自伦敦、首尔、美国、法兰克福等的全球11位国际书展主席齐聚台北共同探讨各国书展现状、重大议题以及全球出版和文化发展趋势。

7月19日，国家出版基金座谈会暨赠书活动在香港会议展览中心举行。国家出版基金规划管理办公室分别向香港公共图书馆、香港大学图书馆赠送了此次选送参加香港书展的部分出版基金资助出版的优秀成果87项、约2 000多册精品图书。

8月11日，台湾诚品书店正式进驻香港。台湾诚品集团海外第一家分店——诚品香港铜锣湾店在香港的黄金地段希慎广场开业。三层约3 700平方米的规模，让它荣升为全港最大书店。在香港本土实体书店哀鸿遍野之际，诚品的进驻在香港刮起一阵阅读风潮，将台式“打书钉”阅读生活引入香港，为香港图书零售业带来良性竞争。诚品进军香港的重点并非仅仅卖书，还在于带动文学、建筑、音乐、戏剧等文化产业的发展。

10月17日，台湾“独立书店地图”出版。连锁书店与网络书店的崛起，让充满人文特色的台湾独立书店面临生存危机。为了让更多民众走进独立书店，台湾文化部与独立书店业者合作，委托社团法人台湾小小生活文化创意推广协会出版《2012 台湾独立书店推荐地图》，收录了全台湾 60 间特色书店资讯，包括华人第一家标榜女性主义专业的“女书店”、推广台湾本土文化的“台湾 e 店”、推动社区艺文活动的“小小书房”等，并于 18 日举办的台湾国际文化创意产业博览会上发放。

11 月 20 日，《澳门年鉴》推出 iPhone、iPad 与 App 版本，方便澳门读者浏览与查阅。读者可以通过 App Store 搜寻“澳门年鉴”、“Macau-Livro do Ano”和“Macao Yearbook”，也可在新闻局网页（www. gcs. gov. mo）免费下载。

12 月 7 日至 14 日，“京港出版交流活动暨北京出版集团精品图书展”顺利举办，以增进京港文化界、出版界和广大读者交流，拓展两地文化合作空间。这次活动由北京出版集团联手香港天地图书公司举办。这是内地出版集团首次独家在港举办精品图书集中展销活动。

12 月 17 日，香港“港青青少年‘自发作’创意 DIY 书展”正式开幕。在电子书市场愈来愈蓬勃发展的今天，仍然有人坚持写写画画，让独立作品自家出版。已举办至第七届的“港青青少年‘自发作’创意 DIY 书展”，就一直深受盼望能圆出书梦的年轻人的欢迎。

主要参考文献

一、著作

新闻出版署政策法规司编:《中华人民共和国现行新闻出版法规汇编》(1949—1990),人民出版社 1991 年版。

李明德:《"特别 301 条款"与中美知识产权争端》,社会科学文献出版社 2000 年版。

肖东发:《中国图书出版印刷史论》,北京大学出版社 2001 年版。

新闻出版总署计划财务司编:《中国新闻出版统计资料汇编 2001》,中国劳动社会保障出版社 2001 年版。

石广生主编:《中国加入世界贸易组织知识读本》(三),人民出版社 2002 年版。

新闻出版总署计划财务司编:《中国新闻出版统计资料汇编 2002》,中国劳动社会保障出版社 2002 年版。

余敏主编:《出版学》,中国书籍出版社 2002 年版。

周连芳:《印刷基础及管理(修订本)》,辽海出版社 2002 年版。

黄镇伟:《中国编辑出版史》,苏州大学出版社 2003 年版。

刘拥军:《现代图书营销学》,苏州大学出版社 2003 年版。

新闻出版总署计划财务司编:《中国新闻出版统计资料汇编 2003》,中国劳动社会保障出版社 2003 年版。

张积玉:《编辑学新论》,中国社会科学出版社 2003 年版。

张志强:《现代出版学》,苏州大学出版社 2003 年版。

朱静雯:《现代书业企业管理》,苏州大学出版社 2003 年版。

方卿:《图书营销管理》,复旦大学出版社 2004 年版。

姬建敏:《编辑心理论》,河南大学出版社 2004 年版。

祁述裕主编:《中国文化产业国际竞争力报告》,社会科学文献出版社

2004年版。

新闻出版总署计划财务司编:《中国新闻出版统计资料汇编2004》,中国劳动社会保障出版社2004年版。

余敏:《国外出版业宏观管理体系研究》,中国书籍出版社2004年版。

张志强:《20世纪中国的出版研究》,广西教育出版社2004年版。

黄先蓉:《出版法规及其应用》,苏州大学出版社2005年版。

黄先蓉:《出版物市场管理概论》,武汉大学出版社2005年版。

罗紫初、吴赟、王秋林:《出版学基础》,山西人民出版社2005版。

肖东发:《中国编辑出版史(第二版)》,辽海出版社2005年版。

新闻出版总署计划财务司编:《中国新闻出版统计资料汇编2005》,中国劳动社会保障出版社2005年版。

周蔚华:《出版产业研究》,中国人民大学出版社2005年版。

郝振省主编:《2005—2006年中国数字出版产业年度报告》,中国书籍出版社2006年版。

匡文波:《手机媒体概论》,中国人民大学出版社2006年版。

厉无畏:《创意产业导论》,学林出版社2006年版。

师曾志:《现代出版学》,北京大学出版社2006年版。

新闻出版总署计划财务司编:《中国新闻出版统计资料汇编2006》,中国ISBN中心2006年版。

[英]约翰·霍金斯:《创意经济——如何点石成金》,洪庆福、孙薇薇、刘茂玲译,上海三联出版社2006年版。

张天定:《图书出版学》,河南大学出版社2006年版。

仓理新:《书籍传播与社会发展——出版产业的文化社会学研究》,首都师范大学出版社2007年版。

程祥徽:《首届澳门人文社会科学大会论文集》,澳门基金会2007年版。

宫承波、要力石:《出版策划》,中国广播电视出版社2007年版。

郝振省主编:《2005—2006中国数字出版产业年度报告》,中国书籍出版社2007年版。

李新祥:《出版传播学》,浙江大学出版社2007年版。

彭兰:《网络新闻编辑教程》,武汉大学出版社2007年版。

新闻出版总署计划财务司编:《中国新闻出版统计资料汇编2007》,中国 ISBN 中心 2007 年版。

修香成:《印刷基础理论与操作实务:印前篇》,印刷工业出版社 2007 年版。

方卿、姚永春:《图书营销学教程》,湖南大学出版社 2008 年版。

郝振省主编:《2007 中国民营书业发展研究报告》,中国书籍出版社 2008 年版。

郝振省主编:《2007—2008 年中国数字出版产业年度报告》,中国书籍出版社 2008 年版。

匡文波:《电子与网络出版教程》,中国人民大学出版社 2008 年版。

罗紫初:《编辑出版学导论》,湖南大学出版社 2008 年版。

汪启明:《出版通论》,四川大学出版社 2008 年版。

王栋:《对话美国顶尖杂志总编》,作家出版社 2008 年版。

吴永贵、李明杰:《中国出版史》,湖南大学出版社 2008 版。

新闻出版总署计划财务司编:《中国新闻出版统计资料汇编 2008》,中国统计出版社 2008 年版。

易图强:《出版学概论》,湖南师范大学出版社 2008 年版。

[美]罗森塔尔:《按需印刷:国际图书印刷与营销新途径》,陶晓鹏译,清华大学出版社 2009 年版。

王凡、刘东平:《城变——澳门现场阅读》,人民出版社 2009 年版。

吴赟:《文化与经济的博弈——出版经济学理论研究》,中国社会科学出版社 2009 年版。

肖东发:《从甲骨文到 E-Publications:跨越三千年的中国出版》,外文出版社 2009 年版。

新闻出版总署计划财务司编:《中国新闻出版统计资料汇编 2009》,中国统计出版社 2009 年版。

张元元:《澳门法治化治理中的角色分析》,澳门理工学院一国两制研究中心 2009 年版。

郝雨凡、吴志良主编:《澳门经济社会发展报告 2009—2010》,社会科技文献出版社 2010 年版。

郝振省主编:《2009 中国民营书业发展研究报告》,中国书籍出版社 2010 年版。

郝振省主编:《2009—2010 年中国数字出版产业年度报告》,中国书籍出版社 2010 年版。

柳斌杰主编:《中国版权相关产业的经济贡献》,中国书籍出版社 2010 年版。

新闻出版总署出版产业发展司编:《中国新闻出版统计资料汇编 2010》,中国统计出版社 2010 年版。

赵东晓:《出版营销学》,中国人民大学出版社 2010 年版。

崔保国主编:《2011 年中国传媒产业发展报告》,社会科学文献出版社 2011 年版。

郝振省主编:《2011—2012 中国数字出版产业年度报告》,中国书籍出版社 2011 年版。

黄孝章、张志林、陈丹:《数字出版产业发展研究》,知识产权出版社 2011 年版。

刘全香:《数字印刷技术与应用》,印刷工作出版社 2011 年版。

邵益文、周蔚华:《普通编辑学》,中国人民大学出版社 2011 年版。

新闻出版总署出版产业发展司编:《中国新闻出版统计资料汇编 2011》,中国书籍出版社 2011 年版。

周蔚华:《数字传播与出版转型》,北京大学出版社 2011 年版。

新闻出版总署出版产业发展司编:《中国新闻出版统计资料汇编 2012》,中国书籍出版社 2012 年版。

杨允中:《澳门特别行政区常用法律全书》,澳门理工学院一国两制研究中心 2012 年版。

二、连续出版物

《澳门图书馆暨信息管理协会学刊》

《澳门研究》

《北京印刷学院学报》

《编辑学刊》

《编辑之友》

《出版参考》

《出版发行研究》

《出版广角》

《出版科学》

《出版人》
《出版与印刷》
《传媒》
《大学出版》
《国际新闻界》
《淮阴师范学院学报》
《教育资料与图书馆学》
《科技与出版》
《今传媒》
《全国新书目》
《图书情报知识》
《新华书目报》
《新闻与传播研究》
《印刷世界》
《印刷杂志》
《中国版权》
《中国编辑》
《中国出版》
《中国出版年鉴》
《中国电子出版》
《中国图书商报》
《中国新闻出版报》
《中华读书报》

三、网站

澳门中央图书馆：www. library. gov. mo
百道网：www. bookdao. com
全国新闻出版统计网：http://www. ppsc. gov. cn
台湾“国家”图书馆：www. ncl. edu. tw
台湾“文化部”：www. cca. gov. tw
香港中央图书馆：www. hkcl. gov. hk
中国出版协会：www. pac. org. cn

中国国家图书馆：www. nlc. gov. cn
中国扫黄打非网：www. shdf. gov. cn
中国图书出版网：www. bkpcn. com
中国图书对外推广计划网：www. cbi. gov. cn
中国新闻出版网：www. chinaxwcb. com
中华人民共和国国家版权局：www. ncac. gov. cn
中华人民共和国新闻出版总署：www. gapp. gov. cn

索　引

0—9

A—Z

A

B

C

D

E

F

G

L

M

N

P

Q

R

S

W

Y

（王彦祥　毋栋　编制）

后　记

作为《中国出版业发展报告》的首辑，为了便于社会对近年来的中国出版业有一个完整、全面的了解，我们对2000年来，也就是人类进入新千年来的中国出版业发展情况做了全面的描述。这一方面是有助于加深社会对中国出版业这十多年来的变化的了解，另一方面也有助于为今后该系列报告的编写提供背景和资料，为将来打下良好的专业基础。本报告力图全面、客观地反映中国出版业进入新千年以来所发生的新变化，对中国出版业在产业格局、管理方式、产值变化等方面的情况进行深入分析，为政府管理部门、出版机构和其他相关部门的思考和实践提供参考。

本报告将出版产业分为图书出版、期刊出版、电子音像出版、数字出版等类别分别进行考察(报纸出版因新闻产业探讨较多，本报告未列专题，但在出版物印制等部分有所涉及)，同时在出版业国际化方面重点讨论版权贸易的现状和动向，在出版管理方面则分析“扫黄打非”活动的新进展以及数字技术条件下的盗版问题及其治理。此外，报告还从人才供求关系平衡的角度探讨了我国出版教育的现状和趋势。在地域上，报告兼顾大陆、港澳台地区出版业的发展情况，便于读者了解大陆地区出版业与港澳台地区出版业的异同。

本报告由张志强、左健主编。各部分撰写人员如下：

《成就、问题与展望：新千年来的中国出版业》由张志强撰写；

《新千年来的中国出版政策与出版环境变化》由蔡健撰写；

《新千年来的中国图书出版》由张可欣、张志强、左健撰写；

《新千年来的中国期刊出版》由吴燕撰写；

《新千年来的中国音像与电子出版》由陈生明、穆晖撰写；

《新千年来的中国数字出版》由张立、李广宇、汤雪梅撰写；

《新千年来的中国版权贸易与出版“走出去”》由潘文年、李苏彬、张岑岑撰写；

《新千年来的中国出版物市场监管("扫黄打非")》由高俊宽、张志强撰写;

《新千年来的中国出版物印制》由李治堂、黎明、吴婕妤撰写;

《新千年来的中国民营出版》由魏玉山撰写;

《新千年来的中国出版教育》由肖超、张志强、潘文年撰写;

《新千年来的中国出版学研究》由王鹏涛撰写。

附录中的《新千年来的香港地区出版》由李镜镜撰写,《新千年来的澳门地区出版》由王国强、陈颖、陈可君撰写,《新千年来的台湾地区出版》由邱炯友、林瑺慧撰写。《新千年来中国出版业大事记》由李镜镜、姚小菲、郭奕冰、张志强编写。

各部分内容完成后,由张志强、左健进行了统稿。

在本报告提纲拟定、内容撰写过程中,教育部社政司、原新闻出版总署、南京大学等有关单位的领导对本报告的撰写给予了指导。由于本报告是我们第一次编撰,且撰写者众多,虽经数次修订、数遍校读,或仍有差讹,恳请读者批评指正。南京大学出版社学术图书出版中心杨金荣主任、责任编辑沈卫娟女士为本报告的出版花费了大量心血,在此一并致谢。

张志强　左　健

2012年11月20日　初稿

2012年12月20日　二稿

2013年2月20日　三稿

2013年4月30日　四稿

2013年6月30日　五稿

图书在版编目(CIP)数据

中国出版业发展报告：新千年来的中国出版业 / 张志强，左健主编. -- 南京：南京大学出版社，2013. 7(2013.12 重印)
ISBN 978 - 7 - 305 - 11492 - 2

Ⅰ. ①中… Ⅱ. ①张… ② 左… Ⅲ. ① 出版业一研究报告一中国 Ⅳ. ①G239.2

中国版本图书馆 CIP 数据核字(2013)第 139266 号

出版发行 南京大学出版社
社　　址 南京市汉口路 22 号　　　邮　编 210093
网　　址 http://www.NjupCo.com
出 版 人 左　健

书　　名 中国出版业发展报告——新千年来的中国出版业
主　　编 张志强　左　健
责任编辑 沈卫娟

照　　排 南京南琳图文制作有限公司
印　　刷 南京爱德印刷有限公司
开　　本 787×1230　1/16　印张 31.5　字数 496 千
版　　次 2013 年 7 月第 1 版　2013 年 12 月第 2 次印刷
ISBN 978 - 7 - 305 - 11492 - 2
定　　价 86.00 元

发行热线 025 - 83594756　83686452
电子邮箱 Press@NjupCo.com
Sales@NjupCo.com(市场部)